오래된 미래

An Old is A New

마로니에북스
Maroniebooks

문화재보호법 시행 50주년 기념

2012 대한민국 중요무형문화재; 전승공예 전

오래된 미래

-

Exhibition for Traditional Crafts of Important Intangible Cultural Heritages in Korea

An Old is A New

-

인쇄일 2012년 11월 10일
발행일 2012년 11월 14일

지은이
문화재보호재단

펴낸이
이상만

펴낸곳
마로니에북스

주소
413-756 경기도 파주시 문발동 파주출판도시 521-2

전화
대표 02 741 9191

팩스
02 3676 0260

홈페이지
www.maroniebooks.com

출판등록
2003년 4월 14일

등록번호
제2003-71호

가격
40,000원

Written by
Korea Cultural Heritage Foundation

Published by
Maroniebooks Co.

Address
521-2 PajuBookCity Munbal-dong
Paju-si Gyeonggi-do, Korea 413-756

Telephone
82 2 741 9191

Facsimile
82 2 3676 0260

Website
www.maroniebooks.com

-

ISBN
978-89-6053-295-3(13630)

Printed in Korea

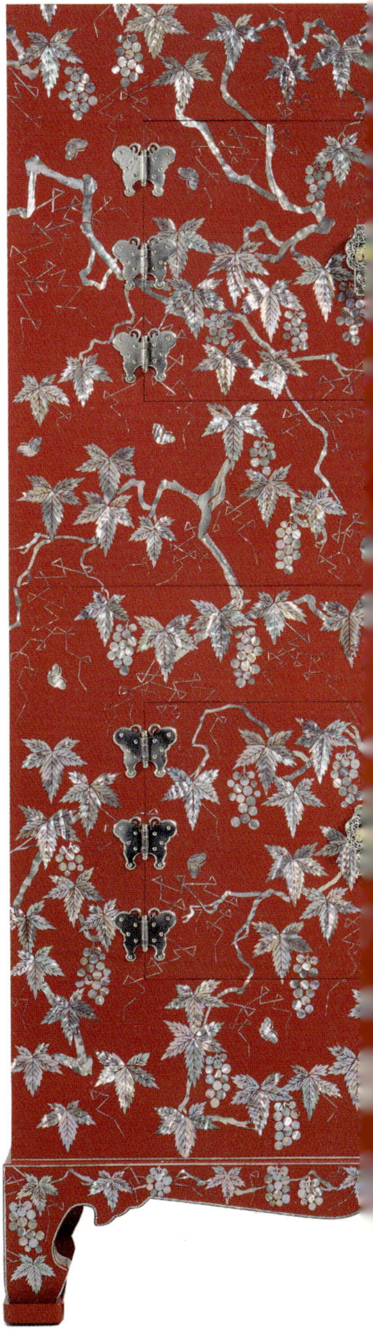

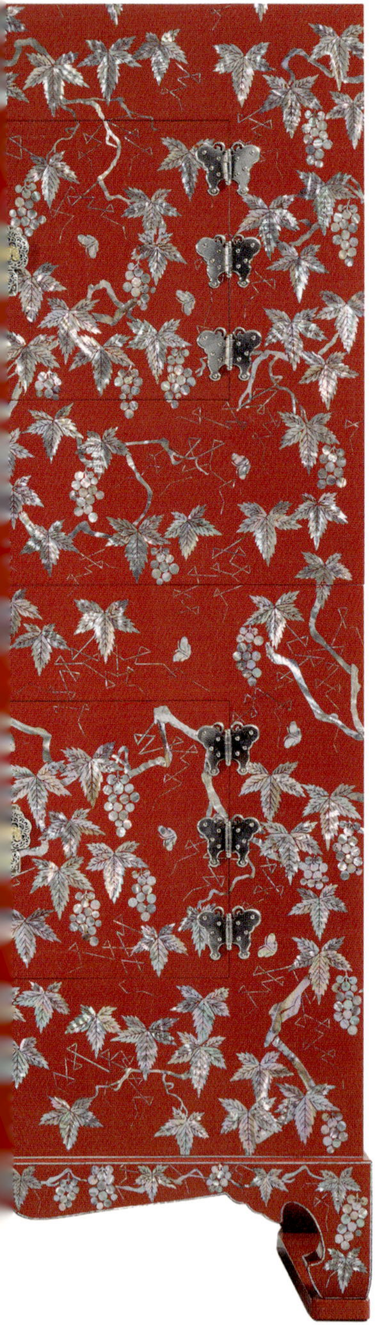

감사의 말씀

2012 대한민국 중요무형문화재; 전승공예전을
위하여 기꺼이 작품을 대여해 주신
미술관, 개인소장가 그리고 기관과 단체에
마음으로부터 고맙다는 말씀을 드립니다.
이분들은 한국중요무형문화재 공예분야가
더욱 발전할 수 있도록 물심양면으로 도와주시고
조언을 아끼지 않았습니다.
아울러 기꺼이 작품을 출품해주신
작가와 조교분들께도 감사의 말씀을 올립니다.

-

경향신문사
국립국악원
금박연
광주일보사
담양대나무박물관
부천활박물관
서울옥션
통도사 성보박물관
통영시청
한국미술정보개발원

Acknowledgement

Exhibition for Traditional Crafts of
Important Intangible Cultural Heritages
in Korea 2012
would like to thank
museum, galleries and private collectors
for generously lending their artwork.
A Special thanks
to the exhibiting artists
and theirs assistants.

-

곽공신
김기
김유석
김종목
김철호
박경린
박삼석
방채린
선본스님
소육영
안상윤
양현주
오형석
왕민식
유세현
이갑례
이상만
이학준
이형진
정각스님
정종호
채언
최윤석
최은선

문화재보호법 시행 50주년 기념

2012 대한민국 중요무형문화재; 전승공예 전

Exhibition for Traditional Crafts of Important Intangible Cultural Heritages in Korea

오래된 미래

An Old is A New

-

전시 Exhibition

-

주최 Host
문화재청 Culture Heritage Administration of Korea

주관 Supervision
한국문화재보호재단 Korea Cultural Heritage Foundation

총감독 Director
정준모 Chung, Joon mo

큐레이터 Curator
고경표 Ko, Kyung pyo
이성용 Yi, Sung yong
장보영 Jang, Bo young

전시디자인 Exhibition Design
디자인 마룬 Design Maroon

시각디자인 Graphic Design
모임 별 Byul.org

도록 Book

-

편집장 Chief Editor
정준모 Chung, Juon mo

편집 Editing
이성용 Yi, Sung yong
고경표 Ko, Kyung pyo

디자인 Design
바이 상 By SAANG

사진촬영 Photography
서헌강 Seo, Hun kang
주병수 Ju, Byeong soo

번역 Translation
조주리 Cho, Juri
김재원 Kim, Jae won
김현지 Kim, Hyun jee
위군 Wei qun
정결 Tina Chung
박성경 Bible Park

제작 Publisher
마로니에북스 Maroniebooks

생몰년은 문화재청에서 발간한 「2012 문화재 현황」을 기본으로 신문기사와 연구 자료를 참고하여 작성하였습니다.

-

명예보유자로 지정된 후 작고한 보유자는 작고보유자로 구분하였습니다.

-

전수조교 지정 후 사망한 경우 목록에서 제외하였습니다.

-

보유자와 명예보유자 지정 예고된 자는 적용하지 않았습니다.

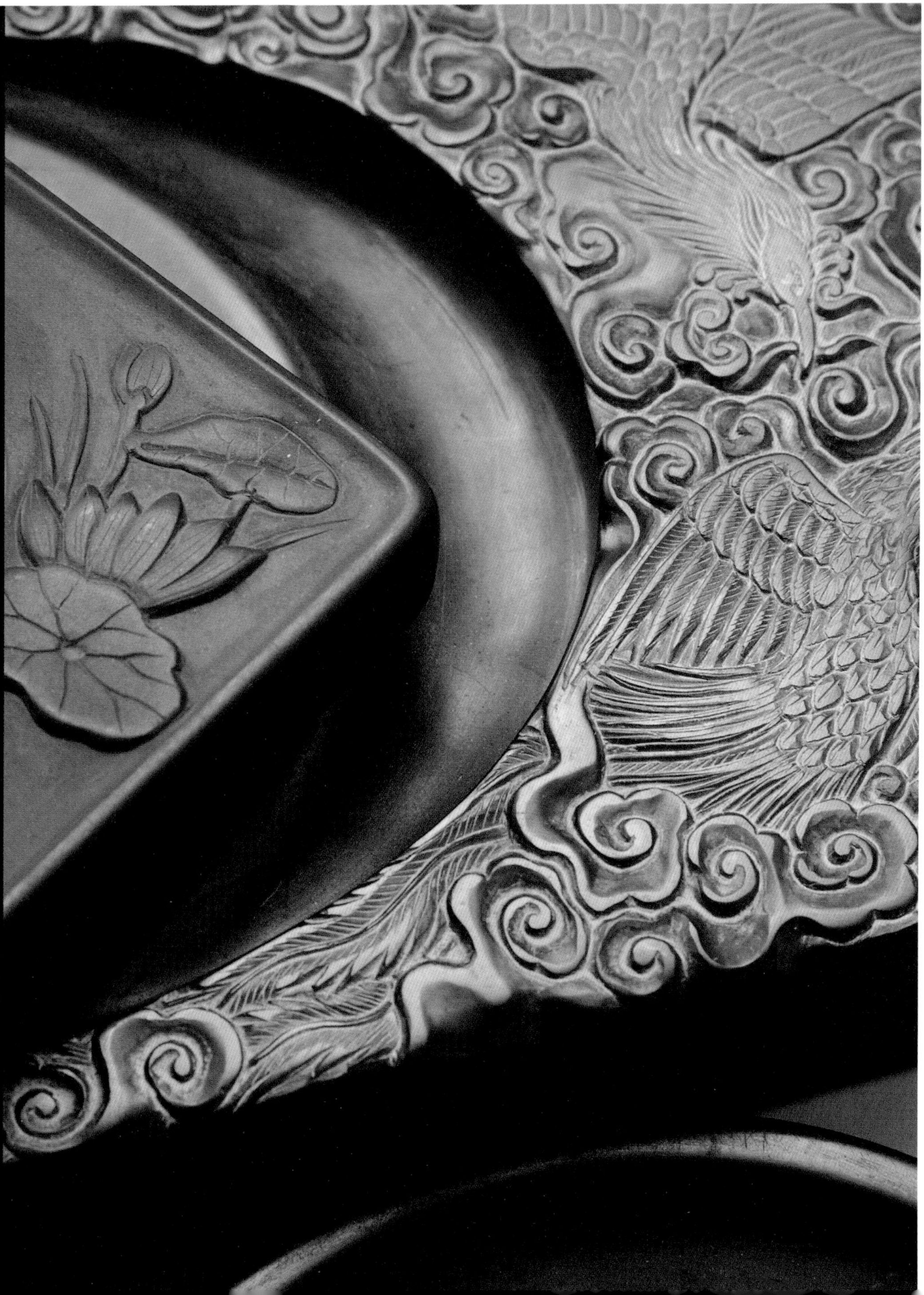

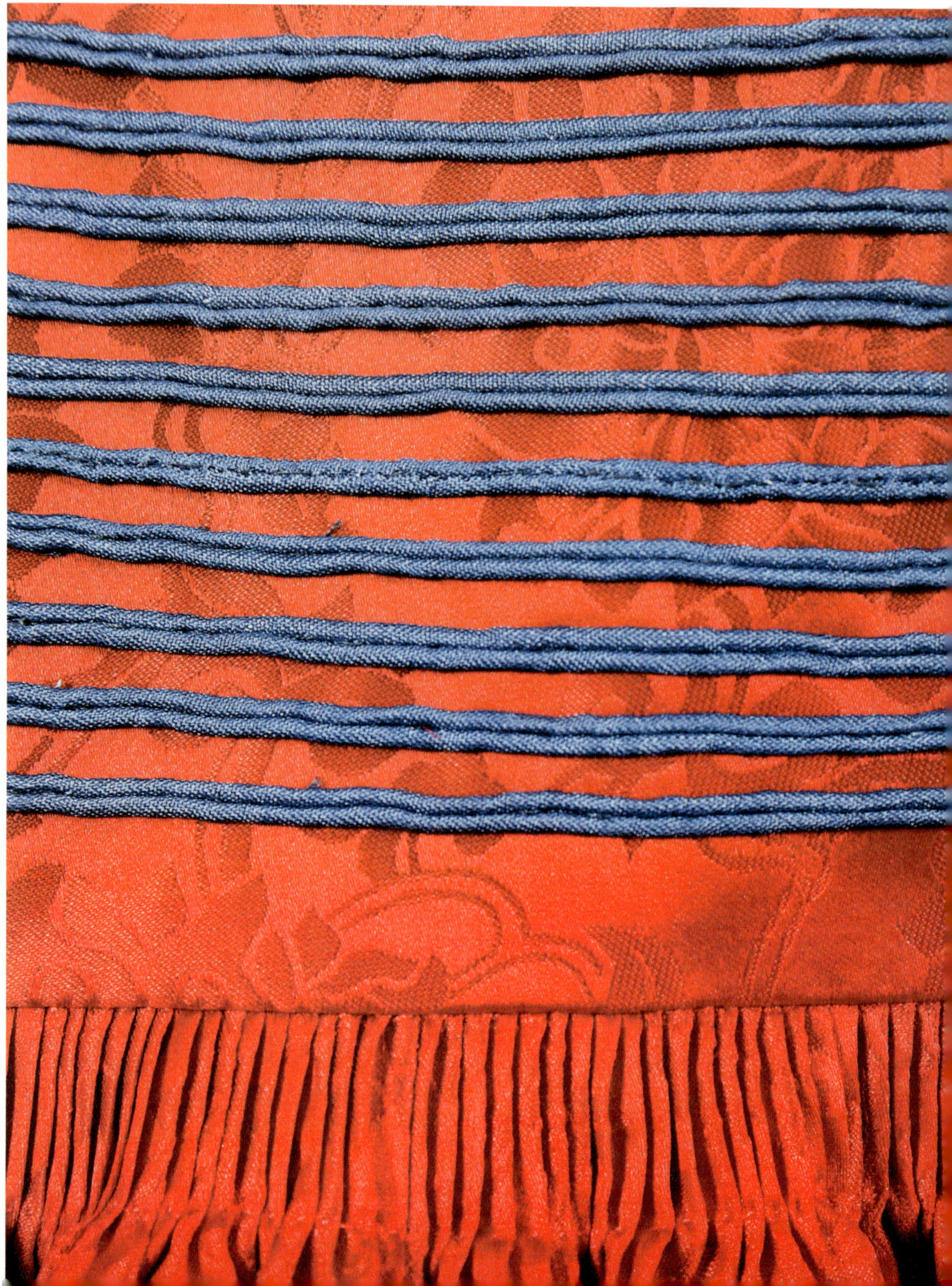

목차

Contents

-

인사말

-

기획의 글

-

전시

-

부록

-

Greetings

-

Curatorial Essay

-

Exhibition

-

Appendix

인사말

-

어느덧 중요무형문화재 제도를 운영한지 50년이라는 시간이 흘렀습니다. 공예기술 분야의 경우 1964년 '갓일'을 시작으로 최근 '번와장'에 이르기까지, 다양한 전통공예기술을 보존 전승해 왔습니다. 이번 보유자작품전은 초대 기능보유자와 명예보유자, 그리고 현 기능보유자와 전수교육조교 작품을 한자리에 만날 수 있는 전시로, 지난 50년간 중요무형문화재 공예기술 종목의 과거와 현재, 그리고 미래를 엿볼 수 있는 귀한 자리가 될 것으로 생각합니다.

무형문화재는 말 그대로 형체가 없기 때문에 사람에서 사람으로 그 기능과 예능에 의해 전승됩니다. 그런 까닭에 유형의 문화재보다 쉽게 사회적, 문화적 변화에 쉽게 영향을 받습니다. 서구적 생활양식이 보편화도미에 따라 전통공예품은 더 이상 쓸모없게 되거나 보다 편리한 것으로 대체되었고, 전통공예는 우리 생활로부터 점점 더 멀어져갔습니다.

전통공예는 완성된 공예품의 실용적, 미적 가치뿐만 아니라, 그 안에 담긴 정신과 형태를 구현해내는 기법에 더 큰 의미가 있다고 생각합니다. 거기에는 세대 간 전승을 통해 전해진 우리 선조들의 오랜 경험과 지혜가 녹아 있기 때문입니다. 따라서 지금까지의 토대를 무너뜨리고 새로 만들어내는 발전이 아니라 오랫동안 차곡차곡 쌓인 전통의 토대 위에서 진정한 미래를 모색해야 할 것입니다. 이를 위해서는 전통공예기술의 보존과 전승에 한발 더 나아가 현대생활과 접목을 시도할 수 있는 전승자 여러분의 관심과 용기가 필요하며, 문화재청 또한 이에 대한 응원과 지원을 아끼지 않을 것입니다.

이번 전시를 통해서 우리가 지켜왔던 전통이 어떠했는지, 앞으로 지켜야할 전통은 또 어떤 모습이 될지 가늠해볼 수 있는 좋은 기회가 되기를 바라며, 항상 우리 전통공예의 보존과 전승을 위해 수고를 아끼지 않는 전승자분들과 이번 전시회 개최를 위해 힘써주신 모든 분들께 감사의 인사를 드립니다.

2012년 11월 14일
문화재청장 김찬

Greeting

-

Crafts exist in various forms in modern times. Crafts are esthetical and practical sculptures created by human. People easily forget the benefit of crafts, even though they live among crafts as we live among air. This exhibition will present work of arts, corrected for 50-years, from 1964, when Gannil the 4th of an important intangible cultural asset is designated, to today's. We hope it will be the great chance to realize the worth of a traditional crafts which we may have forgotten.

The skills of traditional craft have been passed down because of the subconscious awareness of traditional crafts' superiority. However the traditional crafts have been slowly disappeared from our life with the difficulties of getting the traditional materials and our lifestyle changes. Today, Mother-of-Pearl Box is no longer the first item to prepare for a wedding anymore
but one of collecting art.

As our lifestyle and traditional value changes, the past style should be changed into new one, however the materialization of our traditional sprite and the mind has to be maintained. This is the reason why we have to protect the intangible cultural asset and pass down to future generations. With the great effort of Deceased Holder, Inherited Holder, Assistant and students, the intangible cultural asset have been maintained and passed down the skills. After the enactment of the cultural properties protection law, 50 years, the intangible cultural asset has met an opportunity to deep change. To adapt smoothly to the modern change, the effort of inheritors, as a tradition protector, and the effort of cultural heritage administration should be combined. Cultural heritage administration will support inheritors to concentrate on transmission of his skills.

We hope that this exhibition is the great opportunity to weigh up our maintained traditions and the tradition which we will maintain. Lastly, Thank inheritors for the cultural properties protection and transmission, and thank every one who gives effort to open this exhibition.

November 14, 2012
Kim, Chan
Administor , Culture Heritage Administration of Korea

인사말

-

'2012 대한민국 중요무형문화재 전승공예전 ; 오래된 미래' 를 개최하게 되어 매우 기쁘게 생각합니다.

우리 민족은 예부터 일상에 필요한 모든 용기들을 직접 만들어 사용하는 생활을 해왔습니다. 이런 것들 중 뛰어난 것이 공예품으로 명칭되어 그 격을 달리하였습니다. 그러나 점차 농경사회에서 벗어나 산업사회로 발전하면서 기계에 의한 제품들이 생산되며 우리의 공예품들은 점점 생활에서 밀려나게 되었습니다.

이런 현실속에서도 꿋꿋이 우리나라 전통공예의 맥을 이어온 중요무형문화재보유자들이 있습니다. 특히나 이번 전시는 1962년 문화재보호법이 제정된 이래 50년간의 전통공예를 정리하고 앞으로 나아간다는 의미를 지니고 있습니다. 1964년 12월 24일 공예종목 처음으로 제4호 갓일의 故고재구, 故전덕기, 故모만환 님이 보유자로 인정되셨습니다. 이분들을 비롯해 이미 고인이 되신 수많은 역대 보유자님들과 그 후계자분들의 작품을 한자리에 전시하게 되어 매우 영광스럽게 생각합니다. 50년간의 시간을 뛰어넘은 소중한 공예품속에서 그 시대의 삶의 가치와 예술의 의미를 되새겨 볼 수 있는 소중한 기회가 되리라 생각합니다.

전승자 여러분들의 각별한 애정과 부단한 노력의 결과인 이번「2012 대한민국 중요무형문화재 전승공예전 ; 오래된 미래」을 통해 국민의 전통공예에 대한 관심과 열정을 다시 한번 환기하는 그런 자리가 되길 바랍니다.

본 작품전을 열기까지 여러 기관과 전승자분들의 도움이 있었습니다. 귀한 소장품을 대여해주신 국립국악원, 통영시청, 부천활박물관에 깊은 감사를 드립니다. 개인적으로 작품을 내어주신 유족과 전승자 여러분, 또 이번 전시를 이끌어주신 감독님과 관계자 여러분께 진심어린 감사의 말씀을 전합니다.

2012년 11월 14일
한국문화재보호재단 이사장 이세섭

Greeting

-

Greeting all, I am so pleased that I hold the exhibition, entitled '2012 South Korea: An Important Intangible Cultural Asset Transmission of Crafts; An Old is a New.

Our nation makes containers for use in daily life, and we have needed them from ancient times. We have jars, and vases, and bottles, and all sorts of containers of different sizes and materials to hold anything we want. The most excellent of these containers, in regards of their quality and artisanship, is named "craftwork" and regarded as highly valuable. However, as nation developed from an agrarian society to an industrial one, hand-made products were replaced by those produced through machinery. Gradually our craft works become out of daily use.

In spite of this situation, there are some holders of the traditional art of craftsmanship who inherited the skills and continue to produce these craftworks as they were made for generations before. This exhibition is especially meaningful for this group and reflects on over 50 years of traditional craft works made since 1964, when the cultural properties protection law was legislated, and from the exhibition we look towards the future and continued appreciation and preservation of our nation's cultural customs and traditions.

On Dec. 24th 1964, Go, Jae gu. Jeon, Deok ki. Mo, Man Hwan. the ancestors, were recognized as first possessors of craft works. It is in their honor that we exhibit the works of many of these first keepers of our nation's handiwork and their successors. It is a precious chance to think upon the true meaning of art and value of daily life reflected in the craft works from over 50 years of recent history.

I wish to awaken our nation's concerns and passion for craft works, and appreciate your affection and effort to make this exhibition possible, '2012 South Korea: An Important Intangible Cultural Asset Transmission of Crafts; An Old is a New.

This exhibition is made possible by the support of some institutions and by modern day artisan crafters of these fine works. I thank National Gugak Center, Tongyeong City, Bucheon Museum of Bow for the rent of their collections. I give sincere thank the families of the people who originally made there craftworks on display and those who carried on the tradition for giving their works to the exhibition. I also thank the director and all the parties for making the exhibition.

November 14, 2012
Lee, Se seop
Chairman, Korea Cultural Heritages Foundation

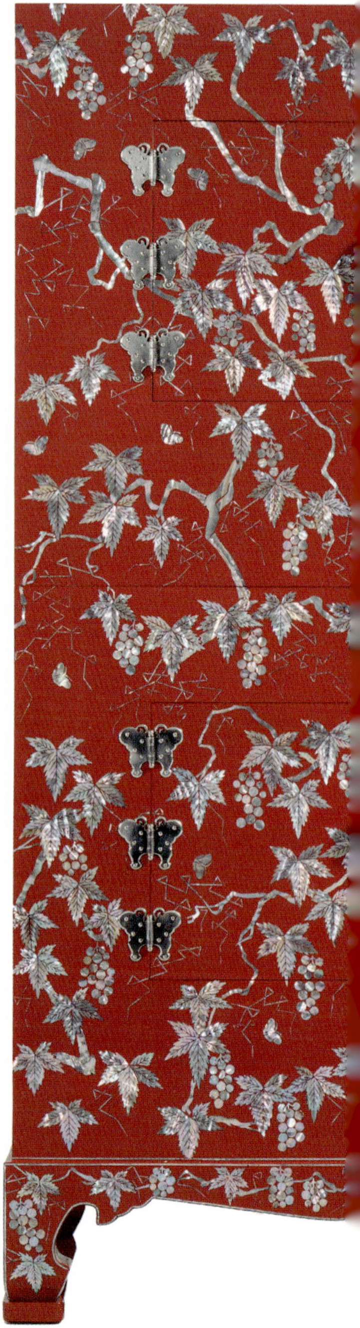

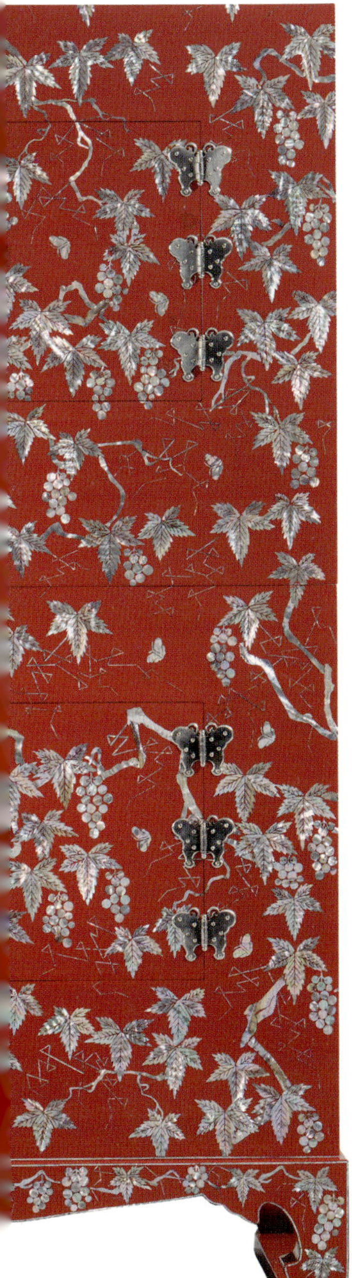

오래된 미래를 가다
- 역사는 100년 뒤, '우리시대'의 전통을 무어라 기록할까

글/ 정준모(전 국립현대미술관 학예연구실장, 문화정책, 미술비평)

Ⅰ. 시작하면서

새삼 '전통'이란 단어와 '전승공예'라는 말을 떠올린 것은 조금은 생경하겠지만 올해는 "문화재를 보존, 활용함으로써 국민의 문화적 향상을 도모하고 인류문화의 발전에 기여하기 위해" '문화재보호법'을 시행한지 1962년으로부터 50년이 되는 해이다. 이 법은 문화재를 유형·무형문화재·기념물 및 민속자료로 구분하고, 지정문화재는 국가지정·시·도지정문화재와 문화재자료로 구분하여 보존관리 하도록 하고 있다. 50년 전 처음으로 대한민국 정부는 '문화재 보호법'을 제정 시행함으로서 유·무형의 문화재보존을 위한 기초를 마련했고 이를 근거로 1964년 12월 7일 처음으로 종묘제례악과 양주별산대 놀이, 남사당놀이와 함께 전통공예인 '갓일'을 무형문화재로 지정했다. 1945년 광복을 맞은 신생국가가 "문화재를 보존하여 민족문화를 계승하고, 이를 활용할 수 있도록 함으로써 국민의 문화적 향상을 도모함과 아울러 인류문화의 발전에 기여함을 목적"으로 문화재관련 법안을 마련해 국가주도로 전통문화의 '보존과 관리'에 적극 나섰다는 사실은 매우 고무적이다. 1961년 국가개건최고회의에서 의결 통과된 이 법안은 오늘날 한국의 전통문화와 문화재를 보존 관리·유지하는 바탕이 되었다. 문화재 보호법의 제정은 일제가 만든 '조선고적천연기념물보호령'을 폐지하고, '문화재보호법'을 새로 제정하여 이를 대체한 것이었다. 하지만 이 법안의 가장 큰 특징이자 성과는 유형문화재 외에도 '무형문화재'를 '민족문화의 원형'을 보유한 문화예술의 한 형식으로 인식했다는 사실이다 그리고 이를 바탕으로 이에 대한 보존과 관리를 위한 규정을 만들었다는 사실이다. 우리 무형문화재 제도는 세계적으로도 유례를 찾기 어려울 정도로 선진적이며 진보적인 문화유산 정책이다. 유네스코에서도 긍정적으로 평가하며 여타의 국가에 전통문화와 민속보호를 위한 권고안을 통해 이 제도를 참고할 것을 권유할 정도이다. 이 법에 의하면 무형문화재 기능보유자 즉 인간문화재로 지정되면 정부로부터 매달 소정의 전승지원금을 받을 권리가 생기며, 전통문화를 재현해 보여주고 또 후학들에게 가르쳐 전승시켜야하는 전수교육의무를 지닌다. 우리 무형문화의 보존과 관리의 시작은 문화에 대한 폭 넓은 인식과 철학의 산물이다. 5.16 군사혁명을 주도했던 세력들이 자신들의 정통성을 담보해내기 위한 방편의 하나로 제정된 법안이라 하더라도 지금의 전통문화와 문화재의 처지를 보면 역시 과보다는 공이 크다는 평가를 내리지 않을 수 없다.

그리고 이 제도가 일정부분 성과를 거둔 것도 분명함 사실이다. 하지만 어느 나라, 어느 누구보다 앞선 우리 무형문화에 대한 보존과 관리의 방법이 오늘에도 적정한 것인지 되 집어 볼 필요가 있다.

Ⅱ. 전통 속 무형문화 또는 무형문화 속 전통

가. 우리, 나에게 있어서의 전통의 의미

문득 거울을 보다 자신의 모습에서 아버지·어머니의 모습이 보인다. 내 몸 안의 부모님 유전인자 때문이다. 간혹 처음 보는 생소한 풍경이나 물건에서도 유난히 끌리거나 가까이 느껴지는 때가 있다. 이는 언젠가 나의, 우리의 몸과 생각 속에 들어 앉아있어 생기는 일이다. 이것이 전통이다. 하지만 이런 전통에 대한 인식은 가능하지만, 규정을 하기에는 무언가 모자란다. 대개 일상적으로 사용하는 단어들의 뜻이나 의미를 헤아리기보다는 그냥 습관적으로 사용하는 경우가 많기 때문이다. 그러다 문득 그 낱말의 뜻이 무엇일까라는 질문을 받게 되면 당황하는 경우가 비일비재하다. 이는 아마도 우리말에 대한 일상성과 모국어라는 자신감(?)에서 비롯되는 것이겠지만 한편으로 보면 우리의 언어사용이 그리 명확하지 않은 점과 늘 무의식적으로 사용하다보니 막연하게 잘 알고 있다는 착각 때문이기도 하다. 우리에게 전통이란 것도 마찬가지이다. 평소에는 무심하다 문득 민족주의자나 국수주의자의 자세를 갖추며 정색을 하고 꺼내어 쓰는 단어가 '전통'이다. 사실 우리 무형문화유산에 대한 보존과 관리도 이런 측면에서 시작된 부분이 있다. 이런 일상화되고 패턴 화 된 단어 중 하나가 '전통'이라는 단어가 아닐까. 사실 우리는 전통의 의미에 대해 곰곰 따져 보거나 그 철학적 의미나 분명한 뜻을 헤아려본 일은 없는 것 같다. 익숙하게 사용하다보니 막연하고 어렴풋하게 알고 있다고 착각해서 그것의 진정한 의미를 따지고 분명하게 규정하는 일은 누군가에게 미루기도 했다. 그렇게 시간이 흐르다 보니 전통이란 단어의 "어떤 집단이나 공동체에서, 지난 시대에 이미 이루어져 계통을 이루며 전하여 내려오는 사상 · 관습 · 행동 따위의 양식"이라는 사전적 의미조차도 잊어버린 채 사용해 온 것은 아닌가하는 생각을 하게 된다. 게다가 '혁신'이나 '개혁'이 수단이 아닌 목적으로 변질된 요즘의 '전통'이란 '극복해야 할 대상'이거나 '넘어서야 할 가치'라는 의미가 더 강하게 작동하는 것 같다. 이는 물론 입으로는 '전통예찬'을 늘어놓지만 실은 그렇지 않다는 뜻이다. 이런 현상은 전통이란 단순하게 '지난시대'라고 하는 시간적 한정 때문에 일어난다. 하지만 그 지난시대의 기준 또는 준거가 어디서부터인가를 분명하게 밝혀야 한다. 오늘도 내일이면 지난 시간이 될 것이므로 전통 특히 무형문화재의 연속성과 지속성에 방점을 두고 읽어야 한다.

나. 무형문화재의 의미

유네스코는 2002년에서야 무형문화재에 대해 "문화는 한 사회 또는 사회적 집단에서 나타나는 예술, 문학, 생활양식, 더부살이, 가치관, 전통, 신념 등의 독특한 정신적, 물질적, 지적 특징"으로 정의하고 여기에 전통 대중문화의 형태로 언어, 문학, 음악, 춤, 놀이, 신화, 의식, 관습, 공예와 건축, 기타 예능의 기술 등을 무형문화로 규정했다. 하지만 1960년대 초 제정된 우리 문화재 보호법이 이미 무형문화에 대한 보존과 관리를 규정한 것과 비교해 보면 당시 우리 정부의 문화에 대한 인식의 크기를 알 수 있다. 봉건에서 근대로의 이행과 전환이 늦어지면서 겪은 일제강점과 광복 그리고 6.25 전쟁 등 은 우리에게 많은 희생과 노력을 요구했고 우리는 뒤늦게 근대화의 대열에 뛰어들었지만 모든 면에서 후발주자는 아니었다. 적어도 무형문화유산에 대한 우리의 정책과 태도에서는 말이다. 하지만 이런 인식의 배경에는 군사혁명을 일으킨 군부세력이 자신들의 정통성을 확보하고, 국민경제의 획기적인 발전을 도모하는 정책을 펴는데 필요한 개념이기도 했다. 새로운 조국건설을 위해서는 경제개발을, 경제개발을 위해서는 위해 국가의 전 자원을 동원할 필요가 있었다. 따라서 국민을 경제개발이라는 체제 속으로 끌어들이기 위해서는 국민일반의 의식에 공통적으로 적용될 이념이나 가치가 필요했다. '단일민족', '한민족'이라는 말과 '민족동질성'은 국민들의 일치단결을 위한 수단으로 충분했다. 그리고 그 동질성을 서로 확인해 줄 수 있는 것은 문화 특히 일상을 공유하는 연희나 수공예 등등의 풍속이나 풍습 류의 무형문화재라고 판단했다. 무형문화유산은 그 민족의 유전인자나 혈액형 같은 것이라는 사실을 일찍이 간파한 셈이다.

Ⅲ. 무형문화정책, 50년의 공과

가. 전통, 오늘로의 귀환

처음 문화재 보호법을 제정할 당시 지녔던 전통에 대한 생각은 매우 단순하고 외형적인 전통은 지켜져야 하고, 보존되어야 할 가치지만 그 이상의 가치에 대해서는 인식을 하지 못한 채였다. 결국 적극적인 육성보다는 소극적인 보호에 치우쳤고 때로는 '보호'와 '관리'가 통제의 수단이 되어 역효과를 낳기도 한 것이 사실이다. 하지만 문화재 보호법의 테두리 안에서 무형문화재는 나름의 취약성에도 불구하고 존립하고 생존할 수 있는 근거를 마련했다. 광복 후 급작스럽게 봉건시대에서 근대로 전환하면서 전통문화는 전근대적인 것이라는 인식과 태도로 인해 새로운 근대교육체계로 조차 편입될 기회를 갖지 못했다. 이는 전통기예의 계승 발전의 기회를 박탈당했음을 의미한다. 또 자체의 보수적인 태도로 인해 시대에 적응하지 못하면서 존립기반조차 흔들렸다. 이런 전통 즉 무형문화를 국가가 보존하고 관리하기 시작하면서 그 과정에서 일정부분 무형문화재는 정통성을 부여받았고 권위를 인정받았다.

기능보유자들의 사회적 지위를 유지 또는 상승시키는 효과를 가져왔다. 국가의 개입 때문이다. 또 관주도의 지원에 의한 것이긴 했지만 어느 정도 명맥을 유지하는 데는 성과가 컸다. 세상은 많은 변화를 거치면서 문화재보호법이 처음 시행되었던 50여 년 전과는 판이하게 달라졌다. 지난 50년의 한국의 변화는 세계가 지난 200년 동안 겪었던 변화의 '양과 질'보다 최소한 같거나 크다. 따라서 짧은 시간에 비해 엄청난 변화의 소용돌이를 겪어야 했다. 이 시간의 흐름 속에 우리의 무형문화유산이 버티고 견딜 수 있었던 것은 문화재보호법이 규정한 무형문화유산에 대한 보존과 관리의 결과이다. 현재는 전통공예분야만 살펴보면 총 49종목에 전승보유자가 64명에 이른다. 물론 총 49종목 중 41종목이 지속가능성에서 부적합한, 지원이 없으면 명맥을 유지하지 힘든 종목으로 분류된다. 이러한 성과는 어느 나라, 누구보다 앞서 우리의 무형문화에 대한 보존과 관리의 방법을 도입한 때문에 가능한 일이다. 하지만 이런 성과에도 불구하고 우리는 1960년대의 정책과 방법이 오늘날에도 적정한지 되짚어 볼 필요가 있다. 그간의 성과에 대해 만족한다면 이는 '자만'이다. 무형문화 유산은 실체가 없는 움직이고 변화하는 것이기 때문에 그 움직임을 따라잡을 만큼의 능동적인 자세가 필요하다. 그런 점에서 우리의 50년의 성과를 돌아보고 향후 50년의 변화를 예측하고 이에 대해 준비하는 일은 매우 중요하다.

나. 보존이냐 적응이냐

우리의 발 빠른 무형문화 보존정책에도 불구하고 놓치고 있었던 것은 전통이란 개념의 철학적 정의였다. 우리의 무형문화재 정책은 보존중심이었다. 하나 '전통'이란 박제되고 정지된 것이 아니다. 문화란,흐르고 넘치며, 번지고 스며드는 속성을 지녔다. 어느 날 한강물을 보존한다고 한강에 언 얼음을 잘라내 냉동고에 보존한다면 이는 더 이상 한강물이 아니라 한강의 얼음일 뿐이다. 따라서 전통을 '흐르는 물'의 어느 '한 순간의 부분'인 얼음의 형태로 정지시켜 보존하려는 정책은 옳지 않다. 전통이란 말에는 지속성과 변화성이 모두 포함되어 있으나 우리 문화재보호법에서는 지속성에만 유의미하게 접근 했을 뿐 변화성은 놓치는 오류를 포함한 채 출발했다. 이는 무형문화의 가변성과 복합성 그리고 다양성이라는 기본개념을 무시한 것이다. 사실 보통 사람들의 삶을 기록하는 일은 인류학이라는 X축과 역사학이라는 Y축이 만나 새로운 문화로 변화 또는 이동해 나가야 하는 작업이다. 즉 정지된 단지 고루한 규범이나 제약으로서의 문화가 아니라 오늘을 가능하게 한 지난 시간의 축적이자 지혜의 집적이며 그것을 다루고 경험해 온 시간의 침전물로서의 문화여야 한다. 그리고 이것이 무형문화의 가치이다. 특히 일상사와 미시사가 역사학의 중심개념이 되는 시대에 무형의 문화는 정지된 시간이 아니라 움직이는 시간이다. 따라서 무형문화를 시간의 흐름이라는 관점에서 인식하고 다루어야 한다. 즉 전통이란 과거완료형이 아니라 현재 진행형으로 보아야 한다. 전통은 움직임이 눈에 잘 띄는 시계의 초침이아니라, 쉬지 않고 움직이지만 눈에 잘 띄지 않는 시침과 같다. 느리게 흐를수록 강물은 깊다는 사실을 새삼 떠 올려야 한다. 우리 무형문화재 정책의 성공과 실패의 이면에는 민속이라는 것에 대한 인식 부족도 한 몫 했다. 즉 좁은 의미의 무형문화는 통시성과 공시성을 기반으로 해야 함에도 불구하고 우리 무형문화재 정책은 통시성보다는 공시성에만 중점을 두었다. 여기에 분명한 이유와 근거 없이 어떤 특정시점을 기준으로 무형문화재의 내용과 형식을 지정과 보존관리를 위해 선택했다. 이는 컵에 담긴 강물을 흐르는 강물이라고 주장하는 것과 같다. 무형문화는 정지된 것이 아니다. 시대와 만나 새롭게 진화하는 것이다. 동시대를 반영하지 못하는 무형문화란 존재할 수 없다. 지금까지의 정책이 보존과 관리에는 어느 정도 성과가 있었을지 모르지만 시대의 변화와 흐름에 적응하지 못하고 정체 또는 정지되는 결과를 낳았다. 따라서 우리는 무형문화유산이 지나온 1960년대, 70년 대 한국사회의 급변하는 문화적, 풍속적, 생활사의 변화를 무형문화는 전혀 반영하지 못하고 있다. 그런 점에서 한국의 무형문화는 봉건과 근대 또는 전통과 탈근대 사이에 놓인 20세기를 반영하고 있지 못하다는 점에서 우리의 무형문화에 대한 정책을 전면재검토 해야 한다.

다. 유·무형문화재의 차별화

무형문화재가 살아있는 생물이라면 유형문화재는 무생물이라 할 수 있다. 유형문화재는 형태를 가지며, 시간이 지나도 변하지 않는 반면에 무형문화재는 실재는 있지만 실체는 없는 특징을 지닌다. 또 같은 종목의 연희나 공예기술이라 하더라도 지역과 풍습, 환경, 사람에 따라 모두 다르다. 따라서 이러한 무형문화재의 특성과 습성에 맞는 정책수단과 집행이 필요하다. 특히 그것의 문화적 속성과 문화를 배태하고 성장시킨 생태환경을 고려한 보존과 관리방안이 필요하다. 사실 그간 무형문화재 정책은 기반과 형식이 모두 유형문화재의 그것과 크게 다르지 않았다. 문화재보호법에 의거 모든 종목의 무형문화재를 같은 방법으로 관리한다는 점에서 심각하다. 물론 이런 정책의 집행방식은 관리와 보존의 효율성을 극대화 할 수 있는 좋은 방법이지만 유형문화재와 무형문화재는 분명하게 그 성격이 다르다는 점에서 시정되어야 한다. 그럼 점에서 지금까지의 무형문화재 정책은 행정 편의적으로 이루어졌다는 지적을 하지 않을 수 없다. 특히 문화재보호법의 기본 원칙인 '원형보존'은 유형문화재의 보존, 복원기술과 매장문화재 발굴기술 등에서 비약적인 발전을 가져 왔지만 유형문화재 중심의 정책과 제도 운영은 무형문화재의 입장에서는 시대변화에의 적응실패, 창의성 결핍과 대중화, 일반화의 실패로 이어졌고 이는 결국 시장에서의 실패와 퇴출로 이어졌다.

실은 이러한 문제점은 이미 문화재보호법에서 시작되었다. 문화재 보호법 제 1조는 "민족문화를 계승하고, 이를 활용할 수 있도록" 하기위한 목적을 분명하게 밝히고 있지만 제3조 문화재보호의 기본원칙에서 "문화재의 보존·관리 및 활용은 원형유지를 기본원칙으로 한다."고 규정함으로서 이미 무형문화재의 특성은 고려의 대상이 아니다. 따라서 1조의 목적을 3조의 원칙에서 스스로 부정하는 모순을 드러낸다. 유형문화재의 보존은 그 자체가 목적이며 수단이다. 하지만 무형문화재는 다르다. 보존은 애초부터 불가능하다. 왜냐하면 실체가 불분명한 '현상'이자 가시적이라기보다는 불가시적인 것이며, 계량화, 도식화, 정량화, 수치화가 불가능한 말 그대로 무형인 때문이다. 사실 무형문화재의 원형을 규정한다는 것은 실제로 어렵다. 아니 불가능하다고 보는 것이 옳다. 원형을 보존한다고 할 때 원형의 정의와 무형문화재 지정기준도 모호하다. 현재 대개의 무형문화재가 조선시대 후기 또는 일제 강점기였던 1930년대가 기준인 것처럼 짐작된다. 실체가 없는 현상으로서의 무형문화재와 결과물로서의 연희나 공예품을 혼동해서는 안 된다. 무형문화재는 그런 점에서 과정의 예술이지 결과물로서의 예술이 아니다. 따라서 현재의 무형문화재의 계승과 활용 그리고 보존은 성과에도 불구하고 '빗나간 정책'의 산물이거나 '문화재 정책의 사각지대'에 다름 아니다. 과정으로서의 무형문화재의 현장이 고려되지 않은 때문이다. 특히 무형문화재의 지역적 특성과 전승기능 보유자 개개인의 편차 등을 고려해서 각각 개별 종목의 특성과 전승현황과 환경에 맞는 관리, 지원정책이어야 한다.

라. 적응과 변화를 유도하는 지원

우리 무형문화재 정책의 가장 큰 실책은 무형문화의 범위가 너무 한정적이라는 것이다. 이는 아마도 무형문화재 기능보유자로 지정되면 국가가 일정한 지원금을 지급하는 것과도 관련이 있을 것이다. 한정된 재정 때문에 많은 분야의 다양한 형식들을 모두 지정하면 그 재정적 부담이 클 것이기 때문이다. 하지만 국가주도의 무형문화재의 보존과 관리가 주는 더 큰 문제는 무형문화의 종 다양성이 훼손된다는 것이다. 즉 국가가 지정하지 않은 많은 다양한 무형문화유산들은 사라져버린다는 것이다. 국가의 공인을 받은 것과 받지 못한 것의 차이는 문화라는 형식 안에서는 큰 차이가 없지만 사회적으로는 엄청난 차이를 낳는다. 결국 일반국민들은 지정받은 것은 원형이고, 순종이며 나머지는 잡종으로 인식되면서 사라지고 만다. 지정받지 못한 것은 '나머지'에 속하면서 존재가치를 잃게 된다. 시간이 지나면서 자신의 분명한 가치를 인정받을 도자기가 현재 별 가치가 없다고 평가되어 소홀하게 관리·보존되면서 훼손되어 없어지는 것과 같다. 또 하나의 중요한 문제는 시대와 사회적응력의 문제이다. 무형문화재 기능보유자 즉 인간문화재로 지정되면 국가나 지방정부는 매달 일정금액의 전승지원금을 지급한다. 물론 전통기술이나 기능을 유지하기위한 방편이라는 점에서 이해를 못한 것은 아니지만. 적은 지원금이라도 인간문화재들에게는 유용할지 모르지만 대승적인 측면에서는 해가 된다. 차라리 지원금보다는 작품의 판매량에 비례해서 장려금을 지급하는 제도가 더욱 효율적이지 않을까.

마. 사람이 아니라 문화

전통이란 것이 시간이 지남에 따라 사라지고, 새로 생겨난다. 어떤 경우는 새로운 시대와 환경, 조건 등등과 결합해서 또 다른 형식으로 변모한다. 그런 점에서 현재의 변화와 변모를 가로막는 '전통을 고수하는 형식'의 보존은 무형문화재의 진화를 막는 조치이다. 진화를 제한하면서 생활비에도 미치지 못하는 지원금으로 전통을 고수하려는 것은 국가의 또 다른 폭력이다. 결국 이러한 지원방법이 계속된다면 결국 퇴보하고 종래는 '공룡'처럼 적응하지 못해 멸종하고 말지도 모를 일이다. 지원과 함께 적응과 변화를 유도하는 정책으로의 전환이 요구되는 시점이다. 게다가 보유자들의 뒤를 이을 사람들을 찾는 것도 어려워졌다. 인간문화재가 되면 세상을 등지고 살아가야 하는 격이라 젊은 사람들의 관심을 끌지 못한다. 설혹 그 종목을 배운다 하더라도 새로운 사업 아이템으로 현대화를 하는 것이 제한되기 때문에 지원금이라도 받는 인간문화재가 되기 전에는 방법이 없다. 따라서 대개 무형문화재는 아버지로부터 대물림된다. 가업을 잇겠다는 열의 때문이지만 경우에 따라서는 실력을 갖추지 못하였다하더라도 자식이라는 이유로 대물림되는 경우도 있는 것이 현실이다. 그리고 기계와 도구와 싸울 것이 아니라 기계와 도구를 다루는 방향으로의 전환도 필요하다. 인간은 태생적으로 도구를 사용하는 동물이다. 도구를 만들기 위해 도구를 쓰는 행위는 당연하다. 그런데 지금가지 우리는 전통을 보존한다는 이유로 새로운 도구와 전통의 만남을 부정해 왔다. 시대에 뒤떨어 질 수밖에 없는 이유이다. 따라서 무형문화유산의 보존과 관리를 위해서는 보존보다는 계승이라는 전향적인 입장전환이 필요하다. 특히 기능을 가진 사람도 중요하지만 그것을 소비할 주체도 중요하다. 사실 그간의 무형문화정책은 소비자 즉 관객이 없는 공연을 해온 셈이다. 보는 사람이 없으니 하는 사람도 신명이 날 리 없다. 따라서 전통문화 특히 무형문화가 오늘이라는 현재와 접목할 수 있도록 해야 한다. 그런 점에서 시대와의 조우와 상호통섭이 필요하다. 시대가 지나 효용가치가 소멸한 종목의 경우 그 결과나 성과물을 박물관이나 미술관으로 보내면 영구 소장하고 전시하는 방식을 선택하면 될 것이다. 현재 박물관에서 소장하고 전시하는 유물들도 실은 지난 시대에 지지난 시대의 무형문화의 결과물을 수집해 놓은 것 아닌가 말이다. 사라져 가는 것을 사라져 가도록 하는 것도 문화다. 그것을 붙잡고 놓지 않으려는 것도 문화지만 말이다. 요즘 50여년의 지원에도 불구하고 우리 무형문화재의 현실을 돌아보면 참담하다. 앞으로 전통기술을 알아보고 전통문화를 설명하고 무형문화재의 진가를 알아보고 지정할 전문 인력조차 부족한 것이 사실이다. 따라서 현행지원의 범위에 우리의 무형문화를 공부하고 연구하는 연구자들에 대한 지원책도 아울러 검토해 보아야 할 것이다. 이제 기능보유자라는 사람이나 유물 즉 유형의 것에 집착하는 무형문화정책보다는 무형의 것을 무형으로 대하는 태도로의 전환이 필요한 시점이다.

Ⅳ. 결론에 대신해서

사실 전통이란, 말 그대로 오래된 것이 아니다. 전통이란 개념은 근대의 산물이다. 근대가 자기전개상 필요에 의해 만든 담론이라는 것이다. 근대화로 인해 사라져가는 전통문화와 민속 등에 새로운 의미를 부여하고 또 근대 제국주의 국가들이 제 3세계를 침탈하면서 민속이라는 이름의 신기한 볼거리로 자국으로 가져가고 외국의 새로운 문화와 사람까지 데려다 돈을 받고 보여주면서 생겨난 근대의 산물이다. 이후 전통의 보존은 지식인의 책임이자 동시대인들의 의무가 되면서 또 다른 하나의 권력으로 자리 잡은 것이다. 따라서 경우에 따라서는 전통과 문화재를 방패삼아 자신들의 영역을 공고히 하려는 움직임도 있었던 것이 사실이다. 우리의 역사와 전통에 대한 자부심과 자긍심도 이런 근대의 산물인 전통과 관련이 깊다. 물론 이는 오랜 시간을 거치면서 계승, 발전해 온 독창적이고 고유한 우리 문화에 대한 긍지에서 비롯된 것이지만 한편으로는 일제강점으로 인한 역사적 문화적 자존심의 손상과 민족문화유산이 일제강점기 훼손, 반출되었다는 피해의식 그리고 이후 6·25전쟁으로 인한 전통문화 파괴 및 훼손에 대한 트라우마와 1960년대 이후 근대화, 산업화과정에서 많은 문화유산과 전통적 가치의 무시, 파괴에서 비롯된 것이기도 하다. 여기에 전통문화의 가치가 근대화를 위한 국민통합의 도구로 인식되면서 국가주도의 전통문화에 대한 정책은 '전통'을 민족적 또는 국가적 이념으로까지 그리고 전통문화에 대한 담론은 신화에 가까운 상찬일색으로 치달았다. 이런 상황은 전통에 대한 담론의 생산을 막았을 뿐 아니라 전통문화를 박제화 하는 결과로 이어졌다. 이런 우리의 전통에 관한 태도를 전제로 그간의 우리 무형문화재 정책을 살펴보면 유네스코가 긍정적으로 평가할 정도로 성공적인 세계적으로 유래가 드문 문화유산 정책이지만 한편으로는 지나치게 국가주도의 '원형보존주의', '중점보호주의'로 일관하면서 일부 학자들과 전승공예가들의 경우 문화 권력으로 자리했다는 지적도 한번쯤 되돌아 볼 필요가 있다. 또 정부의 문화관련 정책의 금과옥조로 여기는 '팔 길이 원칙'(arm's length principle)이 우리의 문화재 정책에서는 소홀했다는 의견도 경청해야 할 부분이다. 특히 특정분야의 특정기예에 한정된 지정으로 인해 관련분야의 종 다양성을 해치고 있다는 의견에도 관심을 가져야 한다. 전통이란 리눅스처럼 시간을 가지고 사용자 모두가 쓰며 그 과정에서 자신의 경험을 보태 조금씩 고치고 개선해 나가는 개방구조를 지녔다. 따라서 전통은 누구 한사람의 전유물이 아니라 사회구성원 모두의 것이어야 한다. 하지만 전문가가 아니면 전통과 전통문화에 대해 이야기 할 수 없는 구조도 전통문화와 무형문화유산의 보존과 계승발전 아니 '계승변화'를 위해서 논의의 장을 개방해야 할 것이다.

결론적으로 우리의 무형문화정책은 지난 50년간의 세계에서 유례를 찾아볼 수 없는 제도로 커다란 성과를 거두었다고 평가할 수 있다. 하지만 전통이란 불변의 가치라는 부동의 인식으로 인해 시대적 변화에 적응하고 변화하기보다는 원형의 보존이라는 원칙을 고수함으로서 시대에 적응하지 못하고 고립되는 결과를 낳았다. 게다가 유형문화재와 무형문화재를 동일한 방법으로 보존관리하면서 무형문화유산을 과도하게 계량화, 범주화함으로서 특정한 틀에 예속시키는 결과를 낳았다. 여기에 시대와 현실에 적응해서 함께 변화하여 동행하기 보다는 경제적인 지원을 통해 정체와 현실에 안주하도록 했다. 또 수요자중심의 정책보다는 공급자 중심의 유지차원에서 정책을 집행함으로서 전승공예분야 기능보유자 외에 어떤 우호세력의 육성과 수요도 창출해 내지 못한 한계를 노정했다. 따라서 전향적으로 그간의 성과를 바탕으로 새롭게 정책의 변화를 꾀해야 한다. 무형문화의 보존은 문화적 행위이자 하나의 수단이다. 수단이 목적이 되어서는 안 된다. 이제 어떻게 살아 왔는가도 중요하지만 앞으로 어떻게 살고 싶은지 스스로 묻고 답을 해야 한다. 한국의 전통과 전통공예도 예외는 아니다. 무형문화 특히 전통공예의 가능성은 어느 때 보다도 밝다. 이미 시침보다 초침이 우선되는 시대에 '물건'의 역할을 '제품'과 '상품'이 이미 대체하고 있다는 사실에 식상한 사람들이 늘고 있다. 다시 '손 맛'을 그리워하고 '격'을 찾는 이들이 늘어난다는 사실은 전통공예의 미래를 밝게 해준다. 여기에 대부분의 전통공예가 늘 자연에서 원료를 구하고 시간이 지나면 자연으로 돌아가는 속성을 지니고 있어, 환경·재생이란 시대적 화두와 맥을 같이한다. 게다가 4~50대 이상 되는 연배 사람들에게는 고루하고 진부한 아니면 모더니티를 상실한 시대착오적인 것으로 치부되는 전통공예지만 우리사회의 중심인 젊은 세대들에게는 새로운 문화이자 신선한 경험이라는 점은 지금까지의 소외와 무관심을 극복할 수 있는 '손 맛' 가득한 '친환경적'인 '새로운전통공예'에게는 절호의 재생기회이다. 올해로 '문화재 보호법'이 시행 된 지 50년이 된다. 우리의 전통공예가 오늘 이 전시를 통해 볼 수 있는 것처럼 이나마 유지되고 이어져 져 온 것은 이 법이 역할을 한 때문이다. 하지만 전통의 '원형보존'에 지나치게 방점을 두면서 전통을 '박제화'했다는 비판도 있다. 전통은 '흐르는 물'과 같다. 상류의 물이 그대로 하류에 도달 할 수는 없다. 변화와 변신은 순리이다. 하지만 변화가 목적은 아니다. 우리의 목표는 "지속가능한 전통공예"이며 수단으로 '변화'가 필요하다. 여기에 관계자들만이 아닌 많은 사람들이 쓰고 보며 만들고 의견을 내고 생각을 말하는 리눅스 같은 형식의 열린 의사소통이 필요하다.

Heading Toward an Old Future

- How to record the traditions of "our generation" after 100 years of history

Written by Junmo Jung (National Museum of Contemporary Art, Former Director of Cultural Acquisitions Research, Cultural Policy, and Art Criticism)

Ⅰ. As We Begin

Suddenly evoking the word "tradition" and the phrase "transmission of crafted works" may sound somewhat strange, but the occasion is that this year marks 50 years since the 1962 "Cultural Property Protection Law" was implemented "to promote the cultural growth of the Korean people and contribute to the improvement of human culture through the conservation and use of cultural properties." This law classifies cultural property as tangible cultural heritage, intangible cultural heritage, monuments, and folklore cultural heritage assets, and designates cultural heritage as state-designated cultural heritage or city/province-designated cultural heritage in order to manage their conservation. The government of the Republic of Korea established and implemented the "Cultural Property Protection Law" for the first time 50 years ago to conserve tangible and intangible culture properties. After laying the foundation, on this basis it designated Jongmyo jeryeak (Jongmyo Shrine royal ancestral Confucian memorial ceremony music), Yangju byeolsandae nori (mask-dance drama of the Yangju region), and Namsadang nori (performances by typically male wayfaring troupes), along with the traditional craft of "gat work" (making horsehair hats) as important intangible cultural properties. That fact that the young country, having achieved independence in 1945, prepared a bill about culture heritage to "conserve cultural properties and carry on the culture of the Korean people in order to utilize it to promote the cultural growth of the people and thereby contribute to the improvement of human culture" and positively exhibited the "conservation and management" of traditional culture is very inspiring. This billed, which was passed by a vote from the Supreme Council for National Reconstruction in 1961, became the background for the preservation, management, and conservation of Korean traditional culture and cultural heritage today. Enacting the law to protect cultural property abolished the "Joseon Historical Materials Memorial Protection Decree" made by the Japanese Empire and replaced it with the newly enacted "Cultural Property Protection Law." However, the greatest characteristic and achievement of this law besides the tangible cultural heritage is the fact that it acknowledges intangible cultural heritage as a form of cultural art that retains the "original form of the people's culture." Furthermore, against this backdrop stands the fact that it requires the latter's conservation and management. The intangible cultural property system of Korea, without parallel in world history, is an advanced, progressive cultural history policy. UNESCO also gives it a positive evaluation and in its recommendations to other countries for protecting folkways and traditional cultures, refers to this system as advisable. According to this law, those designated as artisans of intangible cultural properties - or the so-called intangible national treasures - obtain the right to receive a small fixed monthly stipend supporting transmission and must show that they are carrying out the specialized educational duty of reenacting traditional culture and handing it down by teaching younger students. The start of preserving and managing our intangible culture is the fruit of a wide breadth of understanding and philosophy of culture. Although those in power during the May 16 military coup d'état enacted the bill as one of the tools security their legitimacy, we cannot help but assess it from today's perspective of traditional culture and cultural property as having greater achievement than failure. Furthermore, it's an obvious fact that this system bore fruit to a certain extent. However, we need to consider whether our country's intangible cultural properties conservation and management methods, which preceded those of other nations, still pertain to today. Being satisfied with the produce thus far constitutes "pride." Since intangible cultural heritage moves and changes without substance, we must be poised for action to capture its movement. Thus the preparatory work of looking back at the results of the past 50 years and anticipating the results of the next 50 years holds great importance.

II . Intangible Culture within Tradition and Tradition within Intangible Culture

A. Meanings of tradition for me, for us

Looking in a mirror, you suddenly see the images of your father and mother reflected in your image. This is because of your parents' genes within your body. Likewise, at times unfamiliar landscapes or objects unusually attracts me or makes me feel close to them. This is because they appeared one day, sitting within our bodies and minds. This is tradition. However, while we can recognize such traditions, we do not know enough to regulate them. This is because in many cases we use words habitually without comprehending their meaning or significance. However, if someone asks us the meaning of those words, we hesitate to answer. Perhaps this originates in our confidence in the every-day character of our speech, our mother tongue, but on the other hand, perhaps due to the point that our language use is not really clear and always used unconsciously, the cause traces to our delusion of vaguely thinking we know it The same is true for us about tradition. Usually indifferent, we suddenly take on a nationalistic or ultranationalist attitude and a serious expression when using the word "tradition." In fact, this aspect was the starting point for the conservation and management of our intangible cultural Might not "tradition" be one of the most routine, formulaic words? Actually, it seems that we neither deeply care about its meaning, nor try to understand its deeper sense or philosophicalmeaning. Using it out of familiarity, it remains vague, deluding us into thinking that we know it dimly, so we push the work of clearly defining and regulating its meaning to someone else. With the passing of time, the word tradition has lost through forgetfulness even the dictionary definition of "a pattern such as a concept, custom, or behavior passed down from a previous generation in the group or community." transformed from a means of "renovation" or "reformation" to something with a largely automatic meaning of "overcoming an object" or "surpassing a value." While people may say "appreciation of tradition," they mean otherwise. This phenomenon arises simply from the limits of time referred to as "past generations." However, we must bring to light the place from which to the measure and standards of past generations. As today turns to tomorrow and becomes past time, we should read traditions and especially intangible cultural properties while focusing on their continuity and sustainability.

B. The meaning of intangible cultural heritage

In 2002, UNESCO finally defined intangible cultural heritage as "culture such as arts, literature, lifestyle, values, traditions, and beliefs appearing in one society or social group with unique psychological, material, or intellectual characteristics" and here, the forms of popular culture defined as intangible cultural properties include language, literature, music, dance, games, mythology, rituals, customs, crafts, architecture, and other artistic talents. However, we can see that our government placed comparatively larger emphasis on regulating the conservation and management of intangible cultural properties in first establishing the Cultural Property Protection Law in the early 1960s. Transition and change from feudalism to modern times became delayed as undergoing the Japanese occupation, independence, and the Korean War demanded great sacrifice and effort from us, and although we jumped into the line of modernization last, we were not the last to move ahead in every aspect - at least not in our attitude and policy towards intangible cultural heritage. However, in the background of this awareness stood the military force that caused the coup d'état and needed to put forward a political concept to make breakthrough in the national economy and secure its legitimacy.It needed to mobilize the entire resources of the country to construct a new national and develop the economy. In order to draw the people into a comprehensive economic development system, it therefore needed a concept or value that meshed with the common people's commonly held ideas. Using the terms "single ethnic group," "the Korean people," and "ethnic homogeneity" proved a sufficient method to unite the people. Furthermore, people could verify their homogeneity through culture, especially normal shared performances, handicrafts, and other types of customs or manners they judged as intangible cultural properties. Like genetic factors or blood type of an ethnic group, the actuality of intangible cultural heritage penetrates early.

Ⅲ. Intangible Cultural Property, the Merits of 50 Years

A. Tradition, a return to today

When cultural protection law was first established, the idea was the value of keeping and conserving the simplest and most external traditions of the past without placing further value on them. Therefore, it leaned toward passively protecting rather than actively promoting, so that in fact "protection" and "management" became means of control that brought However, the cultural protection law prepared a ground within its boundaries for intangible cultural properties to exist and thrive despite their vulnerability. As feudalism suddenly transformed to modern times after independence, the people had no opportunity to transfer over to the new, modern education system their idea and attitude towards traditional culture as something from the past. This meant they were deprived of the opportunity to develop traditionalhandicrafts through transmission. Moreover, as conservative attitudes failed to shift with the times, the very foundation shook. As the nation began to preserve and manage these traditions terms intangible culture, some parts of the intangible cultural heritage achieved recognition and received legitimacy through the process. In effect, people who possessed these skills maintained or increased their social standing. This was due to the government's involvement. The relevant office also supported them, but the result was just maintaining their existence. As the world has undergone many changes, the Cultural Property Protection Law has changed dramatically during the past 50 years. Changes in Korea during the past 50 years reach the magnitude of worldwide changes in "quantity and quality" carried out over the past 200 years. Thus the winds of drastic change have whipped through Korea in breathtakingly short amount of time. The fact that our intangible cultural heritage has outlasted and withstood the flow of time results from conserving and managing that heritage as regulated by the Cultural Property Protection Law. Just considering traditional crafts, currently 64 people possess transmission of 49 fields. However, 41 of these 49 are classified as barely surviving because they are impossible to sustain without support. Our country leads other countries in this regard by making this work possible through inviting the method of conserving and caring for our intangible culture. In spite of this result, we should consider whether the policies and methods of the 1960s still fulfill today's purposes. Satisfaction with the status quo constitutes "pride." As forms without movement or change, the intangible properties clearly require us to take an active enough position to pursue motion. Considering this point, looking back on the results of the past and predicting the next 50 years holds great importance.

B. Conservation or accommodation

philosophical definition of the concept of tradition has eluded us. Our intangible cultural policy focused on conservation. "Tradition" is not something stuffed and mounted or suspended. Culture flows and overflows, spreads out, and passes through a permeating course. If someone cut ice from the frozen Han River in order to preserve its waters, then preserved it in a freezer, it would just be ice from the Han River, no longer Han River water. Therefore, the policy of preserving the "flowing water" of tradition in the frozen form of a "momentary part" is incorrect. The word tradition includes both durability and variability, but our Cultural Property Protection Law only addresses durability and missed addressing variability from the beginning. It ignores the basic concepts of variability, complexity, and diversity in intangible culture. The work of recording people's actual life matches the X-axis of anthropology with the Y-axis of history as a process that has to change or move toward new cultures. Rather than a stationary, outdated standard or restricted culture, culture must mean the accumulation of past times and wisdom which makes today possible, handed-down wisdom and experience deposited up to the present time. Herein lies the value of intangible culture. Especially in this era, with everyday affairs and minor events at the centered of history, intangible culture is time in motion, not frozen. Therefore, intangible culture needs to be discovered and handled from the viewpoint of the flow of time. Grammatically speaking, tradition must be expressed in the present progressive form rather than in past perfect. Tradition does not move like the noticeable ticking of a clock's second hand, but like the imperceptible continuous motion of the hour hand. We need to remember that the river flows slower where it is deeper. Lack of understanding of folkways has contributed as a hidden aspect of our intangible cultural property law's successes and failures. Although intangible culture requires both simultaneity and synchronism, our intangible cultural properties policy only focuses on the narrow meaning of synchronism without regarding its simultaneity. Without a clear reason or basis, specific points in time were chosen as standard for the content and format of intangible cultural properties in order to designate and manage their conservation. This is like insisting that the water in a cup is actually flowing river water. Intangible culturedoes not come to a standstill. It expands in new ways in touch with the times. Intangible culture not reflecting the times cannot exist. Until now, we cannot know exactly how much effect the policies of conservation and management have had, but unable to adapt to generational transformation and flow, they have resulted in blockages and halts. It follows that as our intangible cultural heritage passed through the 1960s and 70s, intangible culture reflects none of the rapid culture, customs, or lifestyle changes in Korean society. In this way, considering Korean intangible properties' inability to reflect the 20th century, which lay between feudalism and modernity, between tradition and postmodernism, we need to examine the policies regarding our intangible culture from the inside out.

C. Differences between tangible and intangible cultural property

If intangible cultural property is a living organism, tangible cultural property is an inanimate object. Tangible cultural property has a form unchanged by the passage of time goes by while the intangible cultural property exists but has no form. Also, the same events or craft skills differ depending on the area, custom, environment, and participants. Therefore, we need to enforce a proper policy that fits with the characteristics and habits of intangible cultural properties. We especially need a conservation and management plan germinated and cultivated in its culture with cultural attributes developed considering the ecological environment. In actuality, the policy for intangible cultural property did not really differ much from the tangible one in its foundation or form. The basis of the Cultural Property Protection Law causes the very serious issue of managing all different kinds of instances of intangible cultural property in the same way. Of course the means of executing this policy greatly maximizes the effectiveness of management and preservation, but it needs correction because tangible cultural property differs from intangible cultural property. This fact begs to say that the policy of tangible cultural property ensured the convenience of the administration. Particularly "original structure conservation," the basic principle of the Cultural Property Protection Law, brought breakthroughs in the preservation of tangible cultural property, remediation technology, and skills for excavating buried cultural property. However, this very tangible cultural property-centered policy and construction management caused a failure to adapt to change brought by time, a lack of creativity, and a failure popularize and generalize cultural properties, and it continued to fail in the market, getting kicked out of the view of intangible cultural property. Actually this problem already started in the Cultural Property Protection Law. Article 1 of the Cultural Property Protection Law clearly shows its purpose, "to conserve national culture in order to utilize it", but Article 3, which states the basic principles of the Cultural Property Protection mentions as "to preserve, manage, and utilize cultural property by following foundational rules to keep the original form," does not consider the characteristics of the intangible cultural property. Therefore, this shows that Article 3 denies the purpose mentioned in Article 1. The preservation of tangible cultural property itself has a goal and a method, but intangible cultural property is different, and to preserve this is already impossible. As a phenomenon with unspecified physical substance, invisible rather than visible, it proves impossible to measure, schematize, quantify or digitize because it is literally intangible. Therefore, the transmission, utilization and conservation of current intangible cultural property seems the product of "misplaced policy" or the dead zone of the policy of Cultural Property Law based on their results. This is because the scene of intangible cultural property was not considered progressively. We especially need a policy that supports environments with conditions suitable for transmission and fits the regional characteristics of each field's aspects as well as the variations among individual intangible national treasures.

D. Support for inducing adaptation and change

The gravest error of our intangible cultural policy lies in its excessive limits on the range of intangible culture. This probably results from the fact that the country pays regular stipends to those people designated as possessing transmission and due to limited finances, designating artisans from various fields would cause massive financial strain. However, the biggest problem with the conservation and management of intangible cultural property stems from government control, which damages the various fields of intangible culture. Therefore intangible culture heritage not supported by the national government die out and While the difference between receiving official approval and not receiving official approval matters little to the form of culture, it bears a huge difference socially. Eventually, normal citizens think of those with official approval as pure forms of culture and those without as cross-cultural, and forms considered cross-cultural disappear. Undesignated forms become consigned to "the remaining" group and lose their existential value. It's as if while going through time, some ceramic ware whose value would certainly be recognized in the future, is currently estimated to have little value and, after being carelessly maintained, would become damaged and eventually be discarded. Another important problem is that of adapting to the current times and society. Once someone who possesses transmission skills becomes designated a human intangible cultural treasure, the national or local government provides a certain amount of money each month as a support stipend. Of course we understand this as an expedient measure to keep up traditional skills, but even without knowing how useful the human cultural treasures find such a small stipend amount, it appears harmful from a broad perspective. Paying out incentives proportionate to the sales volume of work instead of the support fund could be more effective.

E. Not people, but culture

Tradition follows and passes away with time, appearing anew. In some case, it transforms into other form by combining with a new era, environment, or condition. In this way, keeping to a "means of holding onto tradition" blocks the current change and transformation as a means of suppressing the improvement of intangible cultural property. Limiting renewal as the country tries to maintain tradition with small stipends, not even close to meeting living expenses, is another type of violence. If this kind of support continues, it will finally regress and became like a "dinosaur" that, able to adapt becomes extinct. It is the time to demand a changeover policy leading to support adaptation and change. Besides that, finding students who want to carry on these skills exactly like the artisans is becoming difficult. Once they become intangible national treasures, they live almost as if they have turned their backs on the world, which does not attract young people. Even after learning those skills, they would face limitations in modernizing a new business item, so there would be no other way to survive but as intangible national treasures receiving stipends. Therefore, fathers usually pass down intangible cultural properties. Sons should take over family businesses out of enthusiasm, but in some cases, sons inherit them even when they are unqualified just because they are children. This is the reality. Also, rather than fighting against using machines and tools, it needs to be changed to allow their use. Human beings are born to use tools. It is natural to use tools to make tools. However, we have been denied using new tools in our traditions for the sake of maintaining tradition. This is the reason why it is falling behind the times. Therefore, preserving and managing the intangible cultural heritage requires a forward-looking change of position from preservation to succession. The people possessing skills matter, but consumers in particular also have importance. Actually intangible cultural policy has thus far been giving a show without an audience. Since there is no audience, performers are not excited. Therefore, traditional culture, especially intangible culture, needs to be grafted into the present, which is today. Doing that requires interactive consilience through encountering the times. When the heritage loses its effective value due to the passage of time, the choice remains for the heritage to be kept and displayed in a permanent collection by sending the artifacts or products to museums or art galleries. This goes to say that many antiquities on display which currently belong to museums are actually collections of artifacts of the intangible culture from eras long past. To let culture disappear is also a culture. To try holding without letting go is also a culture. At this time, looking back at the status of our intangible cultural property after 50 years of support appears miserable. In the future, researching traditional skills, to explaining traditional culture, and finding out the true value of intangible culture in order to regulate specialties quite lacks in reality. Accordingly, we need to study our intangible culture and examine some supporting books about researchers who investigate the current range of support. Now is the time to change the attitude of treating intangible culture as intangible rather than maintaining a intangible cultural policy obsessed with tangible forms such as people and relics.

IV. Instead of a conclusion

"Tradition," in fact, does not literally mean old things. The concept of tradition is a product of the modern era. It is a discussion made by modern times in order to expand itself. This new meaning put on the traditional cultures and folkways as they disappear through modernization is a product of modern era. Modern imperialist nations also made the concept of tradition by attacking third world countries. They brought in new culture from foreign countries and even people to introduce folkways by performing them as a spectacle as a way to make money. Later on, those preserving tradition grabbed a new place of authority by making it the responsibility of intellectuals and the duty of contemporaries. Therefore they tried to secure their territory by holding up tradition and cultural property as a shield according to circumstances. Self-respect and pride toward to our history and tradition are deeply related to tradition, a product of this modern era. Certainly this originated in pride in our unique culture, passed down and developed through a long period of history. However it also arises from a victim mentality owing to the harm our historical and cultural pride suffered and the damaged our national cultural heritage endured during the Japanese colonial era. Also after 1960, modernization and industrialization led us to ignore and destroy a great deal of our cultural heritage and traditional values. Furthermore, during modernization the value of traditional culture was considered a tool for national integration, the policy of traditional culture made "tradition" a national idea and the dialogue about traditional culture was praised profusely with a tone of sarcasm, even comparing it to resembling a myth. This situation blocked the production of a discussion about tradition and caused the taxidermy of traditional culture. Upon looking through the policy of our intangible cultural property thus far, based on our attitude toward our tradition, we see its success lies in its unusual policy towards cultural

heritage the like of which cannot be found worldwide nor with such a positive evaluation from UNESCO. However, since it leans excessively and consistently toward to "original structure conservationism" and "priority protectionism," people pointed out that some scholars and transmission artisans became a cultural authority, a point we need to consider once. Also, an opinion worth listening to is that the policy of our cultural property neglects the “arm's length principle,” considered a golden rule in the government's cultural policy. We need to pay attention to these opinions, especially that since the policy limits designation to special skills in special fields, it damages the diversity of related fields. Tradition should be what everyone takes time to use like LINUX, which has an open system that people add to, fix and improve little by little through the process of their experiences. Therefore, tradition needs to belong to entire citizenry rather than as an exclusive product for one person. The structure in which only experts are able to talk about tradition and traditional culture also needs to open the chance for discussion to anybody, not only to conserve intangible cultural heritage and transmit developments, but also for a “transmitting change.” In conclusion, our intangible cultural policy has achieved greater success that that found from any other country in the past 50 years. However, because of the inflexible thought that traditions are unchangeable values, the tradition adhered to the basic principle of “original structure conservationism” rather than being changed by and adapting to periodical change. Therefore, tradition become isolated rather than adapted to this era. Besides this, tangible and intangible cultural property were preserved and managed in the same way, which subjugated intangible cultural property to a particular stereotype, over categorized and quantified. Furthermore, intangible cultural property became fossilized in the present by steady financial support rather than being adapted to the present and changing alongside of it. Finally, the policy administration remained provider-centered rather than consumer-centered, a limitation exposing its inability to create a need or develop any amicable force besides keeping the artisans in transmission crafts. Therefore, the policy needs to be changed into a new forward-looking policy based on the results so far. To preserve the intangible culture is a cultural active and a way. it is not ok for the means to be a purpose. Cultural activity is one means of preserving intangible culture. This means must most become an end in itself. While how we have lived so far matters, we need to ask ourselves how we want to live from now on. This includes Korean tradition and traditional craft. The possibility of intangible culture and especially traditional crafts is brighter than ever. In this era, when the second hand outpaces the hour hand, “products” and “goods” have already taken over the role of “items,” the number of people weary of this actuality is increasing. People miss the “made by hand taste” again and long for “class,” which spells out a bright future for traditional crafts. Also, most traditional crafts' source springs from nature and they return to nature later on, which harmonizing with this time's top pick - environmental and recycling reclamation. Besides, while traditional crafts tell well-worn stories or seem like by-gone modernity for people in and well past their 40s, for young generation at the center of society, traditional crafts present new culture and fresh experience. This presents an opportunity for the “new traditional crafts” to overcome the isolation and indifference up until now with a “made by hand taste” and an “eco/environmental” character. The “Cultural Property Protection Law' went into effect 50 years ago. As you can see in our traditional crafts through this exhibition, traditional crafts have been maintained and kept up until now thanks to the law's provisions. Yet the criticism that it focused excessively on “original structure conservation," thereby stifling tradition, persists. Tradition is like flowing water. The water in the upper regions of the river cannot reach the bottom region as it is. Change and transformation are the law of reason. However, transformation is not a purpose. Our purpose is "sustainable traditional crafts" and we need "change" as a tool. For this we need open communication as in LINUX, made not only those authorized but many people who try to write, release their opinions, and speak their thoughts.

衣 의

입다

Costume-Wear

갓 일 / 갓 만들기

Gannil 笠帽工艺

Horsehair Hat Making

지정번호 제 4호
지정일자 1964년 12월 24일

-

작고보유자
총모자장 / 고재구 高在九, 1898~1979
총모자장 / 오송죽 吳松竹, 1907~1984
입자장 / 전덕기 田德基, 1897~1972
양태장 / 모만환 牟晩煥, 1887~1971
입자장 / 김봉주 金鳳珠, 1903~1977
양태장 / 고정생 高丁生, 1907~1992

명예보유자
총모자장 / 김인 金仁, 1920~

전승보유자
입자장 / 정춘모 鄭春模, 1940~
양태장 / 장순자 張順子, 1941~
입자장 / 박창영 朴昌榮, 1943~
총모자장 / 강순자 康順子, 1946~

전수교육조교
입자장 / 정한성 鄭翰聖, 1968~

Designated No. 4
Designated Date. 24 December 1964

-

Deceased Holder of
Important Intangible Cultural Property
Chongmojajang / Go Jae-gu
Chongmojajang / Oh Song-juk
Ipjajang / Jeon Deok-gi
Ipjajang / Kim Bong-ju
Yangtaejang / Mo Man -hwan
Yangtaejang / Go Jeong-saeng

Honorary Holder of
Important Intangible Cultural Property
Chongmojajang / Kim In

Inherited Holder of
Important Intangible Cultural Property
Chongmojajang / Kang Sun-ja
Ipjajang / Jeong Chun-mo
Ipjajang / Park Chang-yeong
Yangtaejang / Jang Sun-ja

추위나 더위로부터 머리를 보호하는 실용적 목적 외에 장식 또는 사회적 지위의 상징으로서 썼던 모자는 사람의 머리위에 쓴다는 점에서 귀한 대접을 받았다. 모자의 의미는 동양이나 서양이나 매 한가지였지만 우리 한국의 '갓'은 모자이상의 의미를 갖는 모자였다.
조선시대 유교문화와 맥을 같이하는 갓은 선비들의 자존심을 나타내는 관모였다. 따라서 '갓'은 조선시대 선비들의 인격의 표상으로, 쓰되 쓰지 않은 것처럼 속이 훤히 들여다보이는 모자였다. 갓은 검은 색 일색으로 매우 미니멀 한 느낌을 준다. 하지만 상투와 망건의 실루엣이 드러나 어른거리는 일루전을 만들어내며 그 단조로움을 깨트린다. 그런 점에서 갓은 군더더기 없는 담백한 아름다움의 상징이다.
'갓일'은 갓을 만드는 과정 전체를 말하지만, 갓을 완성하는 데는 갓의 태에 해당하는 '양태'와 컵 모양의 모자집인 '총모자'를 각각 만들고 이를 입자장이 조립하는 형식으로 완성되며 여기에 갓끈 등 장식물을 달기도 한다.
이러한 갓은 크게 모자와 양태의 구별이 없는 삿갓에서 진화해 온 방갓형과 태가 넓은 패랭이 형으로 구분되는데 좁은 의미로는 '흑립' 즉 갓을 말한다. 갓은 상투를 튼 머리에 망건과 탕건을 쓴 후 그 위에 갓을 쓴다. 따라서 갓일분야는 양태장과 총모자장, 입자장을 구분하여 지정하고 있다. 조선시대 말까지 성행했던 갓은 단발령이 실시되자 급격히 쇠퇴했으나 일제 강점기 중엽까지도 전국에서 양산되었고 광복 후에는 주로 통영, 예천, 대구, 김천, 김제, 남원 등에서 만들어졌다.

The 'gat', a horsehair hat was a formal attire that stands for the pride of Seonbi (classical scholar) rather than an item of traditional hat itself. The gat was an emblem of noble personality and simple beauty. Gannil refers to the general process of hat-making but it involves more detailed skills such as making the hat brim(yangtae) and headgear (chongmoja) for the completion. Ipjajang again assembles each part for the whole hat and attaches the ornaments such as strings to it.
The gat could be largely divided into two shapes of banggat and paeraengyi. Banggat is an evolved from Satgat of which form is difficult to separate brim from the headgear while paeraenyi has wider brim, a typical form of gat we know. The gat is usually worn after putting on headband(manggeon) and undercap(tanggeon) on a topknot hair. Therefore, the area of horsehair hat-making is subdivided into yangtaejang, chongmojajang and ipjajang according to its specific role. The gat was drastically declined after the ordinance prohibiting topknots at the end of the Joseon dynasty. However, gannil was maintained till the middle of Japanese colonial era. After the independence, the gat has been locally made in Tongyeong, Yaecheon, Daegu, Gimcheon, Gimjae and Namwon.

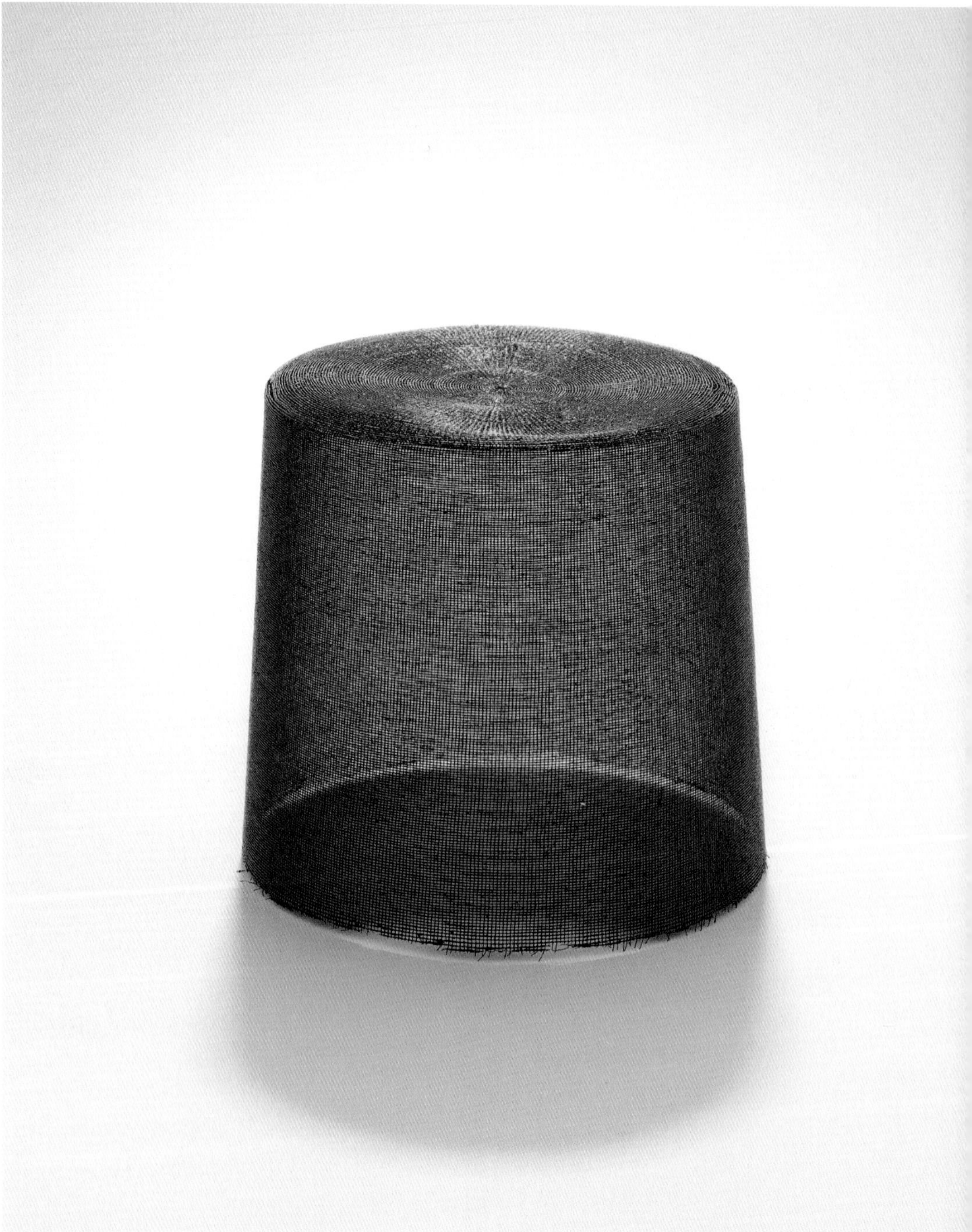

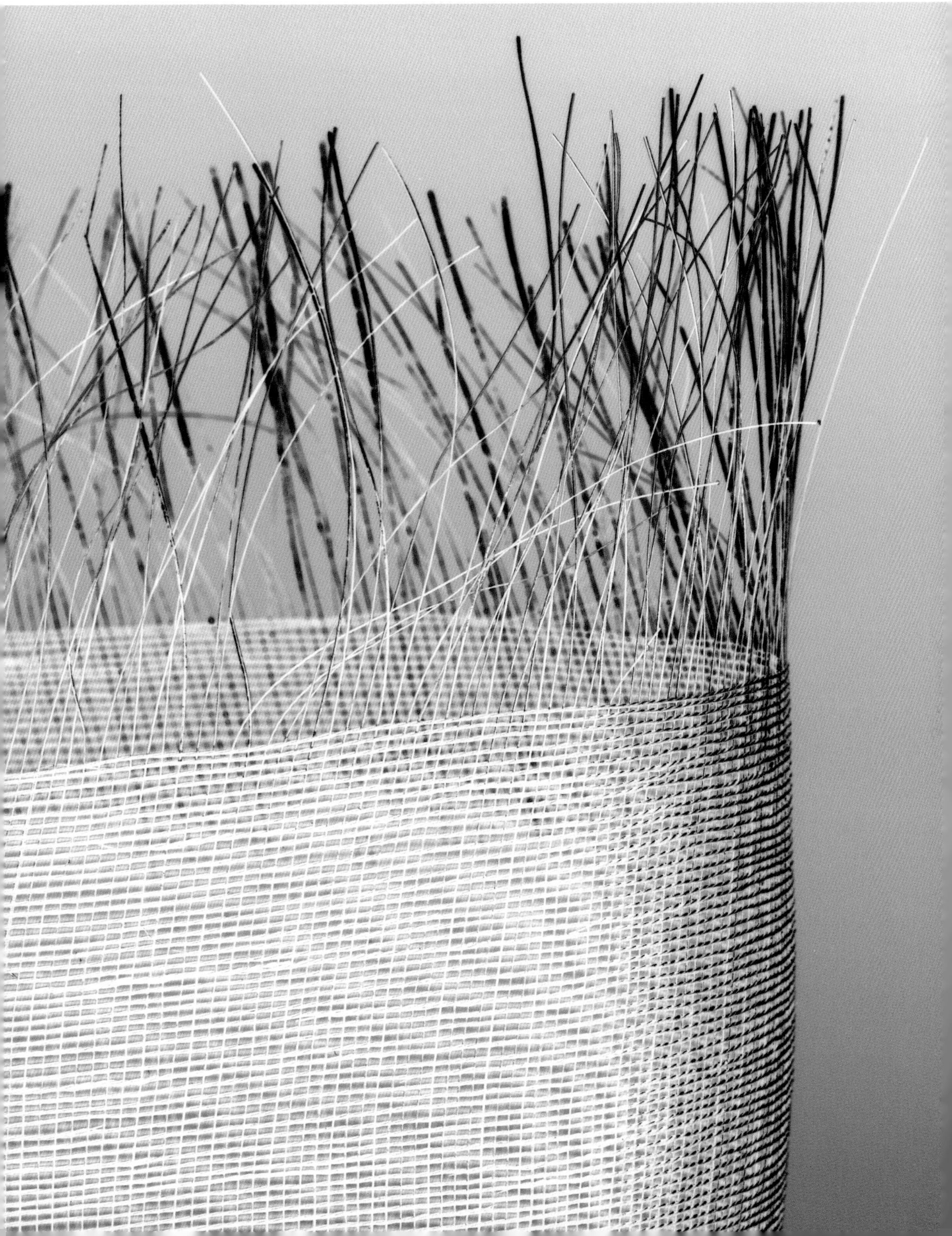

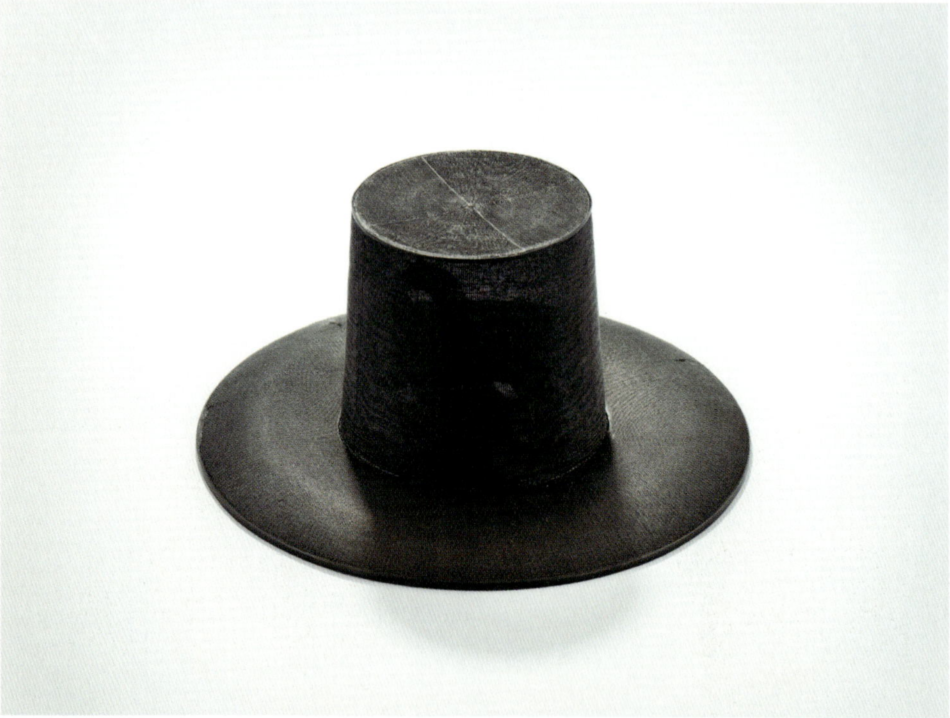

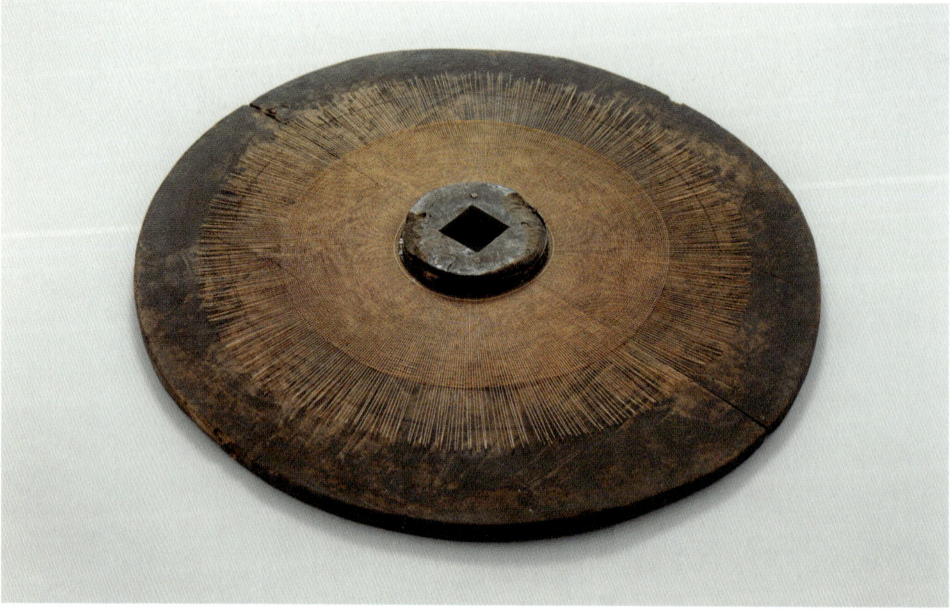

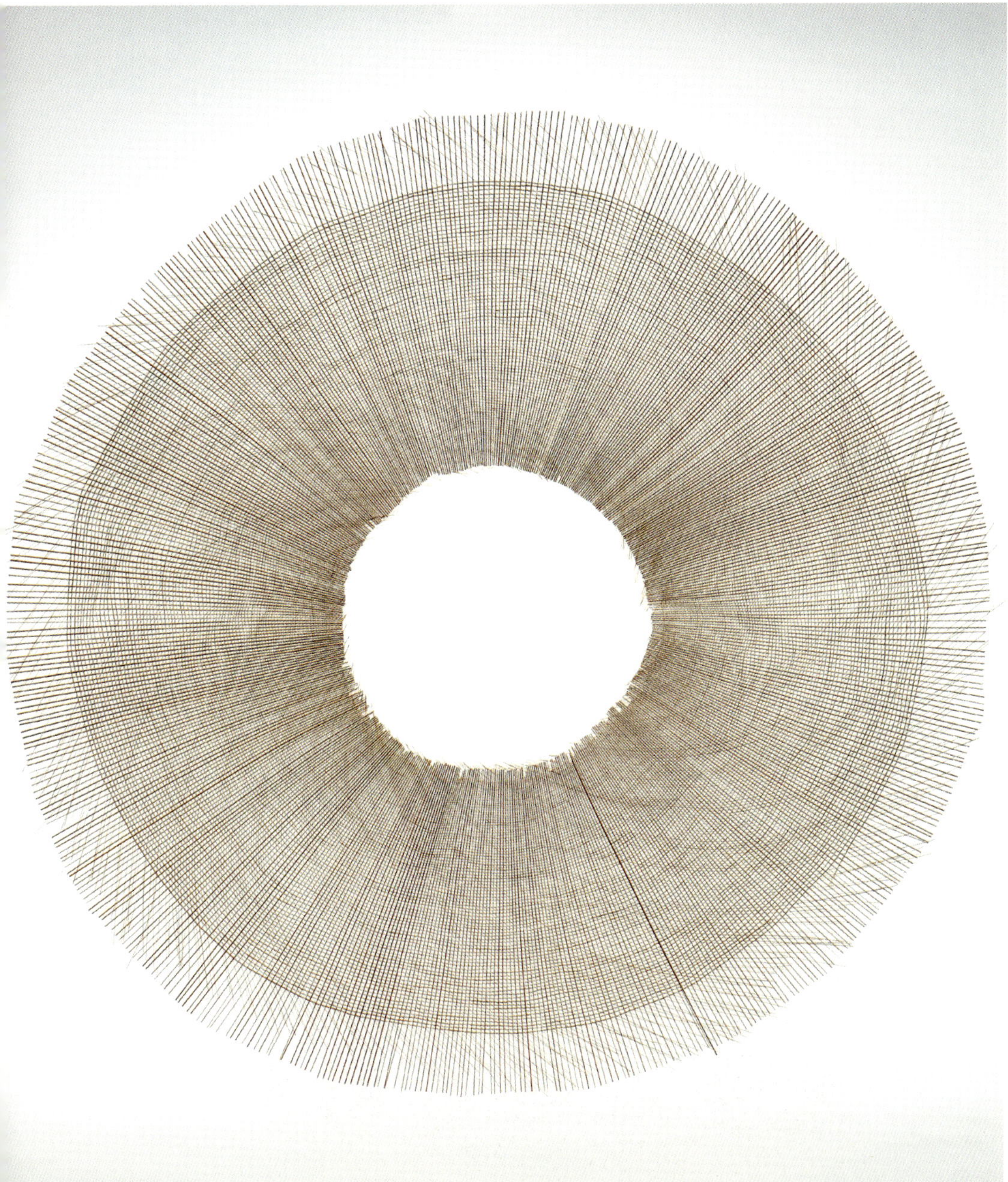

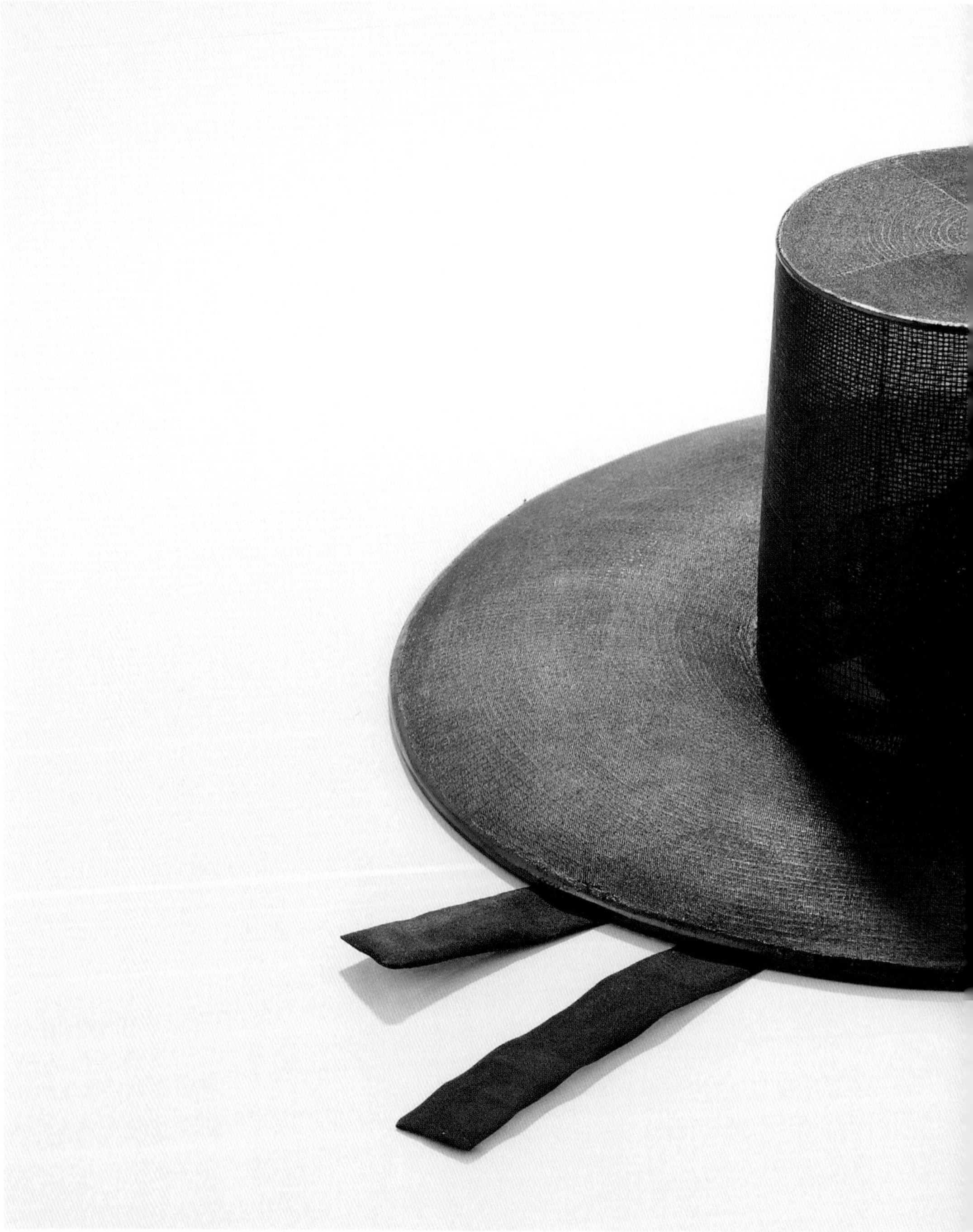

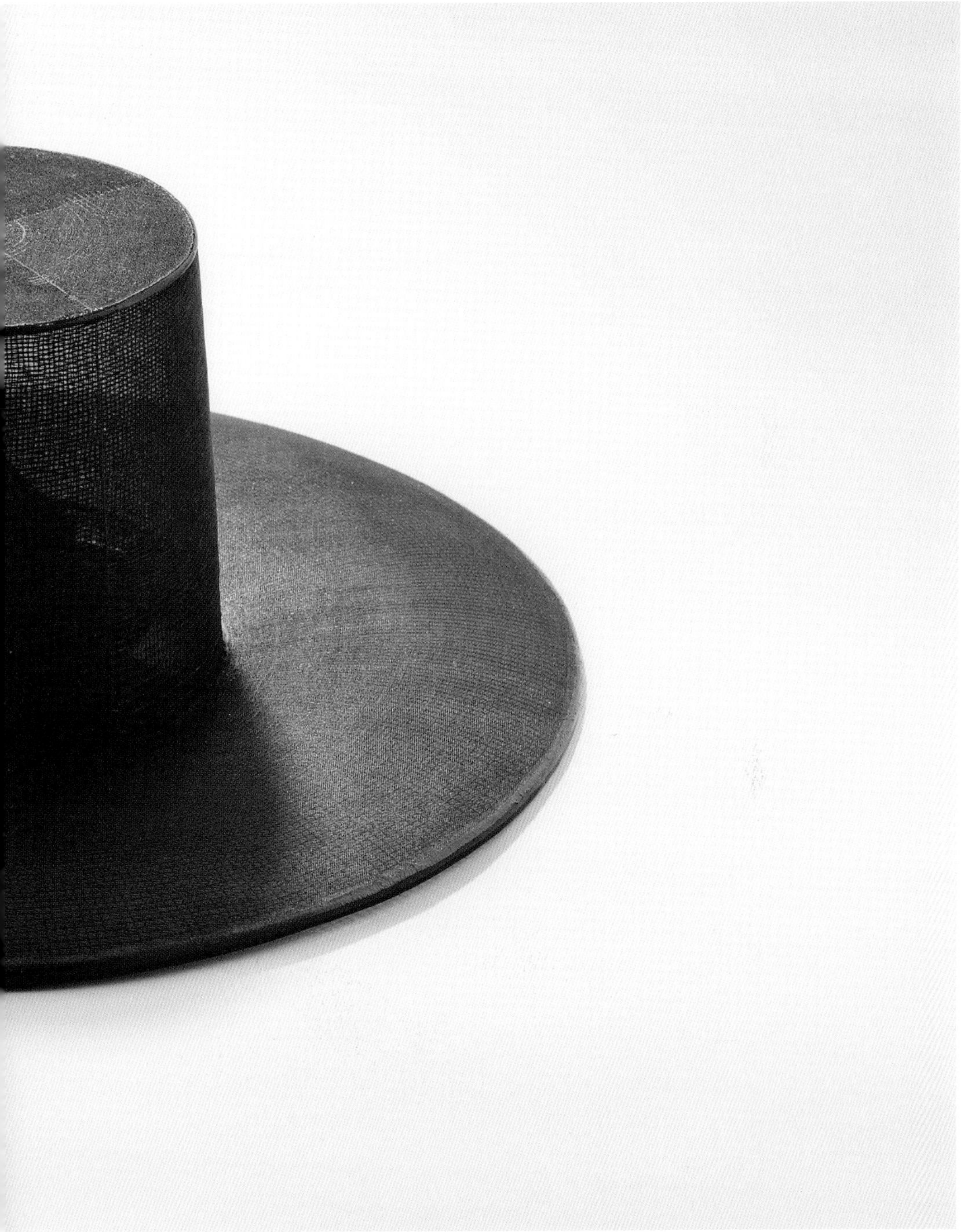

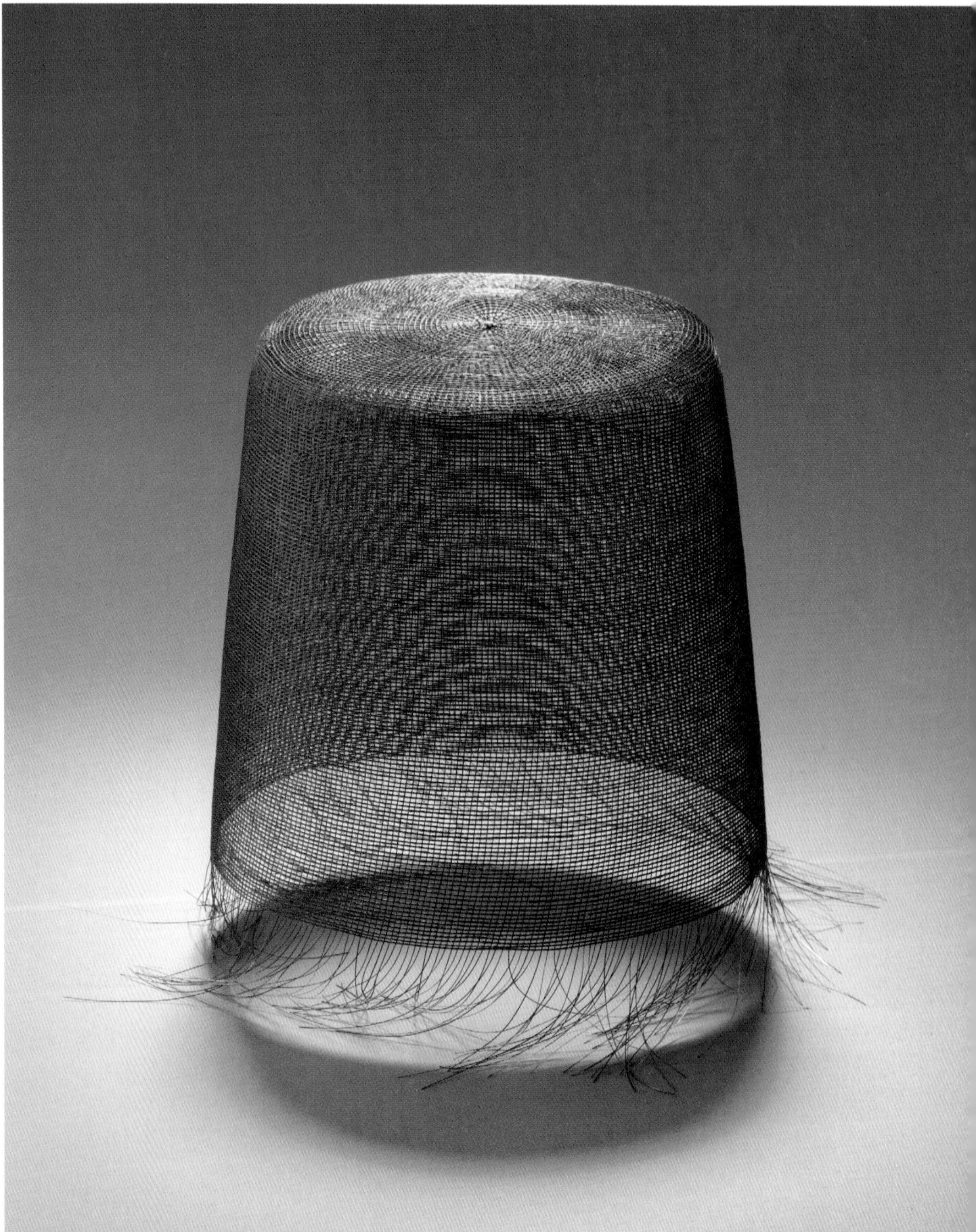

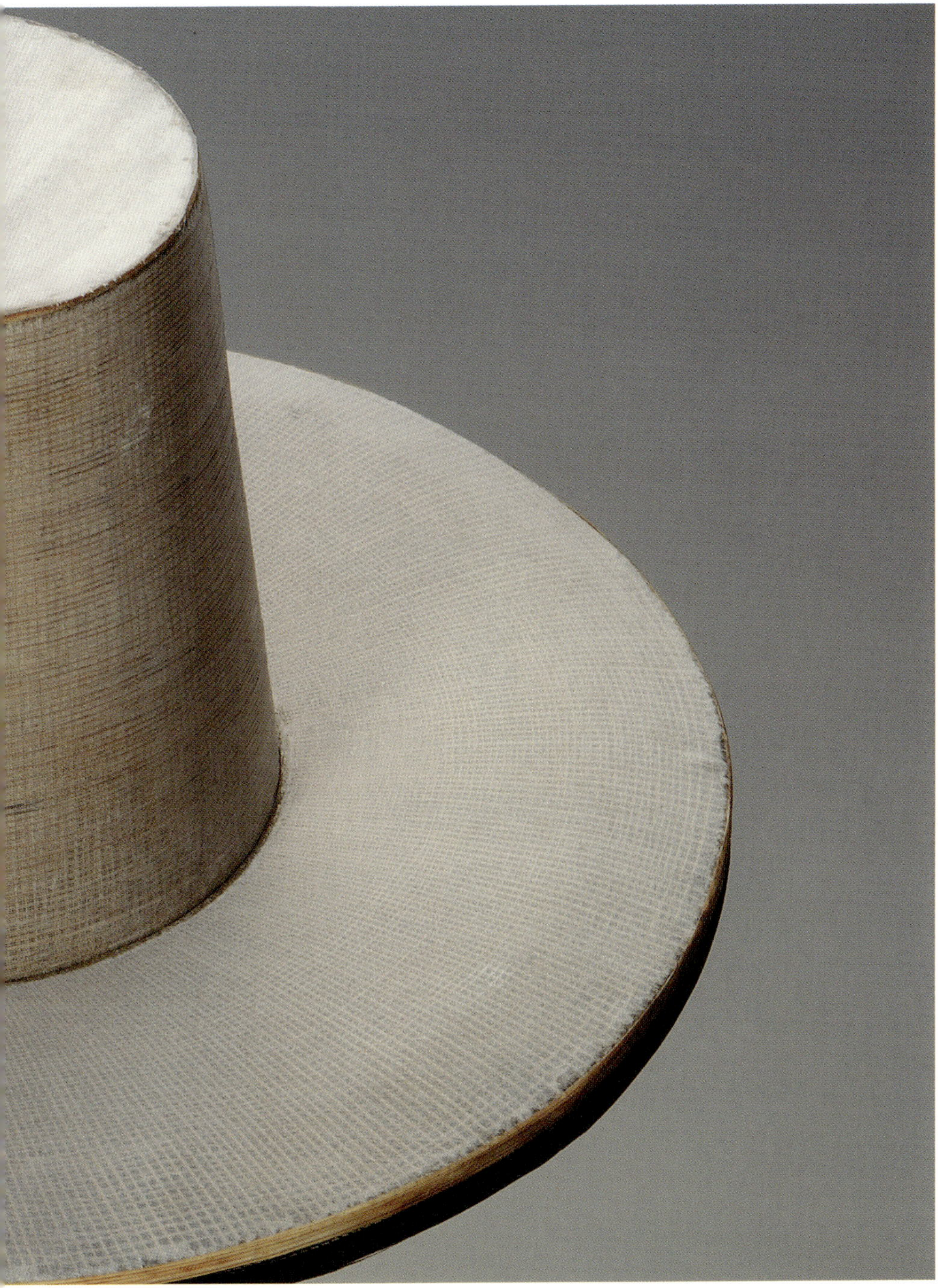

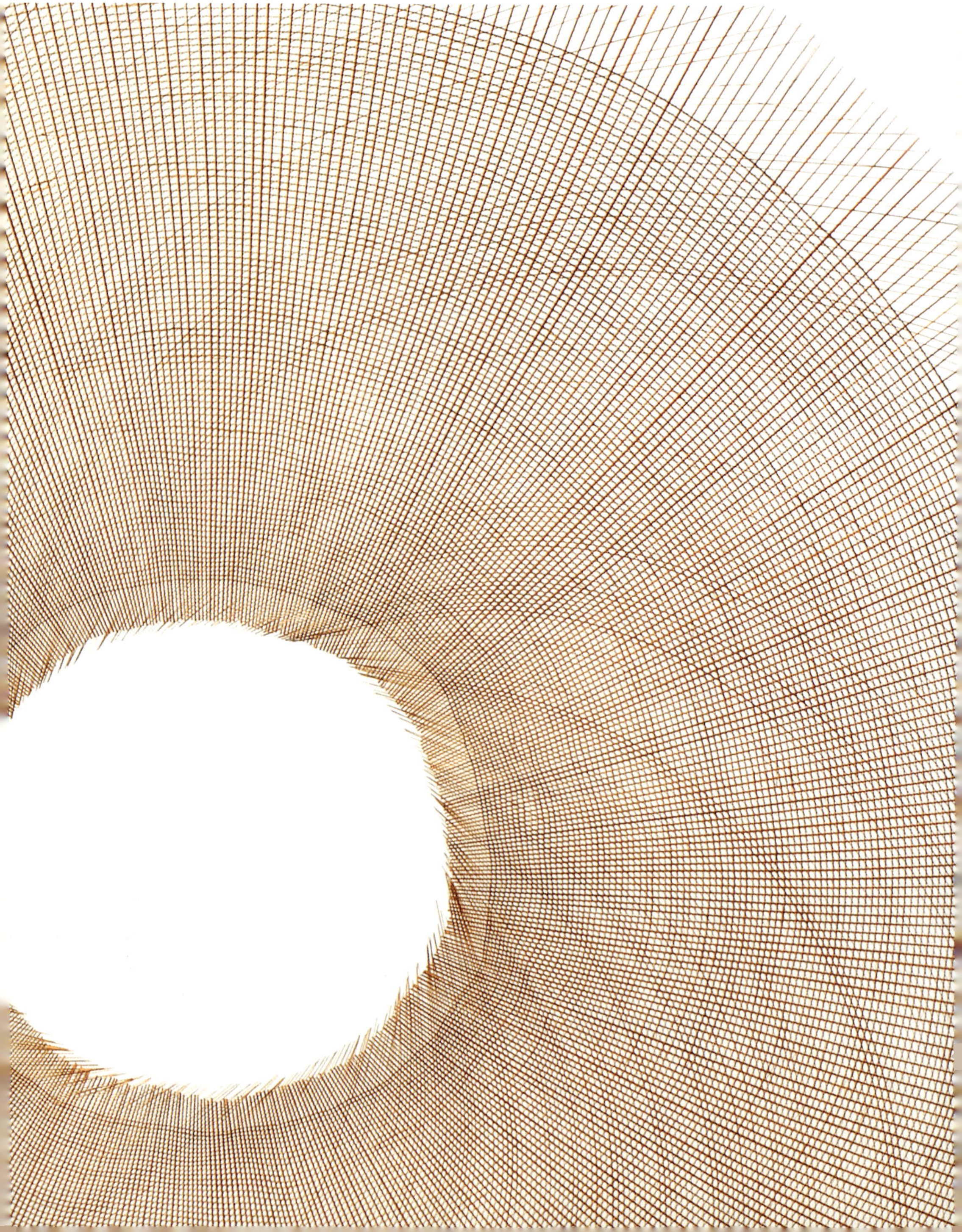

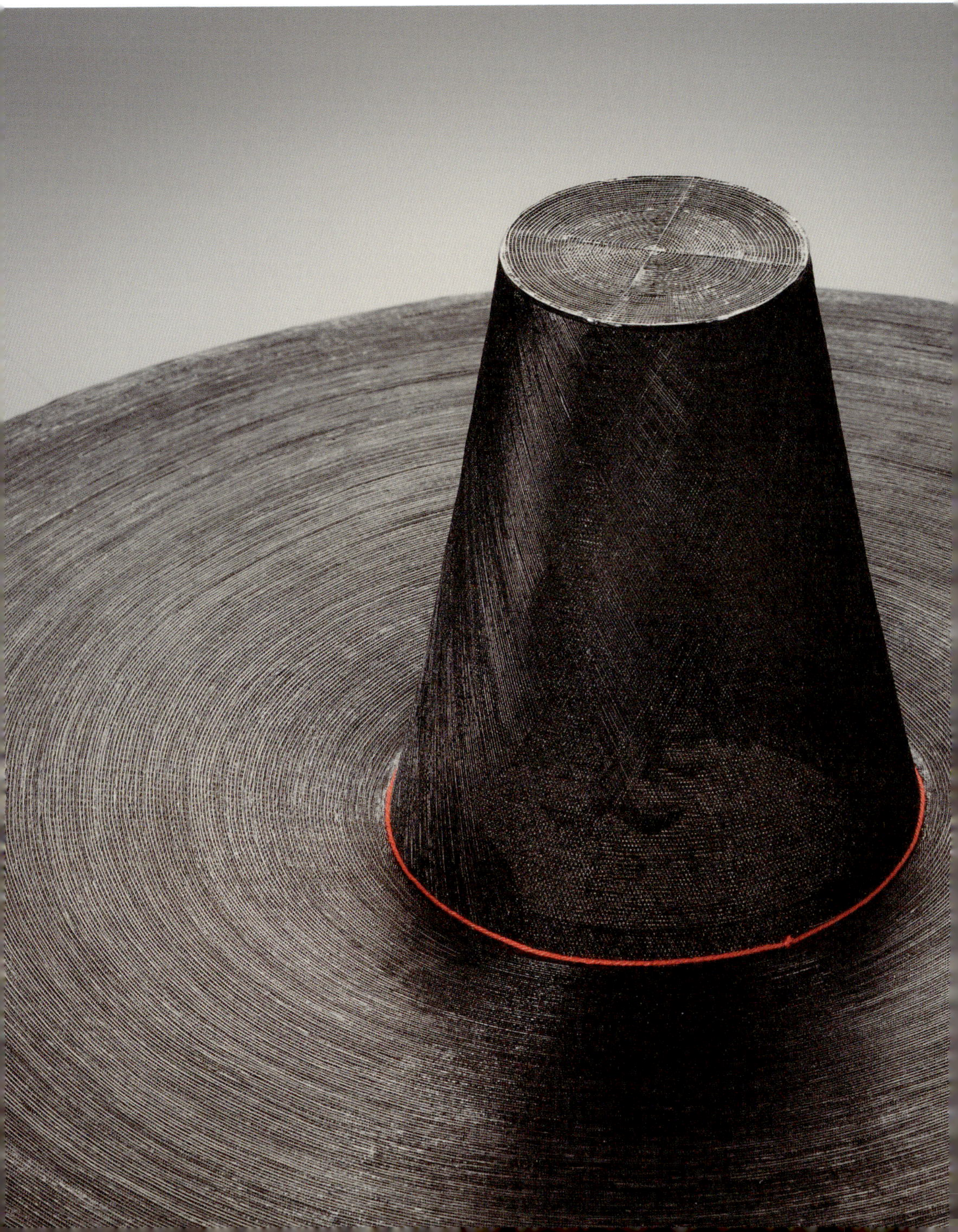

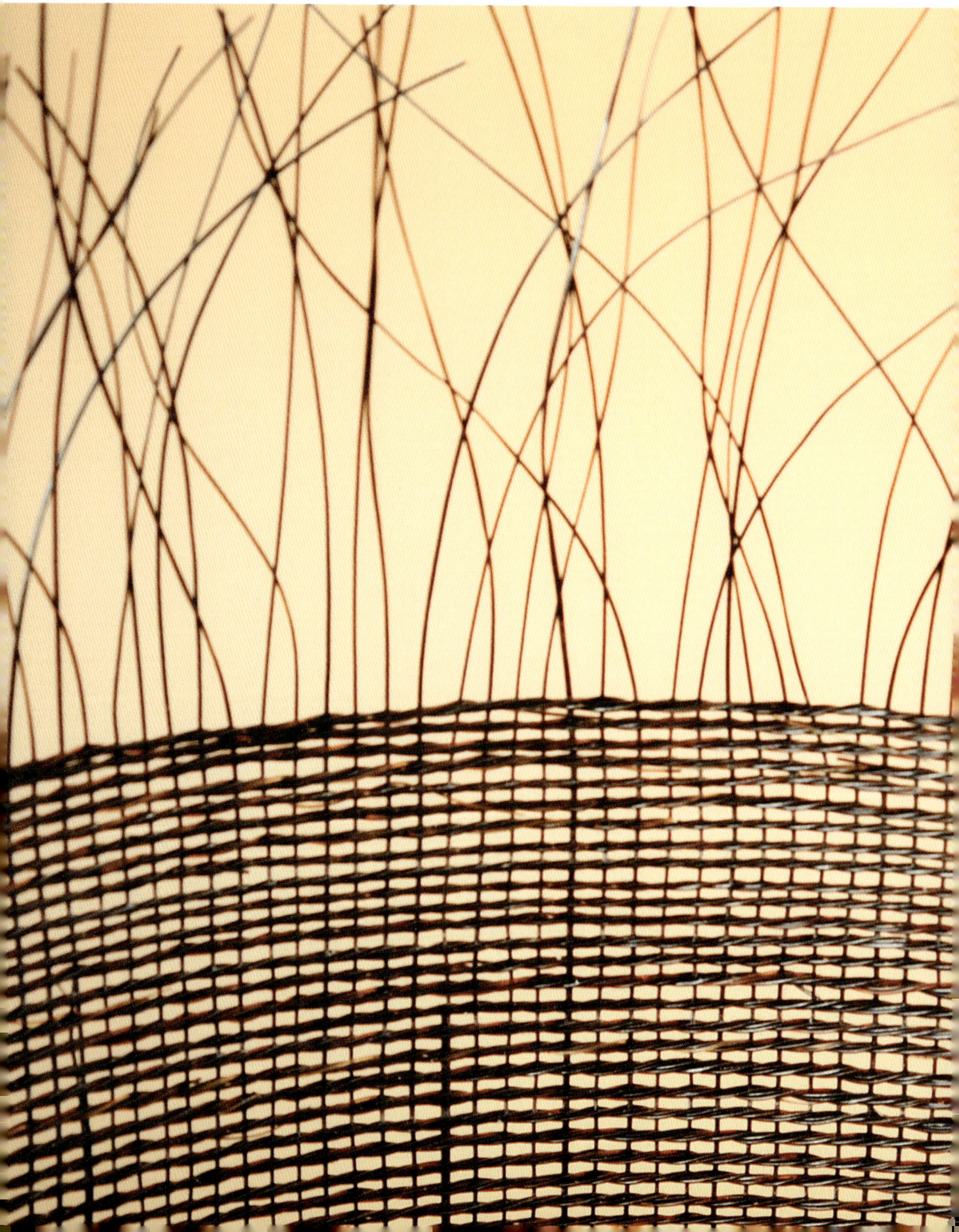

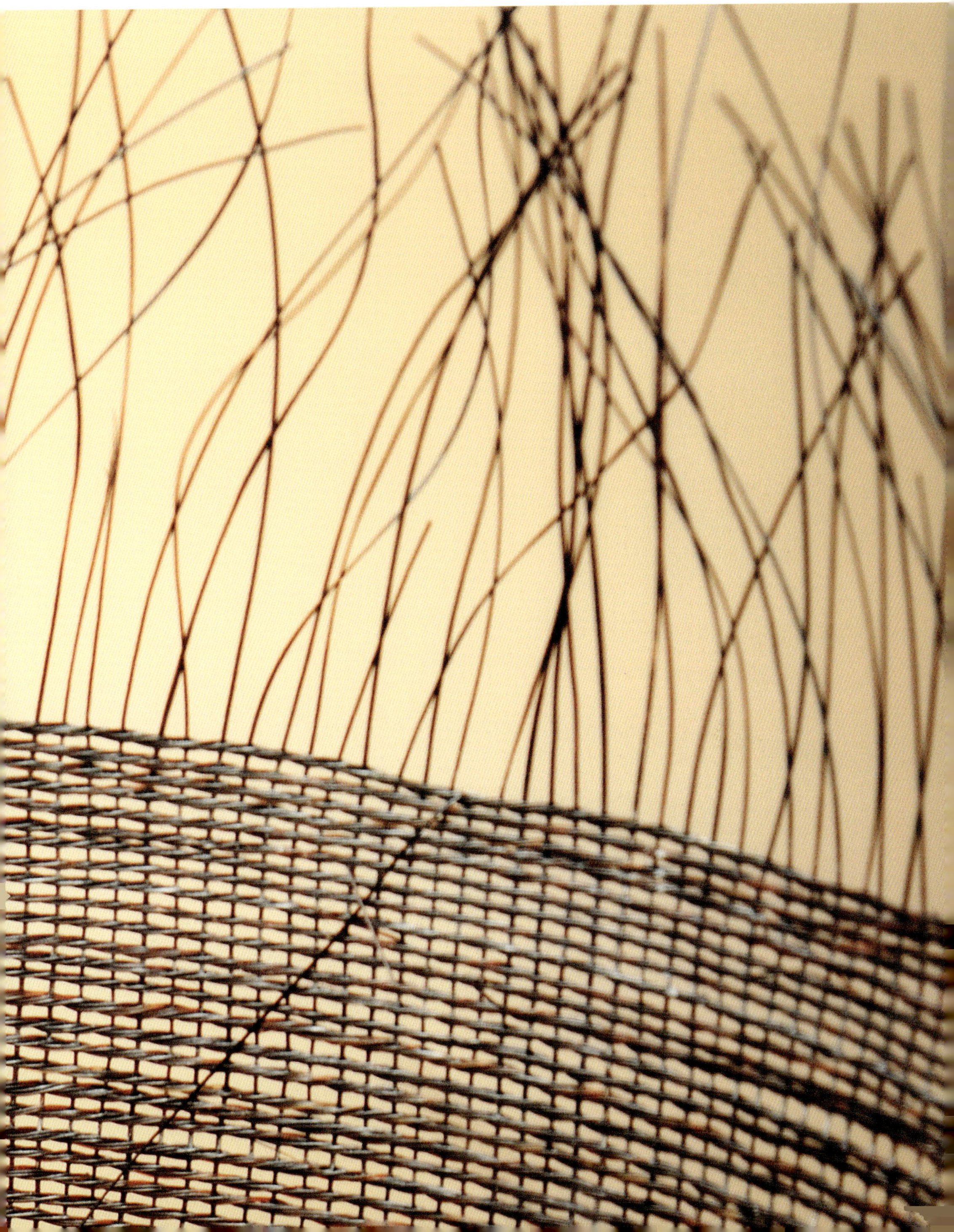

망건장 / 망건만들기

Manggeonjang 网巾匠
Horsehair Headband Making

지정번호 제 66호
지정일자 1980년 11월 17일

-

작고보유자
임덕수 林德洙, 1903~1985

명예보유자
이수여 李受汝, 1923~

전승보유자
강전향 姜全香, 1943~

전수교육조교
양진숙 梁珍淑, 1956~

Designated No.66
Designated Date. 17 November 1980

-

Deceased Holder of
Important Intangible Cultural Property
Yim Deok-su

Honorary Holder of
Important Intangible Cultural Property
Lee Su-yeo

Inherited Holder of
Important Intangible Cultural Property
Gang Jeon-hyang

Assistant Important Intangible
Cultural Property
Yang Jin-suk

"신체와 터럭과 살갗은 부모에게서 받은 것이다."라는 유교의 가르침은 부모에게서 물려받은 몸을 소중히 여기는 것이 효도의 시작이라는 뜻이다. 이런 이유로 조선후기 단발령이 내리기 전까지 모든 조선남자들은 머리를 자르지 않았다. 그래서 긴 머리를 단정하게 정리해야 할 필요가 있어 만들어 진 것이 '망건'이다. 망건은 상투를 튼 머리에 갓을 쓰기 전, 머리카락이 흘러내리지 않도록 단정하게 묶는 머리띠다.
주로 말총으로 엮어 만들었지만 코끼리의 가늘고 부드러운 꼬리털 곱소리나 사람의 머리카락도 썼다. 신분에 따라 망건의 당줄을 잡아매는 망건고리와 바람이 불어도 갓이 뒤로 넘어가지 않도록 고정시키는 망건 가운데 장식인 풍잠의 재료가 달랐다.
망건은 윗부분을 졸라매는 살춤과 아랫부분을 졸라매는 편자, 그물처럼 얽혀져 이마부분을 감싸는 앞가리개, 뒤통수를 싸매는 뒤로 구성되는데 망건을 만들기 위해서는 먼저 편자를 짜고, 이어 앞 짜기와 뒤 짜기를 한 후 당을 걸어 가장자리를 짠 후, 형을 만드는 틀 즉 당골 채 망건을 삶아 부드럽게 한 다음 먹칠을 하고 조립해 완성한다.

A manggeon is a type of male headband used before wearing a gat in order to make sure that strands of hair did not fall down. It is usually made of horsetail but sometimes made of smooth hair of an elephant' tail or human hair. According the social status, the material of ornaments attached to manggeon and its string was differentiated. Manggeon consists of salchum, which fastens the upper part, a pyeonja which fastens the sitting part, an apgarigae to cover the forehead and a duigarigae for fastening in at the back. Production began with the weaving of the pyeonja, followed by the ap and dwi, the connecting of the dang, steaming and dyeing, and finally the sewing together of all the constituent parts.

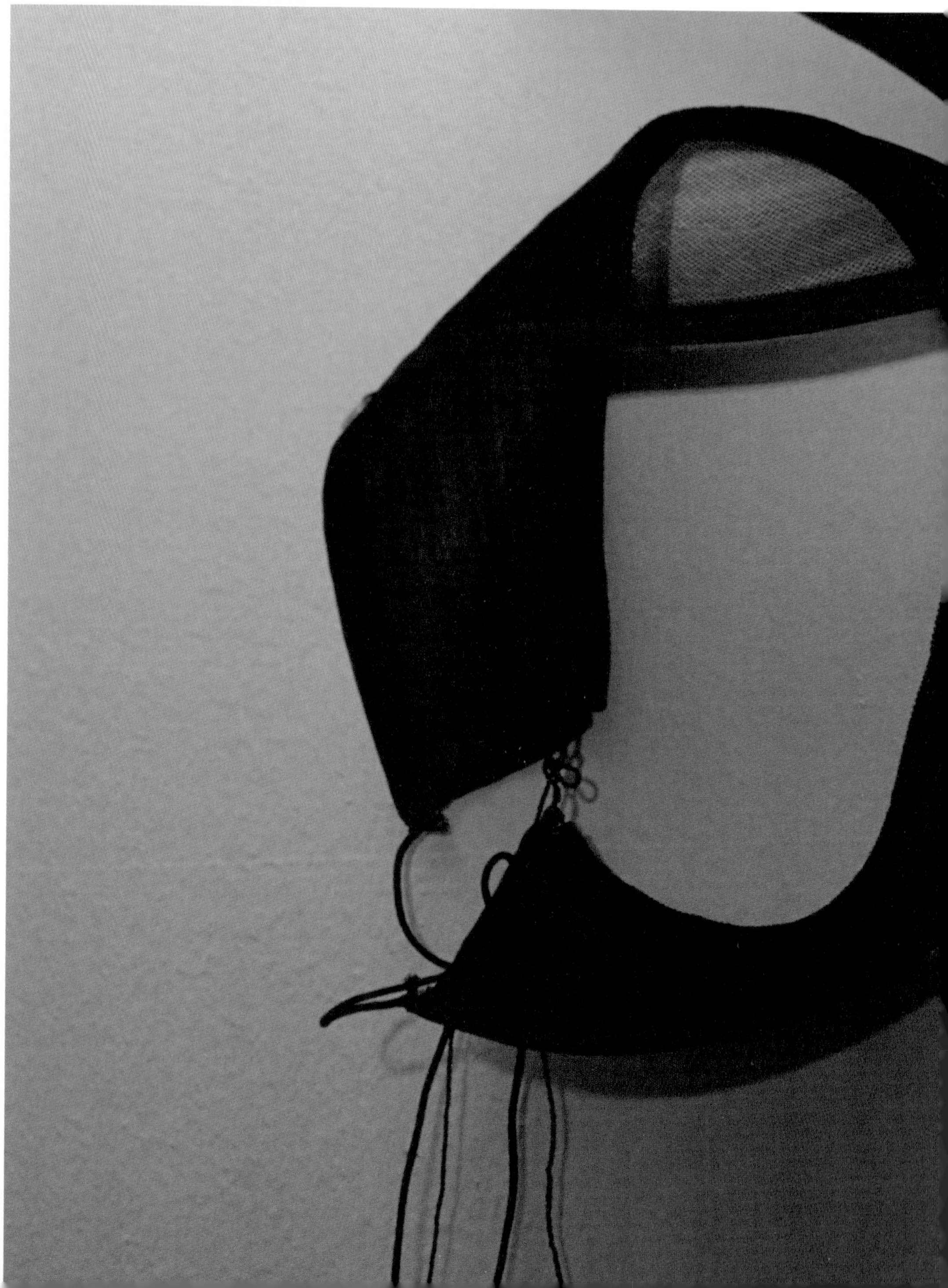

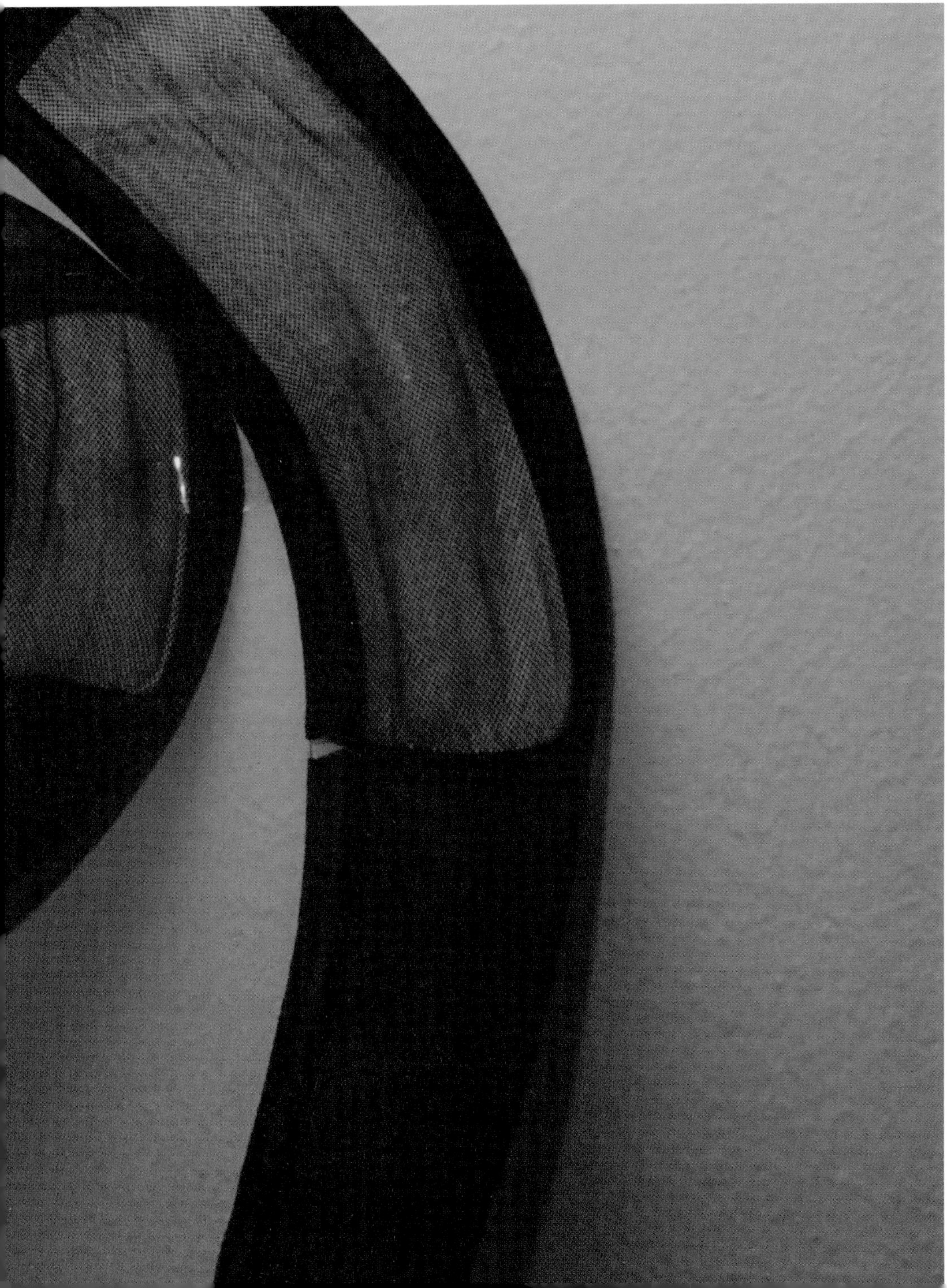

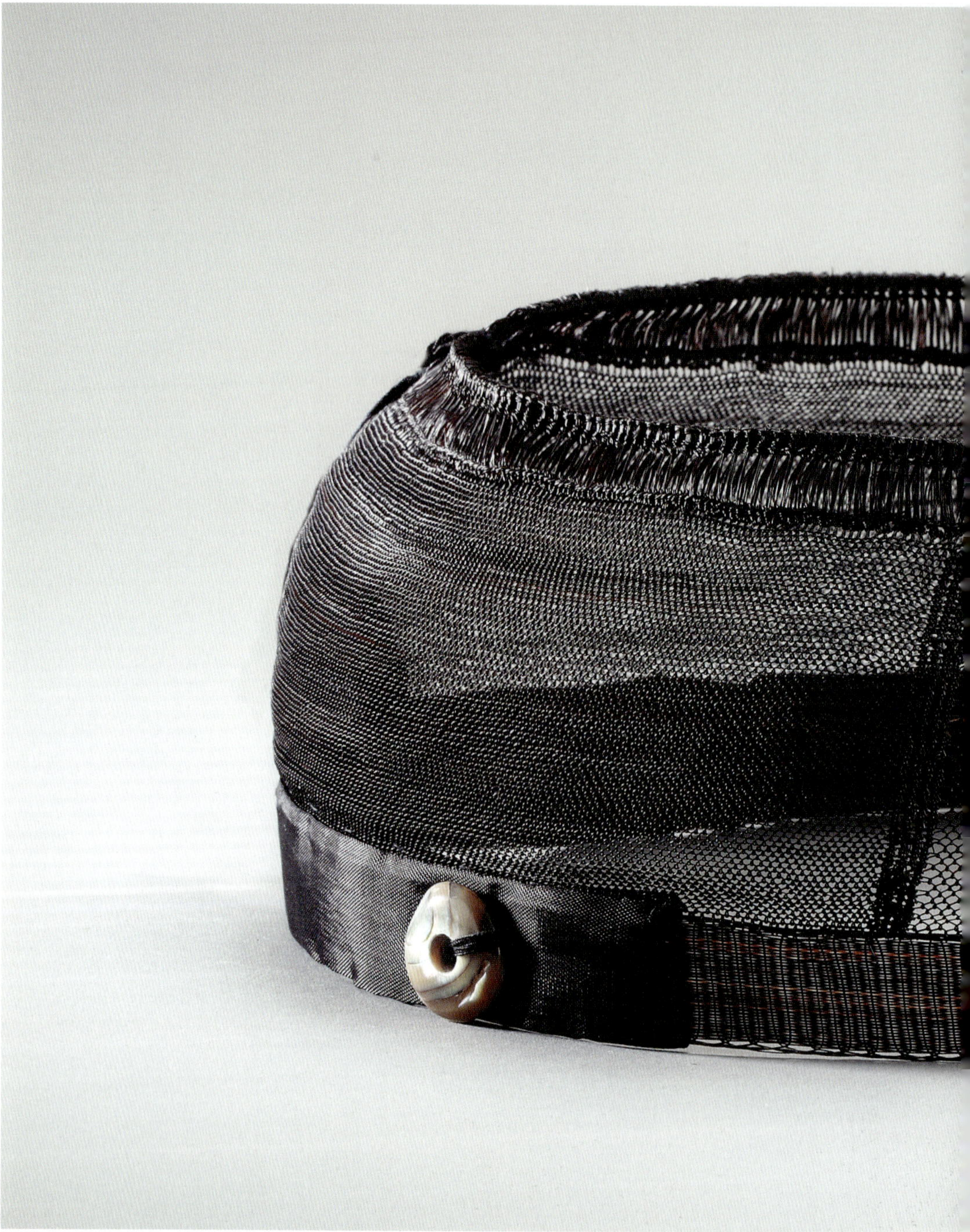

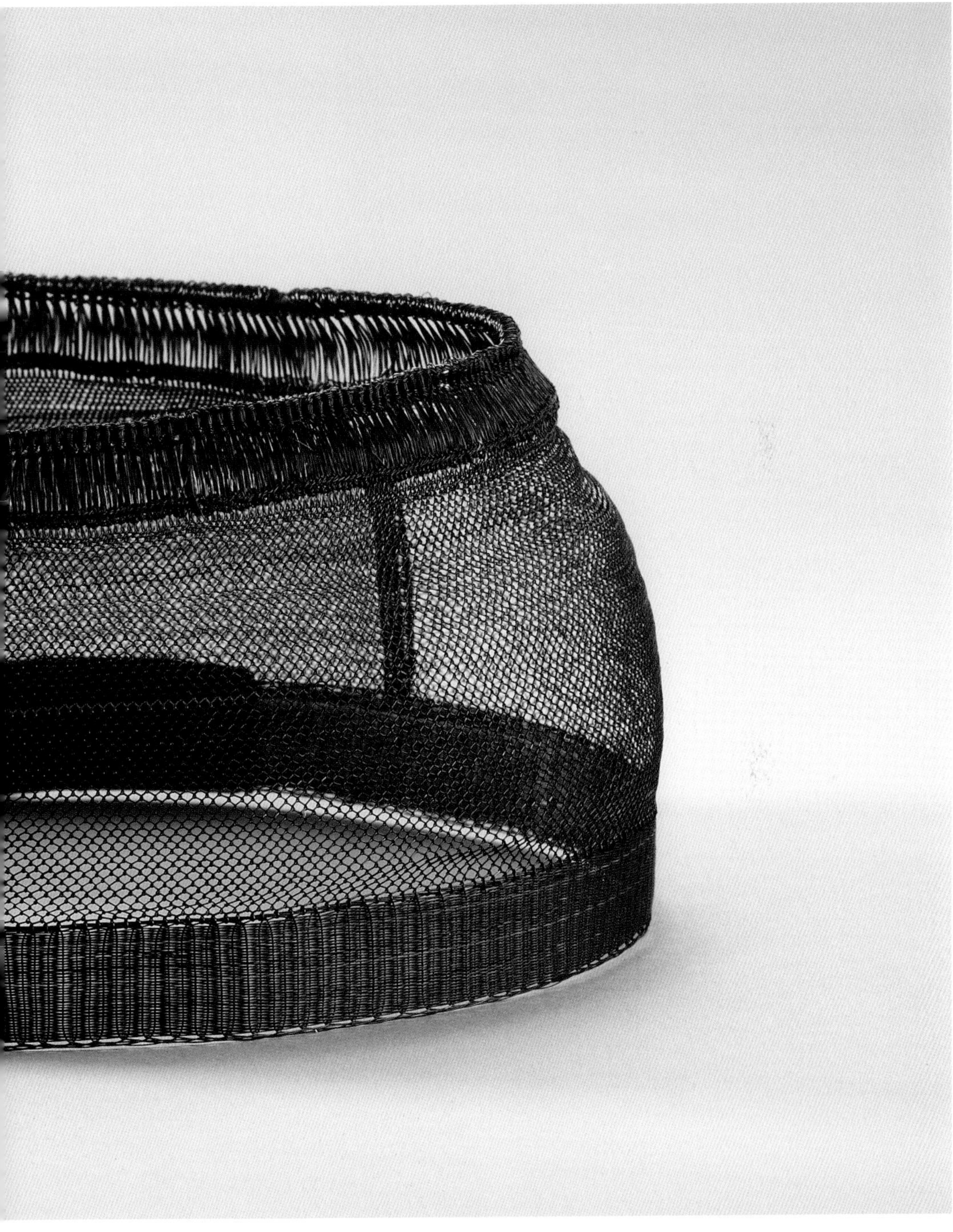

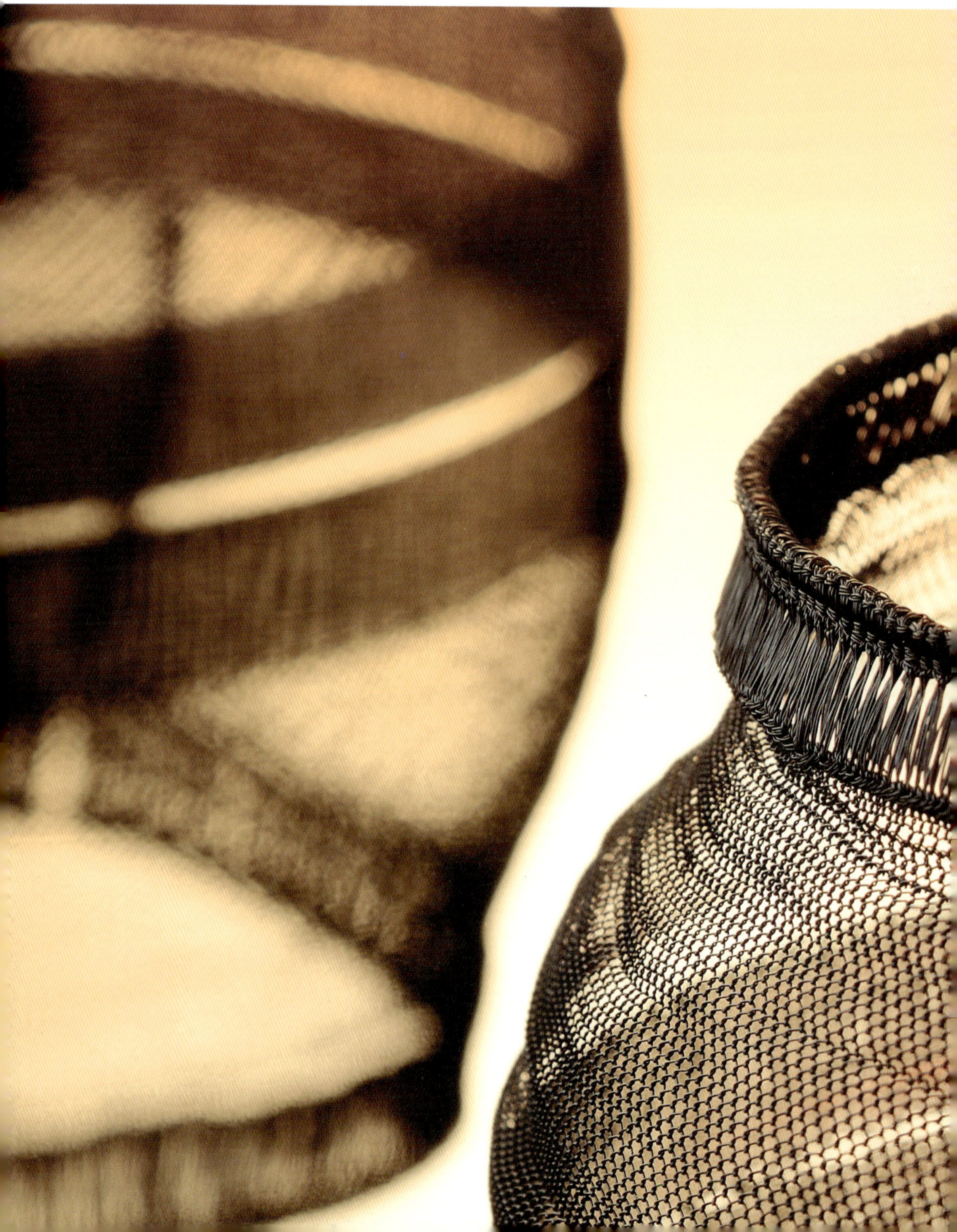

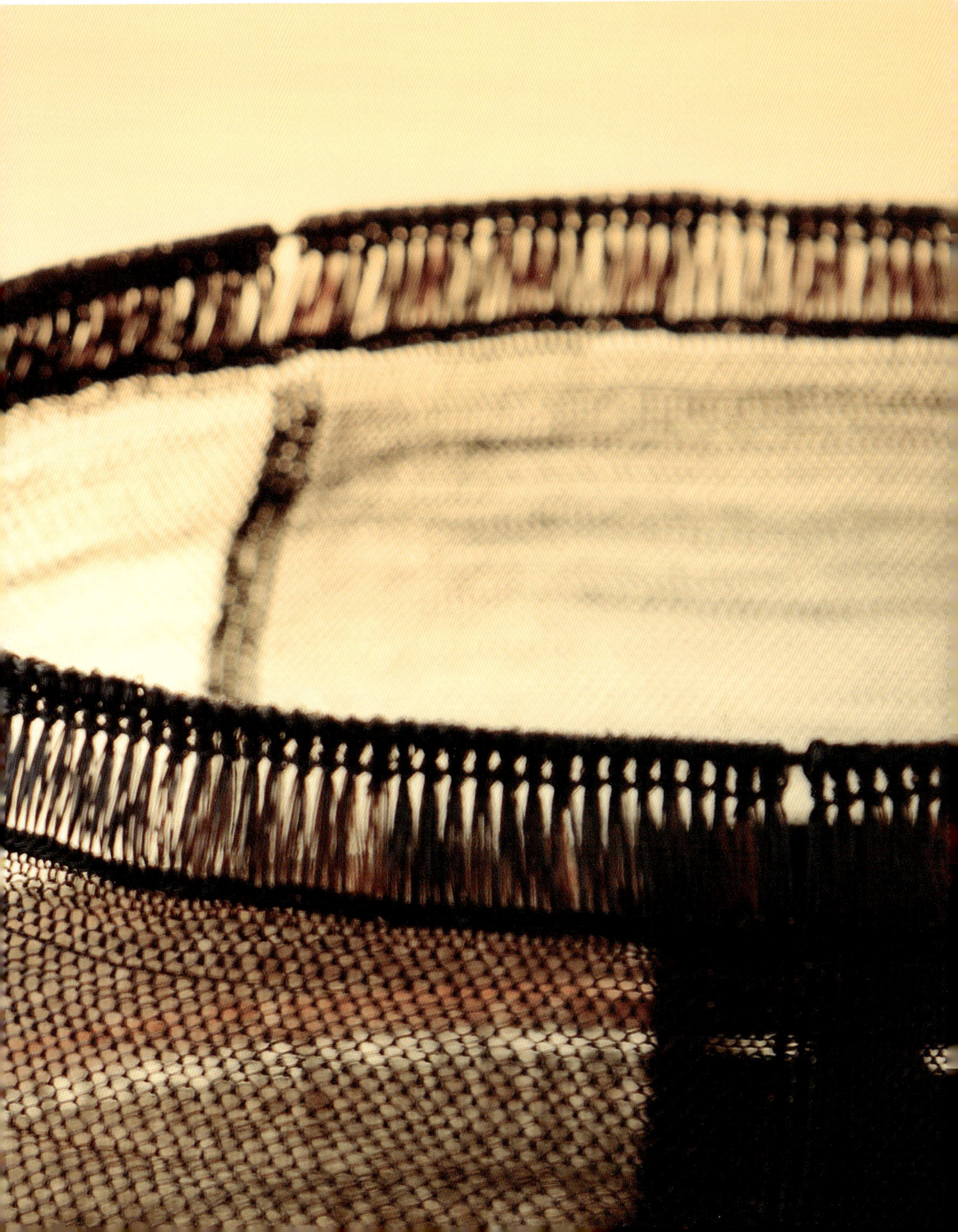

탕건장 / 탕건 만들기

Tanggeonjang 衬帽匠

Horsehair Hat Making

지정번호 제 67호
지정일자 1980년 11월 17일

-

작고보유자

명예보유자
김공춘 金功春, 1918~

전승보유자
김혜정 金惠正, 1946~

전수교육조교

Designated No. 67
Designated Date. 17 November 1980

-

Honorary Holder of
Important Intangible Cultural Property
Kim Gong-chun

Inherited Holder of
Important Intangible Cultural Property
Kim Hye-jeong

한국의 남성들은 두 개의 모자를 썼다. '탕건'은 갓 안에 받쳐 쓰는 모자로, 먼저 '망건' 위에 '탕건'을 쓰고 그 다음 '갓'을 썼다. 그러니 탕건은 '속 모자'였던 셈이다. 하지만 평소에도 의관을 갖추어야 했던 사대부와 선비들에게, 망건과 탕건 그리고 갓으로 이어지는 모자에 관한 법도를 지키는 것은 꽤나 품이 드는 일이었다. 따라서 언제부터인가 관복에 갖추어 쓰던 사모나 갓 대신 집 안에서는 관직에 나간 이들도 간편하게 탕건만 썼다. 따라서 이때부터 탕건은 '정자관'이나 '사방관'과 같은 격을 지녔다. 벼슬에 나간 이들을 흔히 '감투썼다'고 하는 것도 이런 때문이다. 탕건은 이미 초상화 속 벼슬아치나 학자들이 착용하고 있는 것으로 보아 그 역사가 매우 깊은 것으로 추정된다. 하지만 조선 말기, 서민들에게까지 갓이 허용되면서, 집안에서는 탕건만 쓰는 일이 잦아졌고 점차 하나의 모자로 구실을 하게 되었다. 탕건은 말총이나 쇠꼬리 털을 써 만들었는데 말을 많이 길렀던 제주에서 주로 만들어 졌다. 탕건은 형태는 같지만 홑 탕건과 겹 탕건 그리고 탕건이 독립된 모자구실을 하면서부터 사각무늬의 장식적인 바둑탕건이 나타난다.

Tanggeon is a type of male hat and it was a right order to put tanggeon after wearing a manggeon and before wearing a gat. However, instead of putting on the gat or samo as a formal attire, even government officers tended to simply wear just tanggeon at an ease since it was regarded as having the same character. The expression "Putting a gamtu" refers to the attainment of a position in government. It is presumed that the tanggeon has very long history as we could find it from the old portraits of the scholars and officers. The original form of tanggeon continued until the early the Chosun dynasty. But at the end of the Chosun dynasty, it was allowed for common people to wear the gat, which made people only put on tanggeon more often at home. As a result, tanggeon became an independent hat.
Manggeon made from horse or cow's tail hair was mainly from Jeju Island where horsehair was particularly famous. There are three types of tanggeon: hottanggeon (single folded hat), gyeoptanggeon(double folded hat) and baduk tanggeon(cross- patterned hat), which is more decorative form as tanggeon functioned as more independent hat.

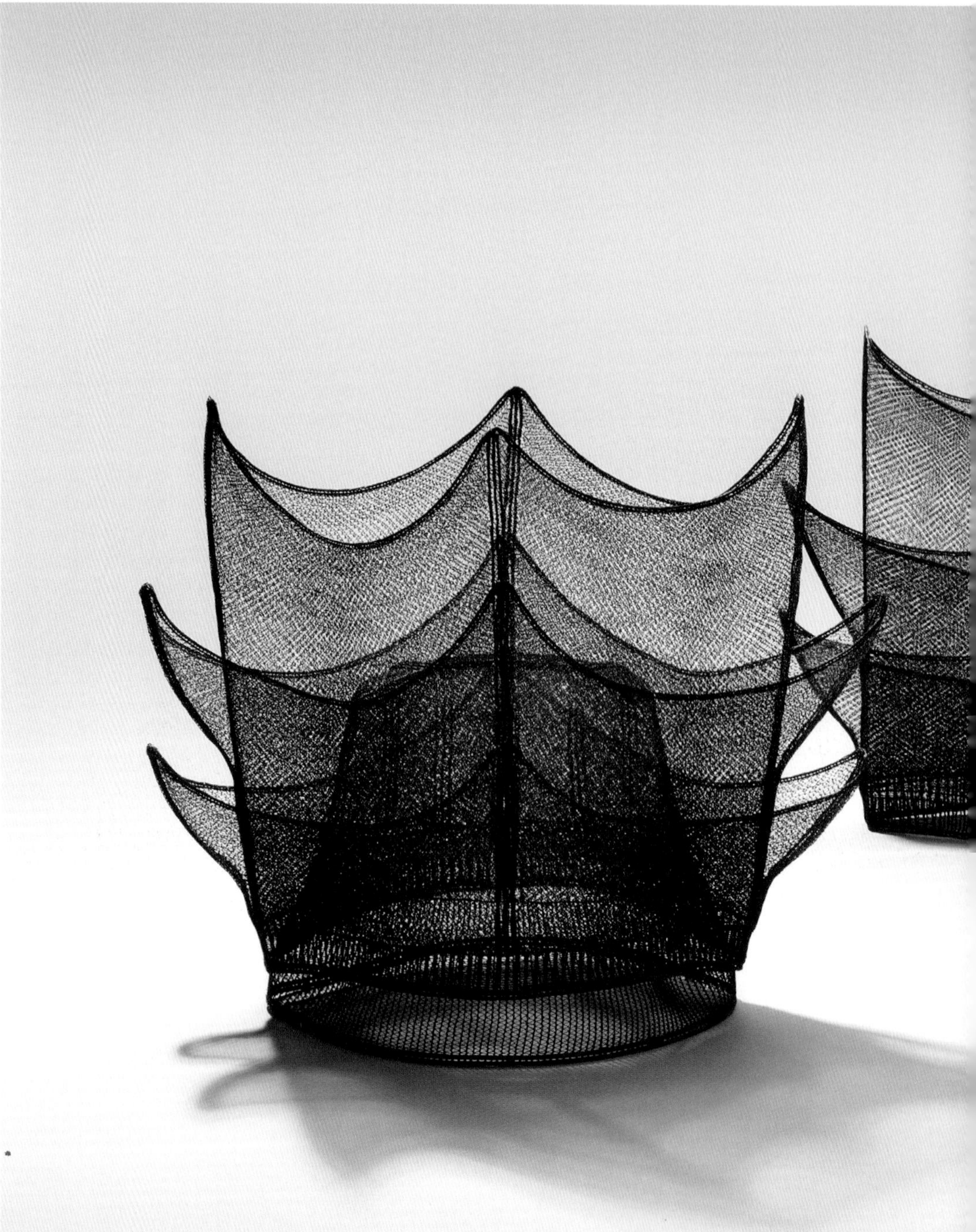

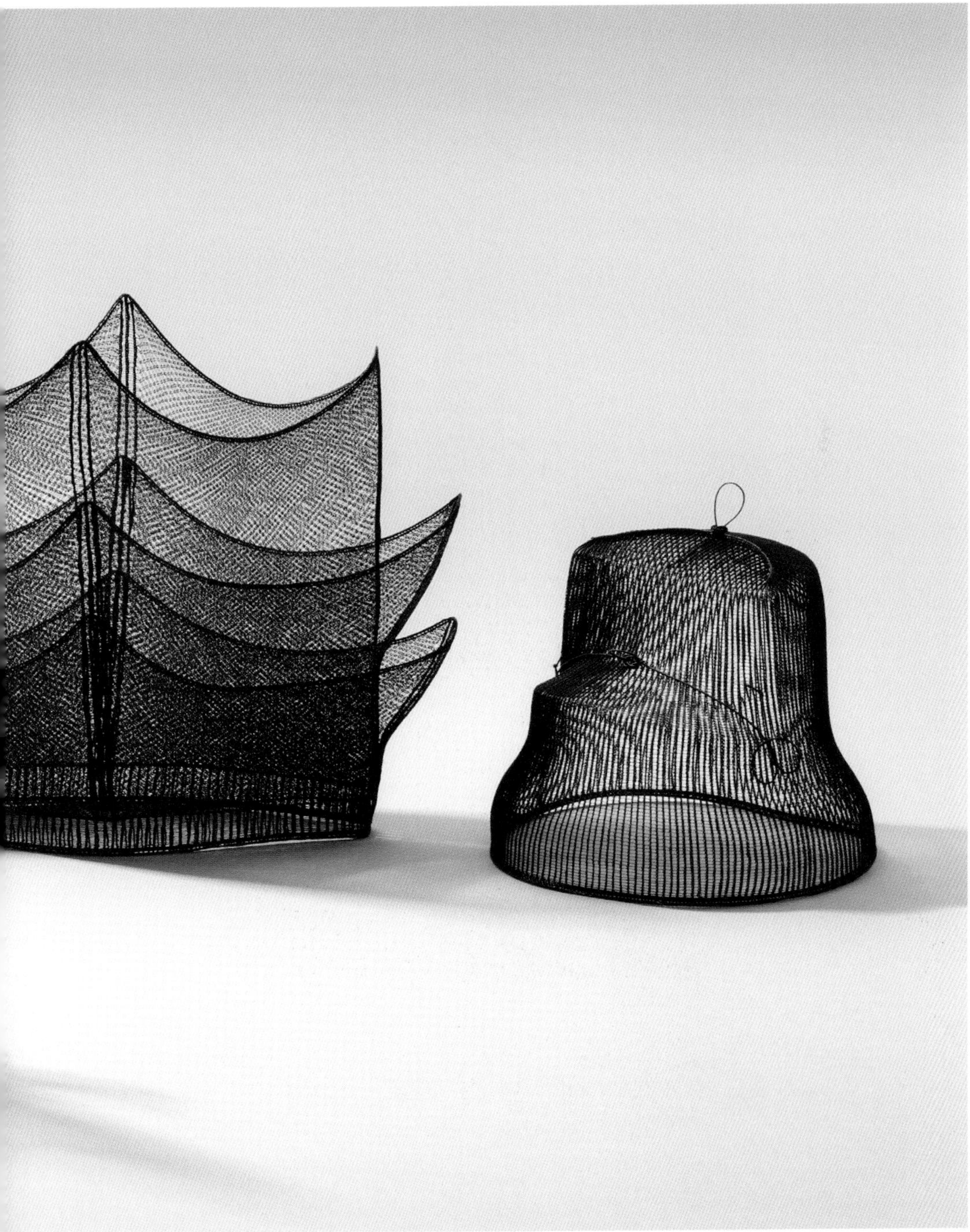

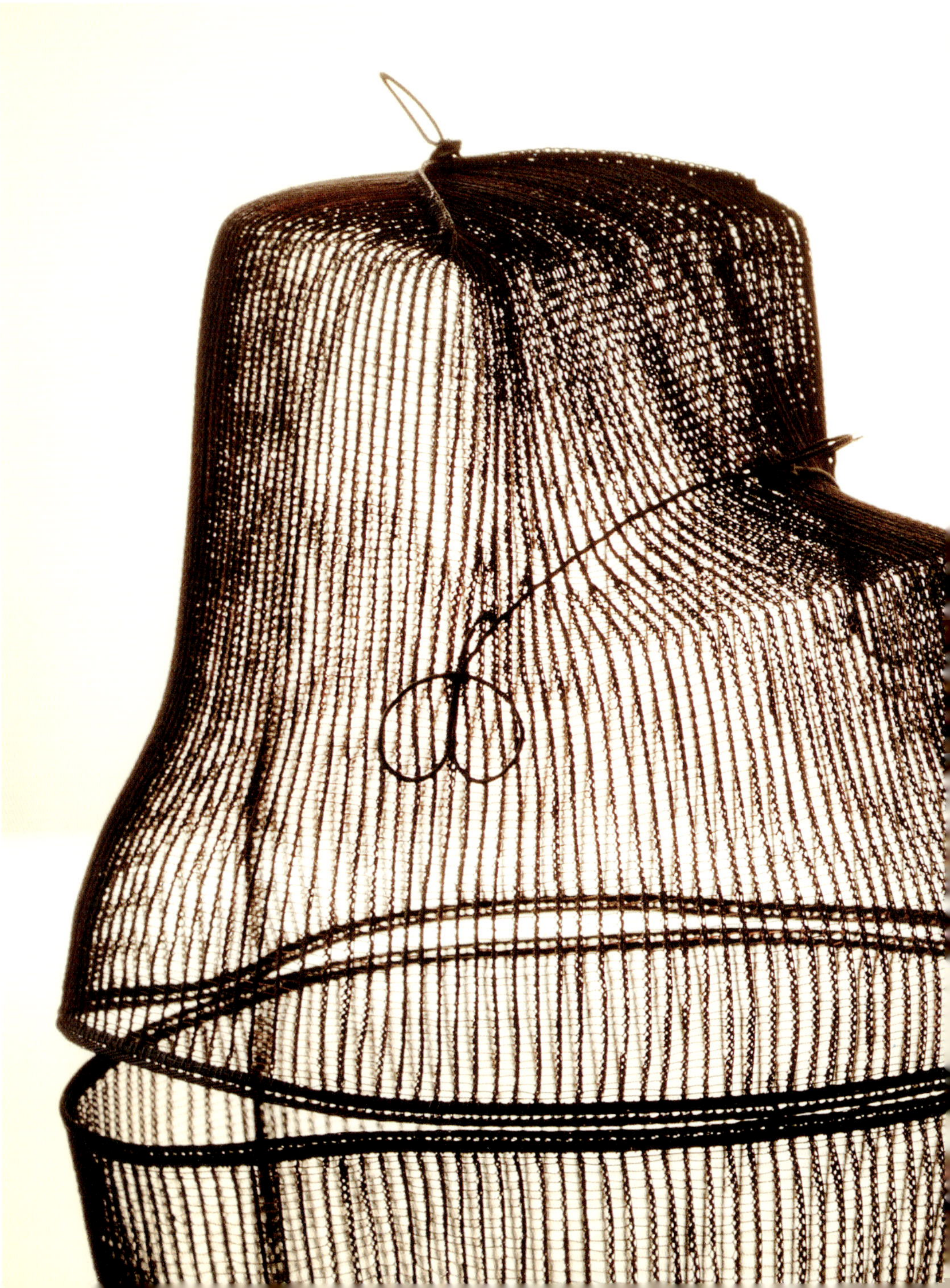

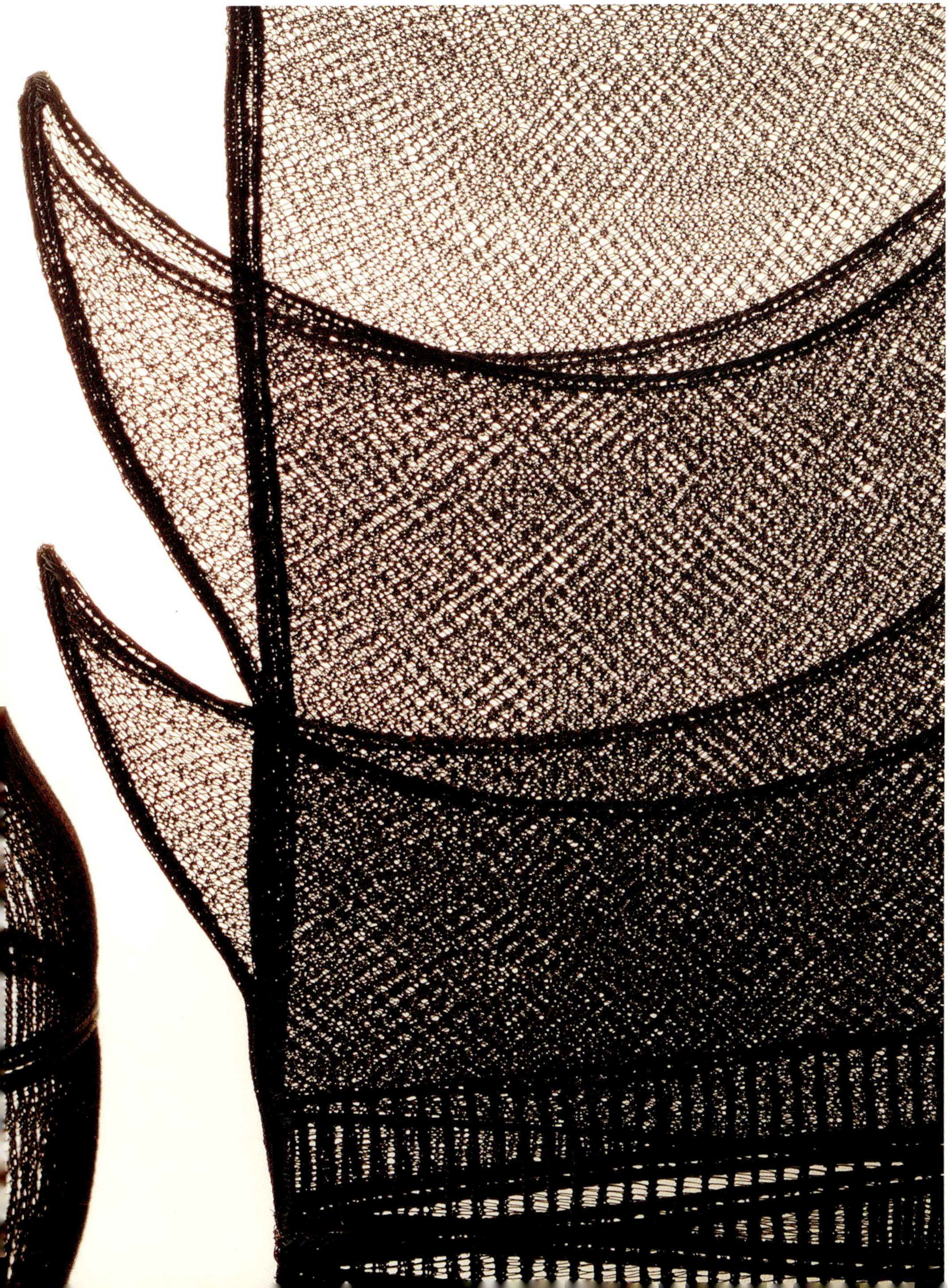

한산모시짜기

HansanMosiJjagi 韩山苎麻纺织工艺

Weaving of File Ramie

지정번호 제 14호
지정일자 1967년 1월 16일

-

작고보유자

명예보유자
문정옥 文貞玉, 1928~

전승보유자
방연옥 方連玉, 1947~

전수교육조교
박승월 朴承月, 1951~
고분자 高分子, 1955~

Designated No. 14
Designated Date. 16 January 1967

-

Honorary Holder of
Important Intangible Cultural Property
Moon Jung-ok

Inherited Holder of
Important Intangible Cultural Property
Bang Yeon-ok

Assistant Important
Intangible Cultural Property
Go Bun-ja
Park Seung-wol

'모시'는 삼베, 무명, 비단과 함께 우리 전통옷감 중 하나이다. 백옥같이 희고 광택이 우아하며, 잠자리 날개처럼 섬세하고 얇고 가벼워 최고의 여름철 옷감으로 쳤다. 모시는 색과 문양이 없음에도 누추하지 않고, 쪽과 치자, 홍화에 물들어도 차분하고 은근하다.
여인의 가녀린 손끝에서 여름의 열기와 습기를 머금는 각고의 인내를 거쳐 바람처럼 청량하며 달빛처럼 은은한 빛을 담아내는 모시의 정갈함은 그 자체가 예술이다.
백제시대 한 노인의 현몽으로 모시풀을 발견한 이래 천 년 동안 나라의 진상품으로, 최고의 품질을 자랑했던 고려시대 세모시는 조선시대를 지나 오늘에 이르지만 근대로 접어들고 섬유공업이 발달하여 수요는 줄고 가격은 높아지면서 점차 자취를 감추기 시작했다. 요즘은 충남 한산이 모시의 주요 재배지로 이곳 세모시를 '한산모시'라 해서 특 상품으로 친다. 모시풀 줄기의 겉껍질과 안쪽 속껍질을 벗겨내 태모시를 만들어 이를 이빨과 손톱으로 가늘게 모시를 째고 쪼개 이를 쩐지에 걸어 손바닥으로 한 올 한 올 비벼 길게 이어 실을 만든다. 이를 '모시 굿 만든다.'고 한다. 한편 모시 째기가 끝난 모시는 '조슬대'라는 틀에 매어 한필의 모시를 짤 만큼 실을 감고, 날실은 보푸라기가 생기지 않고 부드럽도록 콩풀을 먹이며 모시베틀에 얹을 '도투마리'에 감는다. 날줄로 쓸 모시원사와 씨실이 되는 실꾸리를 만들어서 북집에 끼워 넣는 틀에 감는 모시매기 과정을 거쳐서 비로소 모시를 짜게 된다. 이렇게 짠 모시는 물로 대충 헹궈 잿물에 1~2시간 정도 담갔다 건져 내 콩풀을 제거한다. 이런 모시를 '반제'라 하며 생모시는 이를 그대로 말려 손질한 뒤 보관한 것이다. 생모시를 반쯤 표백한 것은 '반저', 완전히 표백한 것을 '백저'라 한다.

Ramie fabric is one of the leading Korean traditional cloth along with hemp, cotton and silk which is gloss white and elegant as white jade. Ramie is also delicate and thin like dragonfly wings that represents the best cloth for summer. Since the appearance in a dream of one old man in Baekje era, the ramie plant had been the most prized of the national possessions for over a thousand-year. Although ramie cloth of fine texture from Goryeo era still is considered as the best of its kind through the Jos대n dynasty until now, it has nearly died out. As the developing of the fiber industry in modern times, the demand for ramie cloth is gradually decreasing. Hansan in Chungcheong-nam-Do as a major plantation cultivates and harvests where makes Hansan mosi which is counted as a fine selection of ramie cloth of fine texture. Peel the ramie plant's skin to make taemosi (a textile to make ramie fabric), then by using teeth and fingernails, split it fine. Lock it over a support and rub them with using palms one by one. Connect them each other to make a thread. When they finish mosijjagi (process of peeling the ramie plant's skin), they tie the textile fabric on josooldae (a cast). Then after mosinalgi (process of tying to make a roll of a ramie textile), to make its thread nice and smooth, they starch them while they wind up on dotoomari to place it on a loom. At last they weave after mosimaegi (process of weaving thread into cloth with raw material of ramie as the warp and silgguri as the weft).Then rinse the cloth with water and place in lye for a couple of hours to remove the starch. This kind of cloth is called Banje and sangmosi is what it is intactly dried and trimmed. Banjeo is what sangmosi is half-bleached and 100%-bleached is called Backjeo. Even though ramie cloth does not have colour or pattern, it is not shabby. Also the cloth becomes calm and subtle even if polygonum indigo, gardenia or safflower are used to dye the fabric. The neatness of ramie fabric is such an art form as it can be described as a subdued lighting of a moonlight, a feather-light like a pair of wings, a clearly cool like the wind that a pocket of endurance of the heat and the moisture from summer holds on a woman's delicate fingertip.

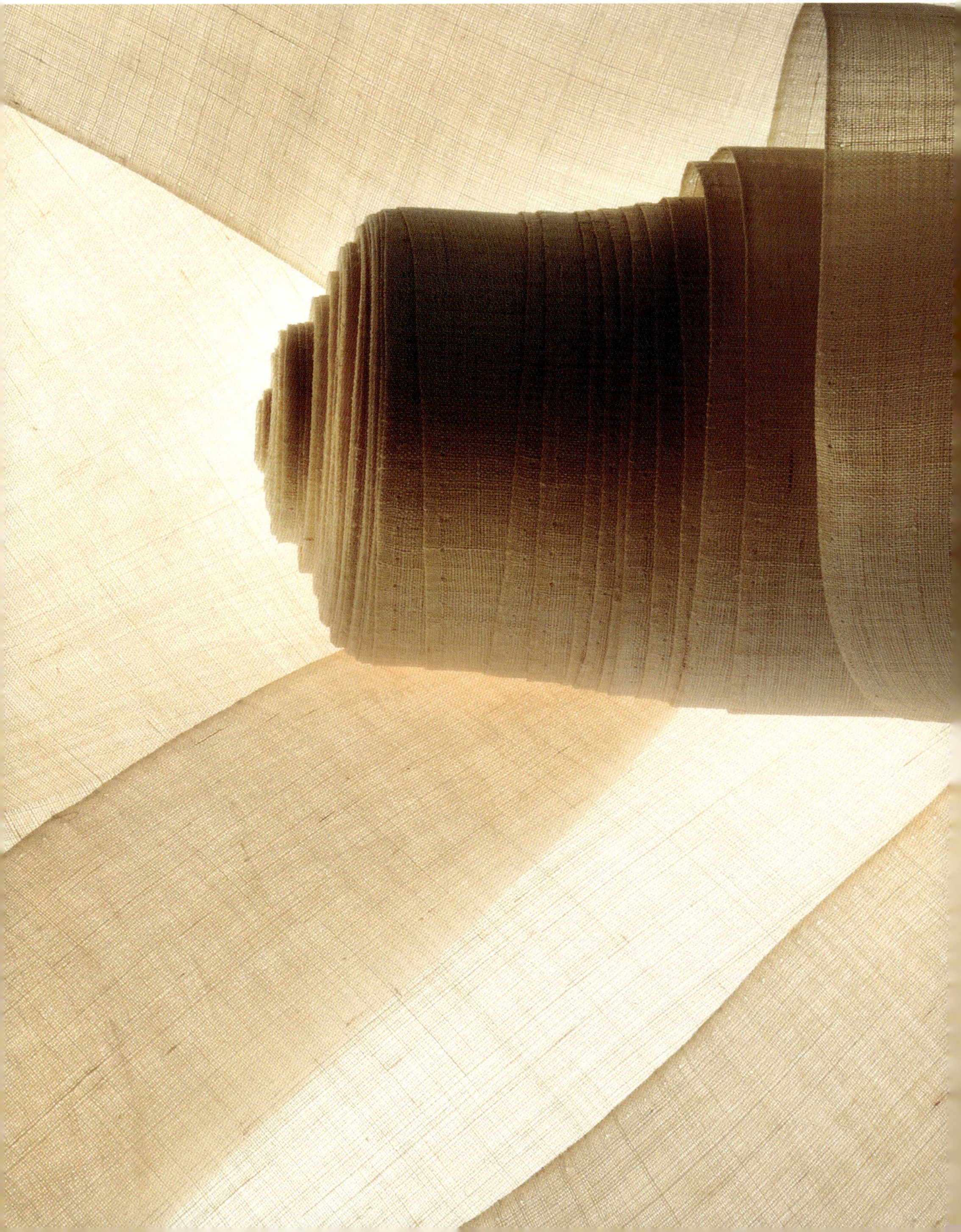

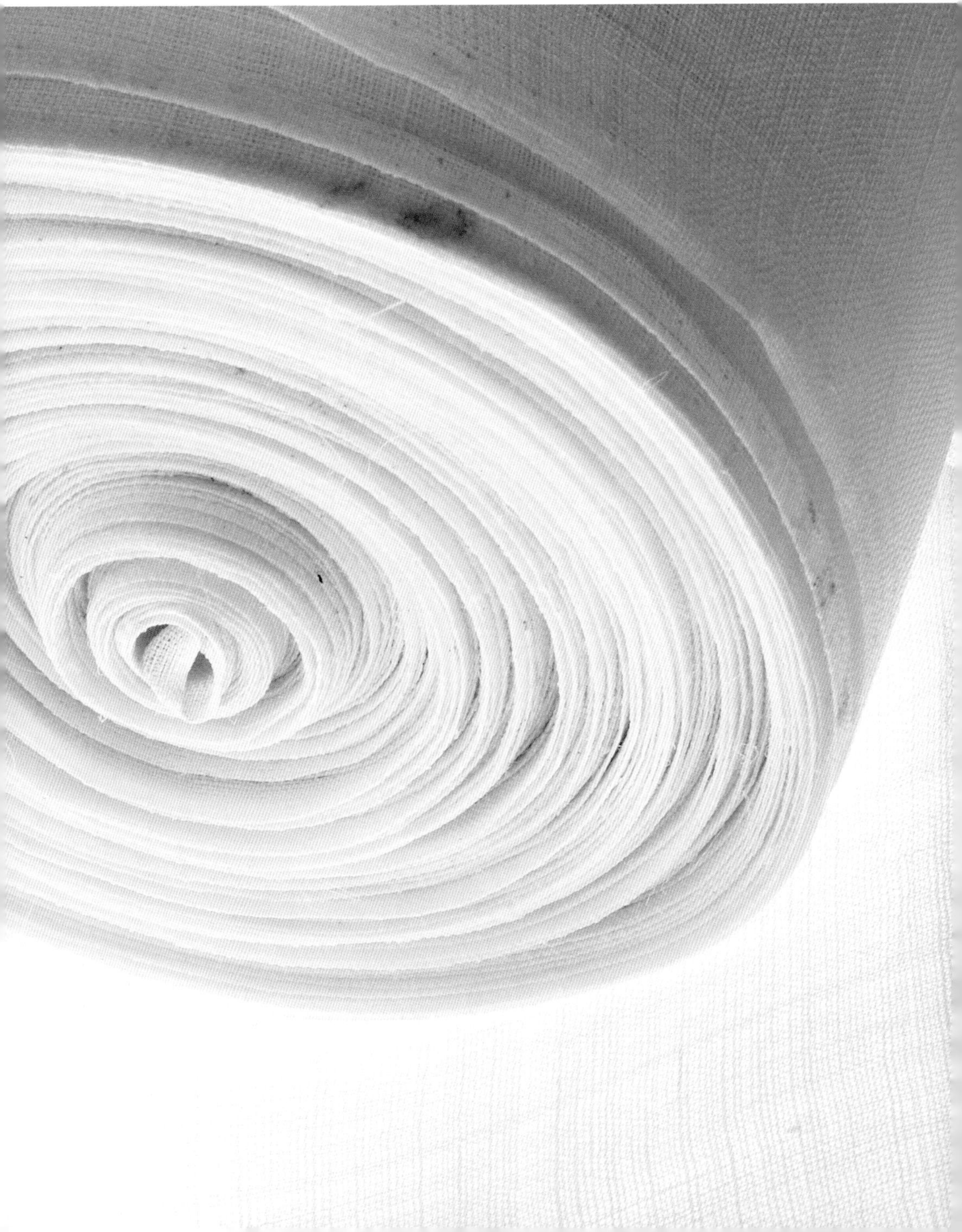

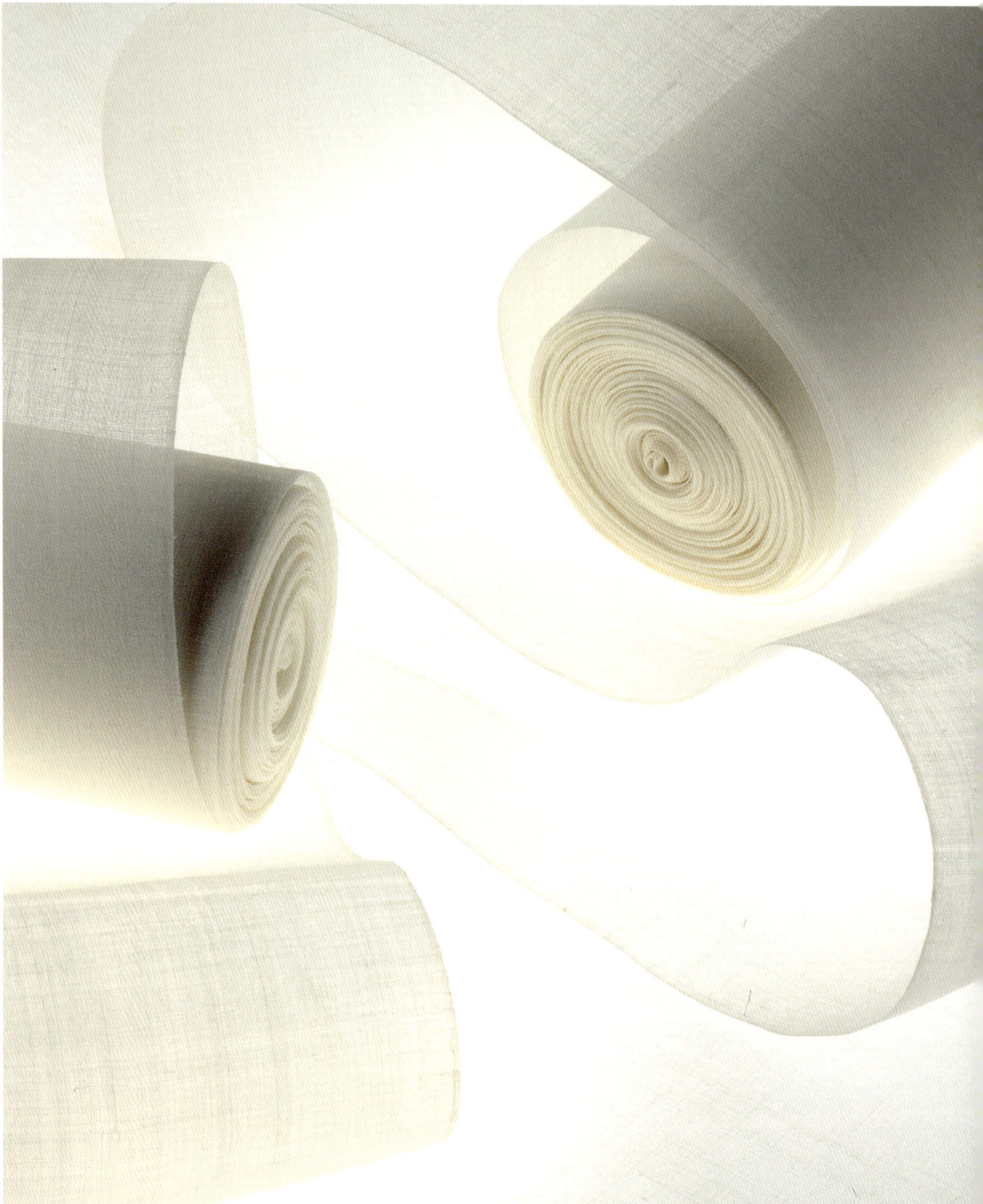

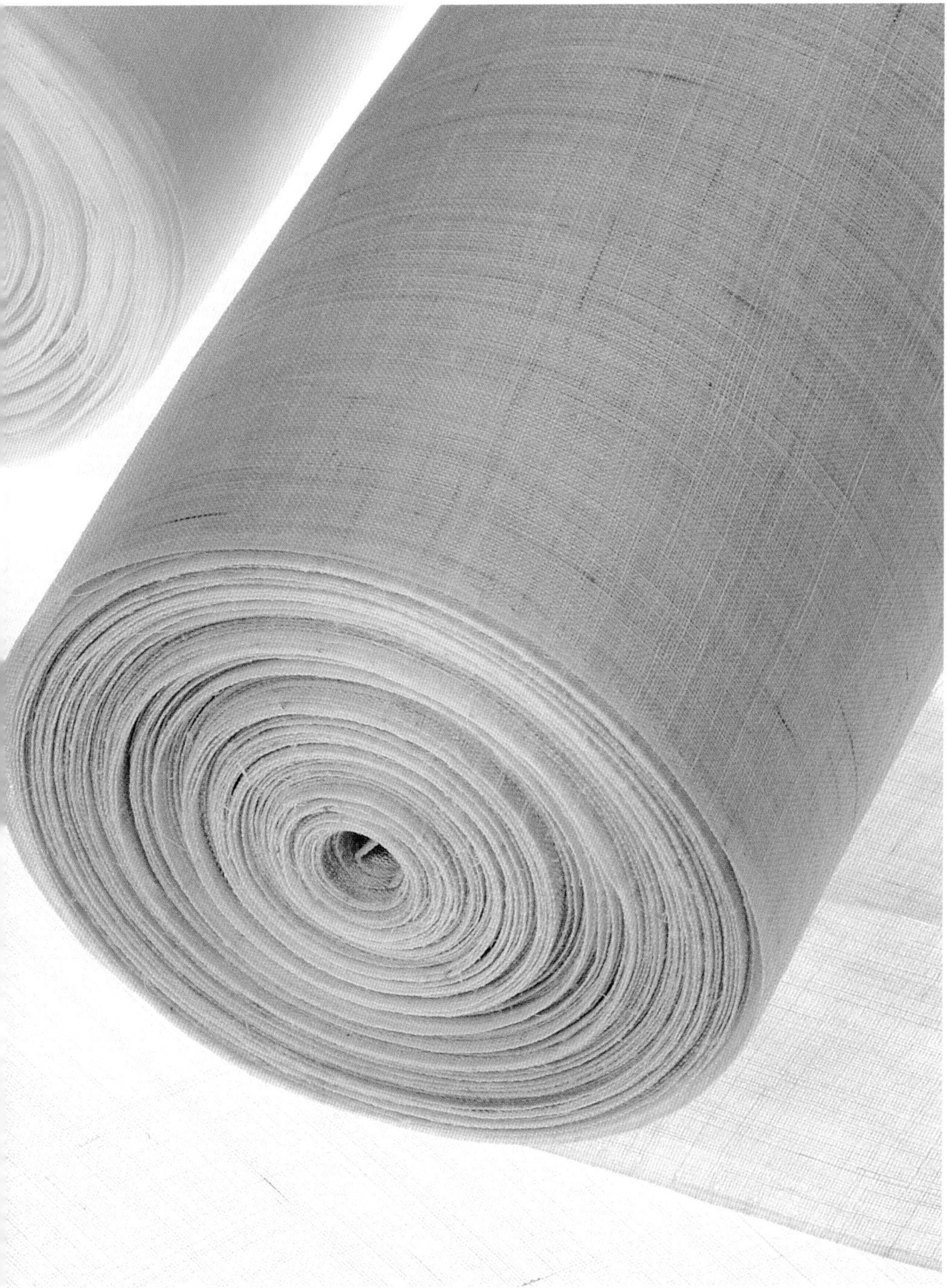

나주 샛골나이/ 나주 무명길쌈

NajuSaetgolnai 罗州粗布织布工艺

Cotton weaving, Naju

지정번호 제 28호
지정일자 1970년 7월 22일

-

작고보유자
김만애 金晩愛, 1907 ~ 1969

명예보유자

전승보유자
노진남 魯珍男, 1936~

전수교육조교
김홍남 金洪南, 1941~

Designated No. 28
Designated Date. 22 July 1970

-

Deceased Holder of
Important Intangible Cultural Property
Kim Man-ae

Inherited Holder of
Important Intangible Cultural Property
No Jin-nam

Assistant Important
Intangible Cultural Property
Kim Hong-nam

'무명'은 우리 조상들의 목숨과 같은 천이다. 무명천은 우리민족의 천이라 해도 과언이 아닐 정도로 가장 흔하고 일반적인 토속천으로 1900년대 서양에서 들어 온 기계로 짠 광목이나 옥양목, 양목과 구분된다. 또한 무명은 삼베, 모시, 비단과 함께 우리 민족의 대표적인 옷감인데 다른 감에 비해 짜기 쉽고 질기며 부드럽고 손질하기 쉬웠다. 계절을 타지 않아 지위고하를 막론하고 누구나 옷을 지어 입었다. 이와 함께 이불 같은 침구류, 기타 생활용품으로도 가장 많이 사용했다. 따라서 무명은 쌀과 함께 가장 중요한 생필품으로 화폐를 대신할 정도로 일반적이었다.

무명의 특징은 수수하고 소박한 아름다움에 있다. 또 물레로 실을 잣는 탓에 실의 굵기가 들쭉날쭉해 천의 표면이 고르지 않아 나타나는 독특한 질감의 투박함이 매력이다.

'샛골나이'란 전남 나주시 다시면 신풍리 샛골마을에서 이어오는 전통적인 무명베를 짜는 기법이다. 나일론 등 화학섬유가 주를 이루는 오늘날에도 나주 샛골에서 그 명맥을 유지하고 있는데 '샛골나이'는 궁중에 진상될 만큼 곱고 톡톡해 극상품으로 쳐왔다. 샛골이란 '구릉과 구릉 사이에 있는 마을, 사잇골'의 줄임말로, '나이'는 베를 짜는 '길쌈'을 말한다.

Saetgolnai is a traditional technique to weave cotton cloth which have been handed down across the generations in Saetgol village, Sinpung-ri, Dasi-myeon, Naju-si, Jeollanam-do. It is no exaggeration to say that cotton cloth is the local fabric of our nation which distinguishes it from the European fabrics like machine-made cotton and calico from 1900s. Cotton is one of the leading Korean traditional fabric along with hemp, ramie and silk which is easy to weave and trim, and is durable. The fabric is not much affected by weather. Regardless of its position, cotton has been used as a material from top to bottom. Along with it, cotton is the most used fabric for bedding and bedclothes, also for household items. Therefore cotton fabric became the most important for things indispensable to life along with rice that replaces even money. The beauty of cotton fabric is explained as modest and unpretentious. Also because it is weaved by a spinning wheel, the thickness of the thread gets uneven that makes the texture unique enough to attracts people. Today, cotton keeps in existence in Saetgol village of Naju. Saetgolnai was even presented to the palace because of its prominent fineness and thickness. Saetgol can be also refered as Saetgol which means a town in between hills and Nai is the act of hand-weaving.

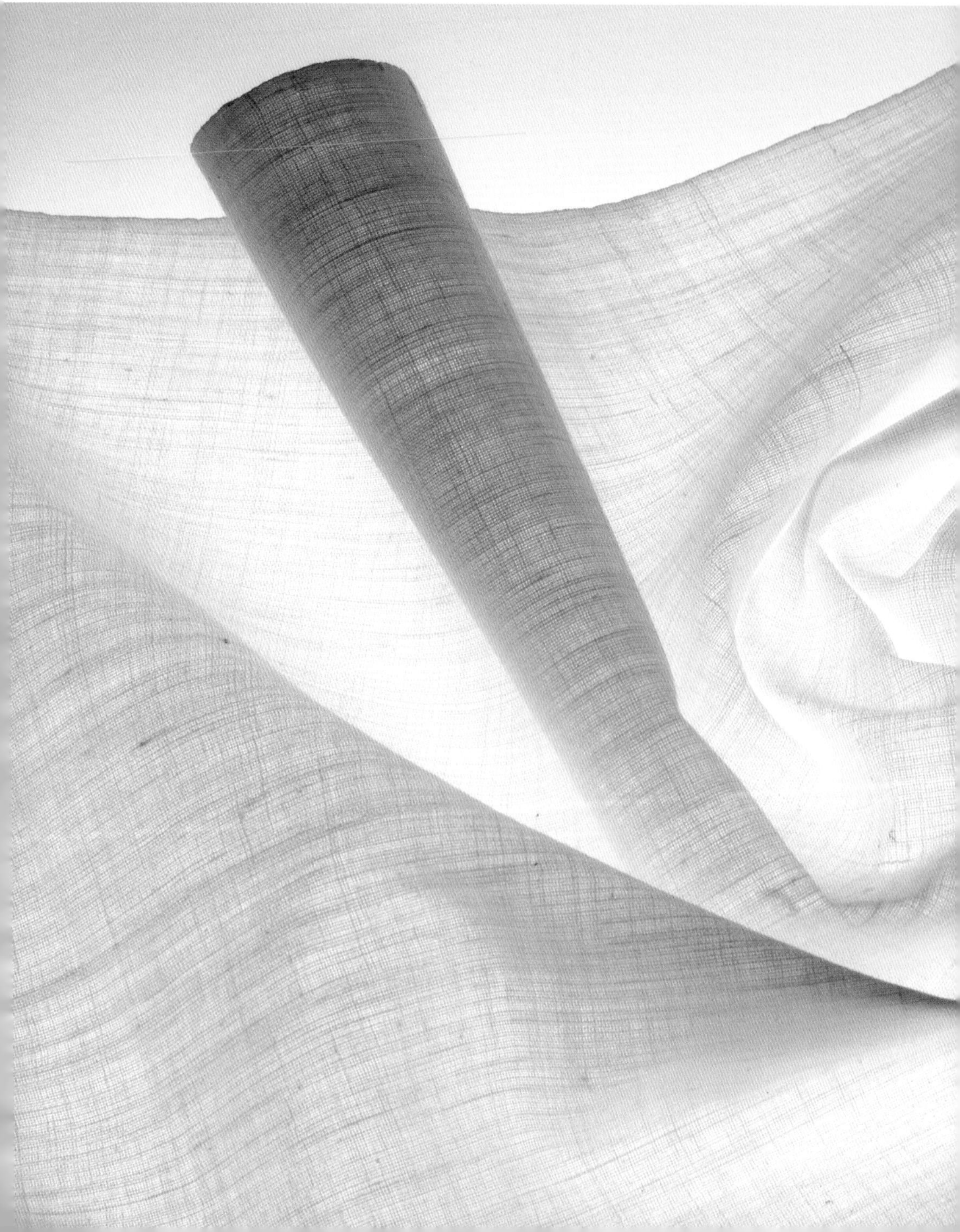

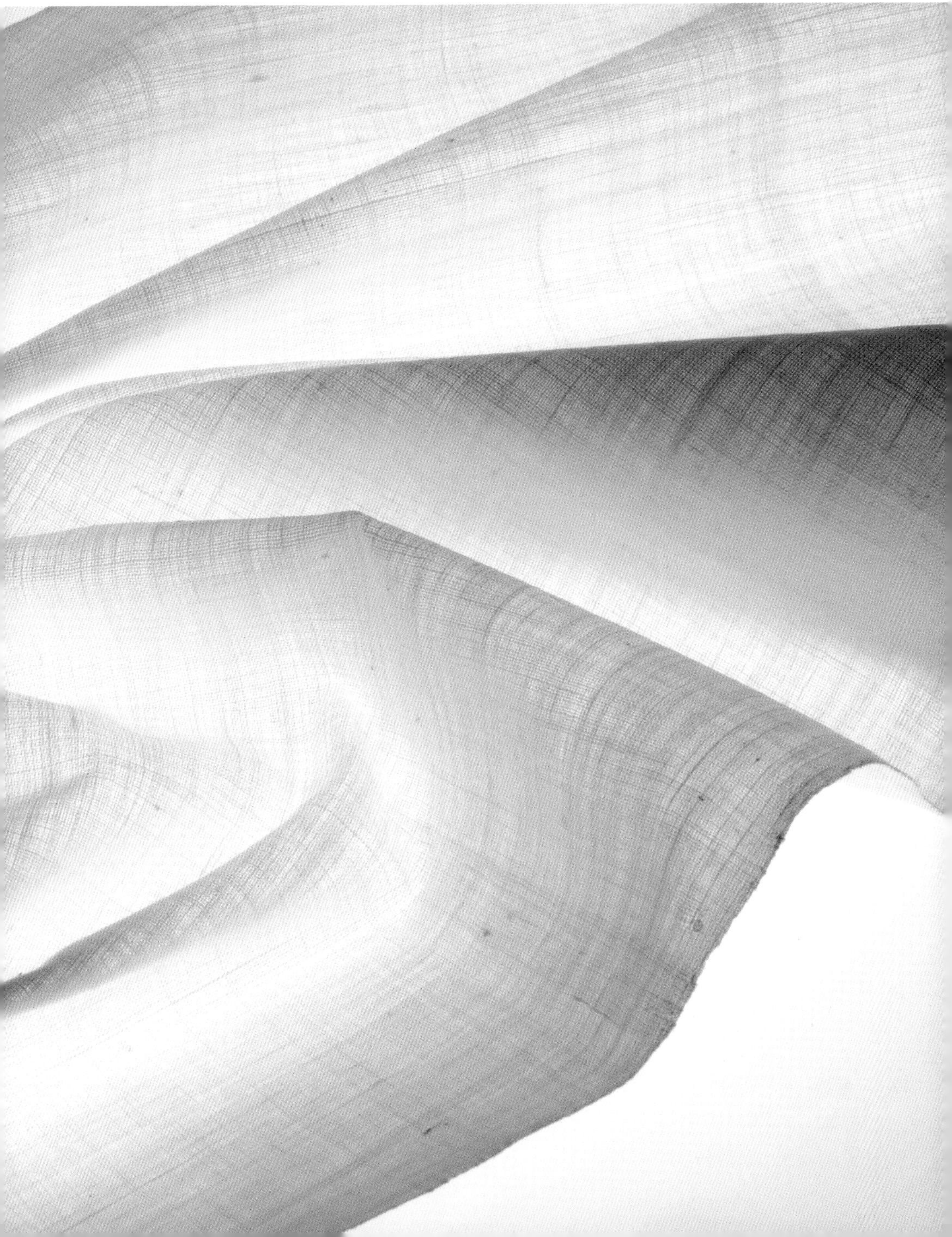

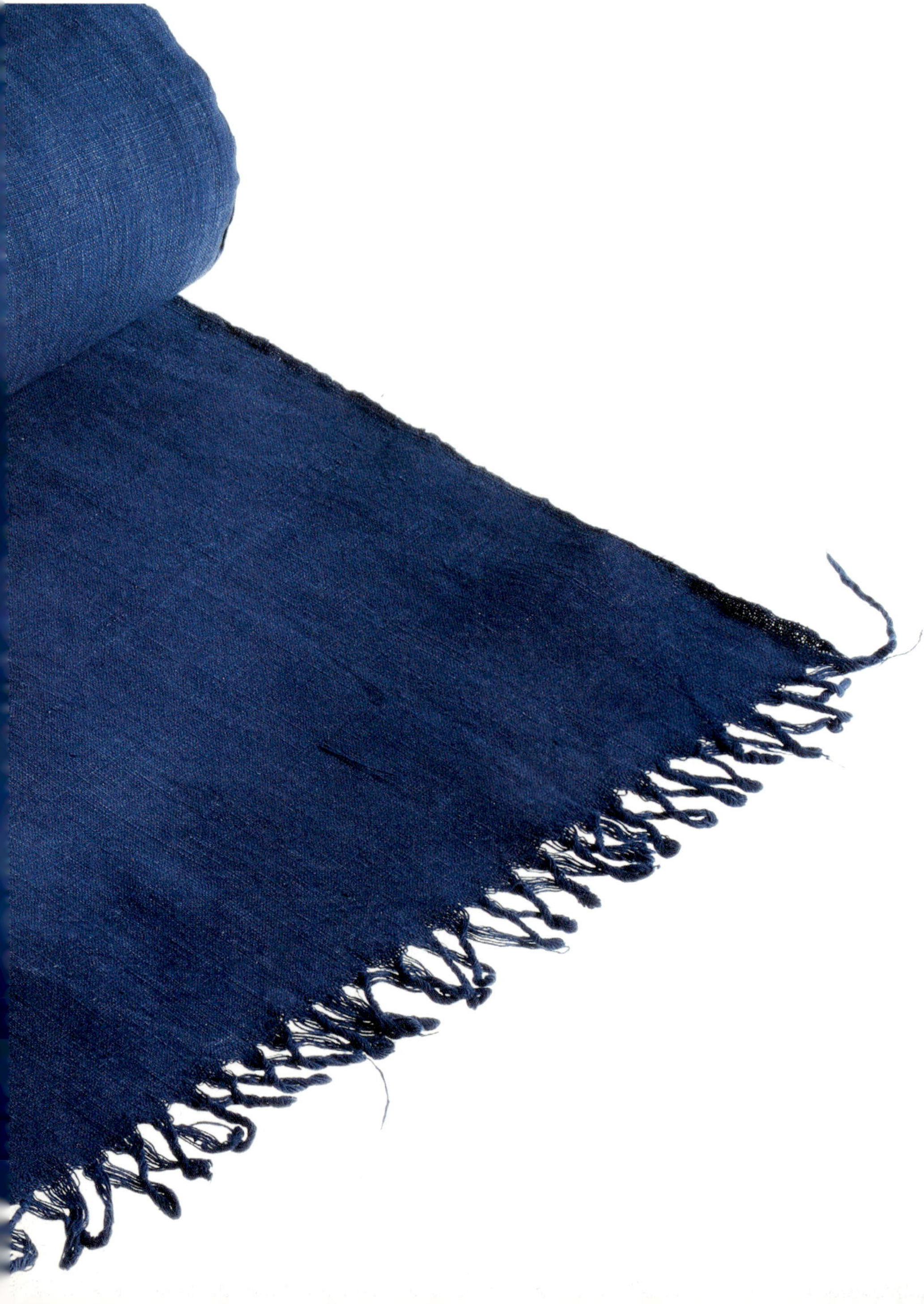

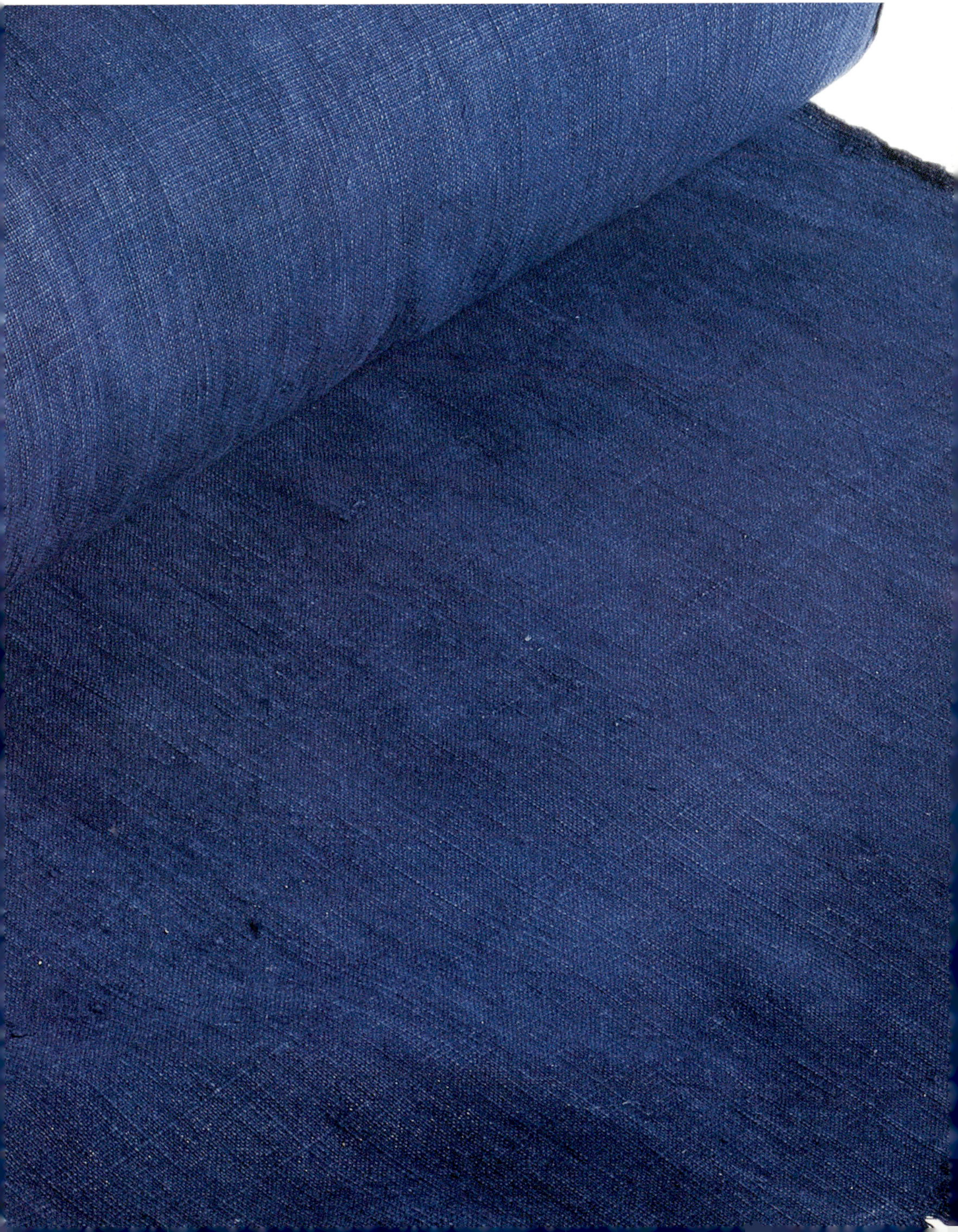

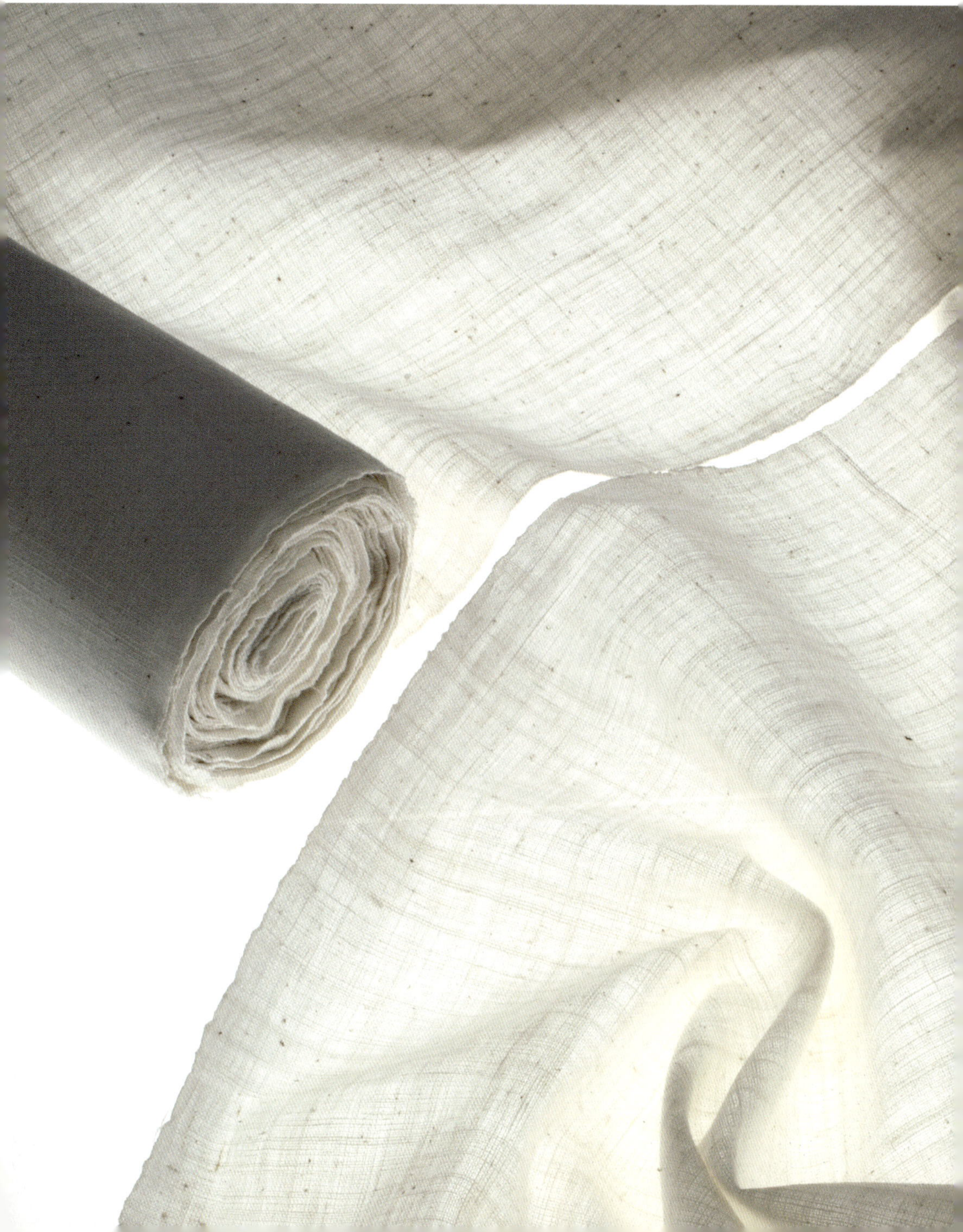

곡성 돌실나이 / 곡성삼베길쌈

Gokseongdolsilnai 谷城织麻工艺

Hemp cloth weaving, Gokseong

지정번호 제 32호
지정일자 1970년 7월 22일

-

작고보유자
김점순 金點順, 1918~2008

명예보유자

전승보유자

전수교육조교
양남숙 梁南淑, 1943~

Designated No. 32
Designated Date. 22 July 1970

-

Deceased Holder of
Important Intangible Cultural Property
Kim Jeom-soon

Assistant Important
Intangible Cultural Property
Yang Nam-sook

서민들의 대표적인 옷감 '삼베'는 특히 여름에 그 진가를 발휘했다. 여름에 삼베 옷을 입으면 올이 굵어 바람이 잘 통하고, 가볍고 몸에 달라붙지 않는다. 그래서 삼베와 모시로 옷을 지어 입으면 '바람을 입은 것 같다.'고 했다. 또한 여름철 홑이불을 해 덮으면 세상 어느것도 부러울 것 없을 만큼 까칠 한 느낌과 소리가 더위를 물려준다.

이렇게 삼베는 삶과 일상에서 매우 긴요했으며 아름답기까지 한 천이었다. 조상들은 대마나 아마로는 실과 베를 만들고, 닥나무, 삼지닥나무로는 종이를 만드는 등 자연에서 채취한 원료에서 실용적인 물건을 얻어 사용했다.

삼베는 우리조상들의 지혜와 느림이 실천된 산물이다. 삼베는 삼을 초봄에 습기 많은 텃밭에 씨를 뿌려 7월초에 베어내 삶고, 잇고, 감고, 풀고, 말리고, 엮고, 짓는 과정을 거쳐 완성된다.

삼베를 짜는 일은 많은 노동력을 필요로 한다. 여성들은 삼 껍질을 째느라 이빨이 닳고, 삼을 잇느라 손가락과 허벅지에 굳은살을 달고 살아야했다. 가늘고 옥처럼 고운 여성들의 손이 무디어져야 비로소 유독 노랗고 고운 색의 삼배를 얻을 수 있었다.

돌실나이는 전남 곡성군 석곡면의 옛 이름 '돌실'에서, '나이'는 '베를 짜다'의 옛 말인 '베를 나다'에서 왔다. 석곡 즉 돌실에서는 예부터 전통적으로 가늘고 고운 올로 삼베를 짰는데 요즘은 돌실나이란 말이 삼베의 대명사처럼 쓰인다.

Dolsil from Dolsilnai is the old name of the place Seokgok-myeon, Gokseong-gun, Jeollanam-do and 'Nai' is the act of hand-weaving. In Seokgok, Hemp was traditionally weaved thin and delicate which counts as an artistic handicraft and therefore its name became a synonym for a pricey but great quality hemp. The nation had created articles for practical use like making papers out of the paper mulberry and paper-bush, and making thread and hemp cloth out of hemp and flax plants. In the beginning of spring, it is sowed the hemp seeds in a field. Then it is cultivated in the beginning of July and gets steamed to be used. The process of its making is in the order of steaming, connecting, rinsing, untangling, weaving and forming. After all, they rinse its original colour with lye and dye it with gardenia seeds-water. A veteran can weave one roll (about 600cm) for a day. And they sing Gilssam song (the song of weaving) when they gets bored and tired. With the weaving women's hard work as their teeth wears down by splitting the skin of hemp plants and their fingers and thighs get a callus by connecting the hemp, we are lucky enough to encounter its best quality.

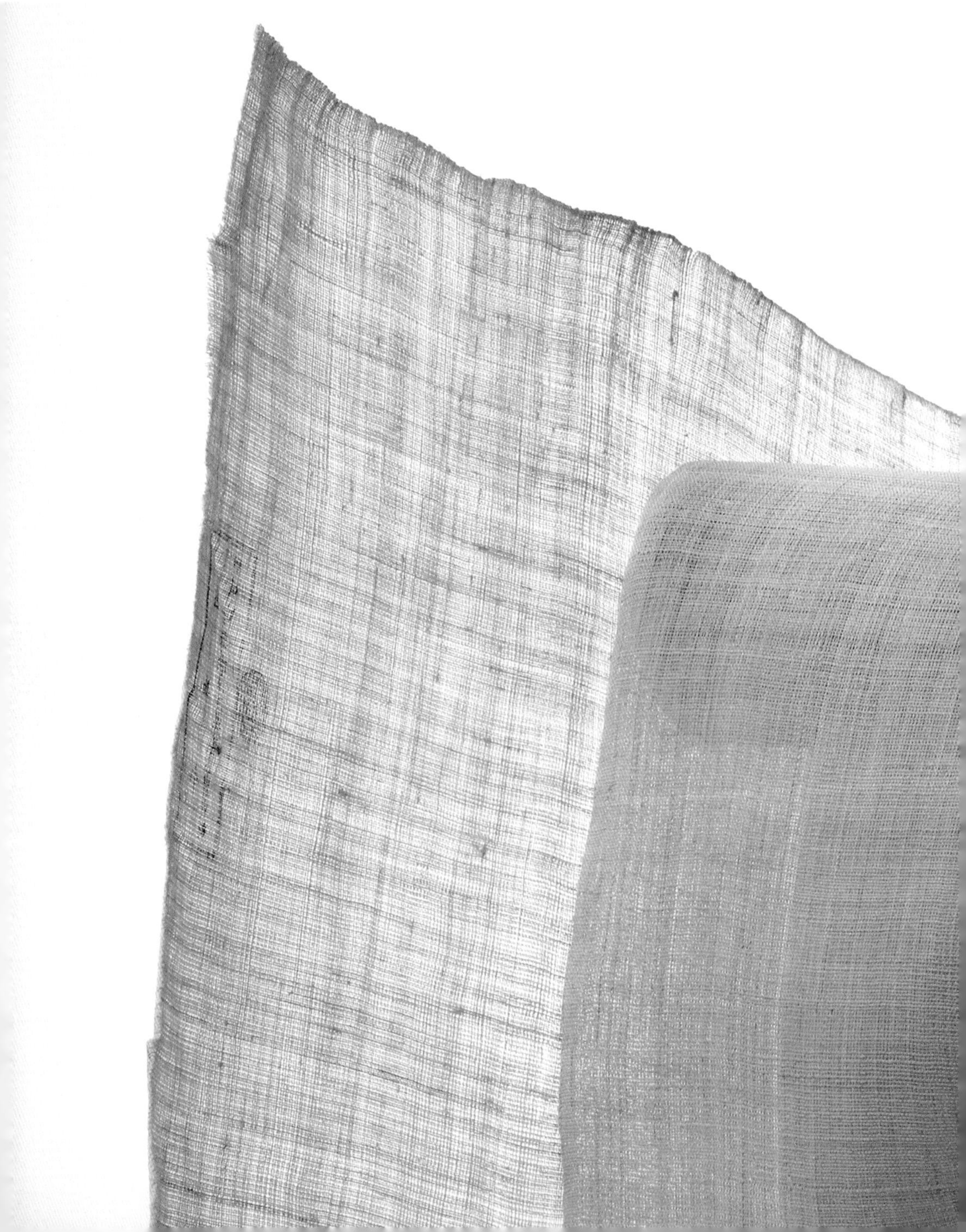

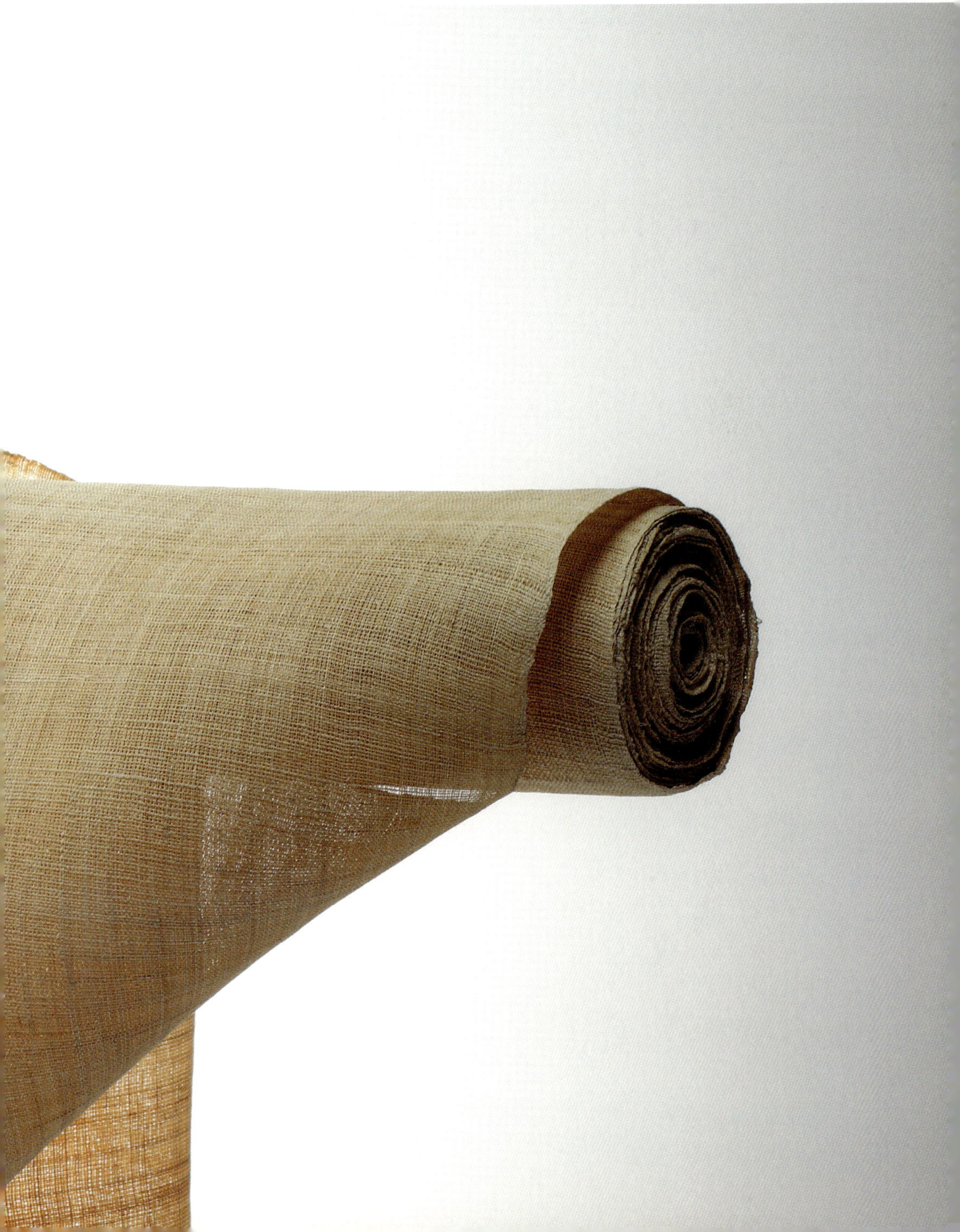

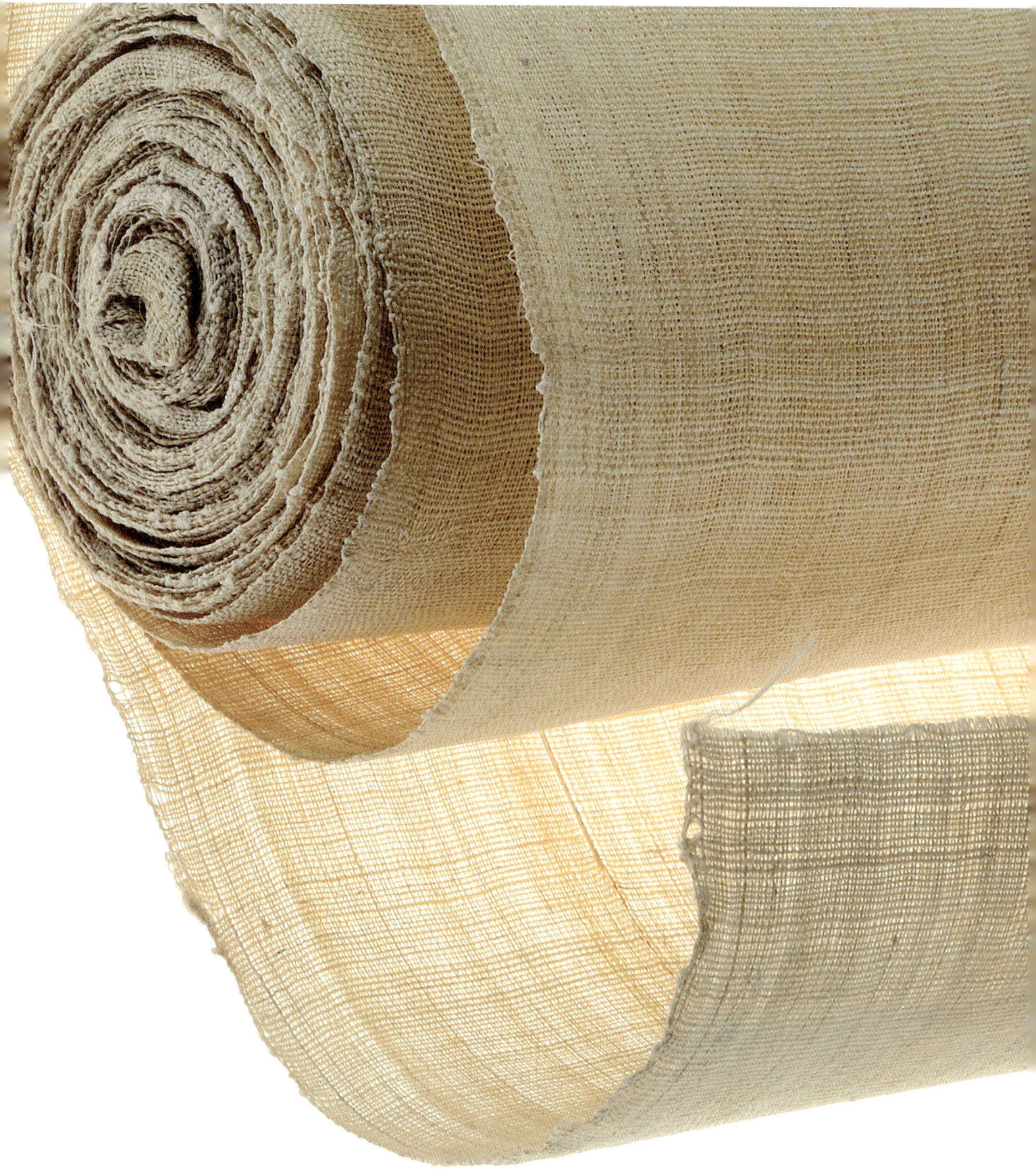

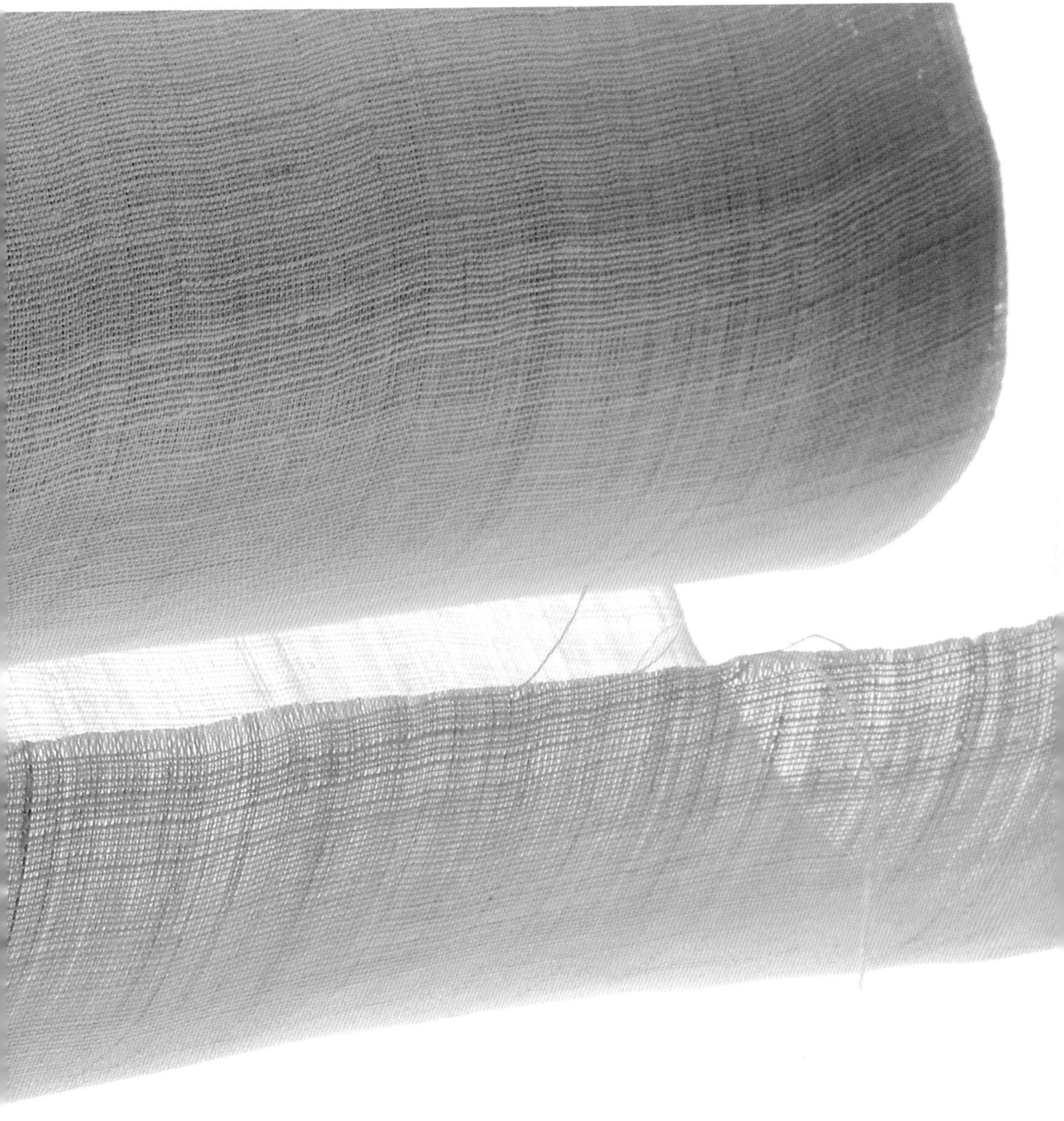

명주 짜기

MyeongjuJjagi 明紬工艺

Silk Weaving

지정번호 제 87호
지정일자 1988년 4월 1일

-

작고보유자
조옥이 曺玉伊, 1920~2007

명예보유자

전승보유자

전수교육조교
이규종 李圭宗, 1932~

Designated No. 87
Designated Date. 1 April 1988

-

Deceased Holder of
Important Intangible Cultural Property
Jo Ok-yi

Assistant Important
Intangible Cultural Property
Lee Gyu-jong

'명주'는 누에고치에서 뽑은 긴 명주실로 짠 천을 말한다. 명주는 다른 베와 달리 우아한 광택과 풍부한 촉감 그리고 천끼리 비벼지며 나는 독특하고 은은한 '명주소리'가 난다. 또 어떤 견직물보다 포근하고 따스하며 우아한 질감이 특징이다. 근년에 들어 거의 모든 견직물을 일반적으로 '명주'라 하지만 비단과는 구분된다. 명주는 무늬가 없고 천이 얇은 것이 특징이며 비단은 특유의 윤이 나고 화려하며 두꺼운 천을 말한다. 비단의 광택은 천의 표면에 빛을 받으면 방향을 바꾸고 흩어지게 해 형형색색의 반사광을 만들기 때문에 생겨난다.

누에고치에서 실을 취해 짜는 견직물의 이름은 여러 가지인데 실의 종류와 짜는 방법 그리고 무늬에 따라 그 이름만도 공단·법단·양단·화단·칠색법단·수단을 비롯해 30여종이 넘는다. 명주의 역사는 매우 깊어 많은 기록과 유물이 남아있다. 여러 곳에 명주의 원료가 되는 뽕나무, 누에와 관련된 이름을 가진 마을이 많은 것도 이런 때문이다. 송파구 잠실동도 그런 예의 하나이다.

예전에는 전국의 각 가정에서 베틀로 명주를 짜 자급자족을 할 만큼 성했으나 근대화 과정에서 개량식 방직기가 들어오고 대량 생산이 이루어지면서 전통 명주 짜기는 급격히 쇠퇴해 지금은 경상북도 성주 두리실에서 그 맥을 이어가고 있다.

Myeongju as silk is a natural protein fibre which is produced by cocoons. Myeongju has a smooth, soft texture unlike many synthetic fibers and it makes unique sounds when a kind of silk called Myeongjusori rubs to each other. It also has cozy and warm feelings and its unique elegant texture than any other fabrics. Today, calling the fabrics as Myeongju is very common but Myeongju and silk are distinct. Myeongju has no patterns and a thin layer while silk shines and is fancy. Myeongju has various names: more than 30, for example, Gongdan, Bubdan, Yangdan, Whadan, Chilsaekbeobdan, Sudan etc by the cocoons, the way how it processes it and its patterns. Myeongju has a deep history that remains a large number of cultural records and artifacts. That is the reason why there are such villages where contains the name of mulberry and silkworm. Jamsil- dong, Songpa-gu, Seoul is one of the kinds. Although using a loom to weave Myeongju had flourishing for the people back in the days, it has nearly died out. As the developing of the fiber industry in modern times, the demand for Myeongju can be met solely by the mass production. Today, Doorisil village, Sungju-gun, Gyeongsangbuk-do carries on the legacy.

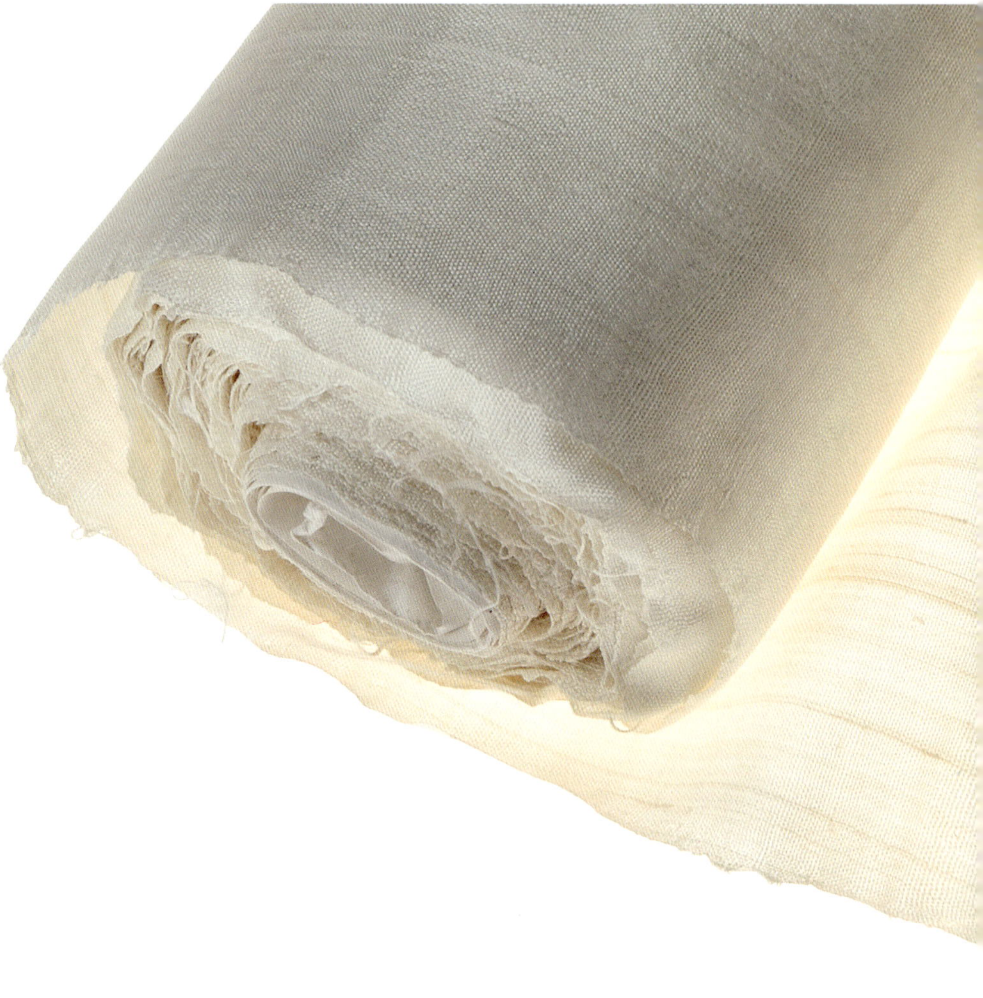

바디장 / 베틀의 바디만들기

Badijang 筬匠

Reed Making

지정번호 제 88호
지정일자 1988년 8월 1일

Designated No. 88
Designated Date. 1 August 1988

-

작고보유자
구진갑 具鎭甲, 1917~2006

Deceased Holder of
Important Intangible Cultural Property
Koo Jin-gab

명예보유자

전승보유자

전수교육조교

베틀은 여성들을 끝없는 노동으로 이끈 슬픈 도구다. 하지만 그네들은 고통을 오락으로, 희생을 사랑삼아 옷감을 짜며 '베틀가'를 불렀다. 베를 짜는 것은 여성들의 고통인 동시에 가족들을 위한 희생이자 스스로를 내던져 건져낸 행복이기도 했던 것이다. 집안마다 필요한 옷감을 자급자족했던 우리 민족은 집안마다 베틀이 필요했고 베틀의 핵심부품인 바디를 귀히 여겼다.

베틀의 핵심부품 '바디'는 베의 두께 즉 얇고 두꺼운 것을 결정하는 중요부분이다. 바디는 대나무를 잘고 좁게 쪼개 일정한 간격으로 엮어 맨 죽세공품의 일종이다. 우리나라의 모시, 삼베, 명주가 다른 나라의 천보다 얇아 하늘거리는 질감을 지닌 것도 따지고 보면 바디의 가늘고 얇은 대로 만든 곱고 촘촘한 간격의 바디 살이 있었기 때문이다.

조선시대에는 바디장을 '성장'이라 하여 궁궐의 살림을 맡은 부서에 배치했고 백성들의 입는 문제와 직결된 길쌈을 위해 지방에도 바디장을 고정 배치했다. 이후 조선후기 실학의 발달로 기계화가 이루어지기 시작하고 섬유화학의 발전으로 급속히 베틀이 사라지면서 바디와 바디장도 귀하게 되었다. 구진갑 사망 후 현재 보유자가 없는 상황이다.

The thickness of hemp cloth depends on an important part called Badi (Loom for weaving hemp cloth) which is the core component of a loom. Badi is a bamboo ware that is weaved with thinly splitted bamboo at a regular spacing. The local traditional fabric as ramie, hemp and cotton has much thin layer that renders its wavy texture, provided by the finely crafted Badi, than the fabrics from any other countries. Women from the old days found weaving so hard by using a loom to weave fabrics to flourish for their families but also blissful. Consequently, a loom was needed for the most households and its core component Bodi was also found invaluable. In the Chosun dynasty, Badijang was also called as Sungjang who was placed in the housekeeping department in the palace and in the region to weave for the people. Since both the practical science and textile chemistry was developed after the Joseon dynasty, the mechanization took its business so Badi and Badijang became much precious.

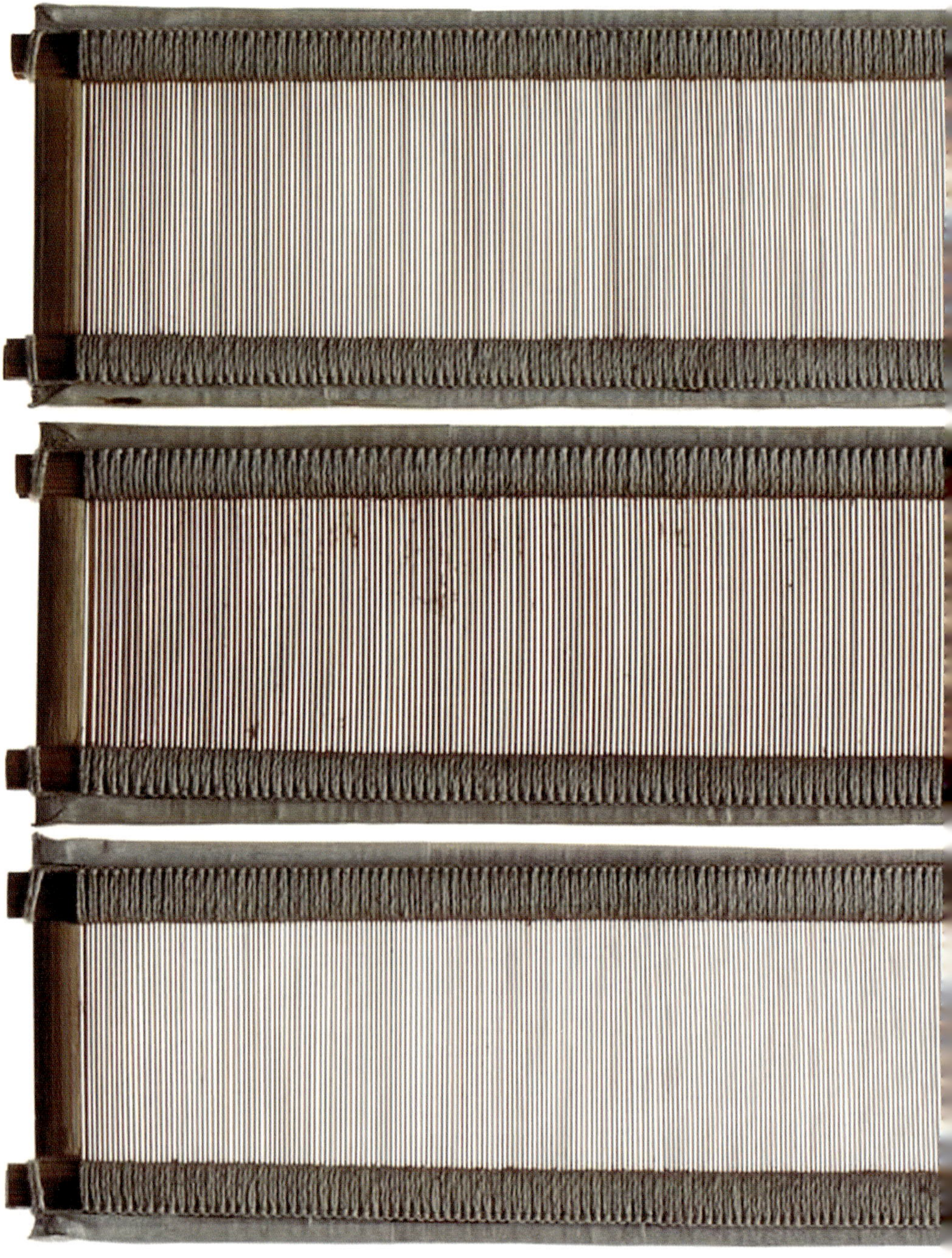

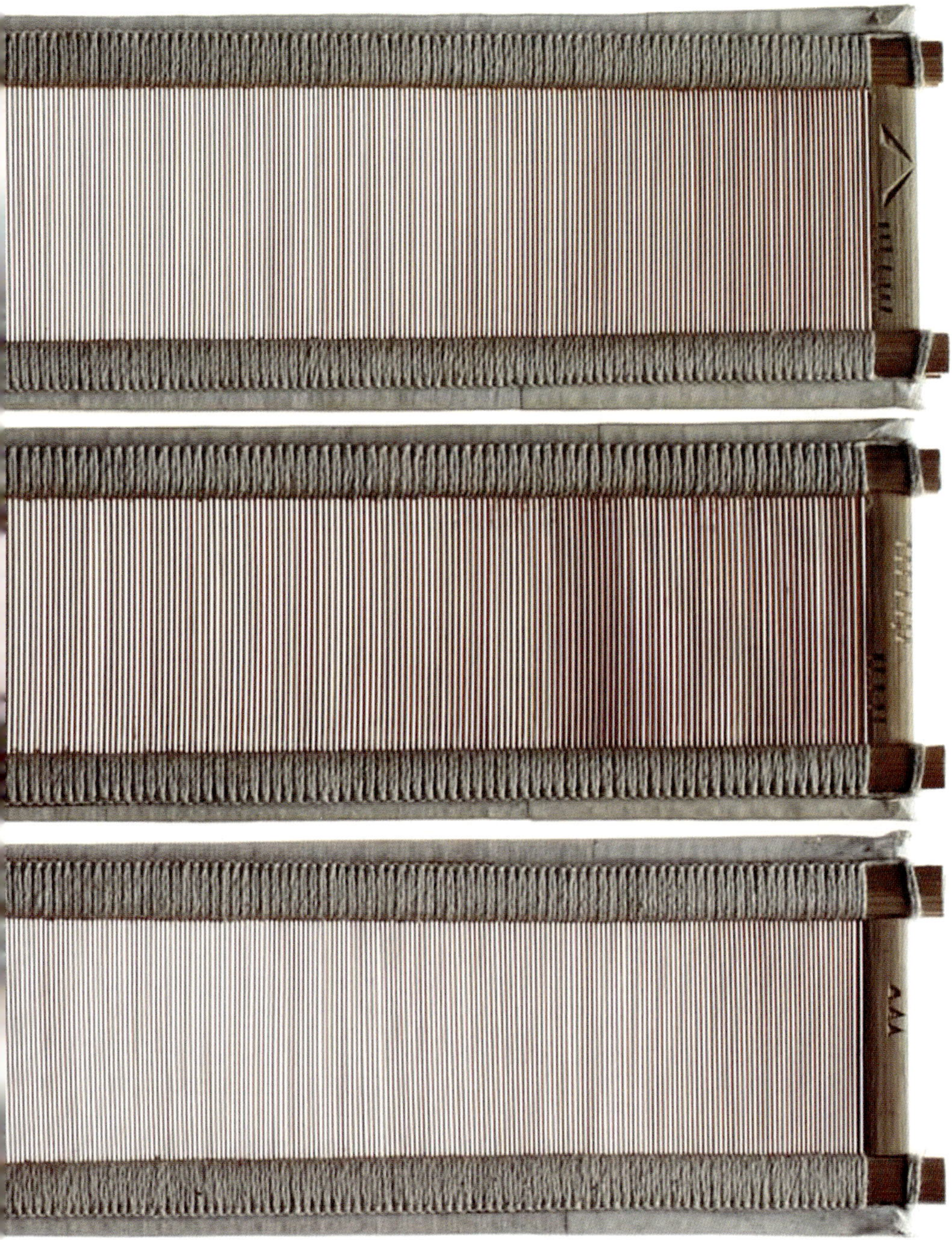

침선장 / 바느질

Chimseonjang 针线匠

Needlework

지정번호 제 89호
지정일자 1988년 8월 1일

-

작고보유자
정정완 鄭貞婉, 1913~2007

명예보유자

전승보유자
구혜자 具惠子, 1942~

전수교육조교

Designated No. 89
Designated Date. 1 August 1988

-

Deceased Holder of
Important Intangible Cultural Property
Jeong Jeong-wan

Inherited Holder of
Important Intangible Cultural Property
Koo Hye-ja

칼이 남자들의 것이라면 바늘은 여성들의 것이다. 칼은 베고 자르는 상처를 내는 도구인 반면 바늘은 모든 것을 꿰매고 이어주는 치유의 도구이다.
'바느질'을 의미하는 '침선'은 원래 '바늘'과 '실'을 말한다. 특히 옷을 짓는 기술은 바늘을 쓰는 기술이다. 한국의 옷은 "검소하되 누추하지 않고, 화려하되 사치스럽지 않다"는 원칙을 지켰다. 그래서 예로부터 바느질은 꼼꼼하고 튼튼하며 선이 자연스럽고 아름다워야 했는데 특히 선비의 옷차림은 우아하고 단정해서 품위를 갖춘 반듯한 모습을, 여성의 옷은 화려하면서도 단아해야했다.
옷은 대부분 여성들이 가족과 자신을 위하여 직접 지어 입었다. 하지만 왕실이나 사대부 집안의 경우 바느질 솜씨가 뛰어난 장인을 두어 옷을 만들도록 했다. 물론 서민들도 관혼상제나 기타 필요한 예복은 솜씨 있는 장인의 손을 빌었다.
옷을 제작하기위해서는 바느질을 담당하는 침선장과 함께 실을 잣는 제사장, 실이나 천을 물들이는 청염장 · 홍염장, 천을 짜는 직조장 · 능라장, 천을 다듬고 손질하는 도련장, 옷감을 재단하는 재작장, 금박이나 자수 등 무늬를 놓는 금박장 · 자수장 등의 손길이 필요하다. 이렇듯 맵시와 품위를 갖춘 편안한 옷이 완성되기 위해서는 많은 사람들의 손품을 팔아야했다.

'Sewing' has become the oldest technology as human started to wear clothes. The clothes of our nation has changed over the years while adapting the natural environment, climate, religion and customs. The technology to build these clothes, Chimseon as sewing means combination of a needle and thread. From old times, there was a guideline on the technology of sewing. It should be precise enough to hold the fabrics nice and firm. Especially Seonbi (classical scholar) should wear neat and elegant that represents their dignity and for women, they should wear colourful but graceful. Thus Korean clothing is said that it is simple not shabby but fancy not luxury. Traditionally, those clothes were made by women not only for themselves but for their families. But there was an artisan at the palace or at the nobleman. Also ordinary people ask an artisan for the four ceremonial occasions of coming of age, wedding, funeral, and ancestral rites. To make such a cloth, there should be Chimseonjang for sewing, Jesajang for spinning thread, Cheongyemjang and Hongyeomjang for dyeing, Jikjojang and Neunglajang for weaving, Doryunjang for trimming the fabric, Jaejakjang for cutting out for fabrics, Gumbakjang and Jasujang for embroidering so it comes out with dignity and style but comfortable.

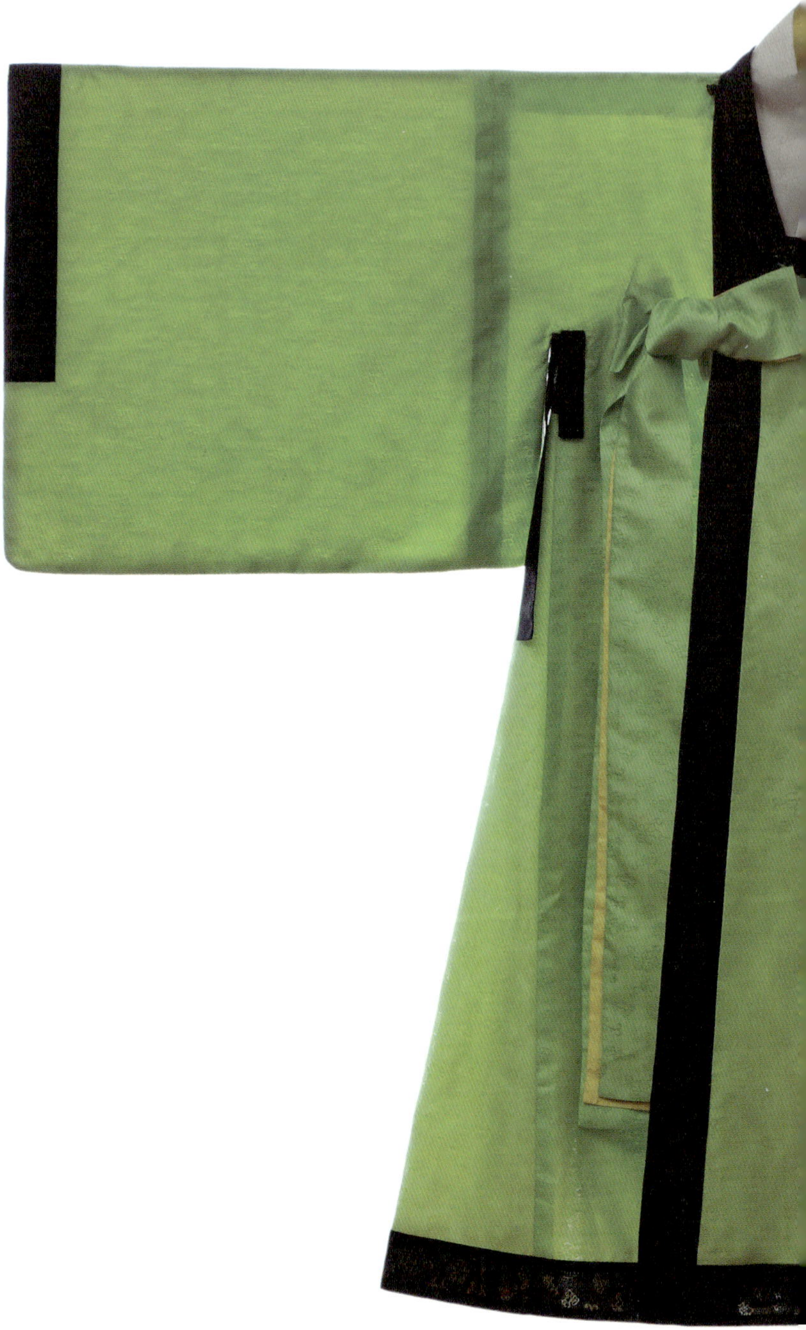

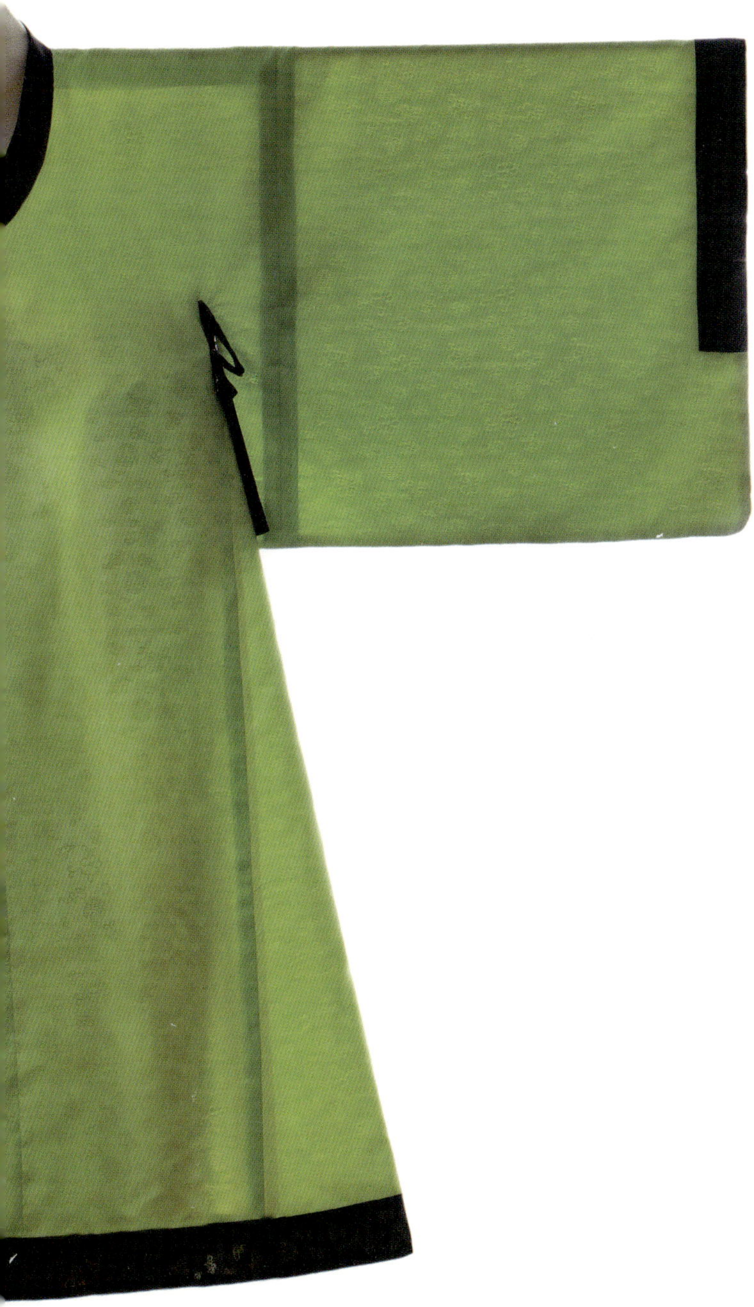

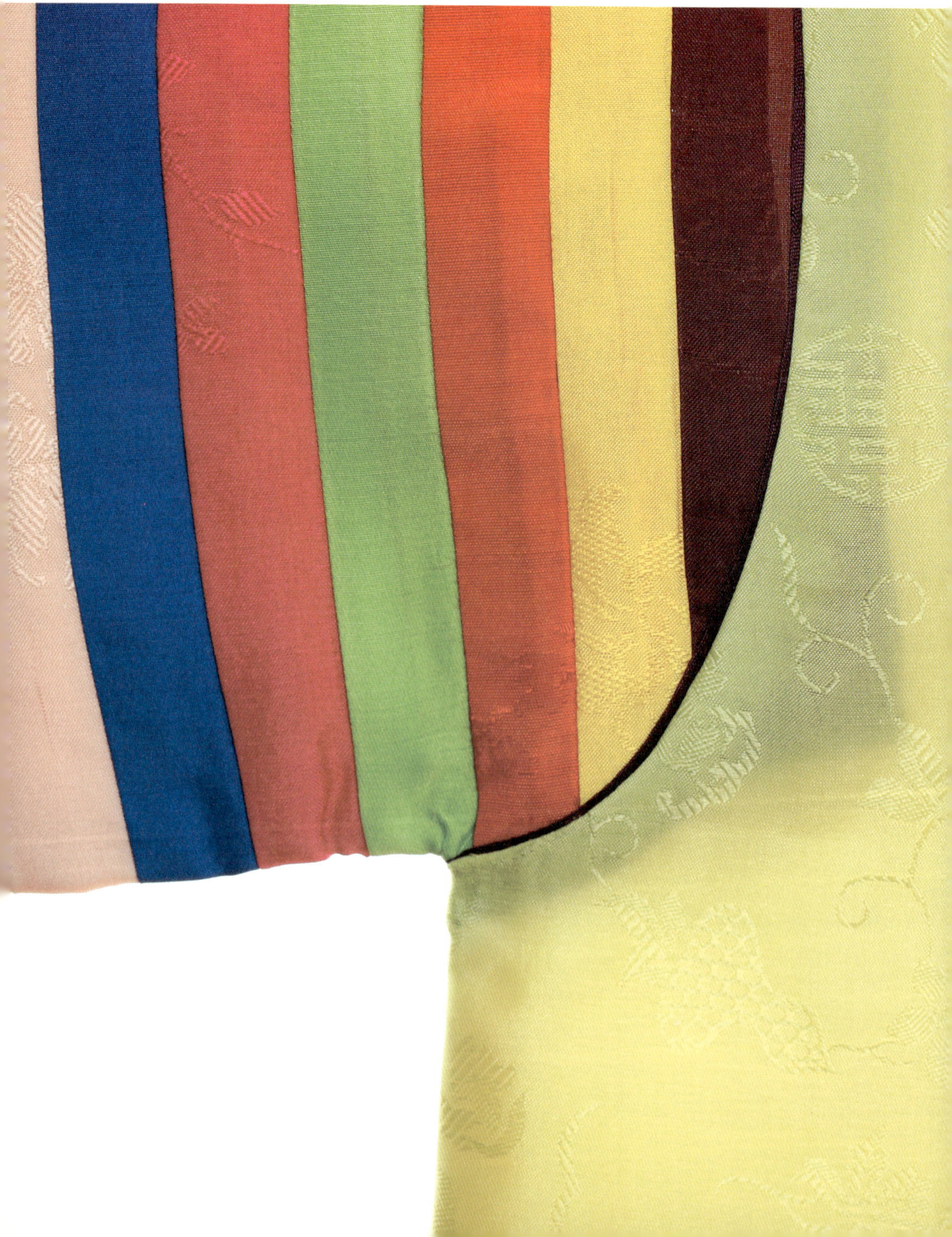

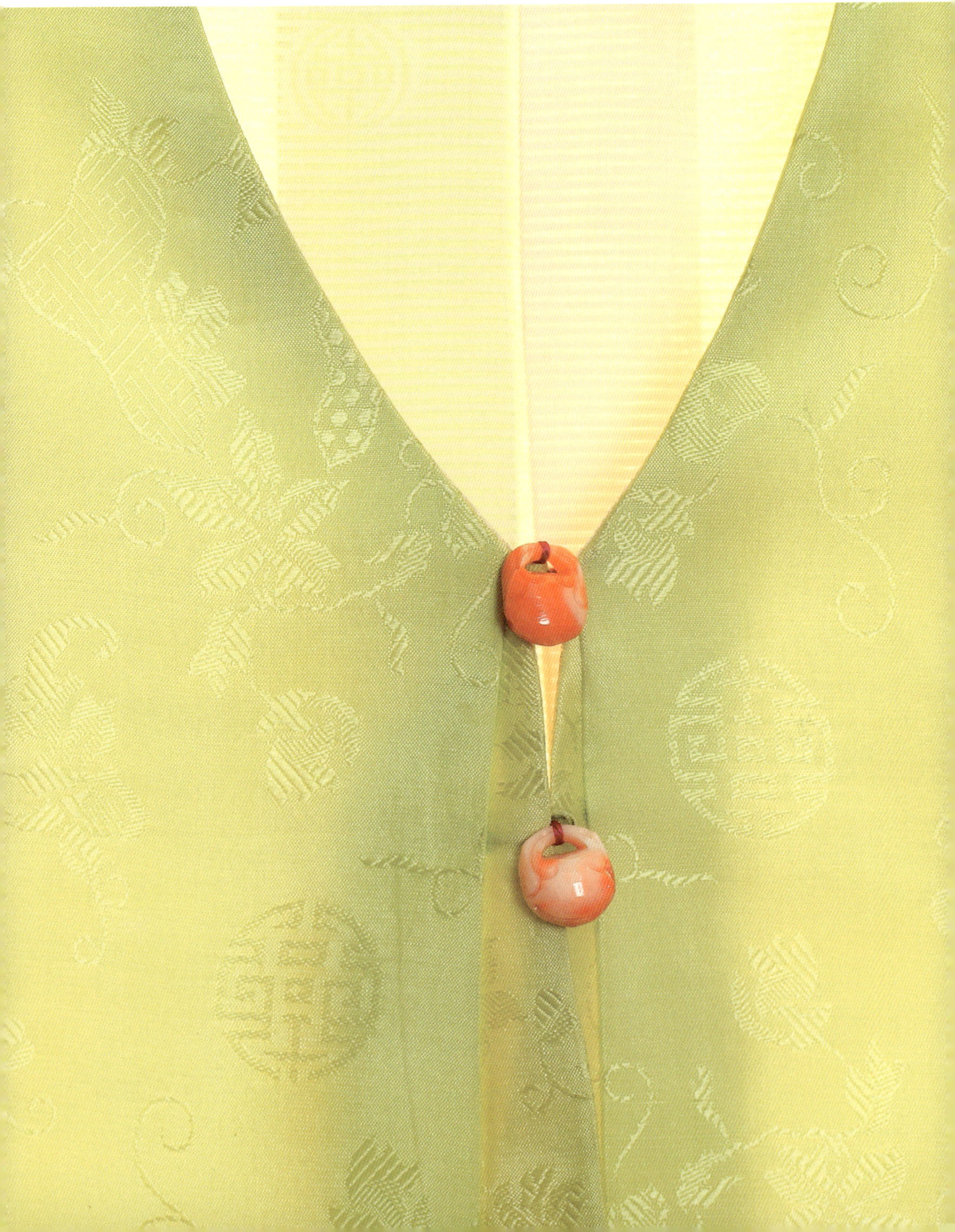

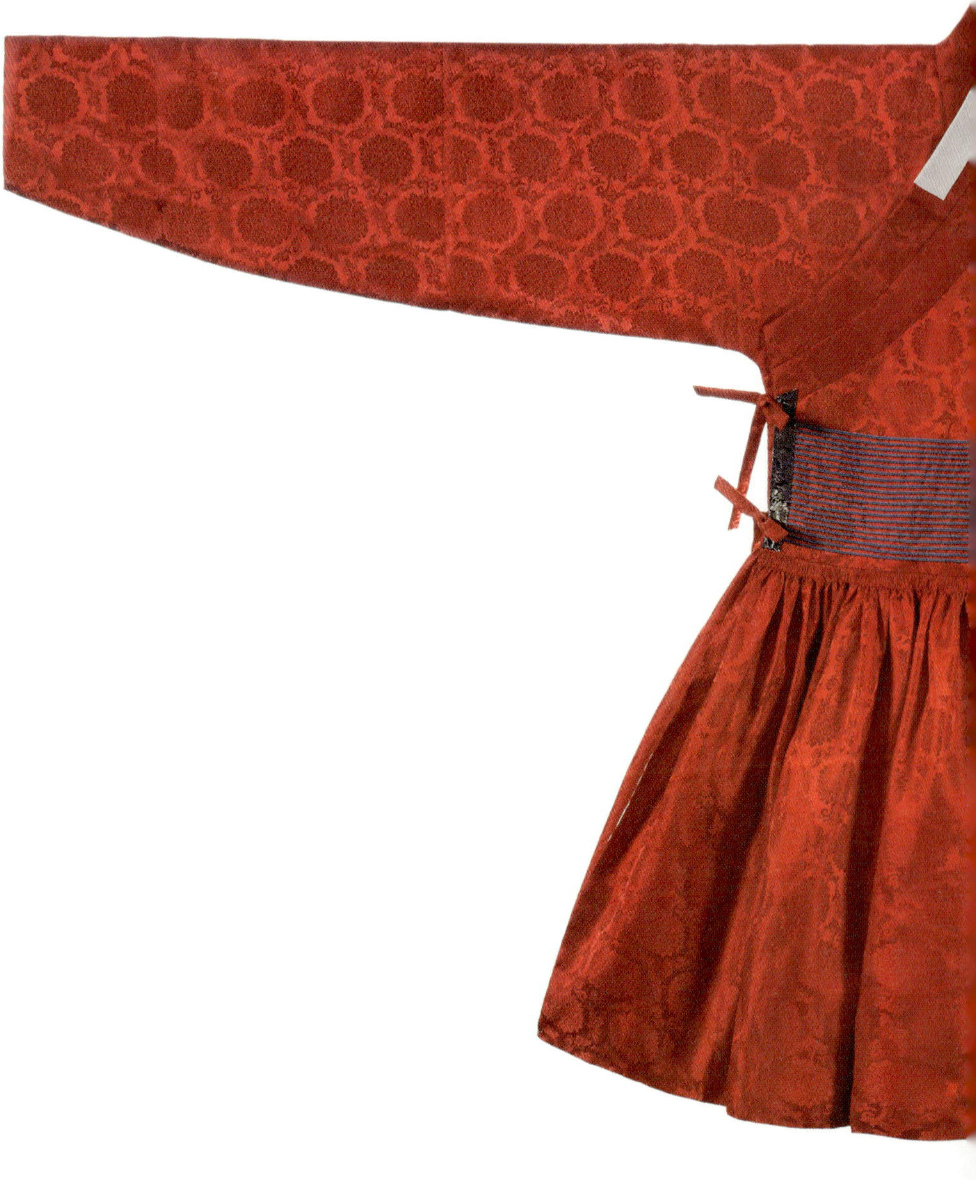

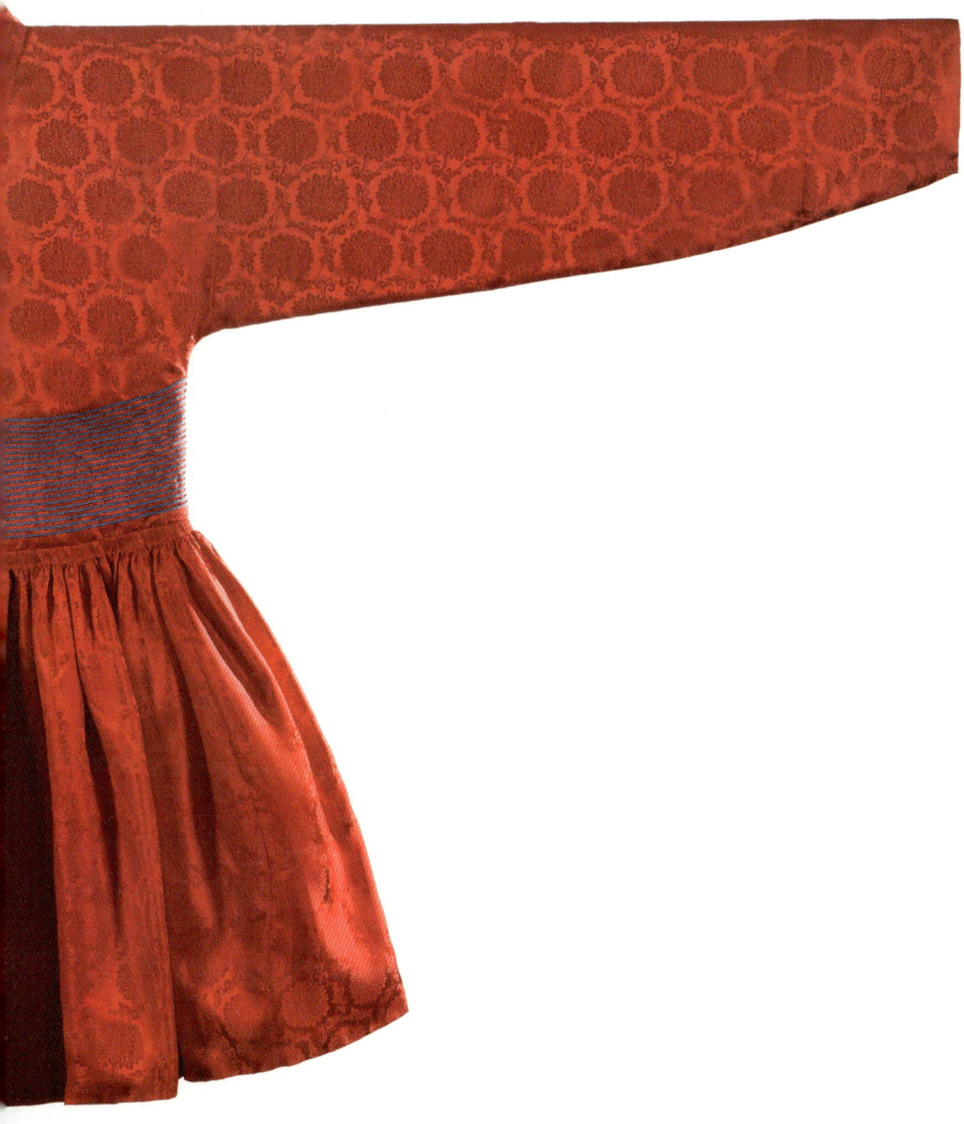

누비장 / 누비기

Nubijang 縷緋匠
Quilting

지정번호 제 107호
지정일자 1996년 12월 10일

-

작고보유자

명예보유자

전승보유자
김해자 金海子, 1953~

전수교육조교

Designated No. 107
Designated Date. 10 December 1996

-

Inherited Holder of
Important Intangible Cultural Property
Kim Hae-ja

거친 듯 섬세하고, 하려한 듯 소박한 '누비'는 정성과 인내로 천위를 누벼 일구어 낸 성취의 산물이다. 누비장은 바느질과 함께 실과 바늘을 써서 옷감을 누비는 기능을 함께 갖춘 장인이다.
이미 삼국시대부터 발달했던 바느질 기법인 '누비'는 옷감의 강도와 보온성을 높이지만, 일일이 손으로 처음부터 끝까지 누벼야 하기 때문에 바느질 중에서도 가장 어렵고 품이 많이 들어가는 일이다.
누비는 기법은 단순한 반복적 작업이지만 매우 과학적이며 실용적이다. 아무리 얇고 고운 천으로 누비를 해 빨아도 바느질 모양이 틀어지지 않는다. 또 솜 때문에 접힌 시접 자국이 생기지 않아 옷의 원형이 유지된다.
두꺼운 솜옷의 경우 간격이 넓고 바느질도 성글며, 얇은 옷감은 촘촘하고 조밀해진다. 누빈 넓이, 솜의 두께와 바늘땀은 대체로 비례했는데, 솜을 얇게 두면 누비의 넓이와 바늘땀이 좁았고, 솜을 두껍게 두면 누비의 넓이와 바늘땀이 넓었다. 누비기법에는 누비 폭에 따라 솜을 얇게 두어 누비 폭을 좁게 촘촘히 한 잔누비 또는 세누비를 비롯해 중누비·드문 누비로, 누빈 형태에 따라 솜을 두껍게 두고 좀 넓게 누벼 오목오목한 효과를 낸 오목누비와 솜을 비교적 얇게 두고 넓게 누벼 납작하게 만든 납작 누비가 있다. 또, 옷감의 안팎이 밀리지 않게 하기 위하여 참대·나무·자개·화각 등으로 만든 밀대를 썼다.

Nubi as quilt seems slightly rough and fancy but it is much delicate and sincere which is the fruit of great elaboration with much patience. Nubijang is an artisan who cuts and sews quilts with the great skills. Nubi is the technique that sews two sheets together with cotton in between them. It has been used ever since the period of the Three Kingdoms because of its solidity and thermal performances. Nubi is a simply- repeating-work but extremely scientific. It does not matter how thin or delicate fabrics is used for Nubi, the seams never gets bent out of shape and leave a mark of seam allowance. Because of these reasons, Nubi is greatly practical. A thin layer of fabrics gets much fine while a thick layer of cotton cloth gets a rough seam line of stitches. Those stitches are proportional to the length of quilt and the thickness of cotton. The technology of quilt can be divided into many types such as Jannubi (Also as Senubi) which depends on a thin layer of cotton and the width of quilt. Omoknubi has the pattern of sunken here and there that was sewed with a wide width of quilt on a thick layer of cotton. Nabjaknubi is generally thin where it uses a thin layer of cotton with a wide of quilt.

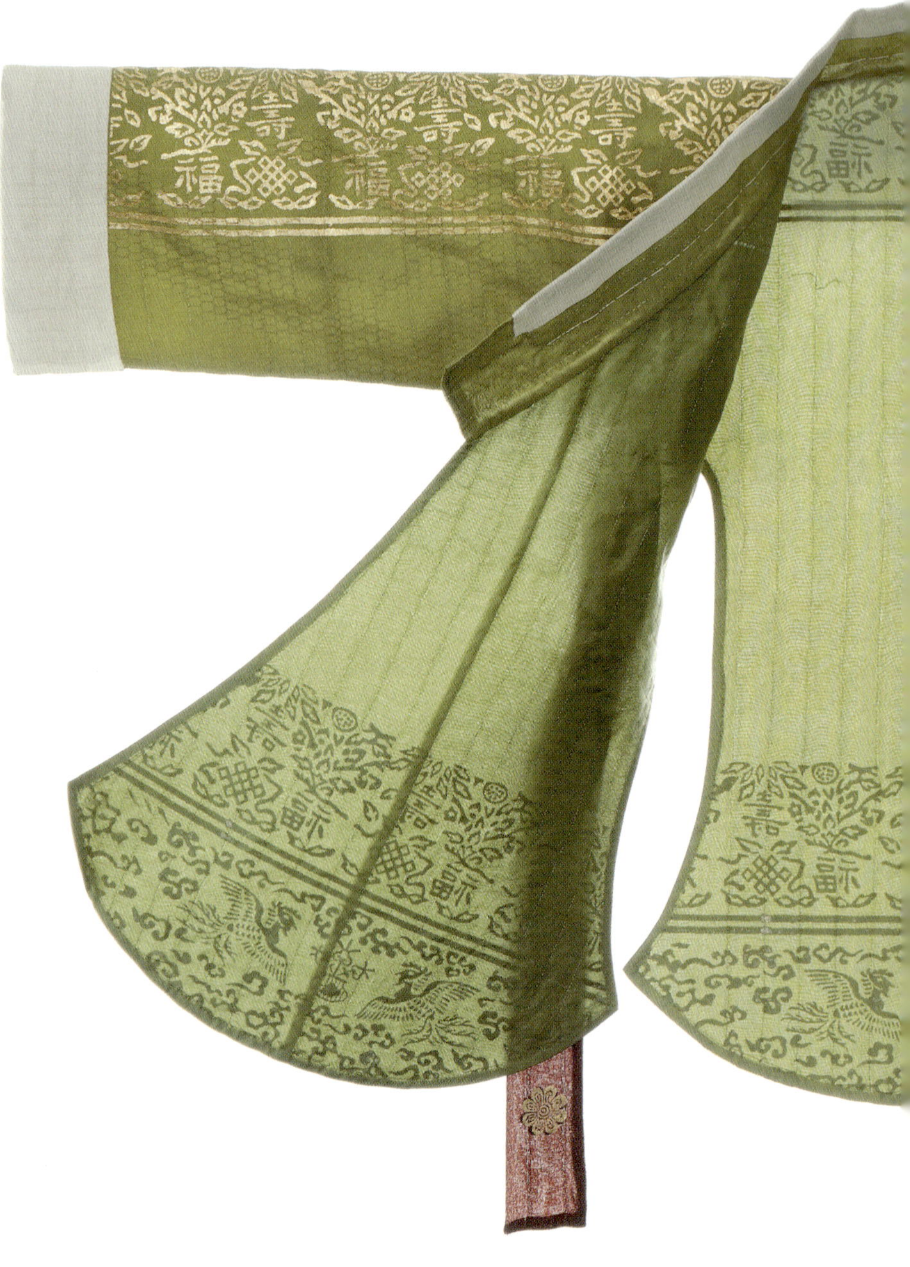

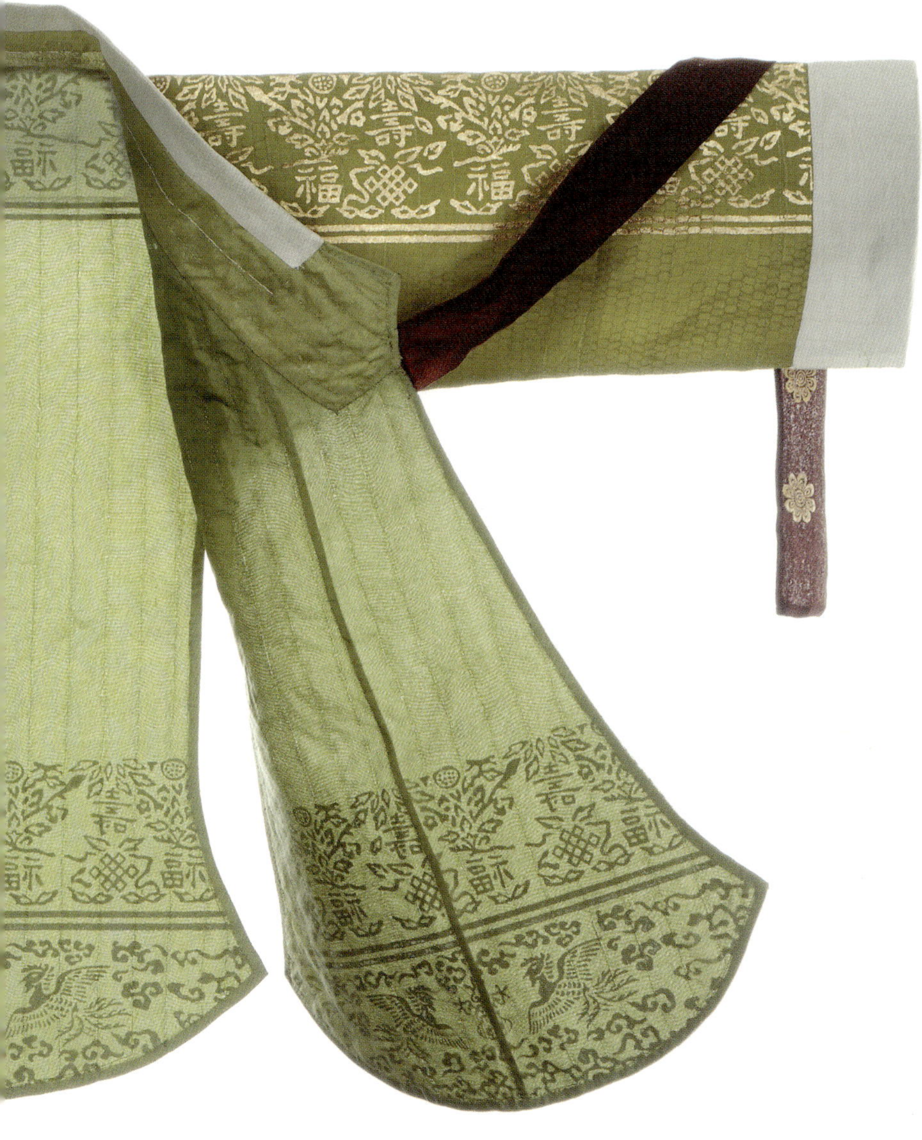

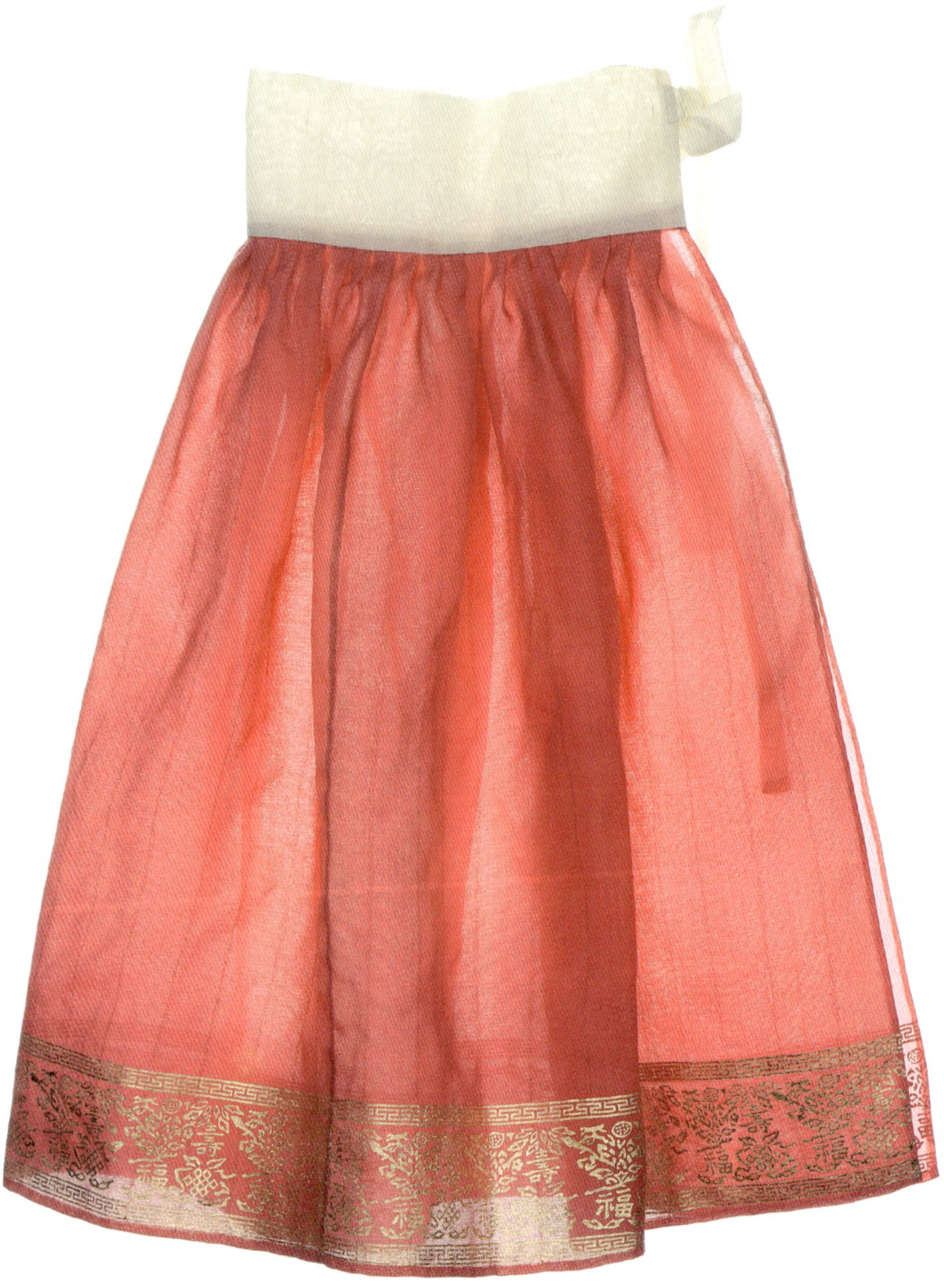

염색장 / 물들이기

Yeomsaekjang 扎染匠

Dyeing

지정번호 제 115호
지정일자 2001년 9월 6일

-

작고보유자
윤병운 尹炳耘, 1921~2010

명예보유자

전승보유자
정관채 鄭官采, 1959~

전수교육조교
윤대중 尹大重 1964~

Designated No. 115
Designated Date. 6 September 2001

-

Deceased Holder of
Important Intangible Cultural Property
Yoon Byeong-woon

Inherited Holder of
Important Intangible Cultural Property
Jung Gwan-chae

Assistant Important
Intangible Cultural Property
Yoon Dae-jung

한국의 색은 매우 강렬하지만 다른 것과 만나면 번지고 스미면서 하나가 된다. 따라서 거개의 모든 색은 그윽하고 은은한 것이 특징이다. 우리는 전통적으로 식물의 꽃이나 열매, 잎, 뿌리, 껍질 그리고 동물, 광물, 해조류, 이끼류 등 자연에서 색을 얻어 썼다. 그래서 자연그대로의 색이 많은 것이다. 그리고 이 자연의 색을 천이나 가죽에 물들이는 일을 '염색'이라하고 그 일을 하는 이를 '염색장'이라 한다.
염색은 예로부터 성해 조선시대에는 가내에서 수공업 방식으로, 경공장에서는 염색을 담당했다. 이즈음 사람들은 청색과 홍색이 중심이 된 오방색을 선호했다.
이 중 청색은 '쪽'으로, 홍색은 '소방목'과 '잇꽃'으로 염색했는데 사용된 색깔의 명칭이 173개에 이를 정도로 다양했다. 그러나 개화기 이후 합성염료가 들어오면서 전통염색방법이 쇠퇴하기 시작했다.
오늘날에는 전통방식의 염색기법 중 영산강 민물과 바닷물이 합류하는 나주에서 '쪽 염색'기법을 이어오고 있다. 같은 쪽이라 하더라도 방법과 시간에 따라 다양한 푸른색이 색이 나오는데 생 쪽을 냉수로 염색해 얻은 담남색을 '쪽빛', 잿물로 환원시켜 짙게 염색한 것을 '반물', 독아래 가라앉은 쪽 침전물로 염색하면 얻는 농남색 쪽염은 '야청' 또는 '아청'이라고 한다.

Yeomsakjang is an artisan who dyes fabrics with traditionally extracted colours from flowers, fruits, leaves, roots, skins and animal, mineral, marine algae, moss. The process is fairly important to make clothes and household items. It had flourishing the technology of dyeing in the Samhan dynasty and the period of the Three Kingdoms and the Baekje dynasty started differentiate the classes with the colours of cloth. The Silla dynasty set the departments of dyeing as Yeomgoog, Hongjun, Sobangjun and Chanyeomjun to deal the products as money. Goryeo, the Korean dynasty used dyed fabrics as to meet the demand for aristocrat for the trade purposes. Its purple dyeing technique by cromwell was outstanding for the trade. The cottage industry, the farming industry and their artisans in the Joseun dynasty, took care of dyeing process and Obang colour as blue, red, gold, white and black were considerably preferred. Among them, the blue was made by polygonum indigo and the red was made by sappanwood and safflower. At the event then many various names were overly used that has the record of 173. After the entering of synthetic fuel in, the traditional dyeing processing decayed over years. Today, the dyeing process using polygonum indigo carries on the legacy in Naju, where Youngsan river and the sea water meets. Several different names are used in the process as Jjokbit as light navy colour, Banmool as darker navy colour and Yacheong or Acheong as the dye that shows the effects of light and shade with navy. However, polygonum indigo dye is much bluer than the plant from which it comes, as the old saying goes, a good student surpasses his teachers.

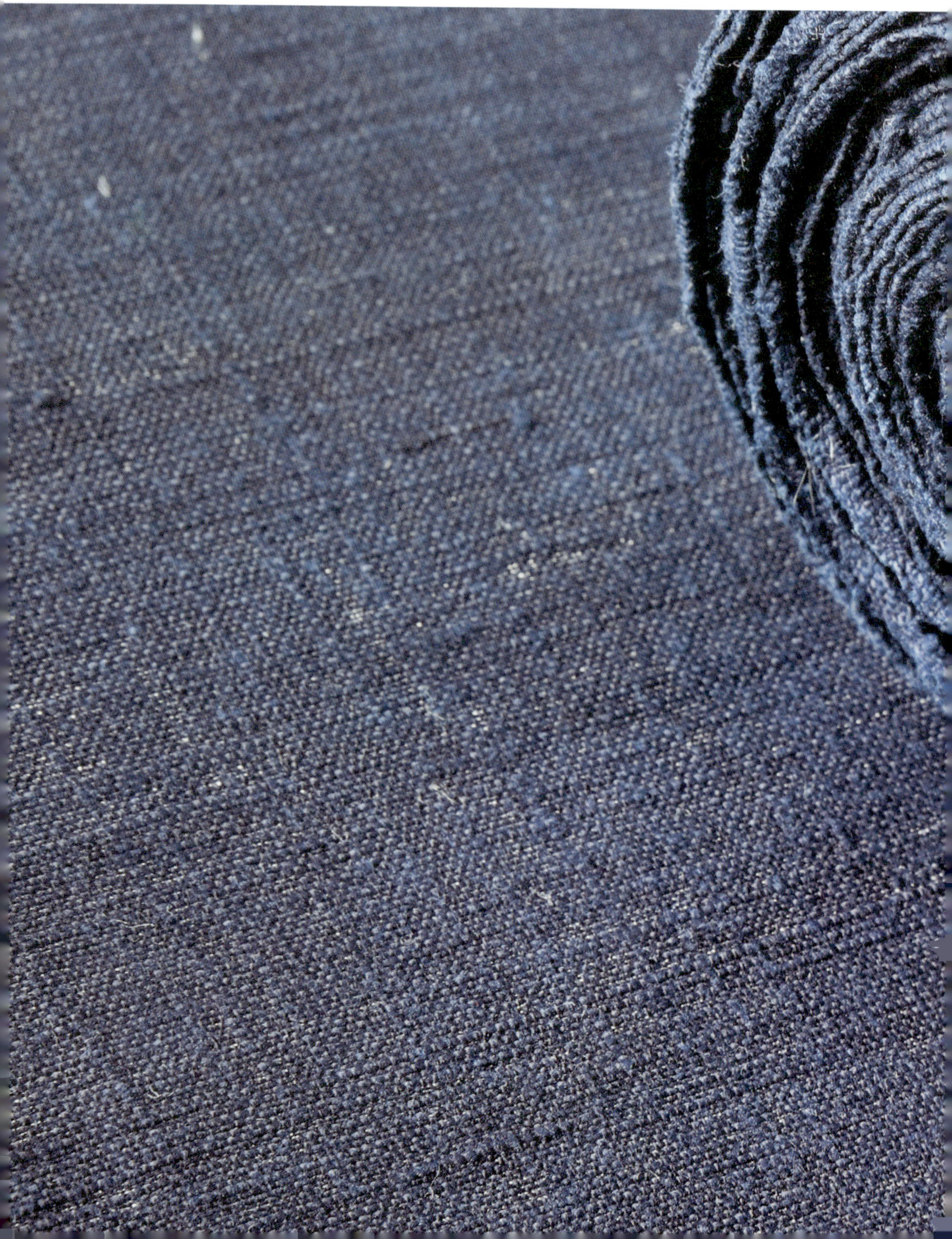

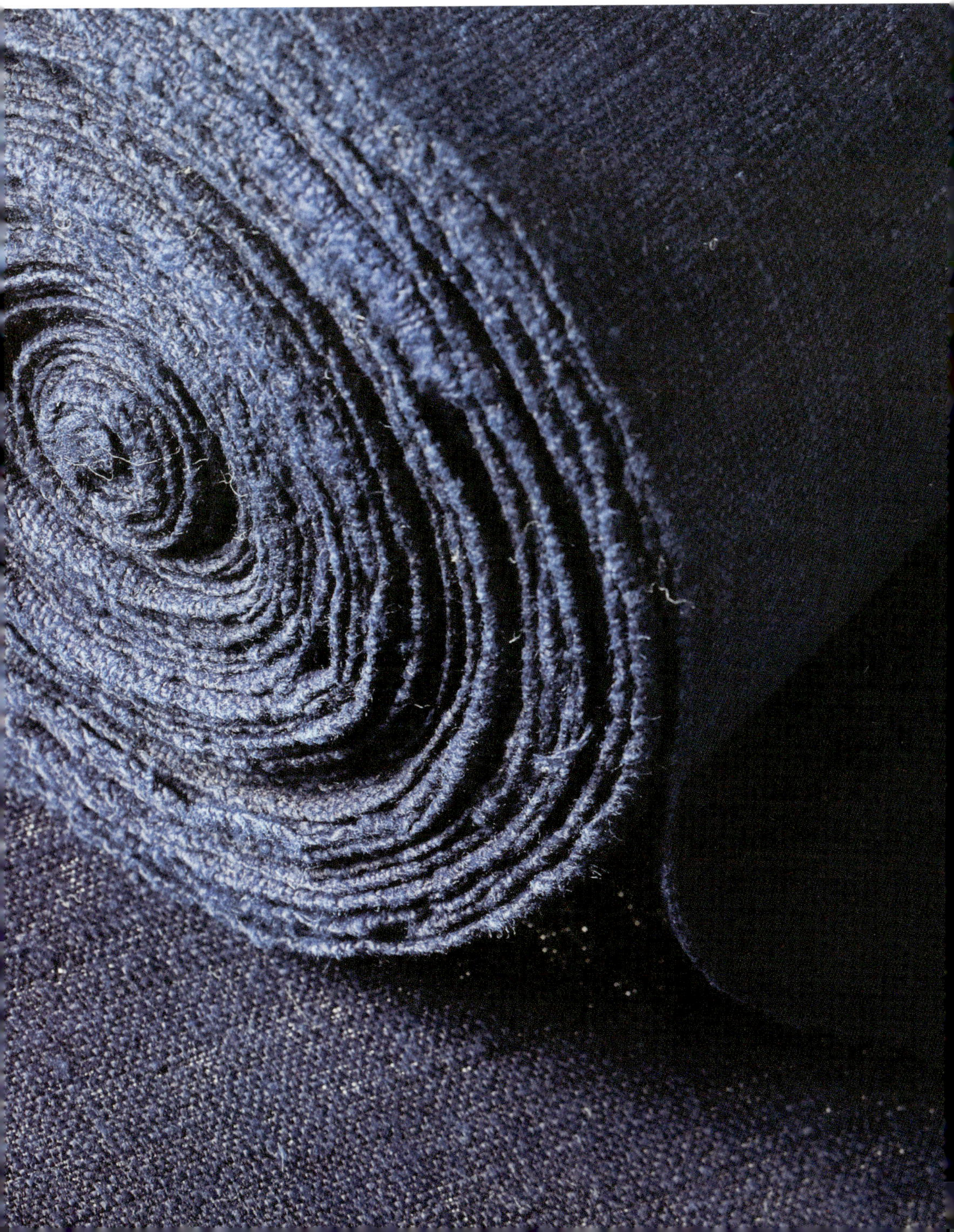

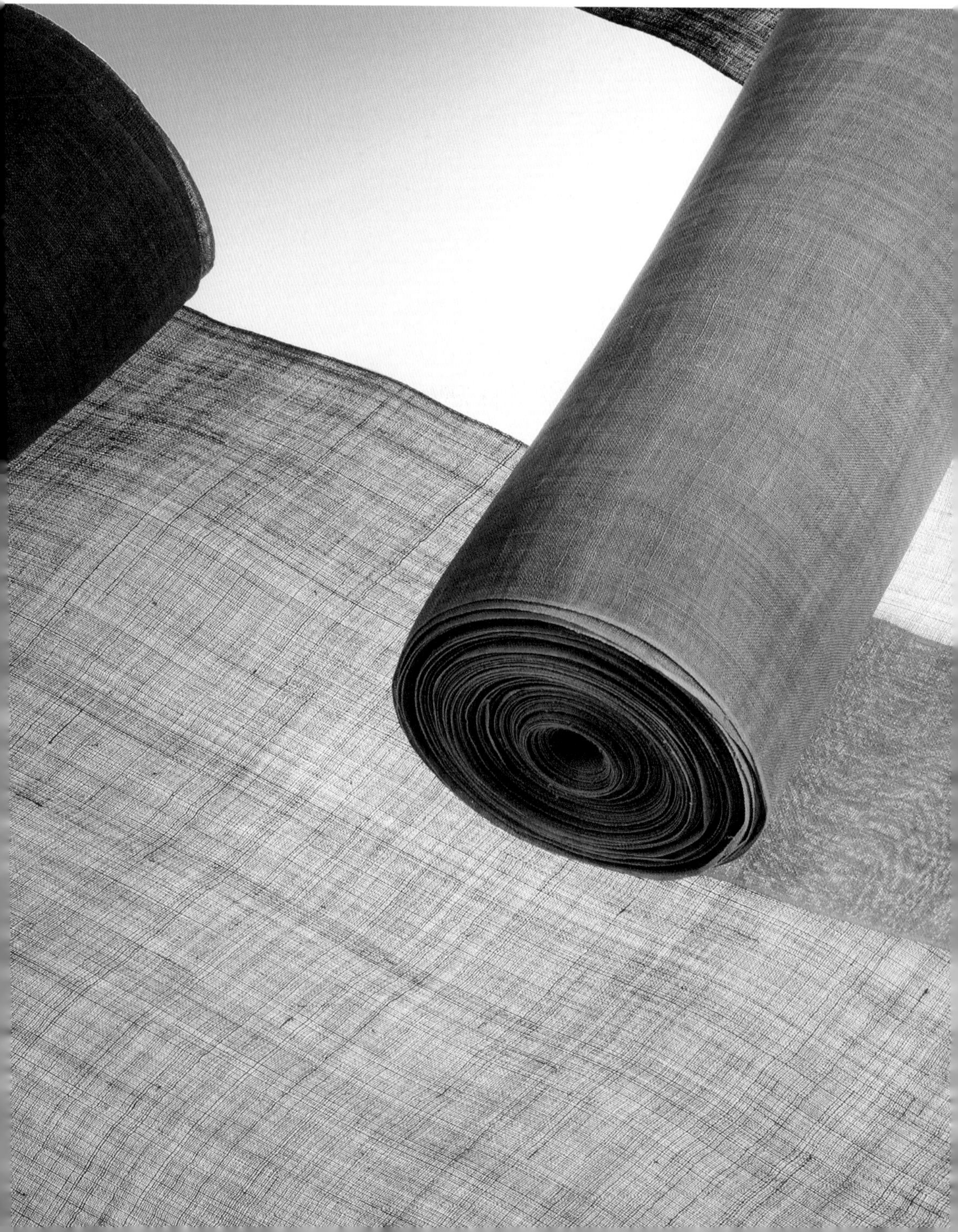

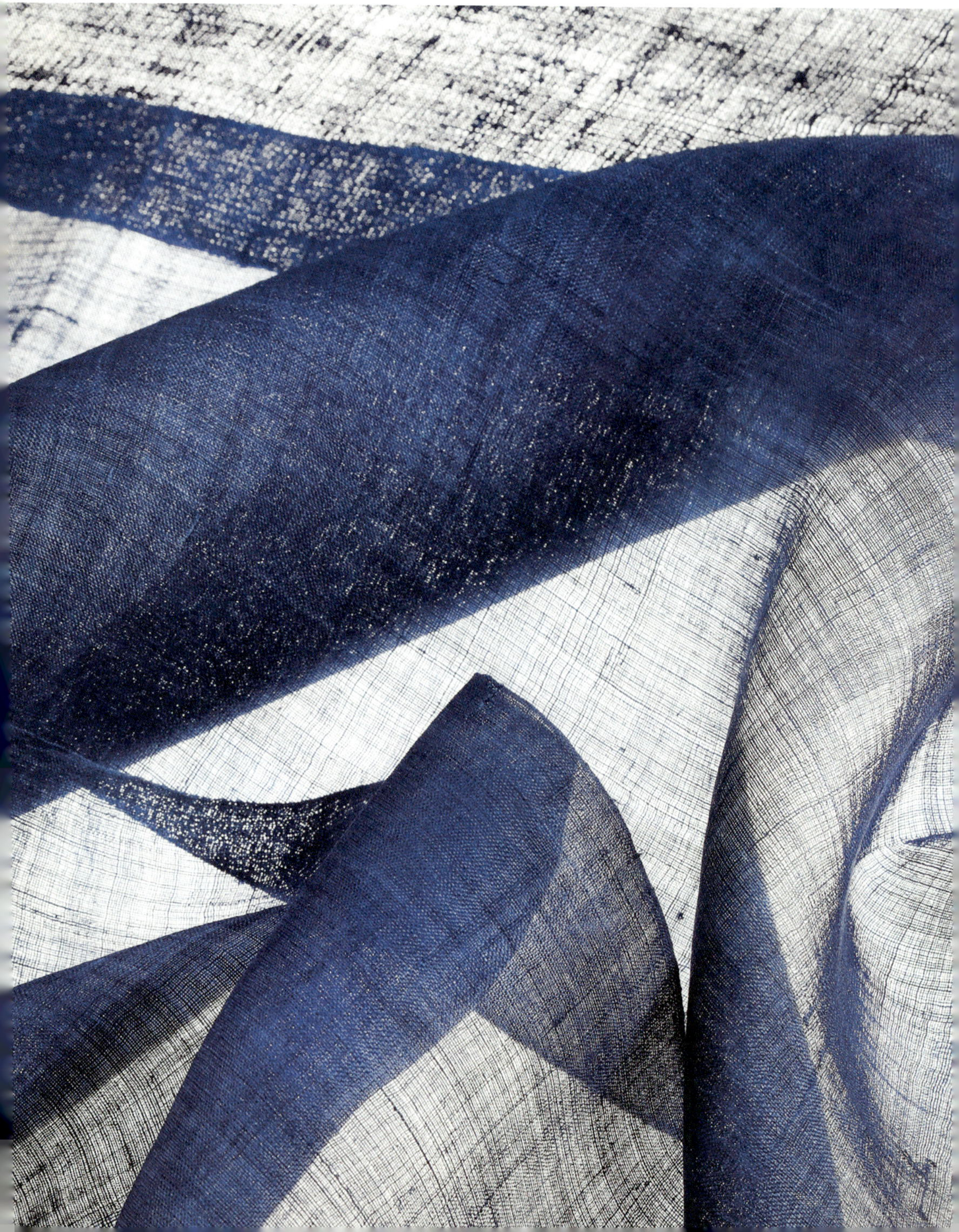

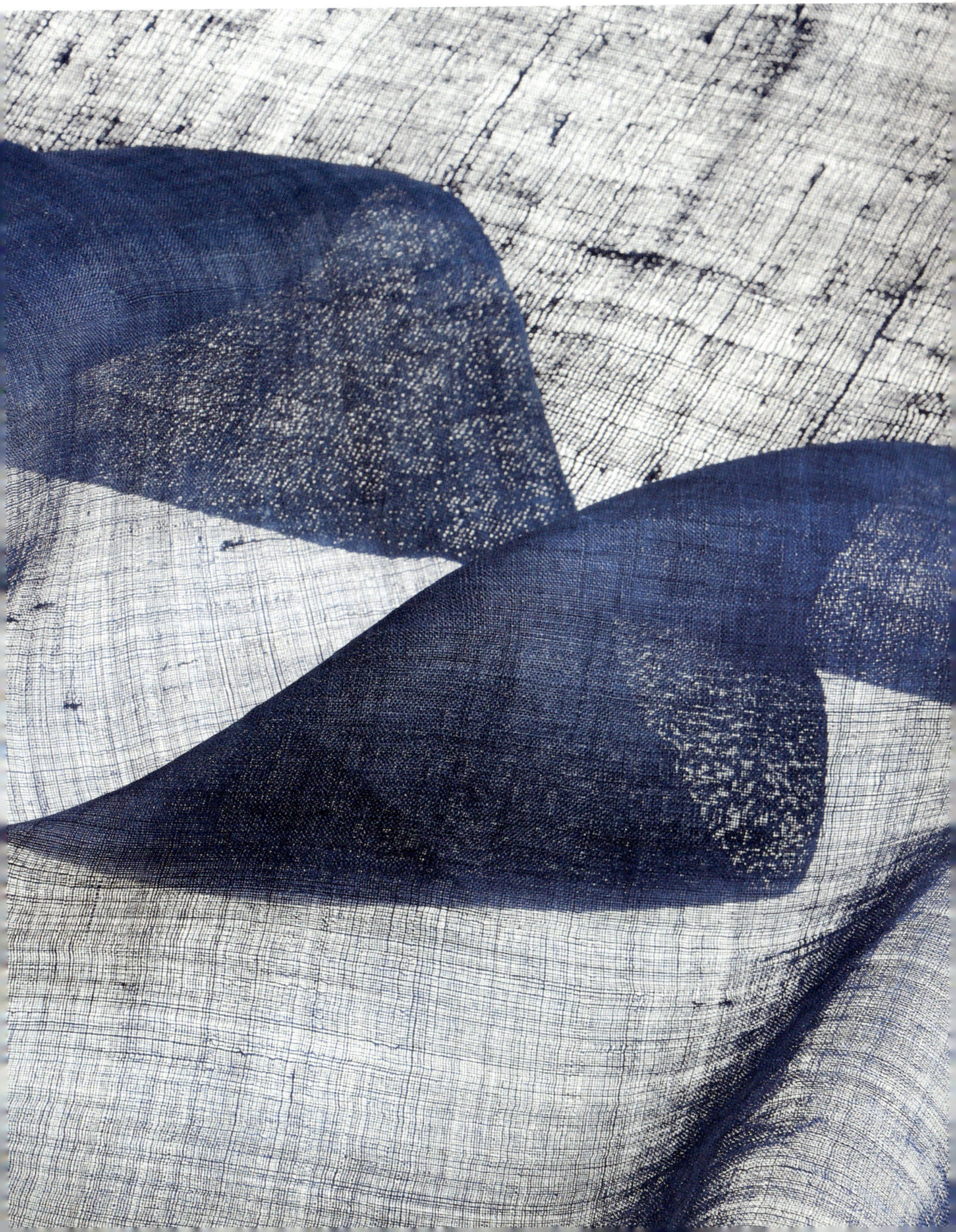

자수장 / 수놓기

Jasujang 刺绣匠

Embroidery

지정번호 제 80호
지정일자 1984년 10월 15일

-

작고보유자

명예보유자

전승보유자
한상수 韓尙洙, 1935~
최유현 崔維玹, 1936~

전수교육조교
김태자 金泰子, 1944~
김영이 金榮二, 1953~

Designated No. 80
Designated Date. 15 October 1984

-

Inherited Holder of
Important Intangible Cultural Property
Han Sang-soo
Choi You-hyeon

Assistant Important
Intangible Cultural Property
Kim Young-yi
Kim Tae-ja

천위에서 탐스러운 모란꽃이 피어나고, 구름이 몰려오고 용이 날아오른다. 옛 부터 손끝이 매웠던 우리 어머니들은 '수'를 놓았다. 섬세한 손으로 한 땀, 한 땀 실을 감아 꽂아 엮어가는 예술이다. 자수에는 크게 복식자수와 생활자수. 예술자수에 이어 종교자수가 있다.

'자수'는 제한된 공간에서 살아야 했던 아낙들이 즐겼던 천위의 산책이고, 수틀은 그들의 해방공간이었다. 조용히 수를 놓는 여인의 여린 손끝에서 피어나는 아름다움, 그것은 옛 여인네들 고유의 멋이며, 가족을 위한 여유이다. 손끝으로 달리고 가슴으로 칠해 놓은 그림인 우리자수는 기법이 매우 섬세하고 치밀해 숙련된 솜씨와 인내와 정성을 필요로 한다.

실의 꼬임과 굵기의 변화를 이용해 대상의 질감과 입체감·원근감을 살리는데, 특히 우리만의 '가색자수' 기법은 수의 밑그림을 채색까지 완성 한 후 시작하는 독특한 기법이다. 이제 수를 놓으면 밑그림이 수실 사이로 올라와 색과 선이 분명해지고 명암까지 표현되어 입체적으로 살아난다. 바탕으로는 무늬 없는 공단을 주로 쓰며, 용도와 도안에 따라 면·마·합성섬유 등을 쓴다. 자수의 방법에는 평수·자련수·이음수가, 이 밖에 실의 굵기와 꼬임, 배색, 용도 등에 따라 다양한 변화를 주었다.

자수의 종류에는 보와 흉배 및 기타 여러 장식들을 옷에 직접 수를 놓는 복식자수와 베갯모·수저집·바늘집·골무 등을 만드는 생활자수, 또 자화상이나 십장생, 안녕과 수복을 기원하는 병풍 따위를 만드는 예술자수와 함께 수불·번기·불방석·연수식·다라니주머니 등 종교적인 내용에 이르기까지 그 사용범위가 매우 넓다.

'Embroidery' is known as a figure from the heart not an art created with fingertips. Embroidery is that it puts a certain pattern on a fabric with a needle and colourful threads. Also it is that ancient women with limited environment and exceedingly modest could possess in liberated atmosphere. Women were taught the skill to learn endurance, building up merit as virtue, persistence, pleasure of silence. Also the act itself was not only the traditional style and grace but affordability by the blossoms in the end of their delicate fingertips. The history of embroidery considered to be very deep so its development had grown with the weaving technology. The record which was in the period of the Three Kingdoms was found. Although surprisingly embroidery in the Korean dynasty was banned because of the popularity in the public became excessively luxury. So embroidery had decorated the most categories of life from a thimble, a needle and a pillow case as households items to a folding screen and a sitting mat for the family's well as religious reasons.

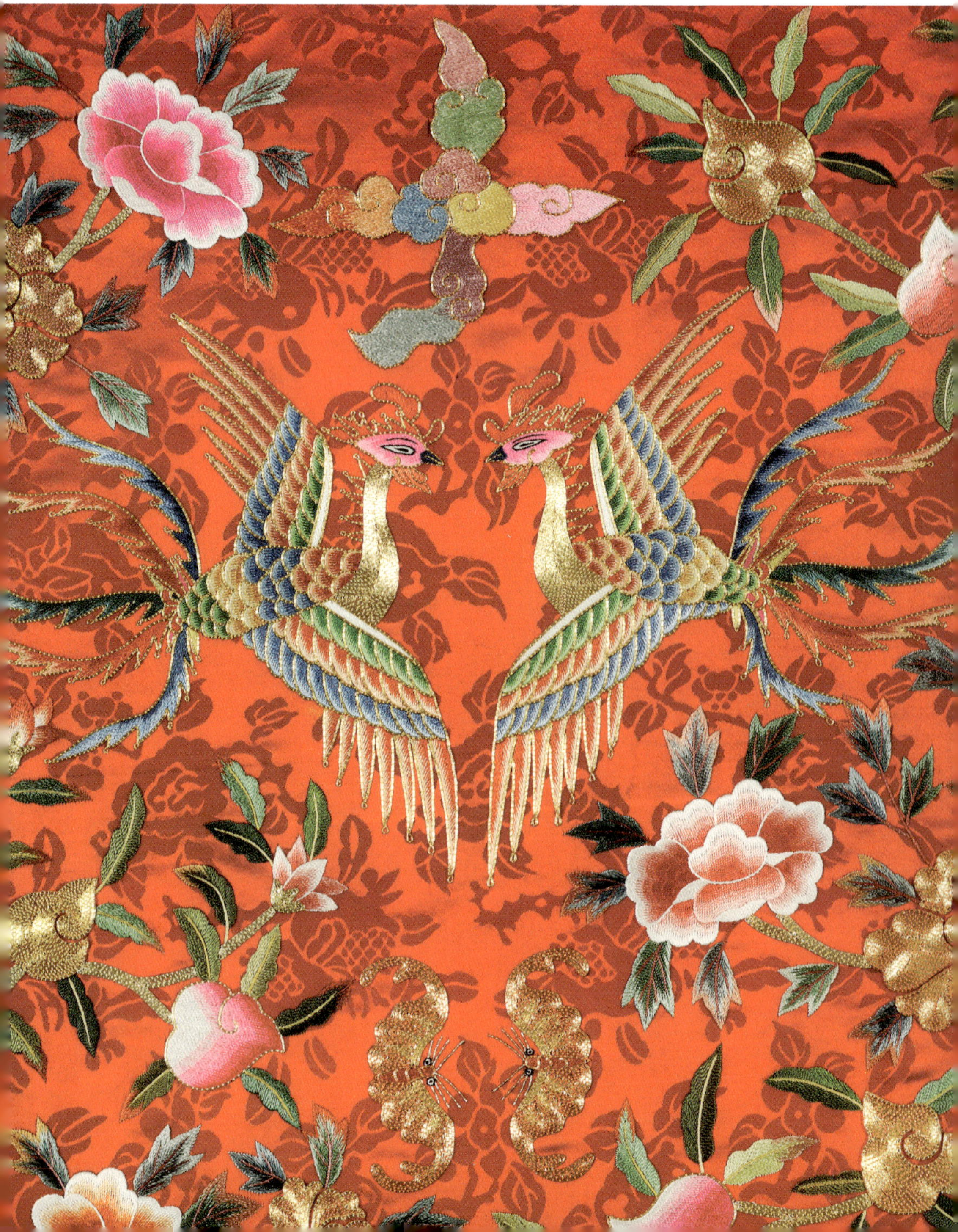

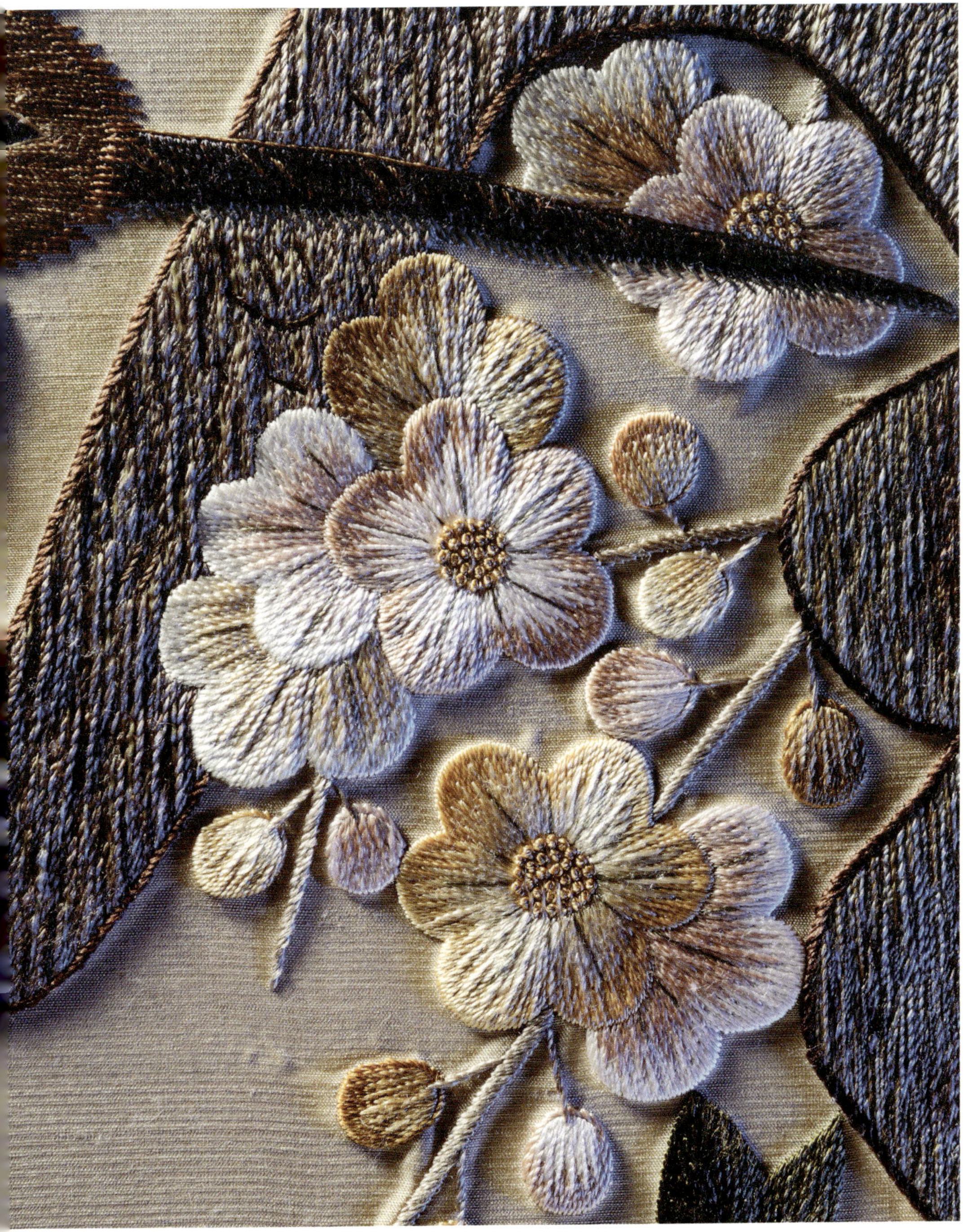

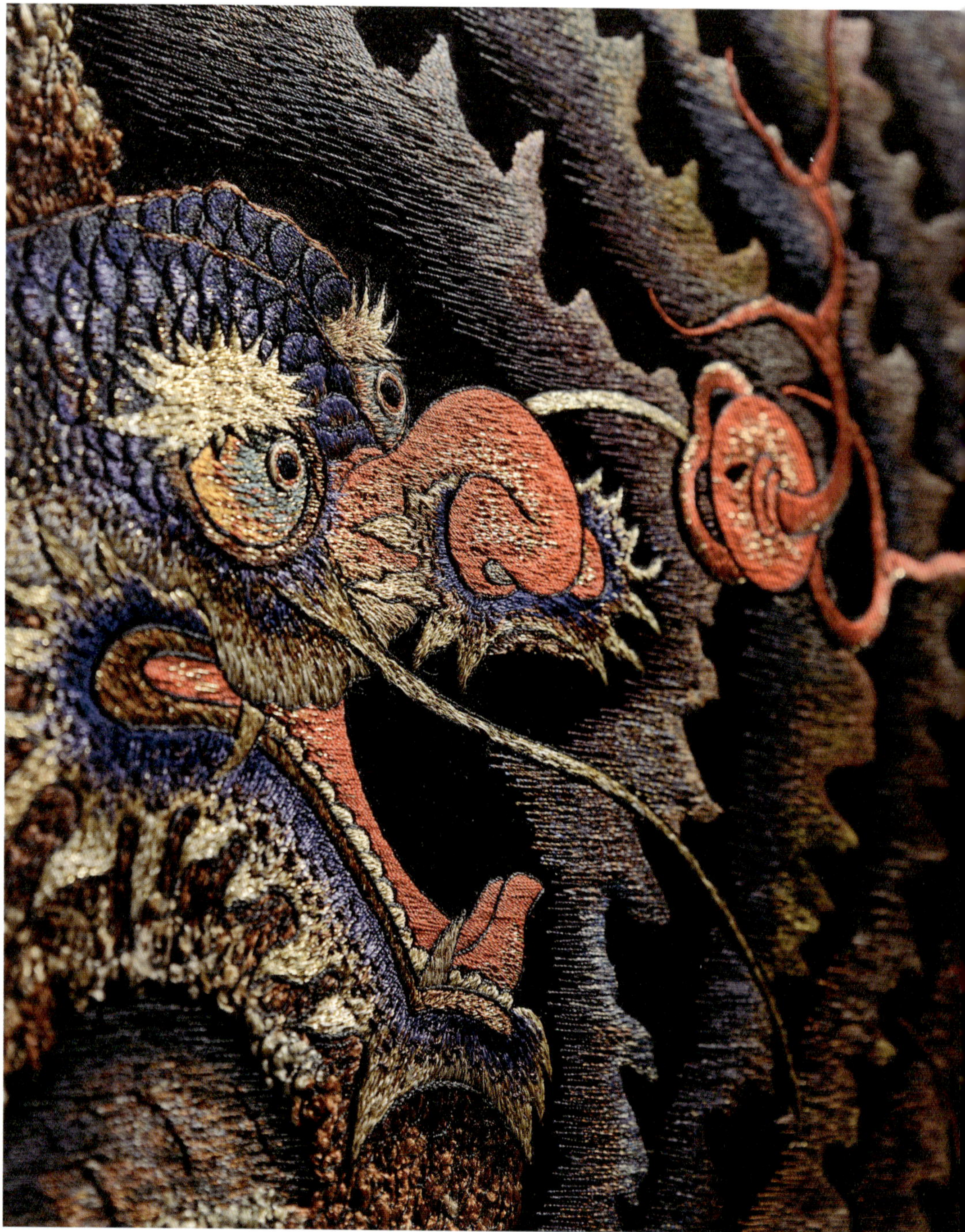

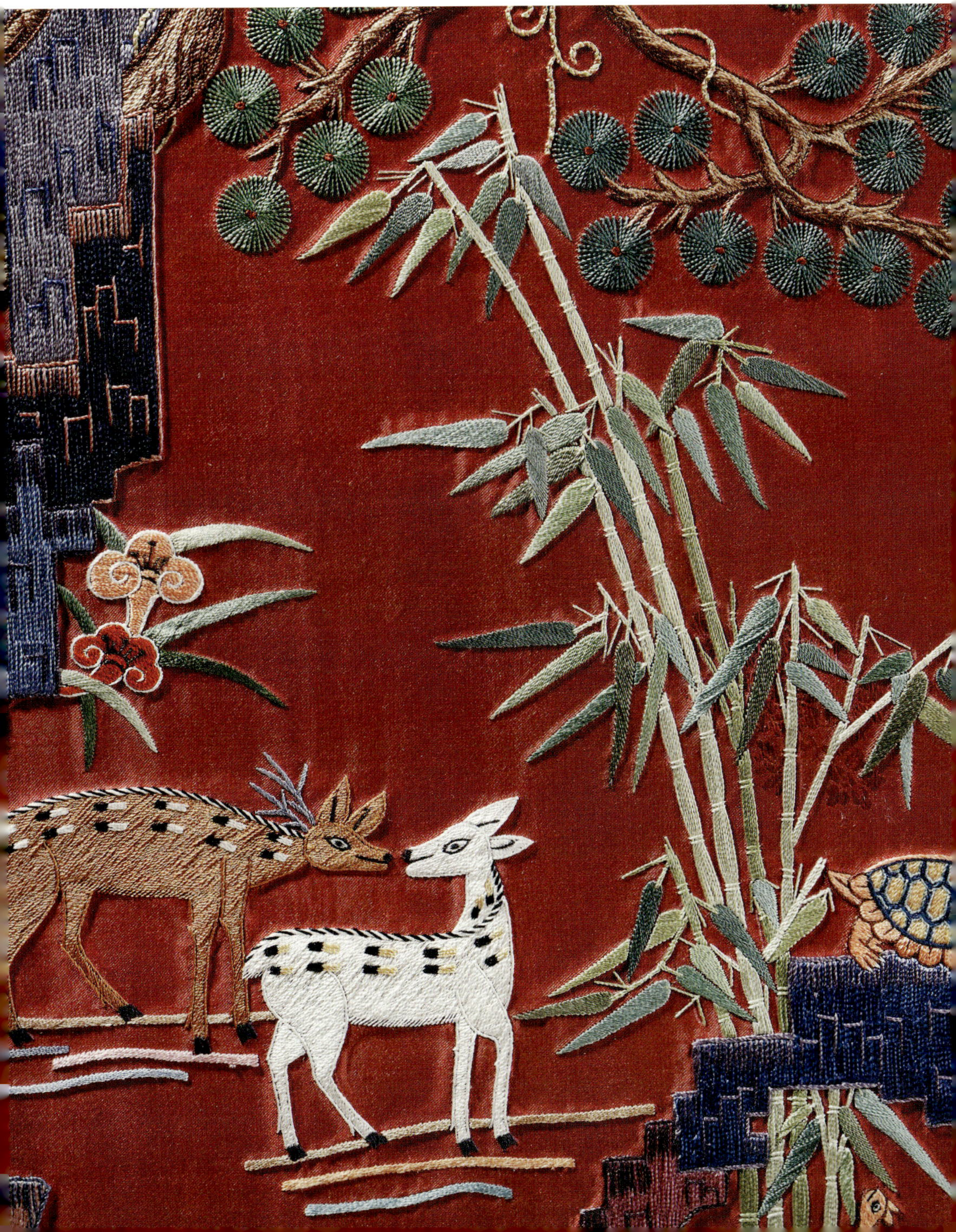

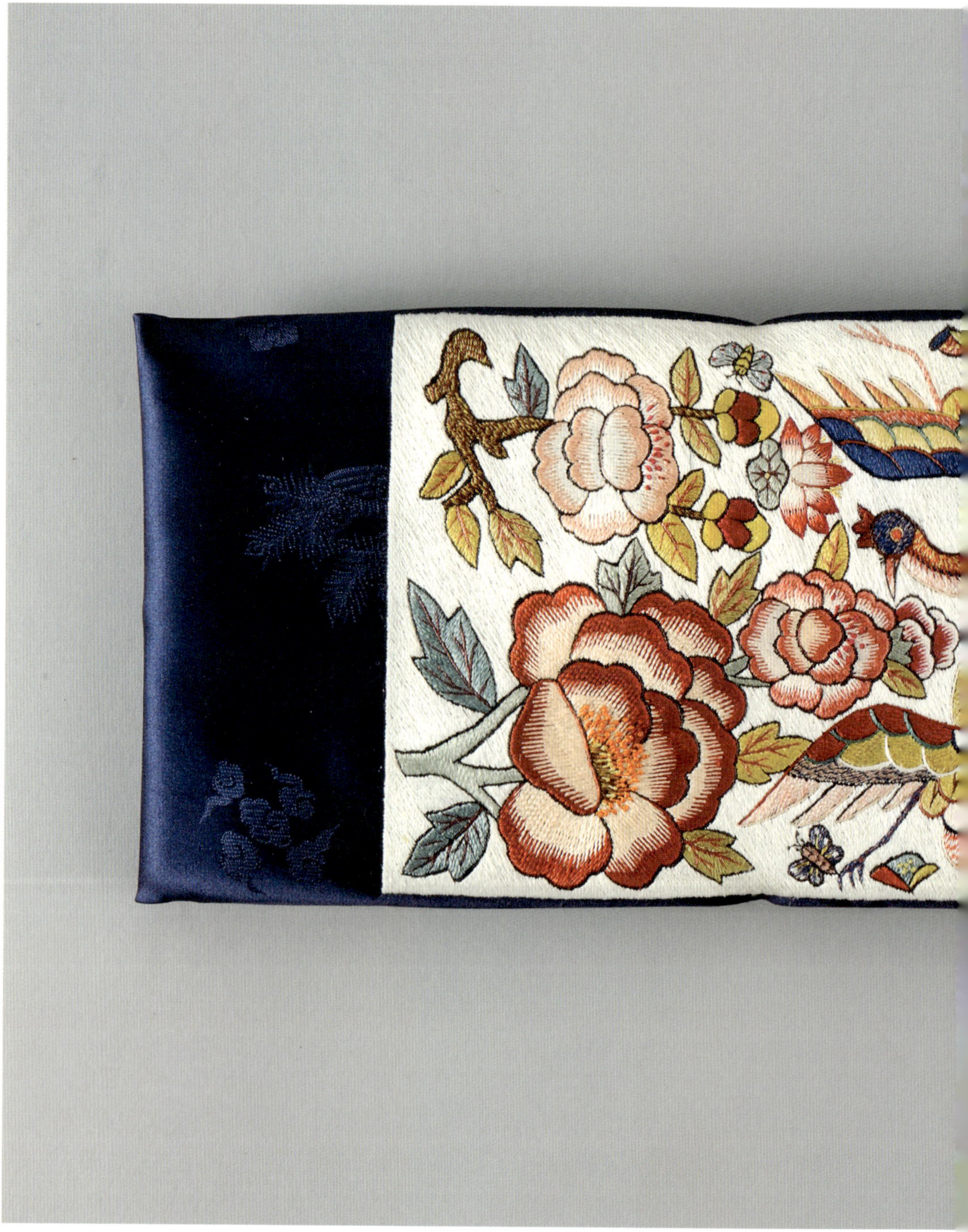

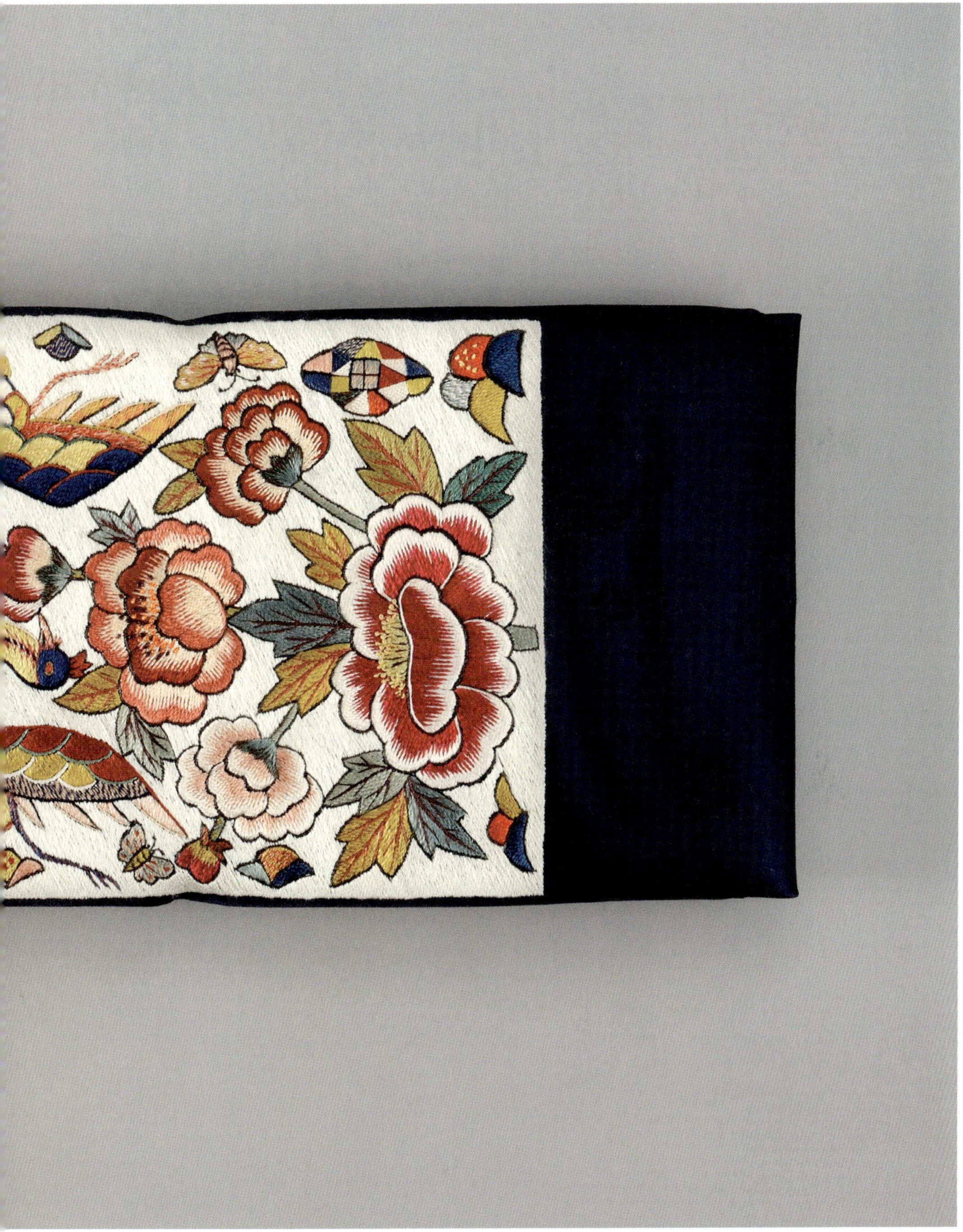

화혜장 / 꽃신 만들기

Hwahyejang 靴鞋匠

Shoe Making

지정번호 제 116호
지정일자 2004년 2월 20일

-

작고보유자
황한갑 黃漢甲, 1889~1982

명예보유자

전승보유자
황해봉 黃海逢, 1952~

전수교육조교

Designated No. 116
Designated Date. 20 February 2004

-

Deceased Holder of
Important Intangible Cultural Property
Hwang Han-gab

Inherited Holder of
Important Intangible Cultural Property
Hwang Hae-bong

우리에게 '발'은 곧 '신'이다. 또한 우리에게 '발'은 곧 '몸'이다. 이를 위해 '버선' 과 '신발'은 존재한다. 하루 종일 쉴 틈 없이 몸을 지탱하고 걸어야 하는 발의 고통을 덜어주고자 하기 때문이다. 우리에게 '발'은 곧 '몸'이다. 이를 위해 '버선'과 '신발'은 존재한다. 하루 종일 쉴 틈 없이 몸을 지탱하고 걸어야 하는 발의 고통을 덜어주고자 하기 때문이다. 지혜로웠던 우리 조상들의 못나고, 더러운 발에 아름답고 화려하게 만든 신을 신겨 신체에서 가장 아름다운 부분으로 한 방에 역전을 시켜버린다. 그리고 그 아름다웠던 신을 만드는 장인이 바로 화혜장이다.

조선시대 목이 있는 신발을 '화', 목이 없는 신발은 '혜'라 했는데 이를 합해 '화혜장'이라 하며 우리말로는 '갖바치'라 한다.

가죽과 비단을 재료로 수십 번의 손질을 거쳐 꽃 모양이나 갖가지 색깔로 곱게 꾸민 신발을 만들었다. 전통 꽃신은 가죽을 질기고 단단하게 하기위해 풀칠을 하고 여러 겹의 헝겊이나 종이를 붙여 배악비를 만들었다. 그 위에 두터운 비단을 붙여 발등을 감싸는 신울을 만들고 소가죽으로 만든 신 밑창과 맞바느질해 서로 붙여준다. 이때 중심이 틀어져 신코가 비뚤어지지 않도록 나무을 깎아 만든 신골을 박으면서 형태를 잡는다.

귀족들은 가죽신이나 비단신을 신었다. 남자들은 신코에 문양이 있는 마른신을, 여자들은 당초 문양이 있는 울이 낮고 앞 코가 작은 가죽신과 구름 문양의 신을 신었다. 비 오는 날에는 기름 먹인 신을, 백성들은 주로 짚신을, 중인들은 닥나무나 삼으로 엮은 미투리나 나막신을, 비가 올 때는 나막신과 정신을, 추운 겨울에는 발과 발목을 감싸는 동구니 신을 신었다. 눈이 올 때는 미끄러지지 않게 신발에 설피를 덧씌웠다.

우리 전통 신발에는 좌우 구분이 없다. 신다 보면 자연스럽게 신은 사람의 발에 맞도록 모양이 잡혀 신을수록 편안해진다. 1920년대 고무신이 일반화하면서 전통 신은 점차 귀해졌다. 1982년 황한갑 사망 후 후계자가 없어 해지되었다가 2004년 그의 손자인 황해봉이 그 기능을 인정받아 재 지정되었다.

An artisan who makes traditional shoes are called Hwahyejang also as Gatbachi in pure Korean. In the Chosun dynasty, Hwa from Hwahyejang means the shoes with its neck and Hye means the shoes without its neck so they are called Hwahyejang. The shoes were made of leather and silk with numerous times of trimming on decorations of various colours. The traditional shoes with flower decorations were made of starch- covered tough leather which is attached with several layers of cloth or papers on Baeakbe (the cloth lining of Korean leather shoes). Then wrap a thick layer of silk over it and sew cowhide-made sold of a shoe to finish it up. To make sure the top of a shoe does not get crooked, use shoetrees to hold its original shape. Shoes was used to be a symbol of identity as the class. The nobles were wearing dried leather shoes or silk shoes that has a pattern on a toe-cap while the noble woman were wearing a pair of small toe-capped leather shoes which has either arabesque patterns or cloud patterns. When it rained, a pair of oiled leather shoes was ideal. The people were wearing different kind of shoes depends on their identities and the weather. There is no distinction between left and right shoes for the traditional shoes. As the shoes were worn, it shaped to fit with both feet and become even more comfortable and that was the reason why. The generalization of rubber shoes in the 1920s, the traditional shoes became increasingly scarce.

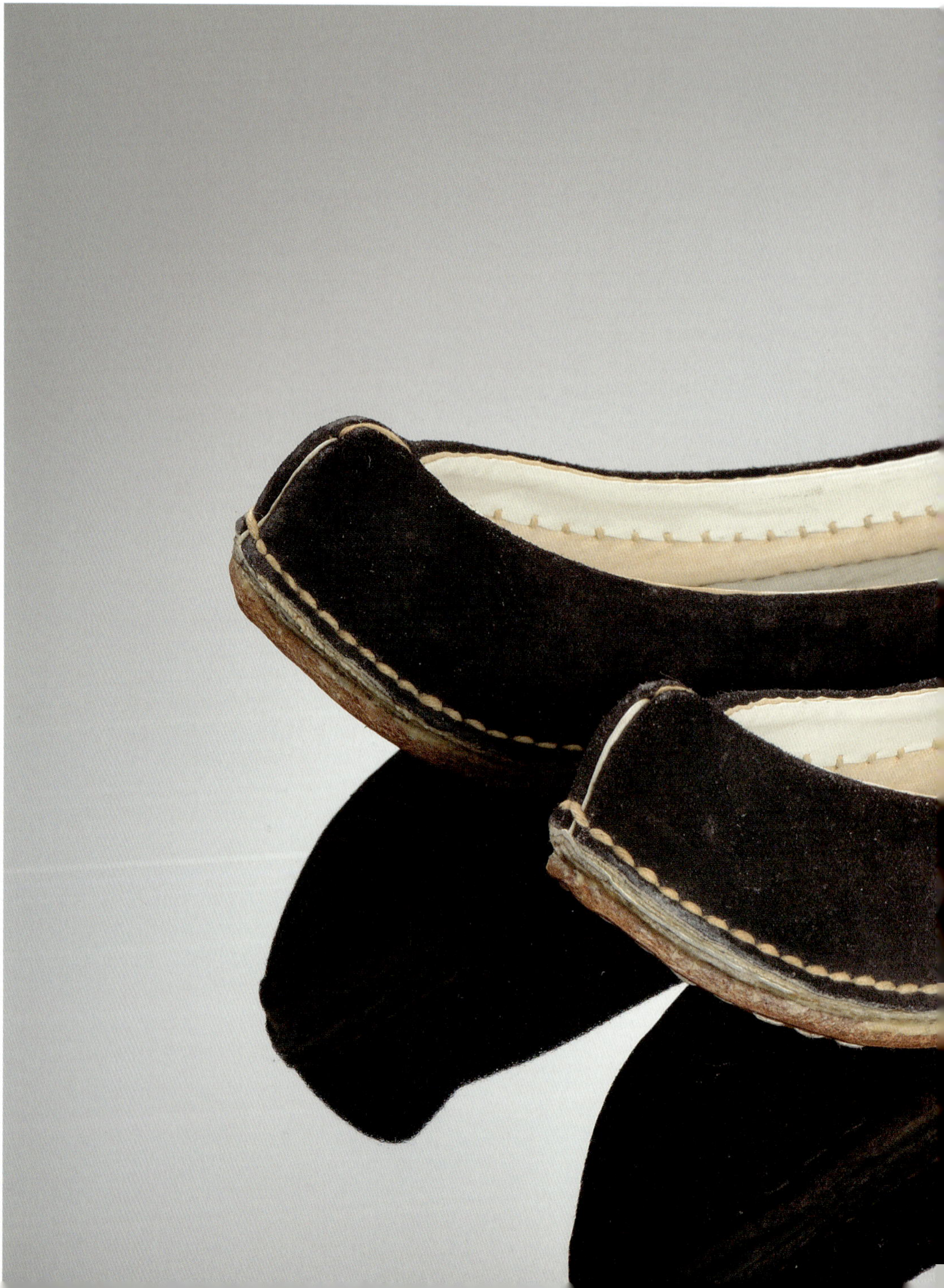

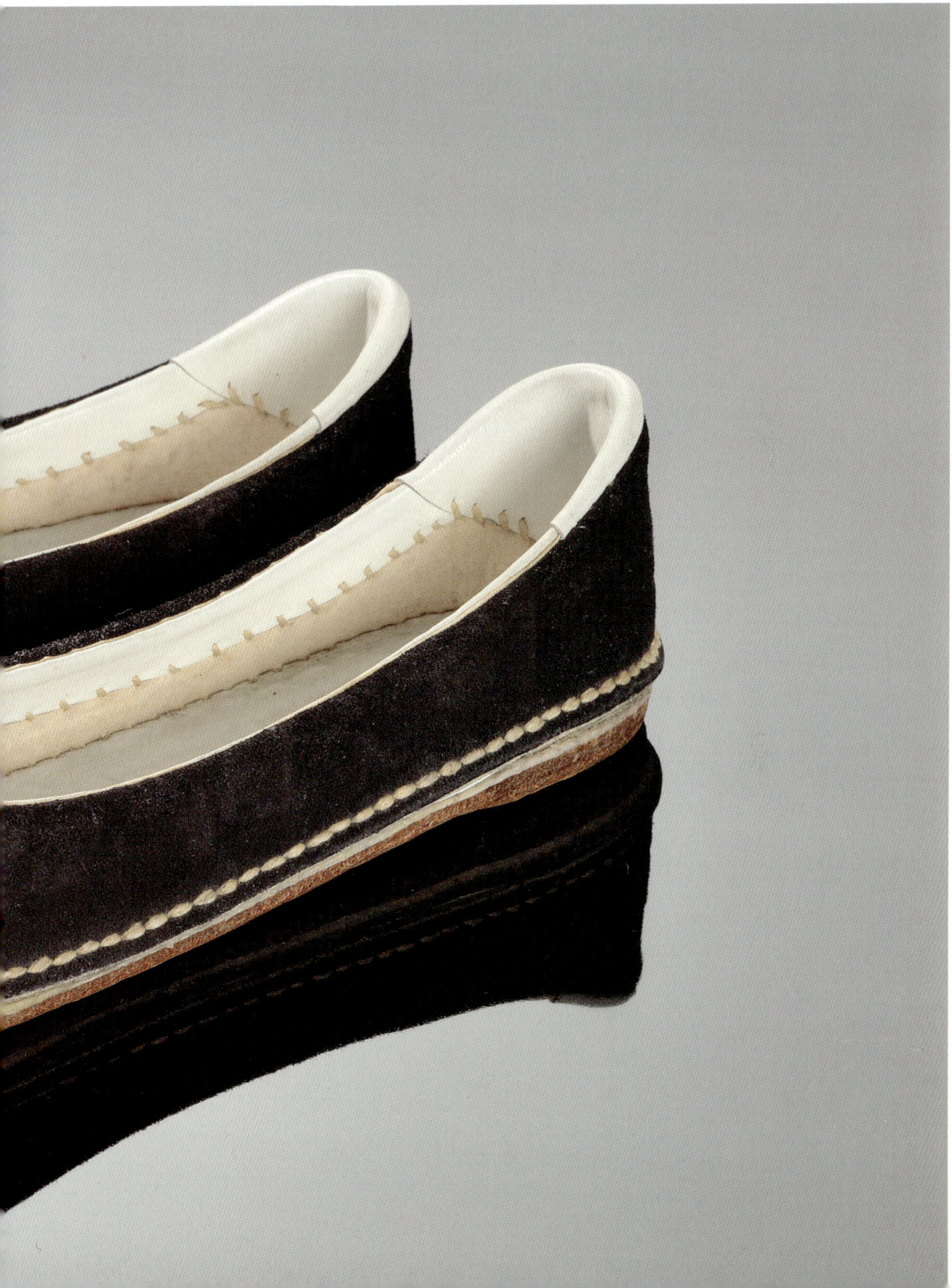

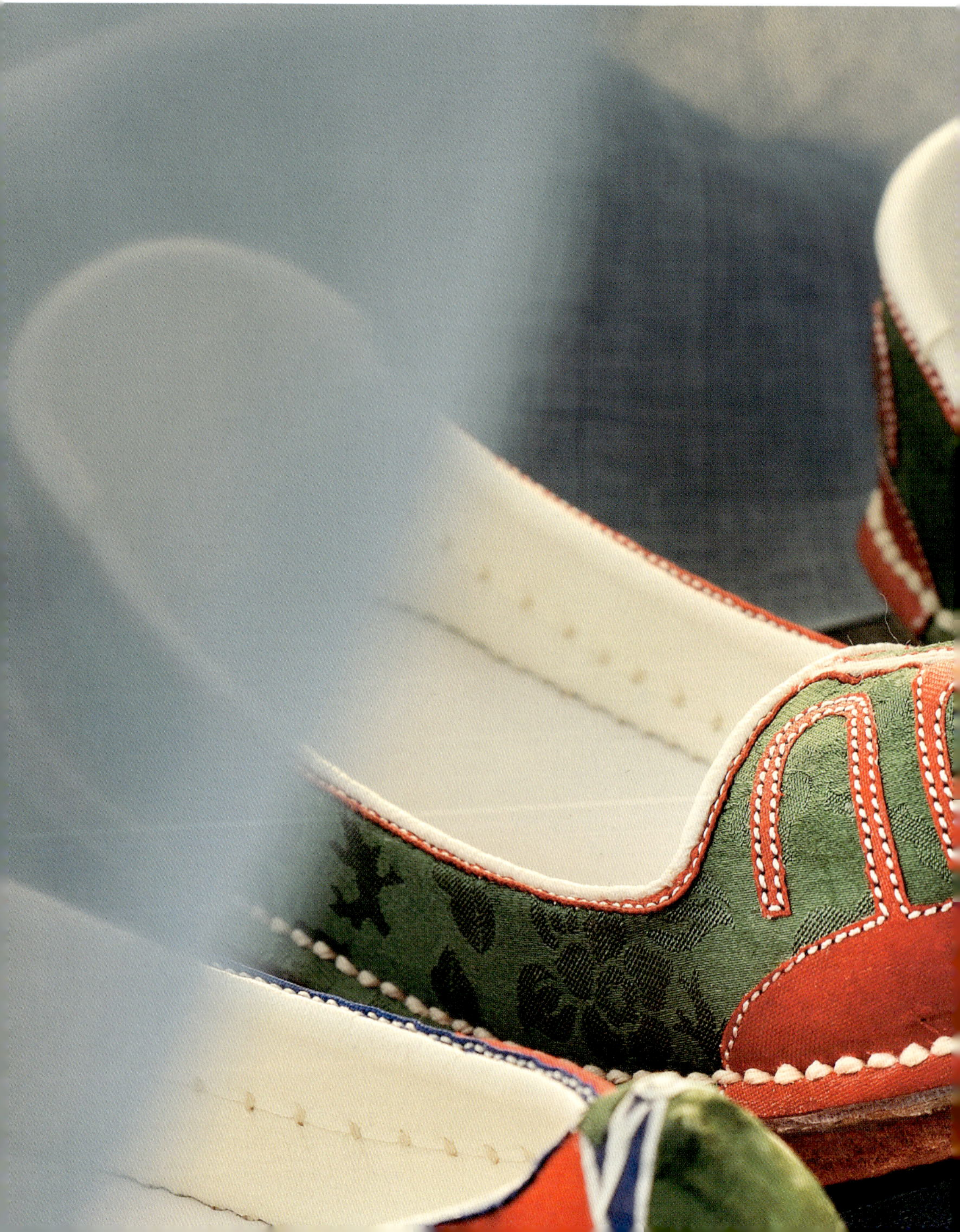

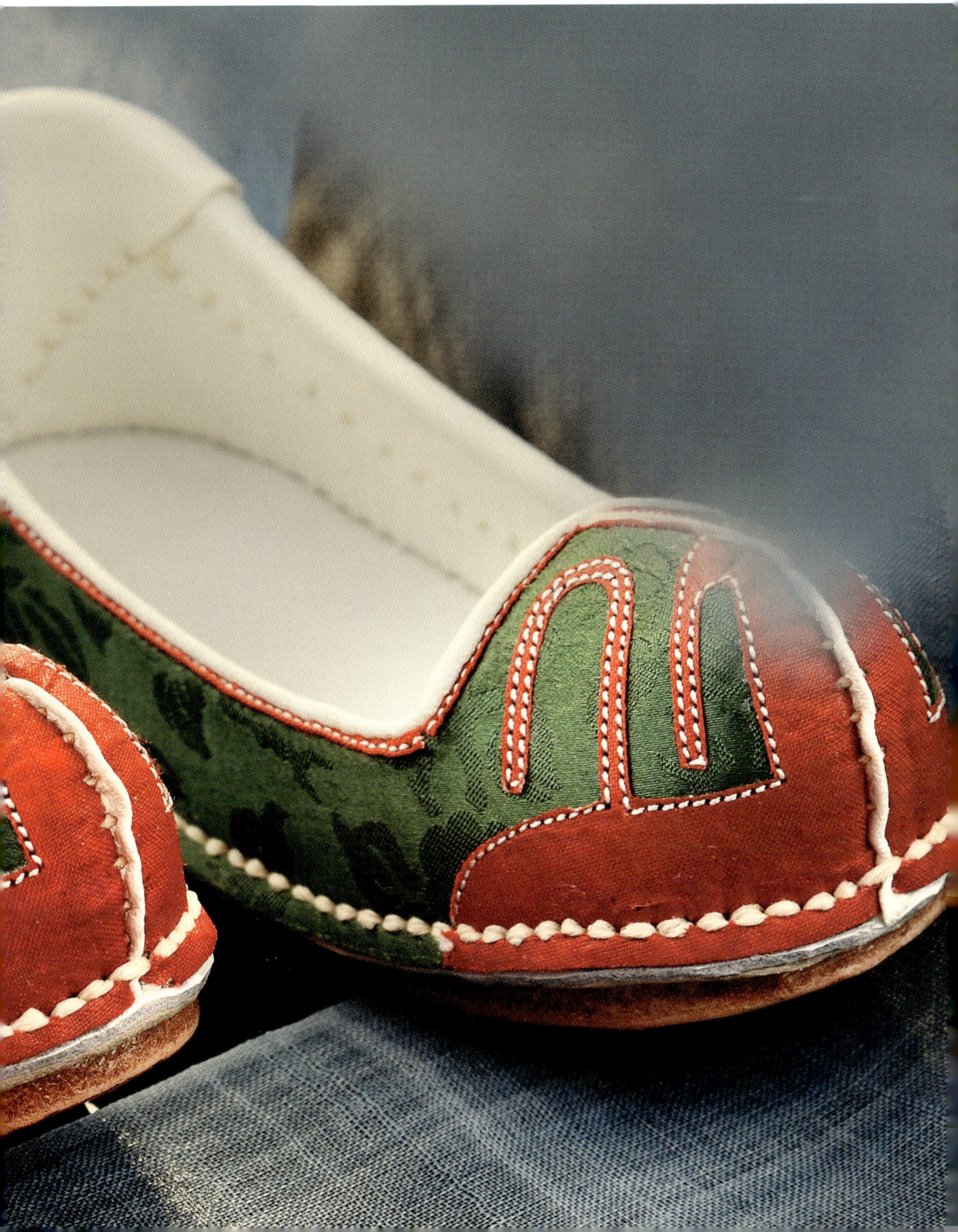

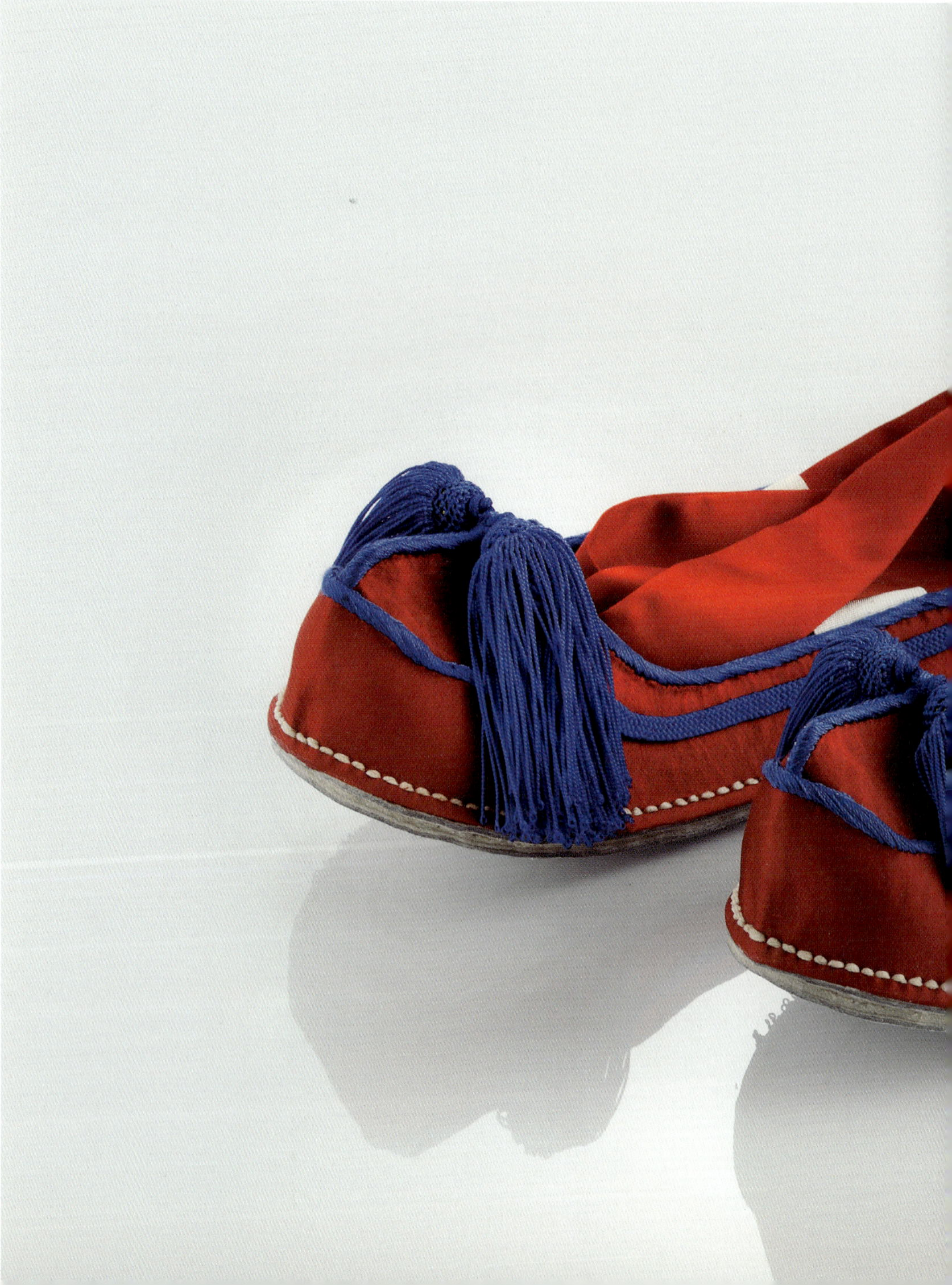

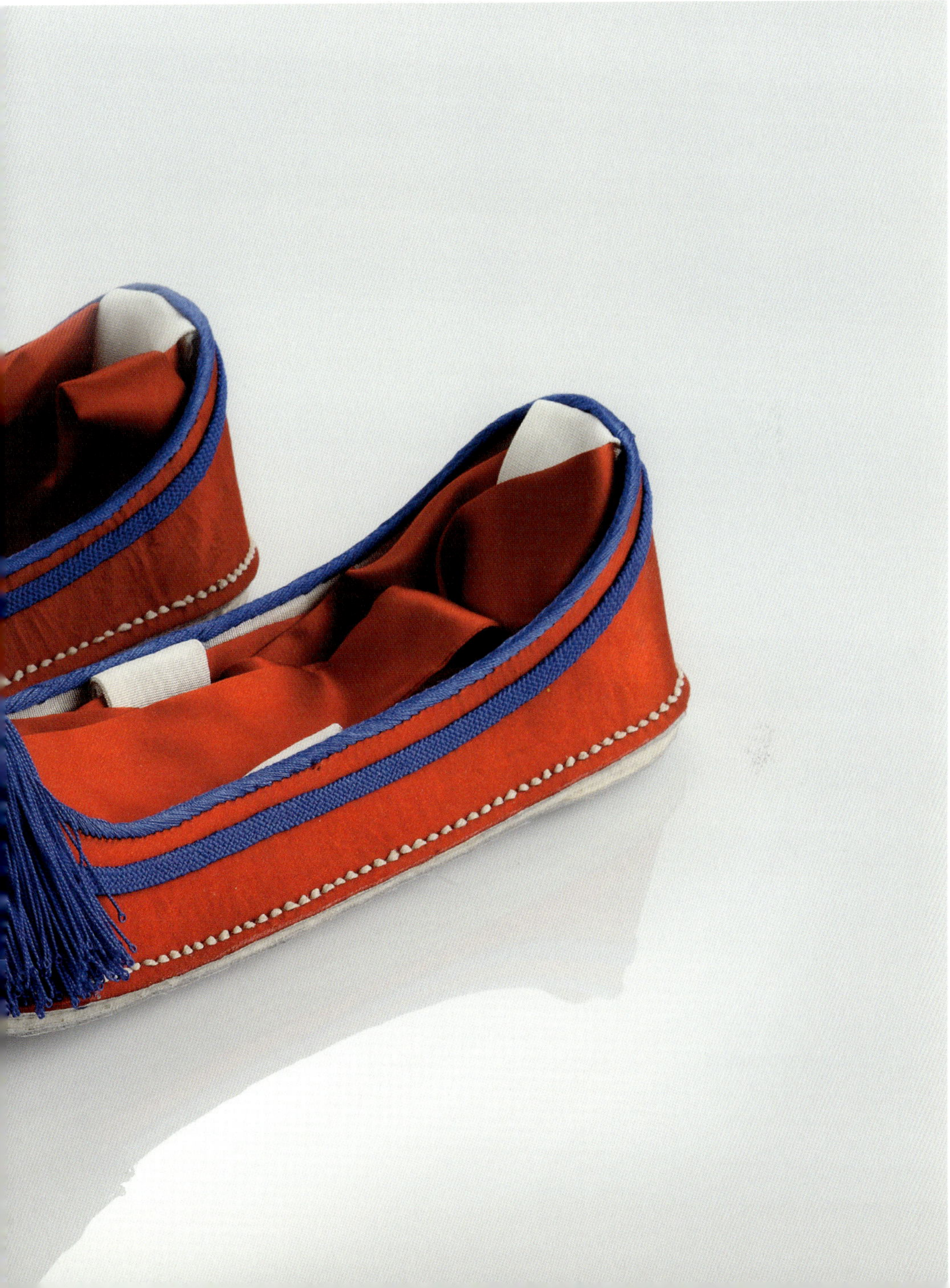

식 食

먹다

Food-To Eat

소반장 / 상 만들기

Sobanjang 小盘匠
Tray-table Making

지정번호 제 99호
지정일자 1992년 11월 10일

-

작고보유자
이인세 李仁世, 1928~2009

명예보유자

전승보유자

전수교육조교
이종덕 李鍾德, 1959~

Designated No. 99
Designated Date. 10 November 1992

-

Deceased Holder of
Important Intangible Cultural Property
Lee In-se

Assistant Important
Intangible Cultural Property
Lee Jong-deok

우리의 옛 주거공간은 유동적이어서 이불을 깔면 침실이, 밥상이 들어오면 식당이 되는 공간이다. 이런 가변적인 공간 구조에 확실하게 적응하고 있는 세간이 '상' 또는 '소반'이라는 도구다. 음식을 담은 그릇을 받치는 작은 밥상인 소반은 조선시대 남녀유별·장유유서라는 법도 때문에 마주앉는 겸상보다는 독상을 주로 써서 생겨 난 물건이다. 또 부엌과 방이 떨어져 있는 구조와 좌식생활을 하는 한식 온돌방에 맞는 세간이었다.

소반은 지역이나 형태 용도에 따라 그 모양과 크기가 각양각색인데 상판이 직사각형인 '책상반'이 일반적이다. 상판과 다리로 이루어진 소반은 4개의 다리를 지닌 것이 보통이지만 특별하게 하나 또는 셋으로 된 것도 있다. 다리가 받치는 상판에는 테를 둘렀으며, 여러 가지 조각으로 장식을 했다. 소반은 생김새, 만든 고장, 만든 나무에 따라 명칭을 각각 달리했다.

특히 다리모양에 따라 이름을 붙여 구분했는데 상다리를 개 발처럼 조각한 강원과 경기도에서 주로 보이는 '개다리소반', 전라도에서 주로 쓰이는 범의 발을 닮은 '호족반', 경상도에서 주로 쓰인 대나무 마디처럼 조각한 '죽절반', 말의 발을 닮은 '마족반' 등이 있다.

일제 강점기부터는 '두레상'이 사용되기 시작했는데, 여러 장의 나무 판을 짜 맞춰 상판을 만들고 상 밑에 2개의 다리를 한 조로 접었다 폈다 할 수 있도록 만들었다. 이는 대가족 제도에서 가장을 제외한 나머지 식구들이나 머슴들이 사용했던 상으로 어른들은 사용하지 않는 것이 원칙이다. 왜냐면 한국의 전통 풍속은 어른들은 원칙적으로 겸상을 하지 않기 때문이다.

Soban refers to the miniature dinner tables. The many types of soban vary according to their origin, shape and use. Among them, a rectangular shaped Chaeksangban is the most common. Soban represents our sedentary life-style and housekeeping. It usually has a plate with four legs but sometimes one or three legs can be seen. The plate has some carved decorations on its rim. Soban also has different names according to their origin, shape and use. In terms of shape, they are divided into the following categories: Chaeksangban, Wonban, Bandalsang, Jungolsang, Gyojasang, Yeoldumopan, Palmopan, Yeoseotmopan, Yeonippan. Also in terms of the number of legs, they are divided into the following categories: Oehdari soban, Samgakban, Gaedari Soban, Hojokban, Jookjeolban, Majokban(Horse leg shaped table), Gogaksang(Long legged table), Hoehjeonban(table with circulated plate), Joochilban(table with red colored plate), Jagaesang(table inlaid with mother-of-pearl) and so on.

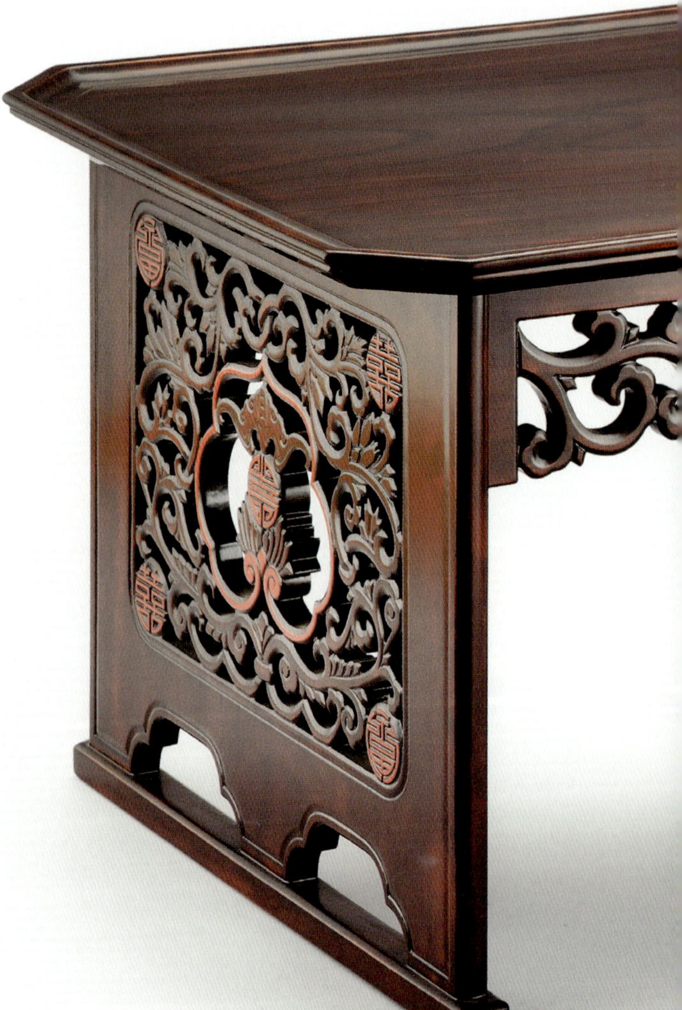

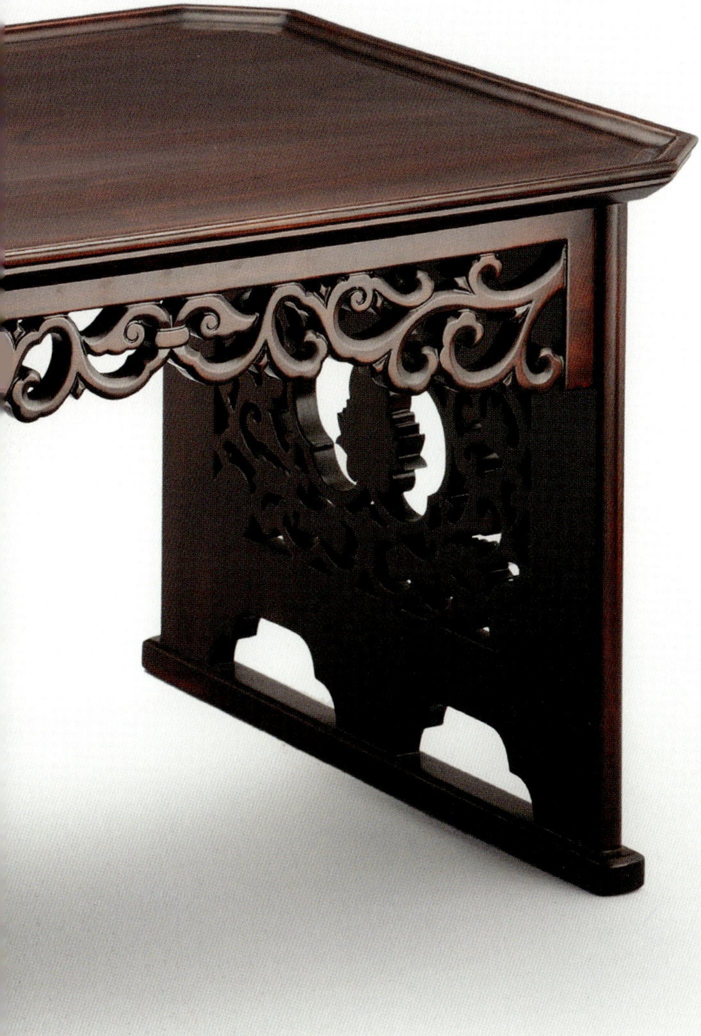

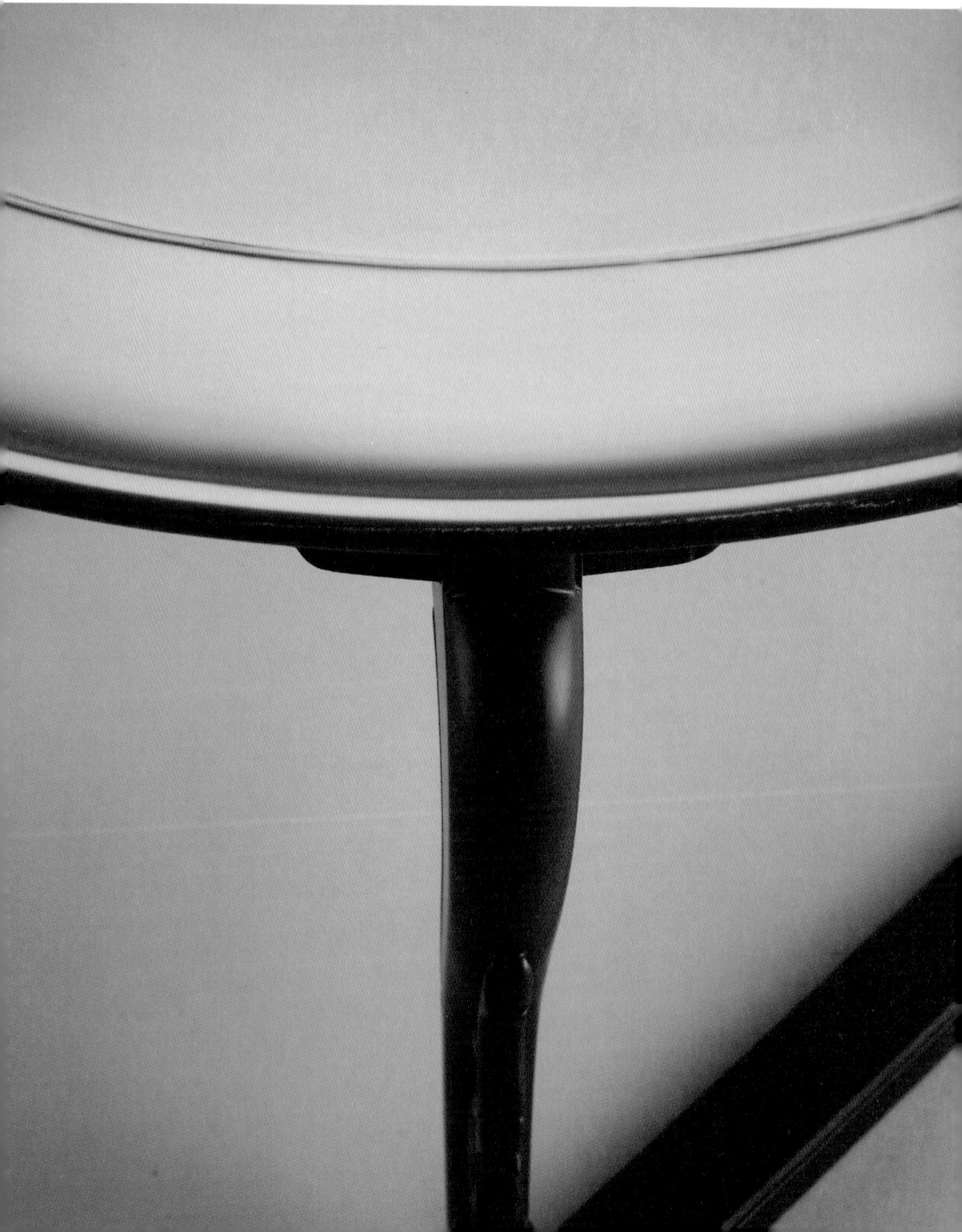

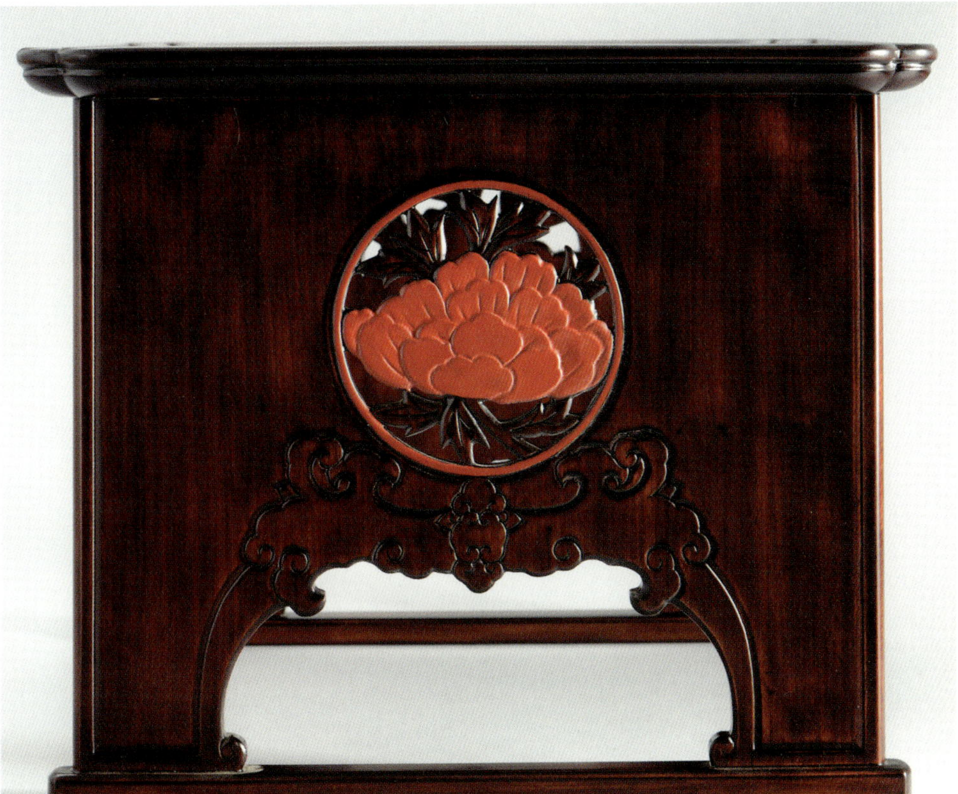

사기장 / 도자기만들기

Sagijang 瓷器匠

Ceramic Art

지정번호 제 105호
지정일자 1996년 7월 1일

Designated No. 105
Designated Date. 1 July 1996

-

작고보유자

명예보유자

전승보유자
김정옥 金正玉, 1942~

전수교육조교

-

Inherited Holder of
Important Intangible Cultural Property
Kim Jung-ok

흙과 불이 만나 만들어 내는 '보석' 같은 도자기의 역사는 인류의 역사와 궤를 같이하며 어디에서나 쉽게 발견된다. 따라서 도자기는 모든 사람들의 삶을 통시적으로 보여주는 역사이며, 삶의 증거이다. 옛 도자기에는 당시 사람들의 삶과 꿈, 그리고 그들이 추구한 아름다움이 담겨 있다.

흙으로 빚어 불에 구워낸 기물은 모두 '도자기'라 하는데 그릇을 구워내는 온도와 방법에 따라 토기, 도기, 석기 그리고 사기 또는 자기로 나뉜다. 이 중 백토 등을 써 섭씨 1250~1400도 의 온도에서 구워내는 가장 단단한 것을 '사기'라고 하며, '사기장은' 조선시대 사옹원에 소속되어 사기를 굽던 장인들을 일컫는 말 이다.

우리 도자기 중 특히 '사기'는 매우 깊은 맛과 뛰어난 기술력, 높은 예술성을 자랑한다. 특히 사기는 소박하면서도 우아하며, 절제된 세련미가 자랑이다. 천하제일 비색의 '고려청자'는 유연하고 빼어난 선, 차갑지만 신비로운 비취빛으로 불교의 자비로움을 담아냈고, 조선의 백자는 소박하고 순결하면서 우아한 아름다움을 통해 조선시대 유교정신을 보여준다. 또한 조선백자의 백미인 '달 항아리'의 고담한 격은 약간 기우뚱하고 이지러져도 그 맛이 늘 새롭다. 마지막으로 '막되먹은 것' 같은 분청은 투박하지만 자유분방한 아름다움이 있어 무취, 무념, 무아의 경지에 닿아있는 듯하다.

조선시대에는 국가기관인 사옹원이 직접 왕실에서 사용할 목적으로 경기도 광주에 분원을 두어 사기를 특별 제작했다. 그러나 조선 후기에 들어 관요가 폐쇄되면서 도공들이 문경, 괴산, 단양 등 지방으로 흩어지고 민요가 성하게 되었다. 도자기를 만드는 장인을 흔히 '도공'이라 하는데 이는 일제강점기 일본인들이 붙인 이름으로 우리말로는 '사기장'이라 한다. 하지만, 무어라 하던 한국 도자의 모든 특징을 한마디로 정리하면 '우리 도자기는 맑다'.

Sagi as the combination of earth and fire has the same trajectory of history. Ceramic wares may be classified as earthenware, chinaware, and porcelain according to the temperature at which the potter is baked.

In terms of the baking temperature and the technique, they are divided into the following categories: Togi, Dogi, Sagi and Jagi. Sagi is the container in which white clay is mixed much and then baked at a high temperature and Sagijang refers to the artisan of making sagi or porcelain goods. While the Chinese and Japanese Sagi is overly weighted toward its size and technical skill respectively, the Korean Sagi is naivete but elegant and stylish. The marvelously warm looking with its blue shinings, Goryeo celadon represents Buddhism and the wonderfully simple looking with its white shinings, white porcelainof Joseon dynasty represents Confucianism, with its simplicity and moderate beauty.

Also Buncheongsagi(grayish-blue-powdered celadon) is a bit coarse looking but pleasantly plump and freewheeling and the dignity of Dalhangari(round shaped, big white porcelain) in on its archaic beauty in spite of a bit of distortion. Instead of seeking the perfection, leaving a margin and exposing unintended defect makes Korean celadon more sophisticated and special. The peak of beauty was reached in Goryeo Cheongja due to its splendid celadon blue color. Sawongwon was even built as governmental institution in order to supply the royal table ware. However, Gwanyo(public kiln) at the late Joseon dynasty was gradually dicreased and more private kilns became widely spreaded out instead.

Dogong means the potter and it was named by Japanese people in colonial era while Korean people call the artisan 'Sagijang'

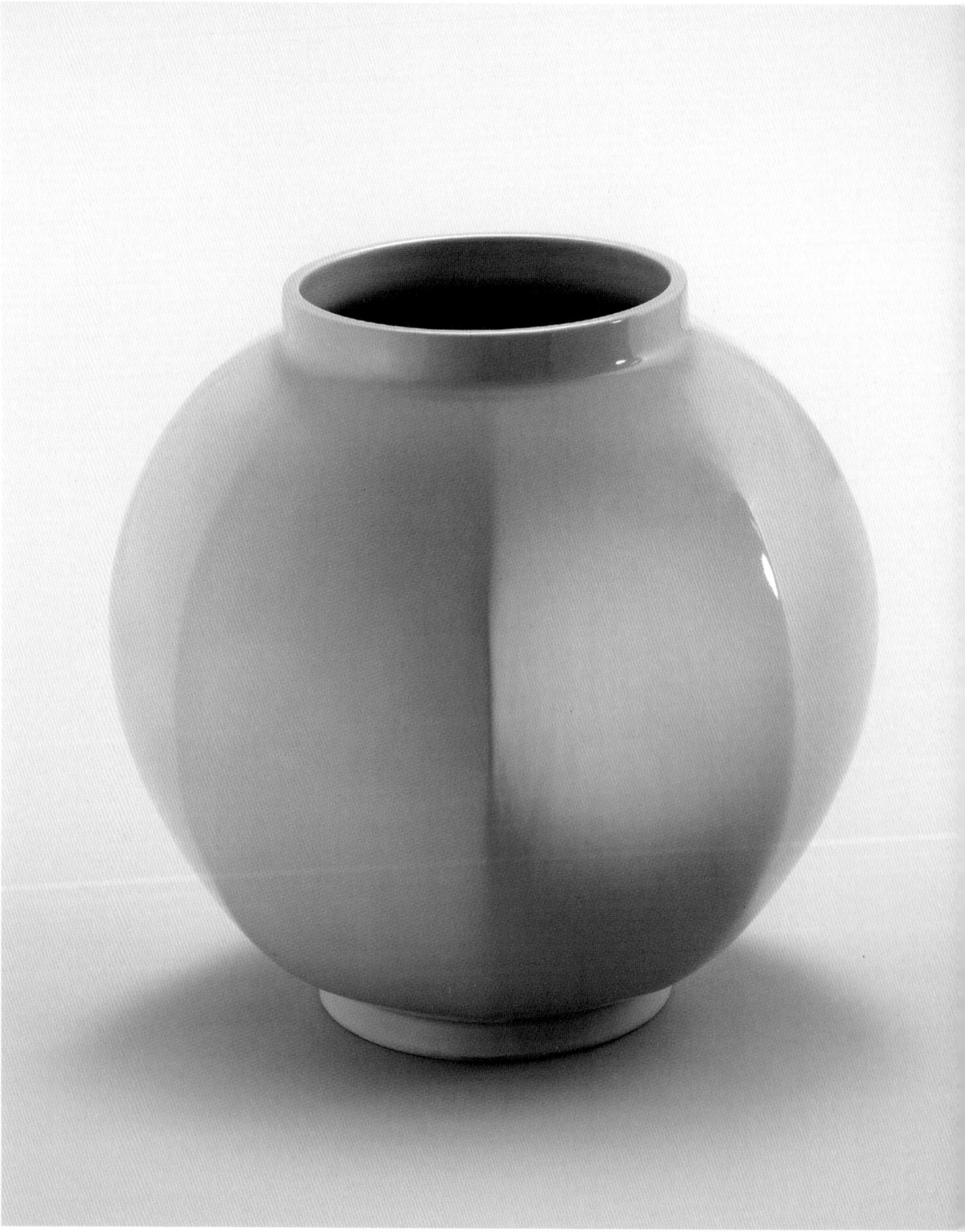

유기장 / 놋쇠장

Yugijang 鍮器匠

Brassware Making

지정번호 제 77호
지정일자 1983년 6월 1일

-

작고보유자
반방짜 / 윤재덕 尹在德, 1915~1994
주물장 / 김근수 金根洙, 1916~2009

명예보유자

전승보유자
방짜장 / 이봉주 李鳳周, 1926~
주물장 / 김수영 金壽榮, 1949~

전수교육조교
방짜장 / 이형근 李亨根, 1958~

Designated No. 77
Designated Date. 1 June 1983

-

Deceased Holder of
Important Intangible Cultural Property
Banbangjja / Yoon Jae-duk
Joomooljang / Kim Geun-soo

Inherited Holder of
Important Intangible Cultural Property
Banbangjja / Lee Bong-ju
Joomooljang / Kim Soo-young

Assistant Important
Intangible Cultural Property
Lee Hyeong-geun

더위가 가시고 서늘한 바람이 불면 여름 내내 쓰던 백자그릇 대신 놋그릇을 꺼내 닦으며 쓸 채비를 했다. 놋그릇은 은은한 광택과 온후한 멋 그리고 청아한 소리에 보온성까지 뛰어나 실용적이어서 우리 어른들이 가장 애용했던 그릇이다. 여기에 무한한 사랑을 담은 넉넉한 고봉밥 인심까지 담긴 놋주발이라면 보기만 해도 흐뭇하다.

우리 일상생활에서 가장 긴요하게 썼던 금속은 '놋쇠'였다. '놋쇠'는 주철과 함께 가장 여러모로 널리 많이 쓰였다. '방짜 놋쇠'라고도 하는 놋쇠는 구리와 주석, 아연, 니켈의 합금인데 단단하고 견고하며 보온성이 뛰어났다.

특히 놋쇠를 두들기고 때려서 형태를 만드는 '방짜기법'으로 만든 대야와 놋상·수저·징·꽹과리 등은 은은한 광택이 나며 소리가 청량하고 식기의 경우 살균효과까지 있어 일상에서 널리 쓰였다. 황동은 동과 아연을 섞어 만드는데 금색이나 많은 사람들이 썼으며 '퉁쇠'라고도 했다. 이것으로는 주로 향로·향합·촛대·화로 등을 만들었다. 백동은 일명 '백통'이라고도 하는데, 동과 니켈을 혼합해 만들어 흰색이 나며 화로나 신선로·백통장식을 만드는데 썼다.

유기는 제작기법에 따라 방짜와 주물, 반 방짜 등이 있다. 가장 질이 좋은 유기로 알려진 방짜유기는 평북 납청, 경남 함양, 경북 김천에서 만들어졌다. 놋쇠를 도가니에 녹여 바둑돌과 같은 둥글게 만들어 이것을 여러 명이 돌아가며 불에 달구고 망치로 쳐 그릇의 형태를 만들었다. 이렇게 만들어진 방짜 유기는 휘거나 잘 깨지지 않으며 비교적 변색되지 않고 쓸수록 윤기가 나는 장점이 있다.

주물유기는 놋쇠 물을 원하는 그릇 모양의 틀에 부어 만드는 '부질간 공정'과 기물의 형태를 깎고 다듬고 손질하는 '가질간 공정'을 거쳐 이를 조립하고 표면에 장식이나 도금하는 '장식간 공정'을 거쳐 완성된다. 주물유기는 '안성맞춤' 이란 속담으로 유명한 안성유기를 최고로 친다. 반 방짜유기는 전남 순천지방에서 성했던 방식으로 '궁그름 옥성기' 라고도 불렸다. 우선 주물로 기형을 만들고 그 다음 방짜유기처럼 때리고 쳐서 모양을 완성하는 방식으로 만들었다. 일제강점기 공출로 인해 위기를 겪기도 했으나 광복 후 다시 성했던 유기 산업은 연탄가스에 의해 색이 쉽게 변하는데다 양은이나 스텐그릇이 일상화되면서 쇠퇴했으나 최근 웰빙 바람을 타고 놋쇠의 은은하고 품위 있는 모양과 질감 그리고 무독무취의 항균성 때문에 제 2의 전성기를 예고하고 있다.

Metal is used in our daily life in many areas and the most friendly metal is Notswoe as brass. Notswoe or Bangjja notswoe is an alloy of copper and zinc which is tough, rugged and also excellent in thermal performance. According to the mixing ratio of the alloy, the brass forms differently for different purposes. Then beat them with Bangja technique to make households items and instruments. Hwangdong also is an alloy of copper and zinc which is usually used for brazier, candlestick, incense burner and an incense jar. Its common name is Toongswoe. Also Baekdong is an alloy of copper and nickel which appears in white that is used for brazier and chafing dishes. However, Hwangdong and Baekdong are harmful to the human body so they are not used for tableware but Bangjja notsoe does nothing to the human body so it does not matter to use for tableware. Yugigang refers to the art of making various types of brass ware. Depending on the manufacturing methods used, brass wares are divided into bangjja, cast iron, semi-bangjja, of which bangjja brass ware is of the highest quality. Bangjja brass does not easily bend or brake. Also it will not fade but gets more shiny as being more used. Casting brass is made by pouring molten brass water into a cast while semi-bangjja brass is made by hitting whatever it is formed in a mold as a deformation of brass itself. Undergoing a crisis due to the Japanese occupation, brass industry decayed but because of those well-being trend, those brass tablewares slowly grows.

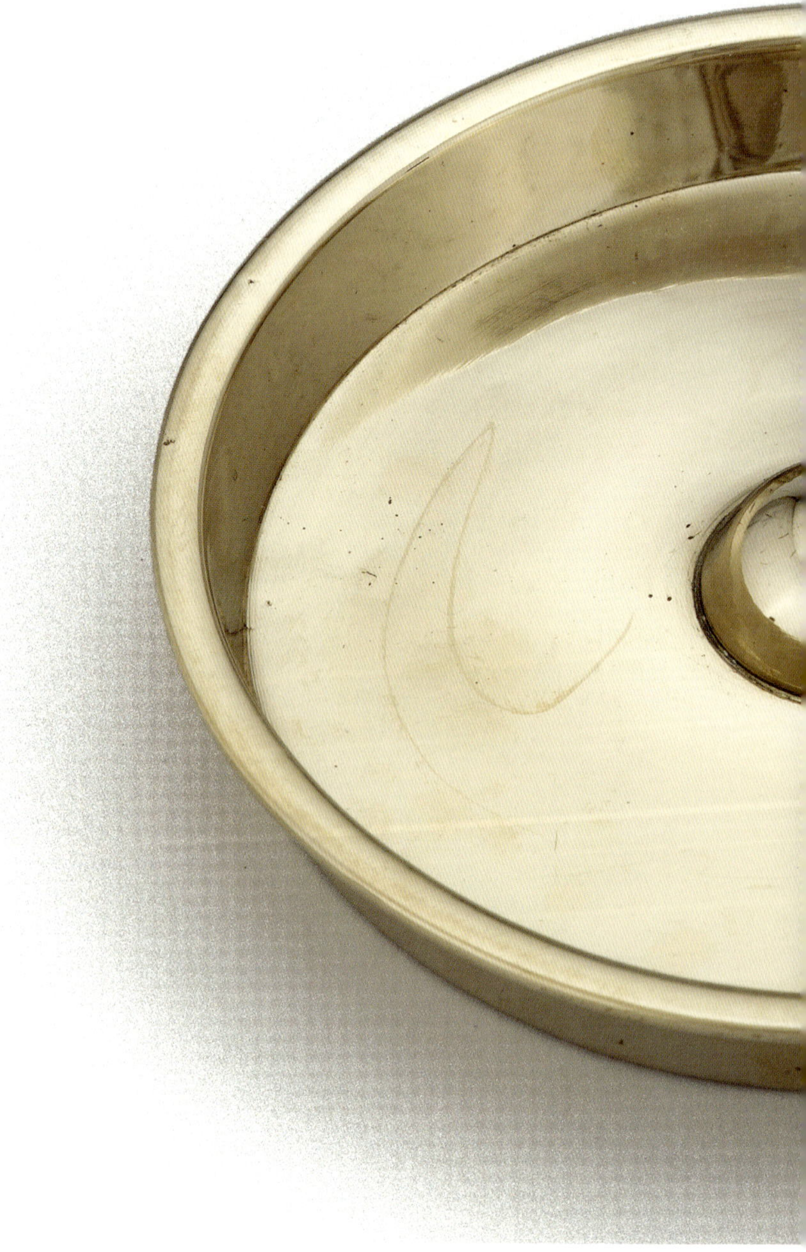

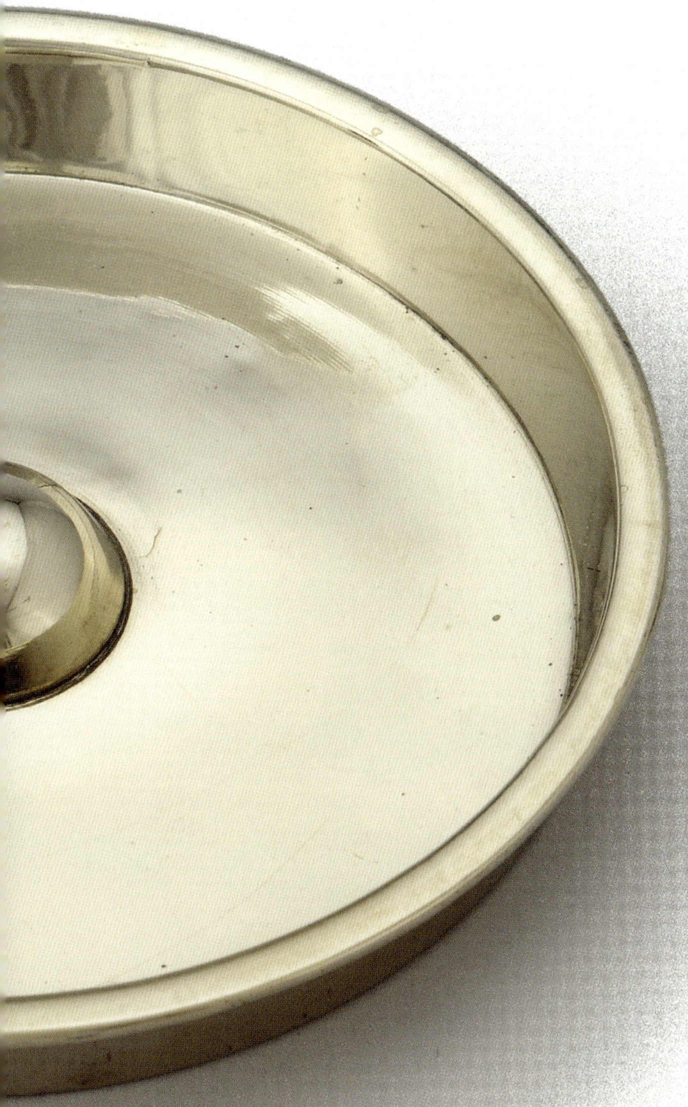

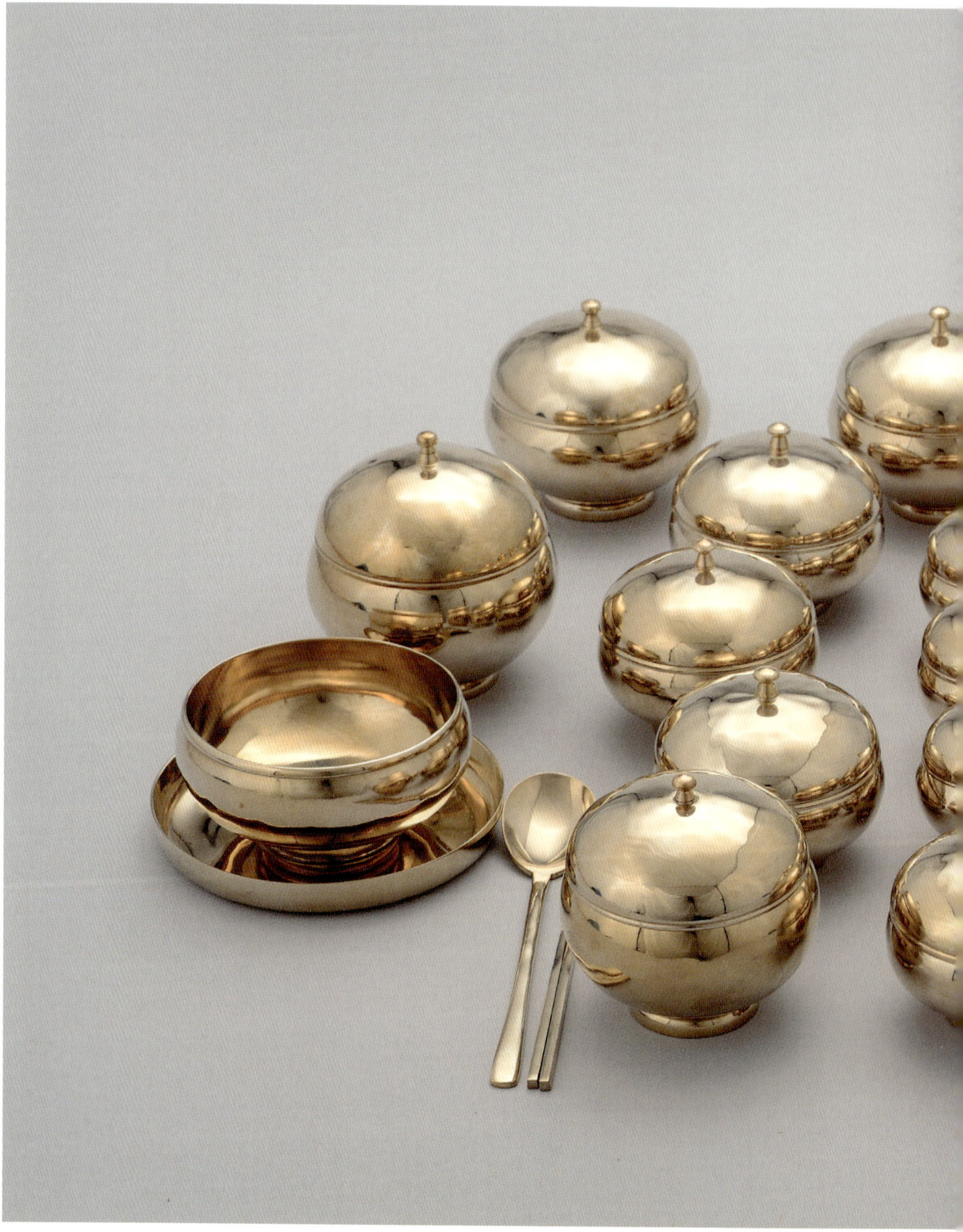

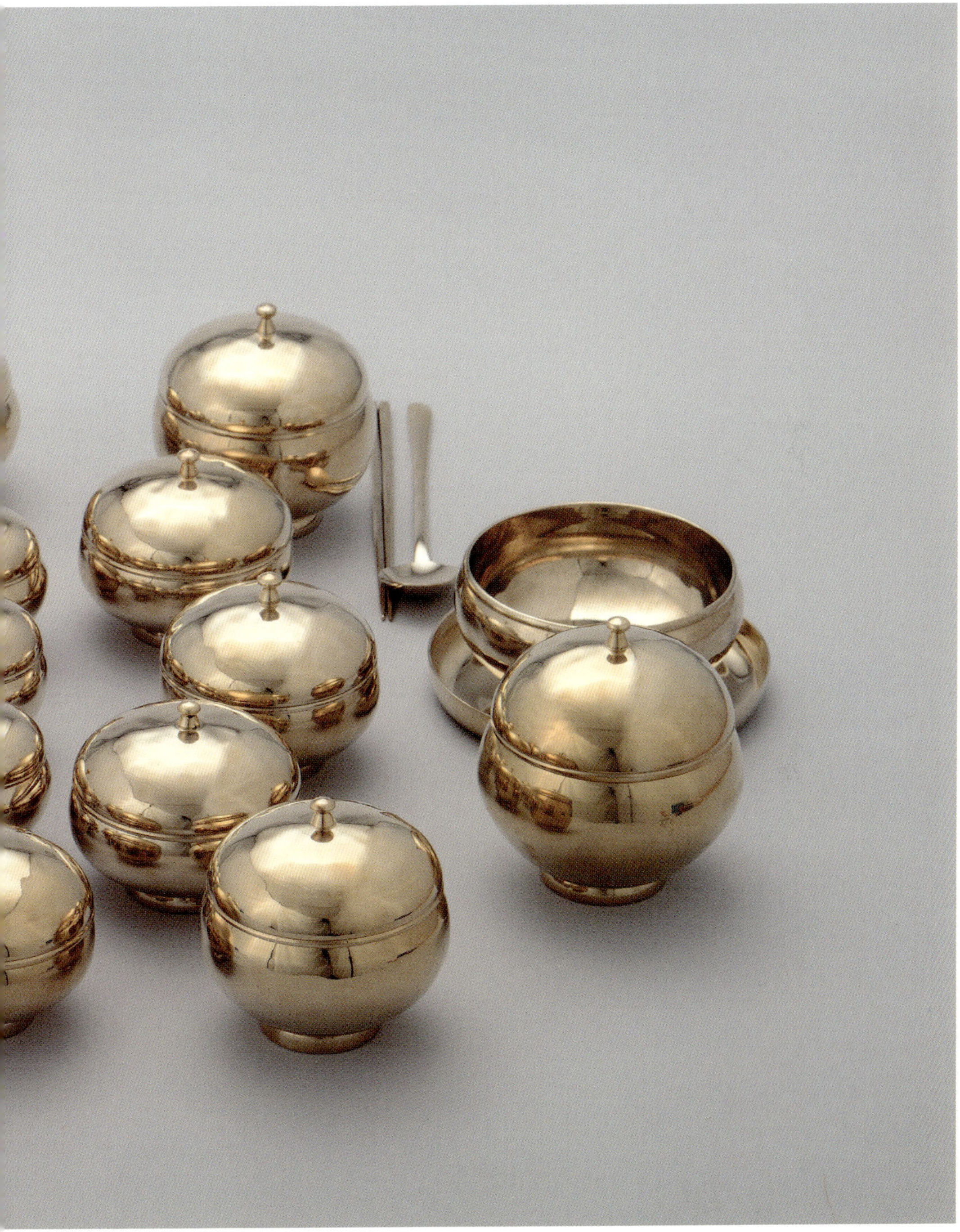

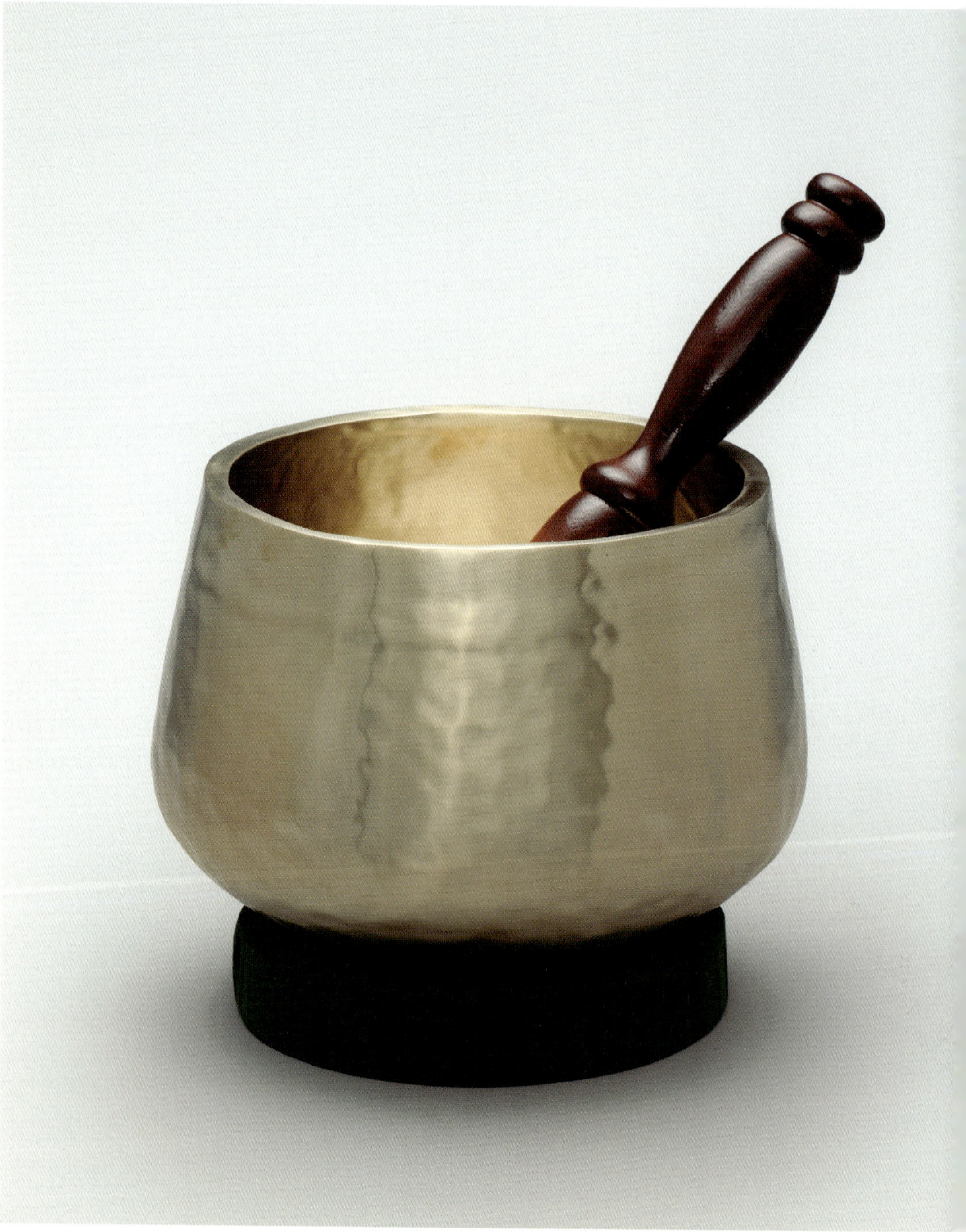

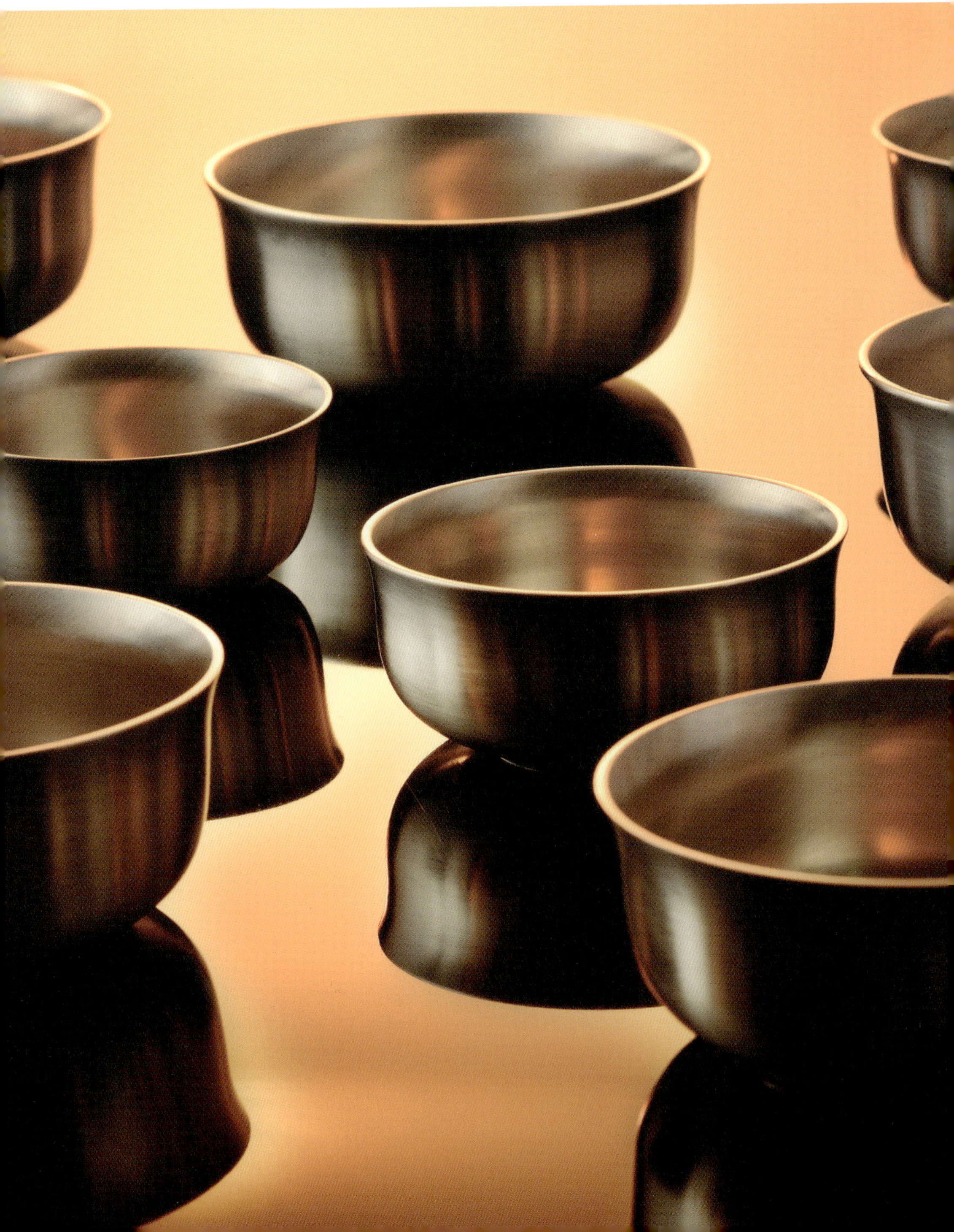

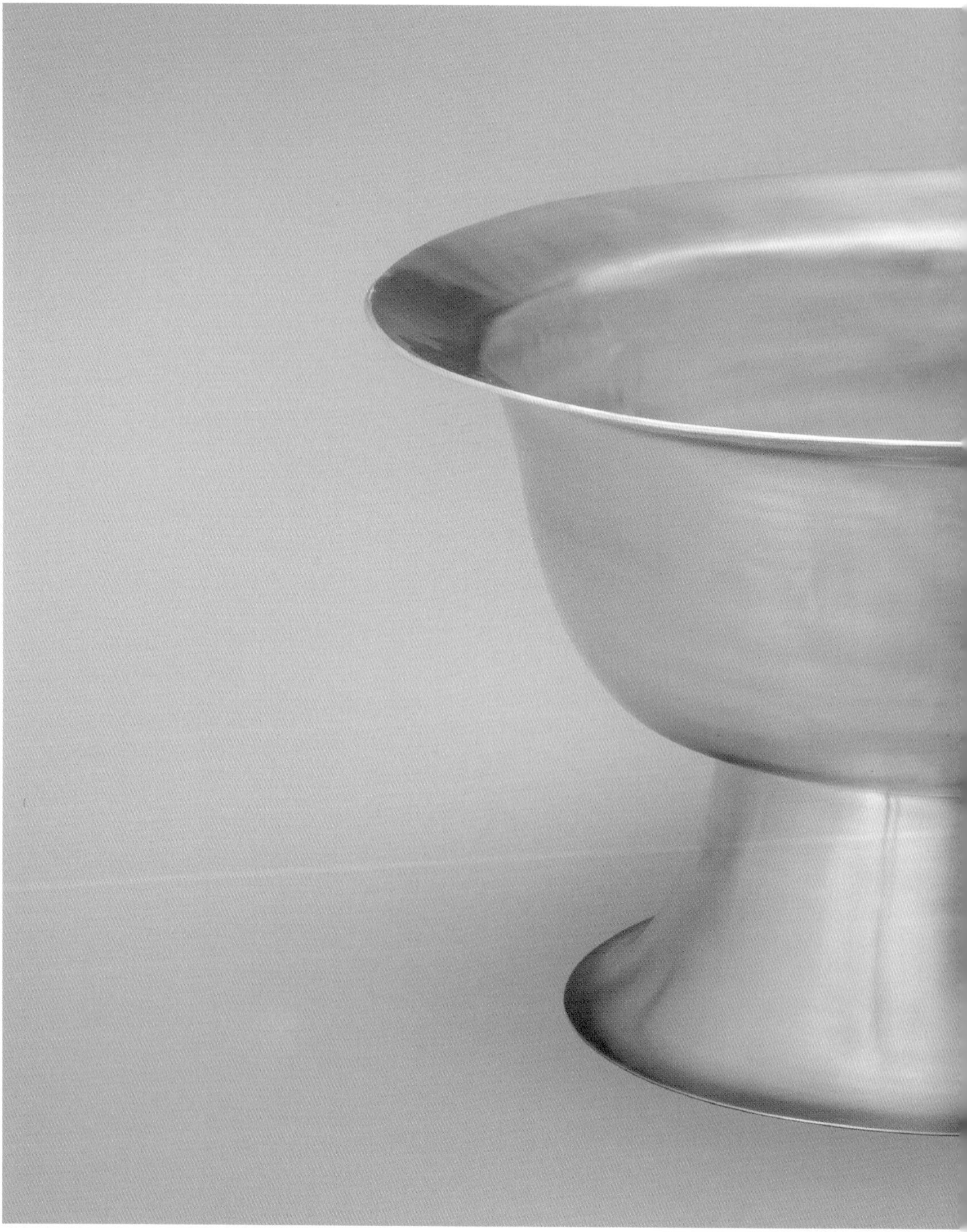

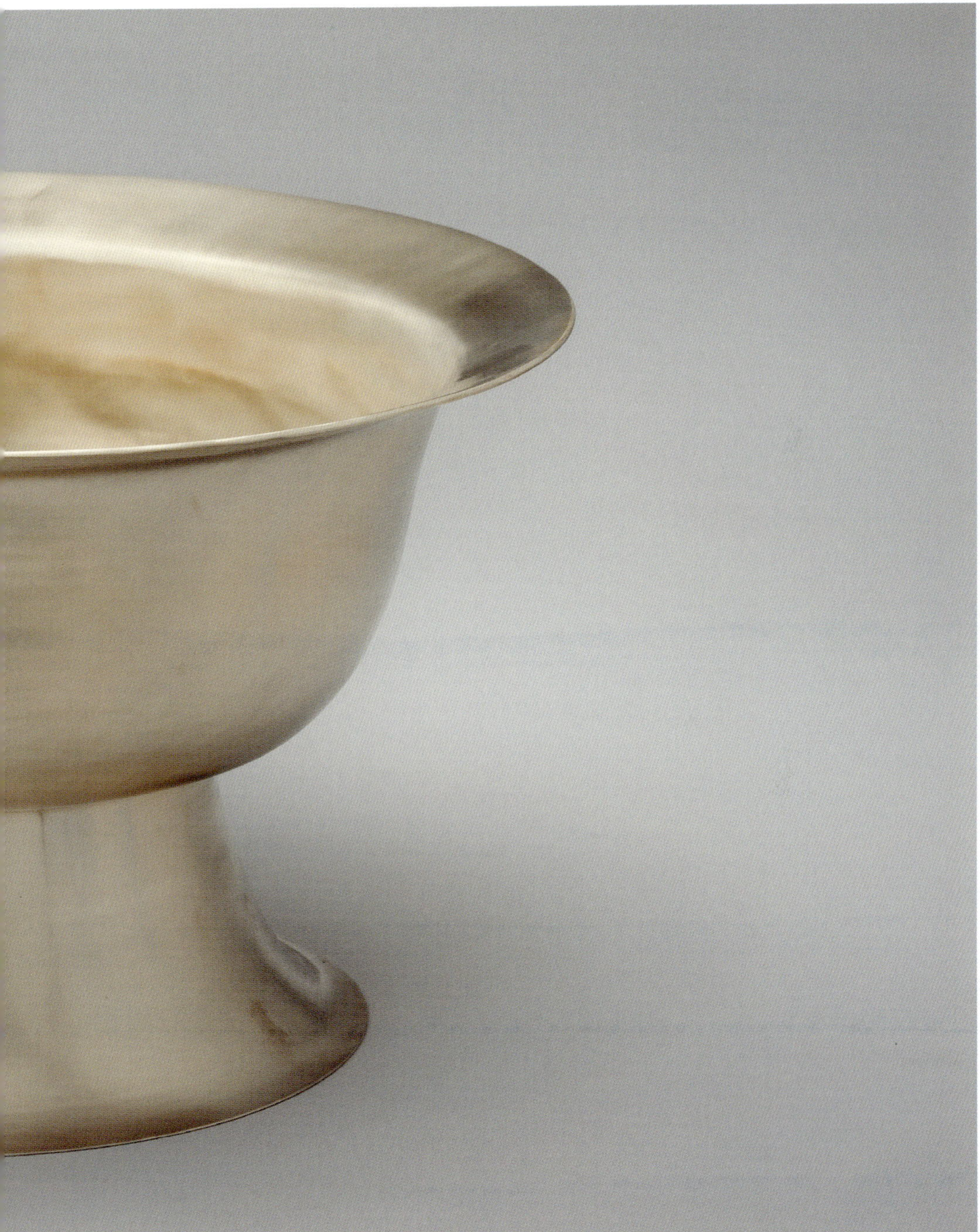

옹기장

Onggijang 甕器匠

Onggi Making

지정번호 제 96호
지정일자 1990년 5월 8일

-

작고보유자
타래기법 / 이종각 李鍾珏, 1915~1993
채바퀴 타래기법 / 이옥동 李玉童, 1913~1994
채바퀴 타래기법 / 이내원 李來元, 1919~2000

명예보유자

전승보유자
김일만 金一萬, 1941~
정윤석 鄭允石, 1942~

전수교육조교
이학수 李學洙, 1955~

Designated No. 96
Designated Date. 8 May 1990

-

Deceased Holder of
Important Intangible Cultural Property
Taraegibub / Lee Jong-gak
Chaetbaque Taraegibub / Lee Ok-dong
Chaetbaque Taraegibub / Lee Rae-won

Inherited Holder of
Important Intangible Cultural Property
Onggi Making / Kim Il-man
Onggi Making / Jung Yoon-suk

Assistant Important
Intangible Cultural Property
Lee Hak-su

'옹기'처럼 한국인의 삶과 밀접한 도자기도 드물다. 오랜 동안 옹기는 우리 곁에서 다양한 쓰임새로 사용되어왔지만 너무 흔한 탓에 '값싼 질그릇'으로 인식되어 제대로 된 대접을 받지 못했다. 그러나 투박하고 넉넉함이 정겨운 그릇이며 고작 도공이 손가락으로 그어 장식한 난초문양까지 정감 있는 우리의 그릇이다. 게다가 옹기는 발효와 숙성, 저장을 위한 숨 쉬는 그릇이기 때문에 그 기능적인 측면이 인정되어 현대로 와서 다시 각광받고 있다.
"장은 모든 음식 맛의 으뜸이다.", "장맛이 독 맛이다."라고 하는 말은 옹기의 가치와 역할을 일깨워 준다. 그런 점에서 옹기는 우리네 '음식'과 같다.
유약을 입히지 않고 낮은 온도에서 구워낸 질그릇과 질그릇에 잿물을 입혀 불에 구워내 광택이 나고 단단한 오지그릇을 아울러 '옹기'라 했으나 근대 이후 질그릇이 급격히 줄어들면서 오지그릇을 지칭하는 말로 바뀌었다. 옹기는 고려시대까지 대부분 유약을 쓰지 않는 경질도기가 대부분이었으나 유약사용이 일반화되는 고려 말 조선 초에 매우 큰 옹기에도 유약을 시유하면서 생활필수품이 되었다.
옹기는 찰흙을 반죽해 물레로 돌려 모양을 만든 뒤 황토 가마 속에서 참나무로 구워내 만든다. 옹기는 미세한 구멍이 있어도 물이 스며들지 못 하지만 공기가 통해 발효가 일어나는 때문에 '숨을 쉬는 그릇'이라 한다.

Pottery has always been with Korean life all along. Pottery has been around for multi purposes for a long time so it did not get treated right. Because of that pottery is recognized as too common to blame. These earthenware is excellent in fermentation and aging with antiseptic self cleansing ability. Pottery that baked at a low temperature without glaze then covered with lye to let it gloss was called earthenware with a dark brown glaze. But at the modern times, the word became to be referred only. In the Korean dynasty, pottery was made without using glaze but in between the end of the Korean dynasty and the beginning of the Chosun dynasty, they also started to put glaze even onto big potteries. And it became one of the important commodity. The pottery is made by spinning a wheel to get its shape and then bake with oak trees. Even if there are small holes, water can not go through because when the pottery starts to ferment, it actually does breath. It can be sometimes found boring with those simple orchid decorations by the fingernails of artisans. But with its roughness and mildness, appreciation can be also found as heartwarming crockery.

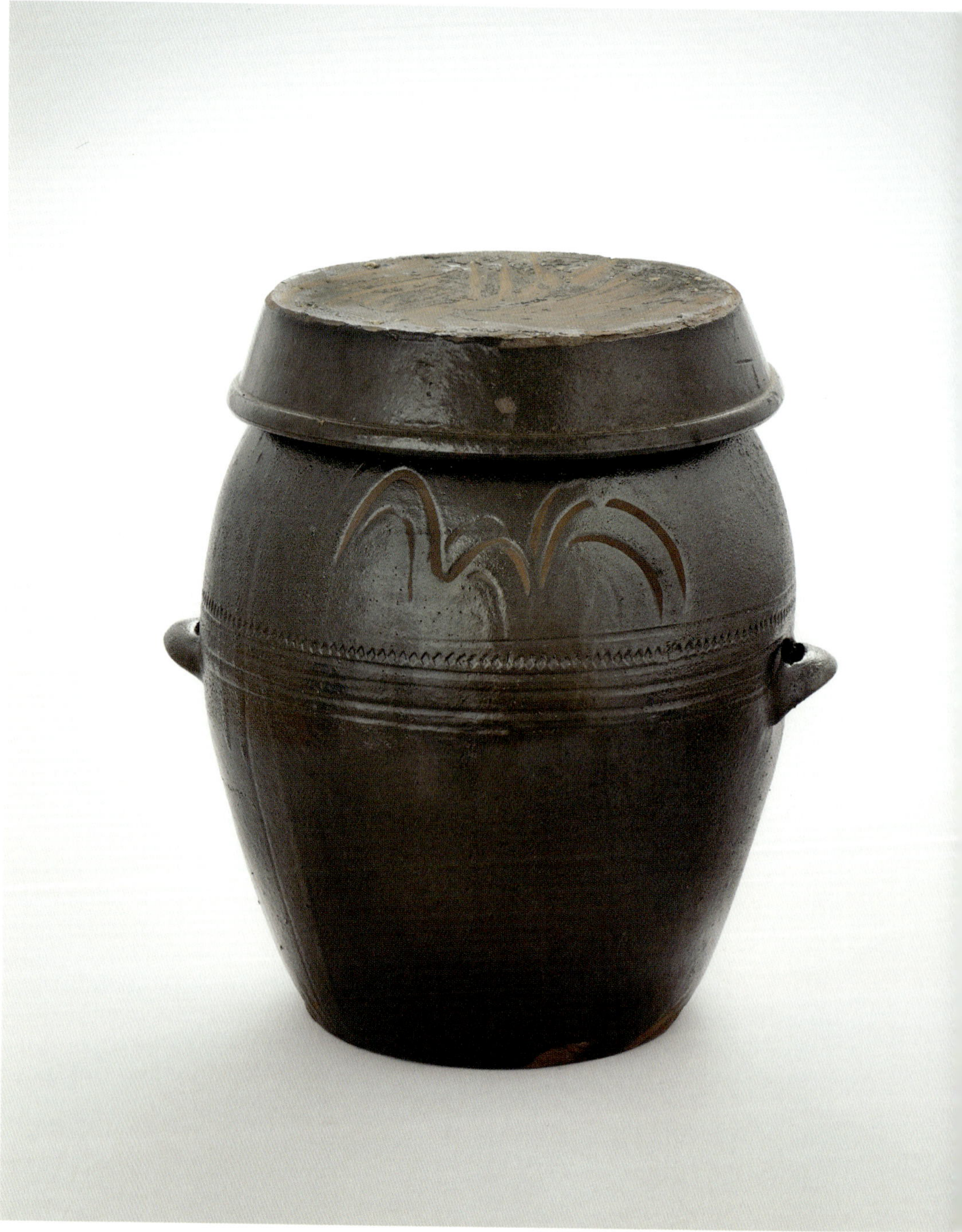

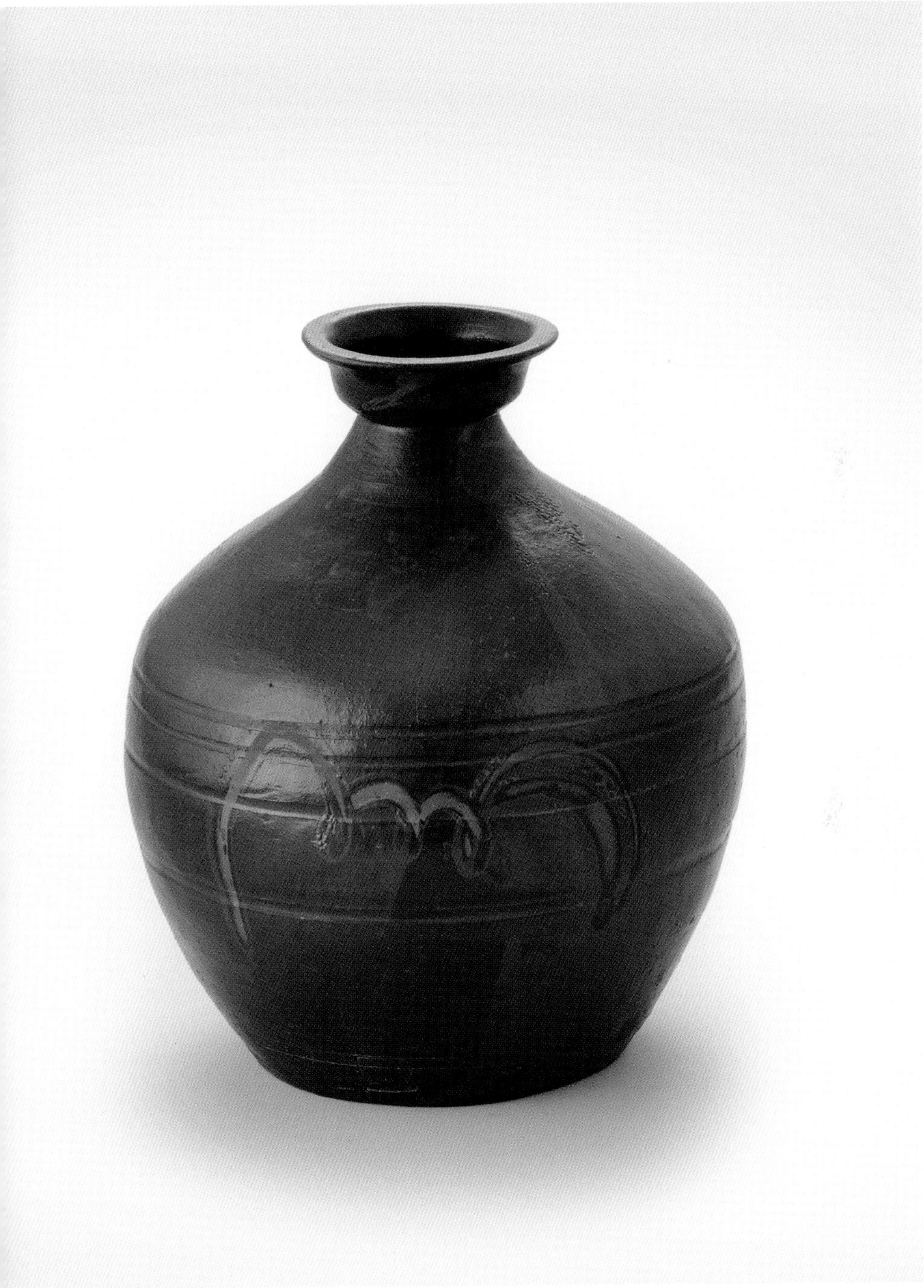

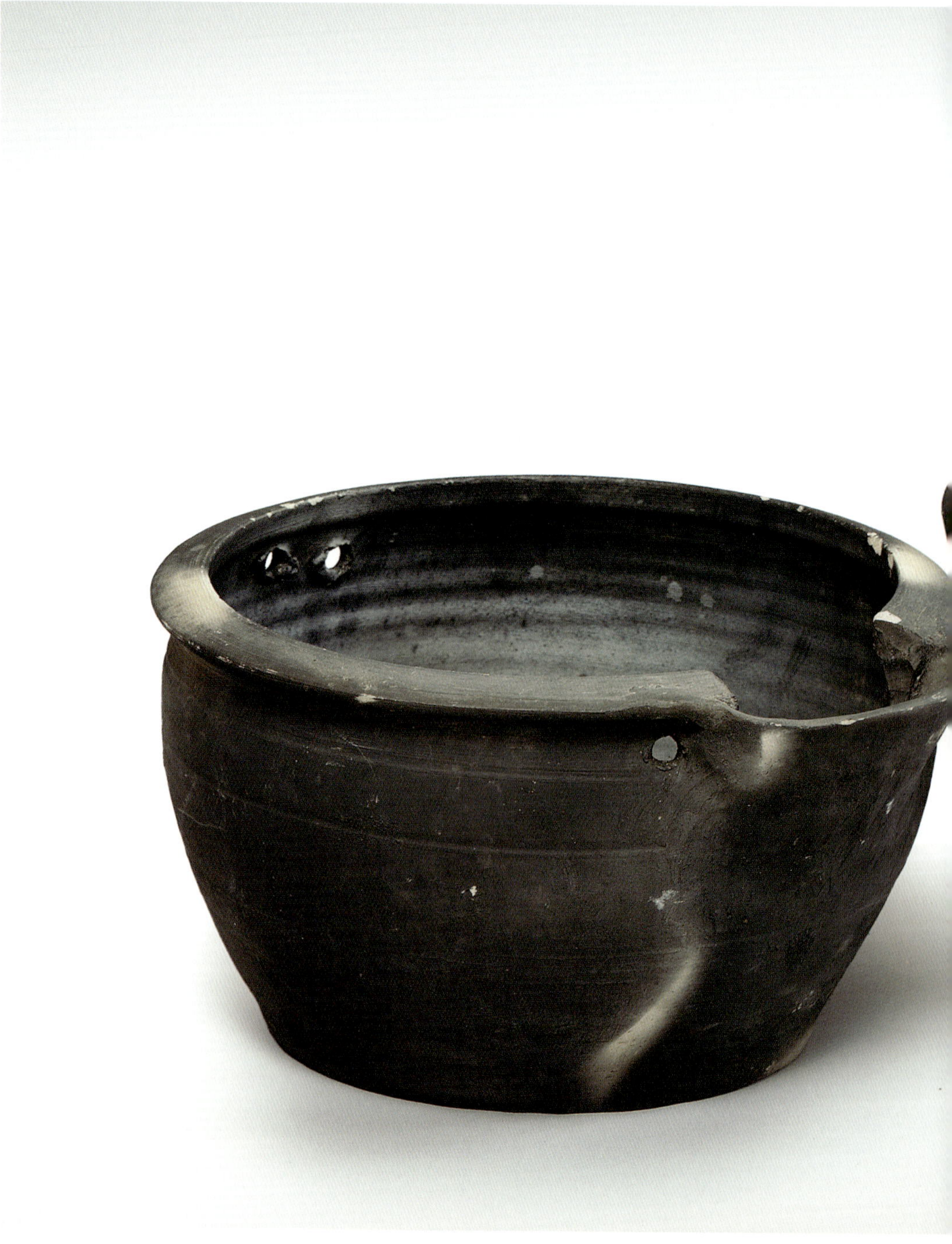

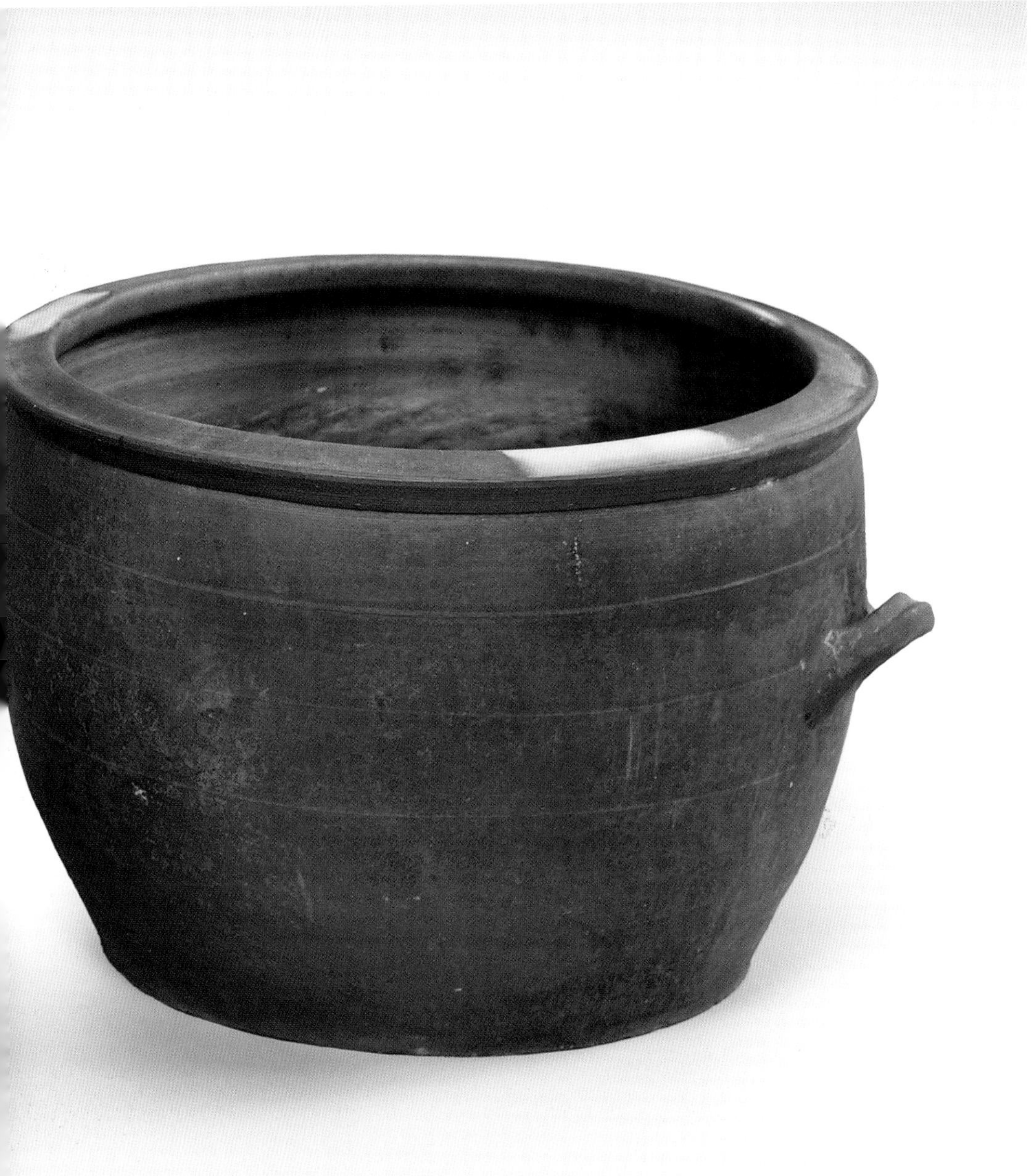

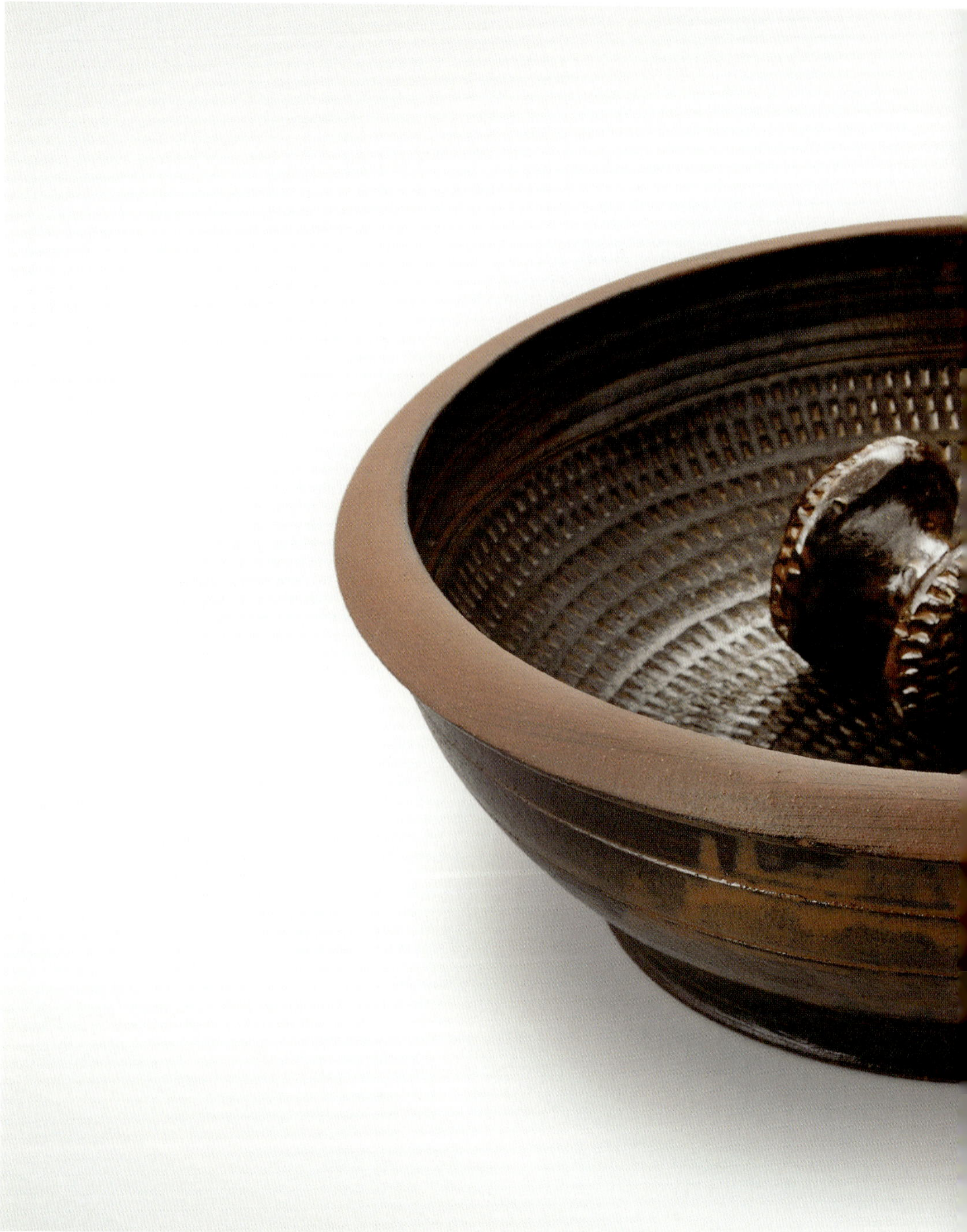

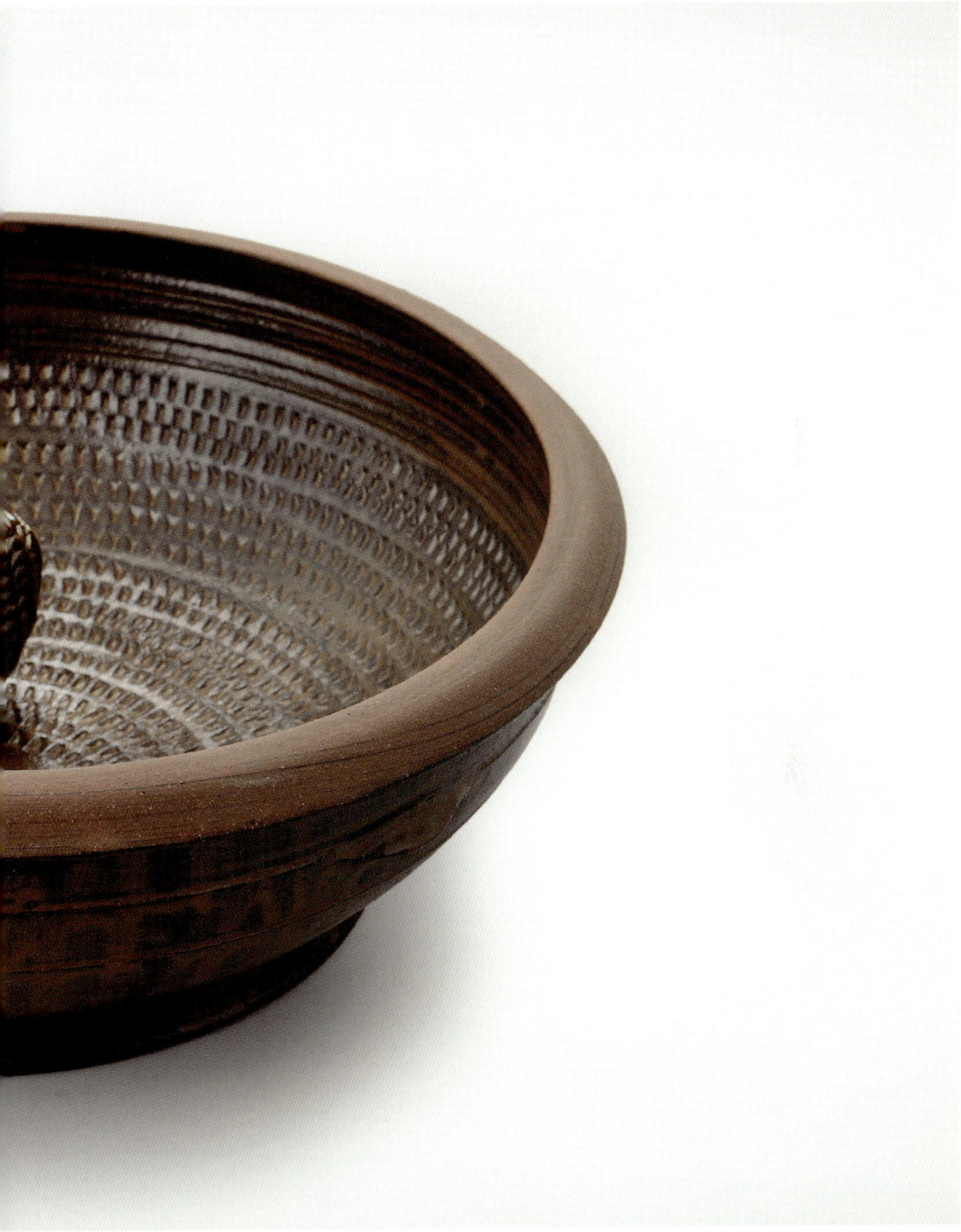

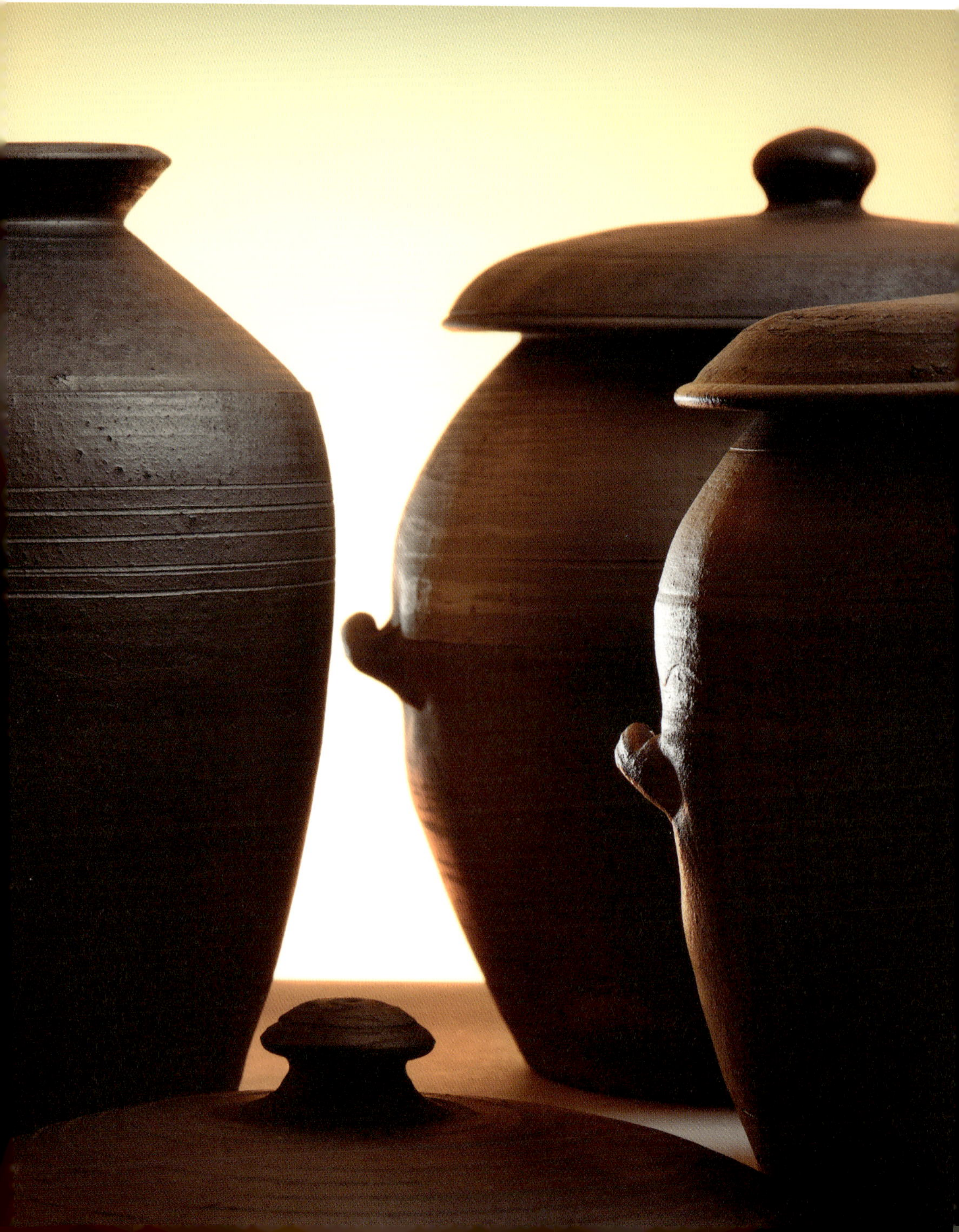

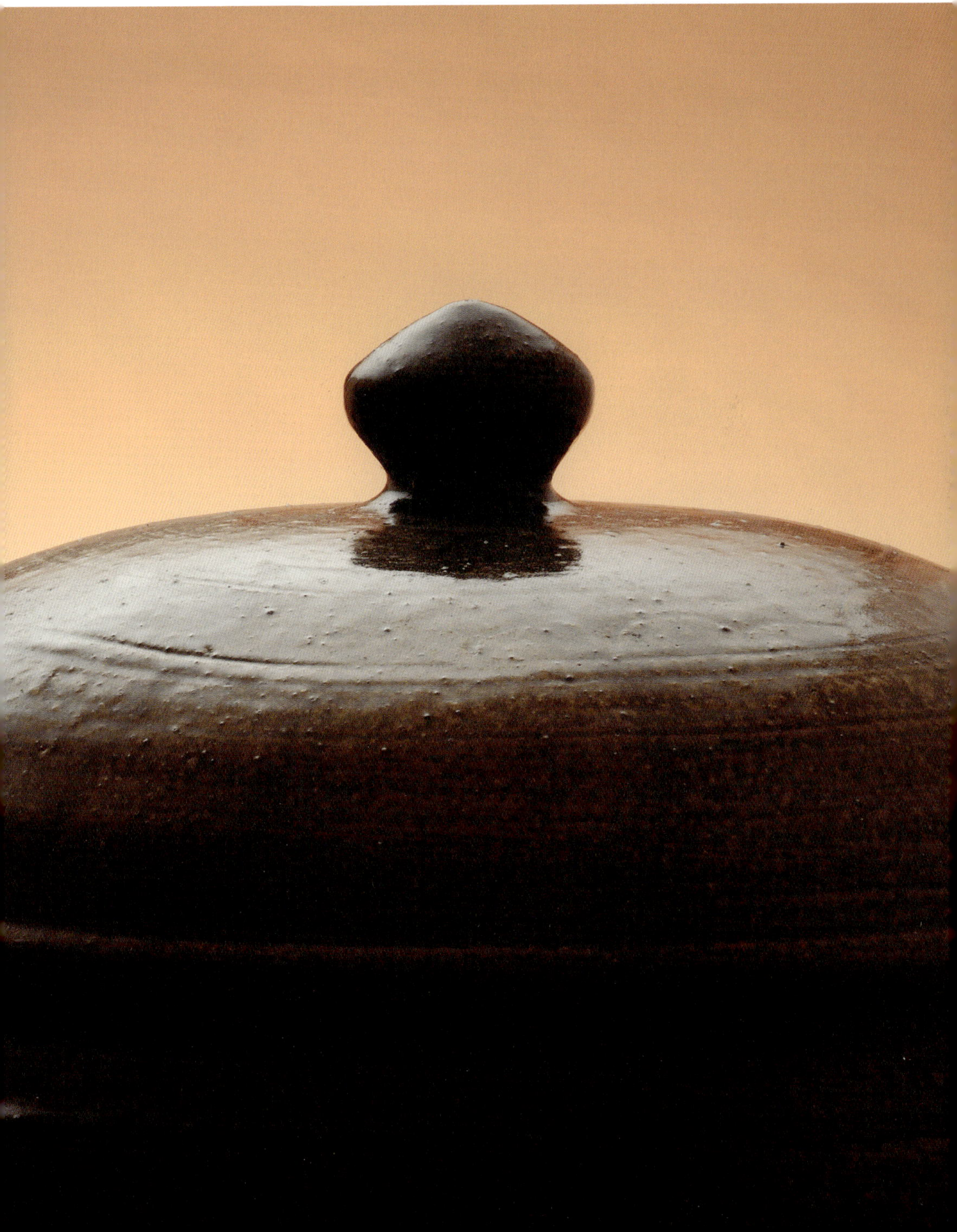

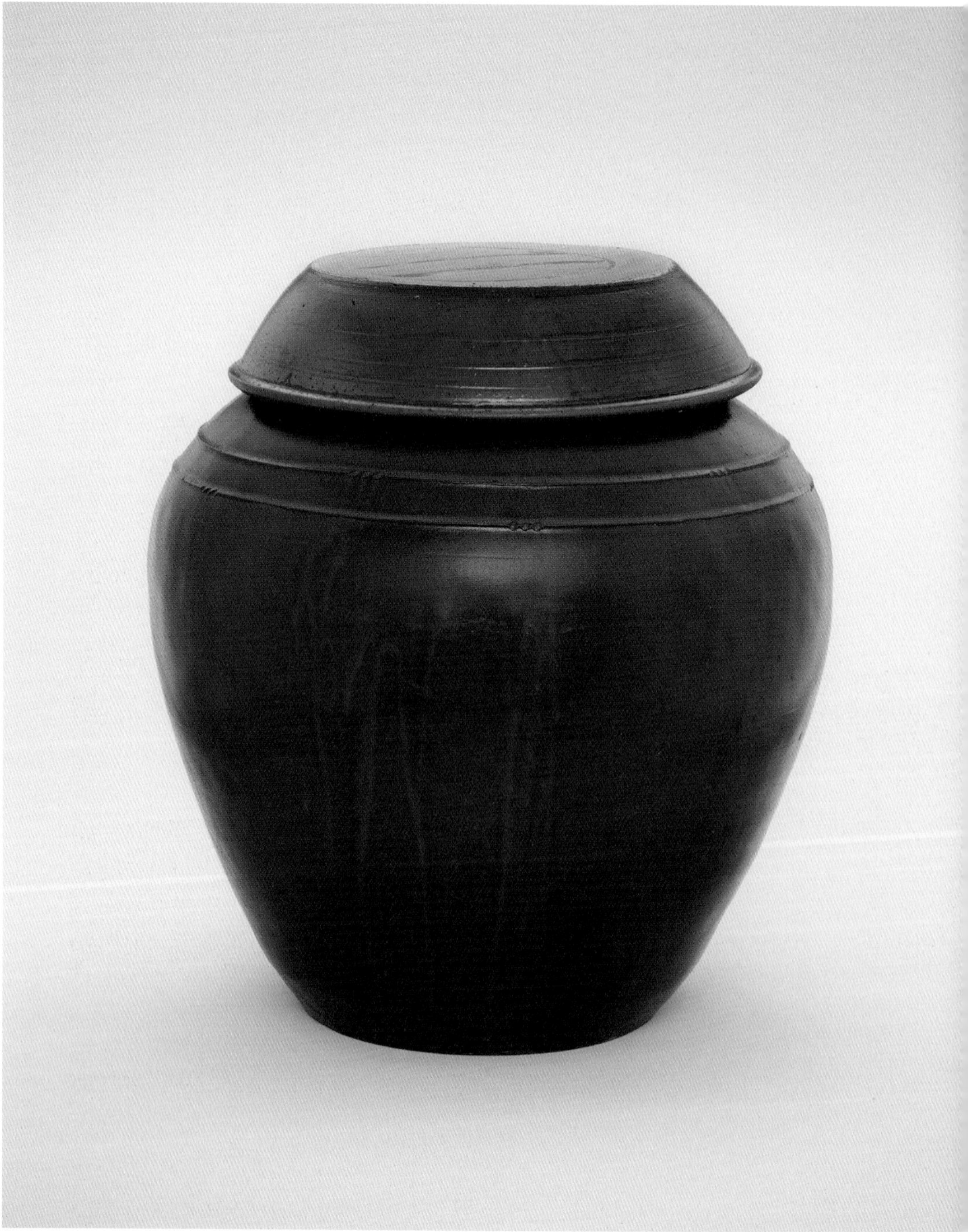

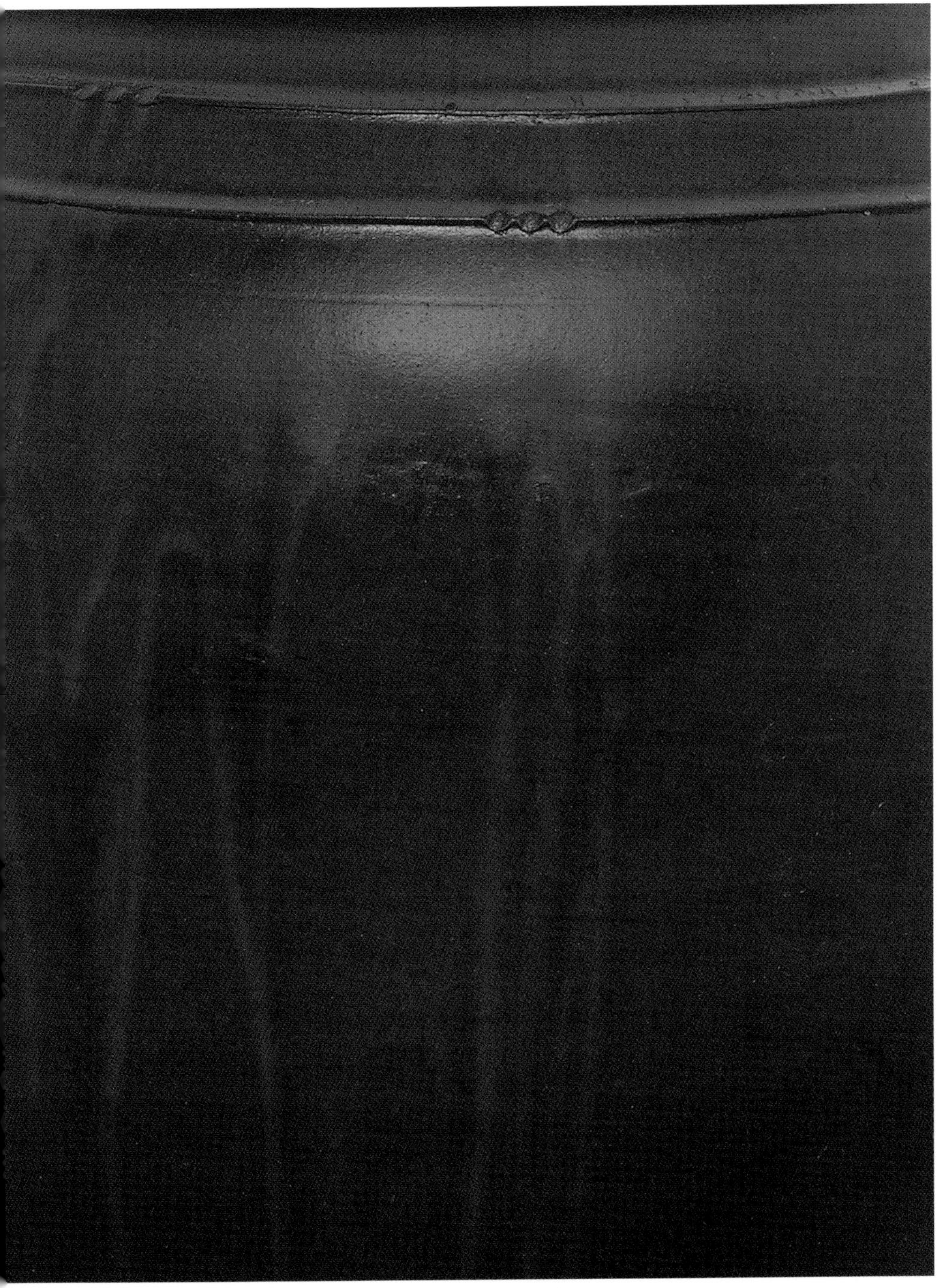

주 住

살다

Living-Life

소목장 / 가구 만들기

Somokjang 小木匠
Wood Furniture Making

지정번호 제 55호
지정일자 1975년 1월 29일

-

작고보유자
송추만 宋樞萬, 1903~1991
정돈산 鄭敦散, 1939~1992
강대규 姜大奎, 1936~1998
천상원 千相源, 1926~2001

명예보유자
설석철 薛石鐵, 1925~

전승보유자
박명배 朴明培, 1950~

전수교육조교
김금철 金今哲, 1955~
조화신 趙化信, 1962~

Designated No. 55
Designated Date. 29 January 1975

-

Deceased Holder of
Important Intangible Cultural Property
Song Chu-man
Jung Don-san
Gang Dae-gyu
Cheon Sang-won

Honorary Holder of
Important Intangible Cultural Property
Seol Seok-cheol

Inherited Holder of
Important Intangible Cultural Property
Park Myeong-bae

Assistant Important
Intangible Cultural Property
Kim Geum-cheol
Jo Hwa-sin

우리가구의 특징은 꾸미지 않고, 잔재주를 부리지 않는 소박한 아름다움이 특징이다. 특히 사방탁자는 선비의 청풍 같은 기개와 청빈을 상징하는 가구이고, 문갑은 단아하고 정갈한 사랑채의 품위를 상징한다. 한편 소박하고 순수하고 실용적이며 다목적으로 쓰였던 반닫이가 우리네 여인들을 대표하는 가구라면, 뒤주의 든든함은 종갓집 맏며느리를 닮았다.
이렇게 나무를 다뤄 세간을 만드는 사람들을 '목수' 또는 '목공' 혹은 '목장'이라 한다. 그리고 이들은 오늘날 건축가에 해당하는 '대목장'과 조각이나 일반적인 세간을 만드는 '소목장'으로 나뉜다.
우리 전통가구는 우리 주거환경과 공간구조에 걸맞게 만들어지고 쓰였다. 비교적 천정이 낮은 온돌방과 대청, 부엌 등 좌식 생활에 맞는 가구가 일반적이다. 목 가구는 주로 왕실과 상류층에서 사용했지만 조선 후기에 민간에도 성하면서 그 종류도 많아졌다.
간결하고 단순한 형태는 우리가구의 덕목이다. 기능과 용도에 필요한 것 외에 과장된 장식을 피하고 최소한의 재료와 창의적인 솜씨로 그 시대의 생활상을 고스란히 담고 있는 점은 우리나라 전통 목가구의 큰 특징이다. 특히 간결한 구성과 쾌적한 비례는 오늘날의 정서와 감각에도 늘 새로워 높은 평가를 받고 있다.
우리가구의 또 하나의 특징은 농익은 손맛을 지닌 장인들의 빼어난 재주에서 나오는 나무를 이어 붙이는 기법에 있다. 나무와 나무를 잇고 연결하는 짜임새와 이음새 작업이 그것인데, 꼭 필요한 부분에만 접착제나 못을 사용하였을 뿐, 못이나 다른 재료를 일체 쓰지 않고 오직 파고, 짜서 이었다. 보통 나무 사이는 촉매이음·촉 이음을 했고, 기둥이나 동자의 짜임은 연귀짜임 ·맞짜임 ·턱짜임을, 판재는 연귀짜임·촉짜임 같은 자연친화적 기법을 사용했다. 여기에 최소한의 금속장식인 장석을 사용해 가구의 효용성과 조형미를 보태 완성했다. 우리 소목장들의 손길과 체온이 여전히 느껴지는 조선시대가구는 '이음'과 '짜임'의 가구다.

Korean furniture is unique for its artless beauty. Sabangtakja is a table symbolizing the breezy spirit and the honest poverty of a scholar, and Mungab is a chest symbolizing the graceful and neat dignity of sarang-chae, the men's part of a house. Bandadi is a simple, practical, and multi-functional cabinet that represents women, and the stoutness of duiju, a rice chest, resembles the wife of the eldest son. Mokjang refers to the carpenters. There are two types of Mokjang: Demonkjang is equivalent to the architects of today, and somokjang makes wooden sculptures or household goods.
Traditional Korean furniture is made and used correspondingly to the residential environment. Furniture items are designed to fit sedentary lifestyle such as a low ceiling, ondolbang (room with a floor heating system) and Dechung (hall). Wooden furniture is mostly used by the royal families and the upper class, but in the late Chosun Dynasty, as common people start owning more wooden furniture, the variety of items increases.
Another characteristic of Korean furniture lies in the process of joining wooden parts together. Glues and nails are used only when they are necessary. When joining aggregates, pillars, posts, or boards together, various weaving methods that are Nature-friendly are used. Then a minimal amount of decoration is added to complement the utility of the furniture.

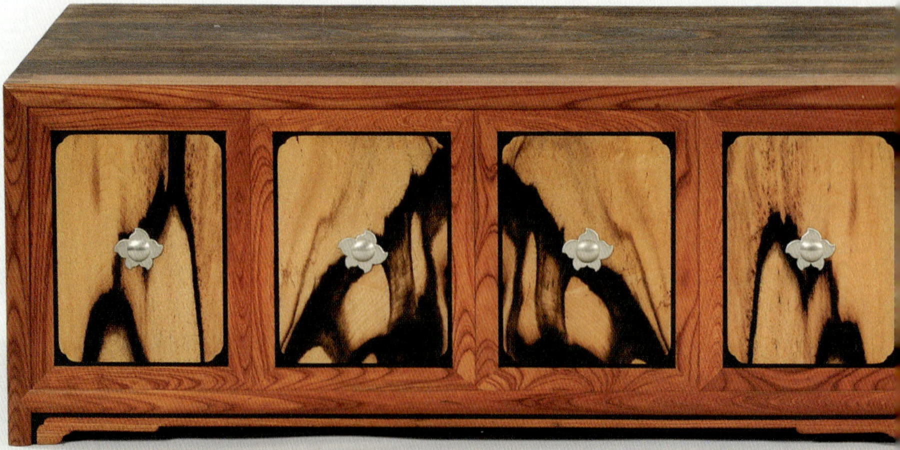

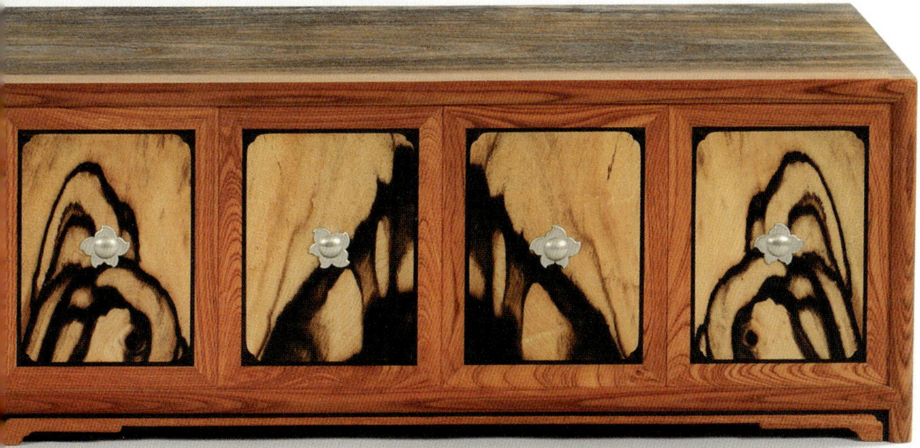

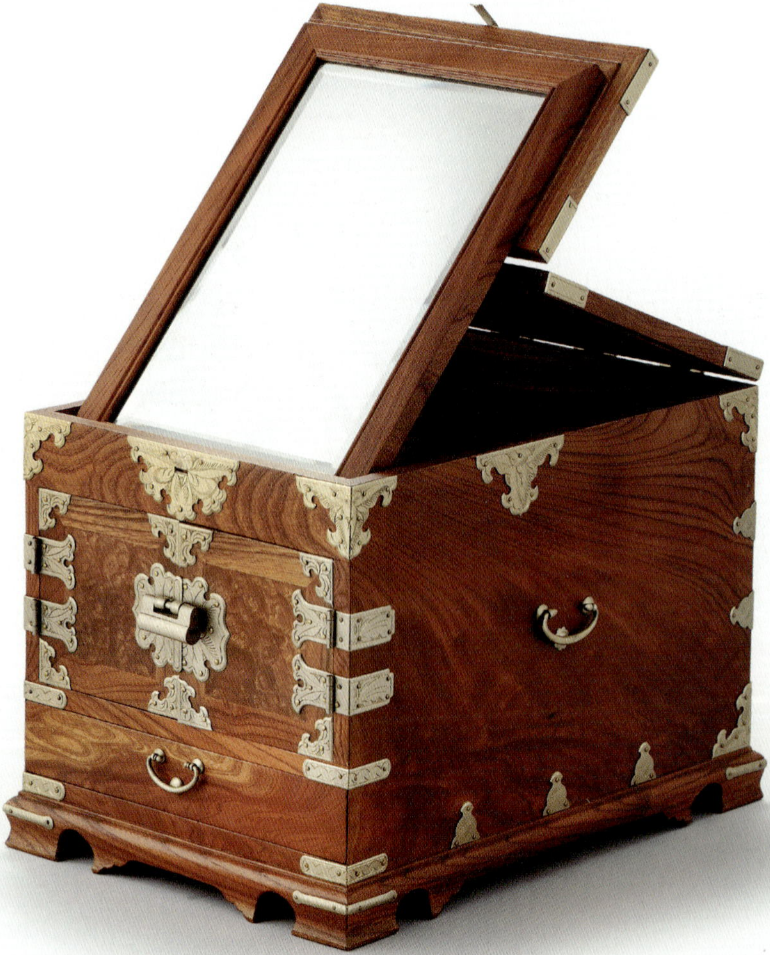

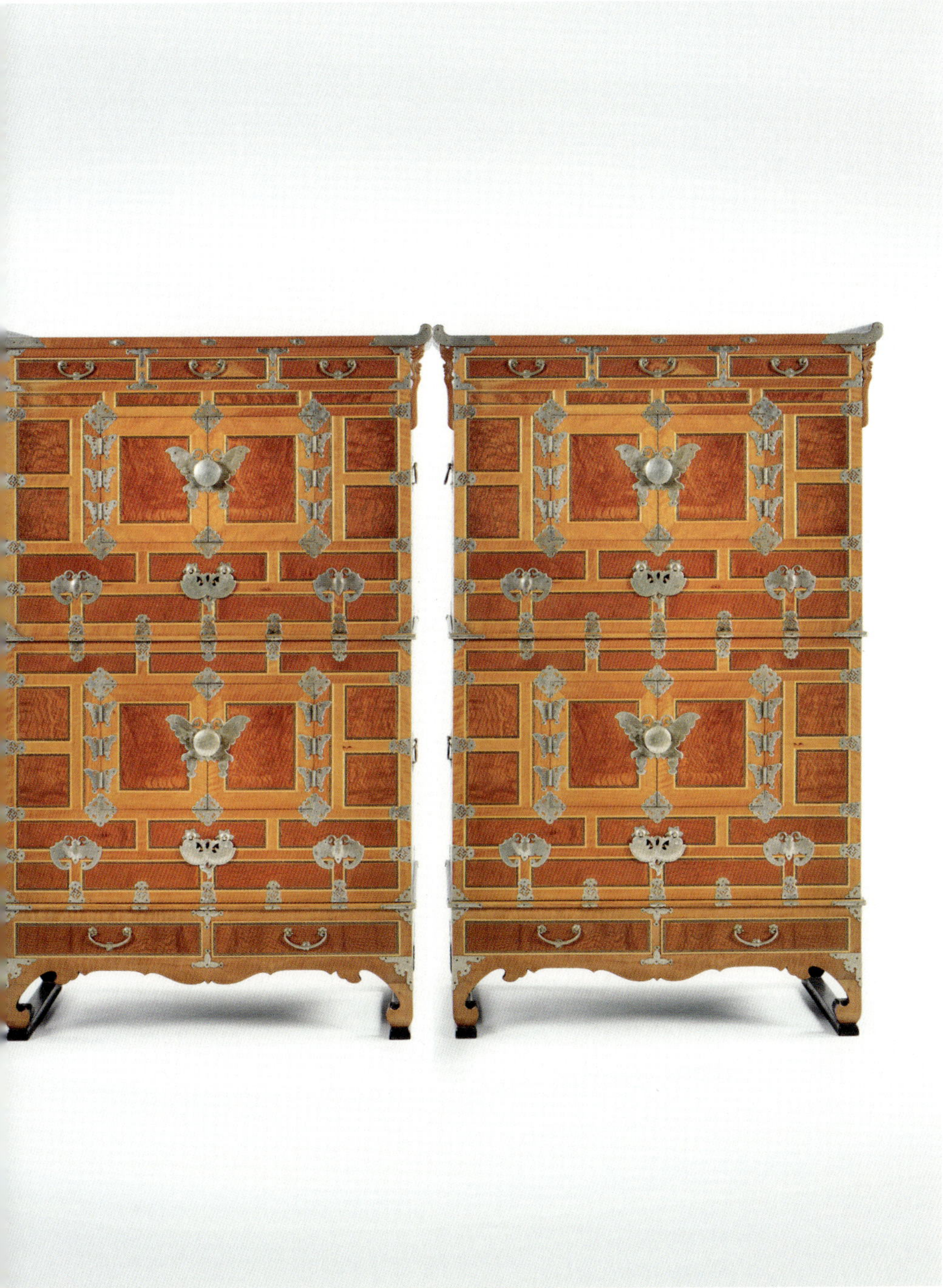

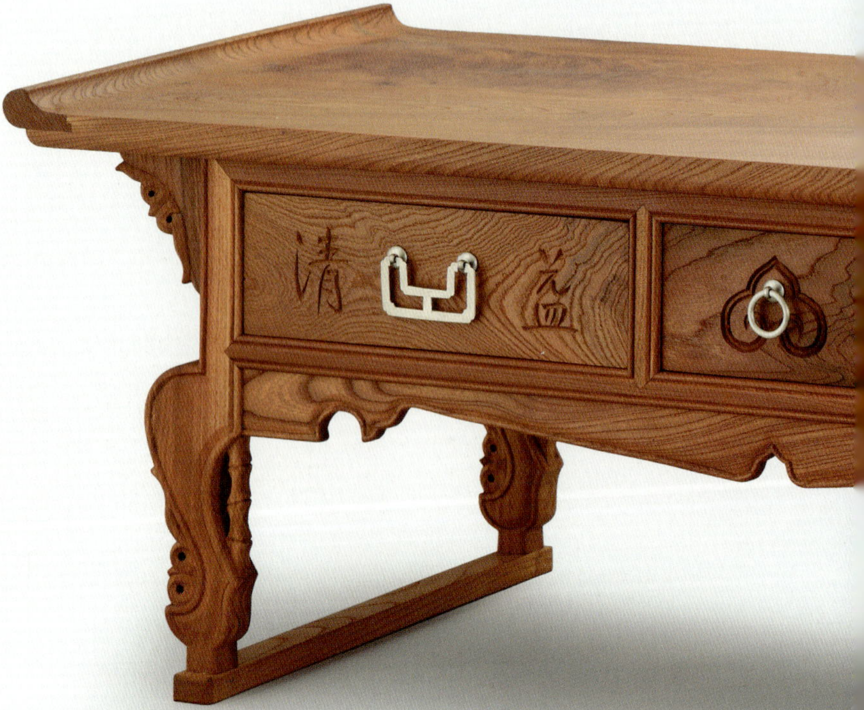
清
益

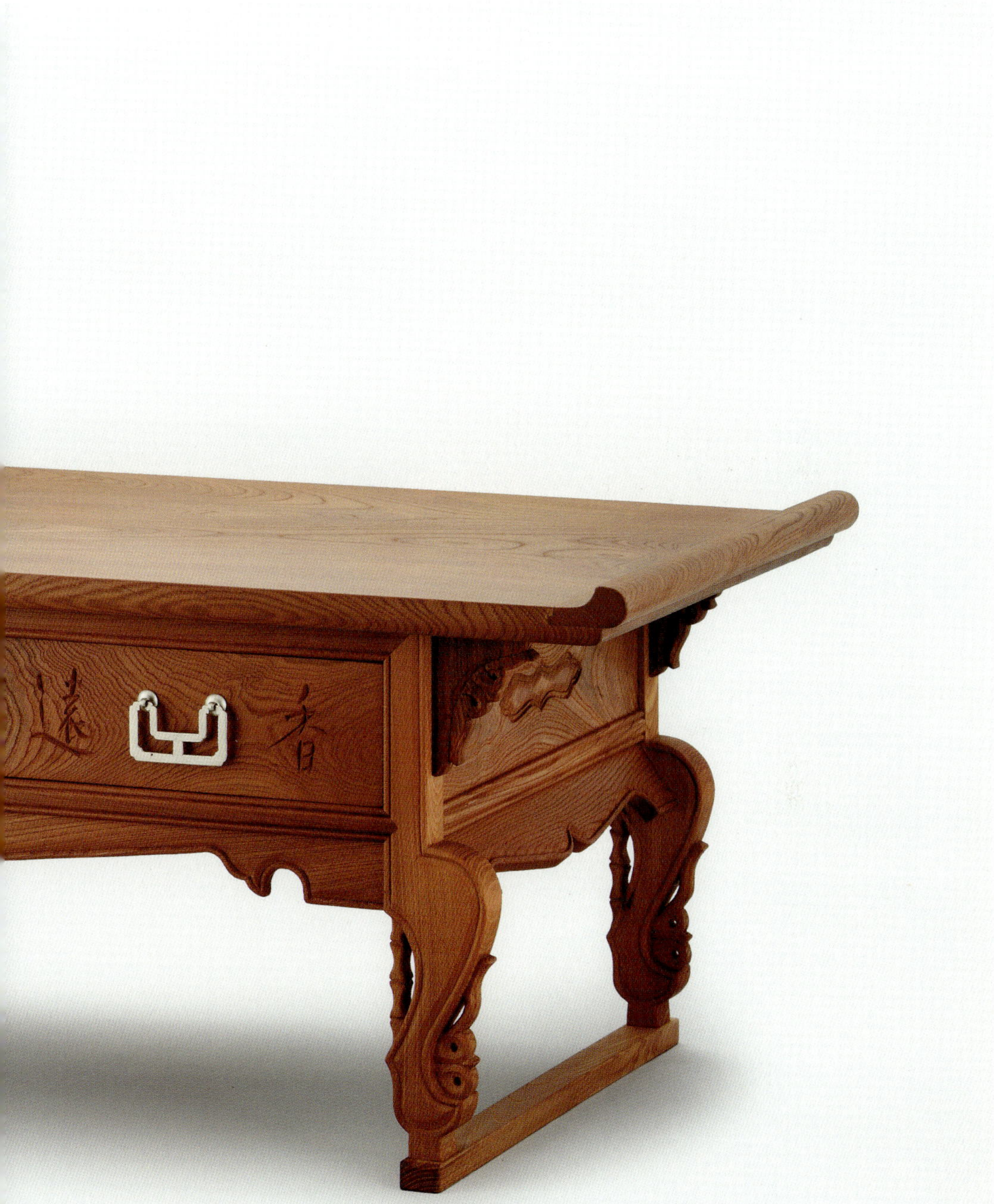

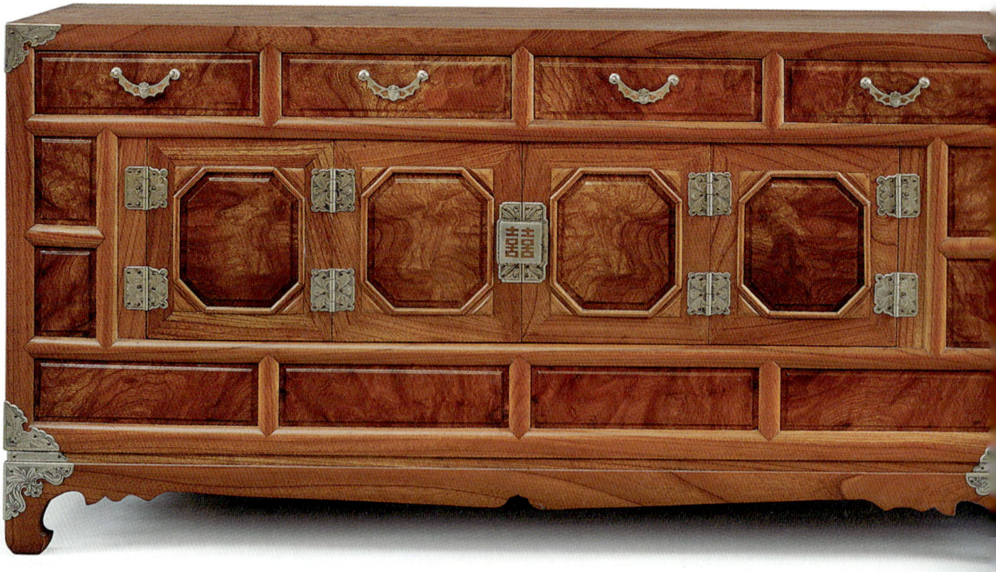

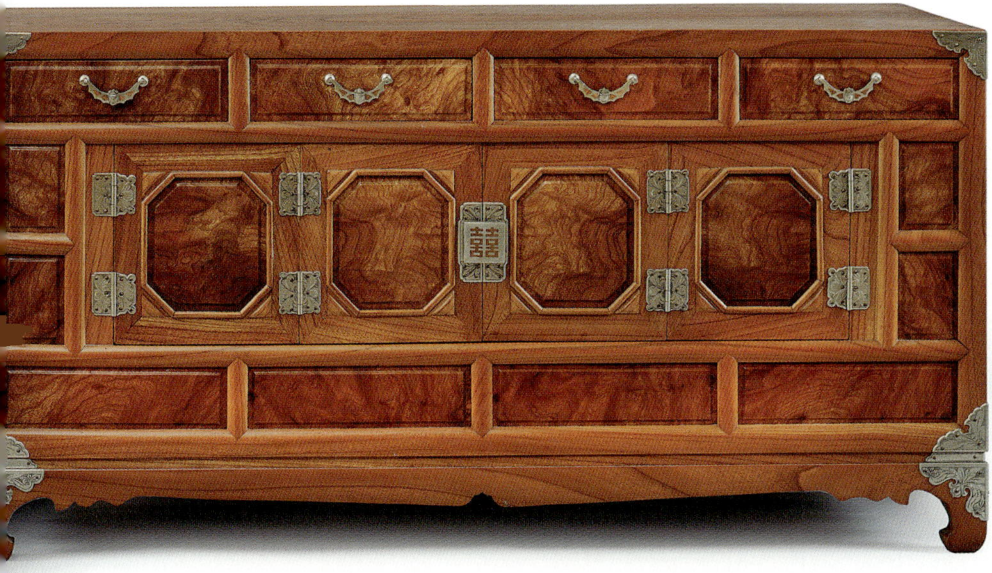

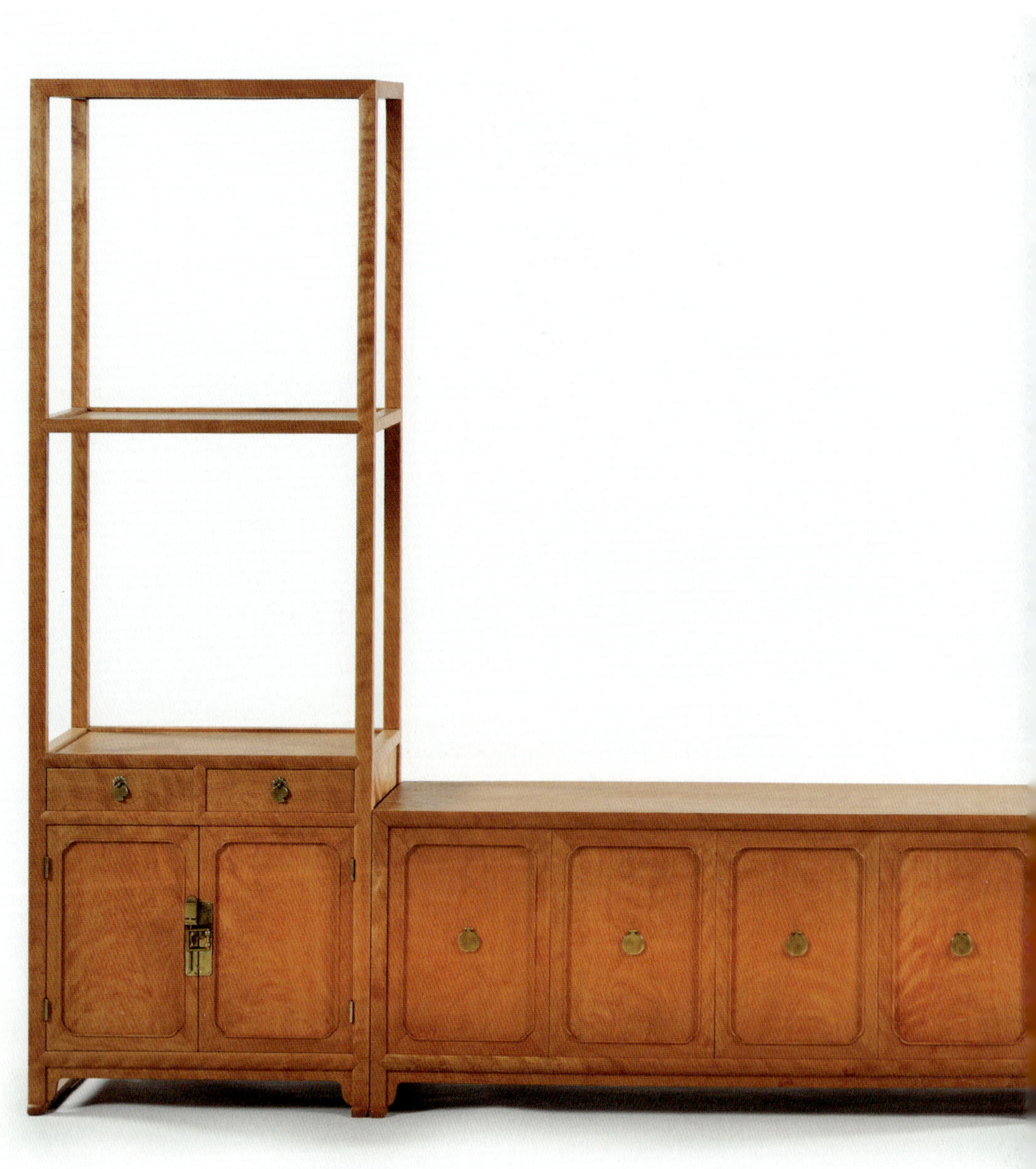

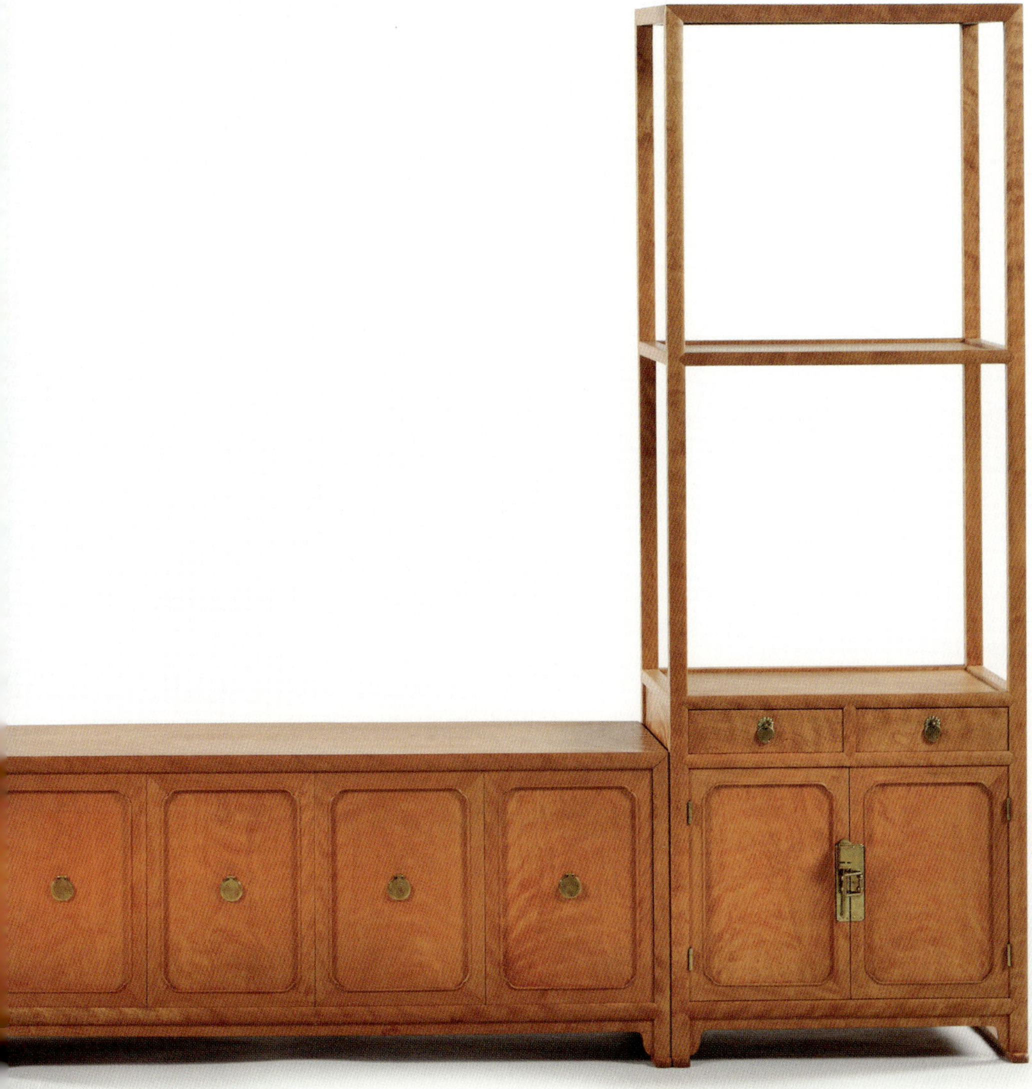

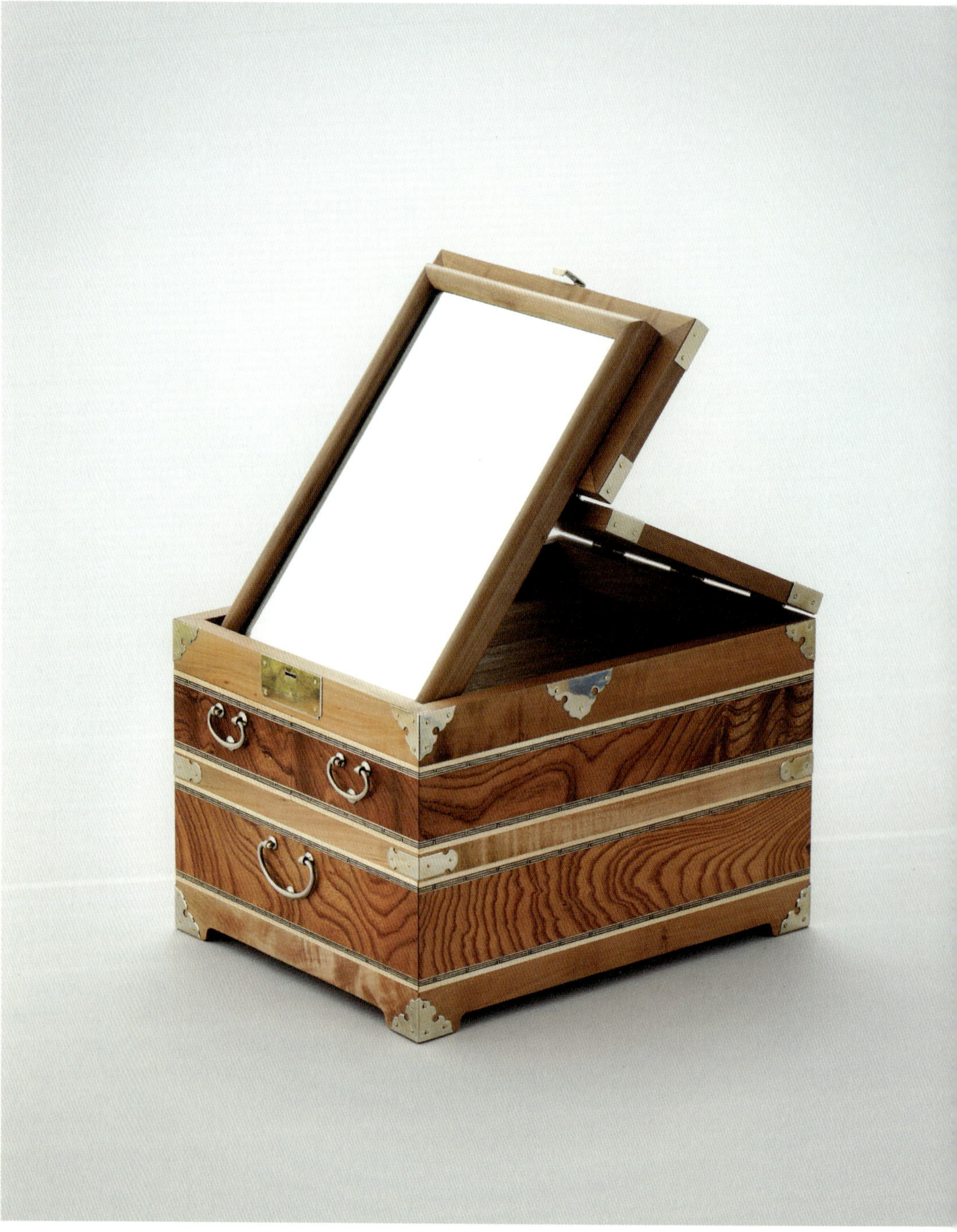

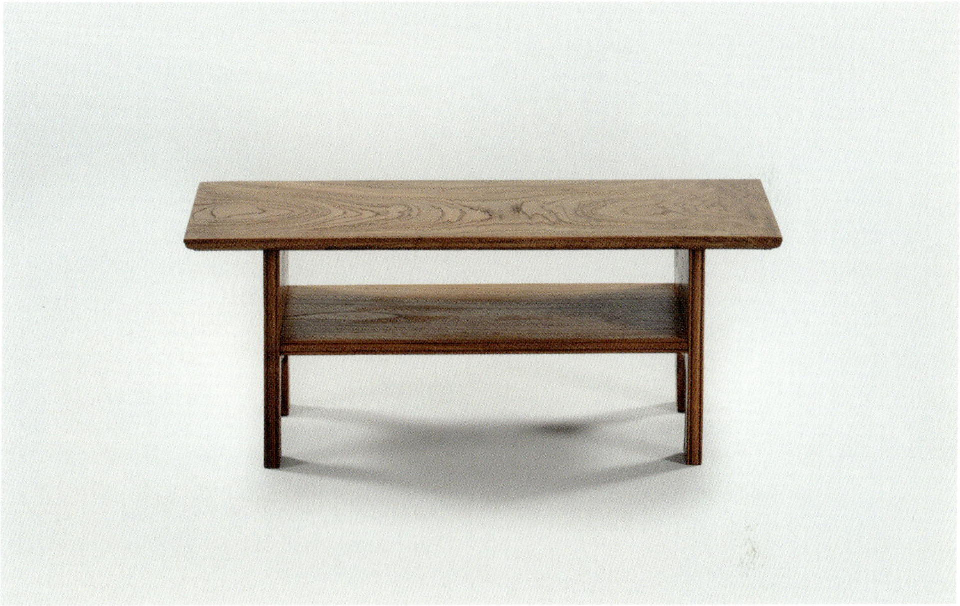

두석장 / 가구장식 만들기

Duseokjang 豆錫匠
Metal Craft

지정번호 제 64호
지정일자 1980년 11월 17일

-

작고보유자
김덕룡 金德龍, 1916~1996

명예보유자

전승보유자
박문열 朴文烈, 1950~
김극천 金克千, 1951~

전수교육조교

Designated No. 64
Designated Date. 17 November 1980

-

Deceased Holder of
Important Intangible Cultural Property
Kim Deok-ryong

Inherited Holder of
Important Intangible Cultural Property
Park Mun-yeol
Kim Geuk-cheon

'따로 또 같이'라는 말은 아마 '두석'을 두고 한 말이 아닐까. 주로 소목장이 만드는 세간이나 문짝 등 건축의 세부를 완성시켜주는 두석은 각각이지만 하나가 되어야 빛을 발한다.
두석이란 가구나 건축의 일부를 이어주고 보강하며 이음새나 모서리를 보호하기 위해 썼던 금속재 장식이나 문이나 반닫이 등의 가구를 열고 닫을 수 있는 경첩 그리고 이를 잠그는 자물쇠 같은 금속장식을 말한다. 원래 이런 장식을 '두석'이라 했는데 언제부터인가 '장석'이라는 말이 일반적으로 쓰인다.
조선시대의 관영수공업체 경공장에서 장석의 제조를 맡았는데 깨지기 쉬운 구리와 아연합금보다는 구리에 상납을 합금하여 얻은 '방짜 쇠'를 주로 사용했다. 그리고 이렇게 구리와 상납을 합금한 놋쇠장석을 만드는 장인을 '두석장'이라 부르기 시작하였다.
고대에는 기능을 중시하는 철제 장석이, 조선시대 후기에 이르러서는 간결하지만 가구와 조화를 이루는 황동제장석이 주로 사용된다. 하지만 조선 말기부터 장석의 수요가 급증하고, 민간의 수요가 늘면서 이들의 취향을 반영하는 벽사·기복적 의미를 가진 두석들이 등장한다. 또 재료도 백동으로 바뀌고 상감장식과 장석의 사용이 과다하여 가구와 장석의 질적 쇠퇴를 가져오는 변화를 맞는다.
장석은 쓰임새와 가구의 종류에 따라 각기 다른 모양과 형식을 지닌다. 경첩은 장·농·왜궤·문갑·반닫이 등 문이 달린 가구의 몸체와 문판을 연결해 문을 여닫는 기능을 한다. 들쇠는 가구를 움직이기 위해 들기 좋도록 만든 손잡이역할을 하며, 고리는 문을 열고 닫을 때 잡아당기는 손잡이 역할과 같은 문짝이나 문틀에 거는 자물쇠 역할도 했다. 감잡이는 기둥과 판과 널을 서로 잇댄 결구 부분이나 모서리를 구조적으로 보강해주는 장석이다.

'Separately as well as together' may have been said for Duseok. Duseok, in a broad sense, is also called Jangseok which refers to metal ornaments such as the locks fixed on wooden furniture to strengthen the joints. And Duseokjang refers to the artisan who makes brass ornaments.
In ancient times when function was regarded more important than design, iron-Jangseok was used, but brass-jangseok becomes more common in the late Chosun Dynasty since it blends with furniture better despite its simplicity. At the end of Chosun Dynasty, as the demand for Jangseok increases, patterns that reflect folk sentiments such as exorcising evil spirits or wishing for luck appears. During this time, Brass is replaced with nickel, silver and paulownia are used for decorations, and because too many ornaments are used, the quality declines. Jangseok has different shapes according to the uses and types of furniture. Gyeongcheob connects doors to the bodies of furniture, duelshoi is a stretcher that moves furniture, and gori is a doorknob as well as a lock. Gamjabi is another jangseok that reinforces the joint structures of pillars and boards.

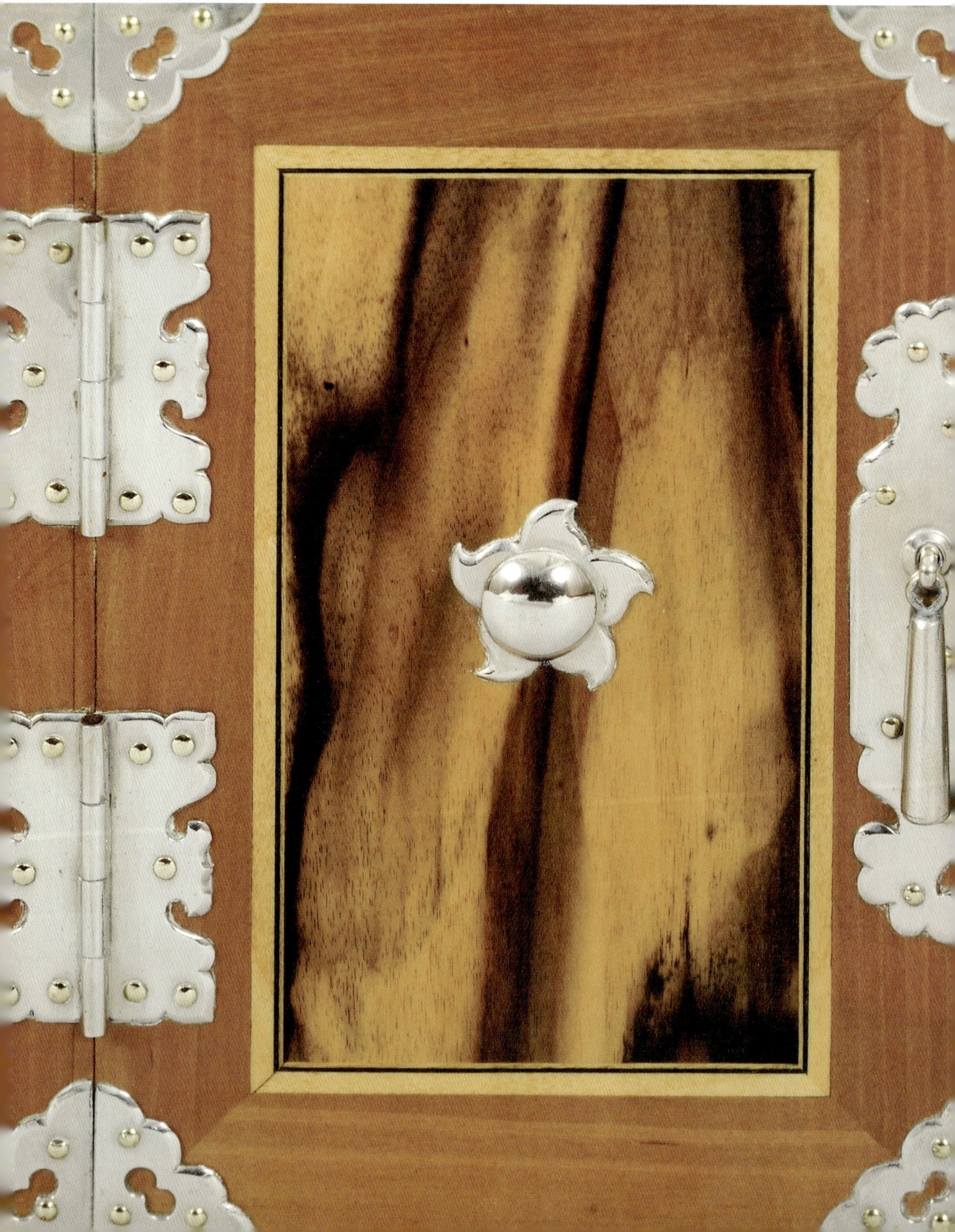

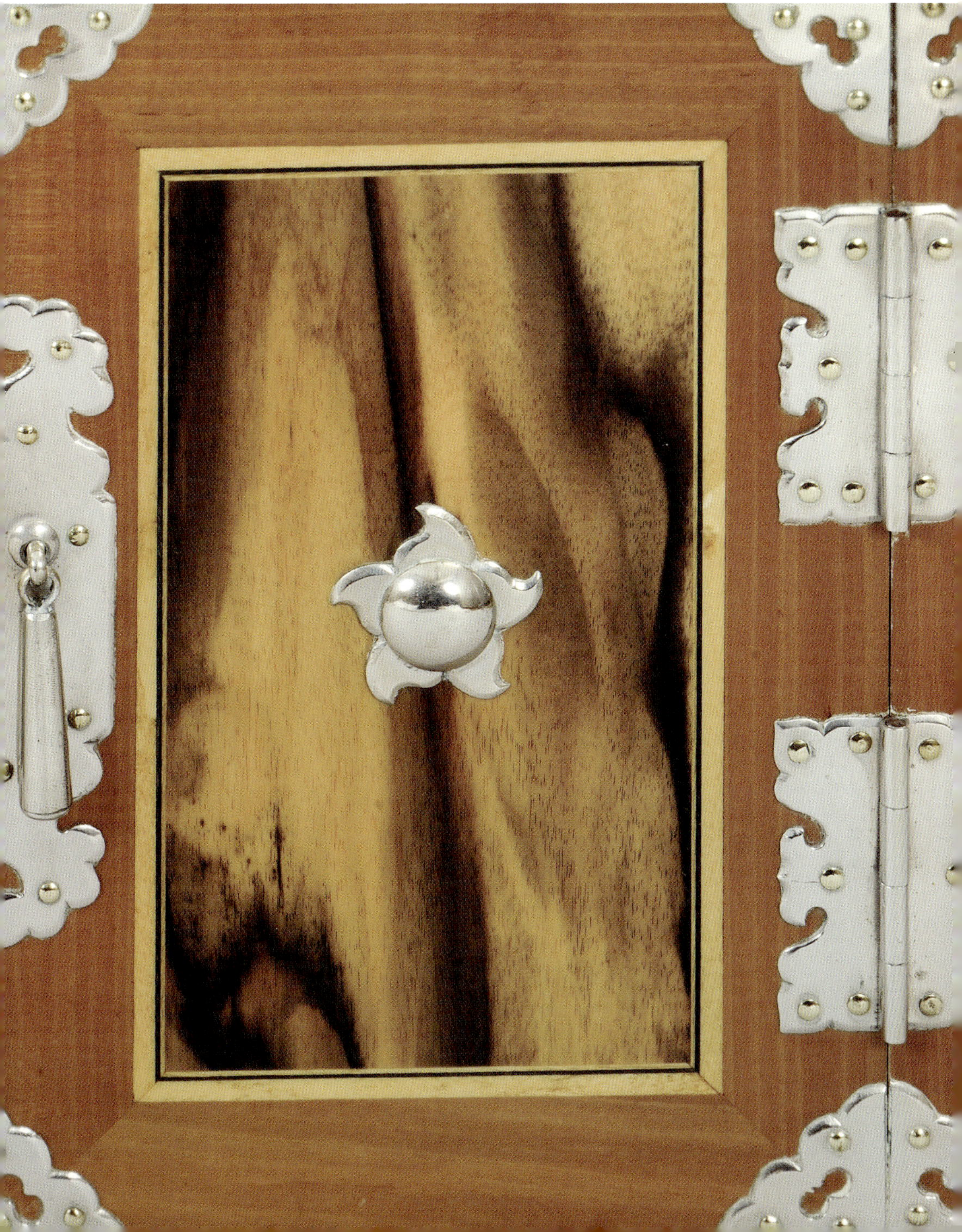

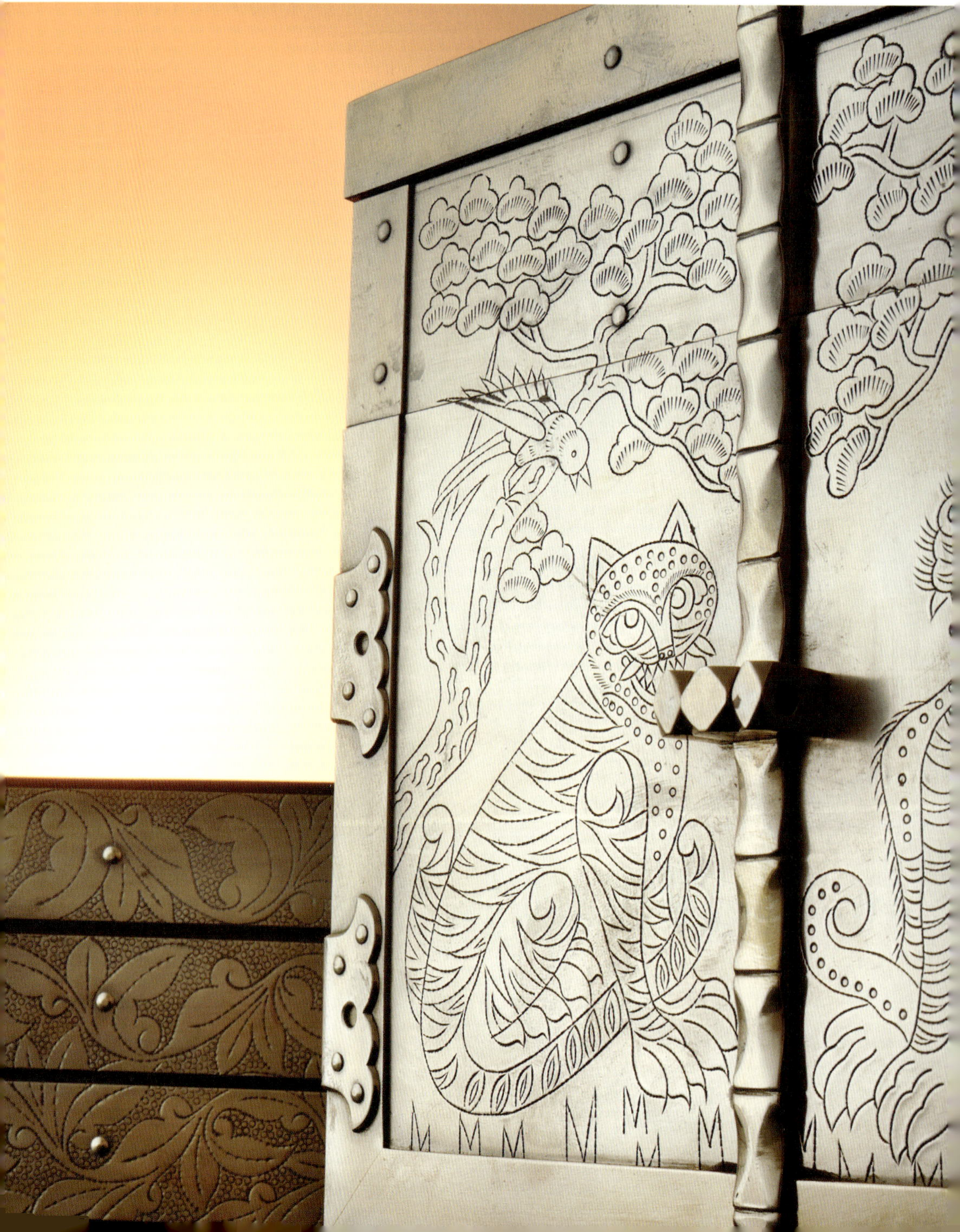

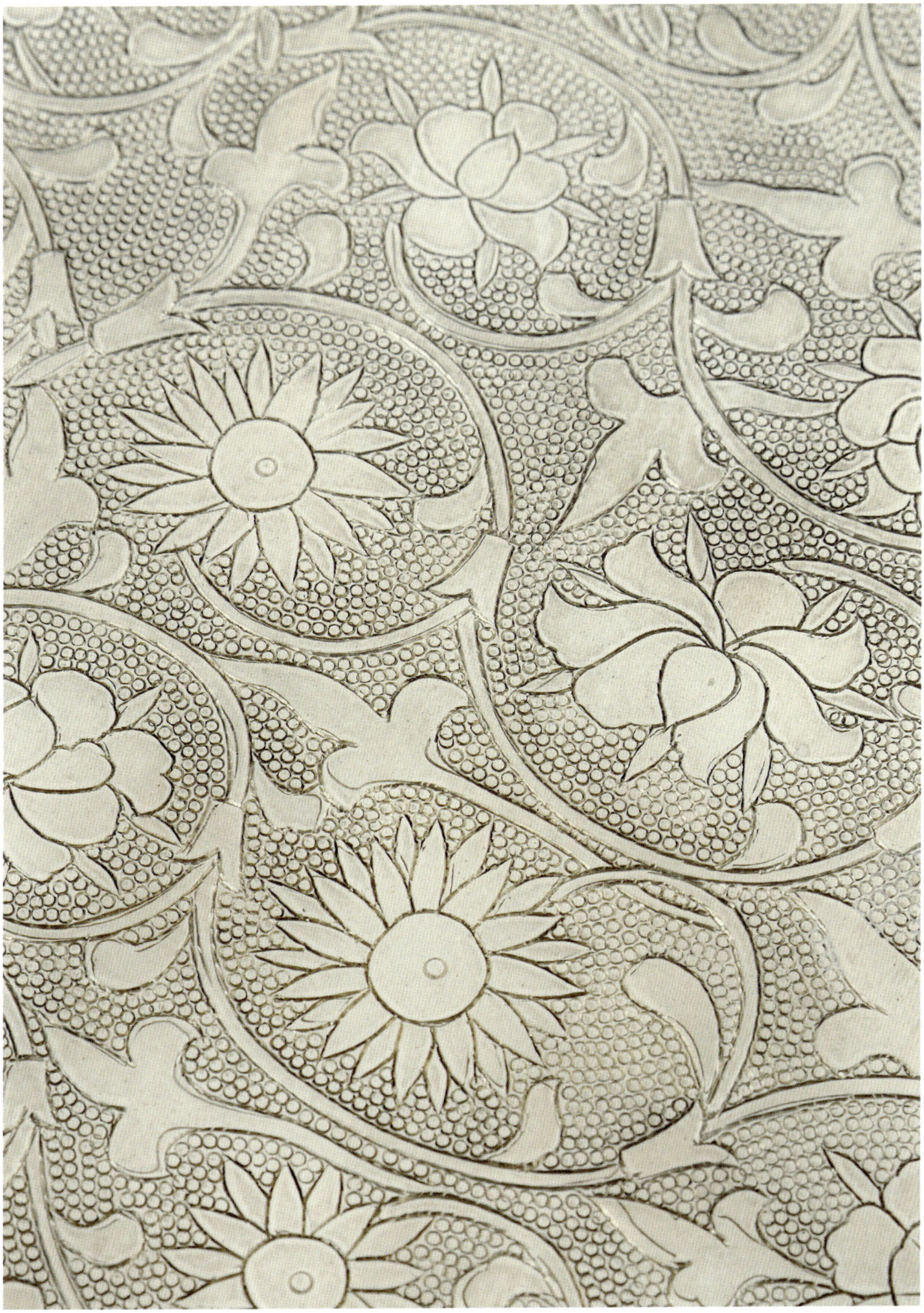

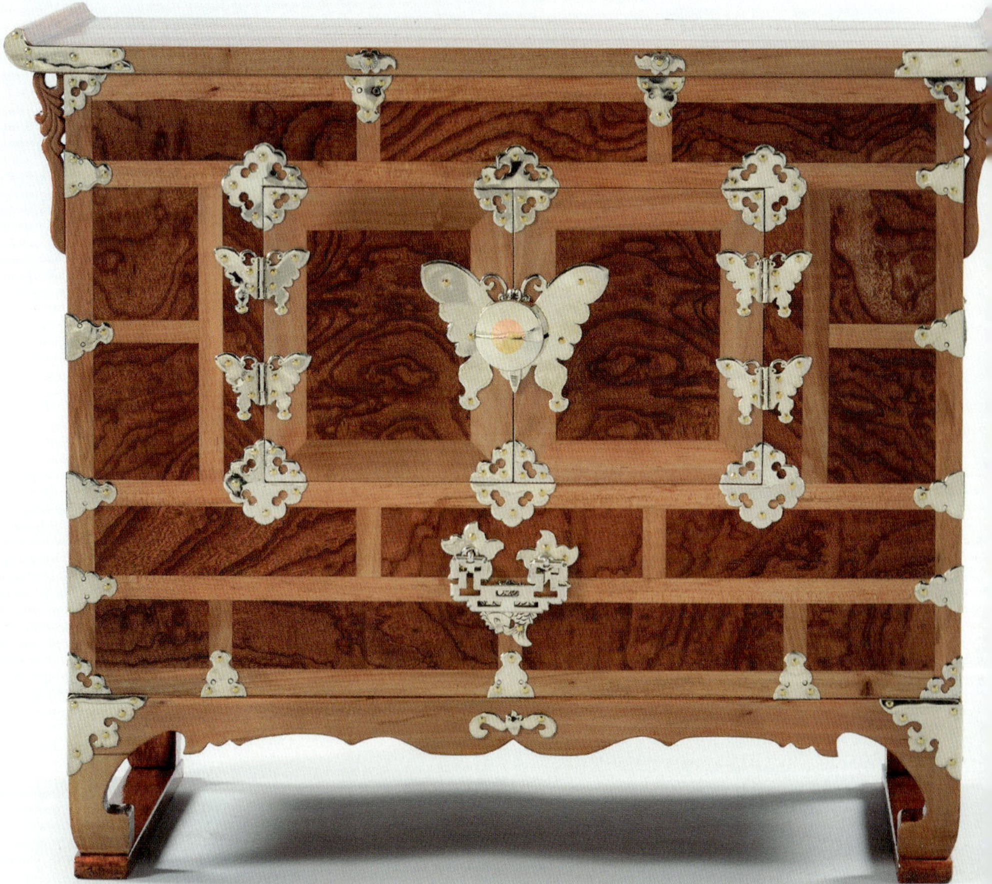

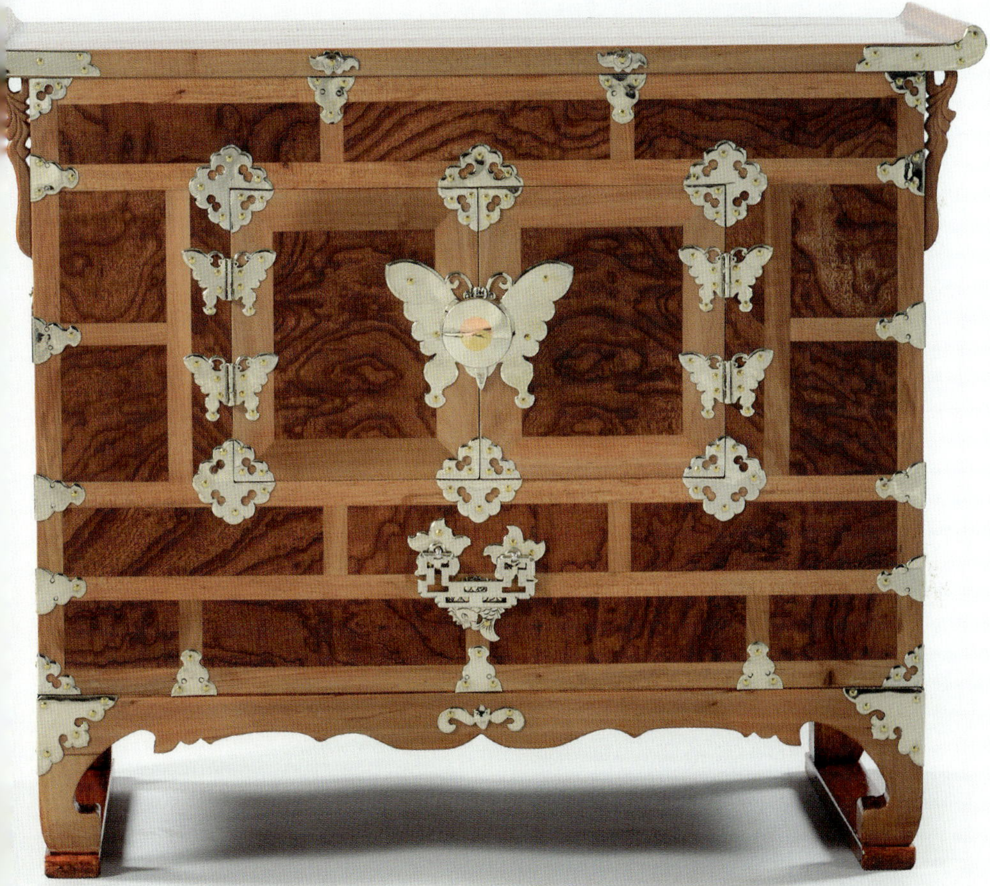

채상장 / 꽃 대나무 고리 만들기

Chaesangjang 彩箱匠

Bamboo Case Weaving

지정번호 제 53호
지정일자 1975년 1월 29일

-

작고보유자
김동연 金東連, 1897~1984

명예보유자
서한규 徐漢圭, 1930~

전승보유자

전수교육조교
서신정 徐信貞, 1960~

Designated No. 53
Designated Date. 29 January 1975

-

Deceased Holder of
Important Intangible Cultural Property
Kim Dong-yeon

Honorary Holder of
Important Intangible Cultural Property
Seo Han-gyu

Assistant Important
Intangible Cultural Property
Seo Sin-jeong

처녀들이 시집갈 때 혼수를 담거나 여인들의 패물그릇, 보석함, 국상을 당했을 때 봉물을 담아 보내는 용도로, 혹은 옛 선비들이 궁중에서 야근을 할 때 입을 옷을 담아가는데도 쓰던 물건이 '채상'이다. '채상'은 '색이 있는 상자' 또는 '비단처럼 고운 대나무 상자'라는 뜻을 담고 있다.

대나무를 종이처럼 얇게 가른 대오리를 황, 청, 홍등 여러 색으로 물들여 무늬를 만들며 겉을 짜거나, 아니면 겉대와 속대의 색이 다른 점을 이용해 색을 들이지 않고 자연그대로 짜서 무늬가 은은히 비치는 두 종류의 '채상'이 있다. 채상의 시작은 다소 원시적인 수장가구인 대나무나 가죽으로 만들던 '고리'가 발전해서 '채상'이 되었을 것으로 짐작한다.

'채상'의 종류로는 대자, 기스름, 보통, 피자, 태옹 등이 있다. 특히 채상 3개가 첩첩이 포개어 쌓아 1벌이 되는 삼합과 오합, 칠합 등이 일반적인데 담양에서 나는 채상을 최고의 쳤다.

채상 한 벌을 만들자면 열세 번의 과정과 수 만 번의 손질을 요하는 고난도의 과정이 필요하다. 속대로 정성스럽게 겉 상자를 만들고 나면, 그 안에 겉대로 엮은 속 상자를 넣고, 테를 둘러 고정시켰다. 그 후 속 상자 안을 깨끗하게 종이로 바르고, 겉 상자의 귀모퉁이가 바스러지지 않게 귀에는 비단을 두른다. 대나무를 종이처럼 가르는 것도 어렵지만 색을 입힌 대오리로 수십 종의 무늬를 만들어 내는 데는 더 많은 시간과 노력이 필요하다. 채상 하나에 약 5천 올의 대오리가 들어간다고 하니 정말 손이 많이 가는 공예품임을 알 수 있다. 따라서 채상은 본래 '대오리를 뜨는 일'과 '짜는 절기 일'을 나누어 했다고 한다.

Chaesang refers to the boxes carrying wedding presents, tributes during a national mourning, or clothes for scholars who are on night duty at the palace. Chaesang, which also means a 'colored box' or 'bamboo box that is smooth as silk', is a kind of wicker basket. Bamboo skins are peeled, dyed yellow, blue, red, etc, and then woven into patterns to be used as the outer skin. Different colors can be used for the outside and the inside, or the patterns can be woven in a way the colors show through softly. It is assumed that chaesang is progressed from a loop made with bamboo or leather in a somewhat primeval way.

There are different kinds of chaesang. Three, five, or seven boxes of chaesang can be piled up to be a set. Chaesang from Damyang region is considered as the highest quality.

Making a set of chaesang requires a high degree of technique involving thirteen processes and numbers of touches. A box made with the skins of the inner stalk of bamboo is placed inside another box made with the skins of the outer stalk, which are then fixed by rims. In order to make this one set, approximately five thousand strips of bamboo are used. After this, the inside of the boxes are covered with paper, and the outer edges are covered with silk for reinforcement. Peeling bamboo as thin as a paper is hard, but weaving colored strips of bamboo into different patterns is even harder. Therefore, chaesang makers usually divide the work into striping and weaving.

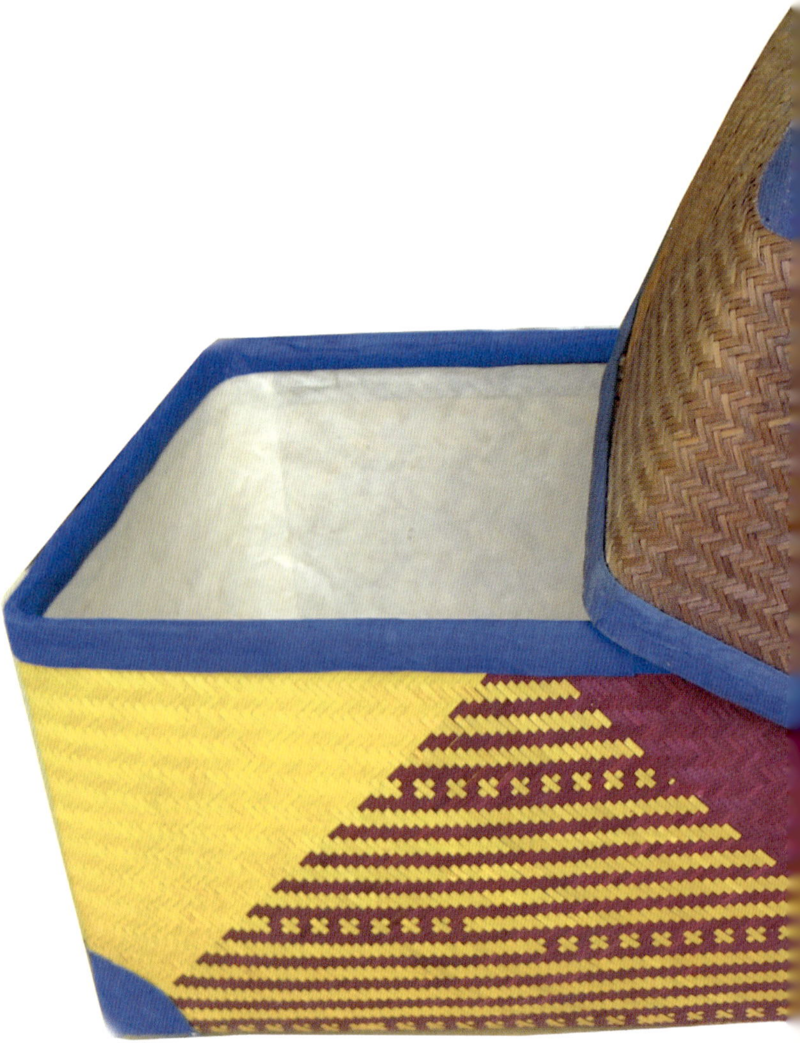

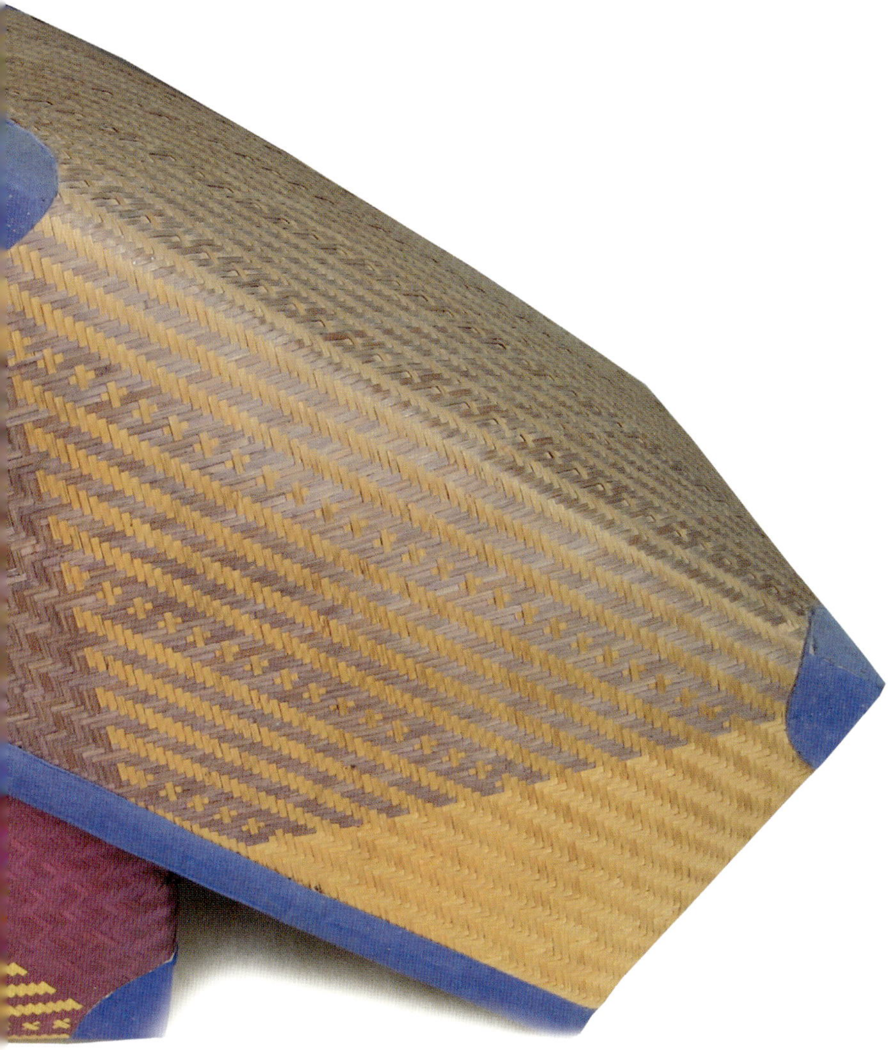

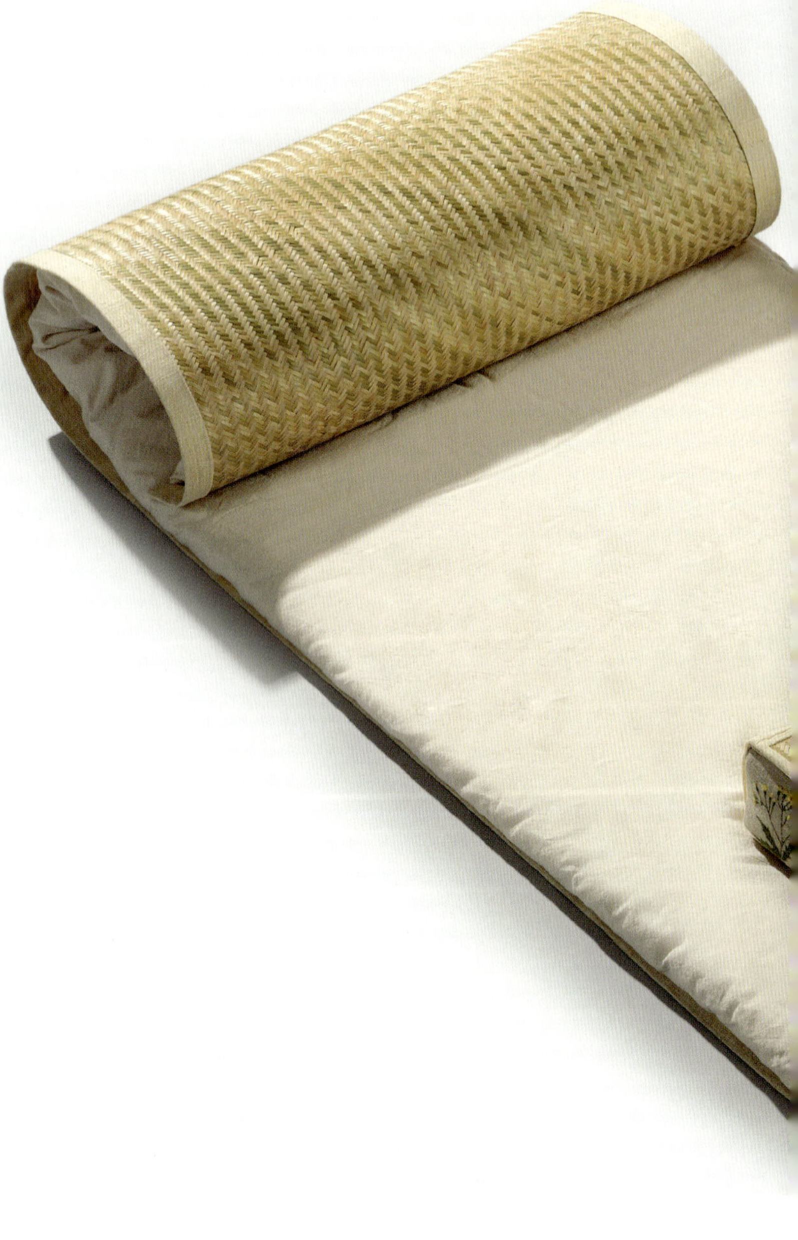

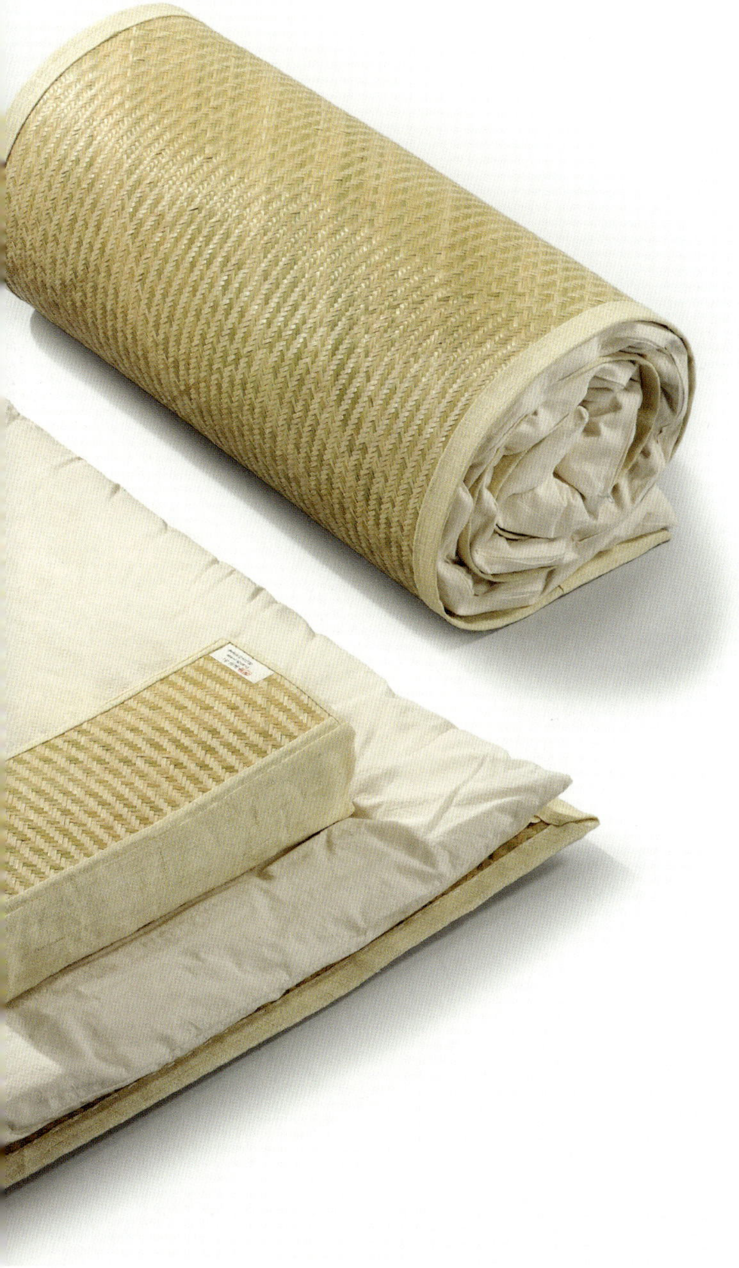

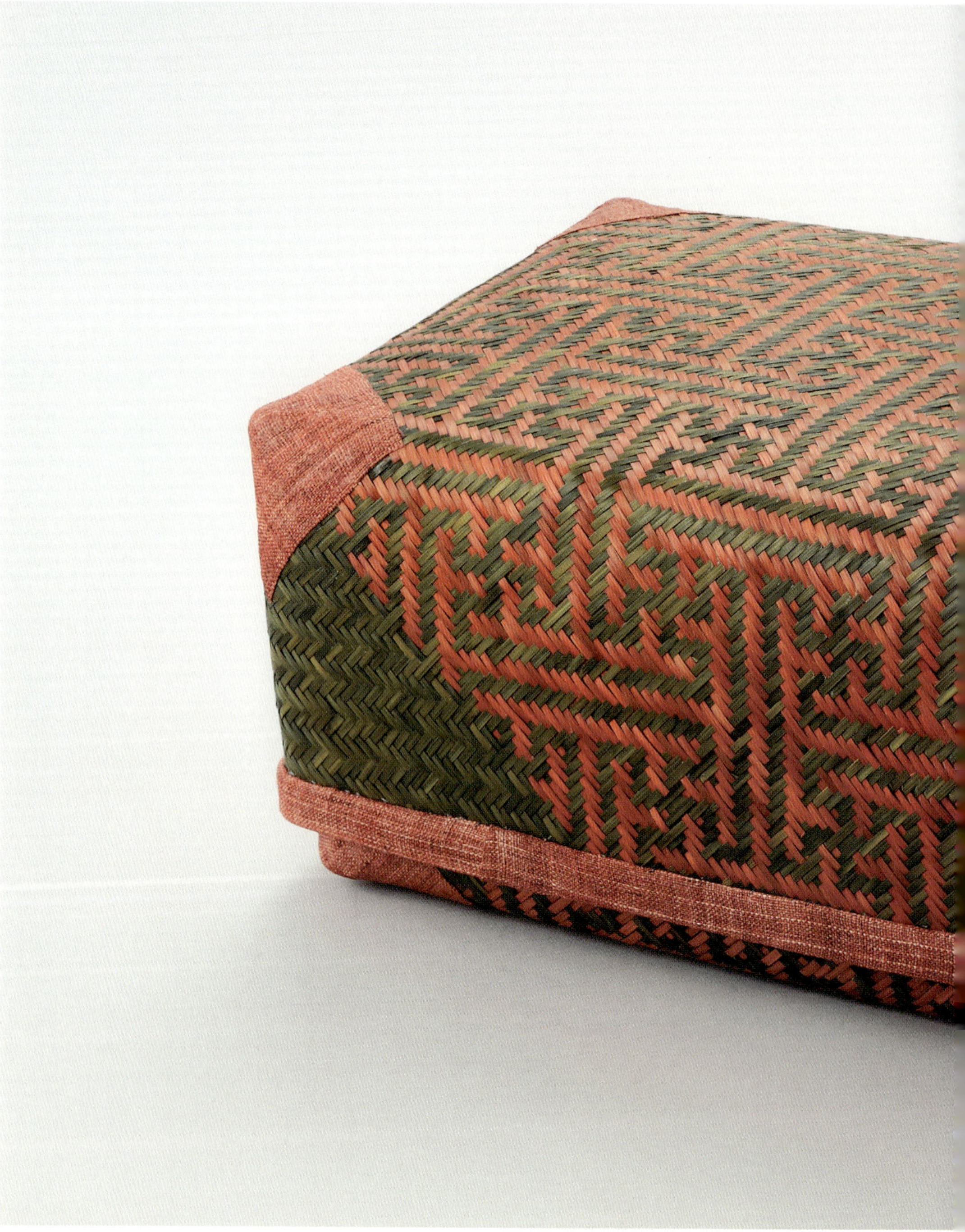

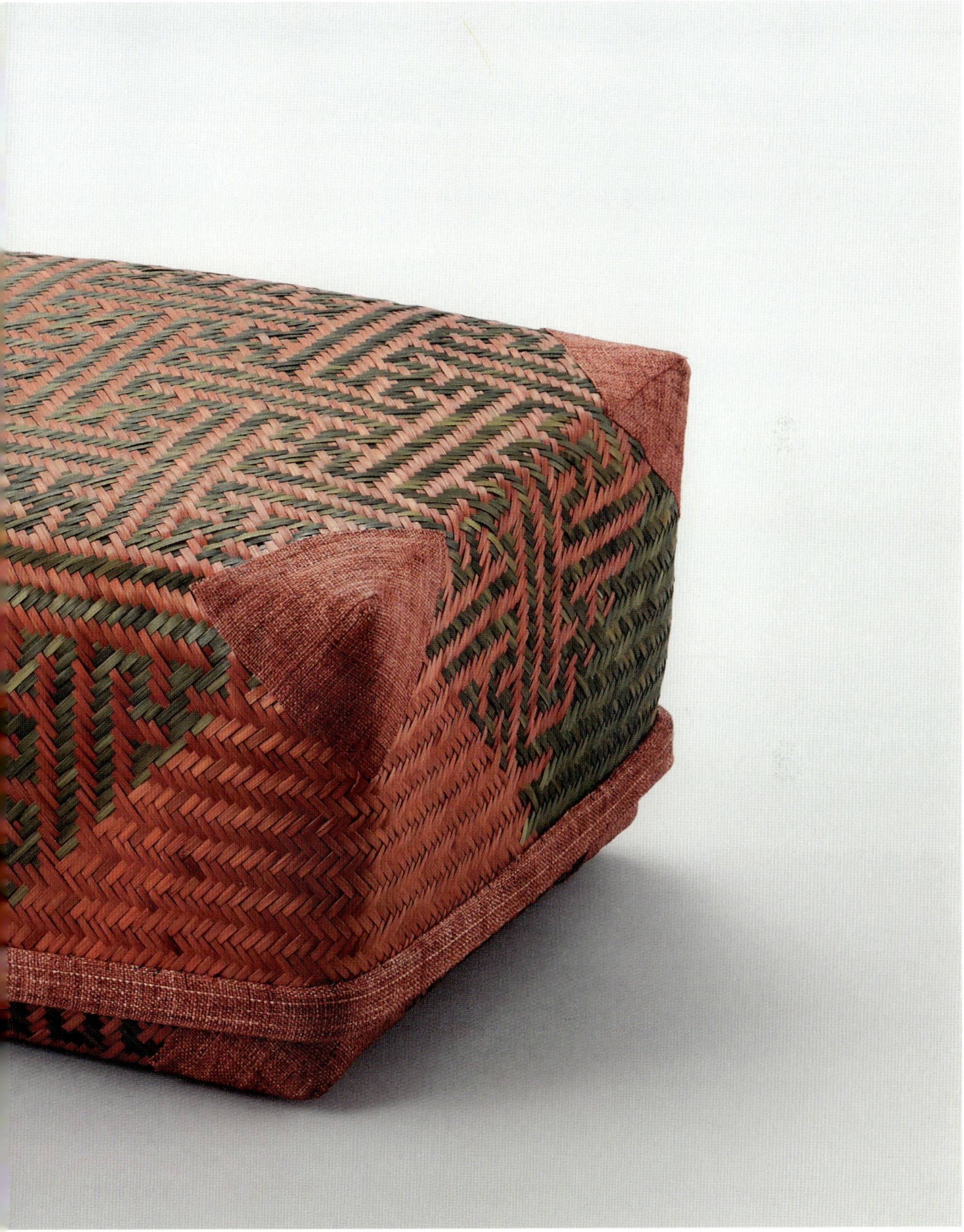

완초장 / 왕골공예

Wanchojang 莞草匠

Sedge Weaving

지정번호 제 103호
지정일자 1996년 5월 1일

-

작고보유자

명예보유자

전승보유자
이상재 李相宰, 1943~

전수교육조교
유선옥 劉仙玉, 1954~
양인숙 梁仁淑, 1946~

Designated No. 103
Designated Date. 1 May 1996

-

Inherited Holder of
Important Intangible Cultural Property
Lee Sang-jae

Assistant Important
Intangible Cultural Property
Yu Seon-ok
Yang In-suk

한 곳에 모여 농사를 지으며 살았던 우리에게 유목민의 피가 흐르고 있다는 사실을 일깨워 주는 것이 있으니 그것은 '돗자리'이다. 돗자리는 펴는 곳이 안방이요, 건넌방의 연장이다. 자리를 깔면 흥에 겨운 놀음판이 되고, 방안에 펴면 제사를 지낼 수 있는 성스러운 공간이 된다. 이렇게 시공간을 초월하는 도구인 돗자리를 우리는 왕골이나 골품에서 얻었다.
논이나 습지에서 자라는 왕골을 이용해 자리, 돗자리, 방석, 송동이, 합 등을 만드는 이를 '완초장'이라 한다. 왕골제품은 여름에는 땀을 흡수하고 겨울에는 냉기를 막아주는 등 실용성이 뛰어나 각광을 받았다. 조선시대의 왕골공예품은 만화석, 만화방석, 만화각색석, 용문석, 화문석, 잡채화문석, 채화석 등의 이름으로 불리며 궁중과 상류층에서 주로 사용되었고 중국에도 진상품으로 쓰일 정도로 뛰어났다.
왕골공예품을 만드는 데는 '기구를 쓰는 방법'과 '손으로 엮는 방법'이 있고, 성글게 짜는 '노경 소직법'으로는 주로 방석과 자리를 만드는데 '강화화문석'이 대표적인 예이다. 촘촘히 짜는 '은경밀직'방식으로는 돗방석과 돗자리를 만든다. 왕골공예품의 대표라 할 '강화화문석'은 고려 중엽부터 가내 수공업으로 발전해 왔다. 19세기 초 화문석의 도안을 보다 특수하게 제작하라는 어명으로 다양한 무늬를 지닌 화문석이 개발되어 오늘에 이르고 있다.
화려하지만 수수한 질감 때문에 소박한 찬란함을 지닌 왕골공예품은 정교하며 섬세하여 완상용으로도 가치가 크다. 강하면서도 섬세한 손길이 지어내는 소박하지만 찬연한 아름다움, 왕골공예의 멋이다.

Dotjari, or mat, is a reminder of the fact that Koreans used to be nomadic before the settlement. Where a dotjari is spread becomes a bedroom, or the extension of a side room, or the scene of a spree. When it's laid out in a room, the room becomes a sacred place for ancestral rites. Dotjari that transcends time and space like this is made with wangol, or sedge.
Korean ancestors make living tools out of natural materials, and wancho is one of them. Wachojang refers to the artisan who makes mats and receptacles with sedge that grows in swampy ground. Wangol items were popular for its ability to absorb sweat in summer and to keep the cold out in winter. Wangol items of Chosun Dynasty were excellent enough to be used in the palace or even as presents to China.
Wangol items can be made by hand or tools. Sitting mats were woven sparsely, and large mats were woven closely. Ganghwa-hwamunseok is a representative wangol item, and by the king's command in the early 19th century, its design develpoes to be more complicated and various. Wangol items have modest beauty which is the result from using a simple material such as sedge and fancy designs together.

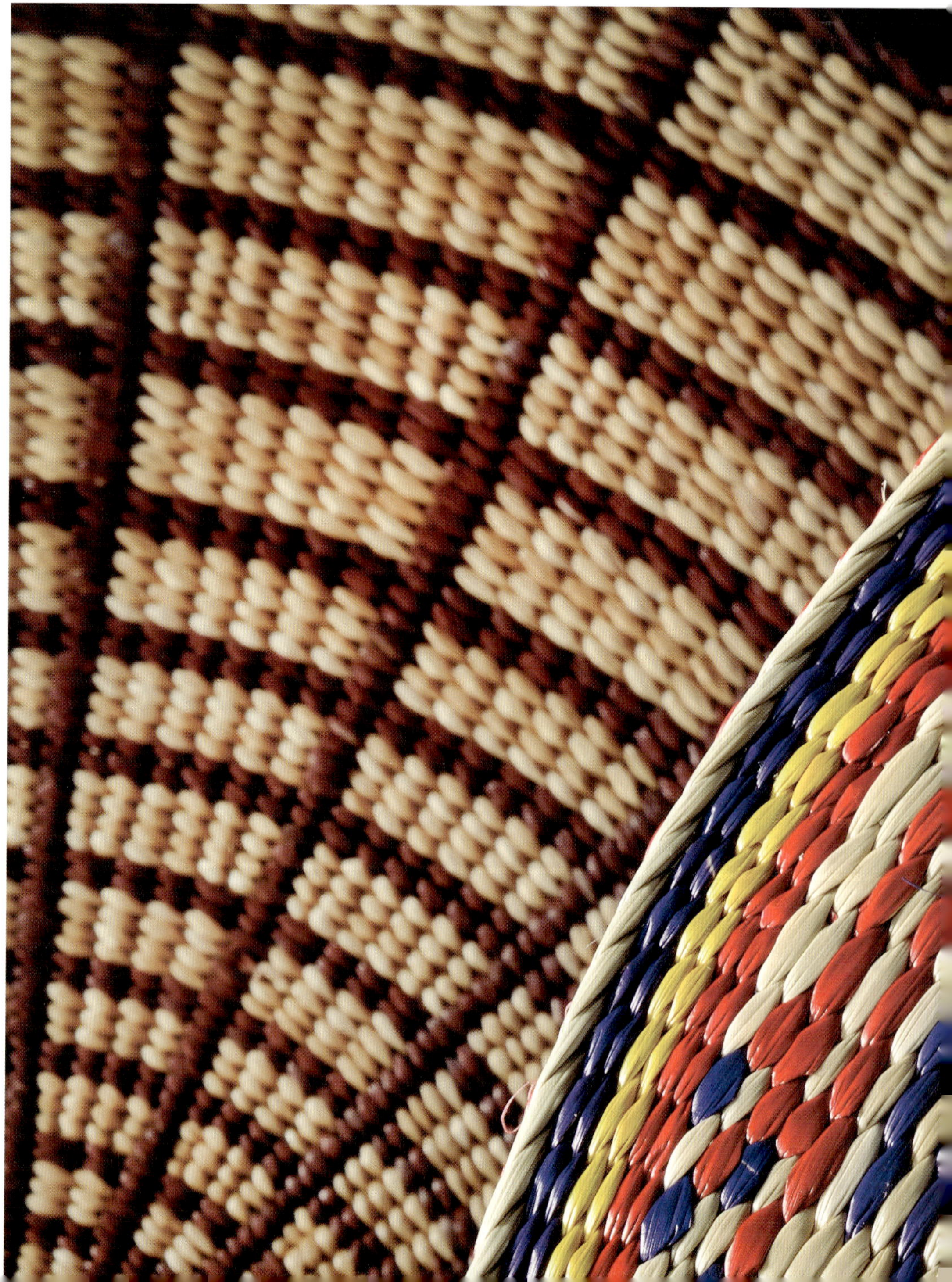

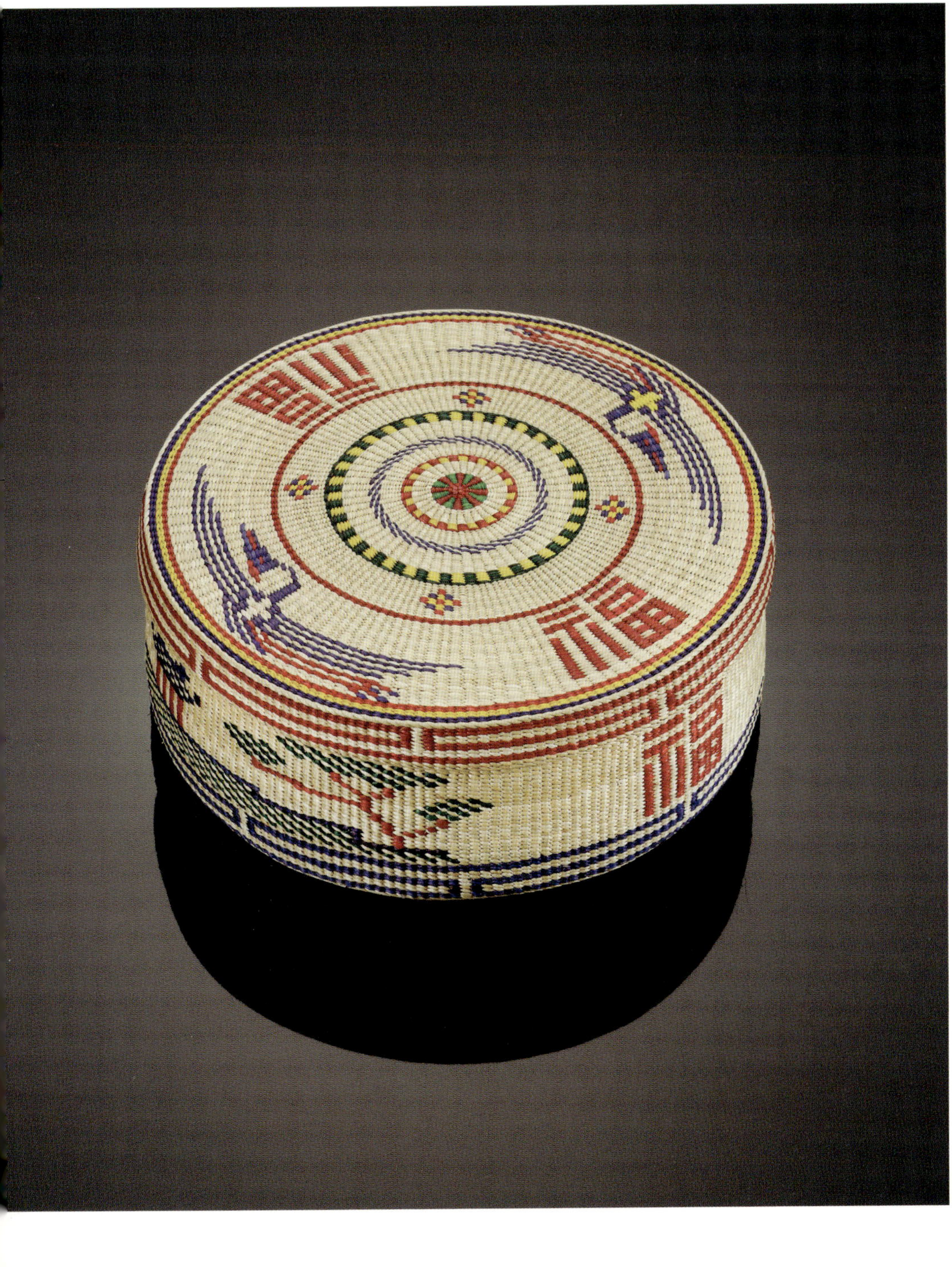

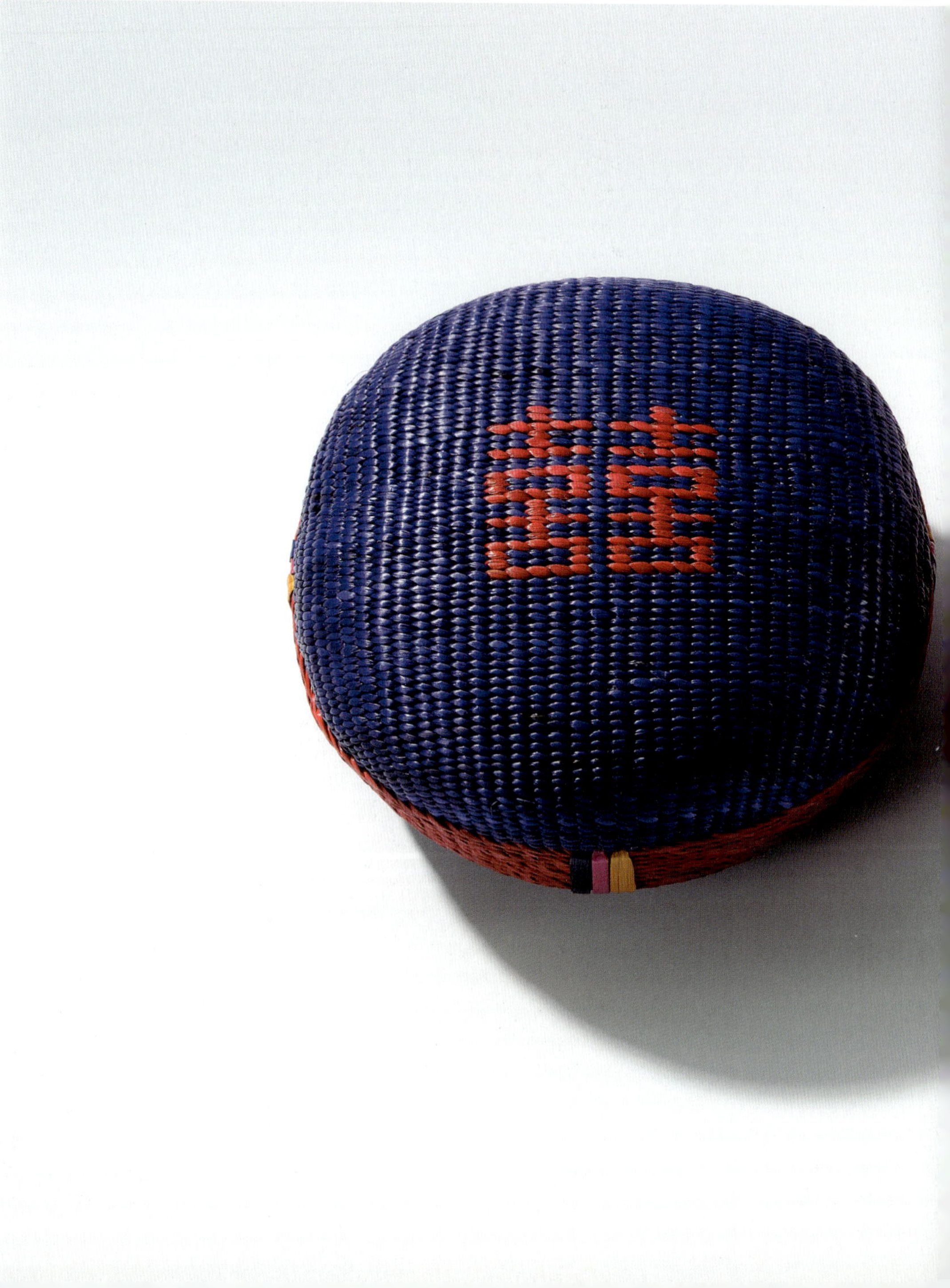

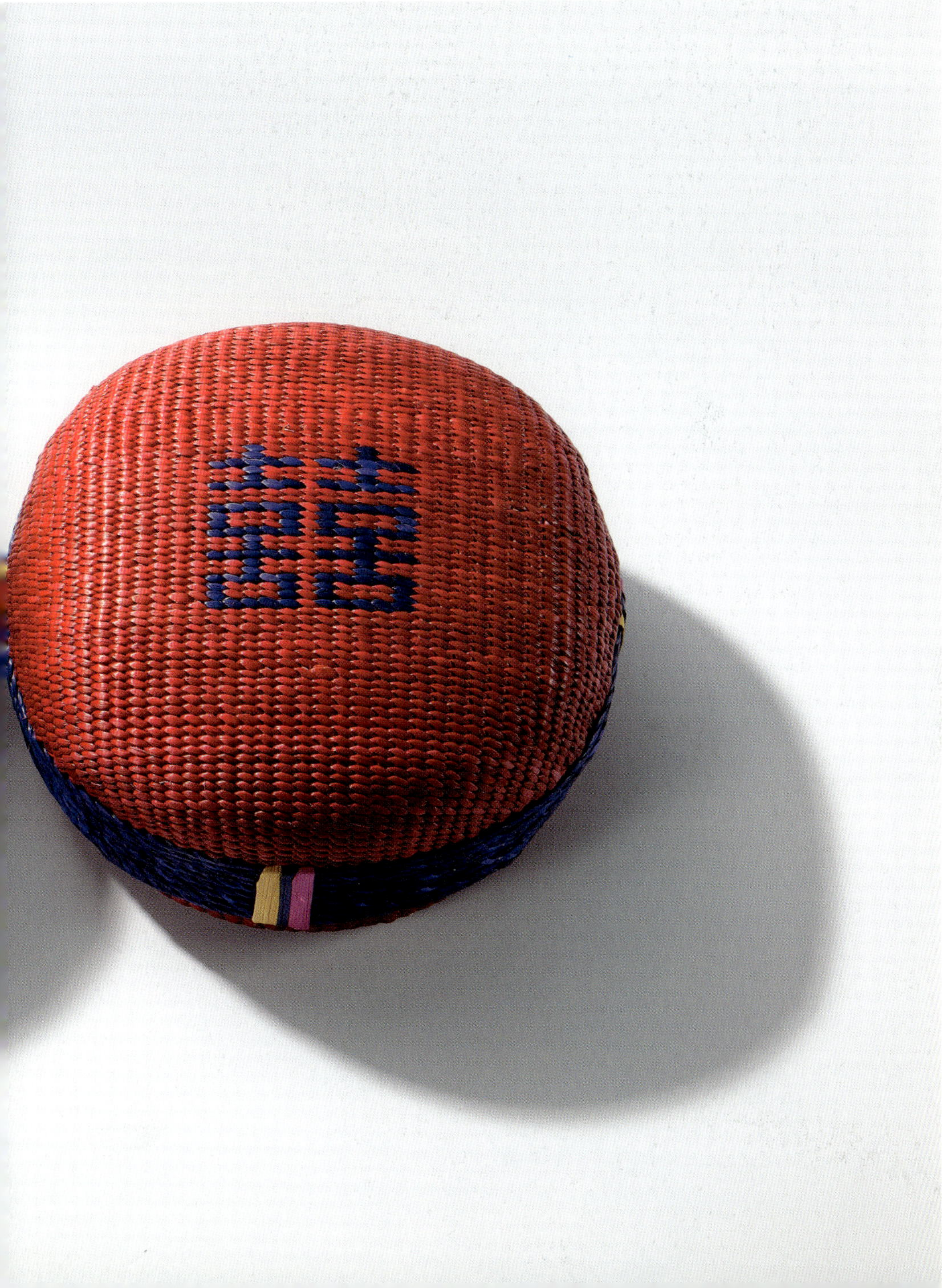
囍

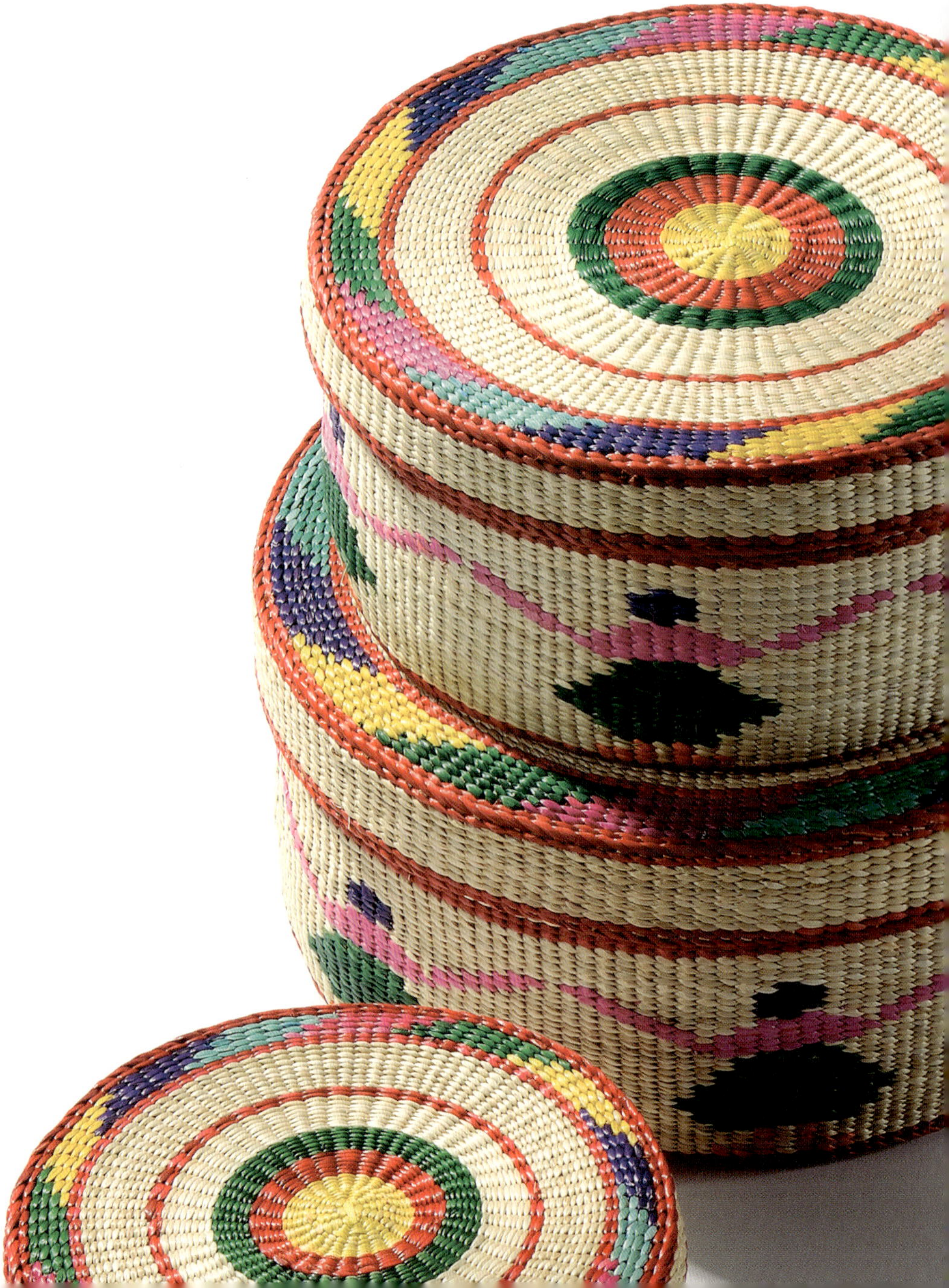

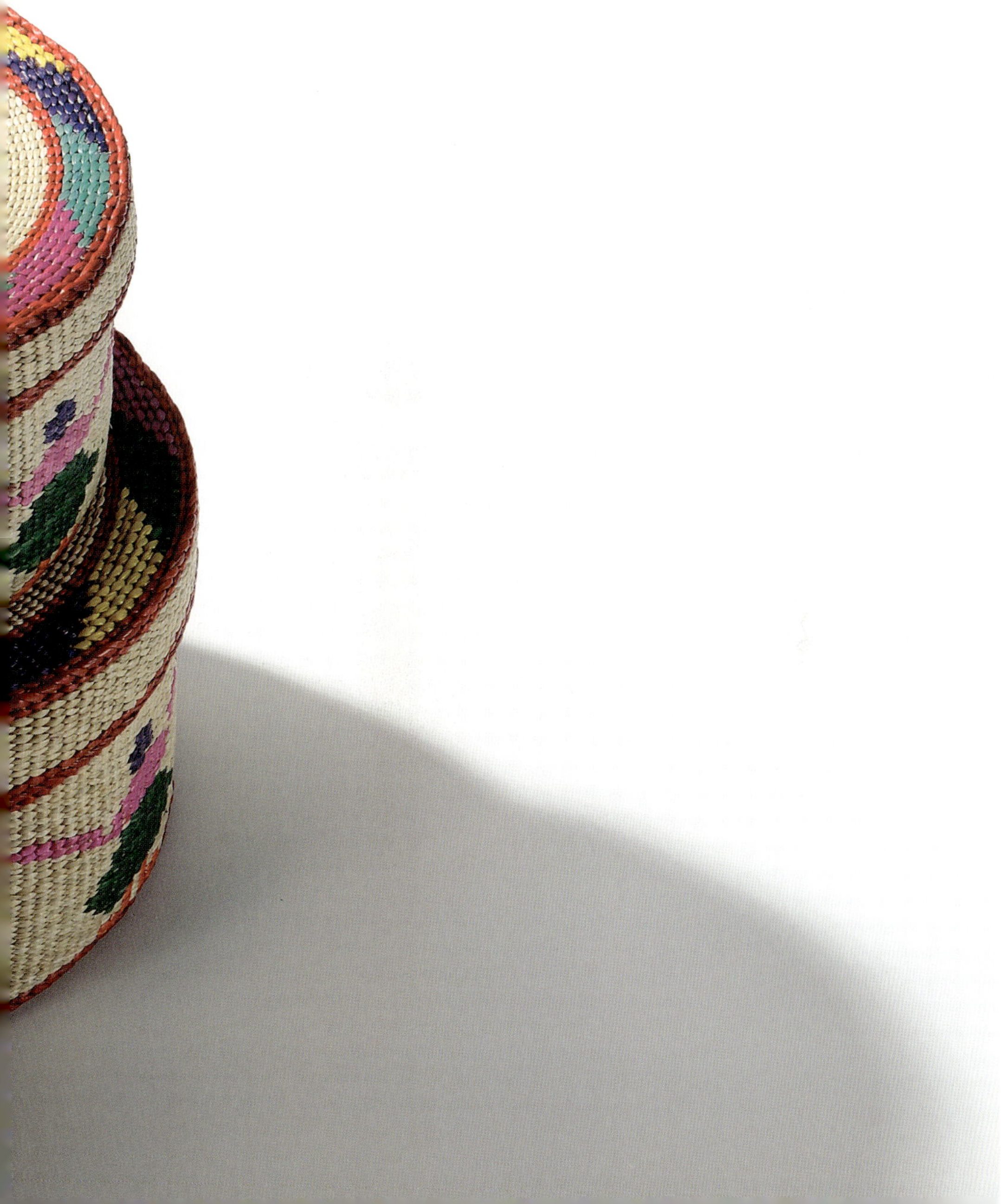

칠 장 / 옻칠장

Chiljang 漆匠

Lacquerware

지정번호 제 113호
지정일자 2001년 3월 12일

-

작고보유자

명예보유자

전승보유자
정수화 鄭秀華, 1954~

전수교육조교
이상목 李相睦, 1967~

Designated No. 113
Designated Date. 12 March 2001

-

Inherited Holder of
Important Intangible Cultural Property
Jeong Su-wha

Assistant Important
Intangible Cultural Property
Lee Sang-mok

칠이라고 하면 요즘은 흔히 화학도료를 생각하지만, 전통적으로 우리에게 칠은 '옻칠'을 의미했다. 옻칠은 한국과 중국·일본에서 주로 쓰던 도료로 예로부터 금속이나 목제품 특히 가구나 소반 등의 마감재로 사용하던 매우 기본적이고 귀한 재료였다.
옻칠은 칠해진 층의 두께가 얇은 피막을 형성하며 굳는데 표면이 매우 단단하고 광택이 나며 방충, 방수, 방습, 보존 효과가 탁월하다. 아울러 옻칠은 깊이와 무게가 있는 색채를 지녔으며 칠을 한 그릇이나 가구는 은은하고 독특한 향을 내 운치를 더한다. '칠장'은 옻나무에서 취한 수액을 용도에 맞게 정제해 칠하는 장인을, 칠해진 기물은 '칠기'라 했다.
옻칠의 기원은 BC 3세기경으로 거슬러 올라간다. 낙랑시대를 거쳐 신라시대 들어서 크게 발전했고, 고려시대에는 나전과 결합하여 '나전칠기'라는 새로운 장르를 출범시켰다. 조선시대에는 대중들이 쓰는 일상용품이 되었고 국가에서도 전국의 옻나무 산지에서 칠기를 공납 받았다. 칠장들은 주로 관청에 소속되어 일했다.
옻나무에서 채취한 칠은 칠장이 직접 정제해서 사용했다. 직접 받은 수액은 흰색이지만 시간이 지나면 흑색으로 변하는데 이를 '생칠'이라 한다. 생칠에서 불순물과 수분 등을 제거하면 입자가 고운 '정제칠'이 된다. 칠을 하는 과정은 먼저 소지를 다듬은 후 생칠을 바르고 갈고 바르는 과정을 수차례 반복한 후 다시 초칠, 중칠을 해서 건조시키고 다시 상칠을 하고나서 광내기와 생칠을 여러 번 반복해 마감한다. 생명을 구하는 약재로도 쓰이는 옻의 천년 세월을 이겨내는 신비한 힘은 옻칠의 장점이자 강점이다.

Chil means laquer, a very basic but precious material which is used in Korea, China, and Japan for finishing metal or wooden products, especially furniture. Once lacquer solidifies, its surface produces a shiny thin film that is very hard, mothproof, waterproof, and dampproof. It is also an excellent preservative for not having any chemical changes. Lacquer has deep colors and gives off a soft and unique scent.
Chiljang refers to the artisan who purifies sap obtained from lacquer trees, and chilgi refers to lacquered objects. The origin of Korean lacquer dates back to 3 BC, comes a long way in the Silla Dynasty, and establishes a new type called Najeon-chilgi, lacquerware inlaid with mother-of-pearl, in the Goryeo Dynasty. In the Chosun Dynasty, chilgi becomes everyday objects for common people, and it is offered to the government as a tribute. Chiljangs are often affiliated with the government offices.
Chiljangs uses lacquer purified by themselves. Sap from the lacquer tree is white, but over time, turns into black which is called live lacquer. When impurities and moisture are removed from live lacquer, it becomes a fine pure lacquer. In order to finish an object with lacquer, the process of applying, drying, and polishing lacquer is repeated many times. Lacquer is also used in medicine, and can survive a thousand years.

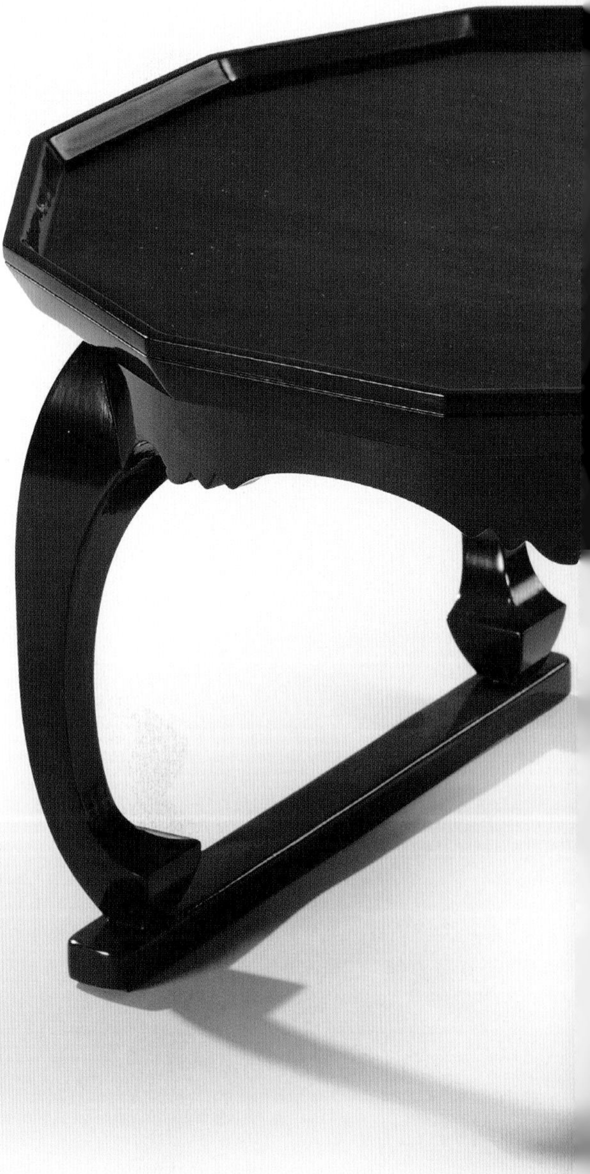

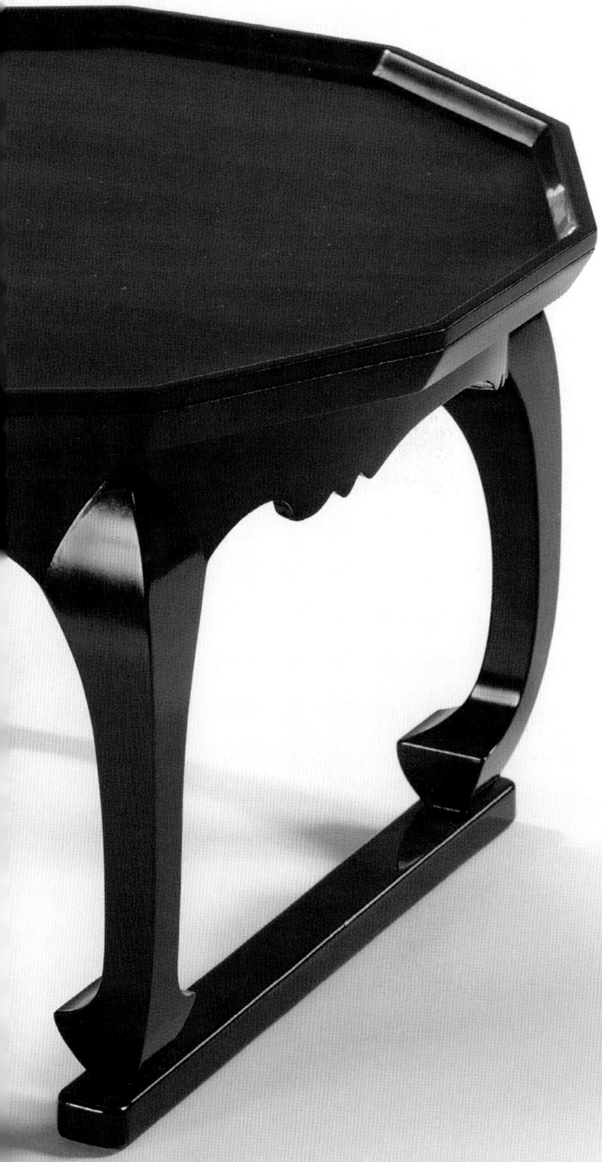

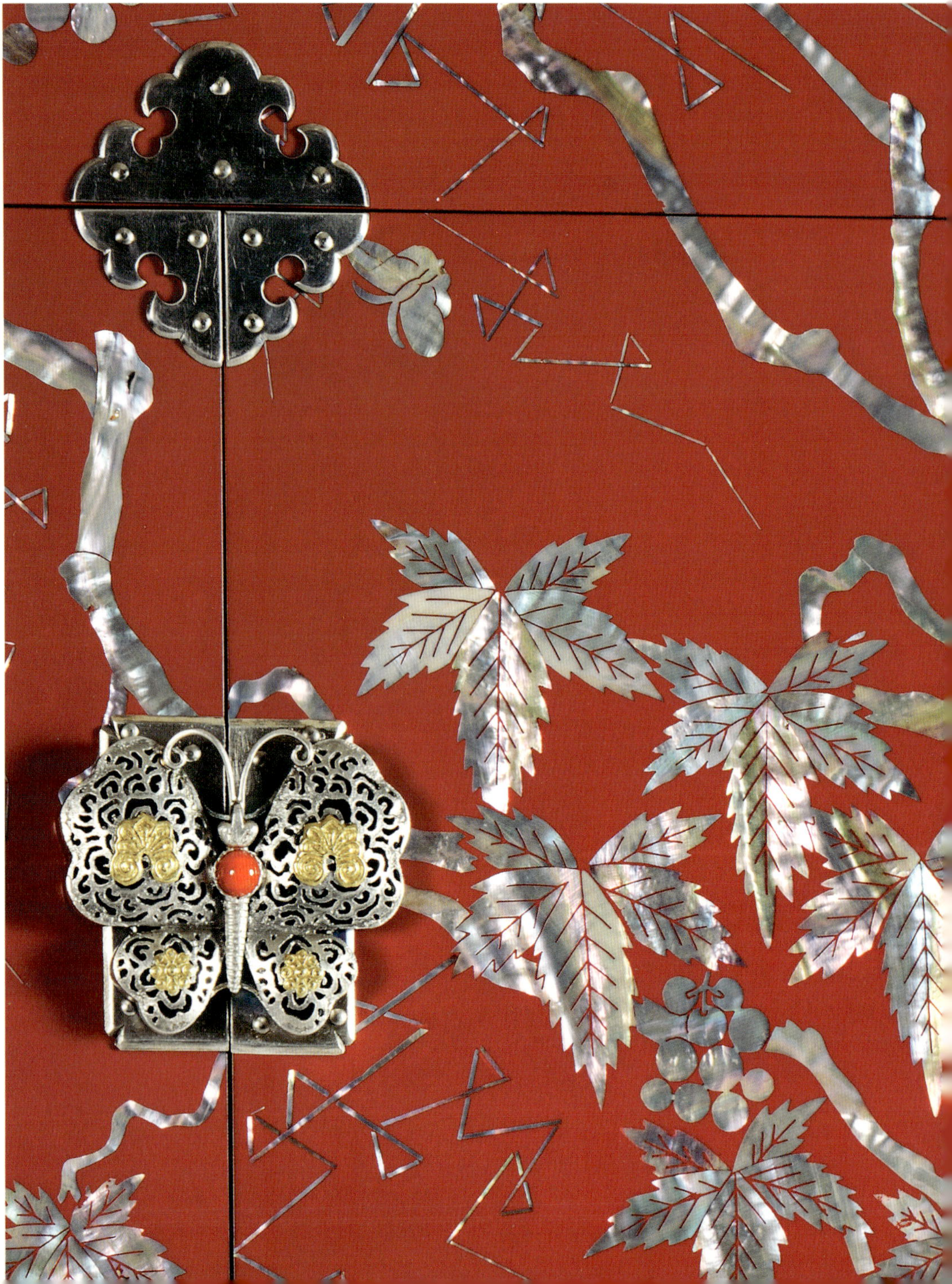

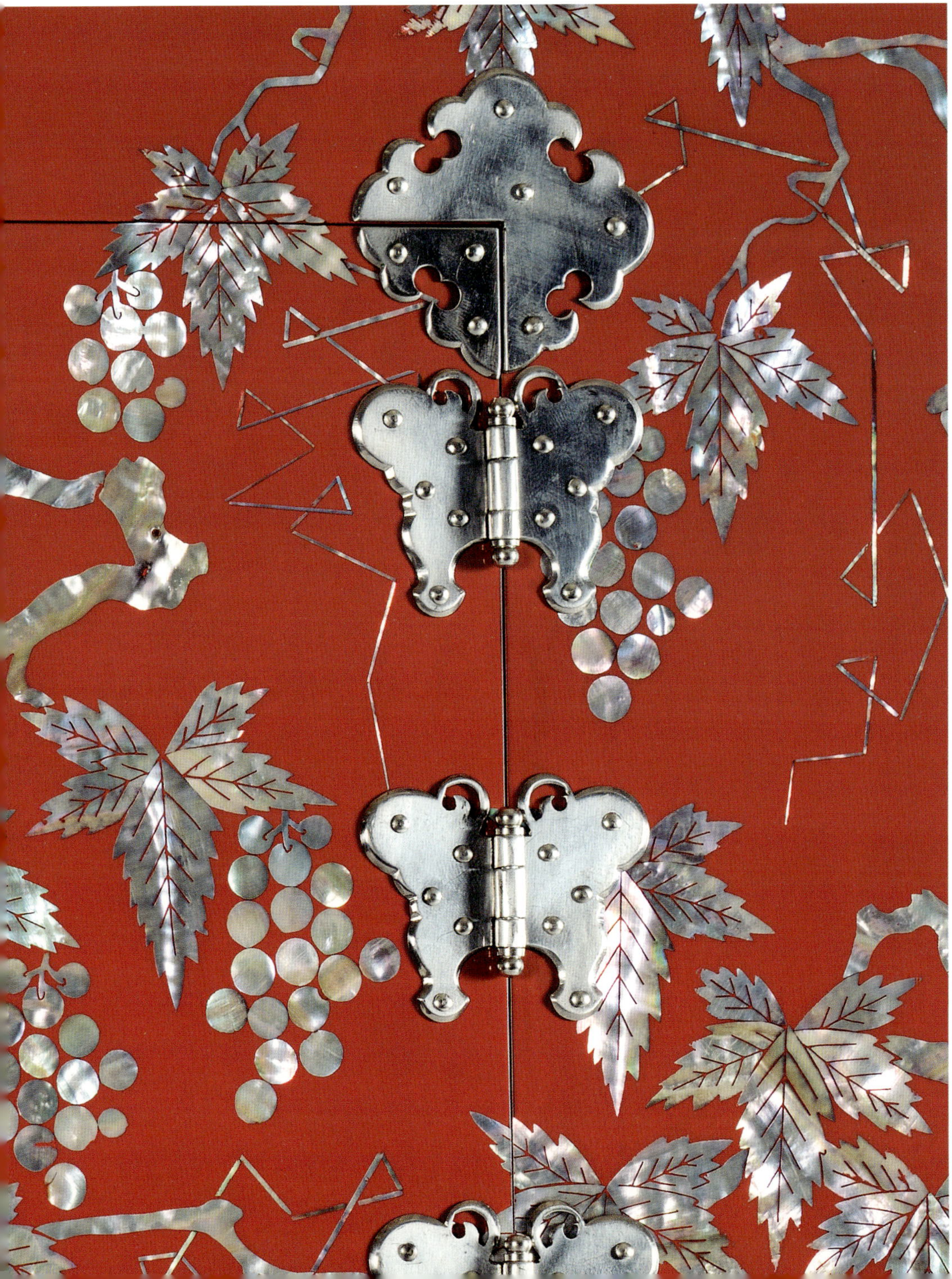

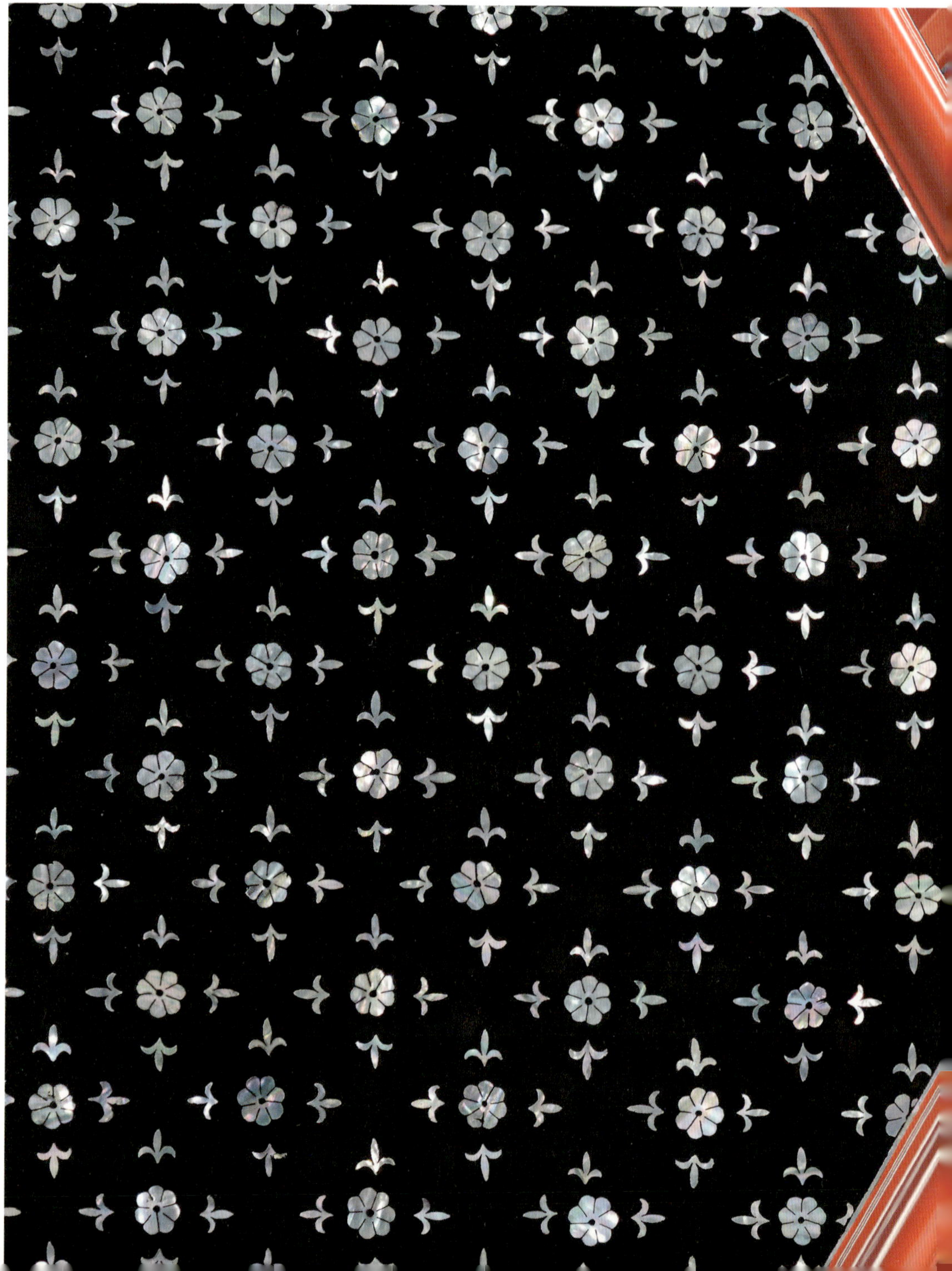

염 장 / 발 만들기

Yeomjang 帘匠

Bamboo Blind Making

지정번호 제 114호
지정일자 2001년 6월 27일

-

작고보유자

명예보유자

전승보유자
조대용 趙大用, 1950~

전수교육조교

Designated No. 114
Designated Date. 27 June 2001

-

Inherited Holder of
Important Intangible Cultural Property
Jo Dae-yong

통하되 통하지 않고, 막되 막히지 않은, 반투명의 생활도구가 있으니 이것이 바로 '발'이다. 가늘게 쪼갠 대오리나 갈대 등을 엮어 만든 발은 구들이나 상방에 문 대신 내려 직사광선이 들어오는 것을 막고 공간을 나누지만 바람은 통하게 하는 실용적인 생활용품이다. 이처럼 '막되 통하도록' 만드는 묘한 이동식 칸막이인 발을 만드는 사람을 '염장'이라고 부른다.
'발'은 우리 한옥의 구조가 낳은 산물이다. 한옥의 기본은 닫힌 공간인 동시에 열린 공간이다. 방과 외부, 대청마루와 방 사이는 반투명의 창호로 구획될 뿐 하나의 공간으로, 그리고 이 공간을 다시 나누는 장치가 '발'이다. 여기에 수복강령이나 卍자나 壽자, 亞자무늬를 새겨 넣어 장식성을 보탰다. 이렇듯 발은 실용적인 생활용품이었으나, 왕이나 성역을 표시하는 상징적 도구이기도 했다. 특히 임금의 뒤편에 발을 드리우고 어린 임금을 대신해 왕실의 여인이 정사를 대신 관장하던 '수렴청정'도 발을 드리운 때문에 생긴 말이다.
발은 재료에 따라 '대나무 발'과 갈대로 엮은 '갈대발', 삼베원료를 얻기 위해 껍질을 벗긴 대마 속대 즉 '겨릅대'를 써서 엮은 '겨릅발'이 있다. 발을 만들기 위해서는 대나무를 적당한 크기로 자른 뒤 4등분으로 쪼개 껍질을 벗기고 칼로 속대를 훑어 내 말린다. 새벽이슬을 맞힌 다음 햇볕에 말리기를 두 달 가량 반복하면 푸른색이 사라지며 연한 미색이 된다. 이렇게 1년 쓸 대오리를 만들어 두고 발을 만들 때마다 꺼내 쓴다. 대살을 작업대에 걸쳐놓은 뒤 명주실로 한 올 한 올 엮어 가면 마침내 발이 완성된다. 180㎝크기의 대발 하나를 만드는데 걸리는 시간은 약 3개월이, 쓰이는 대살의 수는 1,800개에서 2천개에 달하며 만 번 이상 손이 가야할 만큼의 시간과 정성이 필요하다고 한다.

Yeomjang refers to the artisan who makes bal. Bal is a translucent blind made with strips of reed or bamboo. It is placed under windows or doors to prevent the rays of the sun from entering a house while letting the wind in. Bal is the fruit of the traditional Korean house which is both an open and closed structure. The rooms are separated from the outside, and halls are separated from rooms by using translucent papers, and then the spaces are divided again by bals.
Bal is not only a practical item but also a symbolic tool that marks sanctuary, and it is usually decorated with patterns.
In order to make bal, bamboo is cut into pieces, skinned, and then the inner stalk is removed. After repeatedly wetting the pieces with early morning dew and drying them for two months, their blue color turns into yellow. Once they are strung with silk threads, the bal is completed. The making of a 180 cm long bal takes about three months, two thoudsand pieces of bamboo, and more than a million touches.

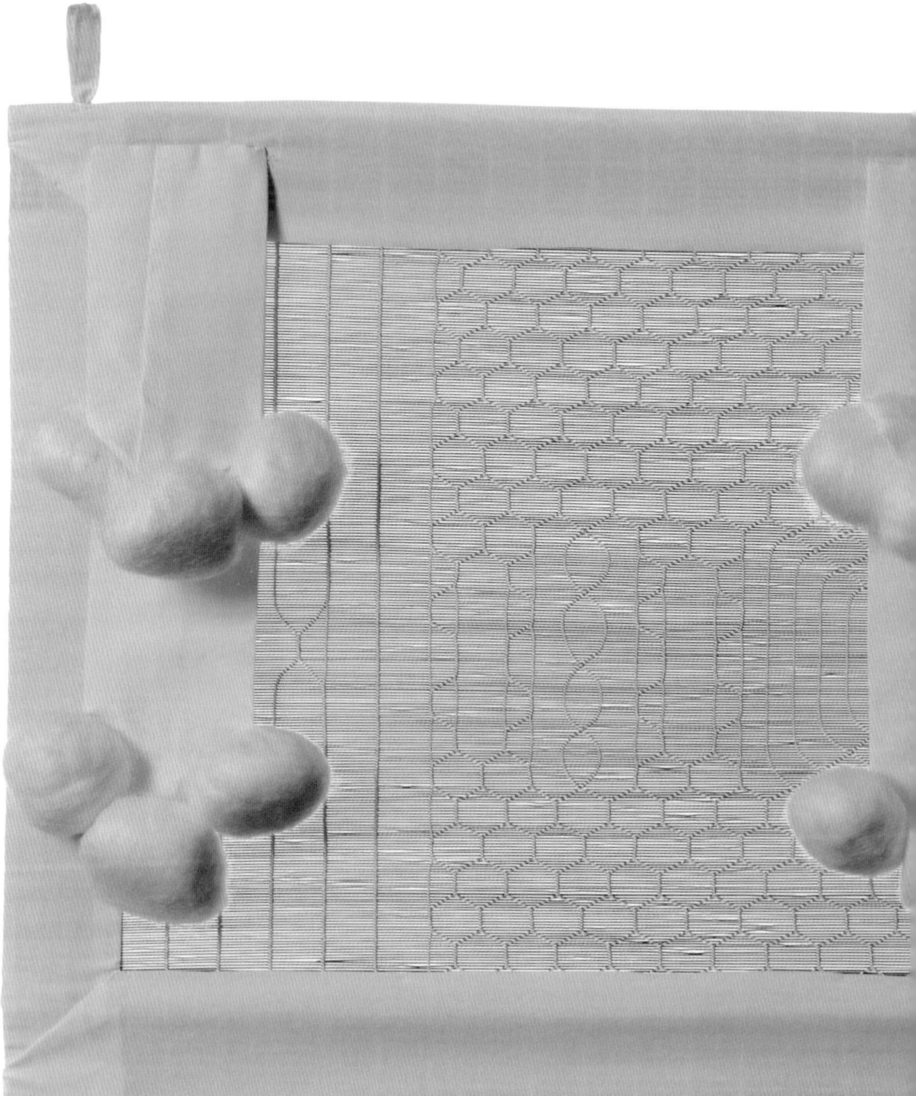

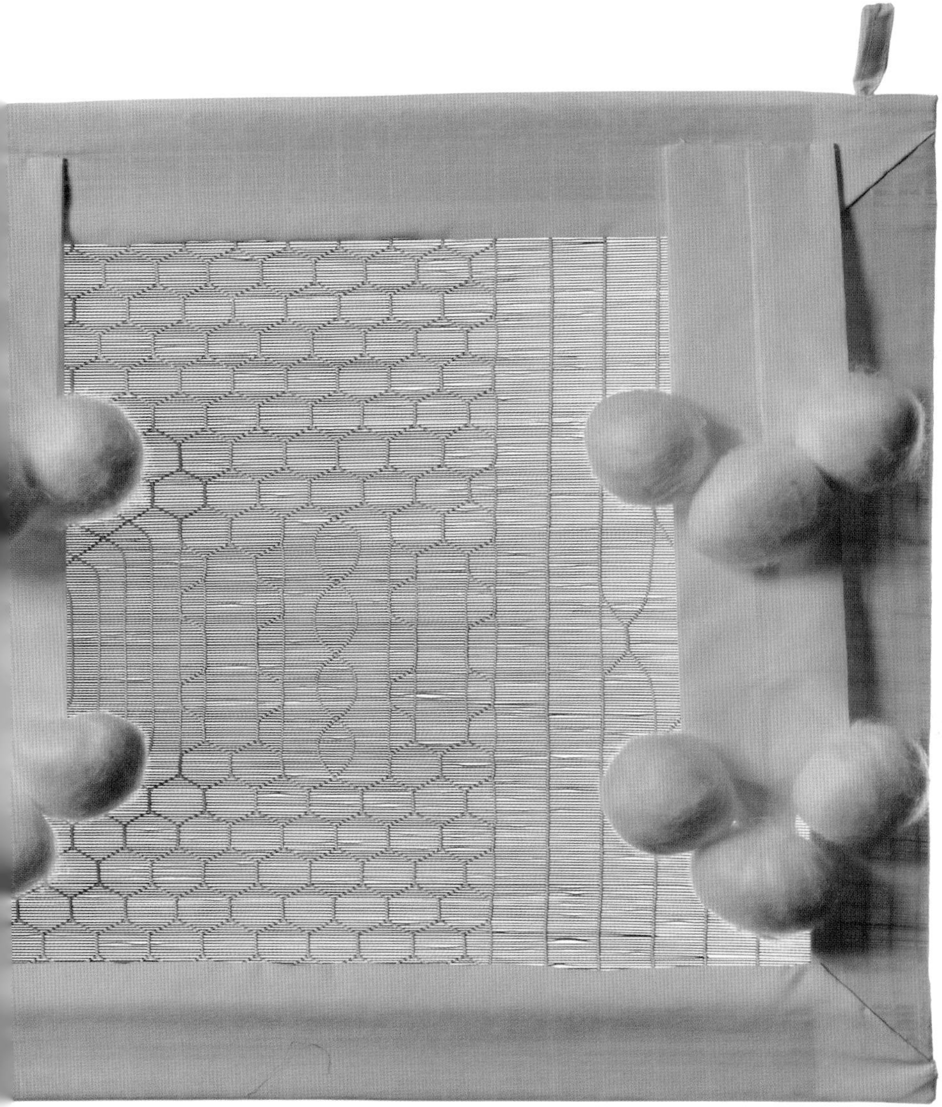

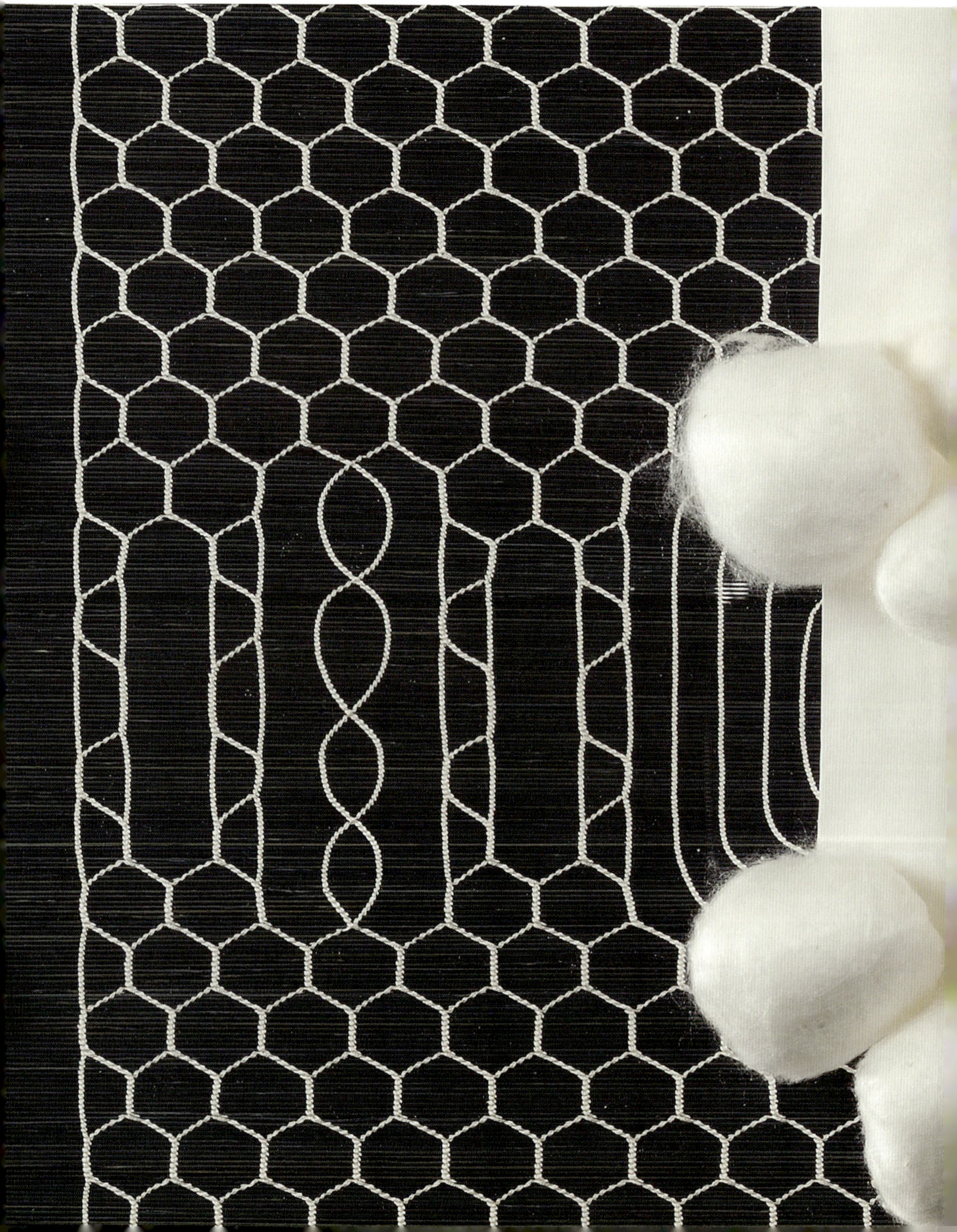

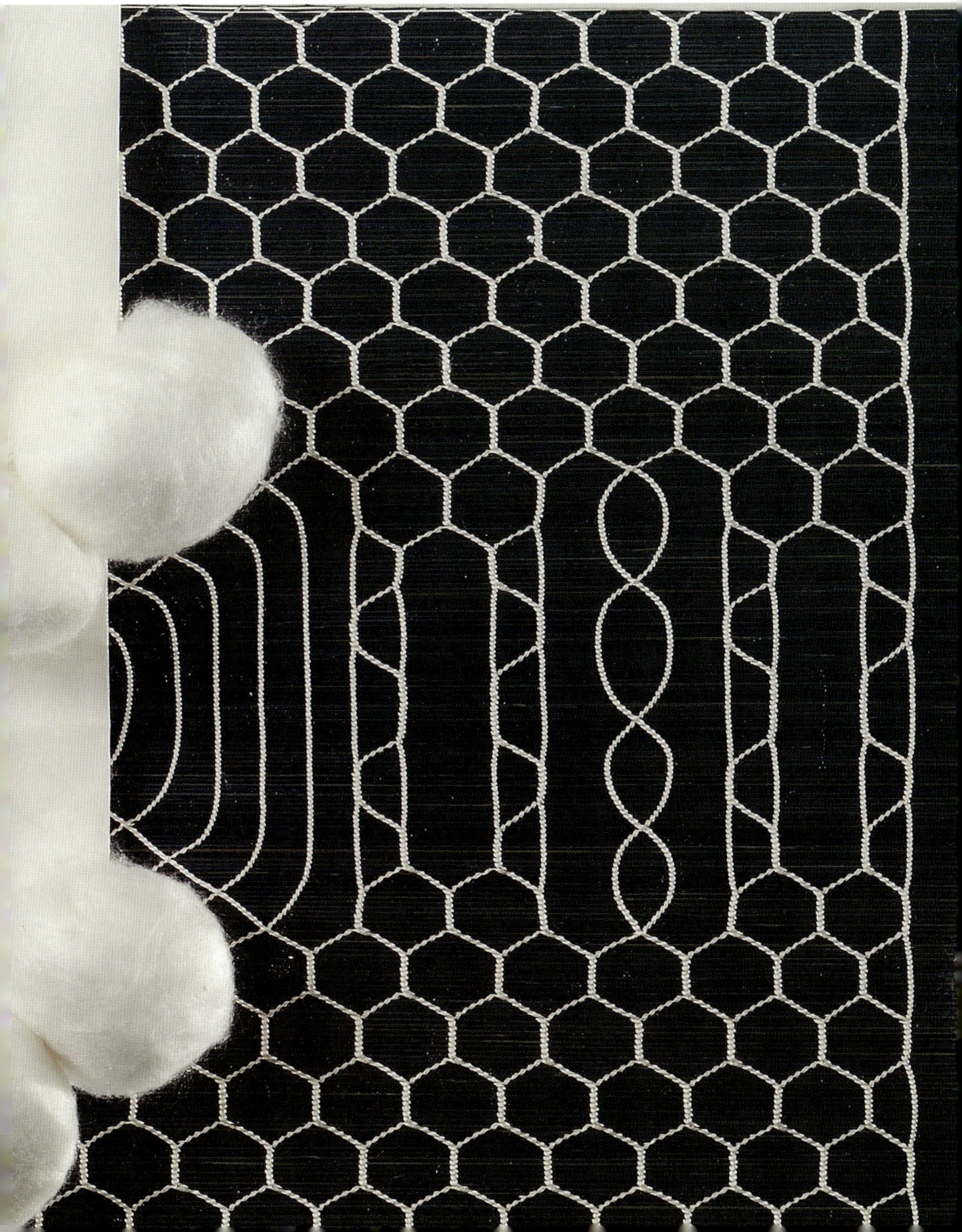

대목장 / 건축장

Daemokjang 木造建築匠

Traditional Wooden Architecture

지정번호 제 74호
지정일자 1982년 6월 1일

-

작고보유자
배희한 裵喜漢, 1908~1997
이광규 李光奎, 1918~1985
고택영 高澤永, 1914~2004

명예보유자

전승보유자
전흥수 田興秀, 1938~
신응수 申鷹洙, 1942~
최기영 崔基永, 1945~

전수교육조교
김영성 金永成, 1957~
문기현 文基賢, 1965~

Designated No. 74
Designated Date. 1 June 1982

-

Deceased Holder of
Important Intangible Cultural Property
Bae Hee-han
Lee Gwang-kyu
Go Taek-yeong

Inherited Holder of
Important Intangible Cultural Property
Shin Eng-su
Jeon Heung-su
Choi Gi-yeong

Assistant Important
Intangible Cultural Property
Kim Young-sung
Mun Ki-Hyeon

우리 전통 건축물은 대부분 나무로 지은 목조이다. 이런 건축물을 위한 계획과 설계, 구조, 감리 등 건축 공사일의 전 과정을 책임지는 목수를 '대목장' 또는 '도편수'라 불렀다. '대목장'은 문짝, 난간 그리고 세간을 만드는 소규모의 목공일을 하는 '소목장'과 구분된다.
대목장은 기와장, 기둥이나 대들보 등의 큰 자재를 들어 맞추는 드잡이, 돌을 다루는 석장, 석회·모래·진흙 따위의 반죽으로 담장이나 벽을 쌓는 미장이, 건물에 여러 무늬와 그림을 그려 장엄하게 장식하는 단청장 등과 함께 건물의 완성을 주도한다.
대개의 대목장은 천재적인 재능을 지닌 장인도 있지만 대부분 30~40년 동안 건축현장에서 일하며 현장에서 배웠다. 대개 스승에게 전수받은 장인들이 대를 이어 대목장의 '기문'을 잇는 것이 일반적이다. 현재 신응수는 경복궁 중건에 참여한 도편수 최원식을 비롯한 조원재, 이광규를, 전흥수는 김덕희를, 최기영은 김중희의 기문을 잇고 있다. 게다가 조선시대에 국가적인 건축사업에 참여한 경우에는 대목장에게 벼슬이 주어졌는데 최고 정5품까지 오를 수 있었다고 한다.
조선시대에는 건물의 규모가 신분에 따라 엄격하게 정해져 있어 일반 가옥 등 건축물은 대개 규모가 작고 검소하다. 그러나 주위의 환경과 조화를 이룬다. 하지만 궁궐, 서원이나 사찰건축을 통해 한국건축의 규모와 기술을 살펴볼 수 있다. 한국건축은 인공적인 구조물 임에도 불구하고 규모의 크고 작음과 상관없이 자연을 거스르지 않고 또 하나의 자연이 되어 만물과 조화를 이룬다는 데 더 큰 아름다움이 있다.

Traditional Korean structures are mostly wooden. Daemokjang refers to the architect who is responsible for the whole process of construction including planning, drawing, building, and inspecting. Daemokjang is different from Somokjang who makes wooden household items. Daemokjang leads the completion of a costruction while working with masons, plasterers, and painters.
Some of Daemokjangs are gifted with skills, but most spend 30-40 years at construction sites, learning from their teachers. Sometimes, they are given positions in the government after participating in a national construction.
During the Chosun Dynasty, the scales of buildings are strictly decided by the social status, thus most buildings are small, simple and yet harmonized with surroundings. Auditoriums and Buddhist temples are good examples of the scale and techniques of Korean architecture, which emphasizes on being part of Nature.

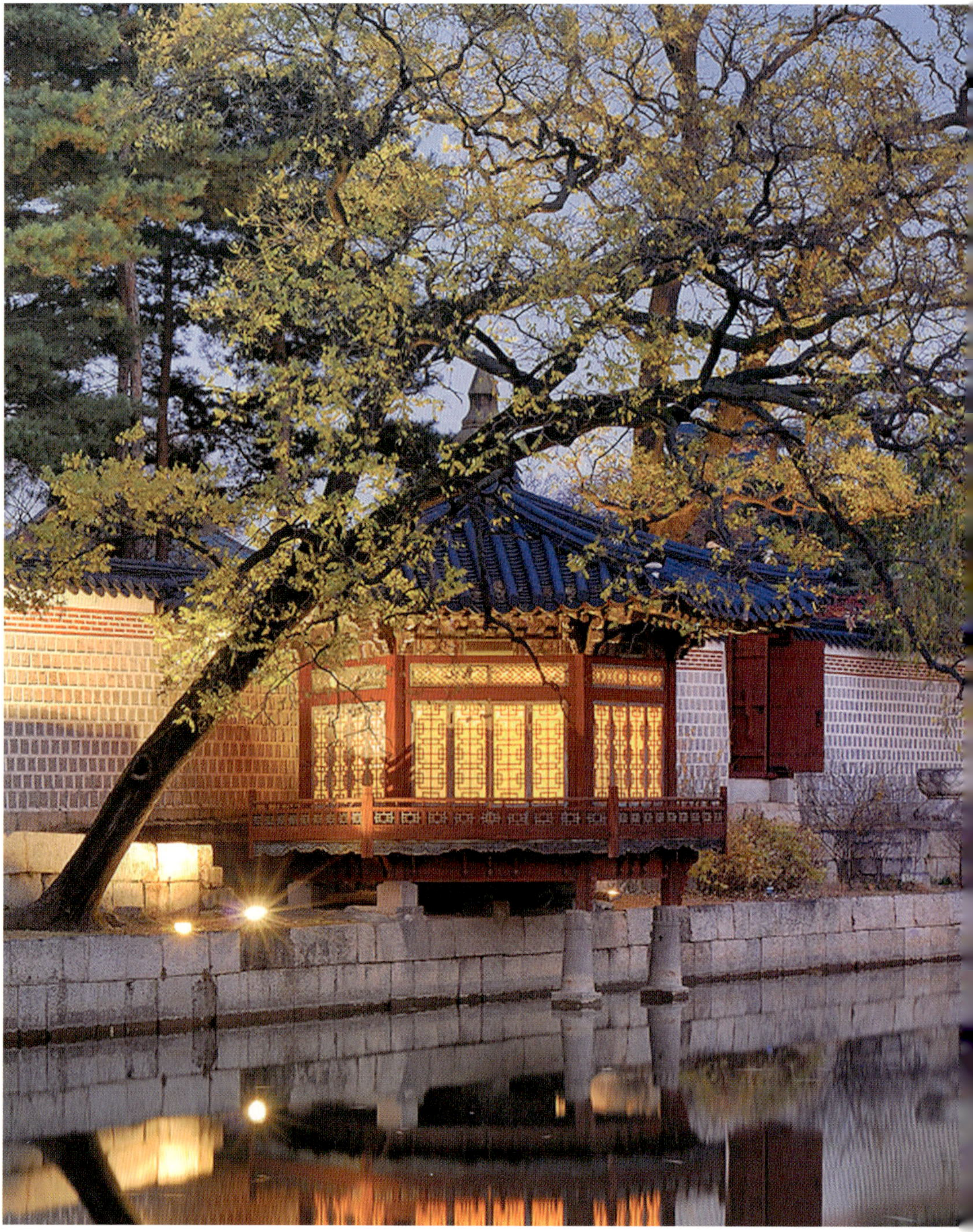

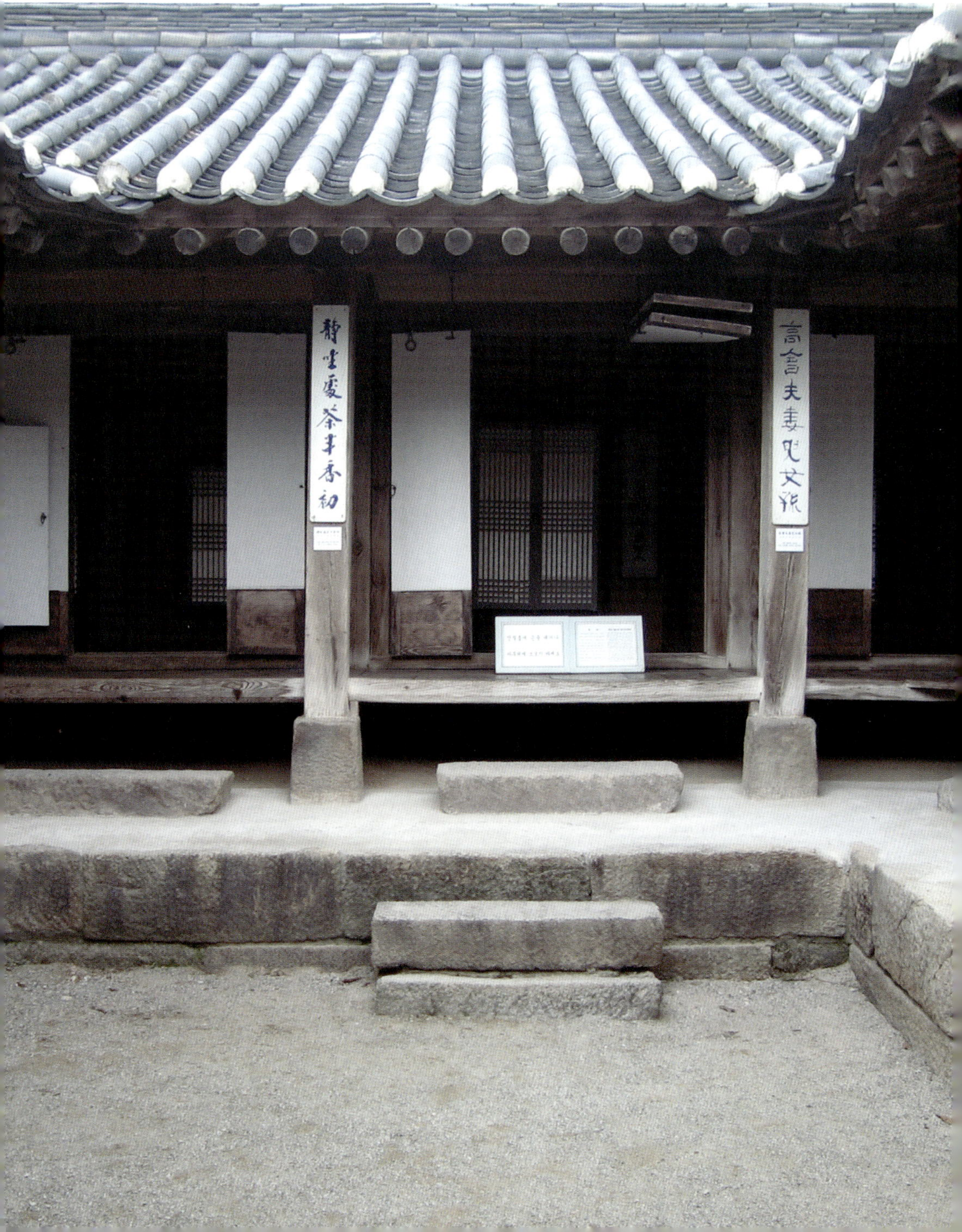
靜坐處茶半香初
高會夫妻兒女孫

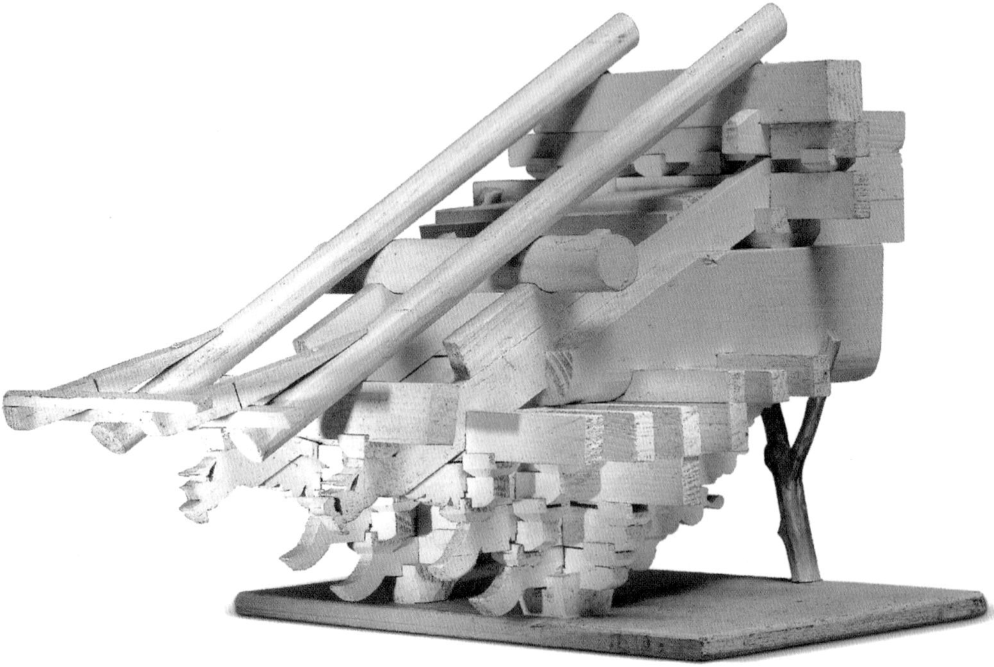

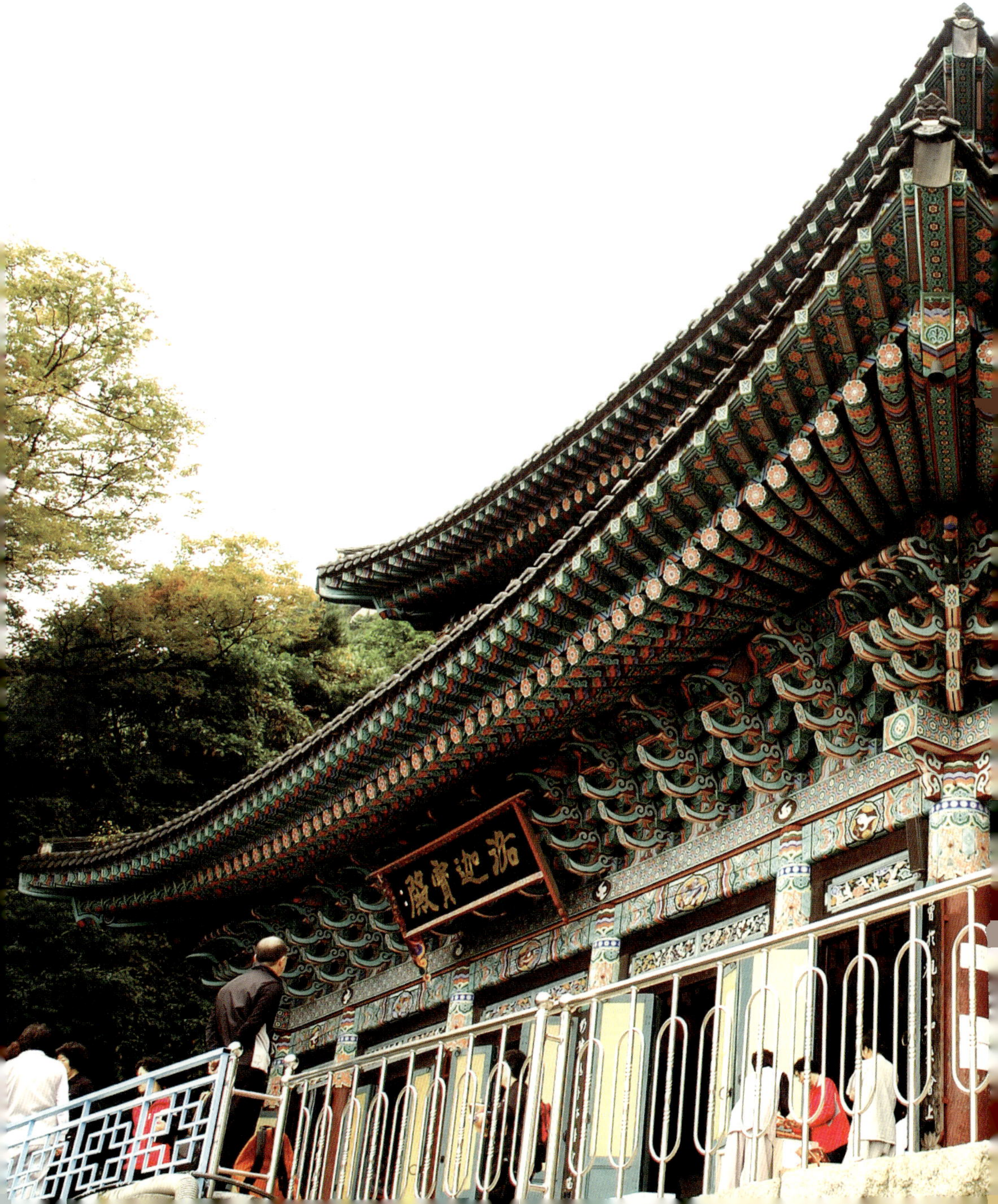

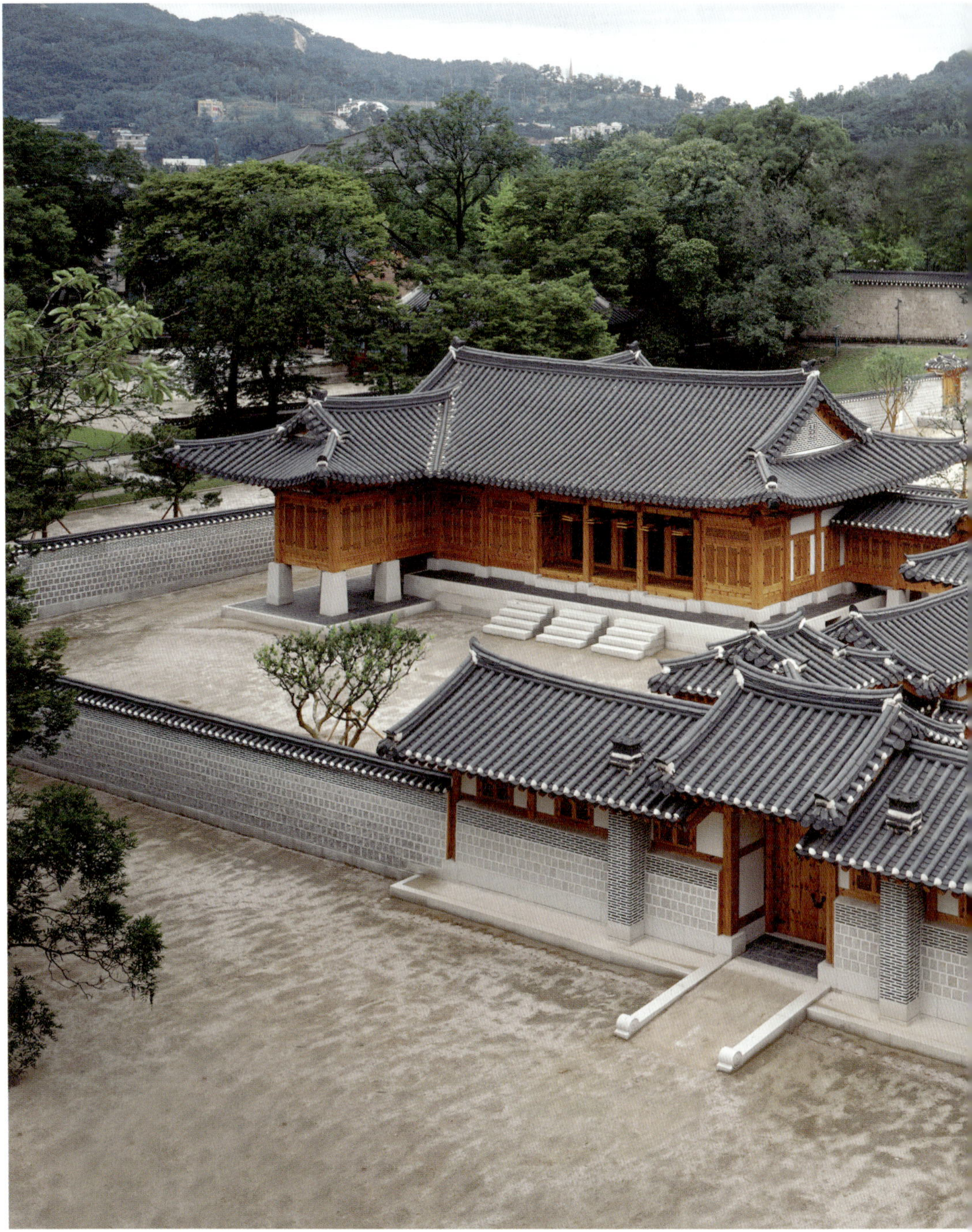

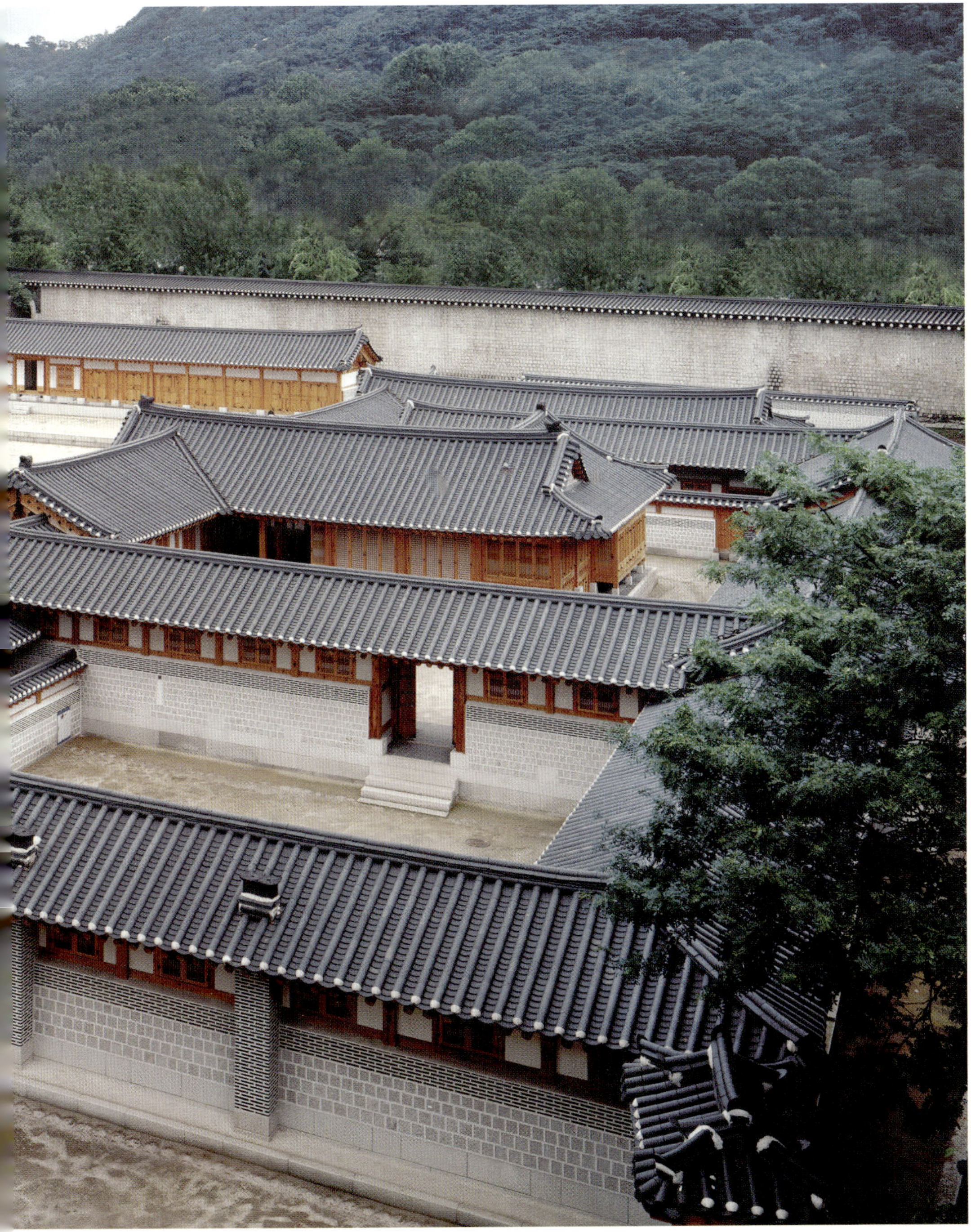

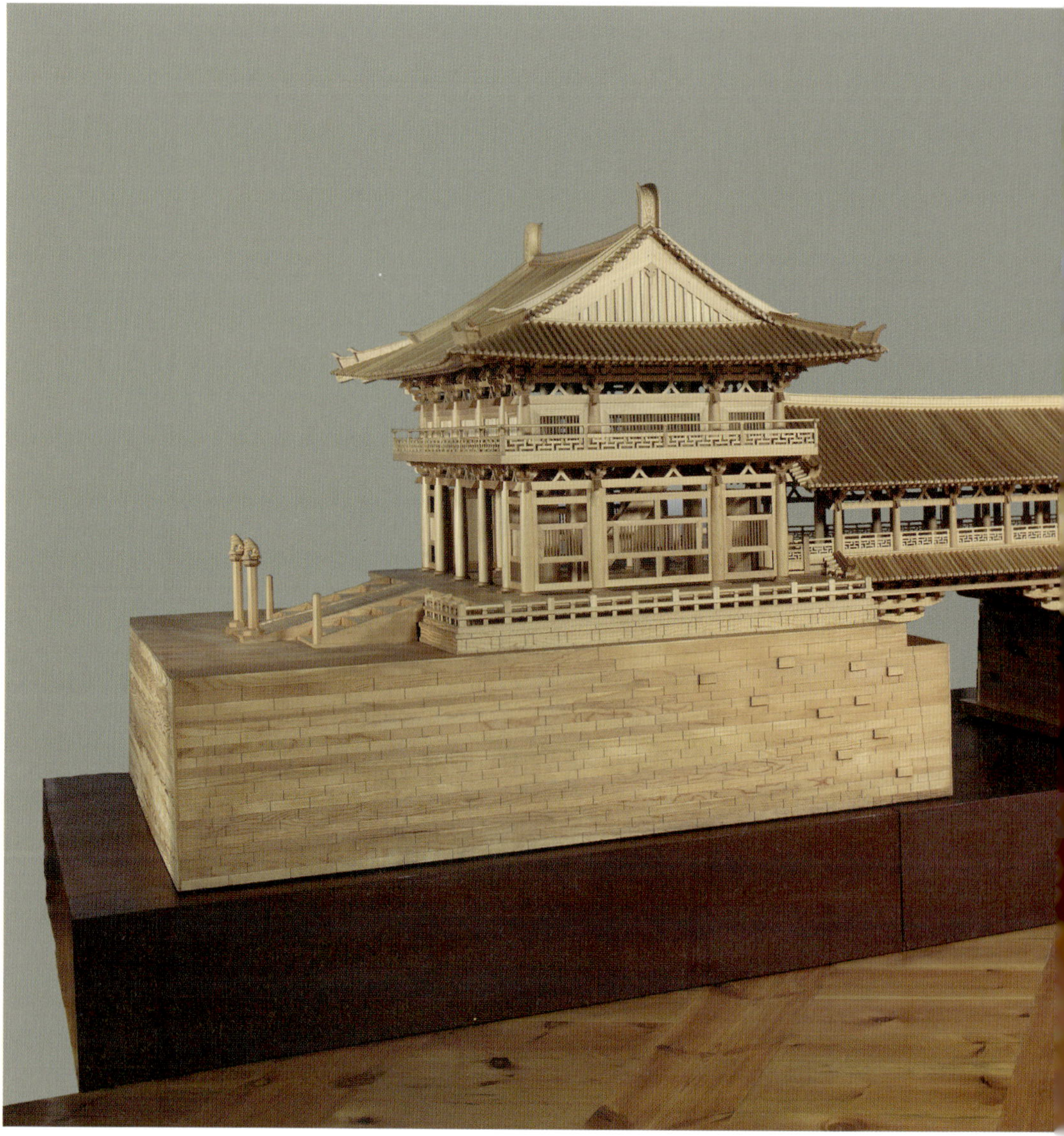

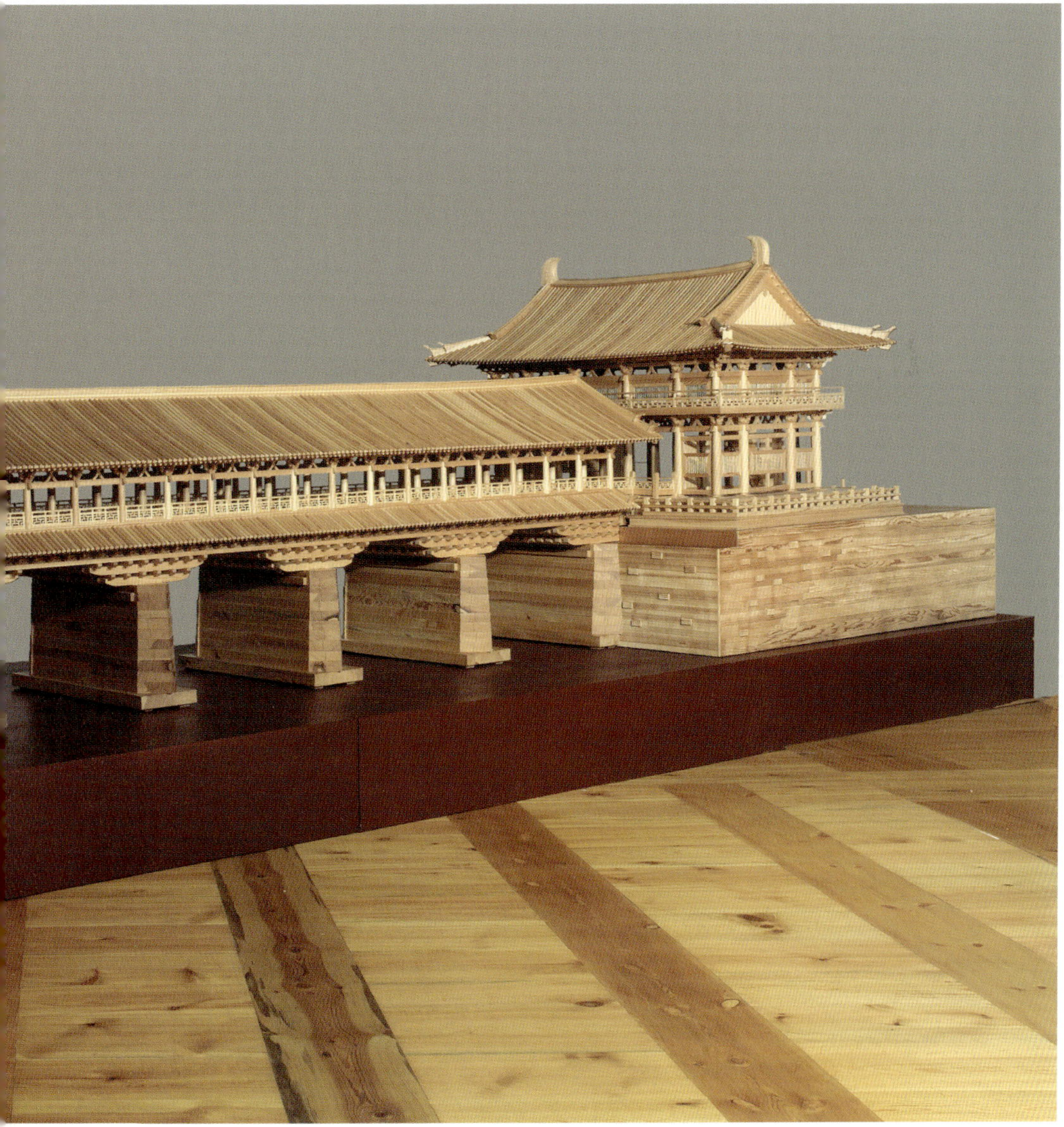

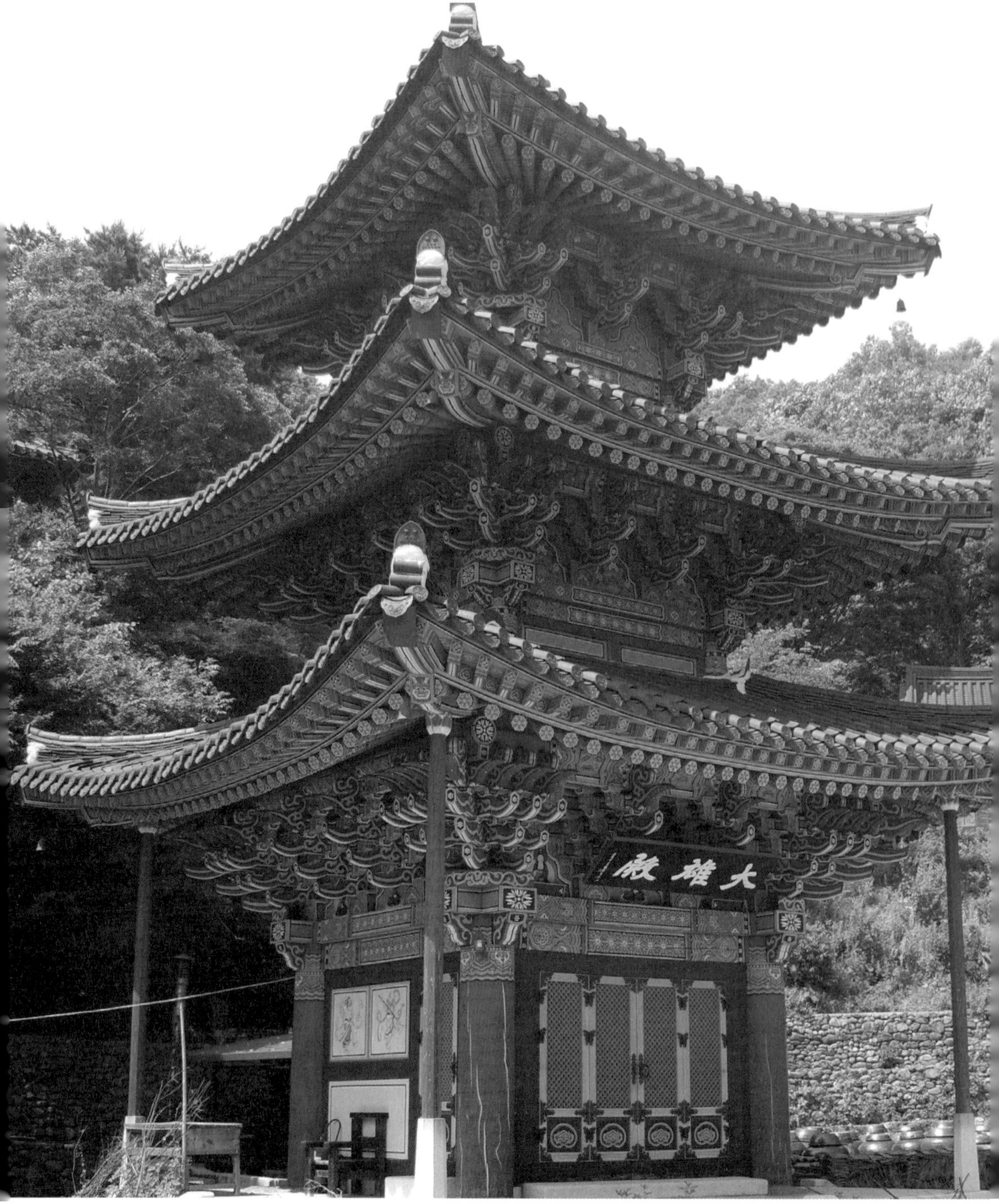
大雄殿

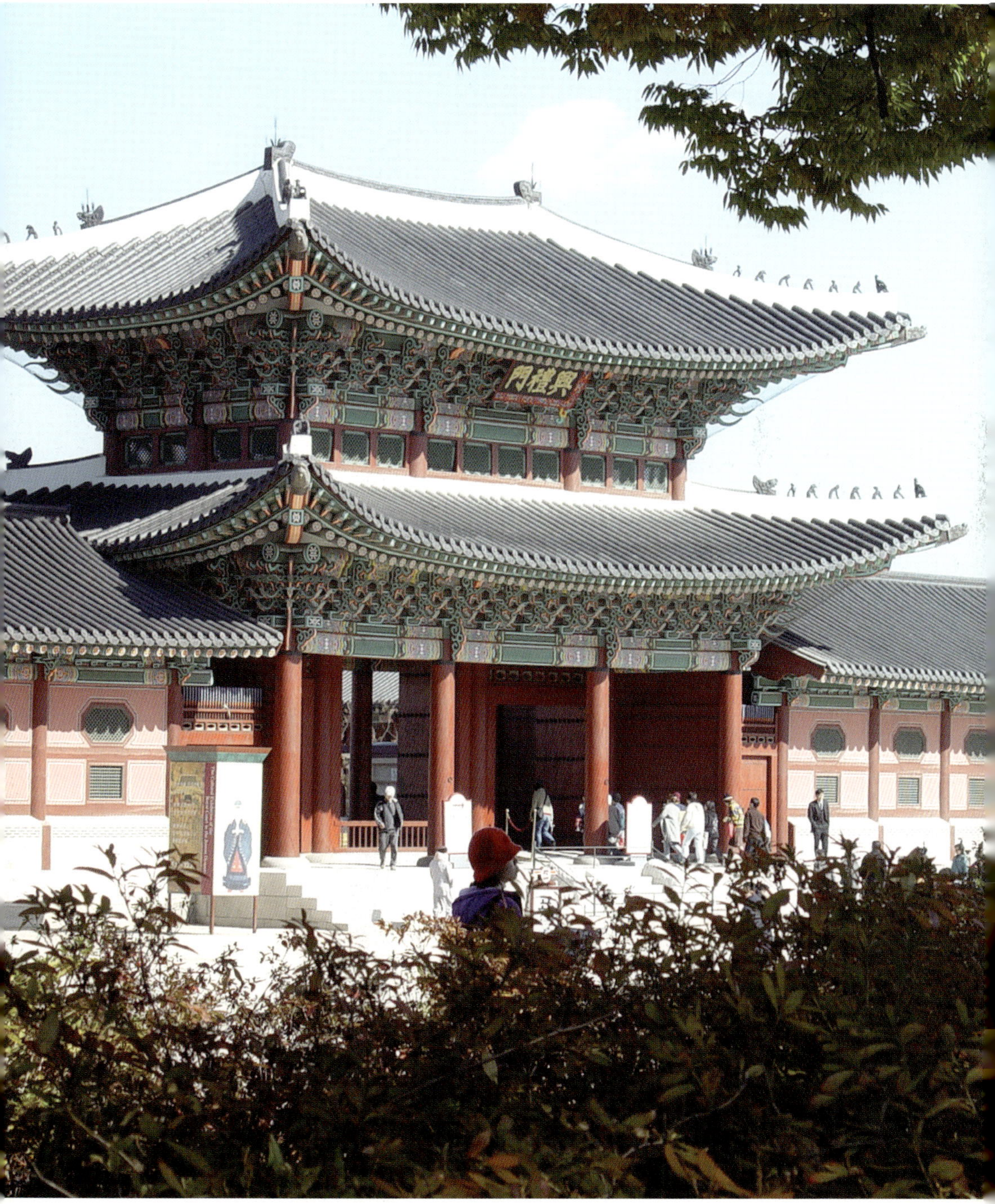
興禮門

제와장 / 기와만들기

Jewajang 製瓦匠

Roof Tile Making

지정번호 제 91호
지정일자 1988년 8월 1일

-

작고보유자

명예보유자

전승보유자
한형준 韓亨俊, 1929 ~

전수교육조교
김창대 金蒼大, 1972 ~

Designated No. 91
Designated Date. 1 August 1988

-

Inherited Holder of
Important Intangible Cultural Property
Han Hyeong-jun

Assistant Important
Intangible Cultural Property
Kim Chang-dae

우리나라 건축의 백미는 아마도 지붕의 매끄럽게 올라가는 곡선이 아닐까. 마치 난초의 잎처럼 휘돌아 올라가는 선은 사군자의 단아하면서도 정갈한 느낌을 닮았다. 처마를 멀리 정면에서 보면 좌우대칭의 절제된 균형미가, 가까이서 올려다보면 흥에 겨운 듯 보인다. 이렇듯 한옥의 내림마루에서 추녀마루로 내려오는 처마곡선은 단연 백미이다. 건물의 규모가 크던 작던 말이다.

이런 한옥의 아름다움이 가능한 것은 '기와' 또는 '개와' 탓이다. 원래 기와는 지붕에 빗물이나 습기가 들어오지 못하고 흘러내리게 하는 역할을 했다. 여기에 지붕 밑 목재의 부식을 방지하고 동시에 건물의 모양을 잡아주는 역할을, 또 건물을 치장하는 용도로 쓰기 시작했다. 이런 기와를 만드는 이를 '제와장'이라한다.

기와에는 서까래에 걸쳐 놓은 수수대로 만든 산자 위에 진흙을 이겨 얇게 편 다음, 위 아래로 걸쳐 놓는 암키와와 좌우의 이음매에 덥는 수키와, 처마 끝에 빗물을 막는 '막새'라 하는데 막새는 암키와 끝을 막는 '암막새'와 수키와 끝을 막는 '수막새'로 다시 나눈다.

기와는 만드는 재료에 따라 찰흙로 구워 만든 토기와, 시멘트와 모래를 섞어 만든 시멘트기와, 금속판으로 만든 금속기와도 있다. 또 유약의 사용여부와 굽는 방식에 따라 기와의 종류는 구분된다.

The highlight of traditional Korean architecture may be the ascending curves of a roof. When seen from a distance, the symmetric lines of a roof show the beauty of refined balance, and when viewed from the ground at a close range, they even appear to be excited. Like this, lines running through a roof from top to bottom bring out the beauty of a building regardless of its scale.

Traditional roofs are made with giwa or Korean roof tiles, which are regarded as a very important construction element that gives a building architectural beauty and protection from snow and rain. Jewajang refers to the artisan who makes giwa.

Giwa can be made with clay, cement, or metal. The use of glaze and baking methods define the types of giwa.

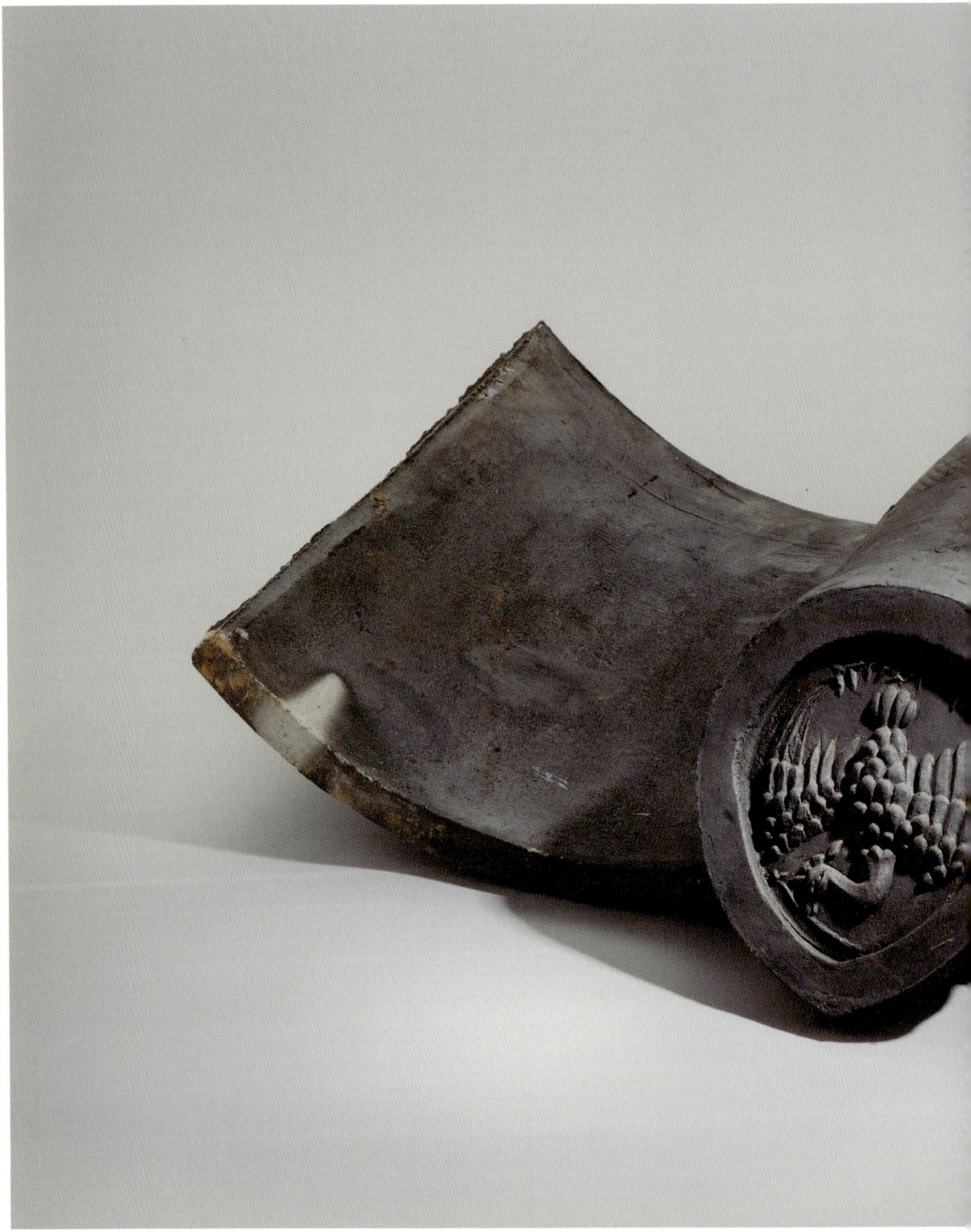

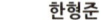

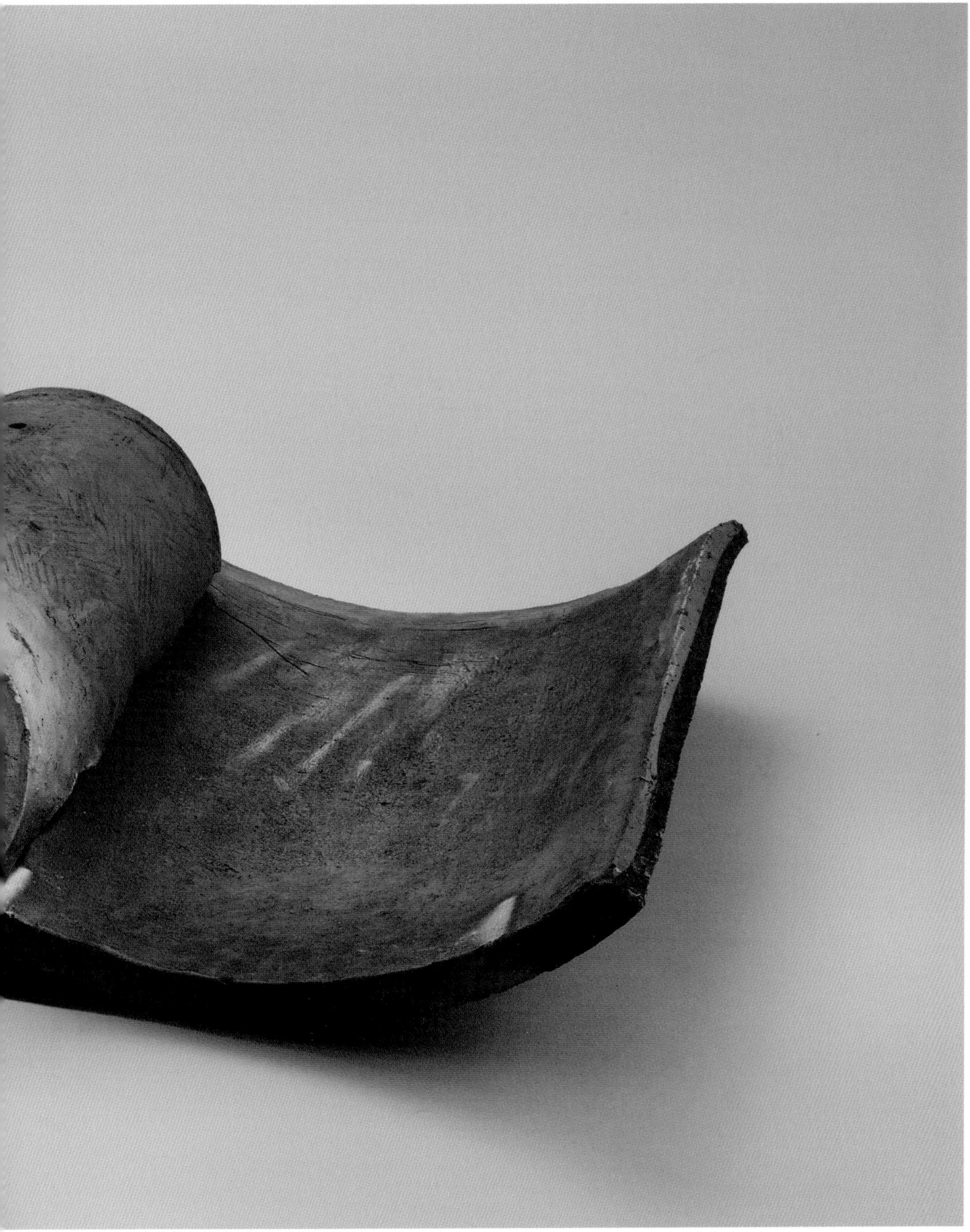

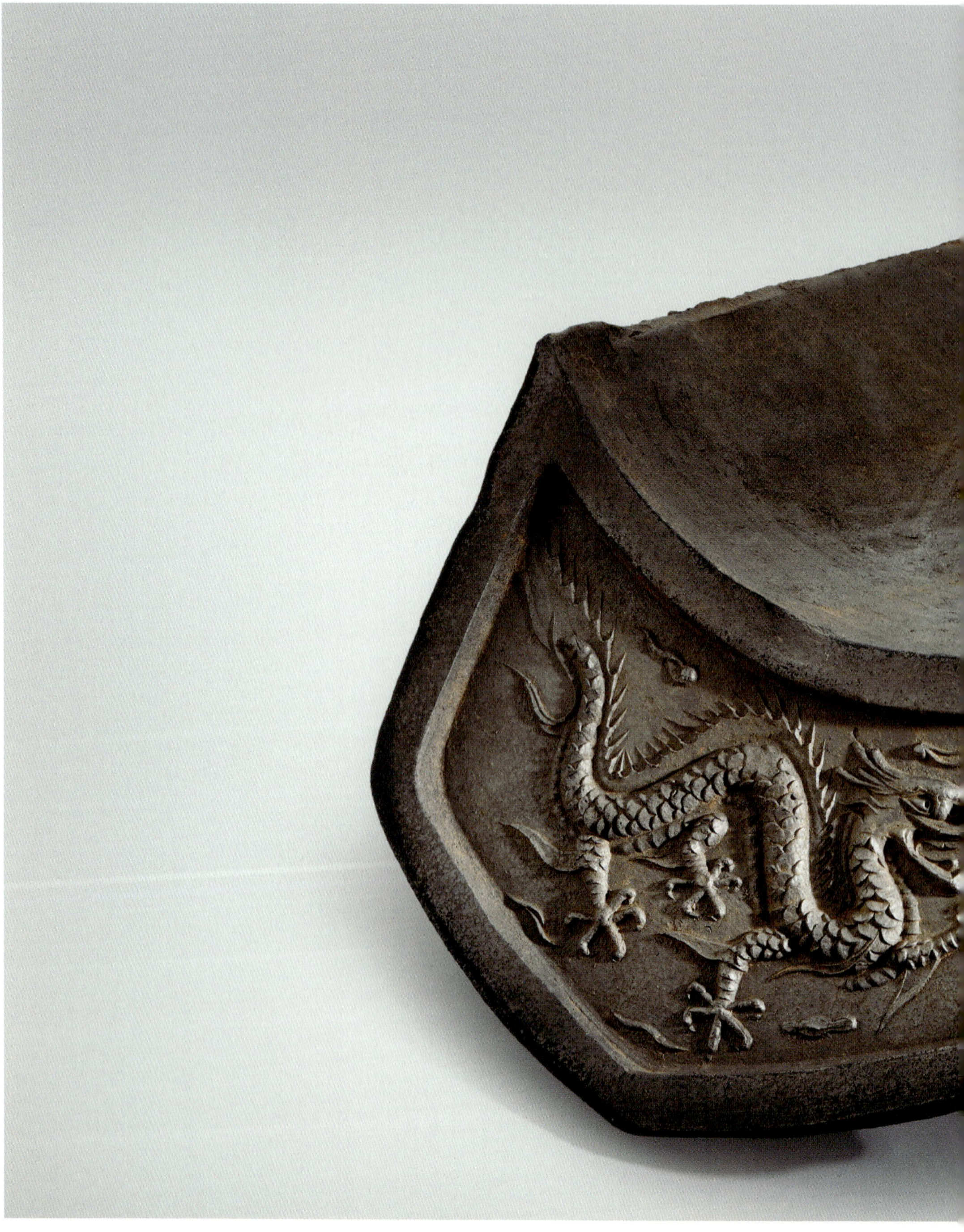

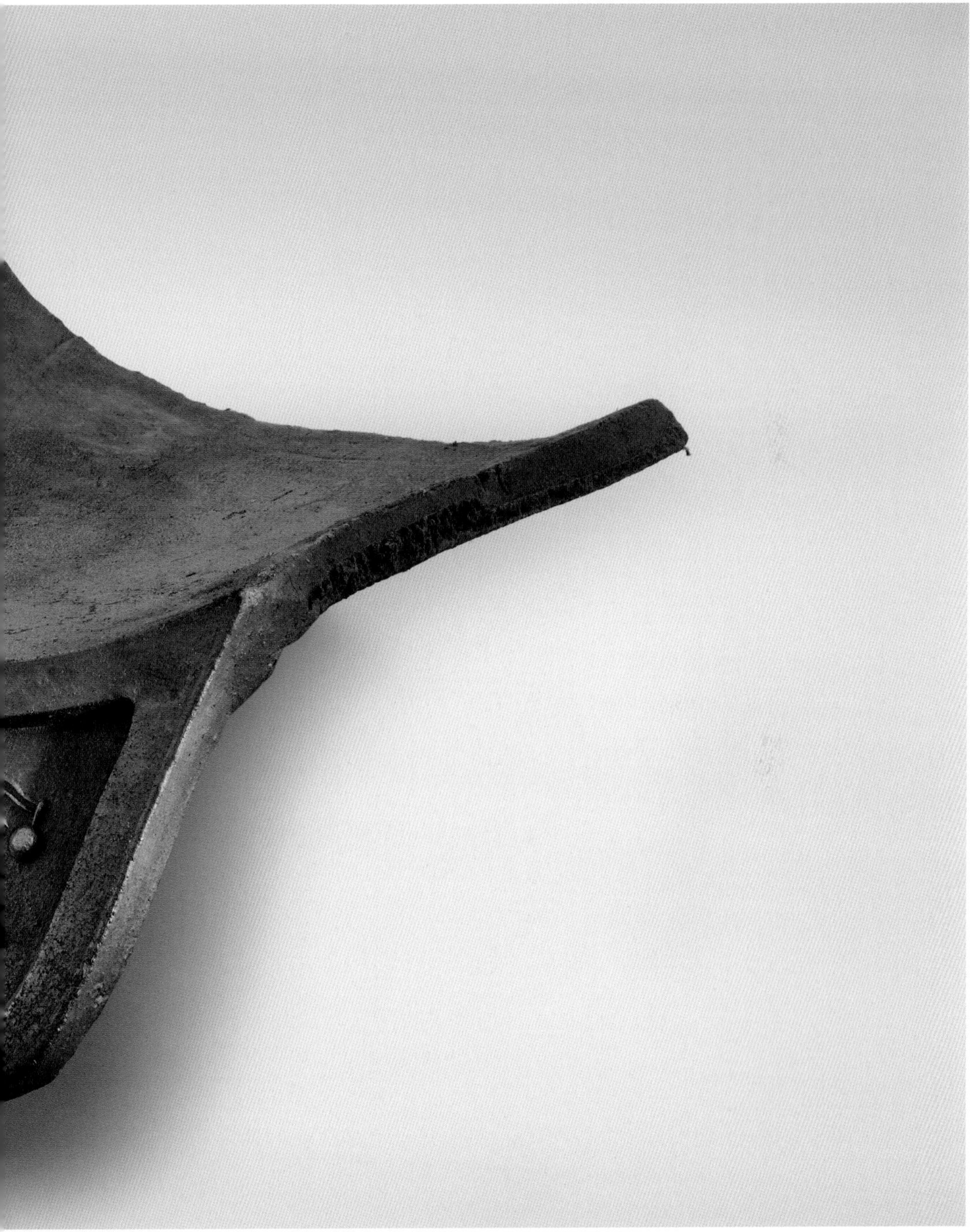

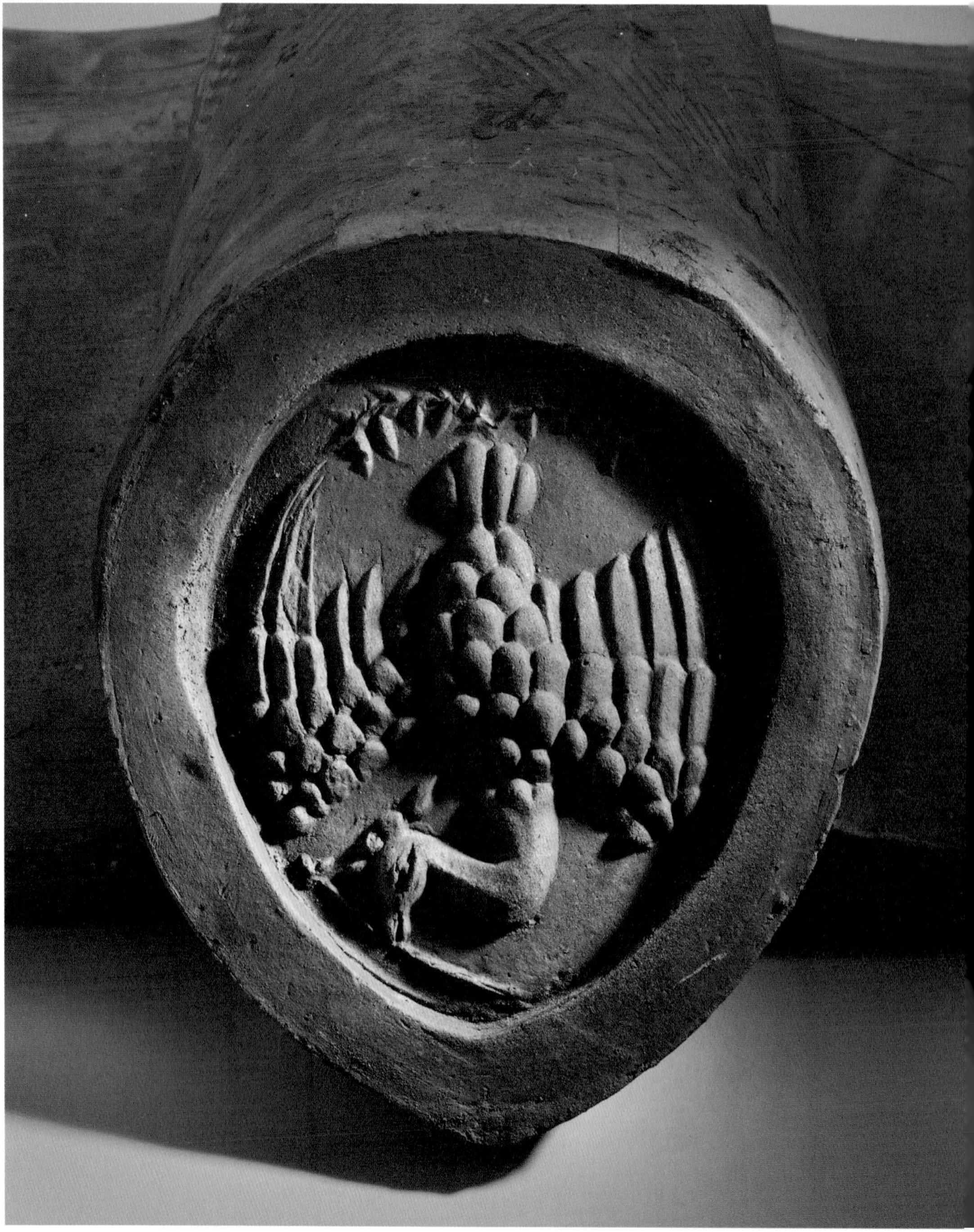

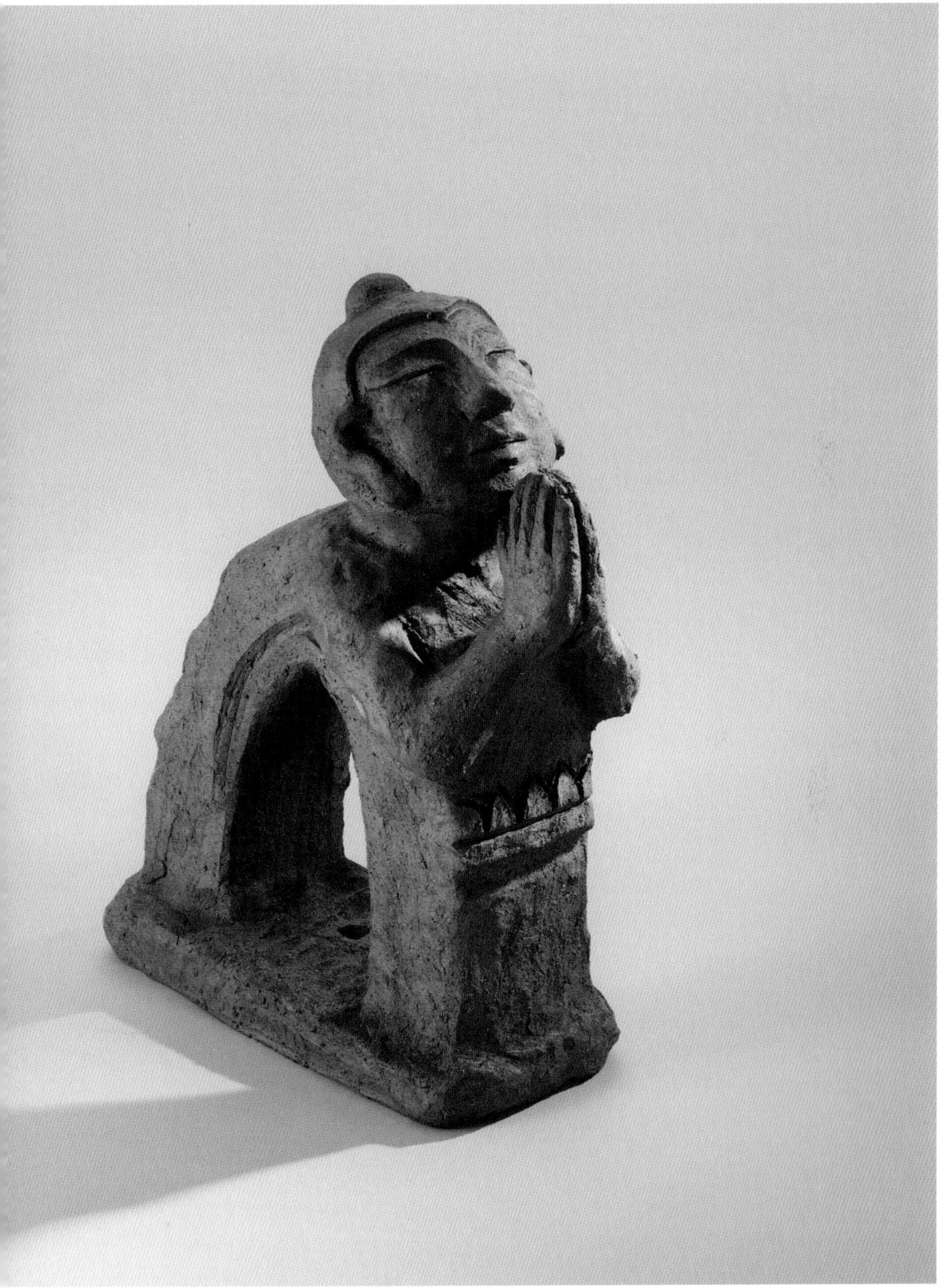

석 장 / 돌 조각·건축장

Seokjang 石彫刻匠

Stone Masonry

지정번호 제 120호
지정일자 2007년 9월 17일

-

작고보유자

명예보유자

전승보유자
석조각 / 이재순 李在珣, 1956~
석구조물 / 이의상 李義祥, 1942~

전수교육조교

Designated No. 120
Designated Date. 17 September 2007

-

Inherited Holder of
Important Intangible Cultural Property
Stone-Construction / Lee Eui-sang
Stone-Sculpture / Lee Jae-sun

민화 속에서나 찾아봄직한 돌사자나 이끼 가득한 동자상은 우리 미술의 해학과 풍자라는 특징을 고스란히 드러낸다. 절집의 석등이나 석탑, 부도탑은 종교적 의미를 넘어 순박한 촌노의 걸걸하지만 녹록치 않은 삶을 살아낸 결기가 느껴진다. 또 맷돌이나 절구에 얽힌 성적인 농담은 단단한 돌로 만들었다고 하기에는 어쩐지 너무도 유머러스하다. 이렇게 우리의 돌조각이나 돌 공예품은 대개 마무리를 하지 않은 듯 무심한 마무리를 통해 여유로운 미완의 완성을 보여준다.

우리나라에는 질 좋은 화강석이 많아 예로부터 돌을 이용한 건축, 조각이나 살림에 필요한 도구들을 만들었다. 이렇게 돌을 재료로 삼아 어떤 형상을 빚거나 물건을 만드는 사람을 '석장' 또는 '석수'라 한다. 이들은 돌에 생명을 불어넣어 새로운 돌을 만들어 냈다.

돌을 다루는 장인들은 돌이나 쇠붙이를 갈아 맷돌, 돌을 우묵하게 파 곡식을 찧는 절구. 돌호박, 또는 돌확과 돌방아등 생활용품을 만드는 '마장'과 주로 사찰이나 궁궐의 불상, 석탑, 석교 등을 만들거나 집을 짓거나 담을 쌓는 '석장'으로 구분했다.

석공예의 재료는 물론 석재로 가장 많이 쓰인 것은 우리 땅 어디에도 있는 화강암을 가장 많이 사용했고 곱돌이라 불리는 납석과 점판암의 일종인 청석, 대리석 등도 쓰였다. 이들은 억센 손으로 망치, 정 등 수공구를 사용해 무생물인 돌에 생명력을 불어넣어 따뜻한 체온이 흐르는 수더분한 석조문화재를 만들어왔다.

The statues of children covered with moss found in folk paintings reveal the humor and satire of Korean art. Stone towers in temples are not only religious structures, but also contain the hard life of farmers. The sexual jokes implicated in millstones and large mortars are humorous despite the fact that they are made of hard stone. Also, most of Korean stone works are built casually as if they are not complete.

Since high quality granite can be found easily in Korea, structures and tools are often made of stone, and the stone artisan is called seokjang.

There are two types of stone artisans: majang makes household items, and seokjang build structures. The most commonly used materials were granite, which is found nationwide, pagodite and marble. Stone artisans are skilled at breathing life into stone, using a hammer and chisel.

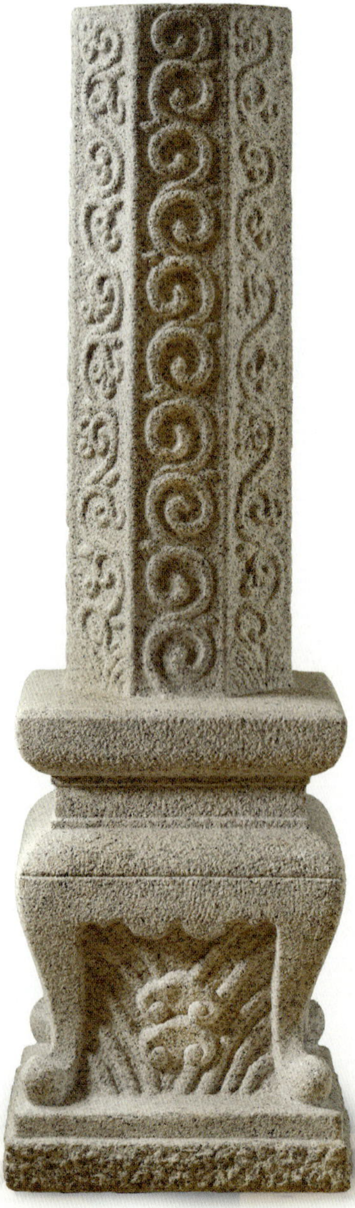

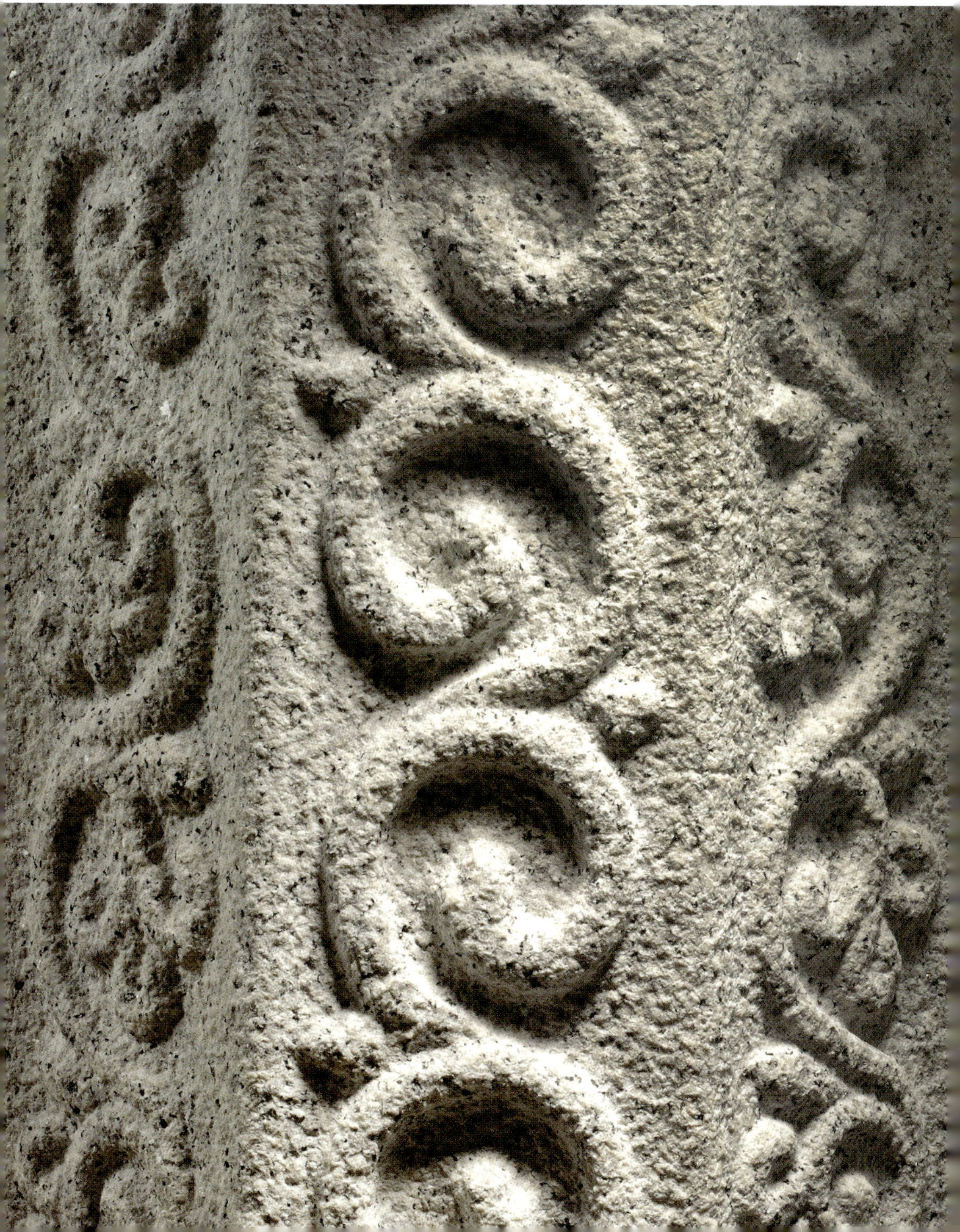

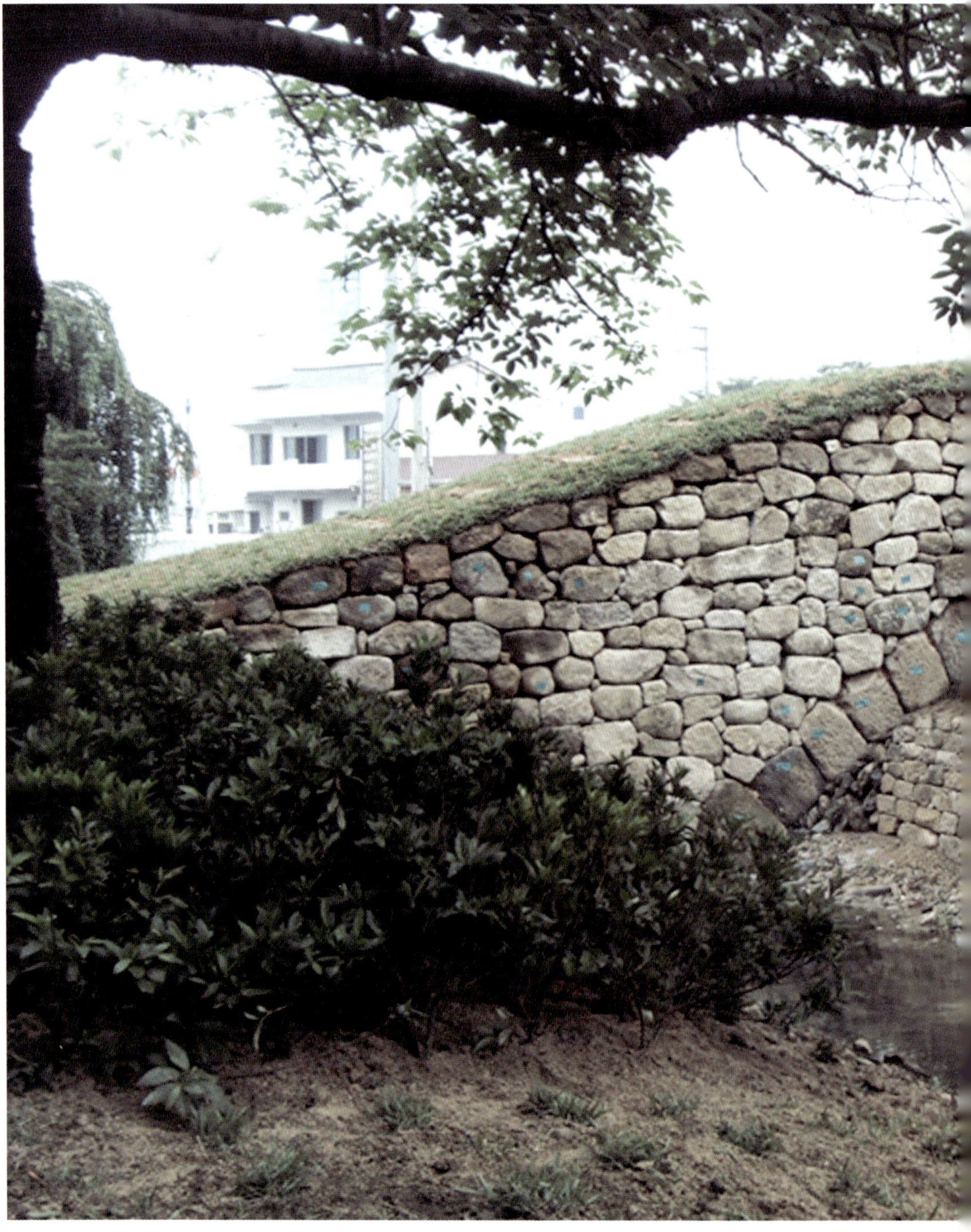

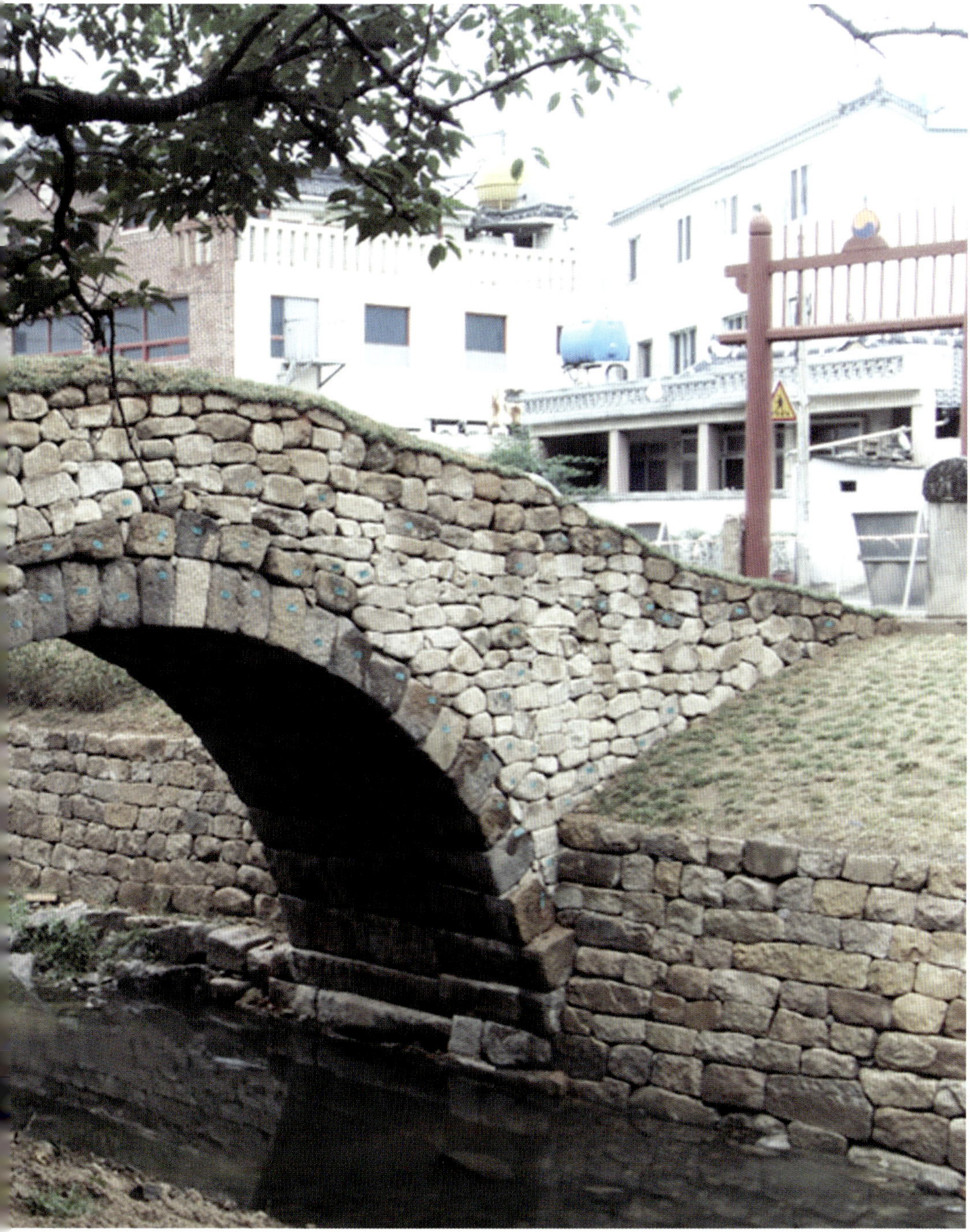

번와장 / 기와 잇기

Beonwajang 翻瓦匠

Tile Roofing

지정번호 제 121호
지정일자 2008년 10월 21일

-

작고보유자

명예보유자

전승보유자
이근복 李根馥, 1950~

전수교육조교

Designated No. 121
Designated Date. 21 October 2008

-

Inherited Holder of
Important Intangible Cultural Property
Lee Geun-bok

우리 건축의 백미는 용마루와 추녀에서 드러나는 곡선이다. 우리 옛 건축의 아름다움을 좌우하는 지붕은 중국처럼 과장되지도, 일본처럼 딱딱하지도 않은 유려하고 부드러운 곡선이다. 이는 건축이 추위만 막아주는 것이 아니라 느낌마저 따스하게 해주는 역할을 하는 동시에 인공의 건축물이 자연의 일부로 환원되는 과정의 산물이다.
이런 유려한 곡선이 가능한 것은 기와를 잇는 기술이 있어 가능했다. 이렇게 곡선의 지붕을 기와로 잇는 일을 '번와'라고 하고 기와를 올리는 일을 하는 이를 '번와장' 또는 '번와와공'이라 한다.
기와는 암키와, 수키와를 진흙으로 붙여 잇는다. 기와 잇기 바탕은 서까래 위에 나무개비나 수수깡을 발처럼 엮은 산자를 올리고 진흙을 되게 이겨 바른다. 이때 기와 밑에 먼저 바르는 진흙을 알매흙이라 하며, 알매흙 위에 진흙을 더 채워 고르게 하면서 암키와를 얹는다.
기와는 기와길이의 2/3 내지 1/2을 겹쳐서 잇는다. 암키와를 다 이은 후에는 암키와 줄이 닿는 사이에 홍두께 흙을 되게 이겨 바르고 그 위에 수키와를 덮는다. 수키와의 처마 끝부분은 회백토를 둥글게 발라서 막아주는데 이 흙을 아귀토라 한다. 기와에는 기본인 암키와와 수키와 외에 쓰임새에 따라 내림새·막새·보습장·착고막이·용머리 등의 기와가 있다. 기와장은 이런 다양한 기와를 이용해 그림 같은 집을 완성한다.

The highlight of Korean architecture is the curves of a roof. Traditional Korean roofs are not exaggerated like the Chinese ones or stiff like the Japanese ones. The smooth curves of a Korean roof give off a warm feeling, which is the result of the traditional tiling technique. Beonwajang refers to the artisan who installs giwa on a roof.
Before installing giwa, weaved straws are first spread on a roof and then covered with clay. Then concave tiles are put down while adding more clay, and then convex tiles are layered over the concave tiles. The bottom of the roof and convex tiles are pasted with podzol to fill empty spaces. There are more types of giwa besides concave and convex tiles depending on the uses.

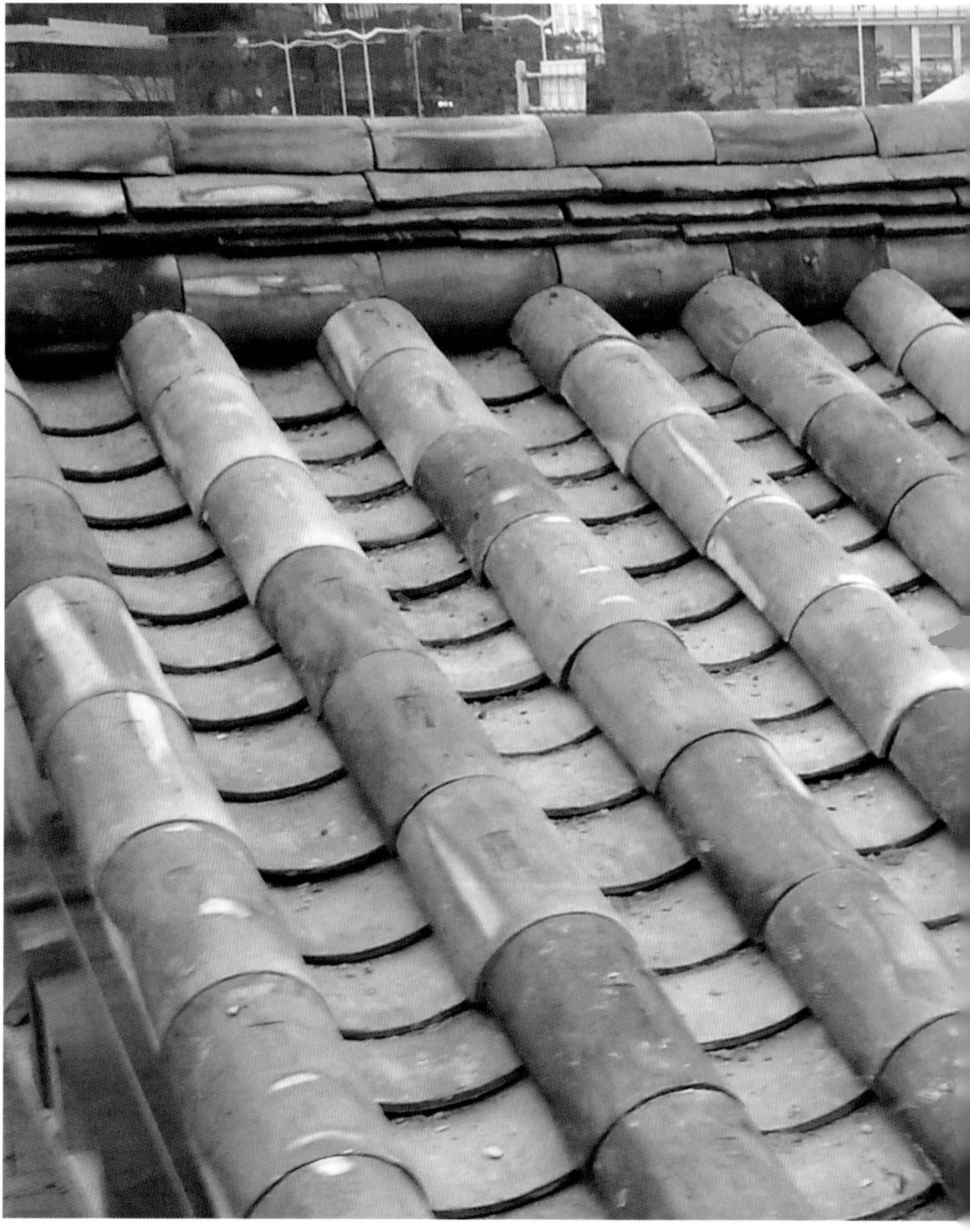

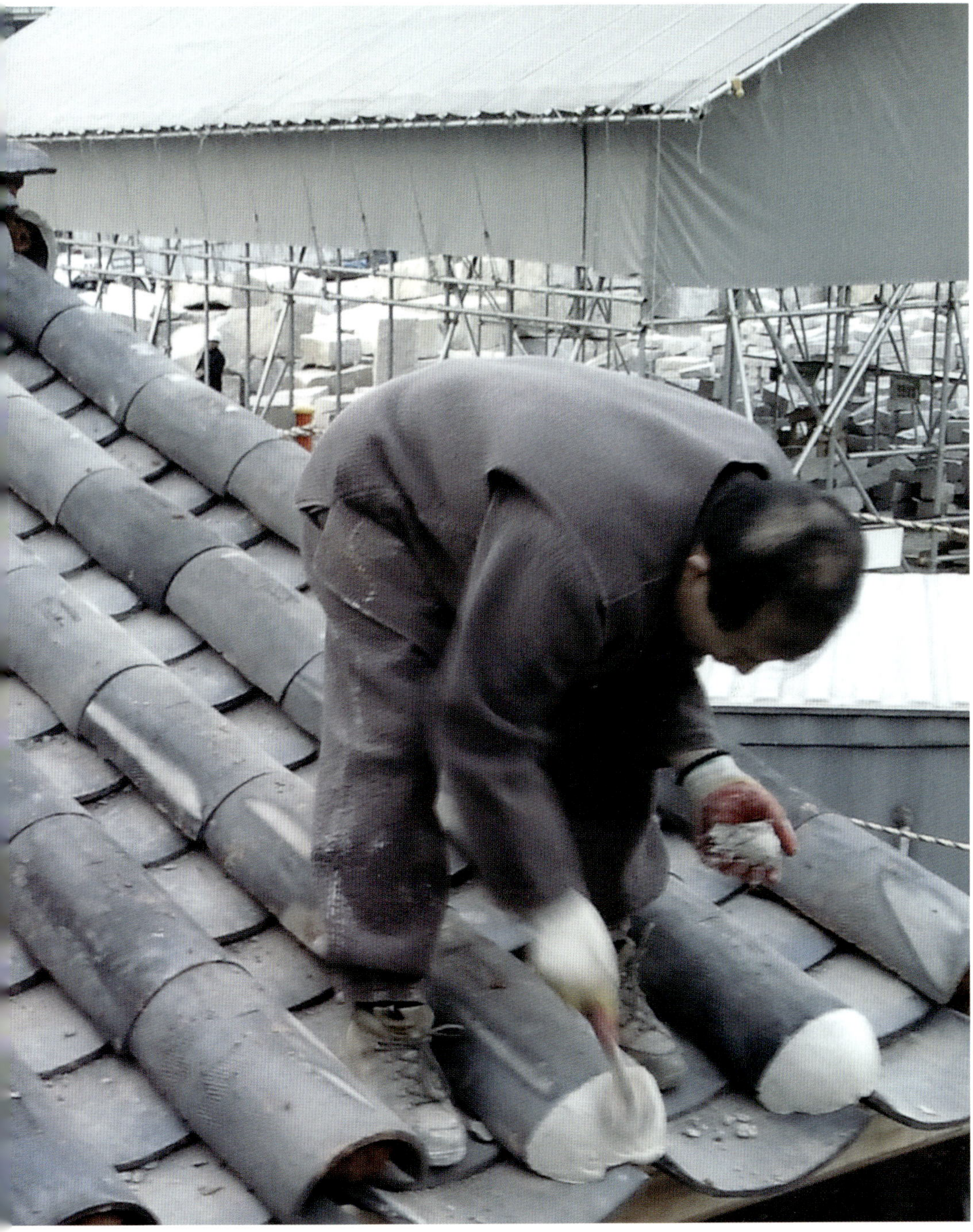

낙죽장 / 대나무 불 그림·글씨

Nakjukjang 烙竹匠

Bamboo Pyrography

지정번호 제 31호
지정일자 1969년 11월 29일

-

작고보유자
이동연 李同連, 1906~1985
국양문 鞠良文, 1914~1998

명예보유자

전승보유자
김기찬 金基燦, 1955~

전수교육조교

Designated No. 31
Designated Date. 29 November 1969

-

Deceased Holder of
Important Intangible Cultural Property
Lee Dong-yeon
Kook Yang-mun

Inherited Holder of
Important Intangible Cultural Property
Kim Gi-chan

대나무는 선비의 나무이다. 곧아서 의롭고 속이 비어 욕심을 버린 탓에 선비의 고고한 품성과 절의가 풍겨 나온다. 대나무는 구하기 쉬우며 가공이나 변형도 간단하다. 뿐만 아니라 그 상징적 속성 때문에 많은 일상용품의 주재료가 되어 우리 주위를 지켰다.

하지만 이런 선비나무에도 최소한의 장식은 필요했으니 불에 달군 인두로 대나무 껍질에 글씨나 그림을 새기는 일을 '낙죽'이라 한다. 다른 말로는 '낙화를 친다.'고 하는데 이를 행하는 이를 '낙죽장'이라 했다.

낙화에 사용되는 도구는 인두와 화로로 간단하다. 인두는 바느질인두와 달리 호미처럼 'ㄱ'자로 굽었고, 인두는 앵무새부리처럼 두툼하게 둥글어 무딘 것과 끝이 뾰족한 것, 두 가지를 사용했다. 인두는 소나무 숯불을 피운 질화로 위에 올려 달구어 사용했다. 인두가 식기 전에 한 무늬, 한 글씨를 마무리해야하기 때문에 특별히 숙련된 기술이 필요하다. 대개 합죽선·연죽설대·참빗·바느질자·붓대 등 소품에 사용된 탓에 무늬는 매우 가늘고 정교하게 새겨 넣었다. 낙죽과 함께 낙판기법도 사용되었는데 이는 놋쇠로 주형을 만들어 불 위에 올려놓고 달군 다음 대나무를 굴려 무늬를 얻는 기법이다. 우리나라에는 껍질이 검은 오죽이나 반죽이 귀한 탓으로 낙죽에 대한 기호가 높았다. 그러나 대나무제품 사용이 줄어들면서 낙죽 또한 동시에 쇠퇴해 오늘에 이르고 있다.

Bamboo is the tree of seonbi or scholar. They both are lonely for being straight, and greedless for carrying nothing insides. Bamboo is often used to make daily items, and to add some patterns on the bamboo, it is scorched with a red-hot iron. Nakjukjang refers to the artisan who is skilled at bamboo pyrography. Simple tools are used for Nakjuk, and the process involves a type of braning iron being heated in a brazier using fine tree charcoal and then pressing into the bamboo. If the iron is too hot, it burns the bamboo; if the iron is too cold, then the patterns will not be clear. As the artisans must carve figures at a certain temperature and finish the work before the red-hot iron, cools off, they need considerate experience and quick hands. Nakjuk is used to make decorative patterns on arrow shafts, acupuncture need boxes, sword grips, folding screens, tobacco pipes, folding fans and bamboo cases for writing brushes. Nakjuk used to be popular since black bamboo is scarce in Korea, but as the demand for bamboo items decreased, nakjuk also declined

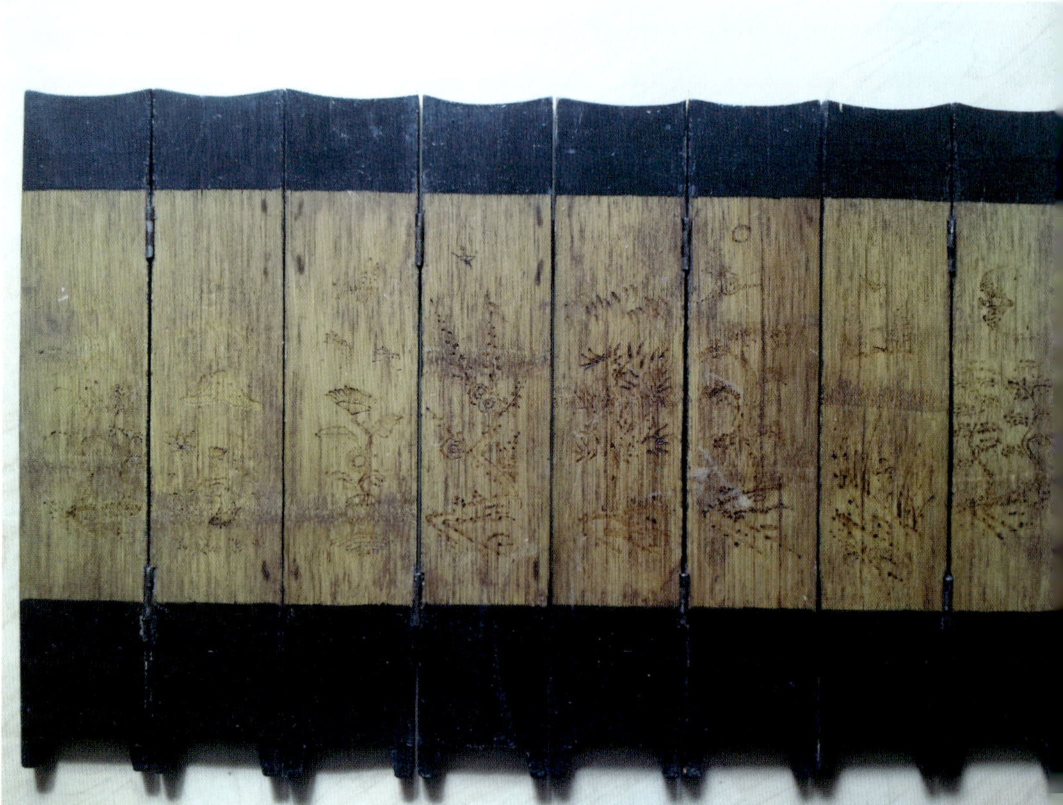

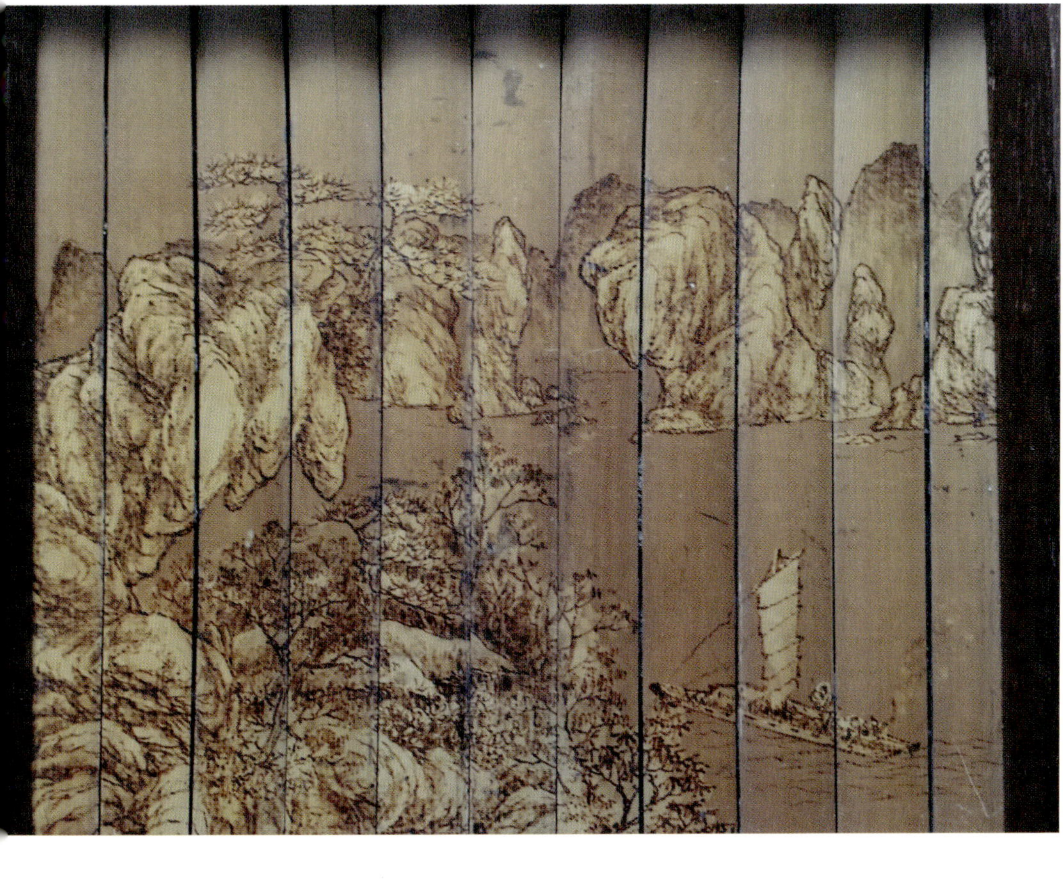

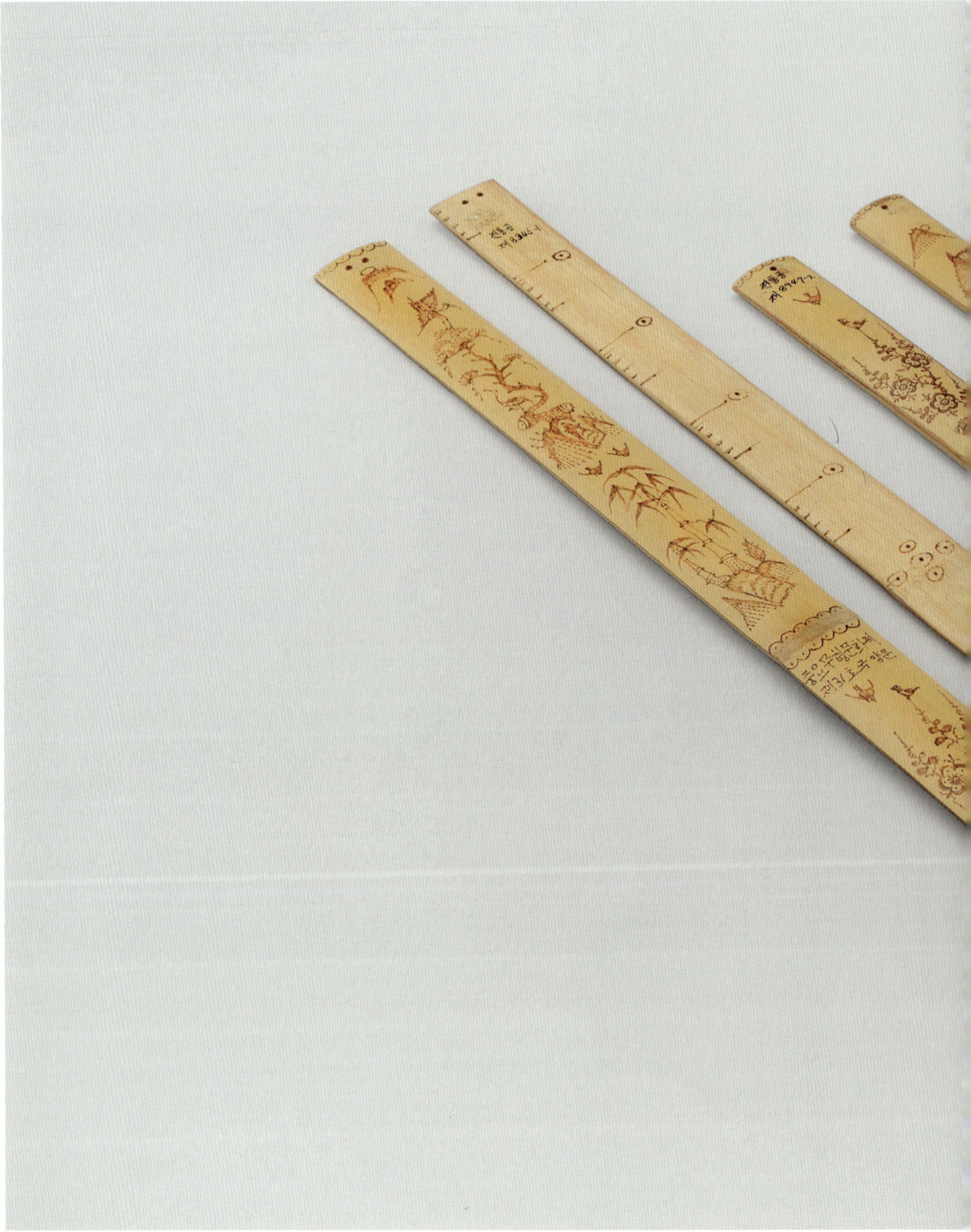

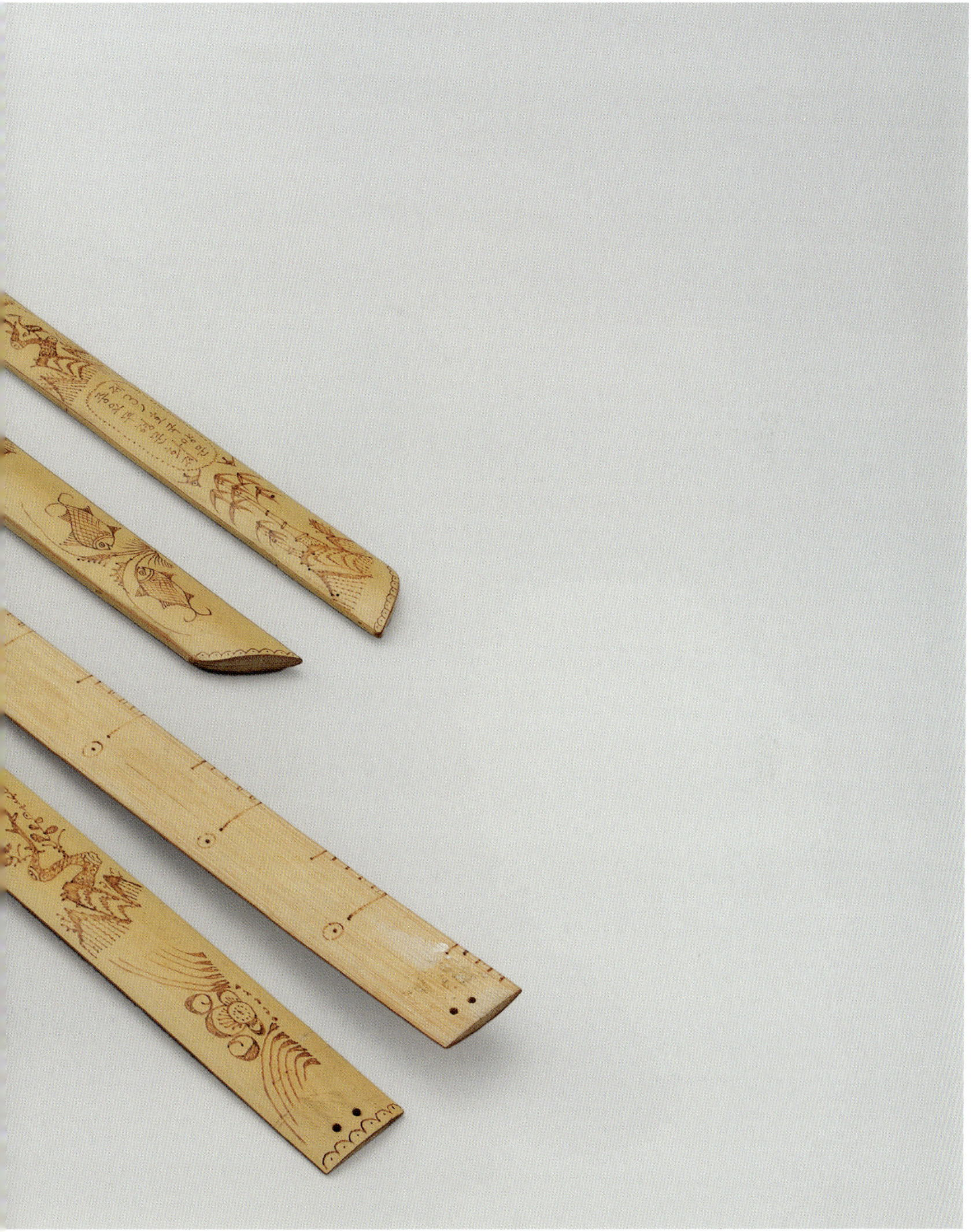

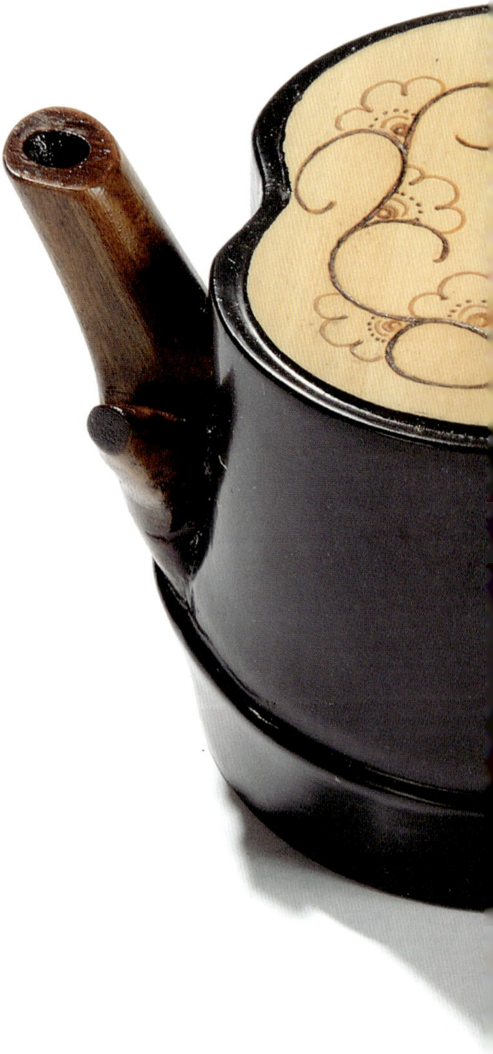

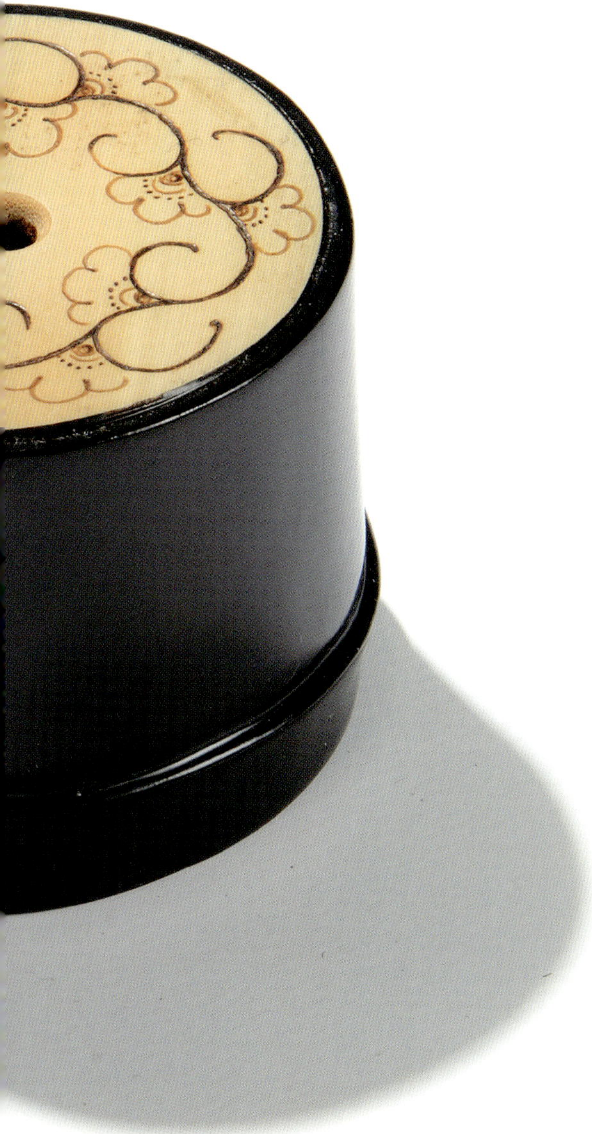

궁시장 / 활 만들기

Gungsijang 弓矢匠

Bow and Arrow Making

지정번호 제 47호
지정일자 1971년 9월 13일

-

작고보유자
궁장 / 김장환 金章煥, 1911~1984
궁장 / 권영록 權寧錄, 1916~1986
궁장 / 장진섭 張鎭燮, 1916~1996
궁장 / 김박영 金博英, 1933~2011
시장 / 이석훈 李錫勳, 1919~1980
시장 / 박상준 朴商俊, 1914~2001
시장 / 조명제 趙命濟, 1915~1980

명예보유자

전승보유자
시장 / 유영기 劉永基, 1936~
시장 / 김종국 金鍾國, 1940~
시장 / 박호준 朴浩濬, 1944~

전수교육조교
궁장 / 김윤경 金允炅, 1971~
시장 / 유세현 劉世鉉, 1964~
궁장 김성락 1969~

Designated No.47
Designated Date. 13 September 1971

-

Deceased Holder of
Important Intangible Cultural Property
Gungjang / Kim Jang -hwan
Gungjang / Kwon Yeong-rok
Gungjang / Jang Jin-seob
Gungjang / Kim Bak-yeong
Sijang / Lee Seok-hun
Sijang / Park Sang-jun
Sijang / Jo Myung-jea

Inherited Holder of
Important Intangible Cultural Property
Sijang / You Yeong-gi
Sijang / Kim Jong-guk
Sijang / Park Ho-jun

Assistant Important
Intangible Cultural Property
Gungjang / Kim Sung-rak
Gungjang / Kim Yun-kyeong
Gungjang / Yu Sae-hyeon

우리민족은 '동이족'이라 불 릴 만큼 활을 가까이 했고, 활을 잘 쏘았던 민족이다. 또 가장 멀리 나가는 활을 만들었던 민족이기도 하다. 아마 올림픽이나 각종 대회에서 양궁으로 세계를 제패하는 것도 따지고 보면 동이족의 DNA때문인지 모른다. 예로부터 활과 화살을 만드는 일은 분리되어 활을 만드는 '궁인'과 화살을 만드는 '시인'으로 구분했으며 이를 합해 '궁시장'이라 했다.

우리 활은 쇠뿔과 소 힘줄 같은 유별난 재료를 사용한 각궁이 특징이다. 활 몸의 손잡이 부분 즉 줌통과 활의 정탈목과 고자 잎 즉 활의 몸체 양 끝에 참나무와 뽕나무를 각각 대지만, 강력한 탄력을 유지하는 활의 중심부위 오금에는 죽심을 넣고 그 안팎에다 쇠뿔과 쇠심줄을 덧대고 감아 부레풀로 접착시킴으로써 강도를 최대한 끌어 올렸다.

조선시대에는 다양한 활이 쓰였지만 무관들이 사용하는 활은 역시 각궁이었다. 각궁은 나무, 힘줄, 쇠뿔 등 전혀 다른 성질을 지닌 재료를 천연 접착제로 결합한 활이다. 각궁 중 가장 성능이 좋은 활은 '흑각궁'이다. '흑각군궁'이라고도 하는 군용 흑각궁은 활채를 대나무가 아니라 산뽕나무로, 뿔은 수입산 검은색 물소 뿔을 썼다. 또 표면을 실로 감고 옻칠을 해 내구성을 보강한 것이 특징이다.

화살은 조릿대로 만들며 활과 마찬가지로 세심한 공정과 갖가지 합재로 이루어진다. 조선시대에는 군기시에서 활과 활촉을 만드는 공장을 운영했고, 선혜청에는 활의 재료를 관리하던 공물계가 있어 재료를 댔다. 우리 화살 중 특히 눈에 띄는 것은 '편전'이다. 크기가 작아 '애기살'이라고도 하는 이 화살은 길이가 36cm로 조선시대 화살 중 가장 작은 화살이었는데 관통력이 높고 화살의 길이가 짧아 적이 주워서 아군에게 다시 쏠 수 없었다. 조선후기에는 유엽전이 크게 쓰였다. 가벼워 누구나 쉽게 쏠 수 있는 화살이다. 유엽전은 철촉으로 만들어진 화살로 화살촉이 마치 버드나무의 잎처럼 생겼다고 해 붙여진 명칭이다. 이 유엽전은 무과폐지 후 전국에 국궁장이 생겨나면서 가장 일반적으로 사용되는 죽시로 오늘까지 남아있다.

Ancient Korean people kept arrows close to them and were good at archery. The reason why Koreans now score high in major archery games such as in the Olympics may be from the DNA. Gunsijang refers to the making of bows and arrows. A bower maker is known as a gungjang, and an arrow maker is known as a sijang.

The materials used to manufacture a bow include bamboo, mulberry, the horn of a water buffalo, and the muscles of a cow. A Korean bow, or gakgung, is made with the horn and muscle of a cow, as is the ganging, a strong bow capable of shooting an arrow a considerable distance. The grip and both ends of the bow are made of black oak and mulberry. In order to maintain a bow's resilience, the bow maker inserts a central piece made of bamboo into the bow and attaches cow's horn and muscle to it with fish glue.

During the Chosun Dynasty, there was a factory to make arrows and bows. Pyeonjeon is a 36 cm long arrow which is the shortest arrow of the time. Its penetration is accurate, and because of its short length, the enemy cannot re-use it once it is shot. In the late Chosun Dynasty, Yuyeobjeon becomes a popular arrow for its lightness. It is named after willow leaves because of the shape of its arrowhead.

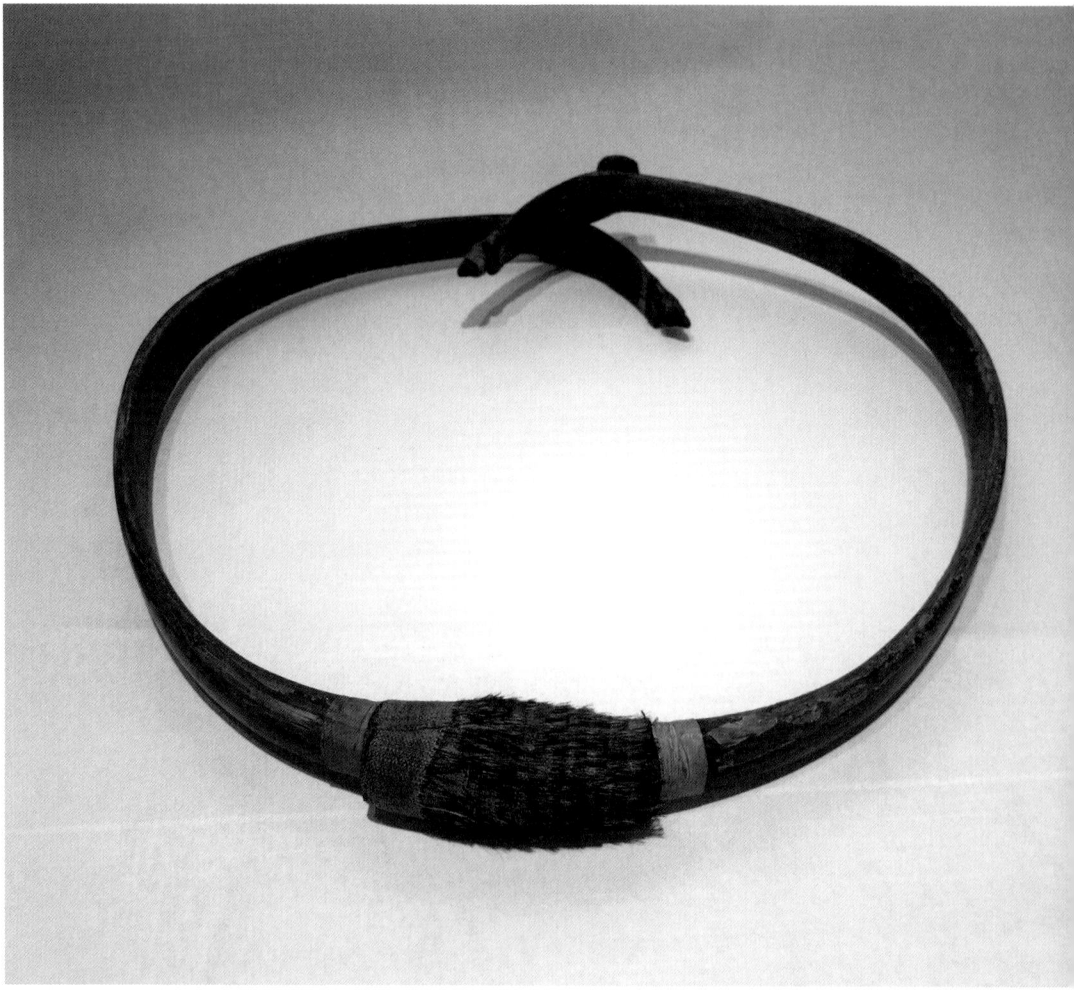

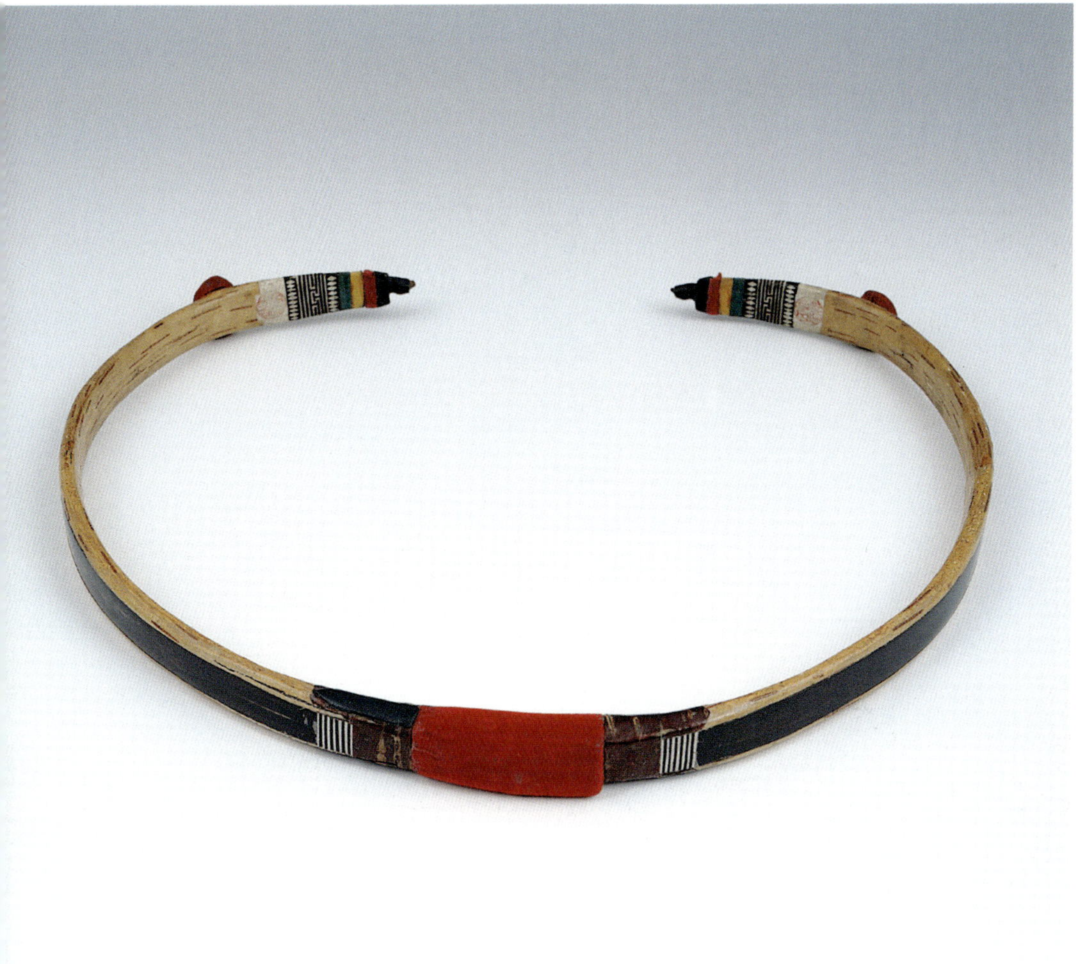

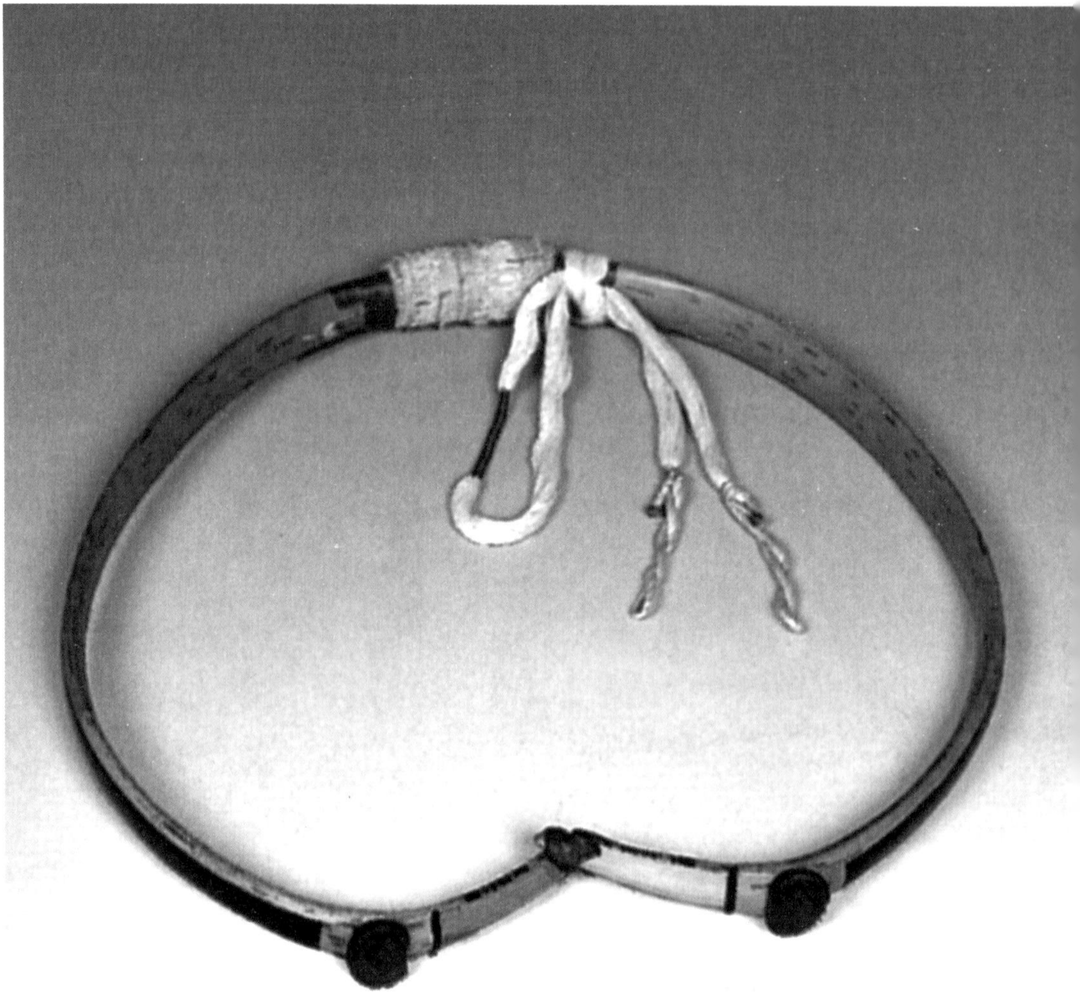

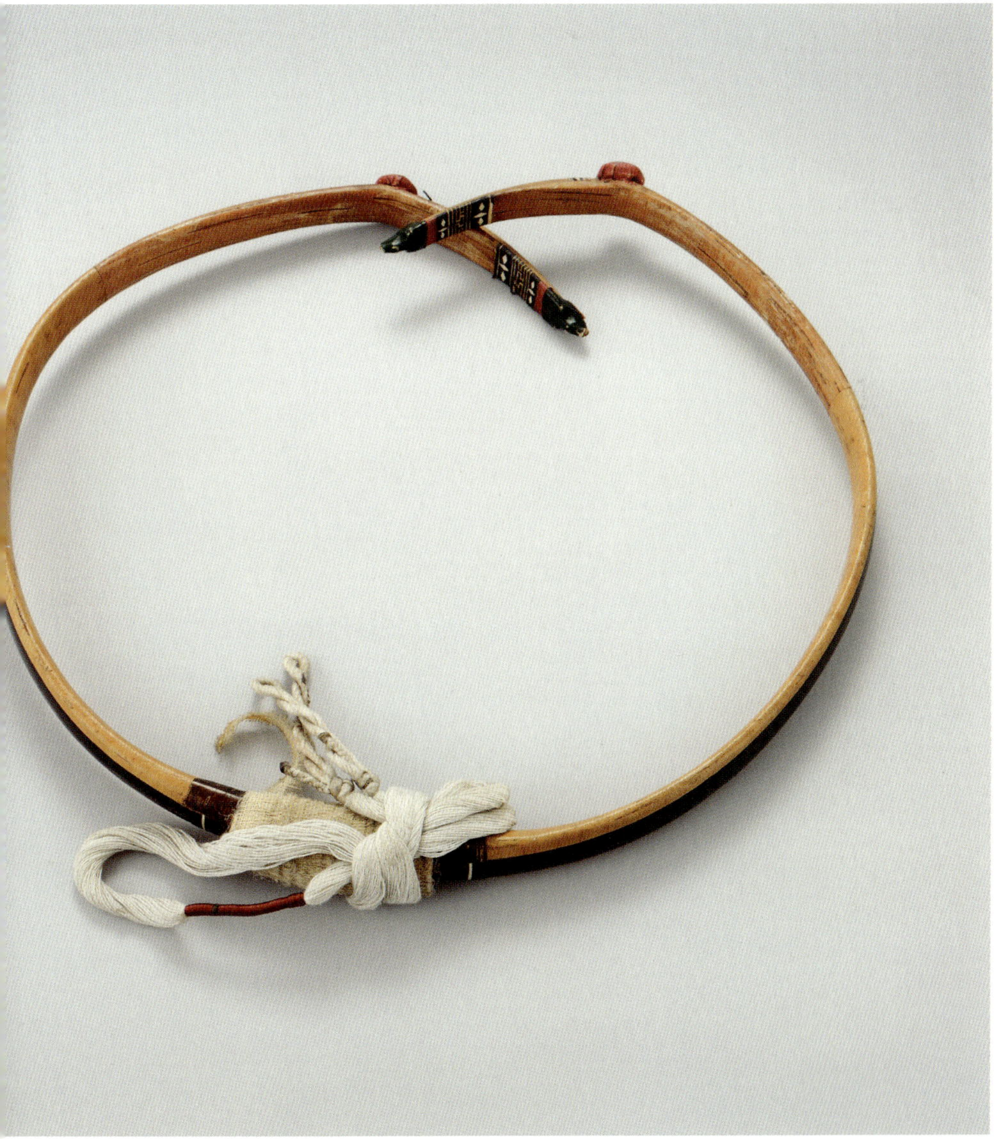

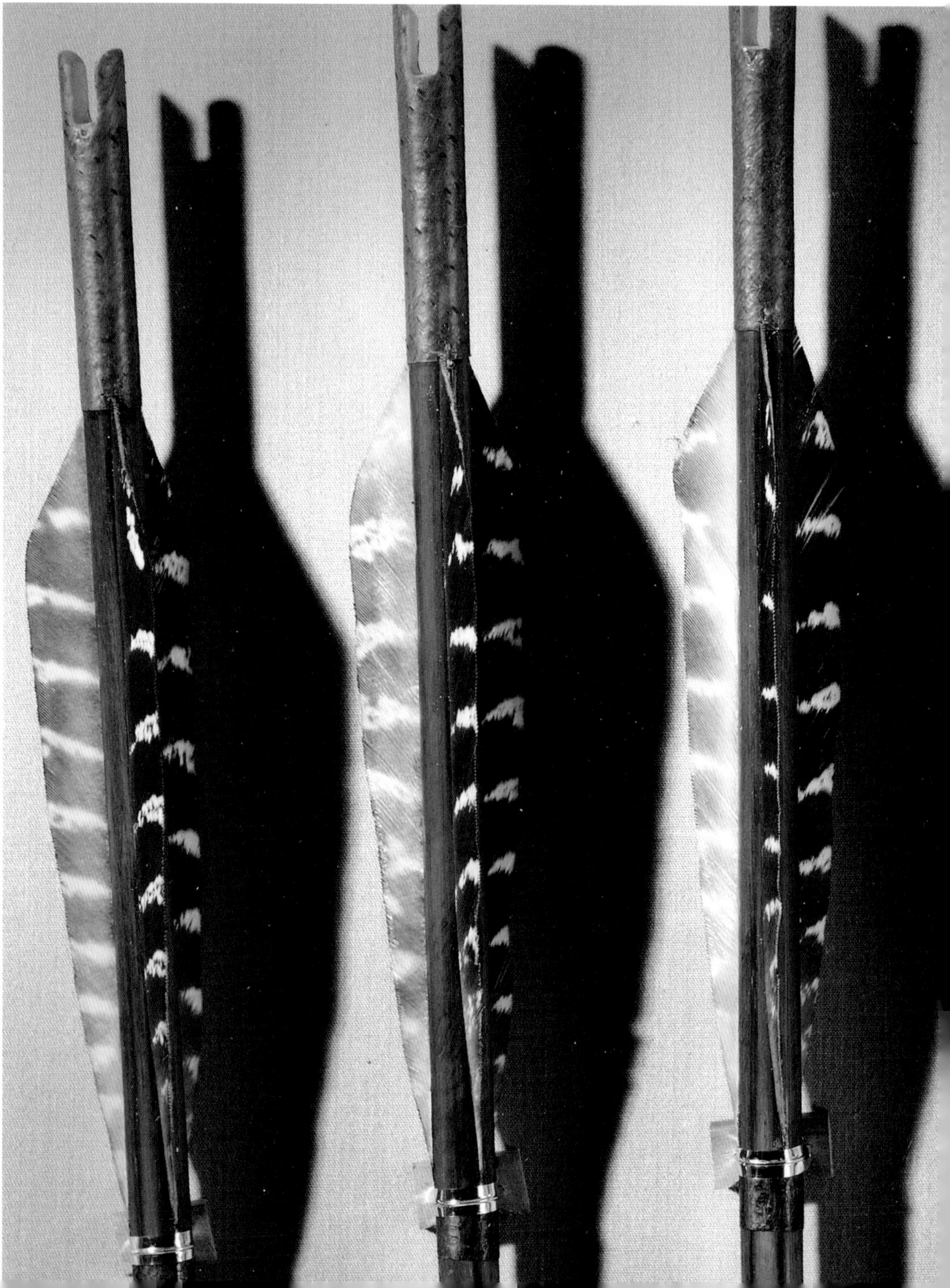

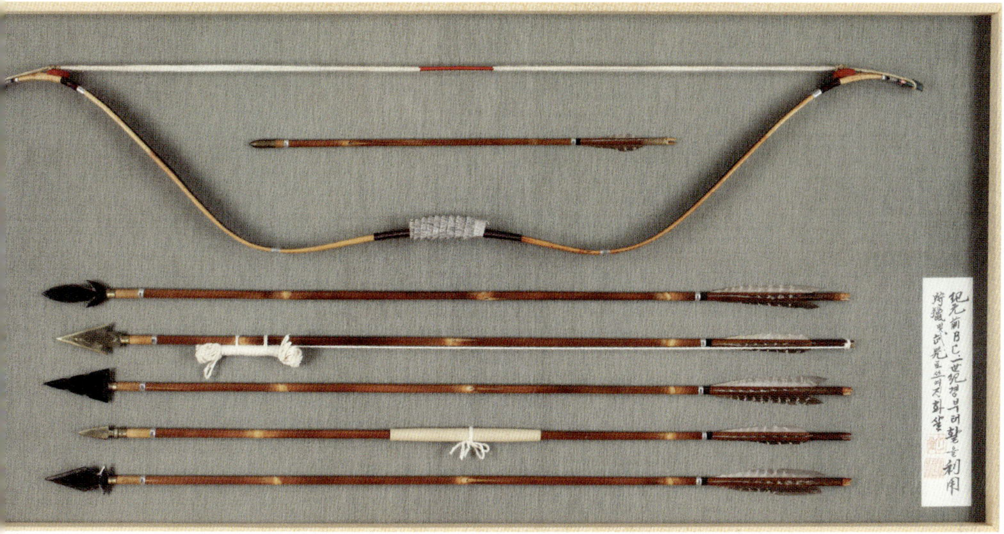
紀元前B.C.一世紀경부터 활을 利用
狩獵및 武器로 쓰여진 화살

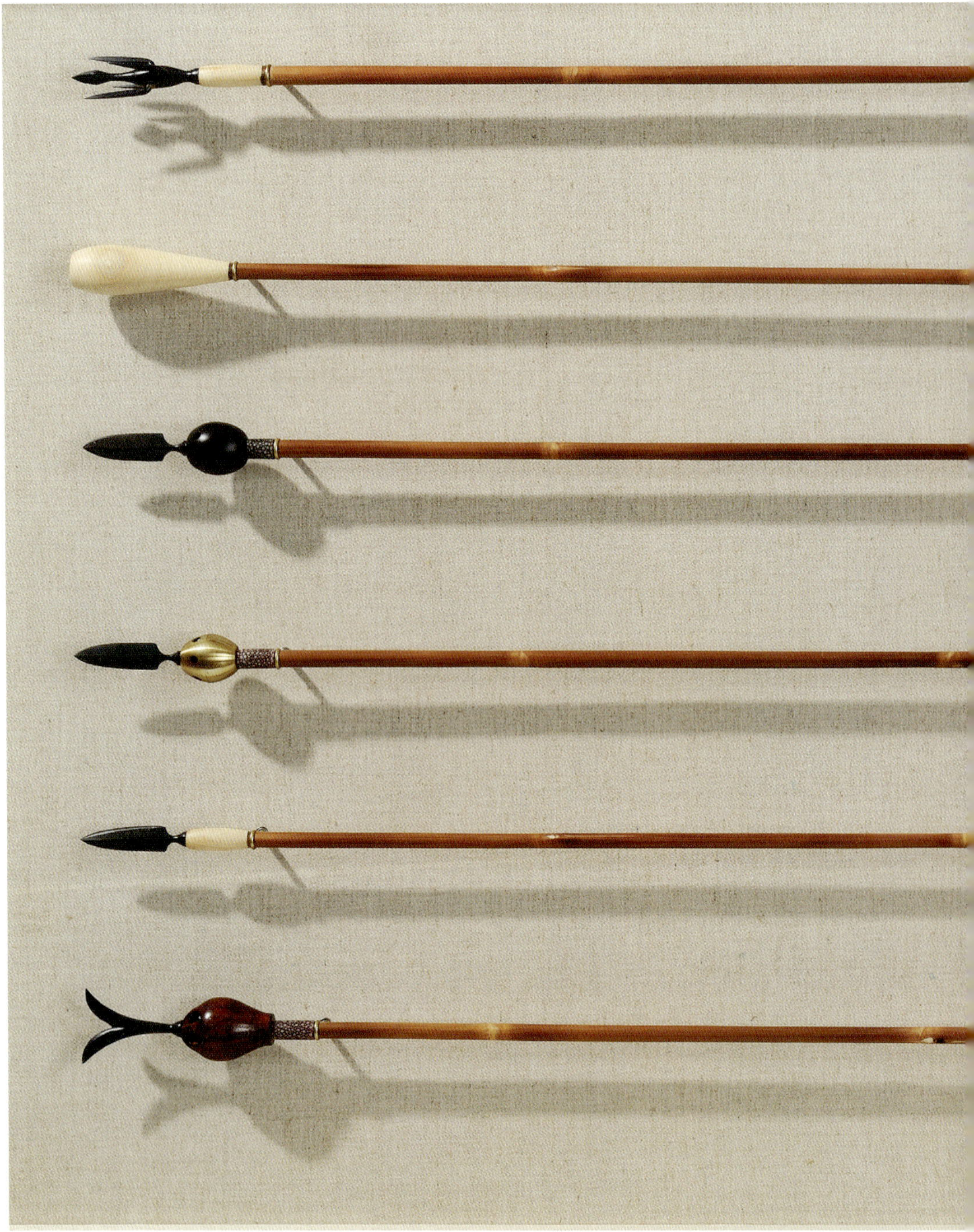

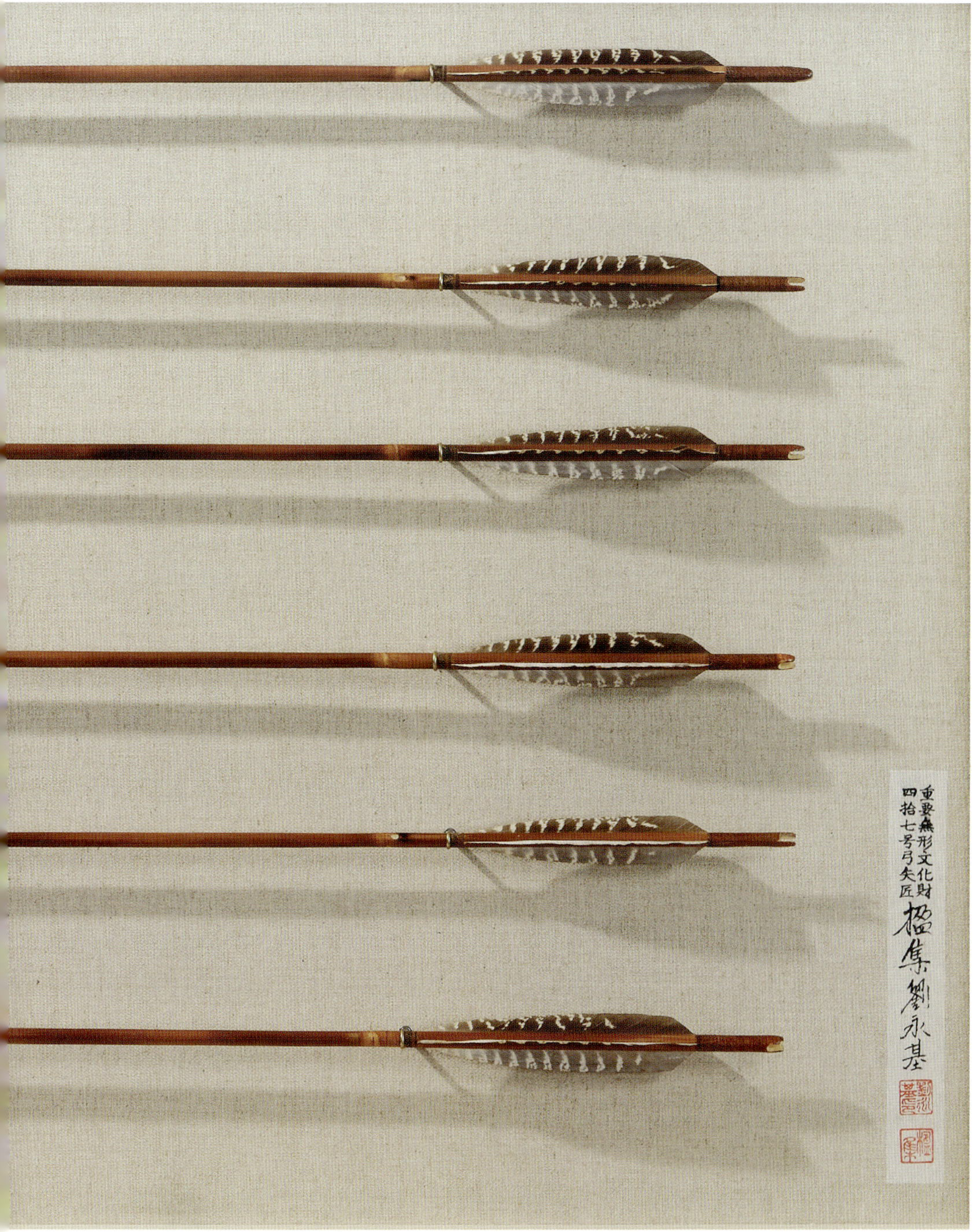
重要無形文化財
四拾七号弓矢匠
劉永基

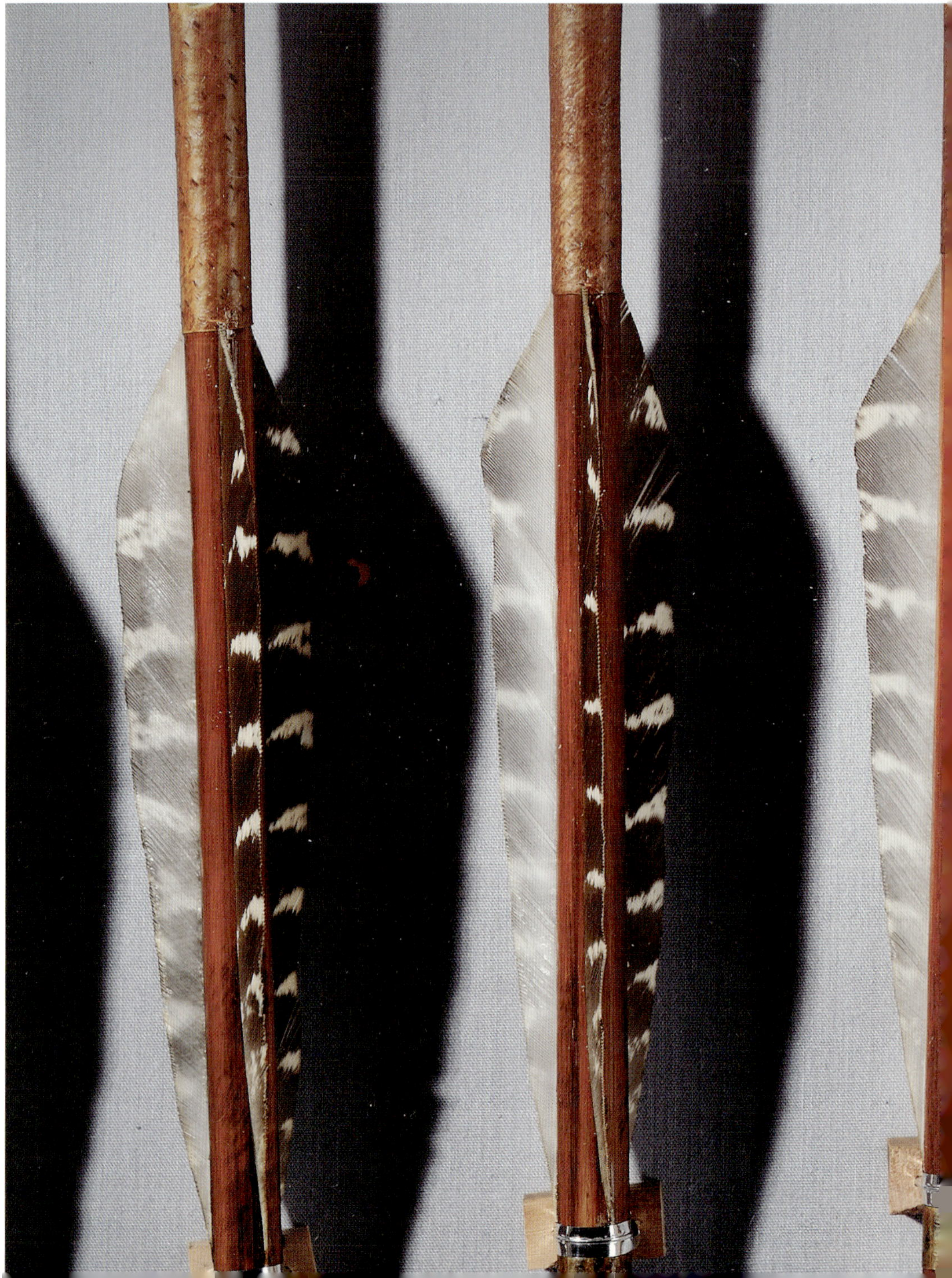

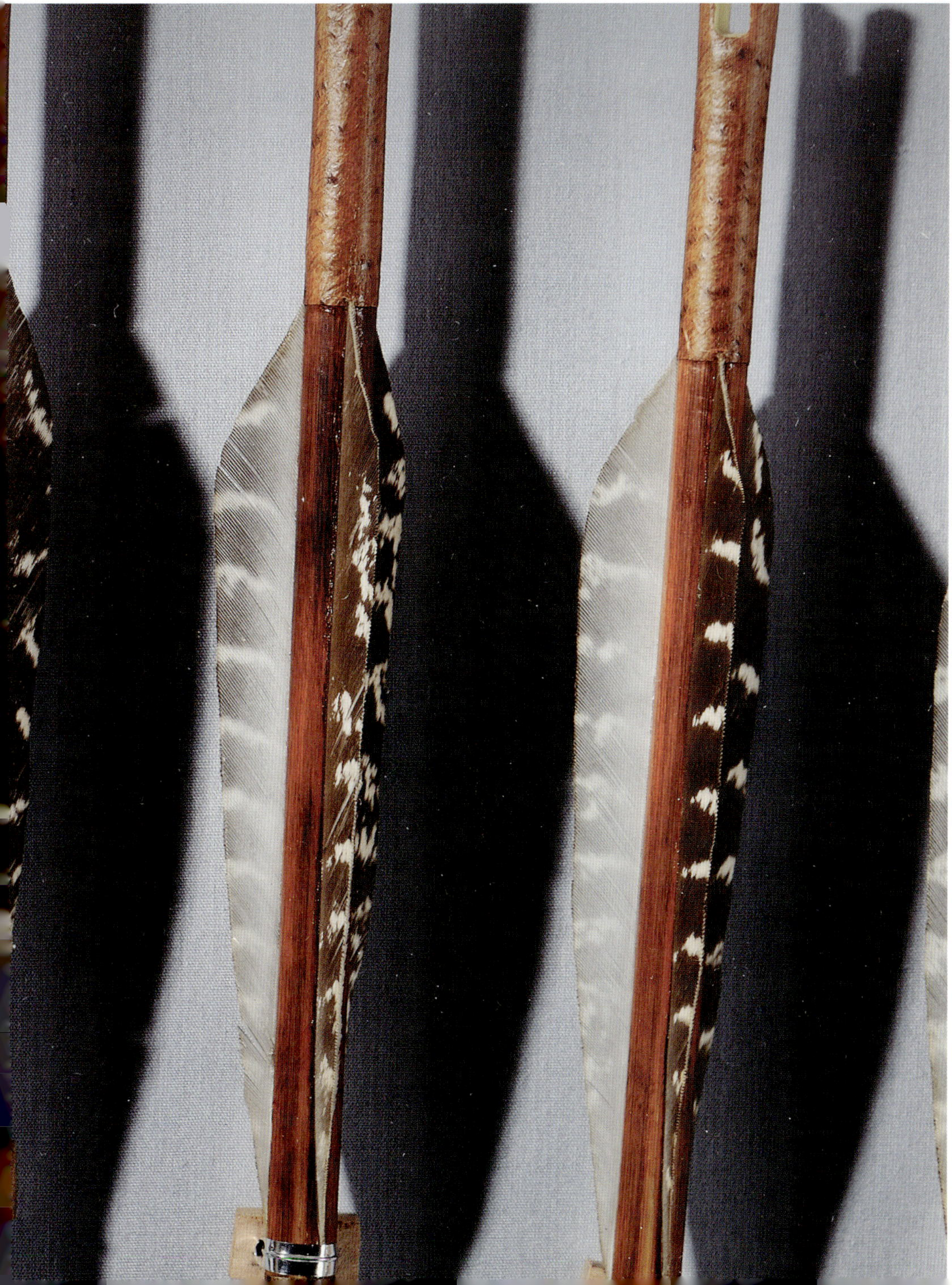

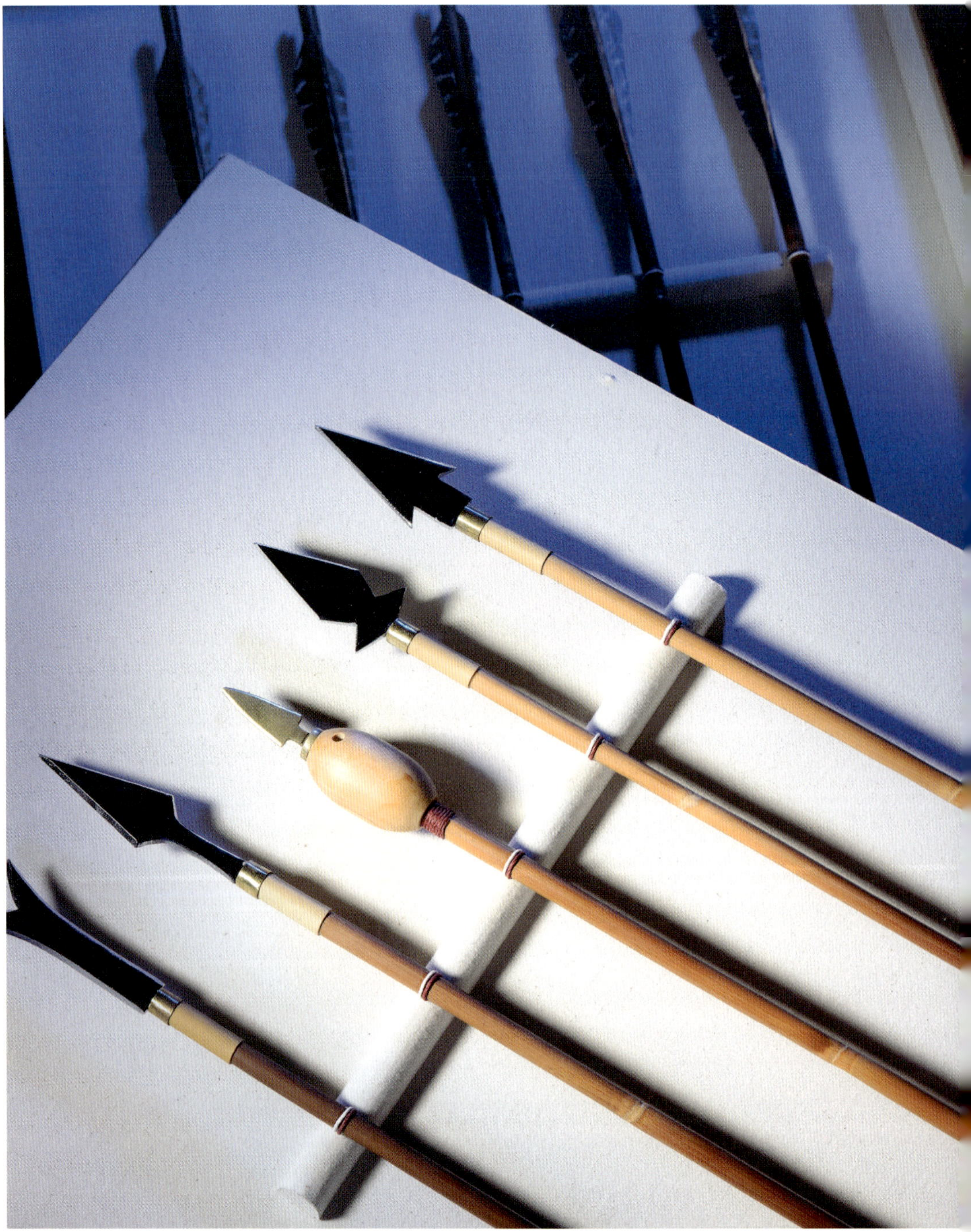

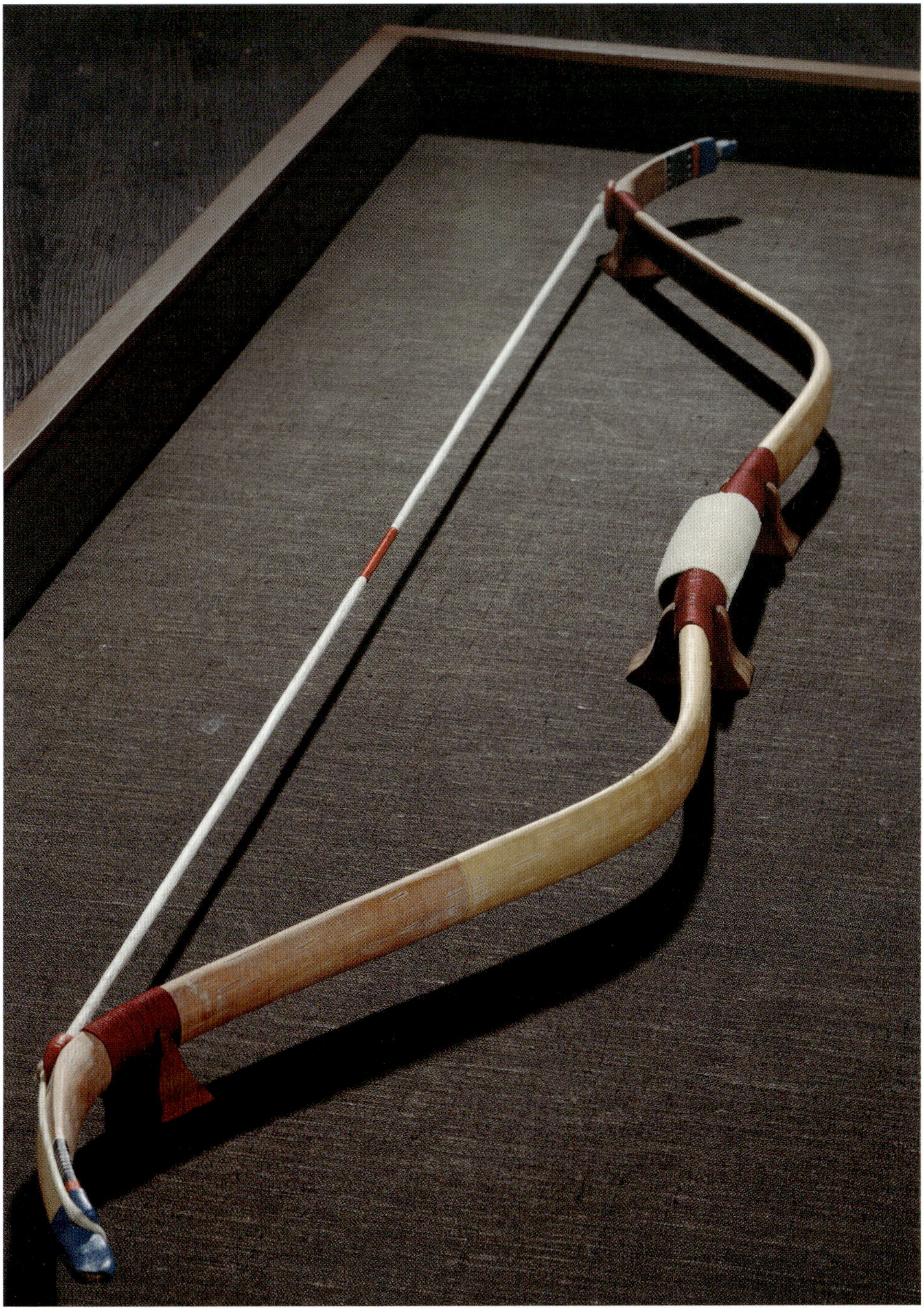

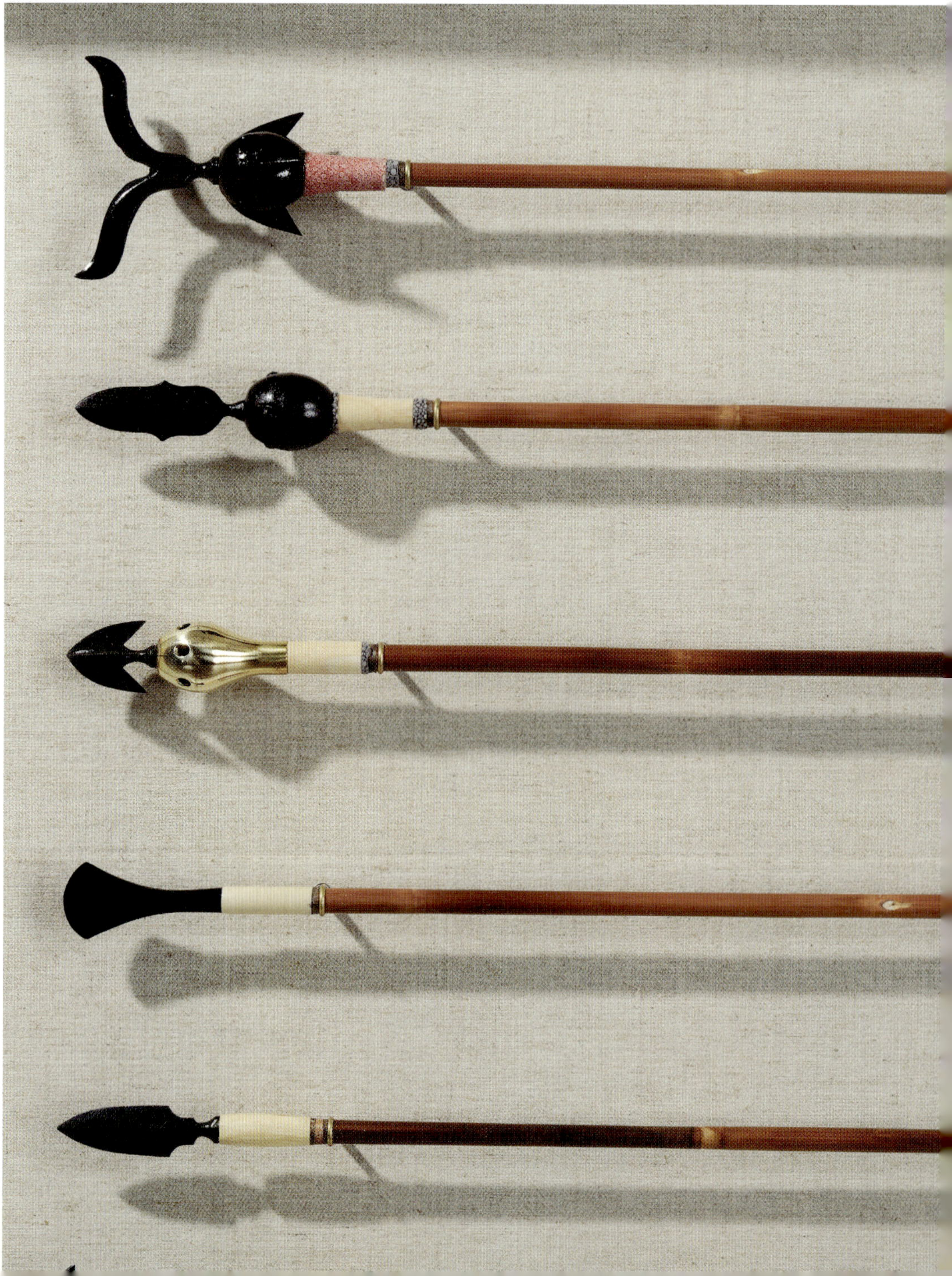

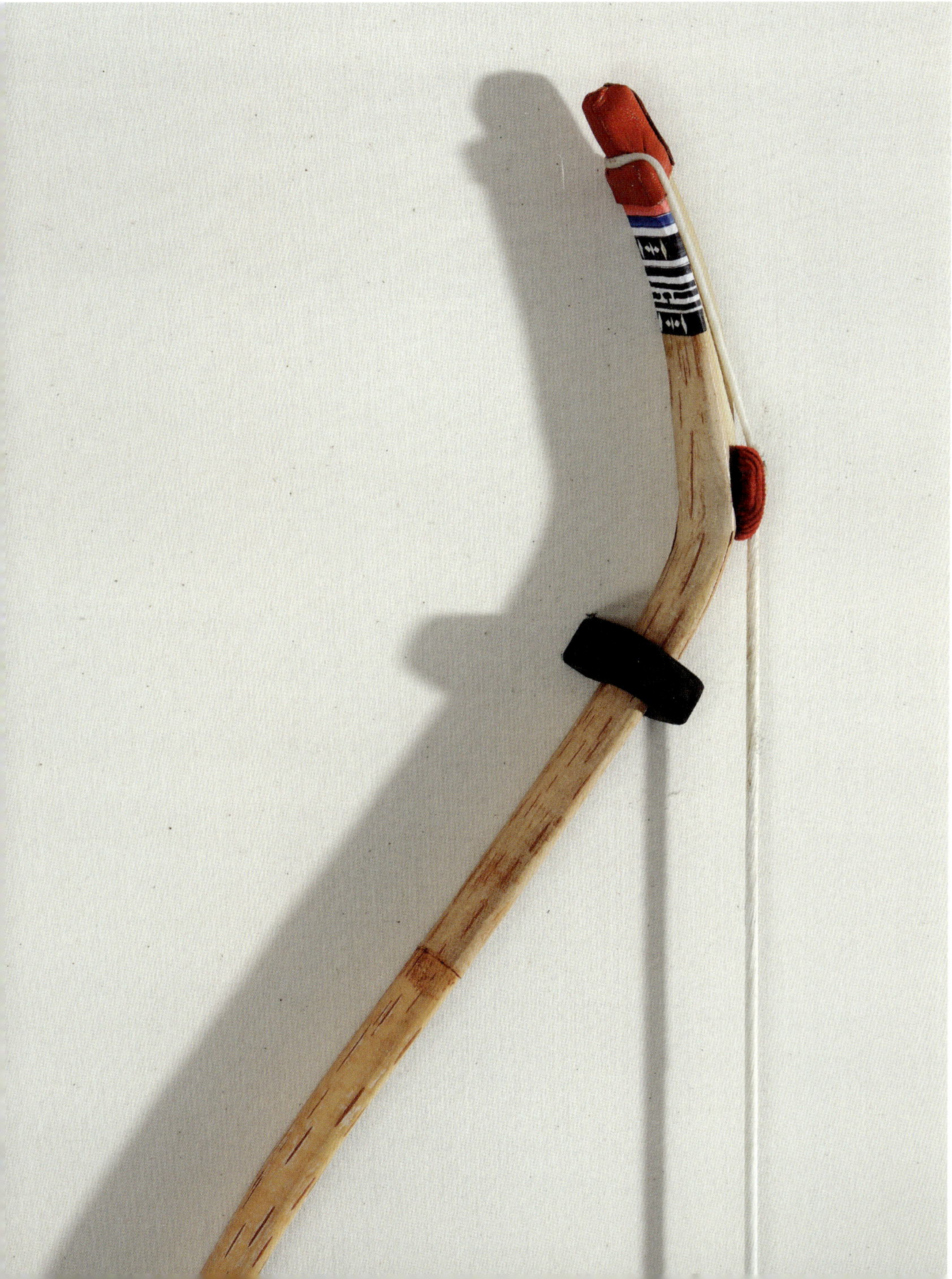

전통장 / 화살 통 만들기

Jeontongjang 箭筒匠

Quiver Making

지정번호 제 93호
지정일자 1989년 6월 15일

-

작고보유자

명예보유자

전승보유자
김동학 金東鶴, 1931~

전수교육조교

Designated. No 93
Designated Date. 15 Jun 1989

-

Inherited Holder of
Important Intangible Cultural Property
Kim Dong-hak

'전통'은 이동하면서 화살을 안전하고 간편하게 운반하기위해 만든 '화살통'을 의미하며 이를 만드는 이를 '전통장' 또는 '통개장'이라 한다. 일찍이 활과 밀접한 관계를 지녔던 우리민족이 전통공예분야에 화살통 만드는 일이 포함되는 것은 당연한 일이다.
우리나라의 활과 화살의 역사는 이미 신석기시대를 시작으로 고구려 쌍영총 기마도, 수렵도에서는 물론 신라, 백제 고분에서 화살통을 꾸몄던 장식이 출토되어 그 역사를 증명한다. 고려, 조선시대에 들어 군영에서 병사들의 활쏘기 훈련이 일반화하면서 화살통은 필수품이 되었다. 임진왜란 이후 총포와 화약이 발전하여 널리 쓰이면서 활의 쓰임새가 줄어들자 자연스럽게 화살통 수요도 줄어들었다.
화살통은 수렵용과 전쟁용으로 나뉘며 전통의 재료에 따라 대로 만든 죽전통, 종이로 만든 지전통, 오동나무로 만든 목전통, 거북껍질로 만든 대모전통, 제상어 가죽으로 만든 교피전통, 또 '화피'라 해서 백두산에서 자생하는 벚나무 껍데기와 투갑상어의 껍질을 쓰기도 하고 나전으로 장식한 호사스런 것도 있다.
전통재료로는 주로 2년 이상 된 왕대나무를 쓰며, 습기가 없는 곳에서 2년 이상 묵혔다가 묽은 양잿물에 3일 정도 담가서 진을 뺀다. 그 후 몸통 속에 마디를 제거하고 껍질에 문양을 조각하고 칠을 해서 완성한다.

A jeontong is a cylindrical quiver used for carrying arrows during battle or hunting. Jeontongjang refers to the artisan who makes such cases. It is only natural that jeontong is part of traditional Korean crafts, since ancient Koreans are very involved in archery.
Jeontong used to be a necessity during the Goryeo and Chosun Dynasties as most soldiers are trained archery. But after the Japanese Invasion of Korea, guns are more used, thus the number of arrows and jeontongs decreased.
Many different types of arrow case are made depending on the materials used, which include bamboo, paper, paulownia, and shark skin. The splendid decorations on the cases are made either by engraving or by applying mother-of-pearl. Over two year old bamboos of which color is bright green are mainly used to make jeontong. The bamboo is stored for two years in a shade before craftsmen remove the inner gnarls, engrave patterns on its surface, and then paint it.

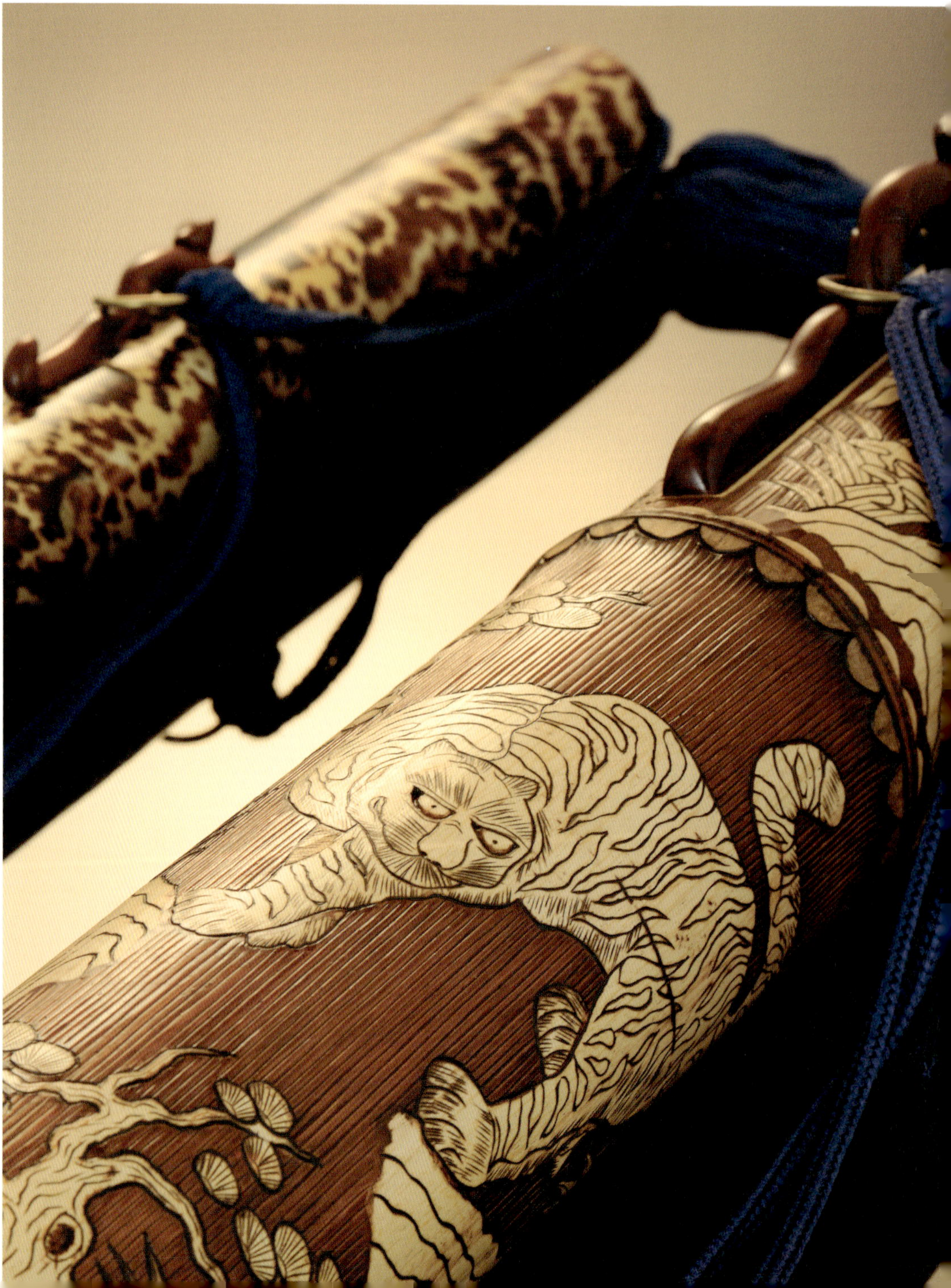

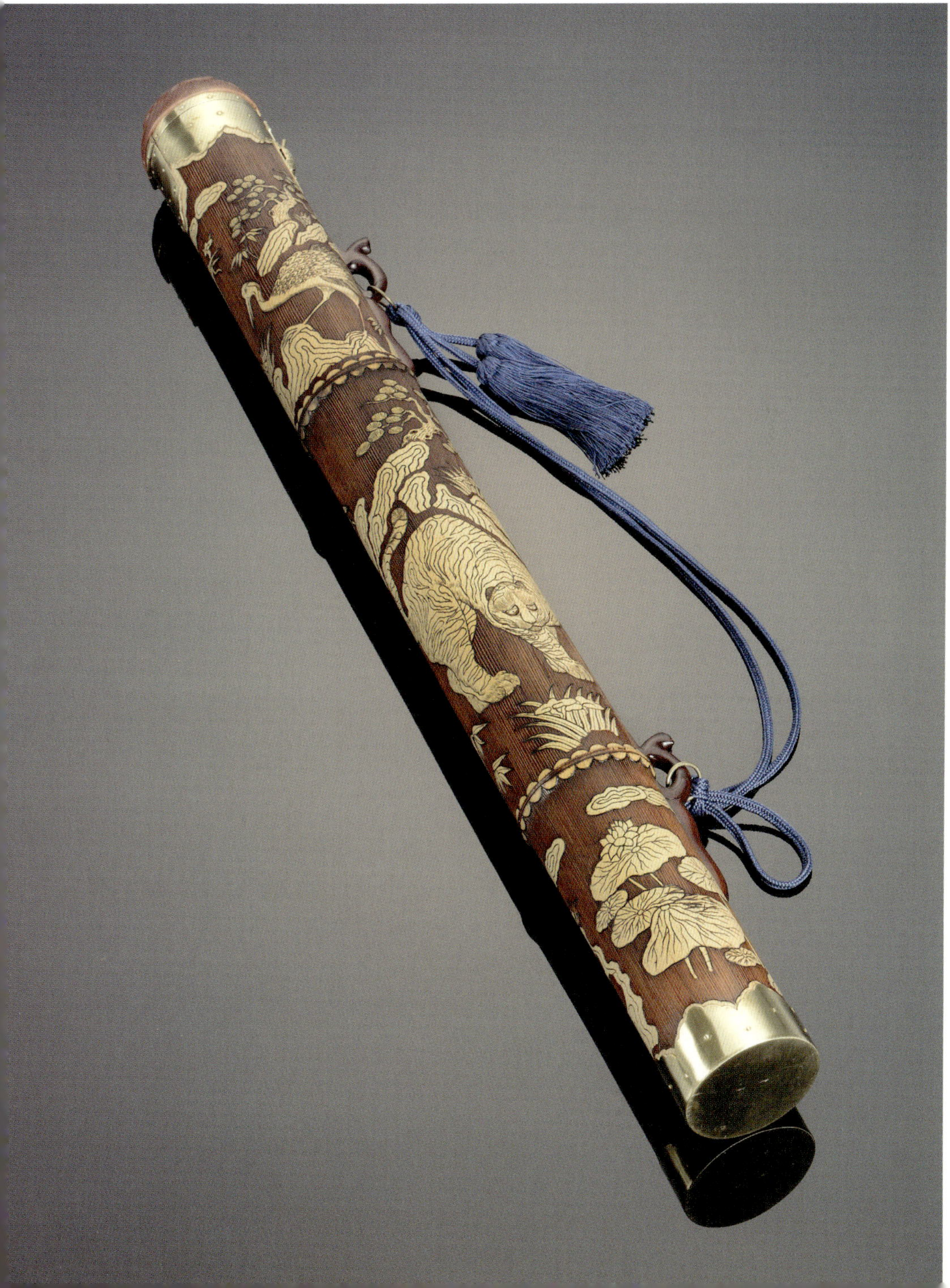

벼루장

Byeorujang 硯匠

Korean ink stone

지정번호 제 94호
지정일자 1989년 12월 1일

-

작고보유자
이창호 李昌浩, 1926~1990

명예보유자

전승보유자

전수교육조교

Designated. No 94
Designated Date. 1 December 1989

-

Deceased Holder of
Important Intangible Cultural Property
Lee Chang-ho

벼루는 '문방사우'라 해서 붓과 종이, 먹과 함께 선비들이 갖추어야 할 가장 기본적인 문구였으며, 먹을 가는 도구 이전에 아름다운 돌의 무늬와 장수와 귀함 그리고 학문적 성취 같은 다양한 의미를 함께 품고 있는 것이었다. 우리 선비들에게 '벼루'는 매우 귀한 친구이자 아름다움 완상품 이었던 것이다. 따라서 벼루는 갖가지 양식과 무늬를 가진 종류가 많다. 재료에 따라 돌로 만든 석제연, 쇠로 만든 철제연, 구리로 만든 동연, 옥으로 만든 옥연, 수정으로 만든 수정연, 나무로 만든 목제연, 흙으로 빚어 구워 만든 토제연, 흙으로 만들고 유약을 발라 구워 만든 도제연, 상아로 만든 상아연 등 종류가 매우 다양하다.
또한 모양은 네모난 것이 주를 이루지만 둥근 것이나 육각형, 팔각형은 물론 거문고를 본 따 만든 금연이나 한쪽이 넓은 풍자연, 먹을 가는 부분은 둥근 해 모양으로, 물을 담는 오목한 앞부분은 둥근 달 모양으로 만든 일월연에 이르기까지 다양하다. 크기도 작은 것에서 큰 것에 이르기까지 같거나 닮은 것이 없다 할 정도로 많은 종류의 벼루가 만들어졌다. 검약을 미덕으로 여겼던 선비들의 거의 유일한 사치품 중 하나라 해도 과언이 아닐 정도였다.
벼루는 부드럽지만 단단하고 결이 고와 먹이 곱게 갈리고 붓이 부드럽게 나가고 먹에 광채가 나며, 원석의 수분흡수율이 극히 적어 한번 갈아놓은 먹물을 오래 두고 쓸 수 있는 것을 좋은 벼루로 평가했다. 단양과 담양의 붉은 색 돌, 보령의 남포석, 파주의 화초석, 정선의 목문석을 으뜸으로 친다. 1990년 이창호가 세상을 뜨고 후계자를 찾지 못 해 1994년 무형문화재 종목에서 해제되었다.

Byeoru, a plate to grind inkstone, is a very precious friend to scholars and a pleasure to the eye. Before the modern era when pencils and pens become common, Byeoru used to be considered one of the four most essential stationeries along with the brush, paper, and inkstone. The patterns on inkstone are regarded as important as the function, because they carry meanings such as longevity, preciousness or academic achievement.
Byeoru can be made with different materials like stone, iron, copper, jade, crystal, wood, clay, glazed clay and ivory. Also it comes in various shapes like rectangle (the most common one), round, hexagon, octagon, kite, dustpan, the sun and moon, big, small and more. Byeoru is almost considered as a luxury for the scholars who regard frugality as virtue. Byeoru is soft but, and yet, has a fine and hard surface which allows the brush to glide smoothly and inkstone to be grinded nicely. The quality of byeoru is decided by its lustrousness and low water-absorbance .
The stones considered to be good are jakseok found in Danyang and Damyang, namposeok found in Boryeong, whachoseok found in Paju, and mokmunseok found in Jeoungseon. Byeoru lost its place in the categories of intangible cultural asset as Changho Lee passed away in 1994 without any successors.

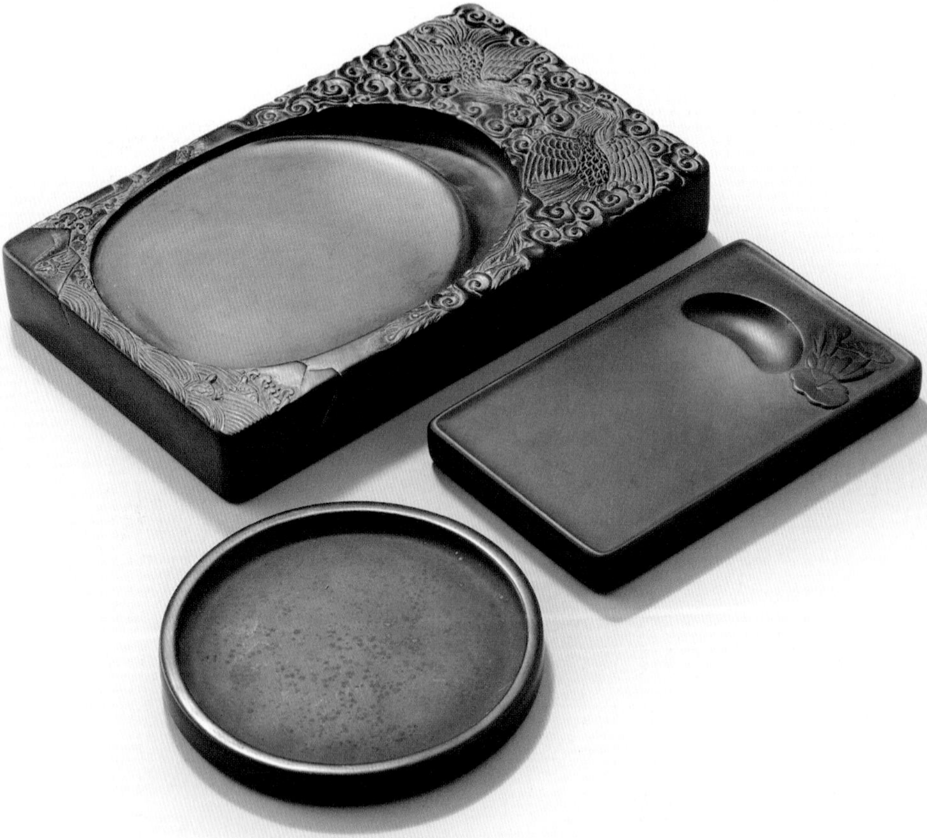

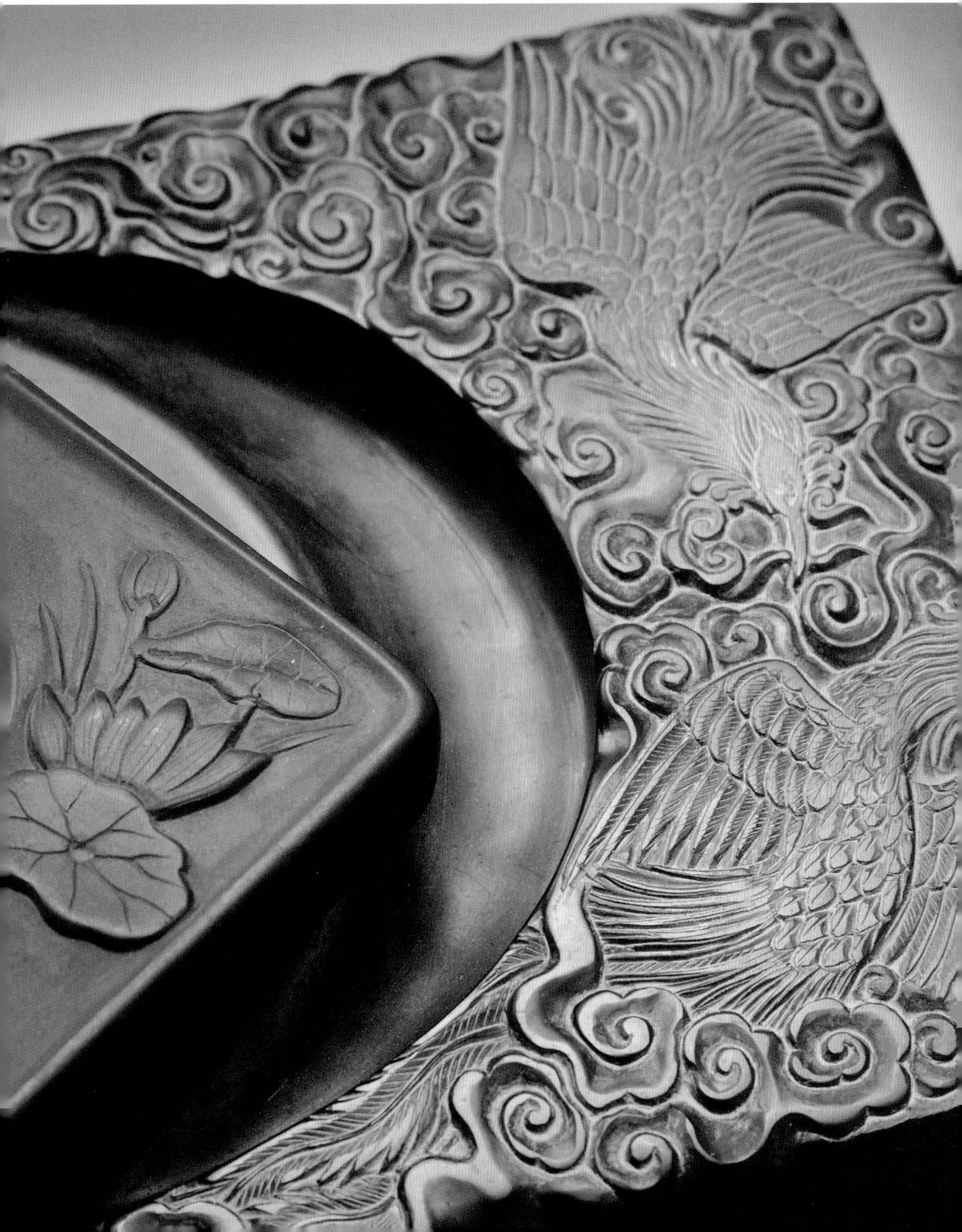

금속활자장

Geumsokhwaljajang 金屬活字匠

Metal Movable Type Making

지정번호 제 101호
지정일자 1996년 2월 1일

-

작고보유자
오국진 吳國鎭, 1944~2008

명예보유자

전승보유자
임인호 林仁鎬, 1964~

전수교육조교

Designated. No 101
Designated Date. 1 February 1996

-

Deceased Holder of
Important Intangible Cultural Property
Oh Guk-jin

Inherited Holder of
Important Intangible Cultural Property
Im In-ho

활자가 사라지고 폰트(font)만 남았다. 책은 내용도 내용이지만 손과 눈 맛이 있어야 한다. 많은 사람들이 여전히 시간을 내어 발품을 팔아 서점을 찾고 직접 책을 만져보며 고르는 것도 따지고 보면 활자의 힘을 믿는 까닭이다. 여전히 책은 글자의 예술이며 보는 것인 것이다.

우리는 1455년쯤 찍었다는 구텐베르크 성경보다 80년 가까이 먼저 흔히 '직지'라 불리는 '직지심체요절'을 세계 최초로 금속 활자로 찍어 만들었다고 자랑한다. 하지만 요즘 우리의 책에 대한 태도나 활자의 처지를 생각하면, 글쎄 자랑할 만한 자격이 있을까 하는 생각이 든다.

'금속활자장'은 금속 주조기술을 이용해 인쇄용 활자를 만들어내는 장인이다. 우리는 중국 북송 때 흙을 아교와 섞어 만든 교니활자와 나무활자기술을 들여왔다. 그리고 이를 발전시켜 고려시대에 이미 중국보다 먼저 '증도가자'라 불리는 금속활자를 발명해 이를 썼다.

유학이 발달했던 조선시대에 우리 출판 인쇄문화는 꽃을 피웠는데 고려말기 '서적원' 제도를 이어 '주자소'를 설치하고 '계미자'를 만들었다. 세종시절에는 '초주 갑인자'를 만들었는데 처음으로 한글 활자가 나왔다. 조선후기에 들어서는 일반에서 사사로이 금속활자를 만들어 책을 발간하기도 했다.

금속활자는 밀랍으로 활자모양을 조각한 후, 이 밀랍 조각을 찰흙 등으로 덮어씌워 말린다. 여기에 열을 가하면 밀납이 녹아 빈 공간이 생기고 그 속에 쇳물을 부어 식히면 활자가 탄생한다. 이를 밀랍 주조법이라 한다. 또 이미 만들어진 주물토로 형체를 만들어 그 사이에 쇳물을 부어 활자를 만드는 주물사 주조법이 있다.

Types are gone, and only fonts are left. Touch is as important as the story when it comes to a book. Many people still believe in the power of types, make time to go to a bookstore, and touch books before buying them.

Koreans boast about making the first print using Geumsok Hwaljaja, metal types, 80 years before the Bible of Gothenburg was printed in 1455. But considering how Koreans treat books or types these days, things aren't too optimistic.

Geumsok Hwaljajajang refers to the artisan who makes the metal types required for the printing and publication of books. Ancient Koreans import the technique of making types using clay and wood, but by the Goryei Dynasty, they invent metal typing before Chinese. The printing industry blooms during the Chosun Dynasty as it reflects the nature of Koreans who value studying highly. In the late Chosun Dynasty., Some people produce metal types privately to publish books. Metal types are produced using the casting method, a process divided into four parts: arranging the basic letter style, making a prototype, making castings, and finishing.

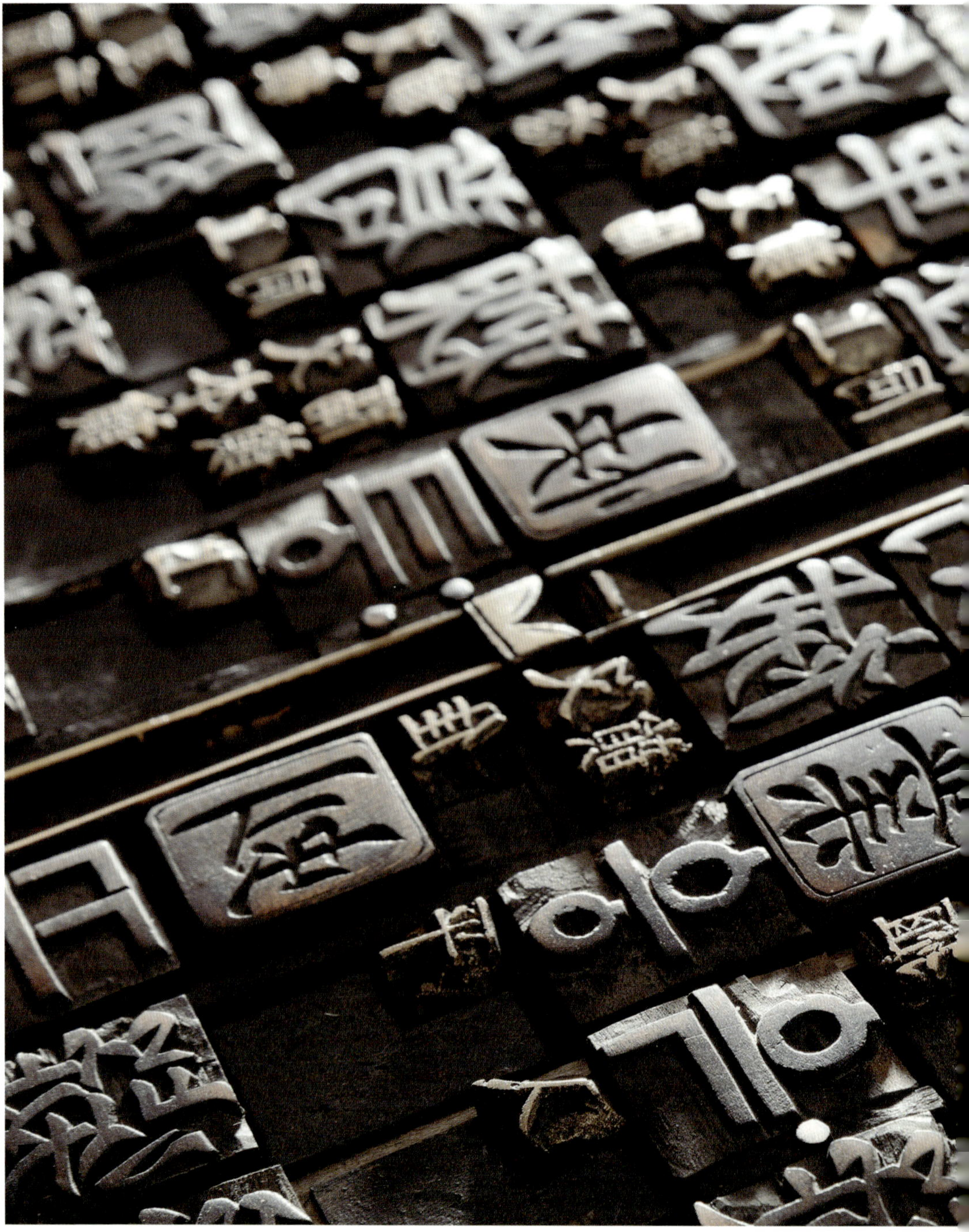

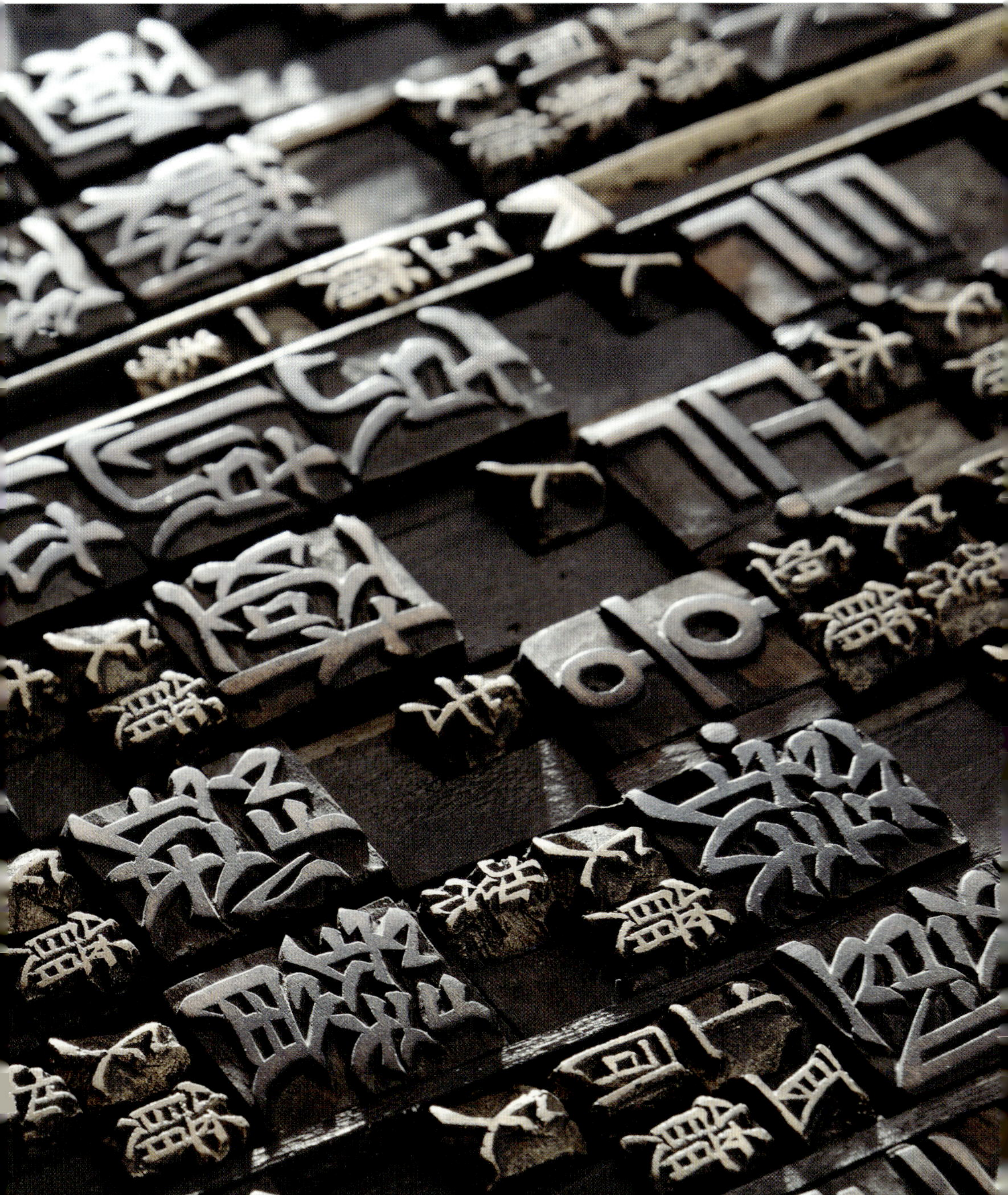

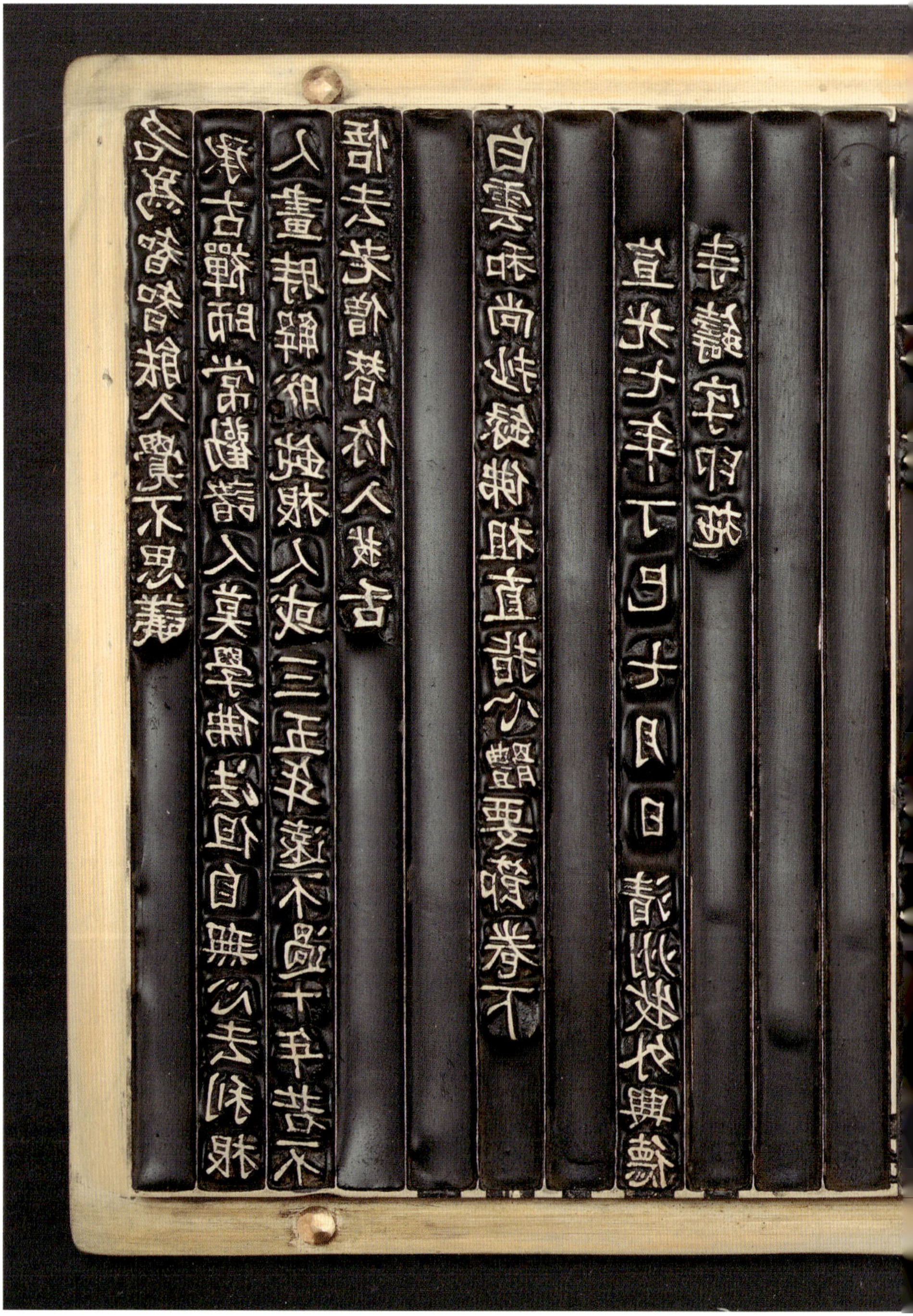

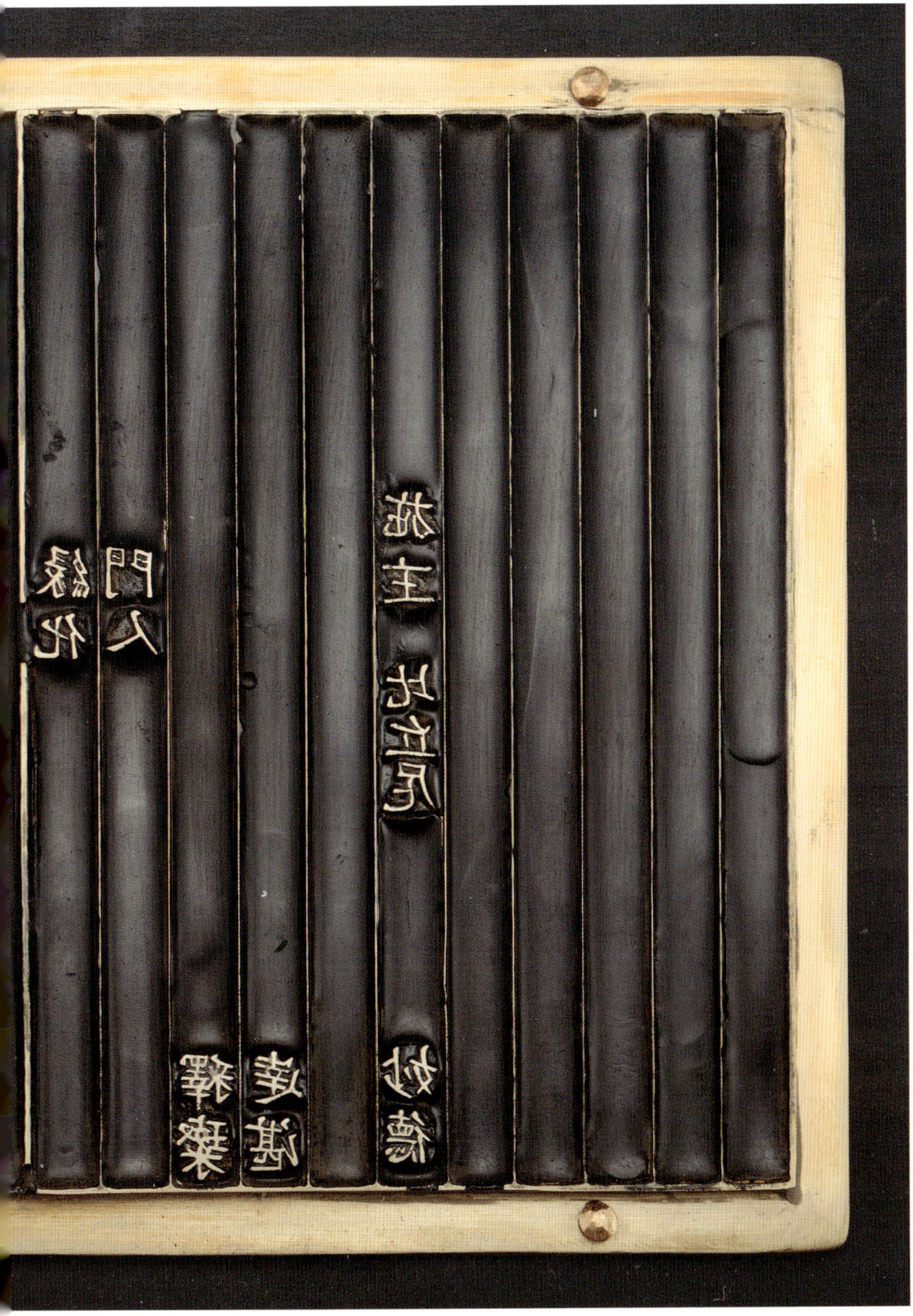

배첩장 / 서화수복 보존 장

Baecheopjang 褙貼匠

Mounting

지정번호 제 102호
지정일자 1996년 3월 11일

-

작고보유자

명예보유자

전승보유자
김표영 金杓永, 1925~

전수교육조교

Designated No. 102
Designated Date. 11 March 1996

-

Inherited Holder of
Important Intangible Cultural Property
Kim Pyo-yeong

선비에게는 한 폭의 그림도 호사일지 모르지만 그래도 차마 그림에게 호사할 기회를 빼앗을 수는 없었다. '배첩'이란 다름 아닌 '그림을 위한 사치' 또는 '그림을 위한 공예'이다. 우리는 '표구'는 익숙하지만 '배첩'이라는 말은 생소하다. 하지만 표구는 일본어 효구를 한자 그대로 우리말로 옮긴 것으로 본래 배첩이 옳다. 배첩을 다른 말로는 '장황'이라고 한다.
배첩은 귀한 그림이나 글씨를 더욱 오래 보관하려는 방편의 하나였다. 종이에 쓴 글씨나 그림에 비단이나 종이를 붙여 족자, 액자, 병풍, 서화첩이나 서책을 만들었다. 이는 작품의 품격을 더하며 동시에 실용성과 보존성을 높이는 전통적 서화처리법이다. 또 서화는 물론 고서의 얼룩을 빼거나 낡은 장정을 새로 하는 일도 포함한다.
'배첩'이란 한자의 뜻을 헤아려보면 '배' 즉 '등'에, '의' 즉 '옷'을 입힌다는 뜻이다. 그러므로 배첩장이란 그림이나 글씨에 옷을 입히는 사람이라 할 수 있다. 사실 책이나 글씨, 그림의 경우 그 자체로 완성되는 것이 아니라 배첩이 더해져야 비로소 문화적 가치를 얻어 완성된다.
배첩의 첫 과정은 비단을 마름질하고 그림을 배접한다. 대개 그림 뒤에 결이 좋은 종이를 풀을 고루 먹여 고정시키고 말린 후, 두세 번 겹쳐 배접한 다음 그것을 건조판에 붙여 말린다. 다 마르면 이를 다시 뜯어내 비단을 붙인다. 이때 그림과 비단 사이에는 금선을 넣으며, 고화의 경우에는 색지를 쓴다.
배첩에서 가장 중요하게 치는 것은 풀과 종이다. 대개 수년간 썩혀서 가라앉힌 풀에 천연 한지를 쓰는 것이 종이가 천년이상 살게 하는 지혜의 근본이자 기본이다. 활자장, 각자장, 한지장, 배첩장 그리고 두석장 등이 협업을 해서 최고의 서책을 한번 꾸며 보는 것은 어떨까. 아마 세상에 둘도 없는 최고로 소박한 사치(?)가 아닐까.

Painting is a luxury for scholars, but a chance to embellish a paining cannot have been taken away. Baecheop is a luxurious technique of preserving a painting or calligraphic work by adhering a sheet of paper or silk to its back to make it into a scroll, frame or folding screens. The work also includes removing stains and mending old bindings. Baecheop means putting clothes on the back, thus Baecheopjang refers to the artisan who dresses a painting or calligraphy. In fact, books, writings and paintings are not complete on their own, but earn a cultural value only when they are finished with Baecheop. The first process of Baecheop is cutting silk and backing a painting. Usually, a fine paper is pasted on the back of a painting and left to be dried. This process is repeated two or three times, and then the painting is attached on a drying board. Once the painting is removed from the drying board, silk and gold threads are attached to the back, or colored papers in case of old paintings. Paste and paper are the key materials for Baecheop. Using natural papers and paste that has been spoiled over a few years will preserve the painting for more than a thousand years.

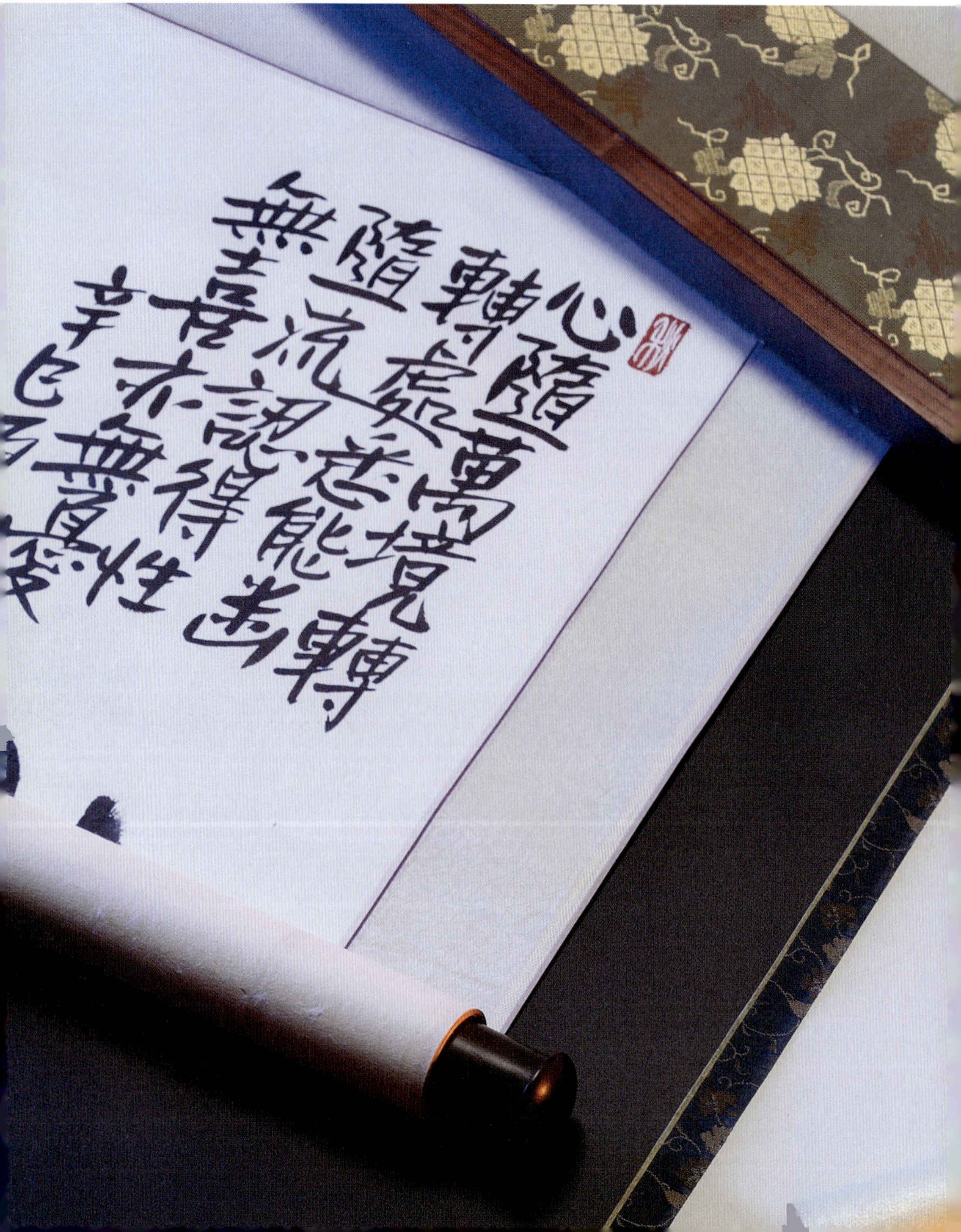

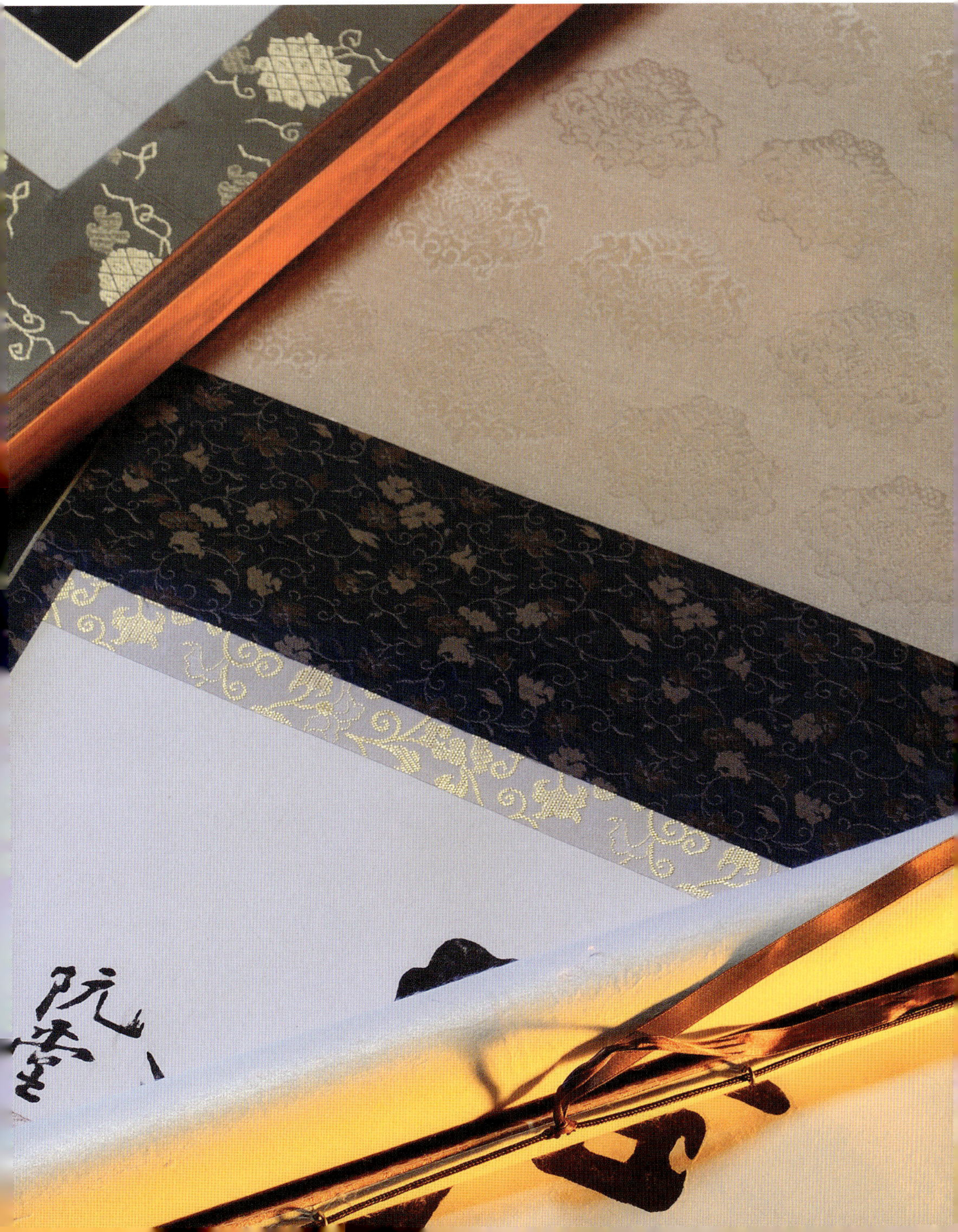

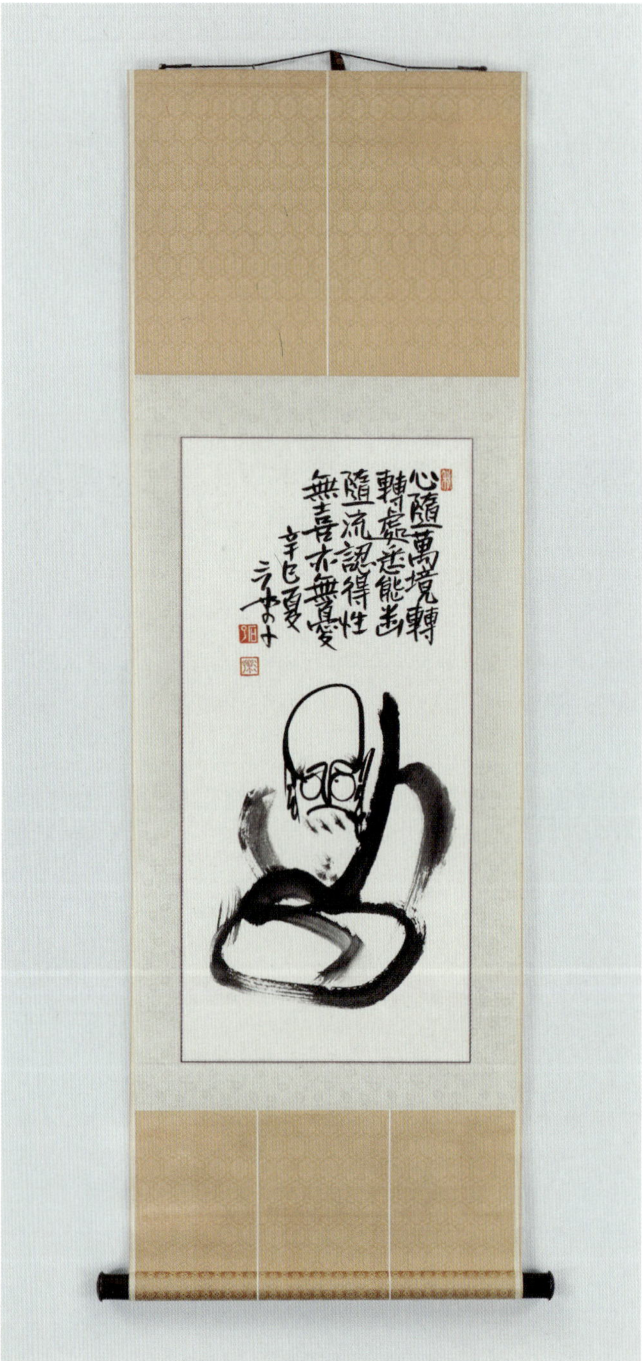

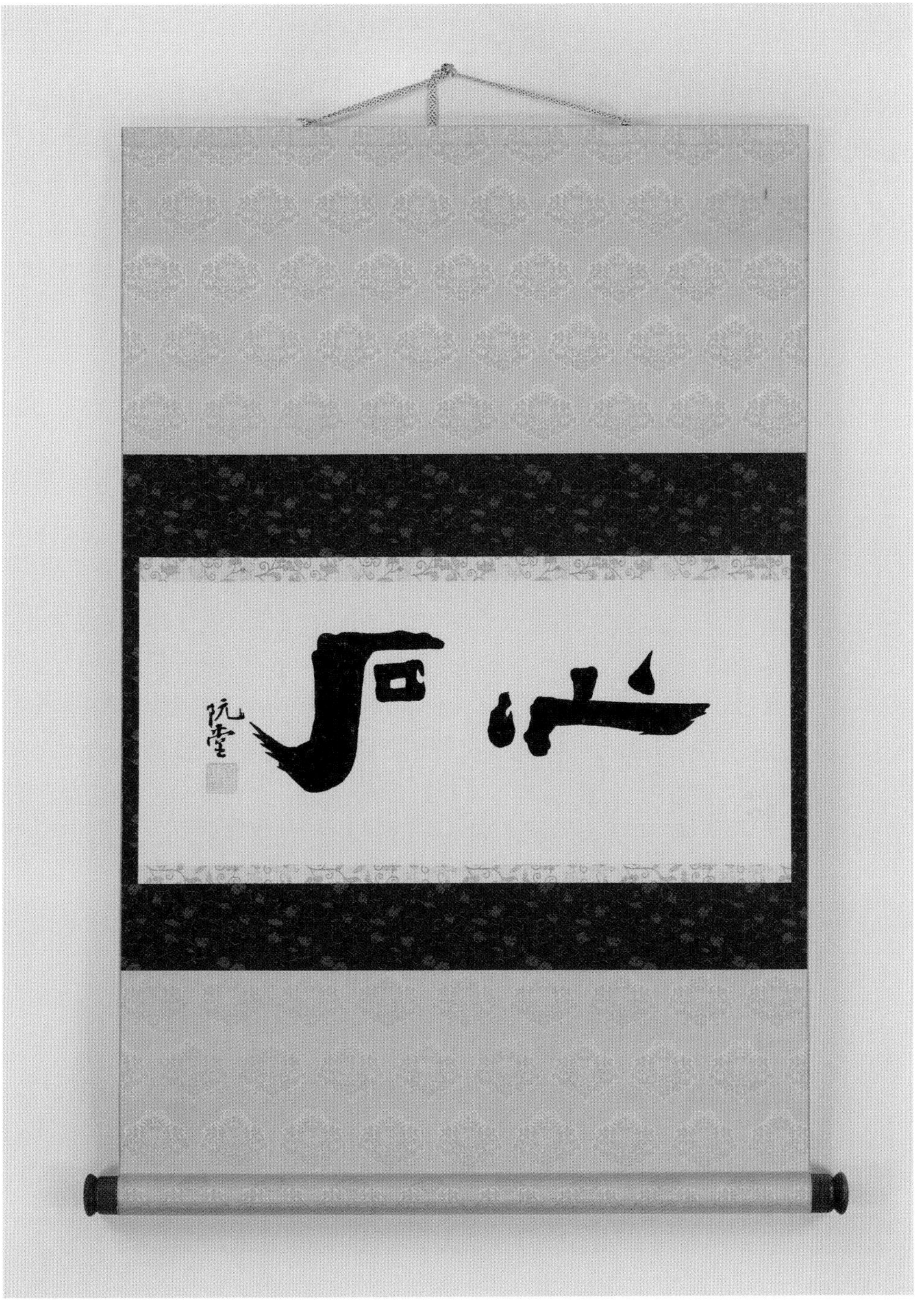
小石
阮堂

윤도장 / 나침판 만들기

Yundojang 轮图匠

Geomantic Compass Making

지정번호 제 110호
지정일자 1996년 12월 31일

\-

작고보유자

명예보유자

전승보유자
김종대 金鍾垈, 1934~

전수교육조교
김희수 金熙秀, 1962~

Designated No.110
Designated Date. 31 December 1996

\-

Inherited Holder of
Important Intangible Cultural Property
Kim Jong-dae

Assistant Important
Intangible Cultural Property
Kim Hui-su

자석의 침이 떨리며 우주의 자연의 삼라만상의 이치를 알려준다. 바로 방위, 음양, 오행을 담아 깊고 섬세한 떨림으로 삶의 방향을 가리키는 나침반을 만드는 이를 '윤도장'이라 한다.
'윤도'는 삼국시대부터 만들어 전통 나침반을 말한다. 방위를 표시한 둥근 나무판 가운데 자석 바늘을 꽂아, 지관들이 집터·묏자리 등을 정하는 풍수를 보는 일이나 뱃사람들이나 여행자들이 방위를 잡을 때, 또 천문을 보는 이들에게는 휴대용 해시계로, 남북을 정확히 가리키는 자오선을 정하는데 필수적인 도구다. 다른 말로는 나침반·지남철·지남반·패철이라고도 한다.
윤도를 만들 때는 물가에서 자란 이삼백년 된 단단하면서도 연한 대추나무나 회양목을 쓴다. 돌음쇠·조각칼·정간대·송곳 등 50여 가지 도구를 써서 선을 긋고 글자를 새겨 만든다. 윤도에는 방위와 음양·오행·팔괘·십간·십이간지가 모두 들어간다. 층이 많을수록 가리키는 방향과 내용은 복잡해진다. 간단히 12방위만을 나타내는 1층짜리 윤도에서 36층짜리까지 다양하다. 종류도 다양해서 둥근 모양의 평철과 부채 끝에 매다는 선추, 거울이 달린 면경철, 거북 모양의 거북철 등은 쓸모도 있고 모양도 예쁘다.

The needle of a compass divulges the logics of the universe while trembling. Yundojang refers to the artisan who makes compasses with a circular representation of twenty four directions inscribed upon it.
Yundo is used since the age of the Three States. Feng shui experts use it to decide the locations of houses and graves, sailors use it to find directions, and astronomers use it as a portable sundial. Yundo is essential in finding the meridian which indicates North and South accurately.
Yundo is made by first drying solid jujube wood for two or three years and then cutting the wood appropriately. Concentric circles are drawn from the middle point outwards, and the wood is then divided into sections. The twenty four directions are drawin upon it in divided sections and mark eumyang (yin and yang), ohaeng (the Five elements), palgwae (Eight Diagrams), sipagan (Ten Heavenly Stems), and sibiji(Chinese zodiac signs). The more layers it has, the more complex its directions and contents become. Some compasses have one layer containing only twelve directions, and some have thirty six layers. It also comes in various shapes depending on the season.

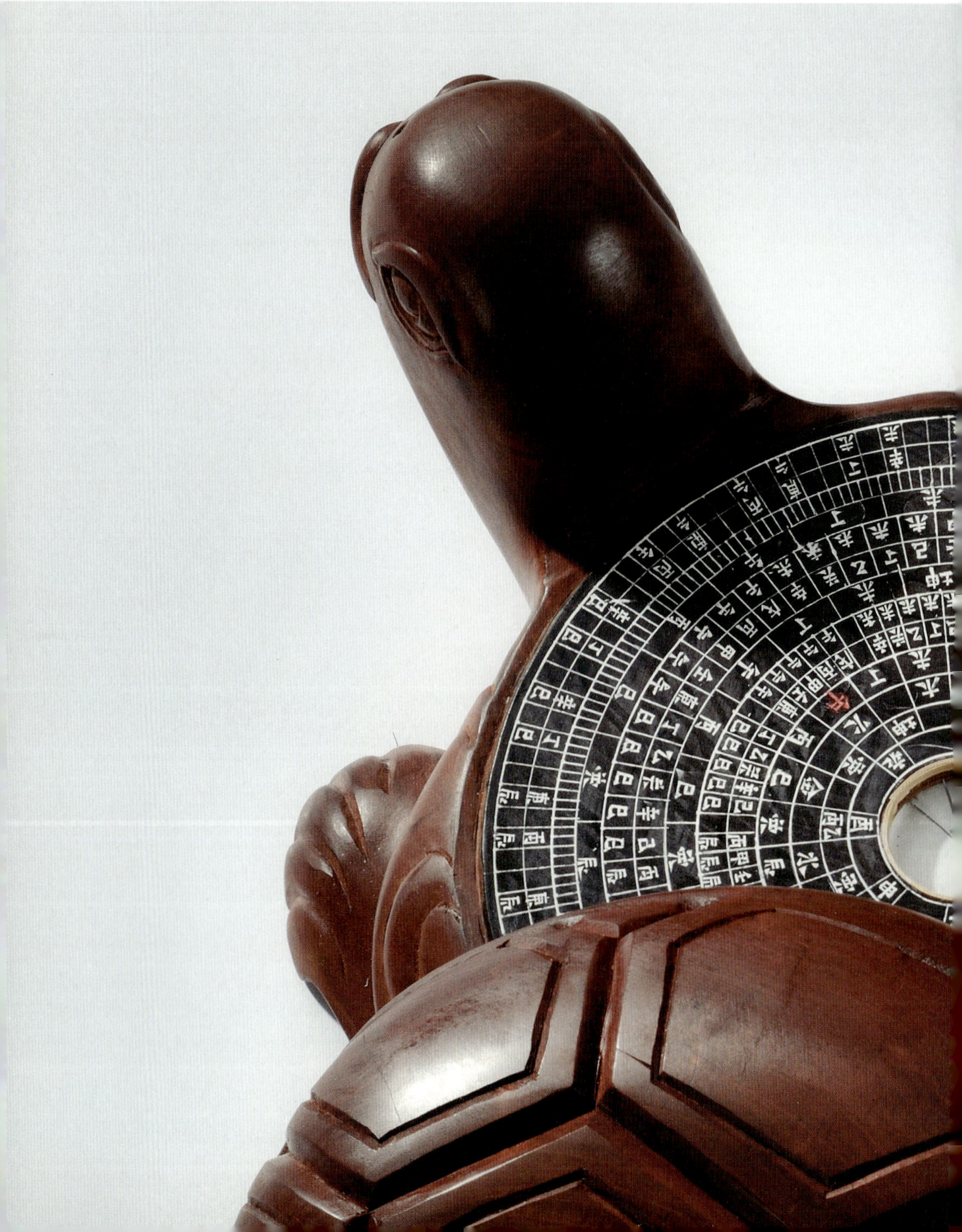

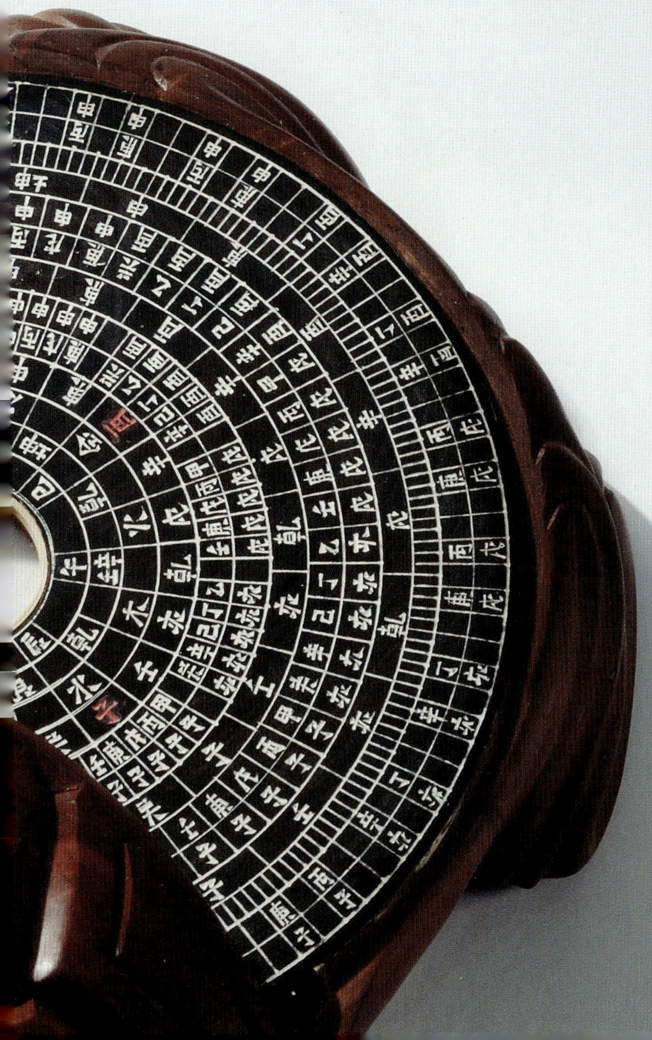

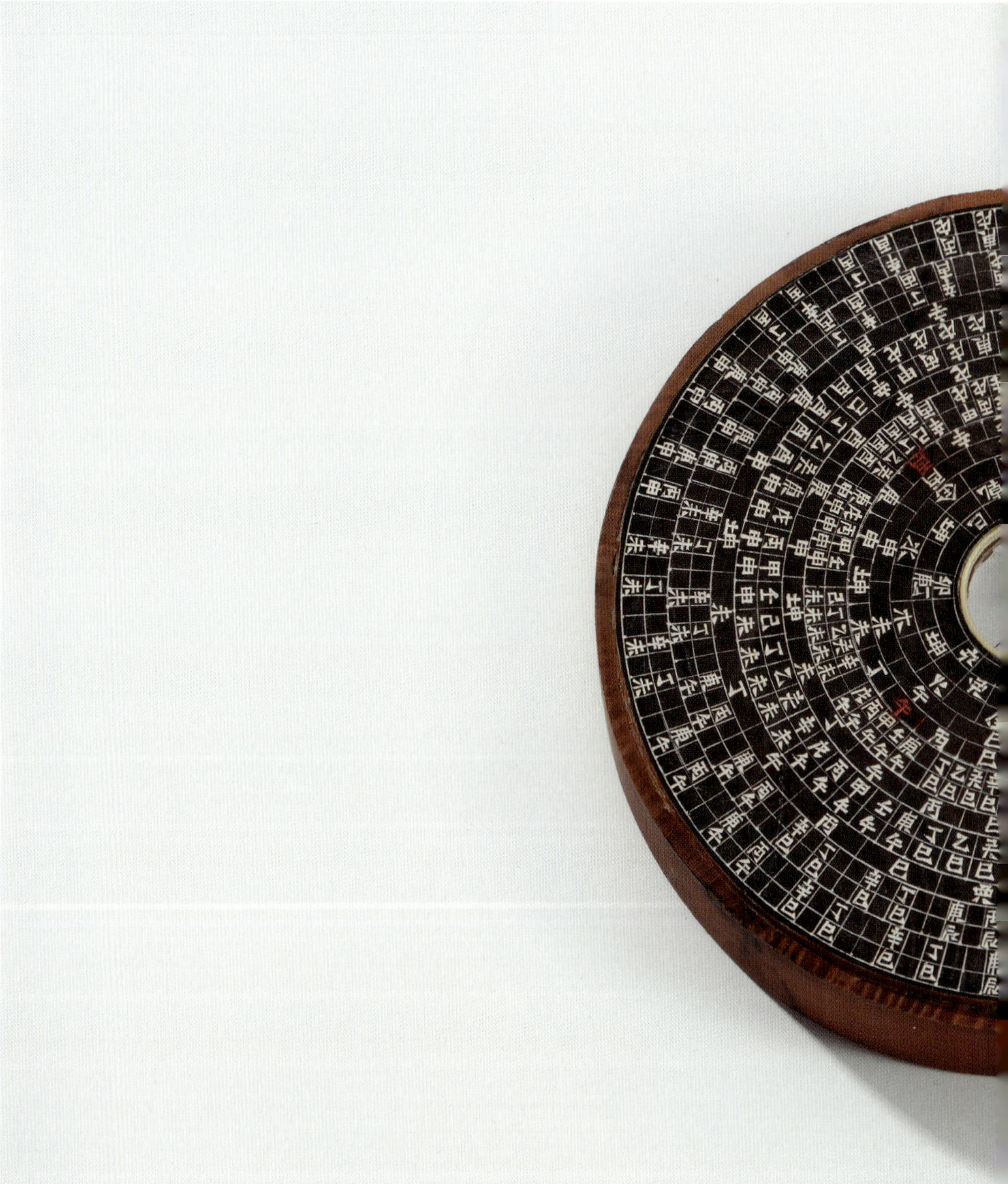

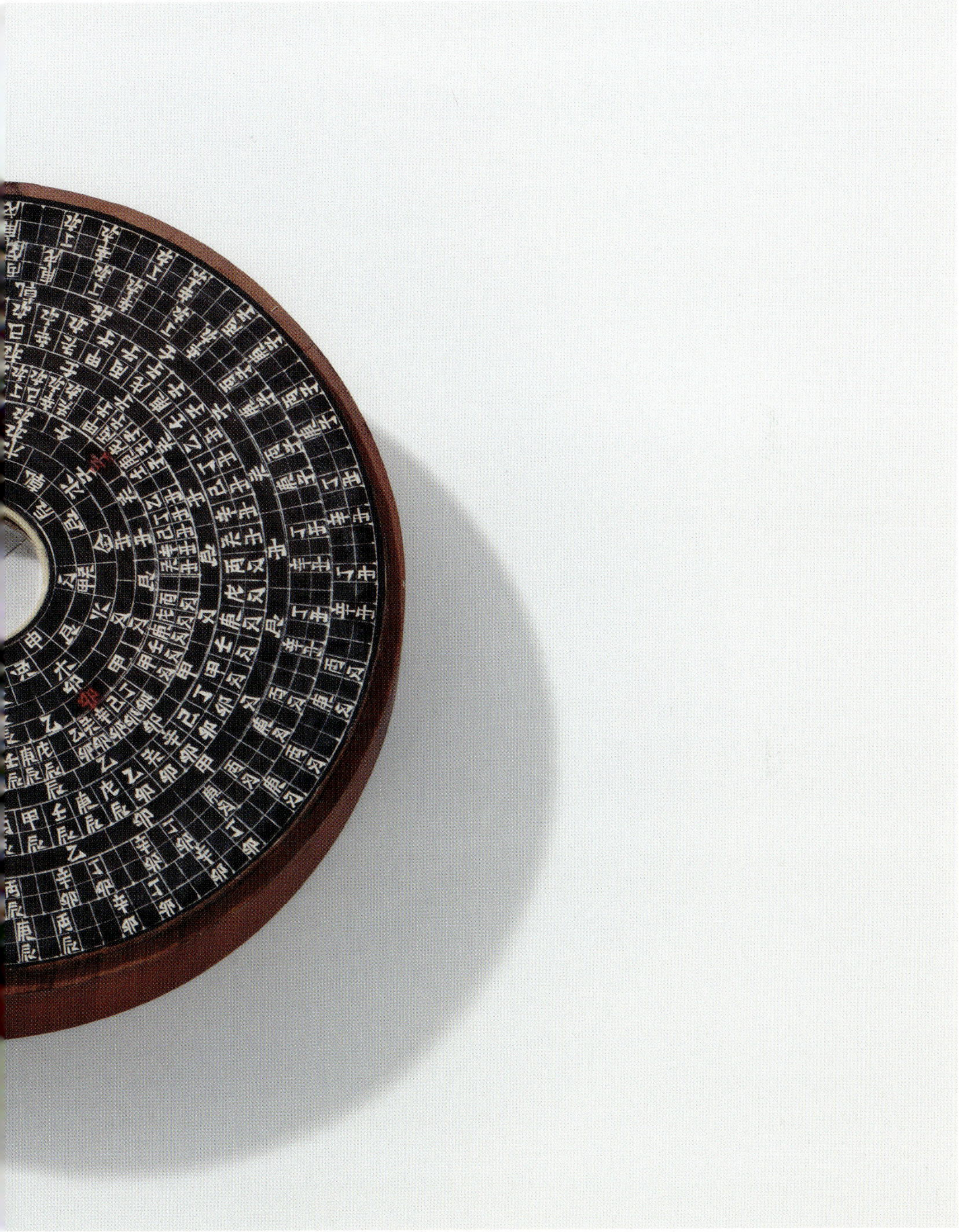

한지장 / 종이뜨기

Hanjijang 韓紙匠
Korean Paper Making

지정번호 제 117호
지정일자 2005년 9월 23일

-

작고보유자

명예보유자
류행영 柳行永, 1932~

전승보유자
장용훈 張容熏, 1937~
홍춘수 洪春洙, 1942~

전수교육조교

Designated No.117
Designated Date. 23 September 2005

-

Honorary Holder of
Important Intangible Cultural Property
Ryu Haeng-yeong

Inherited Holder of
Important Intangible Cultural Property
Jang Yong-hun
Hong Chun-su

비단이 오백년을 견디는 데 비해 한지는 그 곱절인 천년을 간다. 하지만 한지의 은은하고 그윽한 아름다움을 유리가 대신하면서 그 정취가 점점 사라지고 있다. 예로부터 우리에게 종이는 글자를 담아 지혜를 보관하고 운반하는 수단이었다. 또 그림을 그리고 글을 쓰는 '아름다움'을 받쳐주는 바탕이었다. 또한 문의 대부분을 차지하면서 공간과 자연이 하나가 되는 열린 공간으로, 닫으면 독자적인 공간으로 분리시키는 가장 연약한 건축재이기도 했다.

한지는 시간을 품어 세월을 머금는 종이이다. 이는 닥나무에서 자연산 펄프를 얻고, 순전히 손으로만 풀을 써 만드는 수공예품이기 때문이다. 좋은 닥나무를 얻어 그것을 찌고, 삶고, 말리고, 벗기고, 다시 삶고, 두들기고, 고르게 섞고, 뜨고, 말리는 아흔 아홉 번의 손질을 거쳐야 한 장의 종이를 얻을 수 있다. 그리고 마지막으로 그것을 쓰는 사람의 손이 거쳐야 비로소 완성된다. 그래서 한지를 '백지'라 부르는 것이다.

좋은 한지를 얻기 위해서는 세 가지가 꼭 필요하다. 닥이 우선이고, 다음은 물, 마지막으로 또 다른 물 즉 '잿물'이 필요하다. 물은 맑고 깨끗해야 한다. 한지를 만드는 공방이 물 좋은 개울가에 자리하는 것도 이런 때문이다. 그리고 잿물은 누런 닥나무 펄프를 표백하는 데 쓴다. 은은하게 밝은 종이를 얻기 위해 주로 메밀대나 콩대, 고춧대를 삶아 좋은 잿물을 얻어 사용한다. 이렇게 해서 얻은 한지는 살아있는 듯 숨을 쉰다.

Whereas silk stands for five hundred years, hanji is told to survive a thousand years. Now the soft beauty of hanji is mostly replaced by glass, but still it is a beautiful tool that contains writings and wisdom, or an architectural material that divides spaces.

Hanji is a paper that holds time. Hanji is also called baekjji (hundred paper) because its manufacture involves a time-consuming process of one hundred stages that include cutting, steaming, boiling, drying, barking, and pounding Korean mulberry to produce the pulp and then the paper.

The three main ingredients for hanji are paper mulberry, water and lye. Water must be clean, and this is why hanji workshops are located near fine books. Lye, usually made by boiling the stems of buckwheat, beans or peppers, is used to bleach the yellow pulps of paper mulberry. Hanji gained after all these processes breathes as if it is alive.

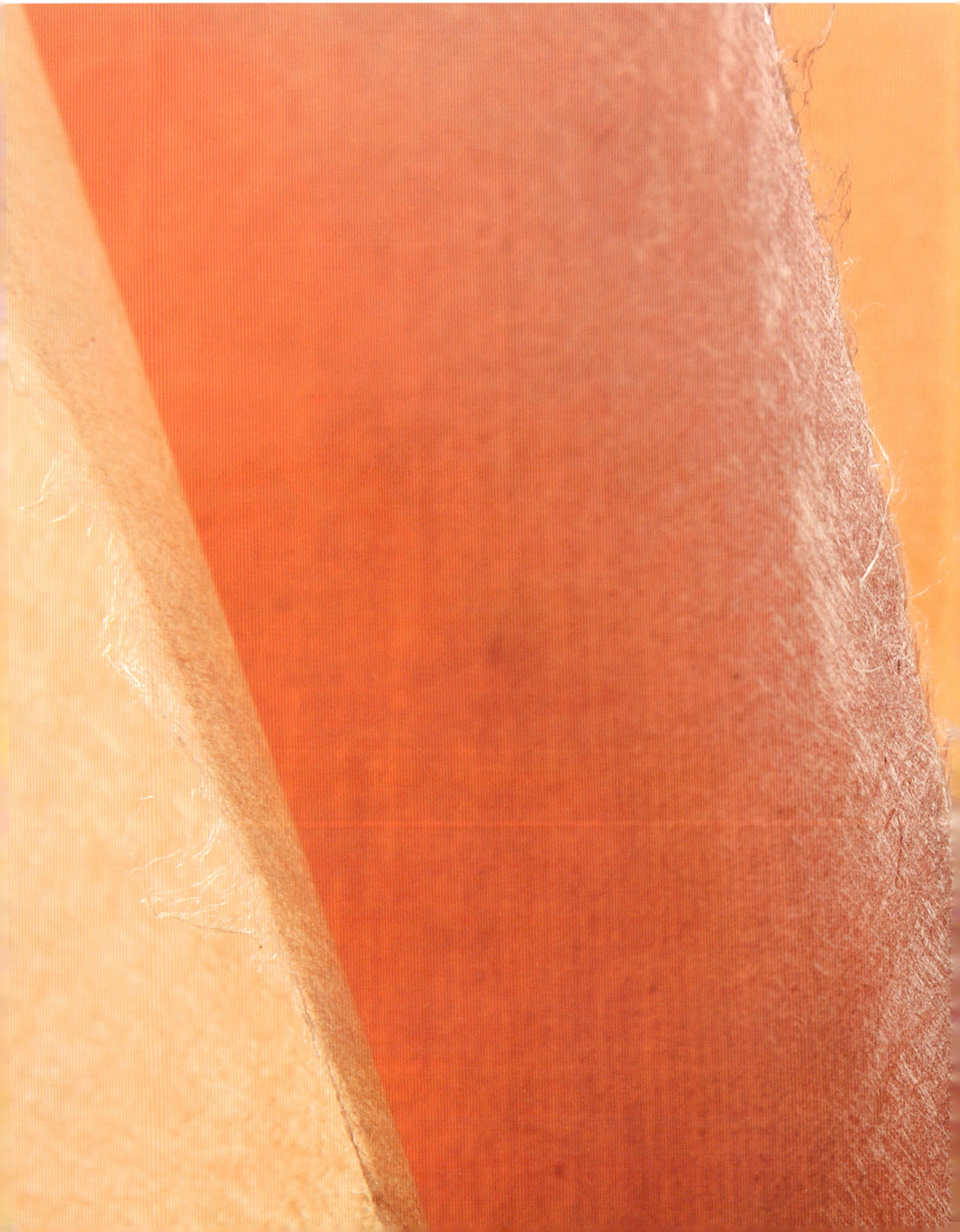

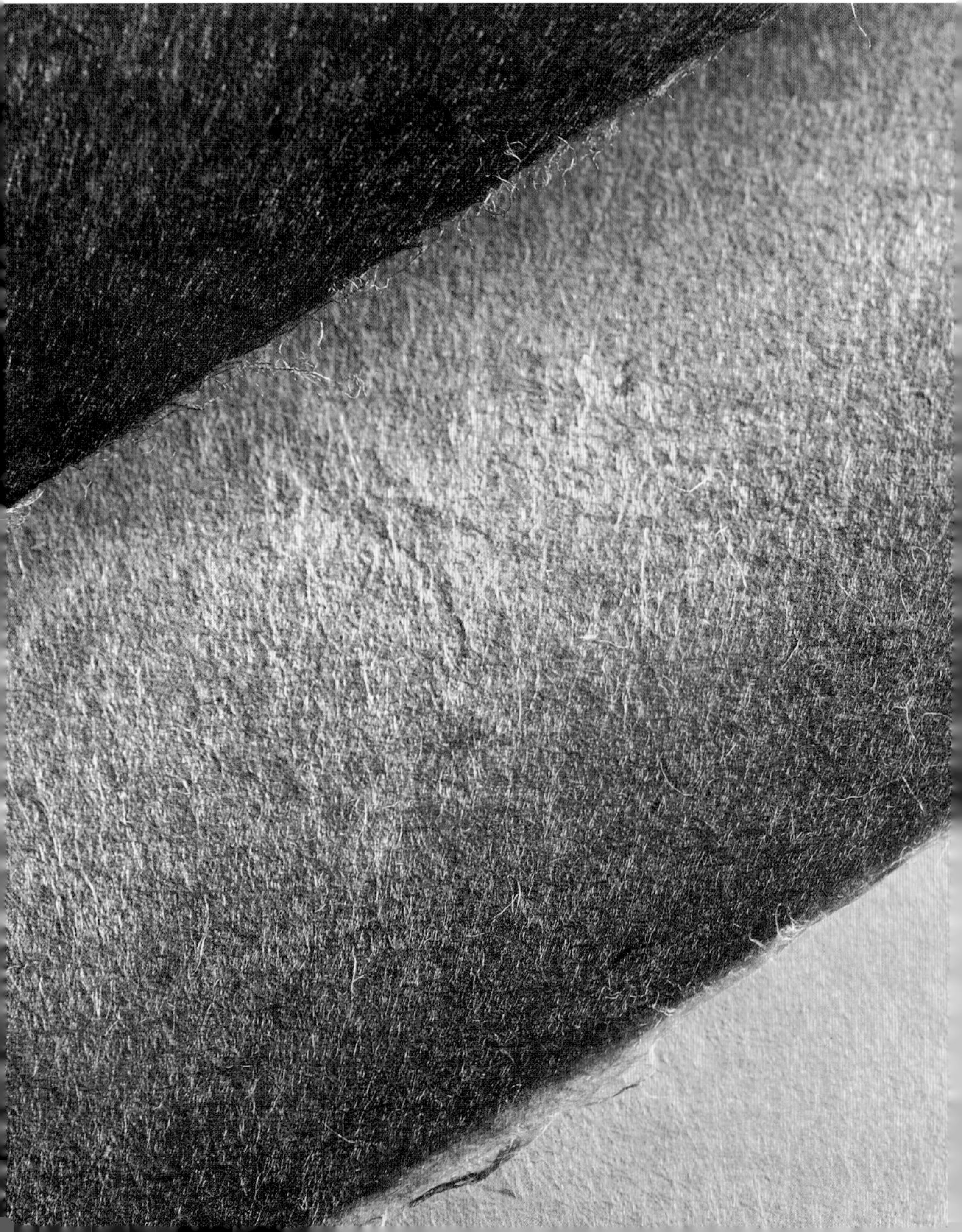

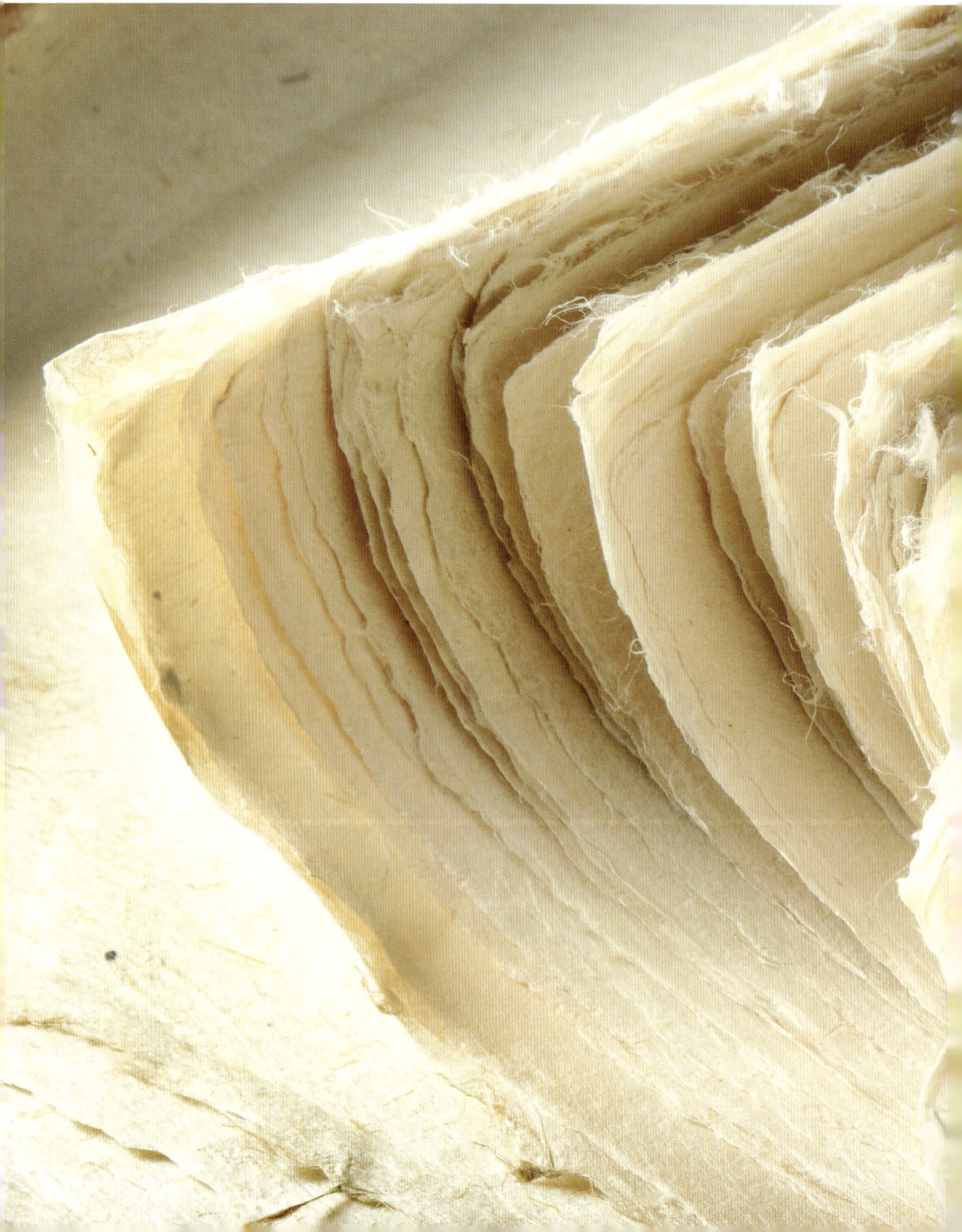

악기장

Akgijang 乐器匠

Musical Instrument Making

지정번호 제 42호
지정일자 1971년 2월 24일

-

작고보유자
현악기 / 김광주 金廣胄, 1906~1984
북제작 / 박균석 朴均錫, 1919~1989
북제작 / 윤덕진 尹德珍, 1926~2002

명예보유자

전승보유자
현악기 / 이영수 李永水, 1929~
현악기 고흥곤 高興坤, 1951~
편종·편경 / 김현곤 金賢坤, 1935~

전수교육조교
현악기제작 / 김영렬 金寧烈, 1950~
현악기제작 / 이동윤 李東允, 1956~
북제작 / 윤종국 尹鍾國, 1961~
북제작 / 윤신 尹信, 1963~
북제작 / 이정기 李廷耆, 1957~

Designated No. 42
Designated Date. 24 February 1971

-

Deceased Holder of
Important Intangible Cultural Property
Stringed Instrument / Kim Gwang-ju
Drum / Park Gyun-seok
Drum / Yun Deok -jin

Inherited Holder of
Important Intangible Cultural Property
Stringed Instrument / Lee Yeong-soo
Stringed Instrument / Go Heung-gon
Peyonjong· Pyeongyeong / Kim Heyon-gon

Assistant Important
Intangible Cultural Property
Stringed Instrument / Kim Young-ryeol
Stringed Instrument / Lee Dong-yun
Drum / Yun Sin
Drum / Yun Jong-kuk
Drum / Lee Jung-ki

예로부터 음악은 소리의 높낮이나 장단, 강약 등을 써서 사람들에게 즐거움과 기쁨을 준다. 또 마음과 육신을 조정하는 이상한 힘을 가지고 있다. 철학자이자 수학자며 음악가이기도 했던 피타고라스는 음악을 리듬, 선율, 화성의 세 요소로 구분했다. 리듬은 육신에, 선율은 감정과 정신에, 화성은 영적인 것에 영향을 미친다고 했다.
악기는 박자, 가락, 음성이 제 각각 또는 함께 조화를 이루어 음악을 완성하는 도구이다. 동서양을 막론하고 수많은 종류의 악기가 있지만 하고 우리나라에는 약 60여종의 악기가 있었다고 하며 대표적인 국악기를 살펴보면 관악기로는 대금과 중금, 소금이, 대나무로 만들고 낙죽이나 매듭으로 모양을 내어 가로로 부는 피리가 있다. '누어야 소리가 난다'는 우리의 현학기로는 가야금과 거문고가 있다. 오동나무 판위에 명주실을 꼬아 만든 12줄을 세로로 매어 각 줄마다 안족을 받치고 손가락으로 뜯어 소리를 내는 가야금은 오늘날 가장 대중적인 국악기이다. 고구려의 재상 왕산악이 만들었다고 전해지는 거문고는 오동나무와 밤나무를 붙여서 만든 울림통 위에 6줄을 메고 술대로 쳐서 소리를 낸다. 소리가 깊고 장중하여 예로부터 '백악지장'이라고 했다. 이 밖에도 대나무로 만든 울림통에 두 줄을 매고 말총으로 만든 활로 비벼, 끊어질 듯 애절한 소리를 내는 해금이 있다. 타악기로는 북이 대표적이다. 북은 통나무 안을 파서 썼으나 요즘은 널빤지를 이어모아 북통을 만들고 양면에 가죽으로 씌워 만든다. 가죽은 주로 소나 개 가죽을 쓴다. 'ㄱ'자 모양으로 만든 16개의 경돌을 음높이의 순서대로 위, 아래 두 단에 8개씩 끈으로 매어달아 만든 편경은 쇠뿔로 만든 각퇴로 쳐서 소리를 낸다. 그 소리는 청아하며 습기와 건조, 추위와 더위에도 음색과 음정이 변하지 않아 모든 국악기 조율의 표준이 된다.

From ancient times, music offers not only joy but also a controlling power over bodies and souls by using the high and low pitches of sound, rhythms and dynamics. Pythagoras who was a philosopher, mathematician and musician defined music by three elements - rhythm, melody and harmony. According to him, bodies are influenced by rhythm, emotions and minds are by melody, and souls are by harmony.
Akgi means instrument, and there are about sixty Korean instruments. Wind instruments are often made with bamboo, and stringed instruments are made from the wood of paulownia tree and silk thread. Gayageum, a representative stringed instrument, has twelve strings, and Geomungo, which is valued for its deep and solemn sound, has six strings. There is also Haegeum that is made of bamboo. When played with a bow made with horsehair, it produces a sad sound. Cowhide is used to make drums, and dog leather is used for double-headed drums. Sixteen stones shaped 'ㄱ' are installed on the drums according to their pitches, and sound is produced by hitting them with horn sticks. These drums are ideal for tuning as their pitches do not change by the heat or the cold.

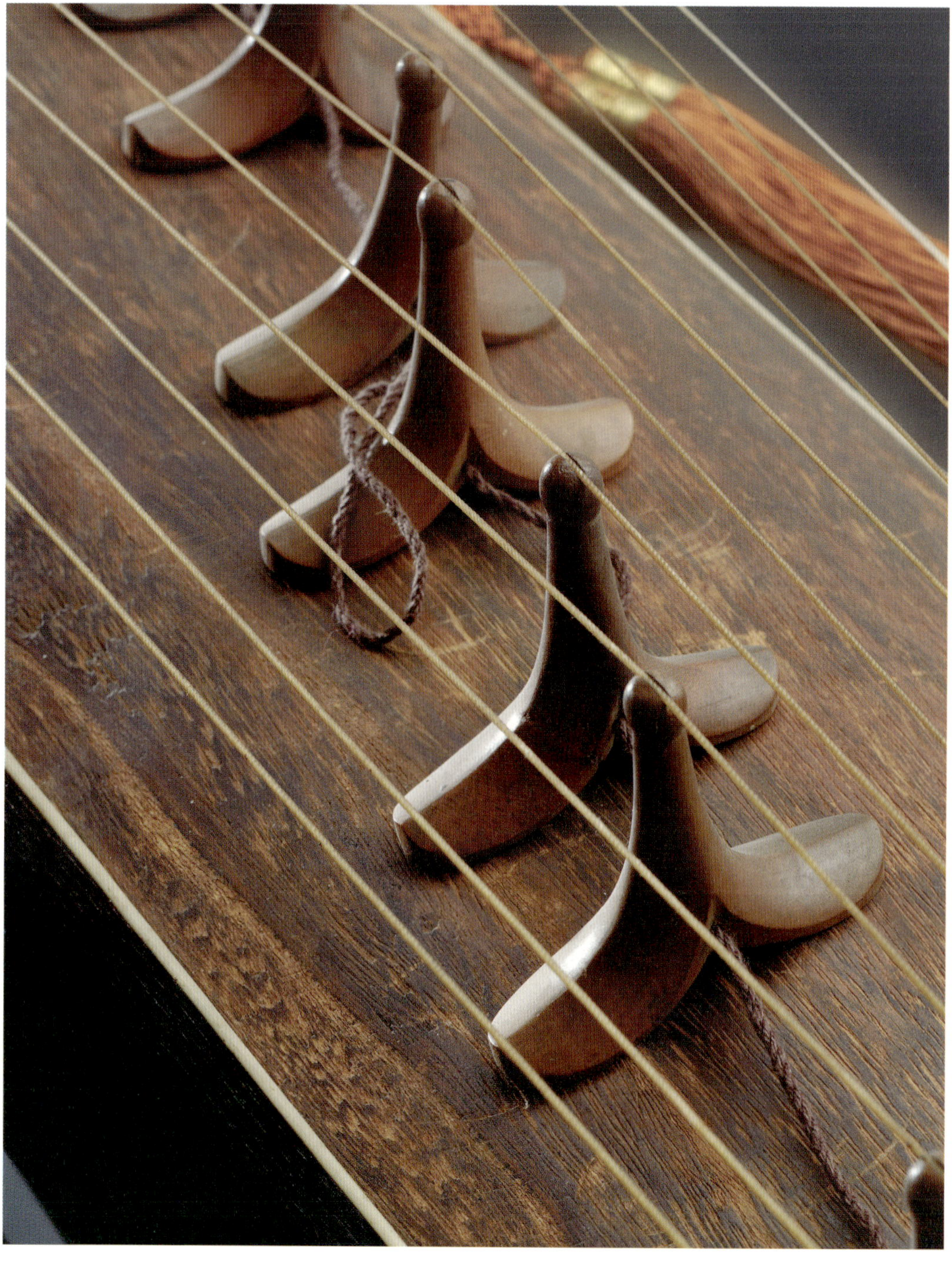

국립국악원 소장

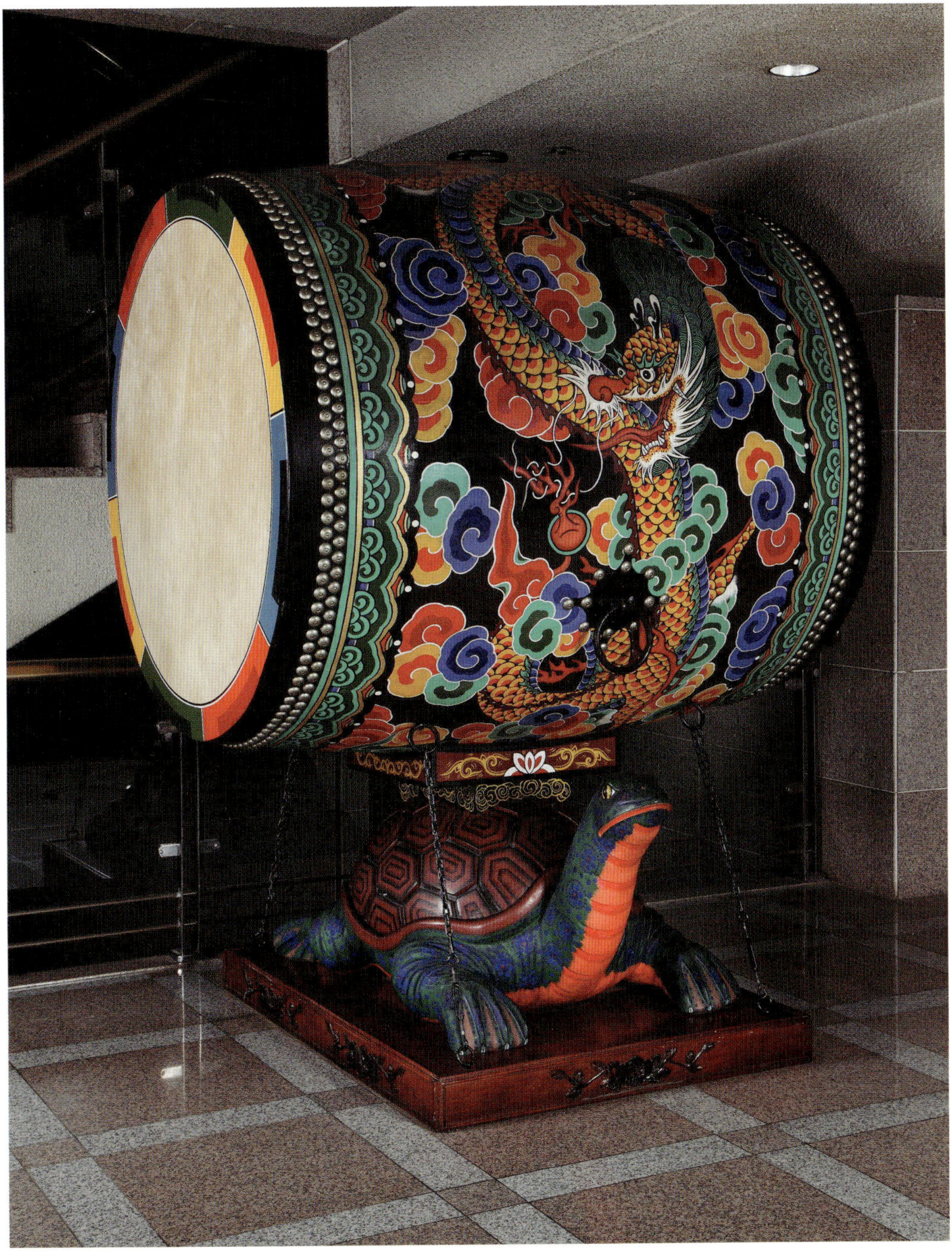

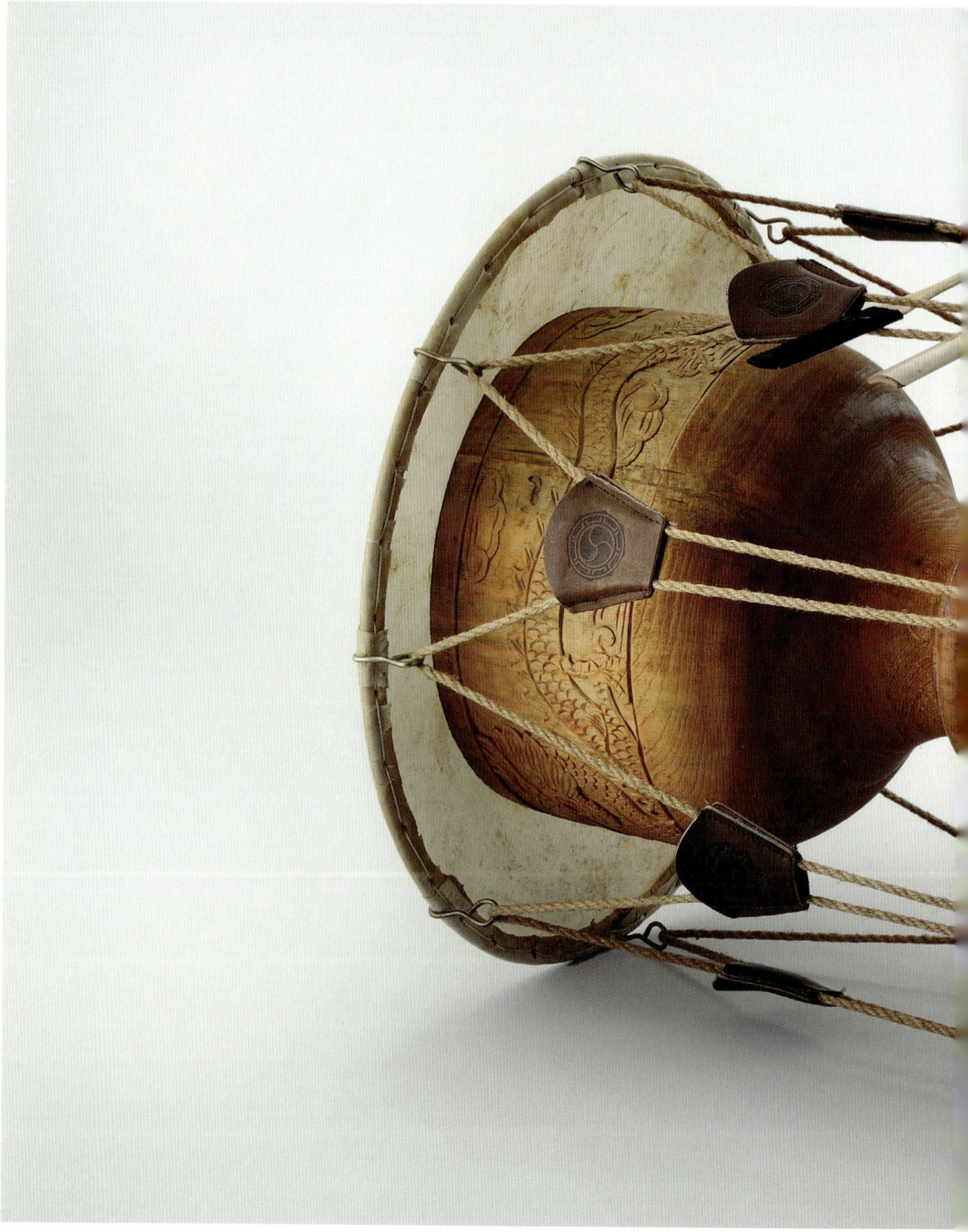

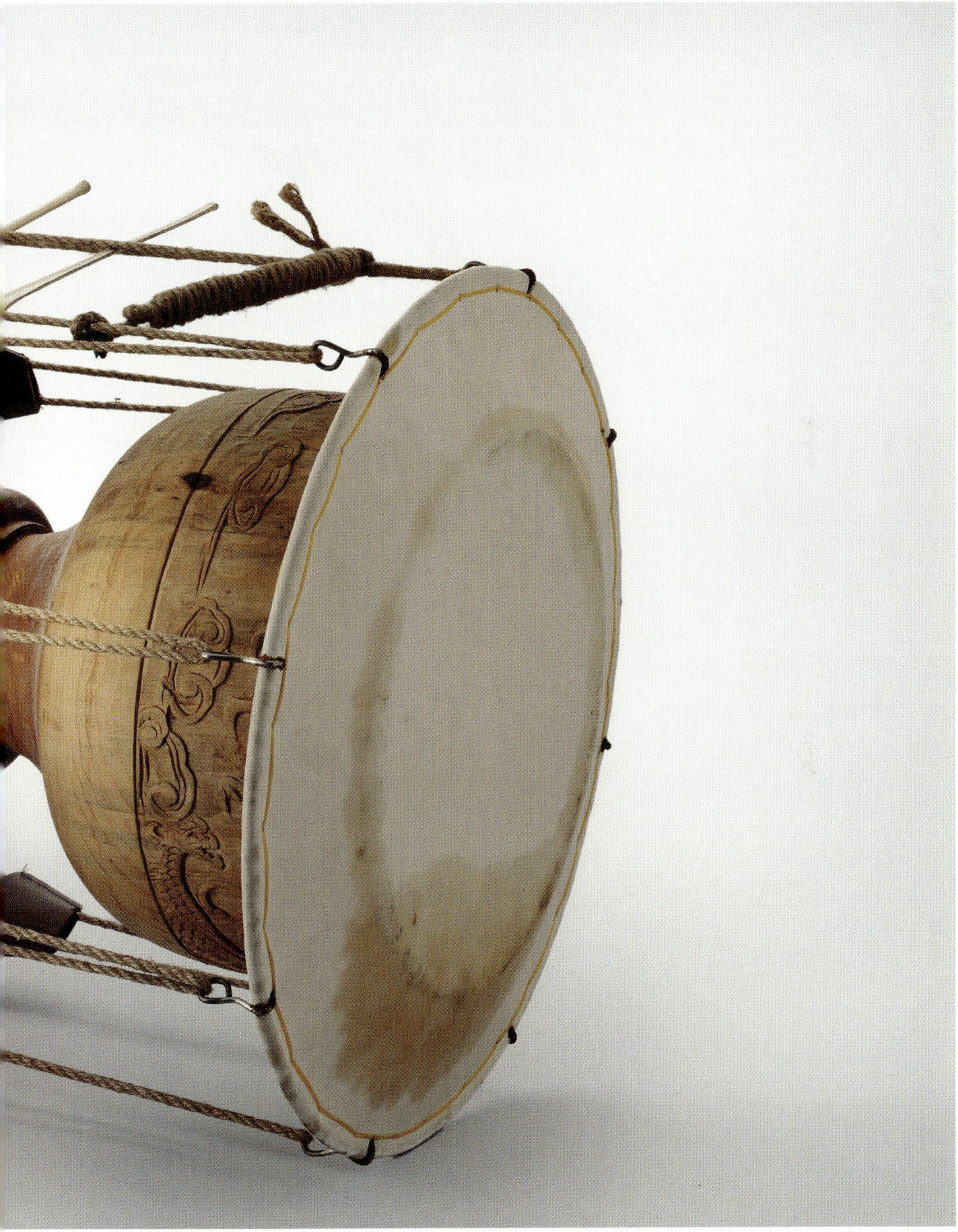

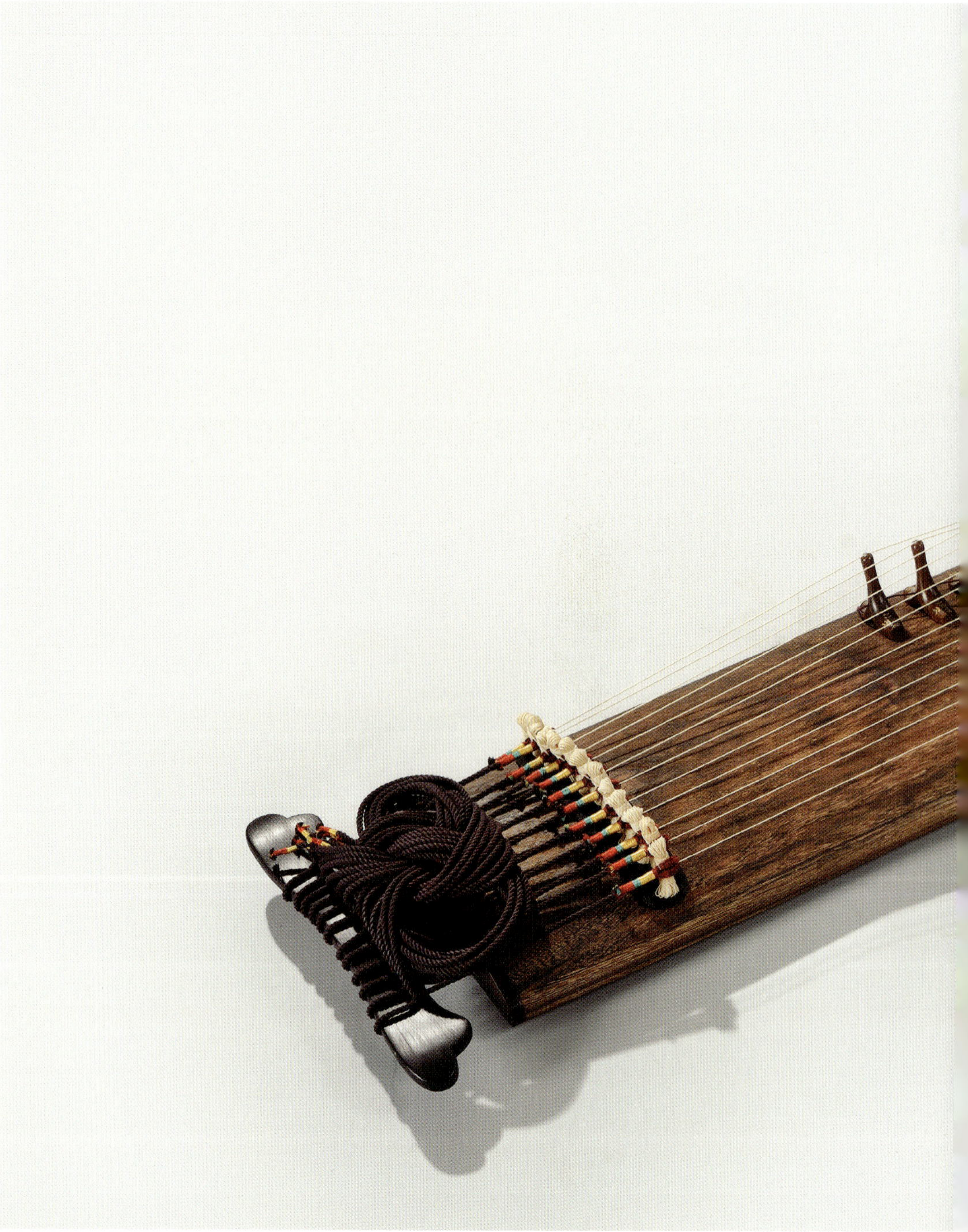

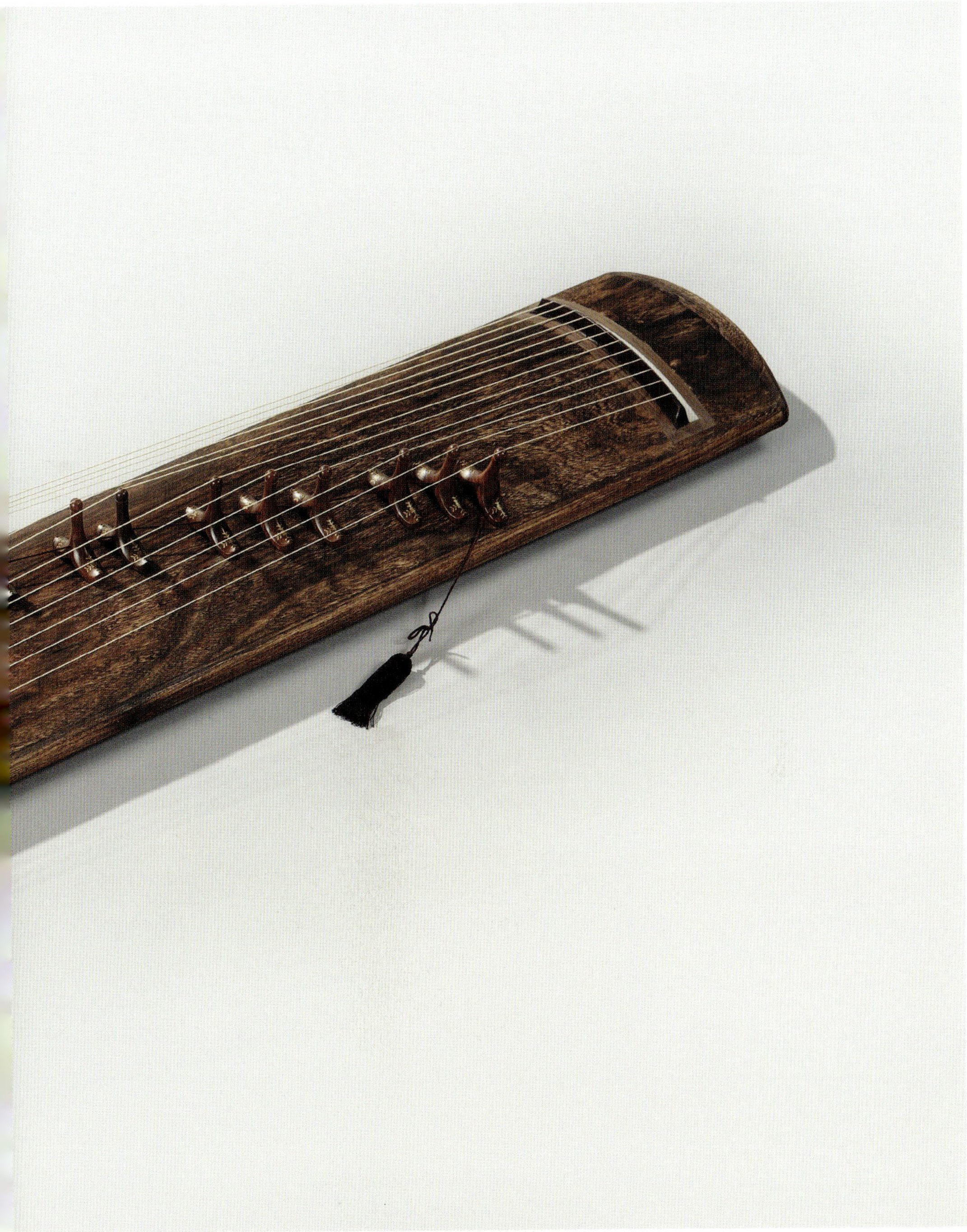

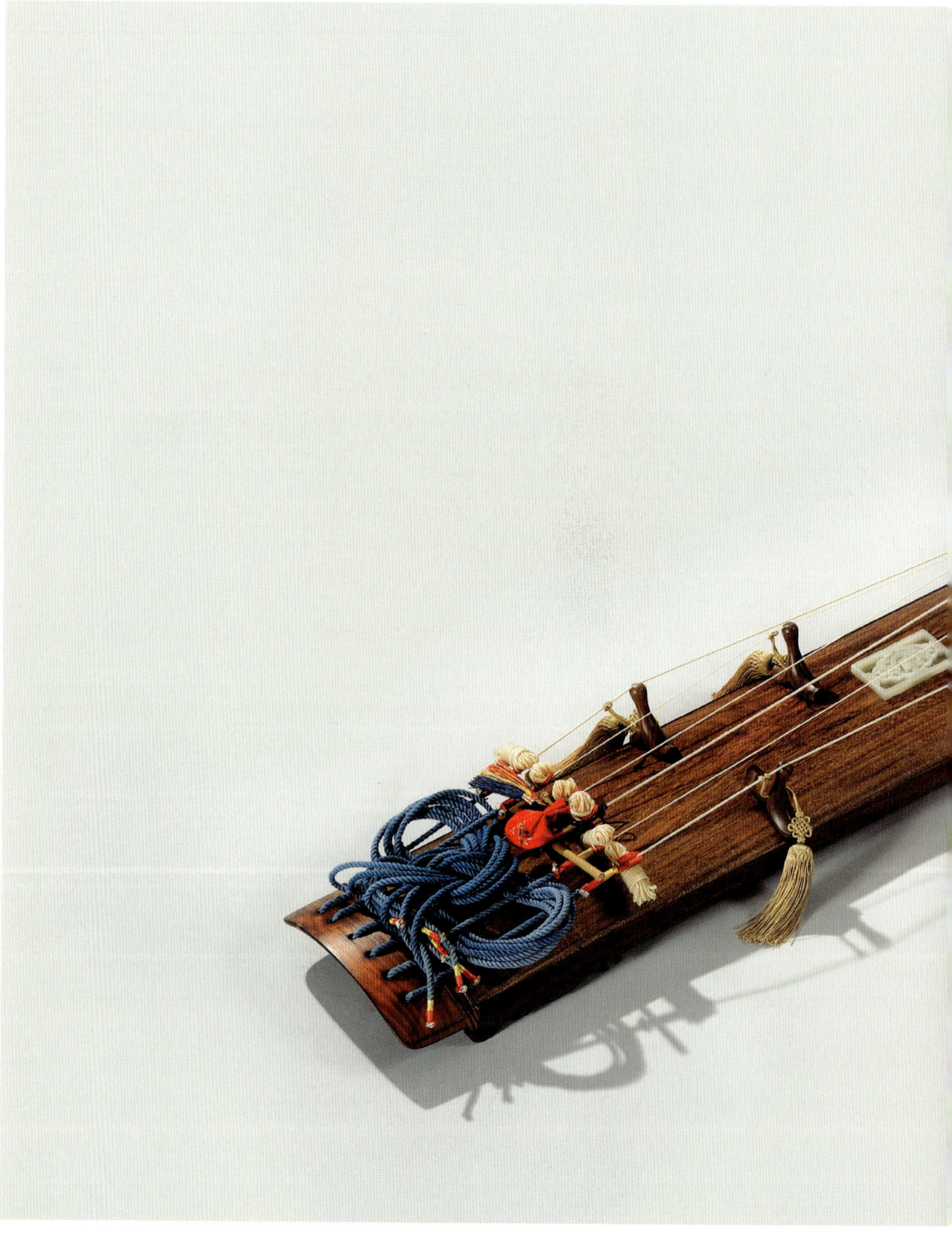

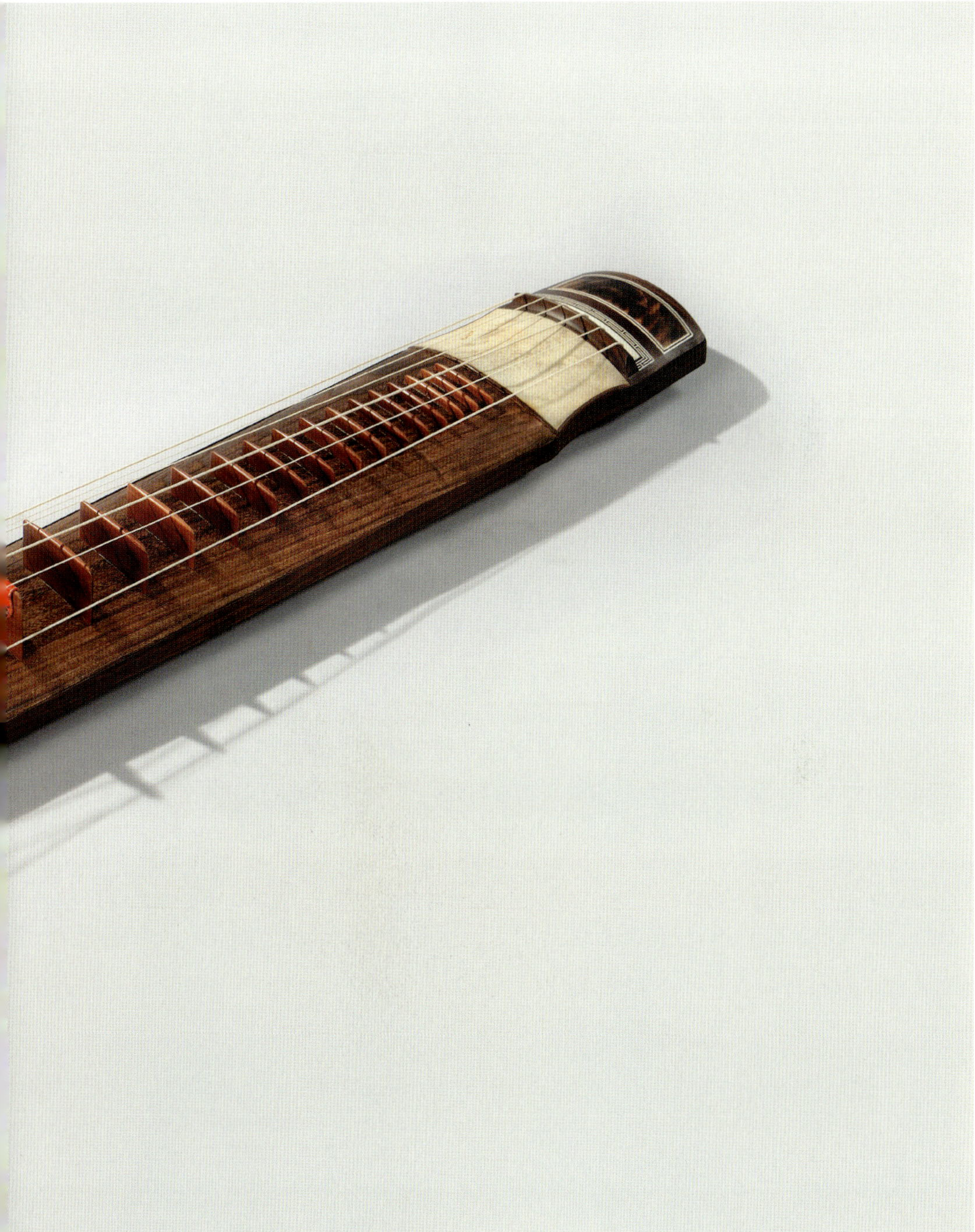

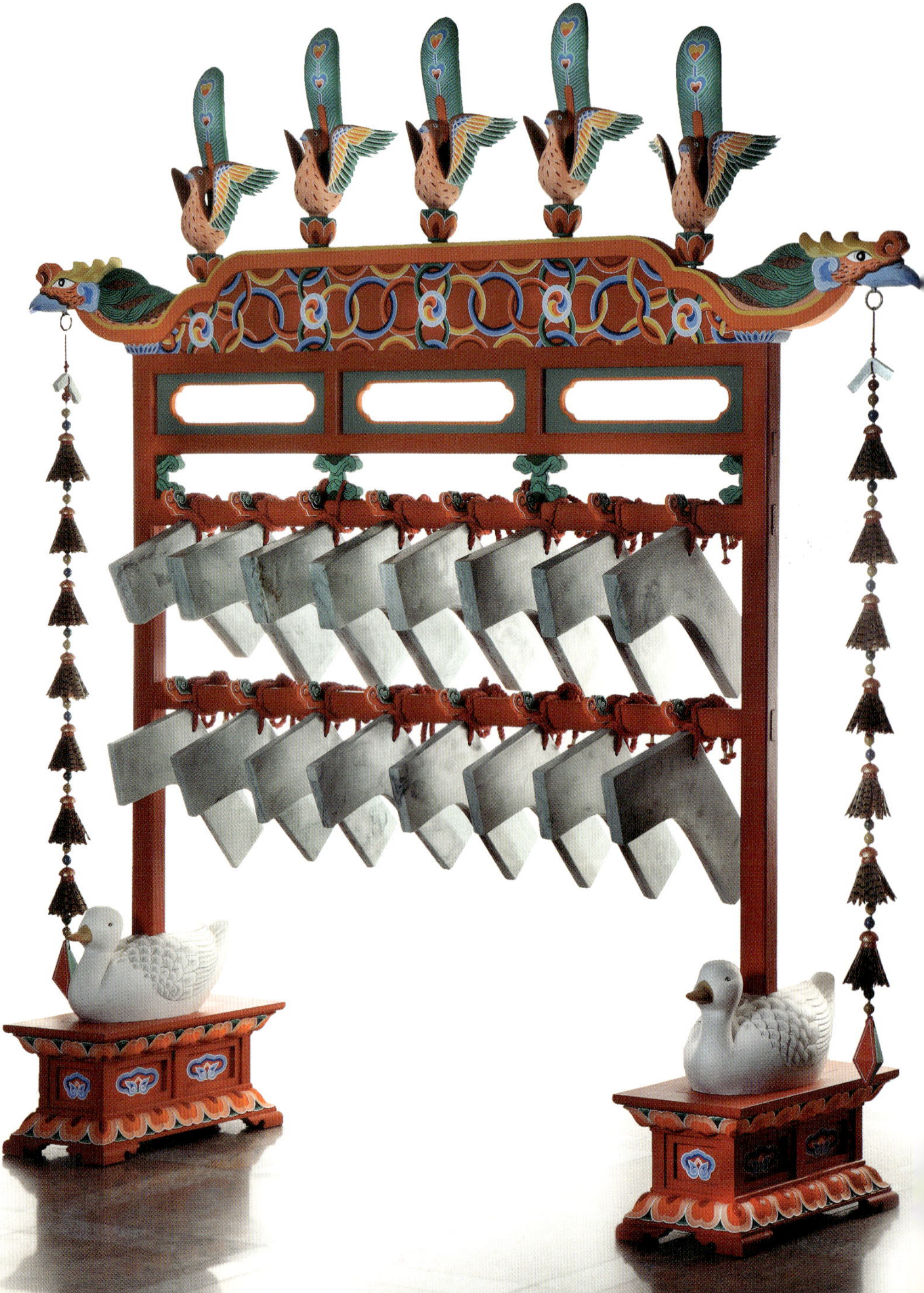

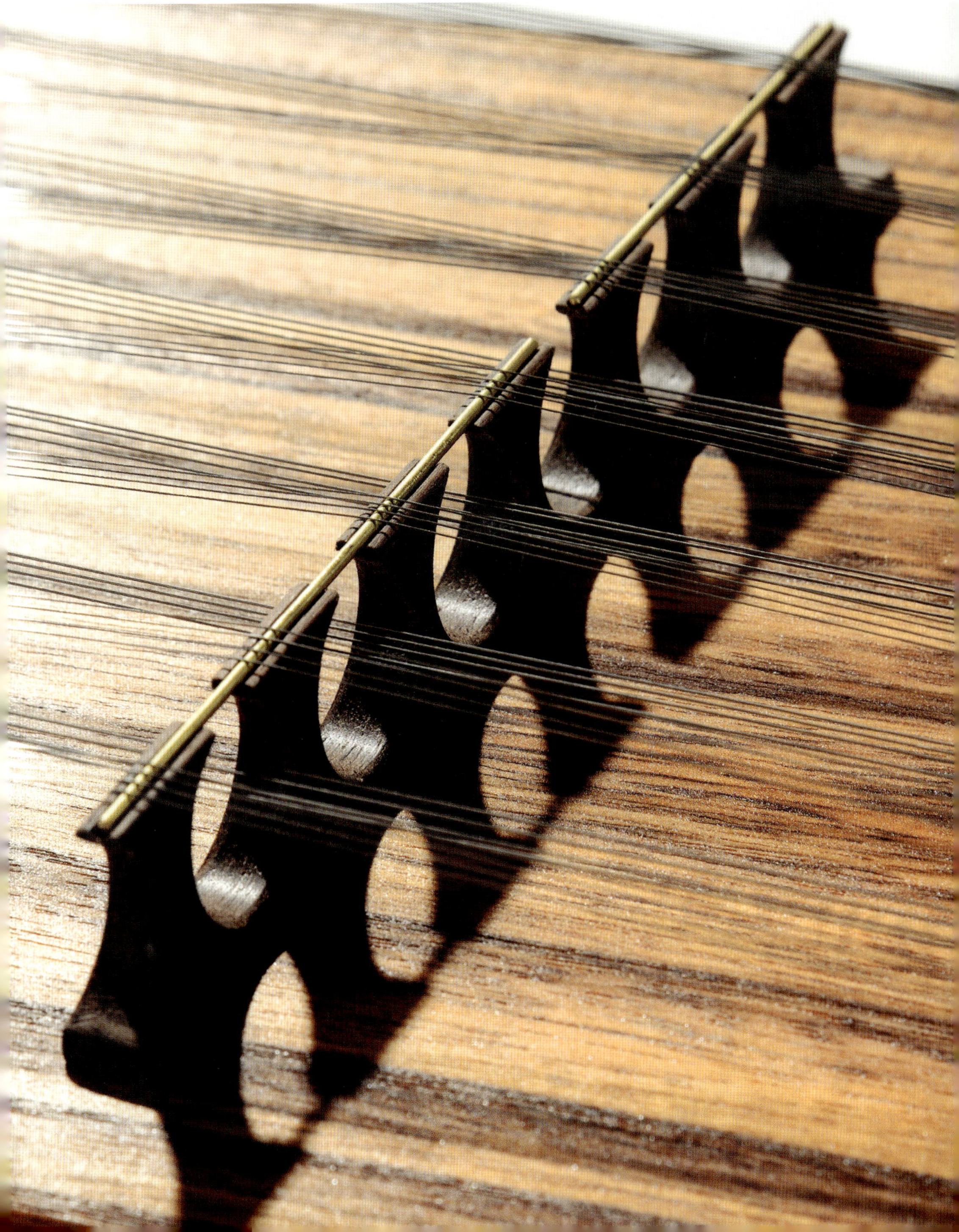

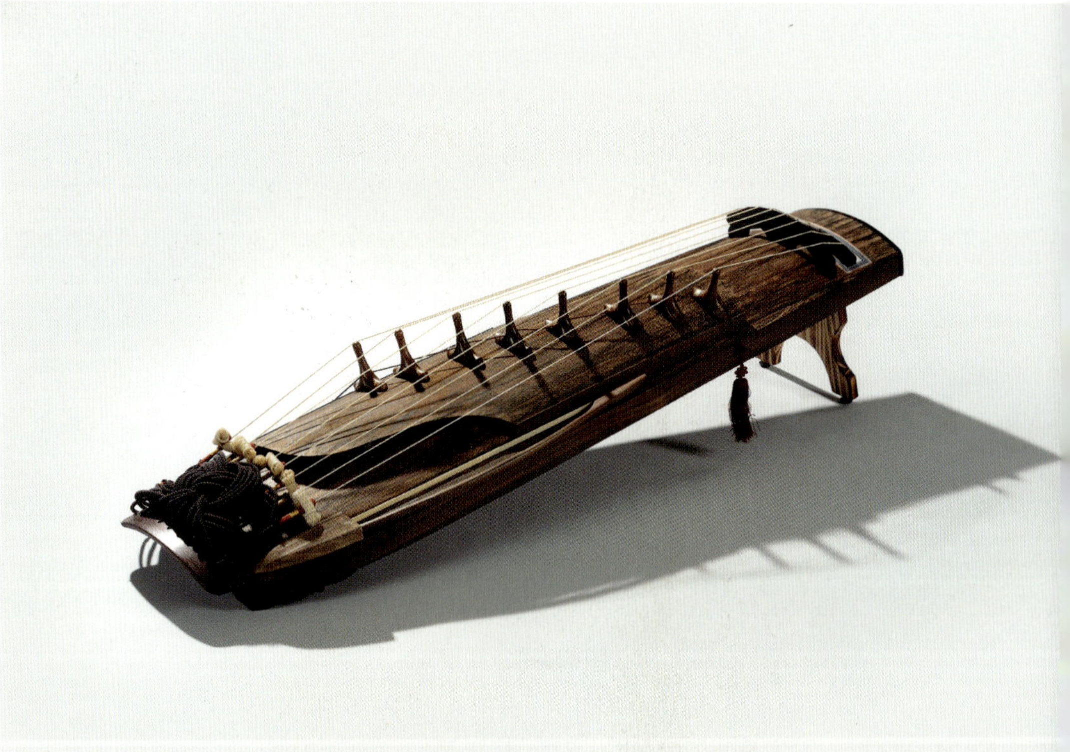

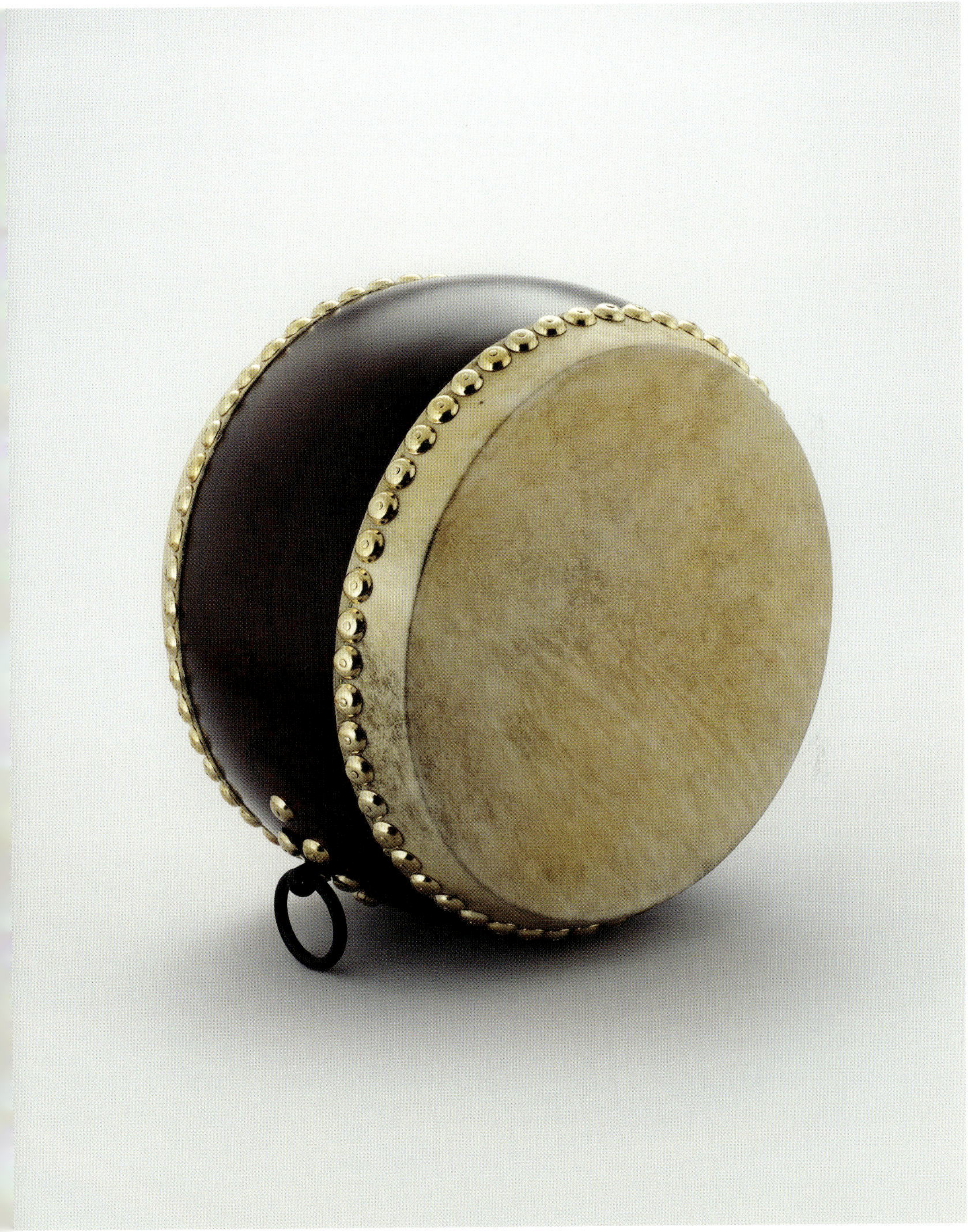

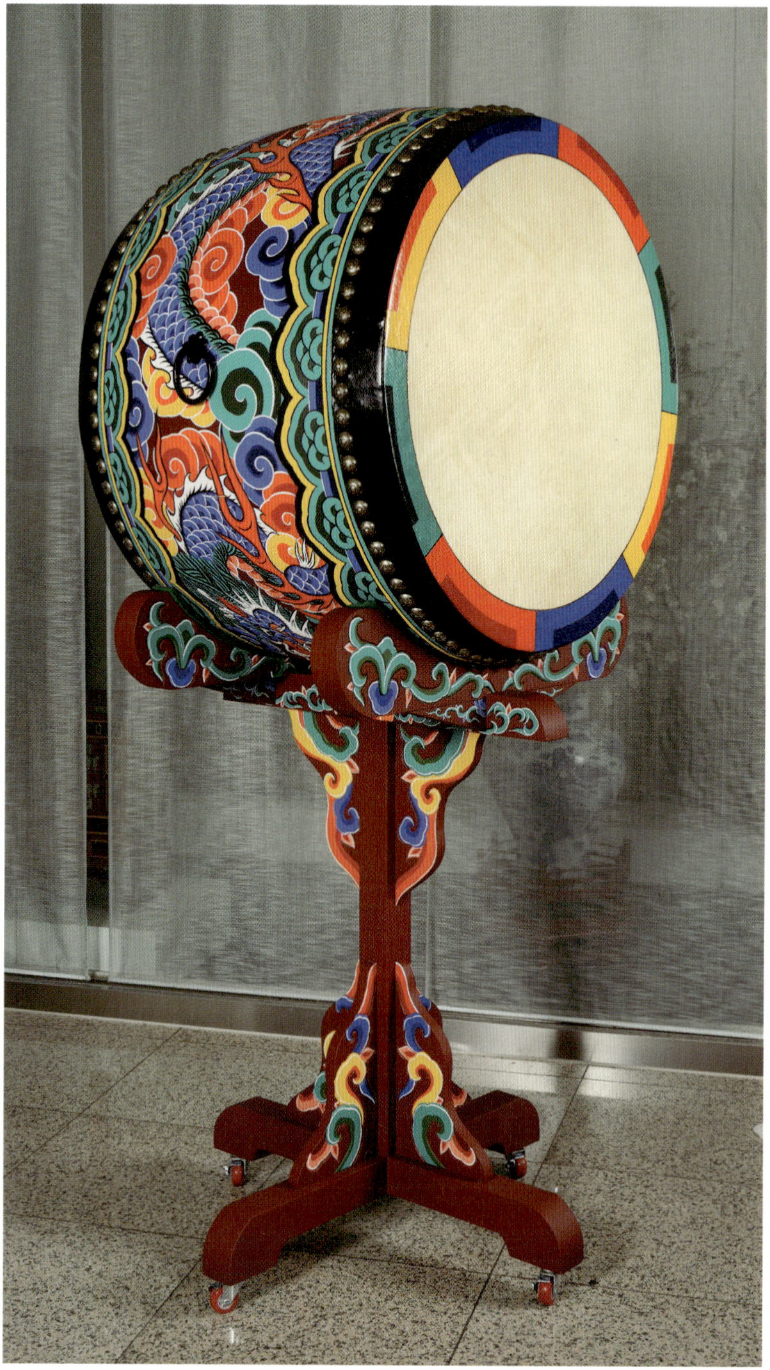

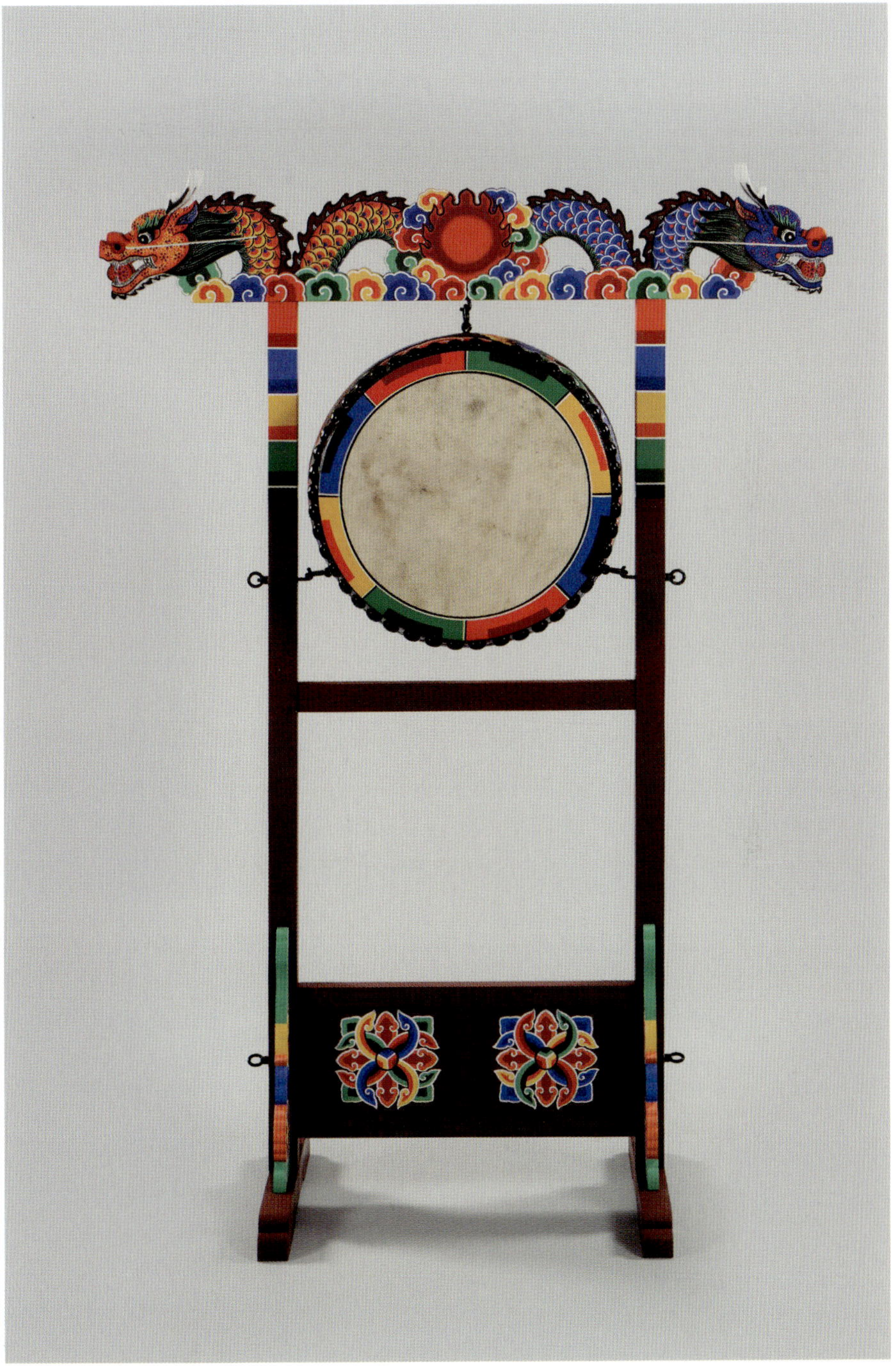

주철장 / 주물 뜨기와 종 만들기

Jucheoljang 铸铁匠

Casting

지정번호 제 112호
지정일자 2001년 3월 12일

-

작고보유자

명예보유자

전승보유자
종제작 / 원광식 元光植, 1942~

전수교육조교

Designated No. 112
Designated Date. 12 March 2001

-

Inherited Holder of
Important Intangible Cultural Property
Won Kwang -sik

예로부터 우리민족은 쇠를 녹이고 두드려서 농기구와 칼 등 이런저런 도구들을 만들어 썼다. 쇠를 녹인 물을 모래 또는 금속재의 거푸집 속에 부어 넣은 후 식혀 원하는 형태를 얻었다. 이런 방식의 주조기술은 특히 불교와 함께 크게 성했다. 이런 불교유물 중 대표적인 것이 '범종'이다.

서양의 종은 종의 내부를 쳐서 소리를 낸다. 반면에 우리 종은 외부를 쳐서 소리를 내는 것이 특징인데 특히 그 소리가 웅장하고 그윽하며 여운이 길다 종의 세부장식 또한 세밀한 것이 독특하다. 이는 특히 주조기술과 함께 과학적인 장치들을 한 때문이다. 종의 꼭지인 용뉴 옆에 음통을 두었고 종의 상단에는 네 개의 유곽을 두어 그 안에 3열로 된 젖꼭지 모양의 유를 만들었다. 종 아래 부분에는 항아리처럼 파서 종의 공명과 여운을 증폭시키는 장치를 했다.

우리 범종은 밀납주조방식을 썼는데 이는 금속활자를 만드는 방법과 규모만 다를 뿐 같다. 지상의 소원을 종소리를 통해 천상에 올려 보내고자 절실한 바람이 높이 2미터가 넘는 큰 종을 만들게 했는데 범종소리는 이 밖에도 중생들의 번민과 고통을 사라지게 하는 효험이 있어 종소리를 들으면 그 죄가 사라진다고 믿었다.

From ancient times, various types of vessel are manufactured by melting iron. The main metal casting technique used in Korea developed along with Buddhist culture when the manufacturing of temple bells was common. The major characteristics of Korean temple bell are their exquisite decorative details and magnificent resonant tones. These are the results of the manufacturing technique and scientific devices.

Nine pieces of yu are made in a nipple shape and then arranged in three rows and three columns on the upper part of a bell, and the lower part is emptied in the shape of a pot in order to amplify the resonance and the lingering sound. The traditional manufacturing method is wax-molding, which is the same method as metal type-making, but on a smaller scale. A two meter high bell is once made in hopes of sending the wishes of people to heaven, and its sound is believed to banish the sins and pains.

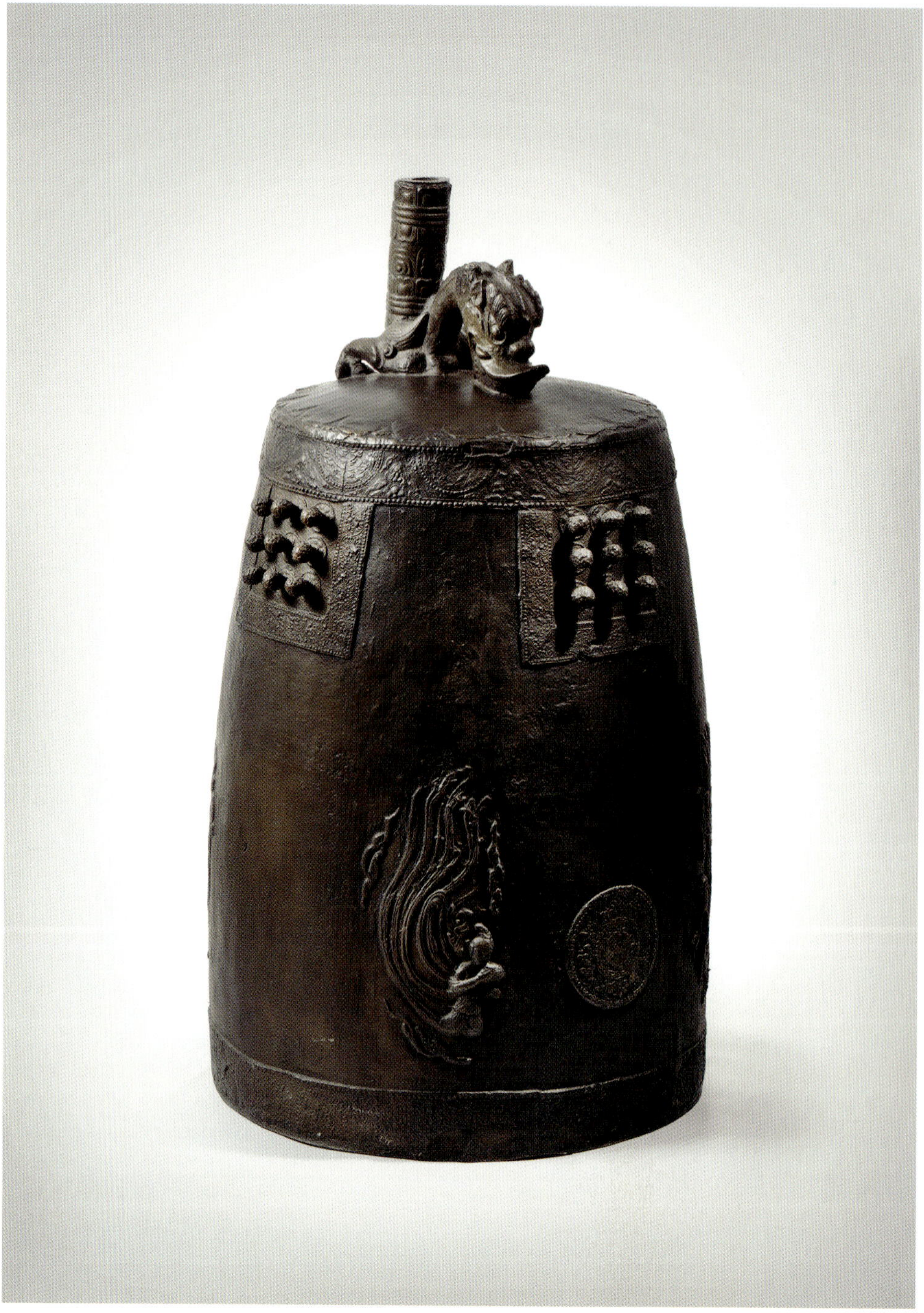

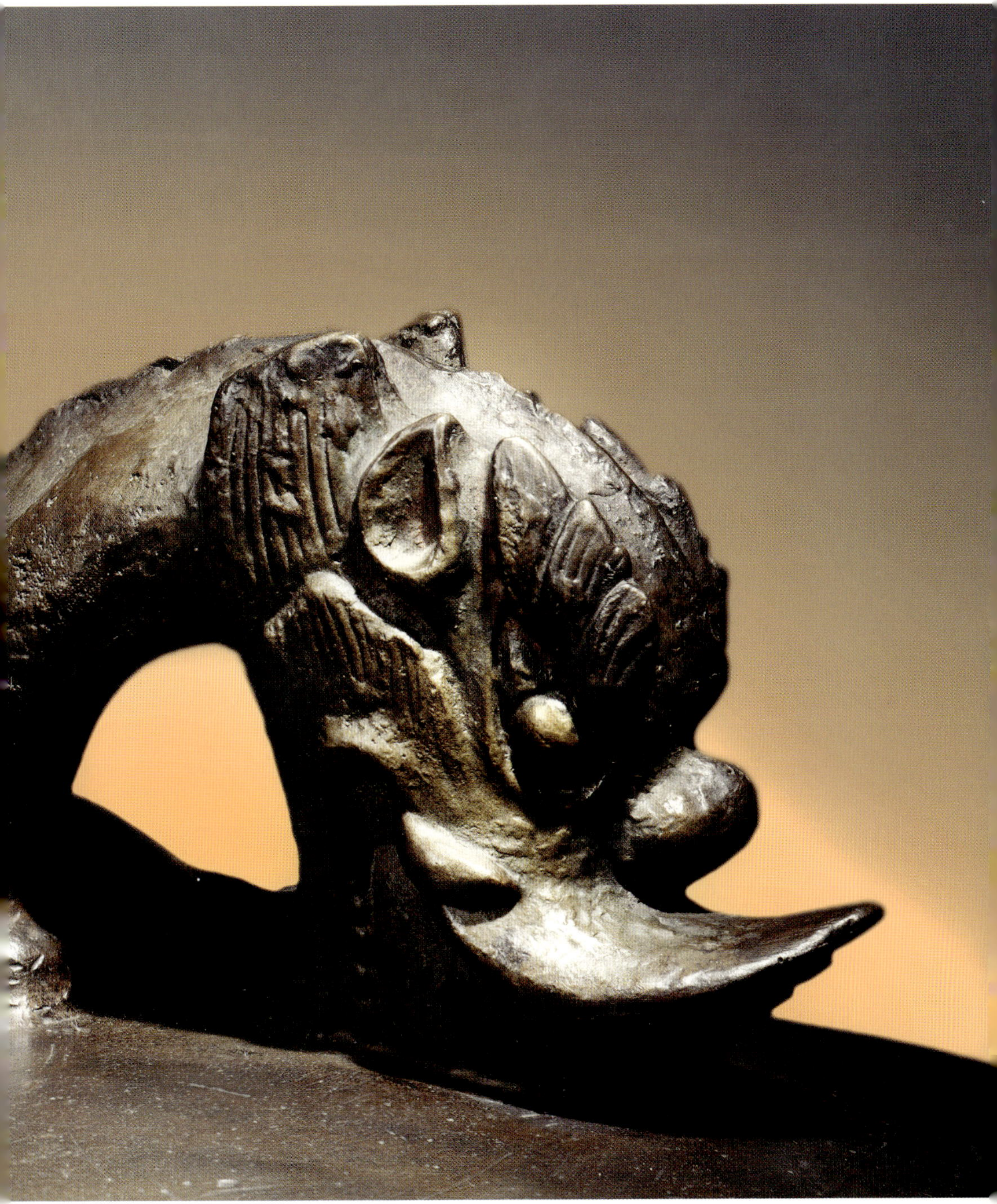

미美내다

Beauty-Be Stylish

나전장 / 자개장식장

Najeonjang 螺鈿匠
Mother-of-pearl Inlaying

지정번호 제 10호
지정일자 1966년 6월 29일

-

작고보유자
줄음질 / 김봉룡 金奉龍, 1902~1994
칠장 / 김태희 金泰熙, 1916~1994
끊음장 / 심부길 沈富吉, 1906~1996
끊음장 / 송주안 宋周安, 1901~1981

명예보유자

전승보유자
끊음장 / 송방웅 宋芳雄, 1940~
줄음장 / 이형만 李亨萬, 1946~

전수교육조교
끊음장 / 양옥도 梁玉道, 1958~
줄음장 / 김옥석 金玉碩, 1948~

Designated No. 10
Designated Date. 29 June 1966

-

Deceased Holder of
Important Intangible Cultural Property
Jooleumjang / Kim Bong-ryong
Chiljang / Kim Tae-hee
Gguneumjang / Sim Boo-gil
Gguneumjang / Song Joo-an

Inherited Holder of
Important Intangible Cultural Property
Gguneumjang / Song Bang-woong
Jooleumjang / Lee Hyeong-man

Assistant Important
Intangible Cultural Property
Gguneumjang / Yang Ok-do
Jooleumjang / Kim Ok-suk

보석은 화려하다. 하지만 자연의 보석인 무지개 빛깔의 조개와 소라껍질이 빛을 받아 반짝이면 그 아름다움과 영롱함은 화려함을 넘어선다. 한데 '나전칠기'는 자신을 나부대며 드러내지 않는다. '나전'은 진중하게 나무나 칠의 한 면에 들어 앉아 안채 마님처럼 고아하고 고운 자태를 은근히 드러낸다.
'나전'은 조개껍질의 내부나 바다거북의 등껍질, 호박이나 상아 또는 보석을 잘라 나무로 만든 기물에 붙여 장식하는 기법이다. 나전에 사용하는 조개껍질은 야광패, 전복껍데기 등 으로 빛을 내는 조개가 주로 쓰였다. 조개껍질은 숫돌 등에 갈아 갖가지 두께로 만들어 필요한 곳에 찾아 쓴다. 우리말로는 '자개' 또는 '자개박이'라 하는데 자개를 붙인 후에 옻칠을 해 마감하는 것을 '나전칠기'라 한다.
나전에는 생칠 또는 정제한 칠을 기물에 도장하는 '칠장', 자개를 실같이 가늘게 직선으로 켜내 칼끝으로 눌러 끊어 붙여 나가는 '끊음질', 자개를 실톱이나 줄로 갈아 국화, 거북이 등의 모양을 만들어 백골에 붙이는 '줄음질' 등 세 종류가 있다. 1995년 '나전장'으로 통합하면서 54호로 지정되었던 '끊음질'을 포함 '칠장'과 '줄음장' 등 각 분야에 보유자를 지정하기에 이르렀다.
자개를 기물에 붙이는 방법에는 3종류가 있다. 나전의 모양대로 나무로 만든 백골을 파낸 후 그곳에 끼워 넣는 상감기법인 감입법, 조개껍데기를 잘라 모양을 만든 나전을 아교나 풀로 표면에 붙이는 첩부법, 나전을 잘게 썰어 뿌려 붙이는 살부법 등이 있다.
어둠속에서 홀로 빛나듯 옻칠 속 나전은 지극히 아름답고 화려해 거개가 소박한 우리 일상문화의 조아함을 깨는 은근한 파격이 매력이다.

Jewelry is a beautiful thing. But the splendor of a natural gem like a iridescent seashell's self-emitting light, is beyond beauty. Furthermore, not showing off but sitting on a side of lacquered wood makes it even more elegant and glamorous. Najeon is the decoration technique of adding the pieces of seashells, sea turtle shells, amber or ivory onto wooden objects. It also refers to the skill of cutting luminescent shells into different shapes and dimensions, then inlay them onto wooden objects or furniture and coating them with lacquer. Shells that shines like luminous shells or pearls are to use for Najeon. They make various thickness by grinding them on a shetstone. Also Najeonchilgi is the technique of completing the add of mother-of-pearl and the vanish with lacquer. This work involves Kkeuneumjil, the making of geometrical designs with ivory, pieces of mother-of-pearl sliced like thread, and Juleumjil, the process of rubbing the mother-of-pearl into very thin pieces. In 1995, the terms are combined for Najeonjang including Designated No. 54, Kkeuneumjil, Chiljang and Juleumjil. Also they started to designate inherited holder for each categories. There are several main techniques being used: Gamip as an artisan puts together a baekgol, or wooden framework, and fills the gaps or levels the surface of the baekgol with sandpaper, before adding mother-of-pearl, Chopboo as an artisan puts a seashell pattern on surface by using glue and Salboo as artisan puts finely sliced Najeon to add. Well lacquered Najeon which glows in the dark is attractively charm but its extraordinary of breaking ordinary daily life is the top note.

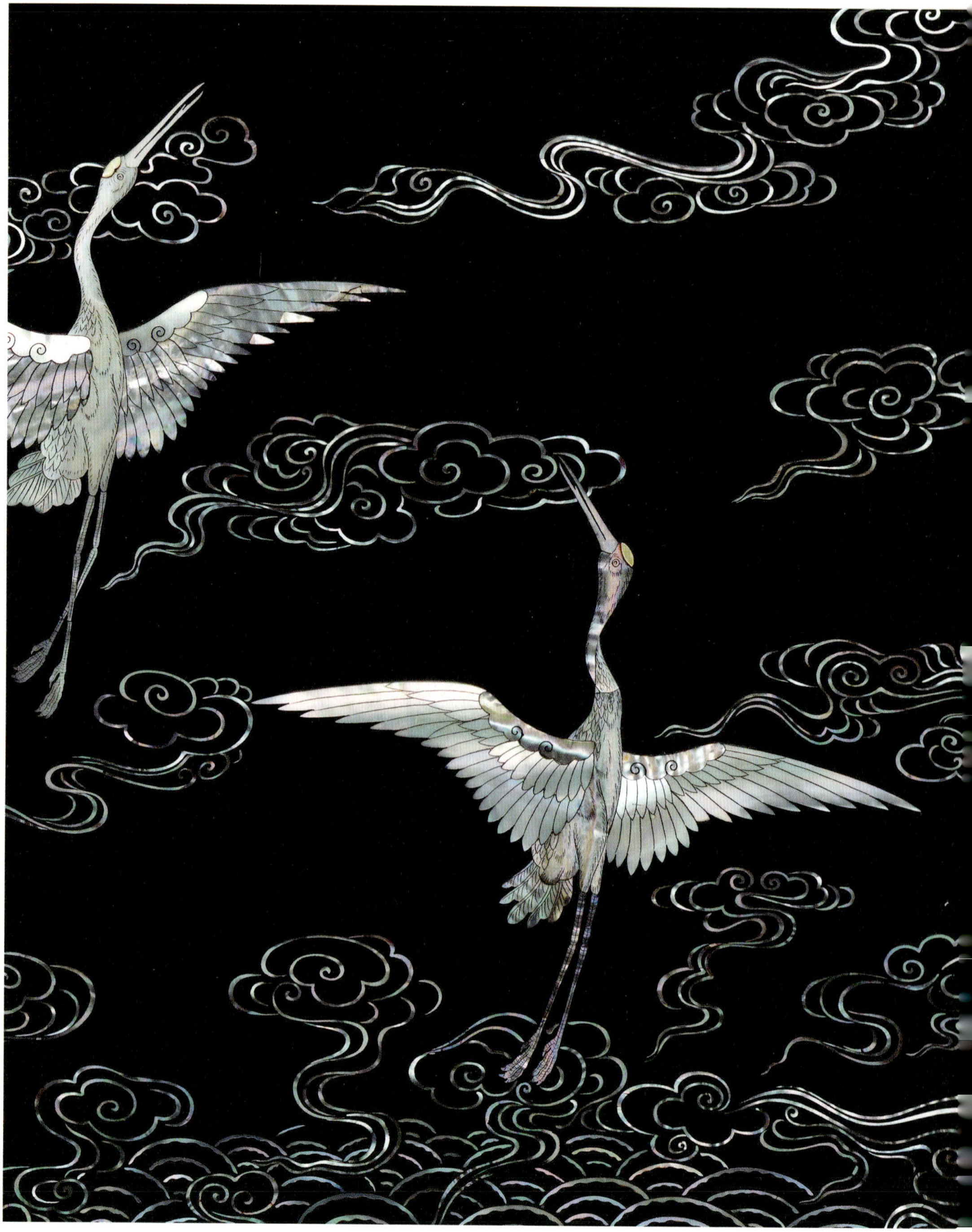

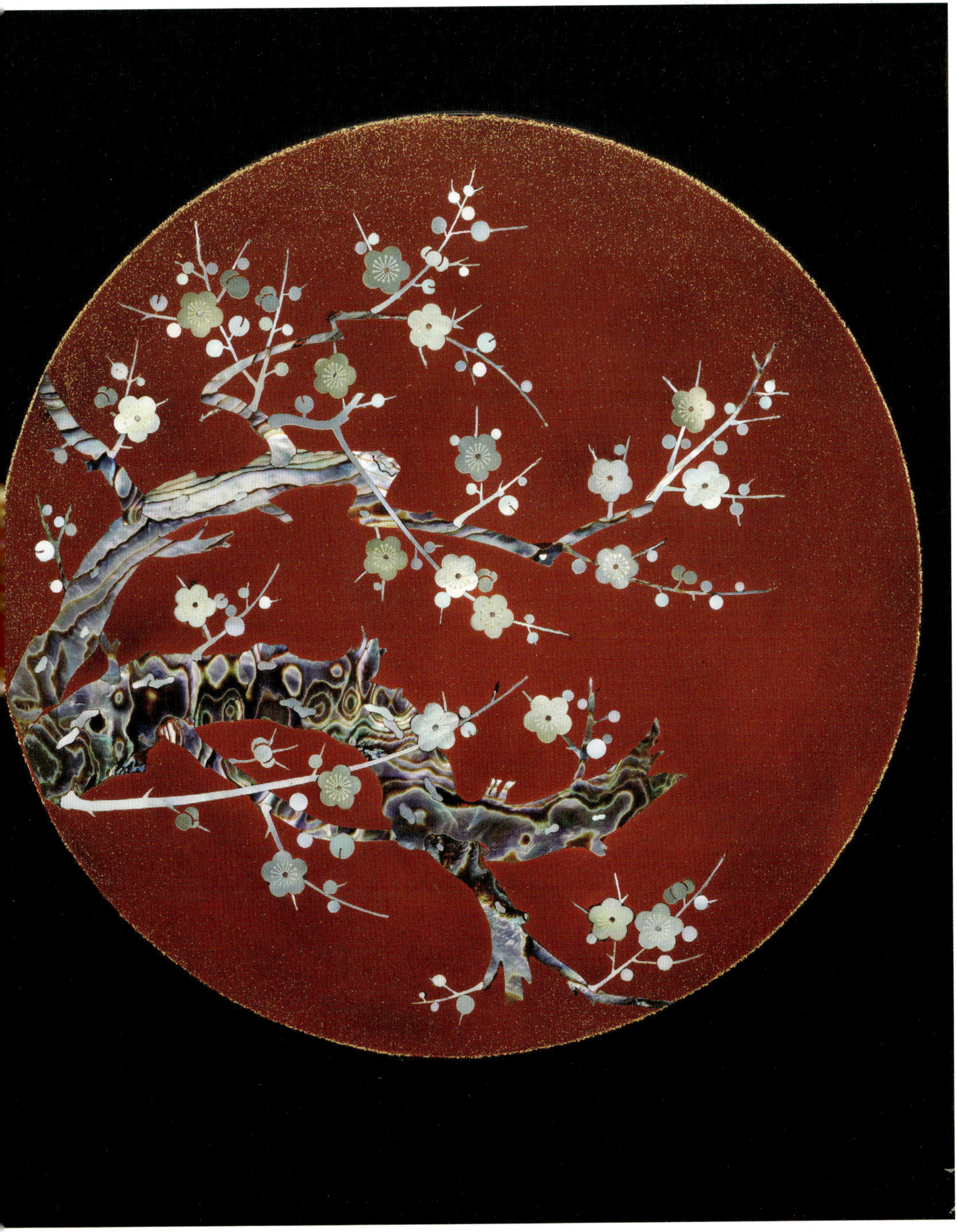

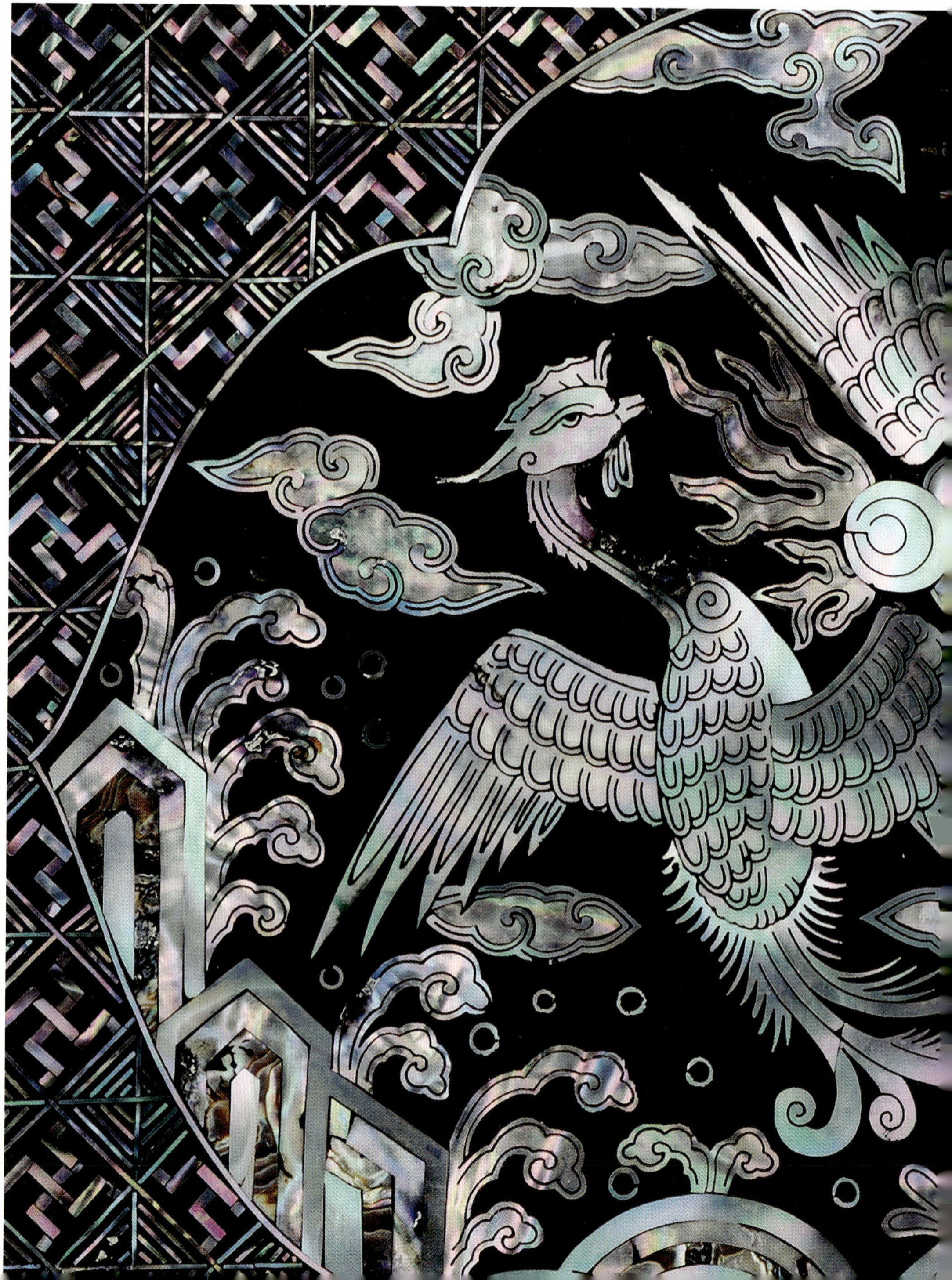

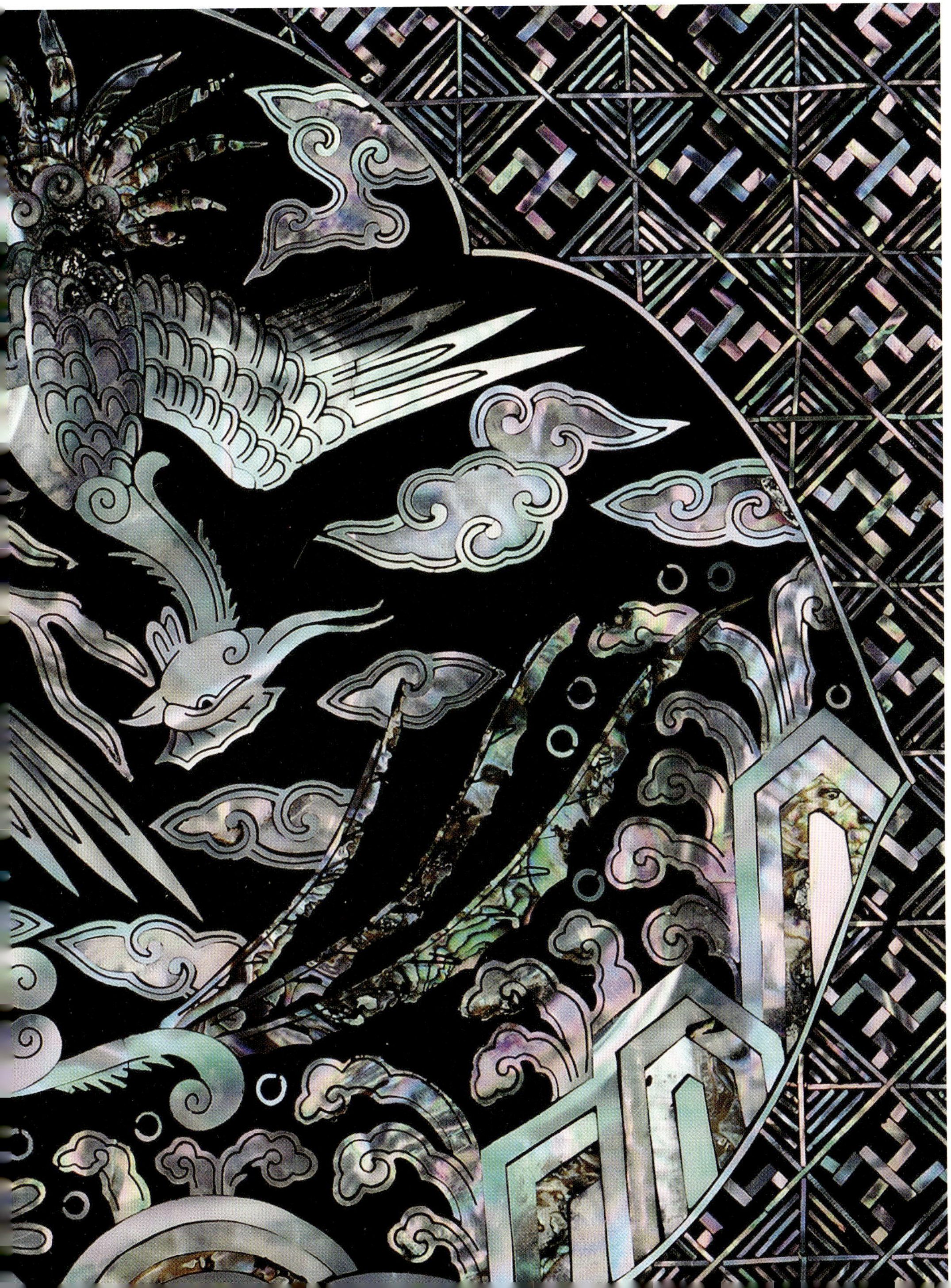

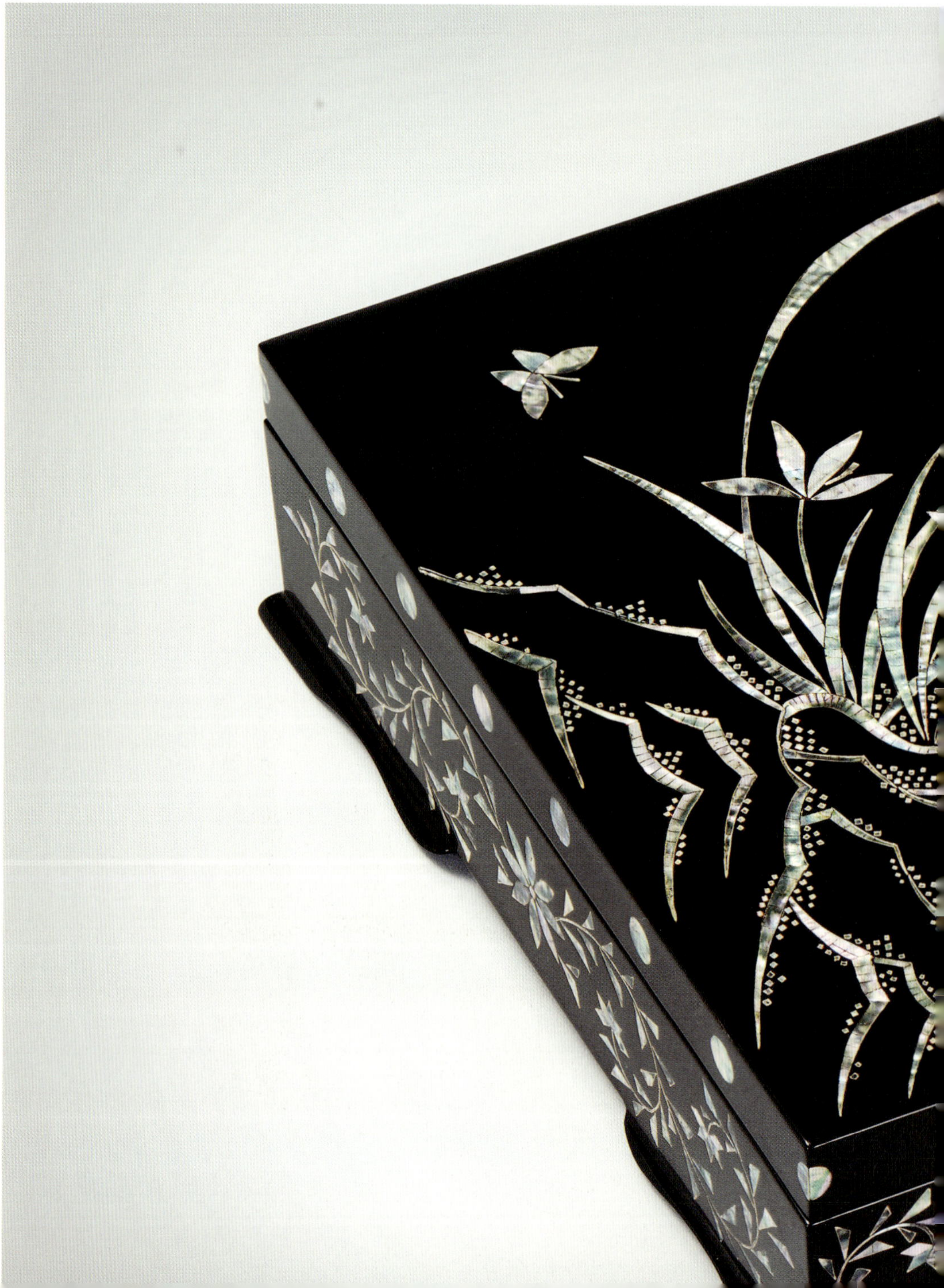

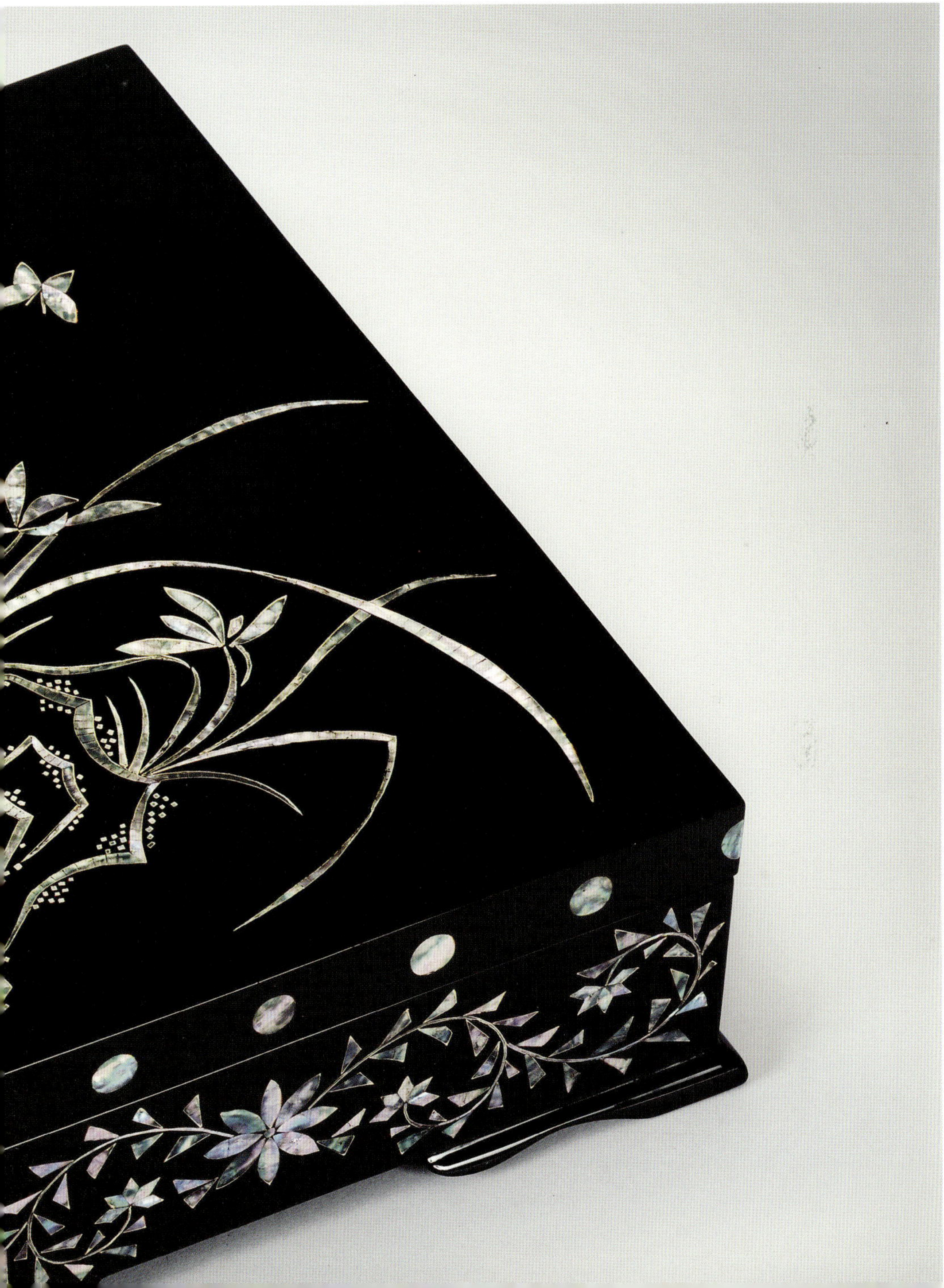

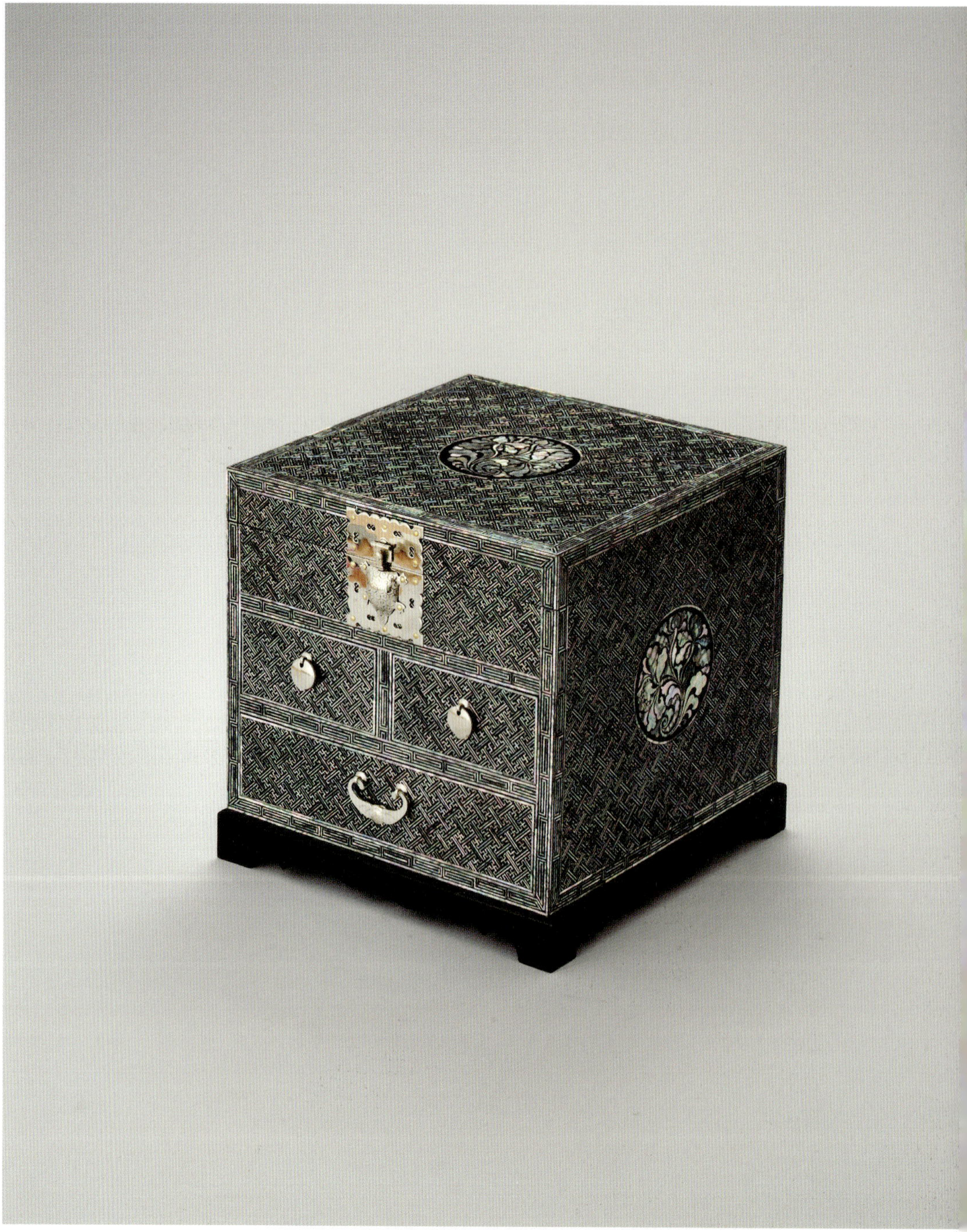

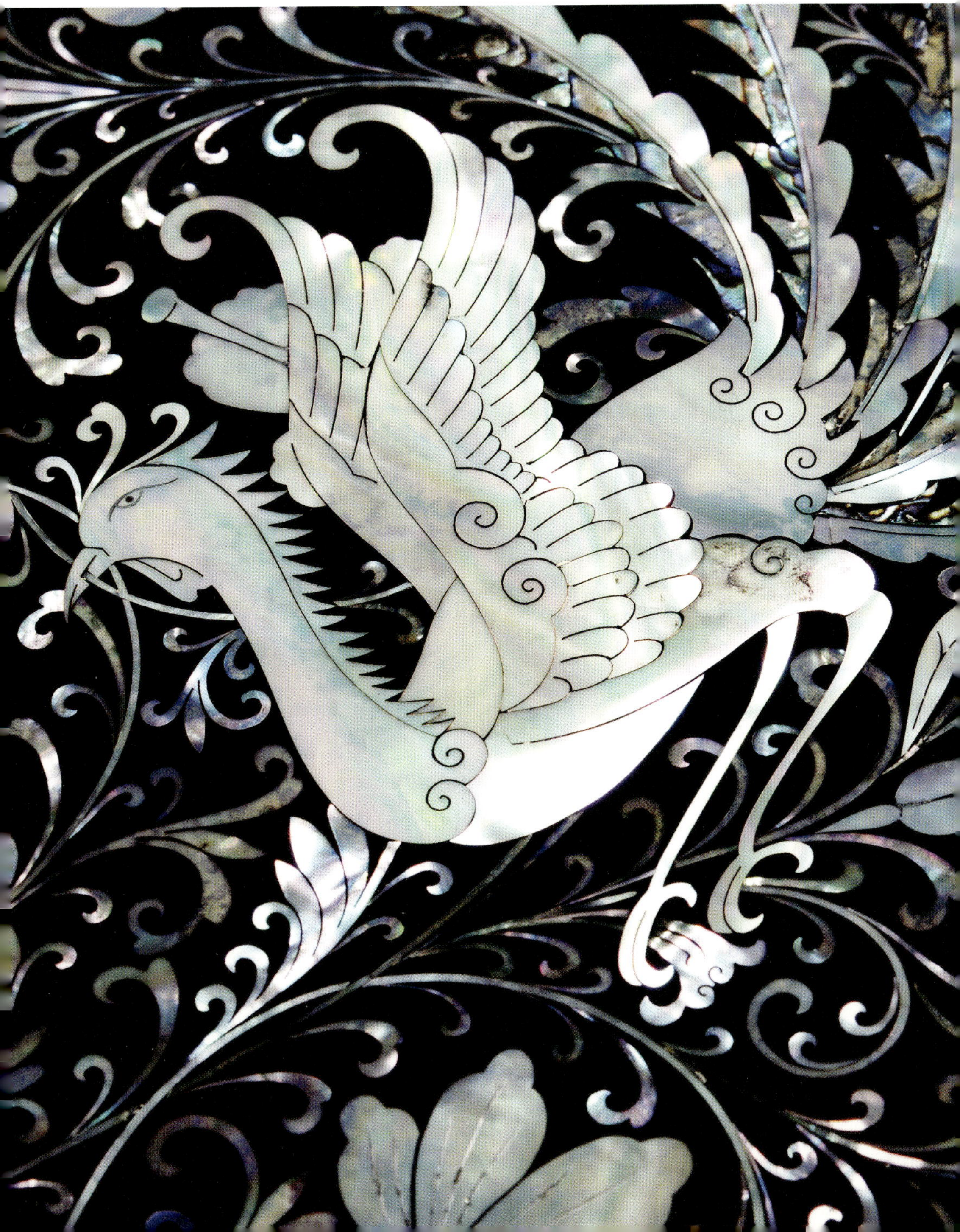

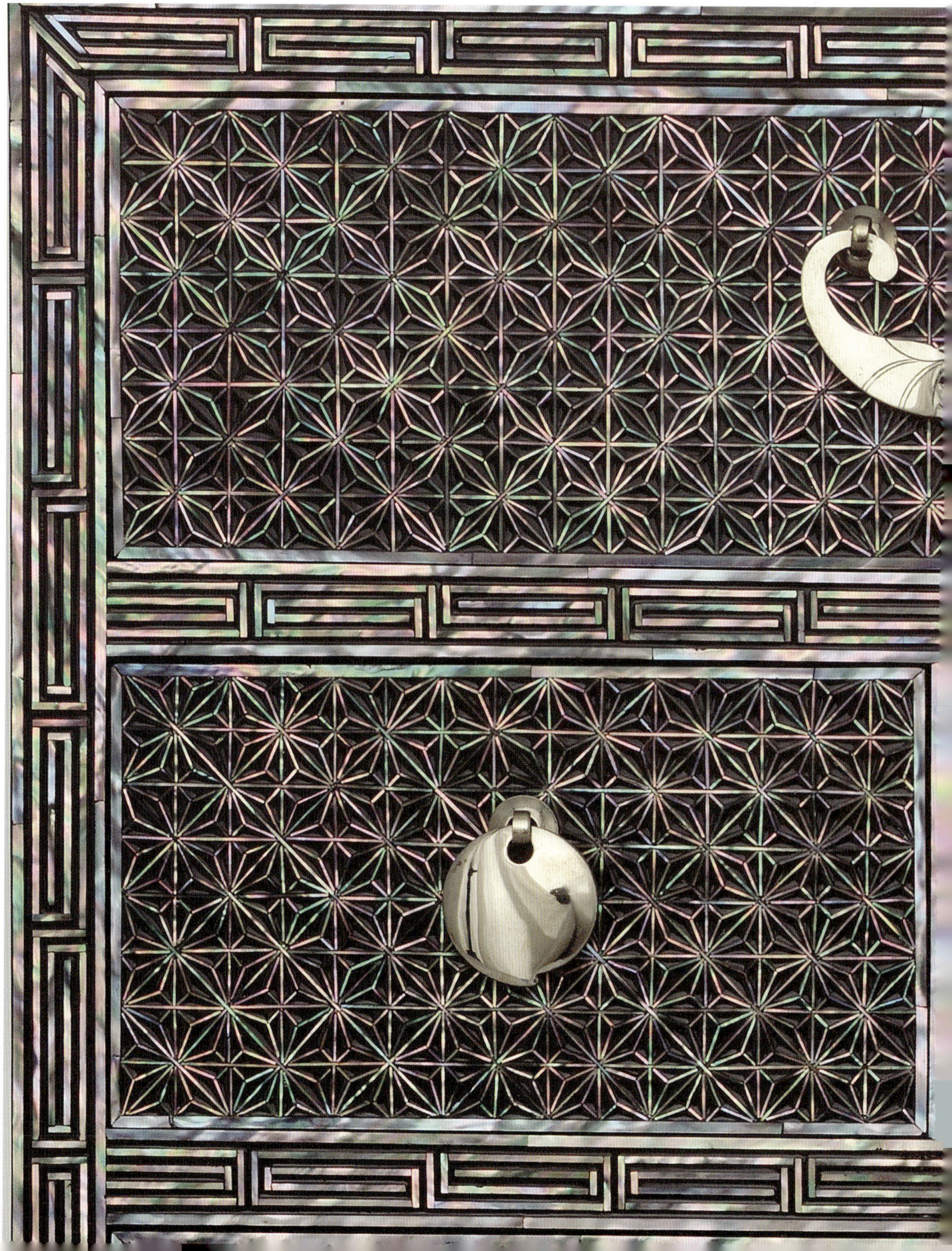

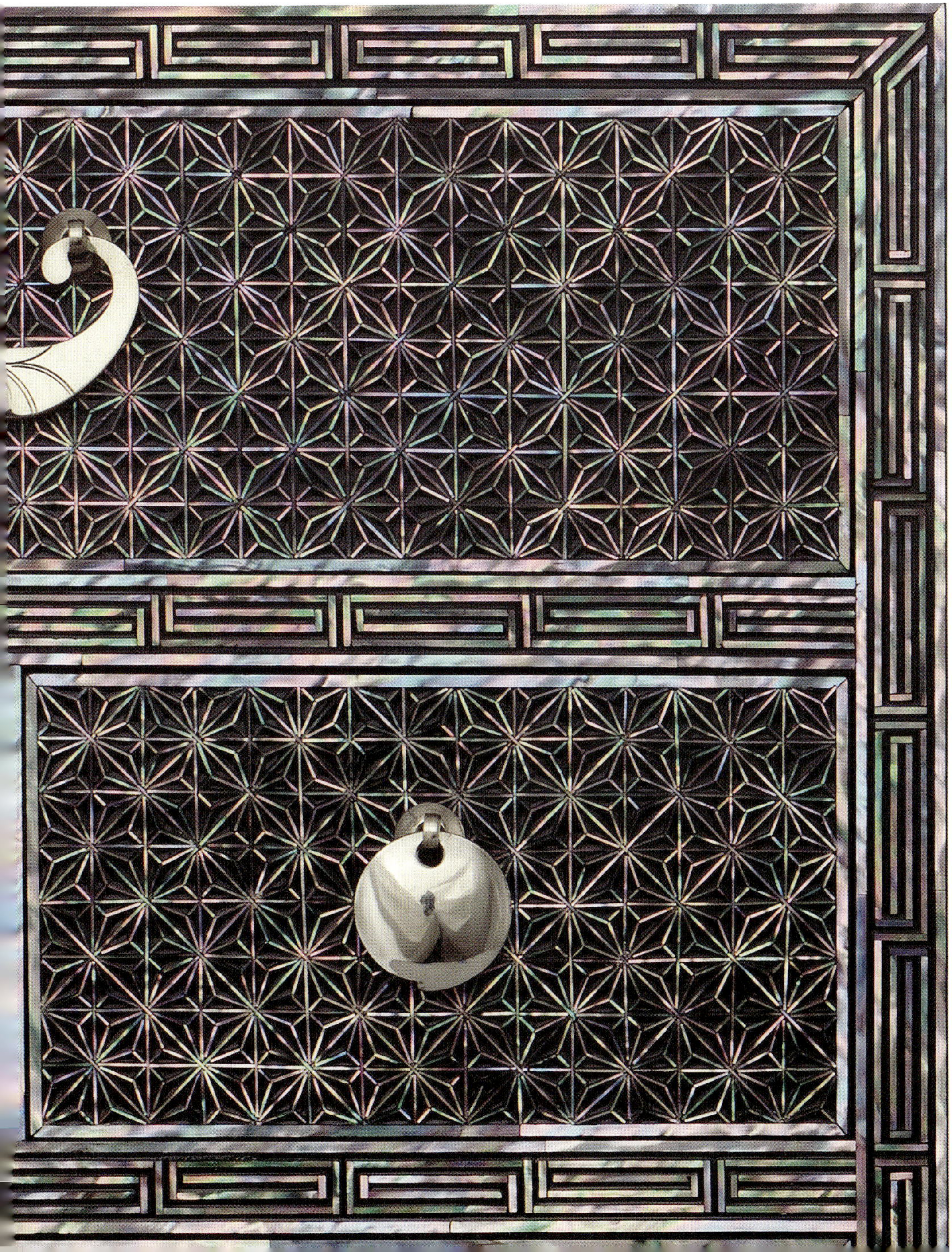

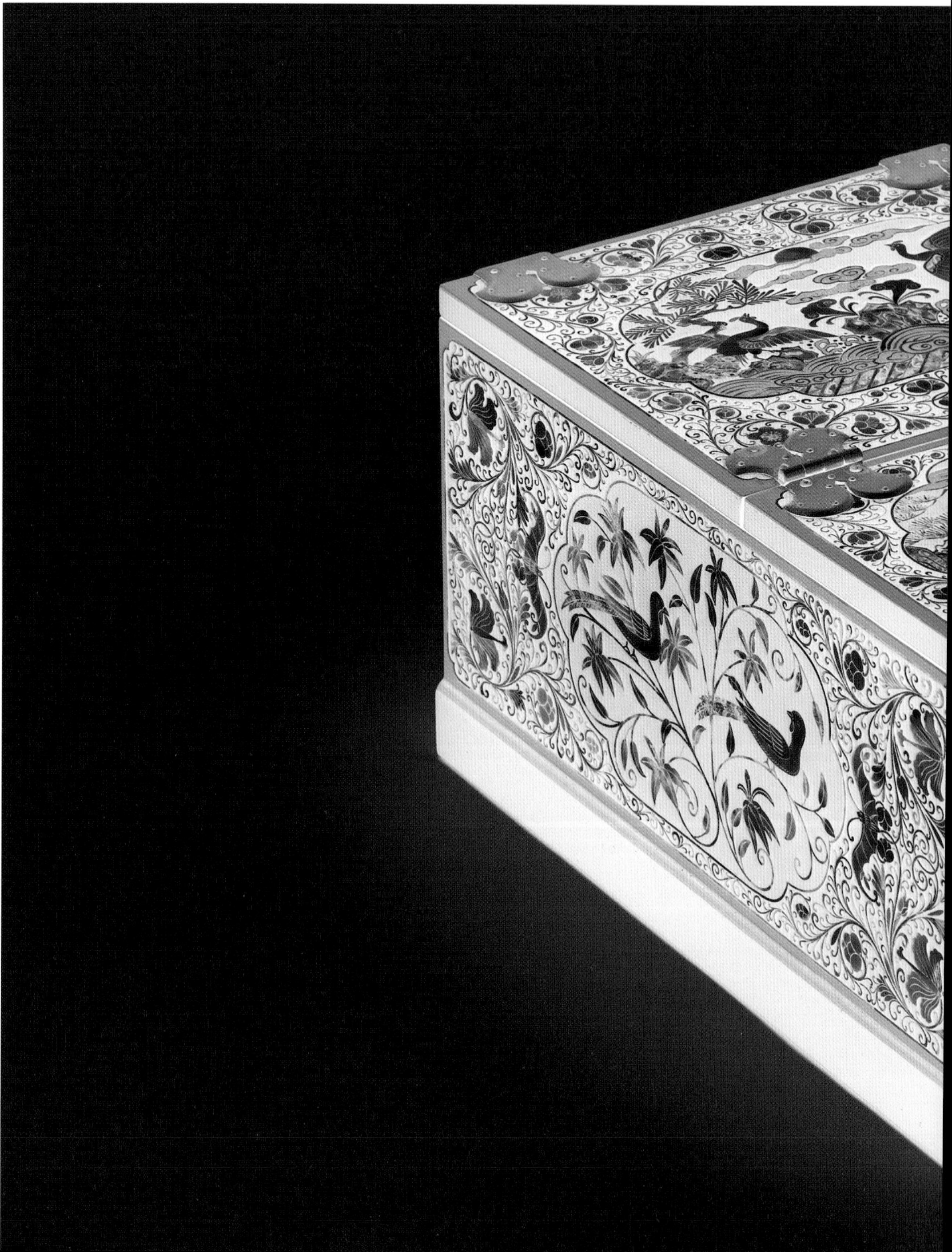

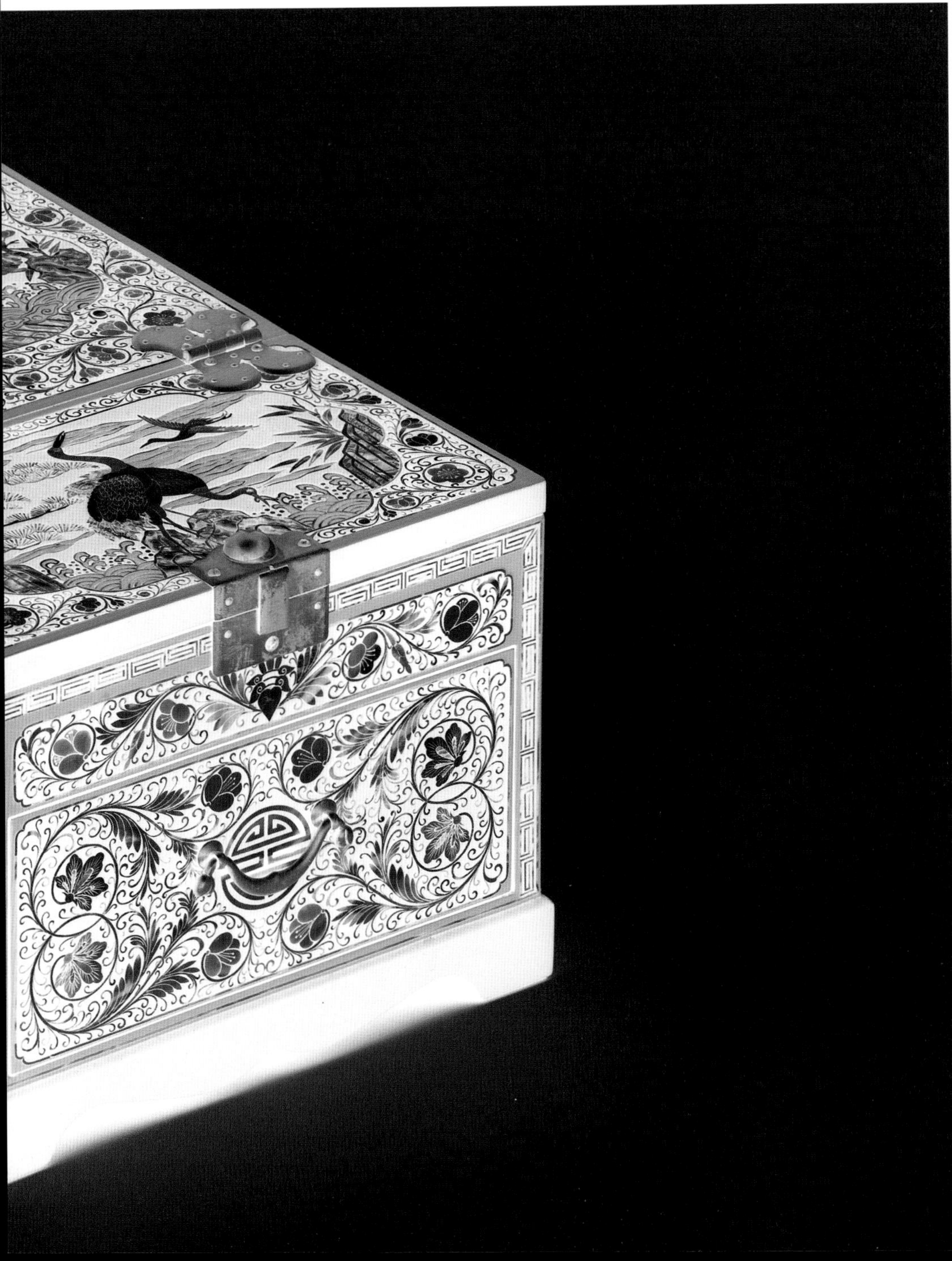

화각장

Hwagakjang 华角匠

Ox Horn Inlaying

지정번호 제 109호
지정일자 1996년 12월 31일

-

작고보유자

명예보유자

전승보유자
이재만 李在萬, 1953~

전수교육조교

Designated. No 109
Designated Date. 31 December 1996

-

Inherited Holder of
Important Intangible Cultural Property
Lee Jae-man

-'화각'이란 2~3년생 소의 뿔을 투명해지도록 얇게 깍은 다음 각지의 뒷면에 화려한 단청안료로 그림이나 무늬를 그려 나무로 만든 가구에 붙이고 옻칠해 완성하는 공예이다. 나전칠기와 함께 전통 왕실공예의 전형이다. 동양에서 칠기문화가 발달했지만 우리 공예에서 발견 할 수 있는 독창적인 화각공예는 재료가 귀하고 만드는 과정이 까다로워 매우 귀한 공예품에 속한다.

화각 공예의 시작이라 할 쇠뿔을 고르는 것부터 만만치 않다. 화각에 쓰이는 쇠뿔은 수소 뿔. 암소 뿔은 구부러져 쓸 수가 없고, 젖소 뿔은 검어서, 3년생이 넘으면 각질이 갈라져 쓸 수 없다. 대개 크기가 작은 소품인 바느질자, 실패, 베갯모와 중간 크기인 애기농, 버선장, 반짇고리, 경대, 함 등 주로 여성들의 실생활에 쓰이는 가구에 많이 사용되었다.

예로부터 담백하고 소박한 세간이 거개인 우리나라 공예품 중 유별나게 '화각'은 밝고 화려한 색채를 쓴다. 무늬도 화려한 십장생을 비롯한 용과 봉황, 까치와 호랑이, 사군자, 화조, 쌍학 등을 써 멋을 낸 별난 공예품이다.

본래 화각은 백골작업을 하는 목공, 골각작업을 하는 각질공, 채색을 하는 화공, 옻칠을 하는 칠공, 장석을 다는 금속공 등 다섯 장인이 협동으로 만드는 종합공예예술이다.

Hwagak is also the epitome of a traditional royal dead cell handicraft as Najenchilgi (lacquer wares decorated with mother-of-pearl). It refers to the craft of making oabjects with hwagak, a transparent plate made by grinding oxhorn. Then an paper thin ox horn vessel would be crated and a pattern would be drawn on the back of it. Such items were also coloured and painted with lacquer. Unlike many other Korean arts, for which subdued colours are preferred, the remaining Hwagak artworks today display brilliant colours which was to be one of the most precious handicraft because of its extremely detailed process. From the beginning, the ox-horn as a material was severely difficult to acquire. It should be from ox not cow and not less than 3 years old. Hwagak is a traditional craft technique that the items decorated with its patterns range from large furniture such as wardrobes, cabinets and chests of drawers to small objects, including jewelry boxes, vanity chests, workbaskets, combs, rulers, and spools. Traditionally used to decorate mainly women's personal belongings, the Hwagak art developed solely in Korea. The also exhibit a great variety of motifs, including Sipjangsaeng (10 creatures of longevity), dragons, phoenixes, magpies and tigers, as well as Sagunja (four noble beings) and Hwajo (flowers and birds). To bring this wonderful craft back to life, the incredible skill and faithful attentiveness is required from five artisans: Mokgong for the background work, Kakjilgong for the bone processing, Hwagong for the colouring, Chilgong for the lacquering and Kumsokgong for the decorating. Therefore, the all makes Hwagak as one synthesizing art form.

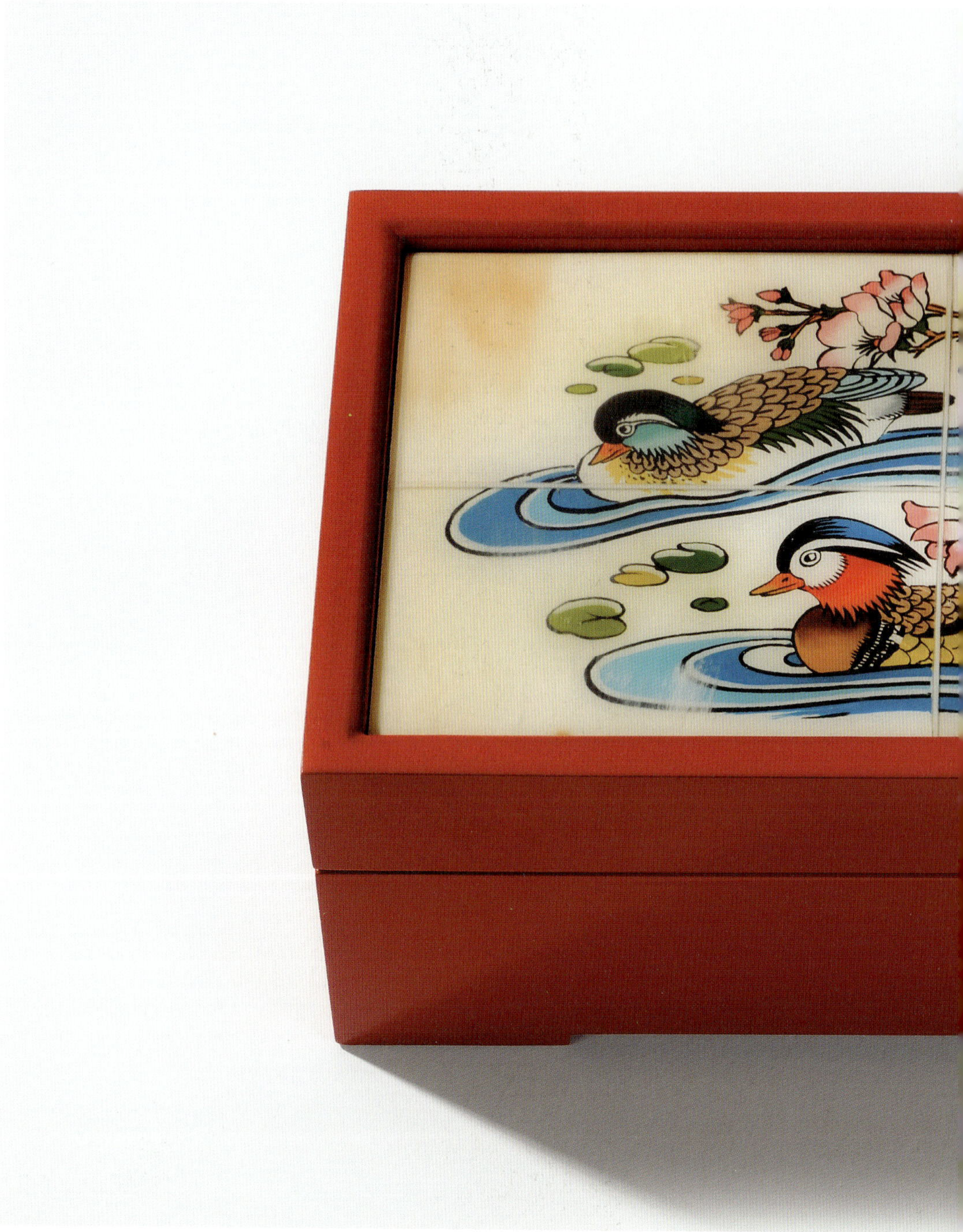

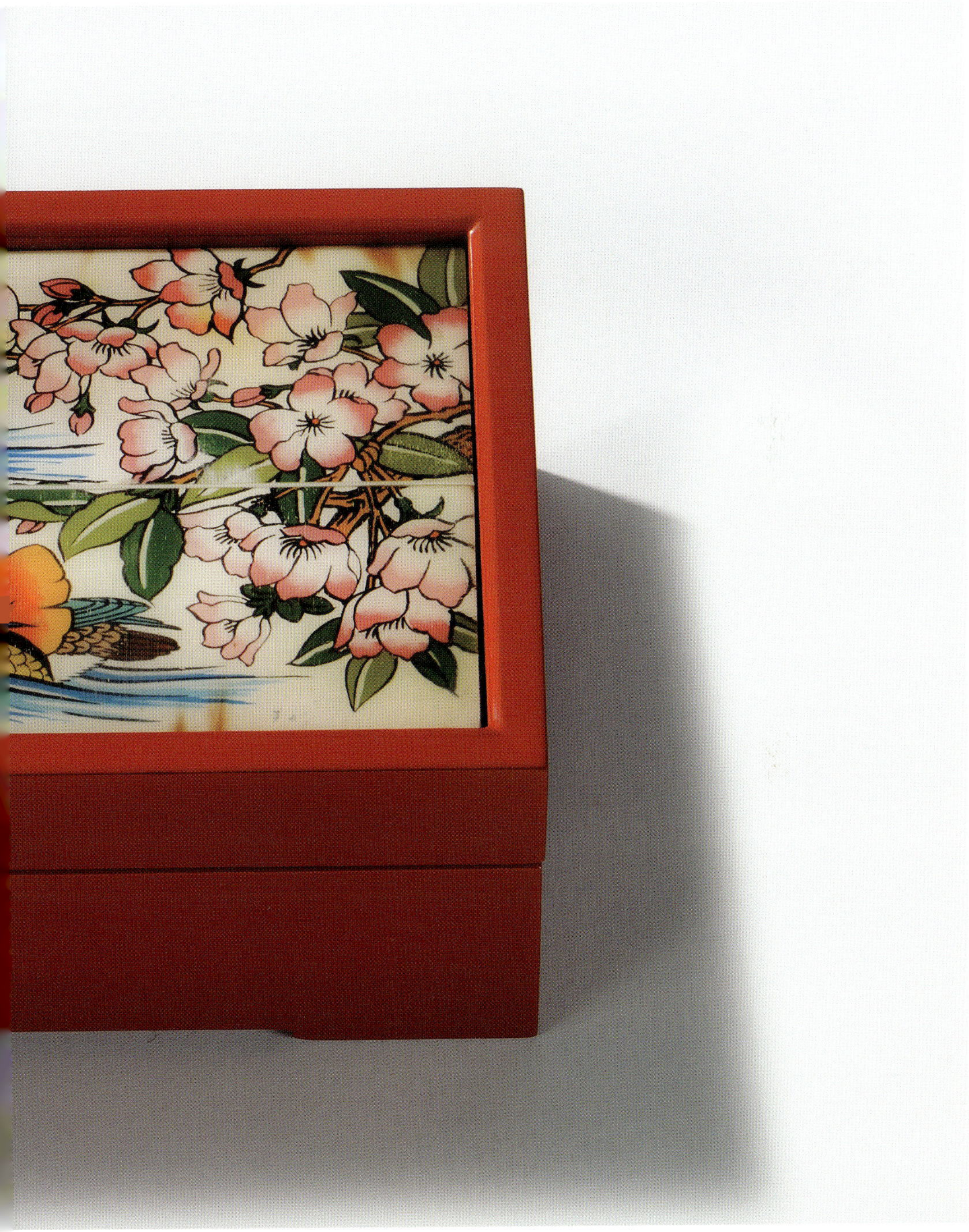

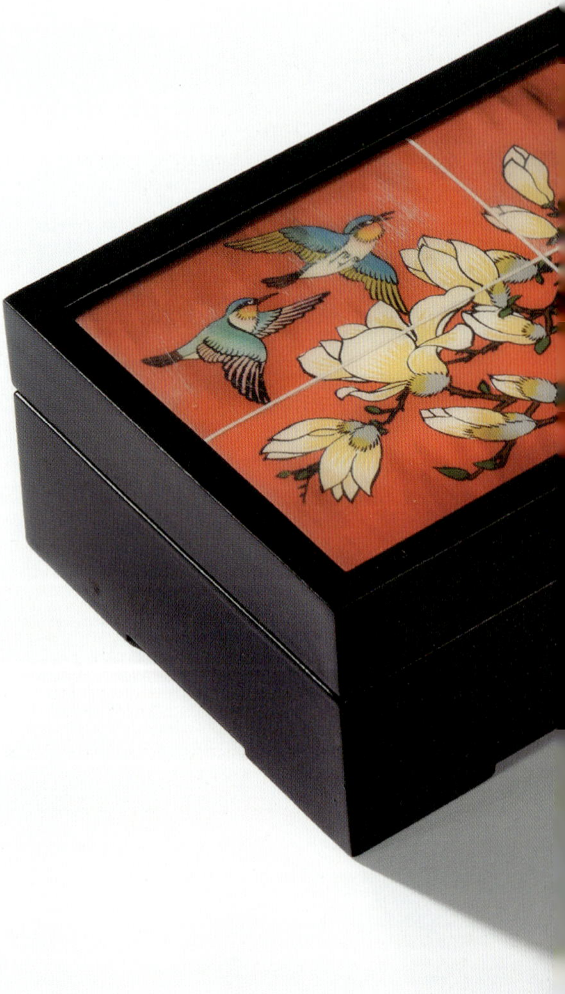

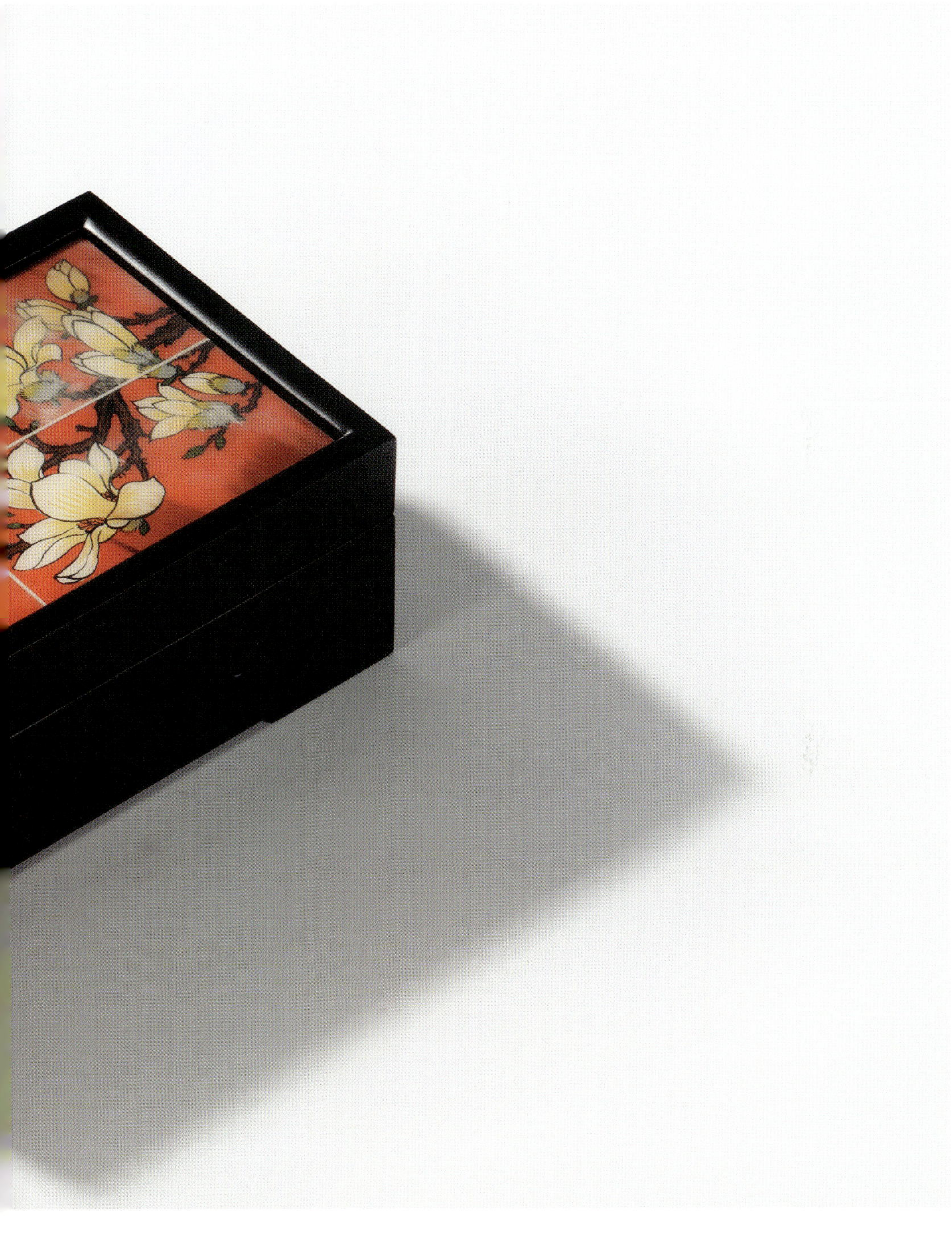

백동연죽장 / 담뱃대 만들기

Baekdongyeonjukjang 白铜烟竹匠

Pipe Making

지정번호 제 65호
지정일자 1980년 11월 17일

-

작고보유자
추옥판 秋玉判, 1927~1991

명예보유자

전승보유자
황영보 黃永保, 1932~

전수교육조교
황기조 黃起祖, 1962~

Designated No. 65
Designated Date. 17 November 1980

-

Deceased Holder of
Important Intangible Cultural Property
Choo Ok-pan

Inherited Holder of
Important Intangible Cultural Property
Hwang Yeong-bo

Assistant Important
Intangible Cultural Property
Hwang Ki-jo

지금처럼 가늘고 길게 말아 놓은 담배를 얇은 종이로 싼 궐련을 피운 것은 그리 오래전 일이 아니다. 담배가 처음 수입된 17세기 초부터 20세기 초까지는 말리고 썬 잎담배를 그대로 담뱃대에 담아 피웠다. 담배가 도입된 후 얼마 지나지 않아 전국에 유행처럼 번졌다. 정조는 물론 정약용 같은 이들도 골초 중 골초였다. 이렇듯 담배가 일상화되면서 손님이 오면 차나 음식을 대접하는 것처럼 응당 담배와 함께 끽연도구를 갖추어 놓아야 했다. 이것은 새로운 예의였다.

잎담배를 그대로 잘라 피웠던 때문에, 담배를 피우기 위해서는 담뱃대가 필요했다. 담뱃대는 담배를 담는 대통이 부착된 담배통과 입에 물고 연기를 빨아들이는 물부리, 그리고 이 두 부분을 연결하는 대나무로 된 설대로 구성된다. 이 담뱃대는 '장죽'이라고 부르는 세상에서 가장 긴 담뱃대이다. 대나무가 주 재료였던 탓에 담뱃대를 연죽·연관·연배라 부르기도 한다.

잎담배를 담는 담배통은 처음에는 구리로 만들었다. 차차 백통으로 제작해 나라에서 '백통연죽장'이라는 이름을 정하기도 했다. 여기에 금·은·오동금으로 상감을 해 사치를 부리기도 했다. 담배통은 열을 받기 때문에 반드시 금속으로 만들었으며 입에 무는 물부리는 금속 외에 옥·상아·쇠뿔 등을 사용했다.

담뱃대는 형태에 따라 연관이 긴 '장죽'과 짧은 '곰방대'가 있으며, 장식이 화려한 '연죽'과 소박한 '민죽' 그리고 낙죽기법으로 그림이나 글을 새긴 '화문죽' 등으로 나뉜다. 특히 연죽은 무늬를 새겨 화려하게 장식해 신분을 드러내는 상징적인 역할을 했다. 장식을 위한 무늬를 새기는 재료에 따라 오동을 쓴 것은 '오동죽', 은을 쓴 것을 '은죽'이라고 한다. 따라서 조선시대 양반들은 권위의 상징으로 이를 귀하게 여겼으며, 외출할 때는 들고나가 자신의 신분과 부를 과시하기도 했다.

Tobacco was first imported from the beginning of the 17th century until the beginning of the 20th century which people smoked not a cigarette but a pipe with a rolled tobacco with a tobacco leaf in it. A pipe is composed of three components: a bowl to put tobacco in, a mouthpiece of a pipe and a bamboo pipe-stem. Because its material was to be bamboo, they were named after it: Yunjook, Yungwan and Yunbae. In the beginning, the bawl was made of copper but it became to be a luxury item to replace it with gold, silver or bronze. In the end, nickel got remained, even the government titled as Baekdong yeonjukjang (Nickel Smoking Pipes-Making). The bawl needed to be made out of metal because of its heat and the mouthpiece was made out of jade, ivory or ox horn. The pipe can be divided into two categories by its shape and the decorations. Jangjook and Gombangdae were the long and the short pipe and Yunjook, Minjook and Hwamoonjook were the colourful, the simple and the Nakjook decorated ones. Especially Yunjook had its symbolic role of the identity and the class, it was carved with fancy patterns on it. Besides, by the materials to carve patterns, its name also varied like Odongjook by using dong as bronze and Eunjook by using eun as silver. Thus, the pipe was considered as a symbol of authority for Yangban as a aristocrat and it was important for them to splurge on the pipes for to go on a street.

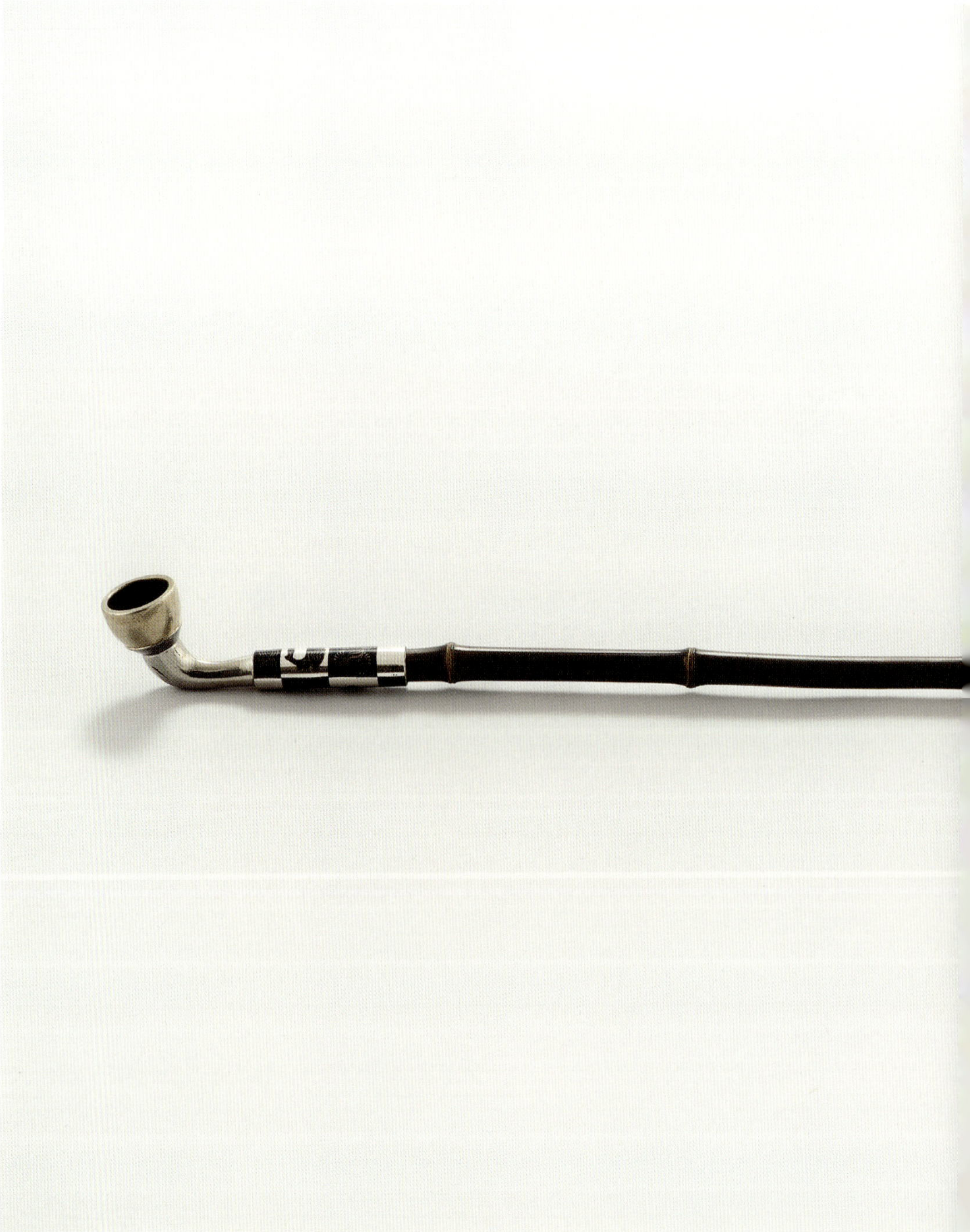

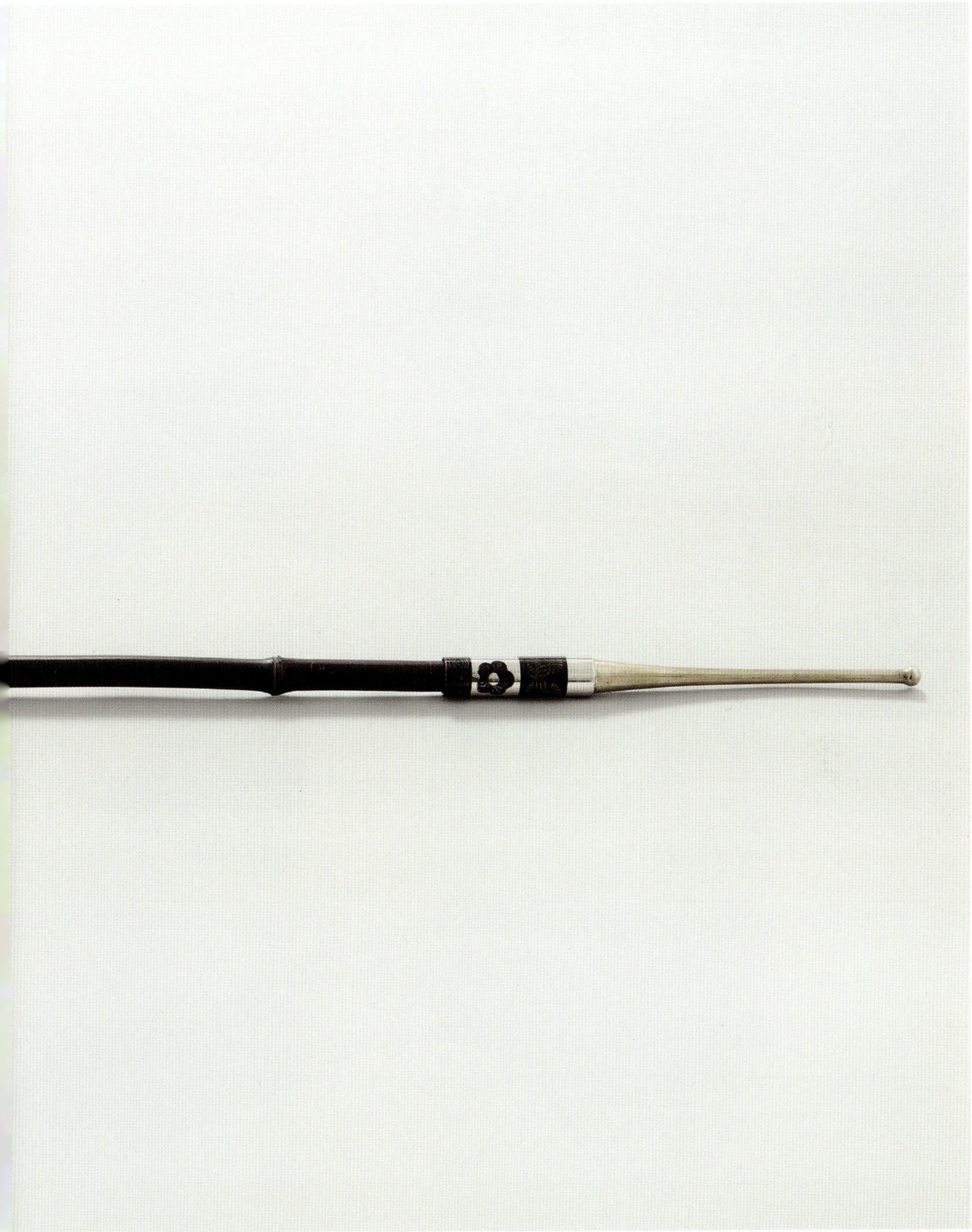

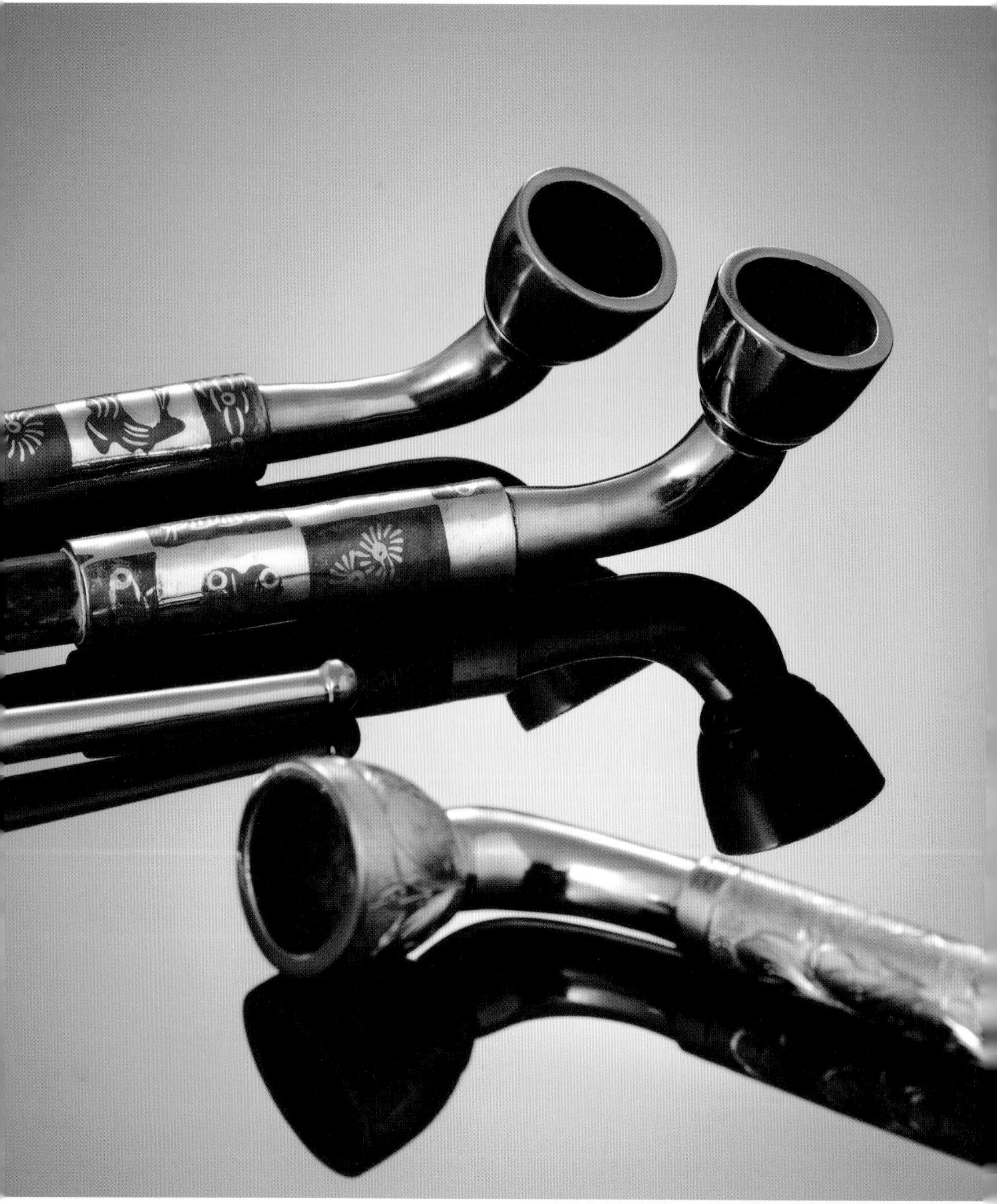

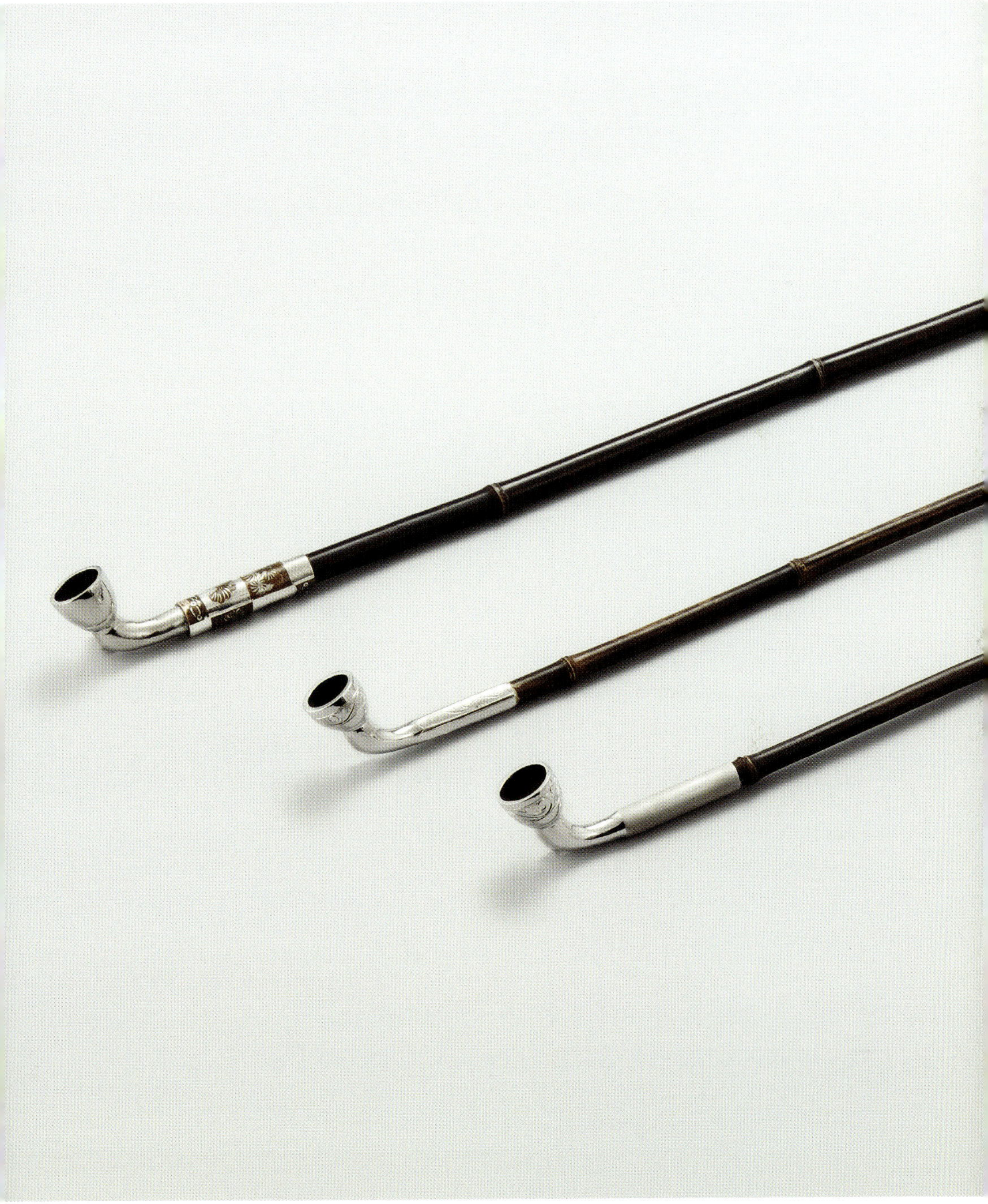

장도장 / 장도 만들기

Jangdojang 粧刀匠

Decorative Knife Making

지정번호 제 60호
지정일자 1978년 2월 23일

-

작고보유자

명예보유자
장도 / 박용기 朴龍基, 1931~
낙죽장도 / 한병문 韓炳文, 1939~

전승보유자
장도 / 박종군 朴鍾君, 1962~

전수교육조교
낙죽장도 / 한상봉 韓相鳳, 1960~

Designated No. 60
Designated Date. 23 February 1978

-

Honorary Holder of
Important Intangible Cultural Property
Jangdo / Park Yong-gi
Nakjukjangdo / Han Byeong-moon

Inherited Holder of
Important Intangible Cultural Property
Jangdo / Park Jong-goon

Assistant Important
Intangible Cultural Property
Han Sang-bong

우리조상들은 본시 칼을 상서롭지 않은 물건으로 생각했다. 따라서 우리가 생활에서 사용하는 칼은 베고 자르는 칼이기보다는 '써는' 칼이었다. 그래서 모양도 투박할 뿐만 아니라 칼의 몸통인 무쇠의 색과 질감이 영 '칼 같지 않은 칼'이다.

그러나 칼을 칼처럼 대하지 않았던 이들이 늘 몸에 지녔던 칼이 있었으니 그것이 바로 '장도'이다. 나이가 차면 남녀를 가리지 않고 거개가 가졌던 '장도'는 남을 해하기 위한 칼이 아니라 호신용이나 장식용 노리개였다. 특히 장도는 길이가 유난히 짧아 남도 자신도 해 칠 수 없는 상징적인 칼이었다. 결국 장도는 마음의 칼, 법도의 칼이었다. 옛사람들은 가슴에 칼을 품어 스스로를 다잡았던 것이다.

장도를 지니는 풍습은 고려시대부터 시작되었고 조선시대에 자리를 잡게 되었다. 장도가 일상이 되자 그 종류도 많아져 노리개로 차고 다니는 것을 '패도', 주머니 속에 지닌 것을 '낭도'라 했다. 칼자루와 칼집의 재료는 주로 코뿔소 뿔, 쇠뼈, 검은 물소의 뿔, 나무의 송진덩어리가 뭉쳐 된 침향, 먹감나무, 대추나무, 산호, 투명한 갈색을 띤 호박, 바다거북의 등껍질 등 귀한 재료들을 써서 장식하여 노리개로, 보통의 장도는 도금하거나 은 또는 백동으로 만들었다.

칼날은 대개 강철을 썼는데 칼날의 원통형·을자형·4각형·8각형 등이 있으며, 은젓가락을 단 장도도 있었다. 이는 집 밖에서 음식을 먹을 때 사용하거나 음식에 독이 들었나를 시험하는데 쓰였다. 또 장식에 따라 장도는 장식이 복잡 한 '갖은 장식'과 모양이 단순한 '맞배기'로 나눈다.

칼자루, 칼집과 칼과 장식이 만들어지면 꽃자주색이나 남색 등으로 물들인 명주실로 끈목을 짜서 한 줄이 네 가닥이 되도록 해 고리에 끼운다. 이때 고리에 끼우는 끈목 아래위에는 고리 매듭을 해 장도가 흘러내리지 않도록 한다. 장도는 남자의 경우 저고리 고름이나 허리띠에, 여자의 경우에는 치마 속 허리띠에 차거나 노리개로 삼기도 한다.

In the early days, when the ancestors became adults, they carried Jangdo (a short ornamental knife) for protection and for decoration. Knife making became more sophisticated and complicated as the Jangdo came to be regarded as a luxury pendant accessory for women since the Goryeo Dynasty. The one carried on the body is referred to as a Paedo, while the one kept in the pocket is a Nangdo. In addition to these two, there are many other types of knife that vary according to their shape and material. The materials for the hilt and sheath of Jangdo are made of mainly rhino horns, ox horns, black buffalo horn, the lump of resin from wood, persimmon trees, jujube trees, transparent brown amber, sea turtle shell as well as nickel plated, silver and bronze. Its blades were of steel but sometimes they hung a silver chopsticks to detect obnoxious use when to eat out of home. The blade decoration is done by using a punch held at an angle and lightly tapped. Once the hilt and the sheath are created, they decorate them with four threads of dyed in purple and indigo in one braid woven. It needs to tie a knot to prevent its slip down. For men, Jangdo was kept in their jackets or on their belts and for women, it was kept in their waistband of the skirt or on a Norigae (Korean traditional ornaments worn by women).

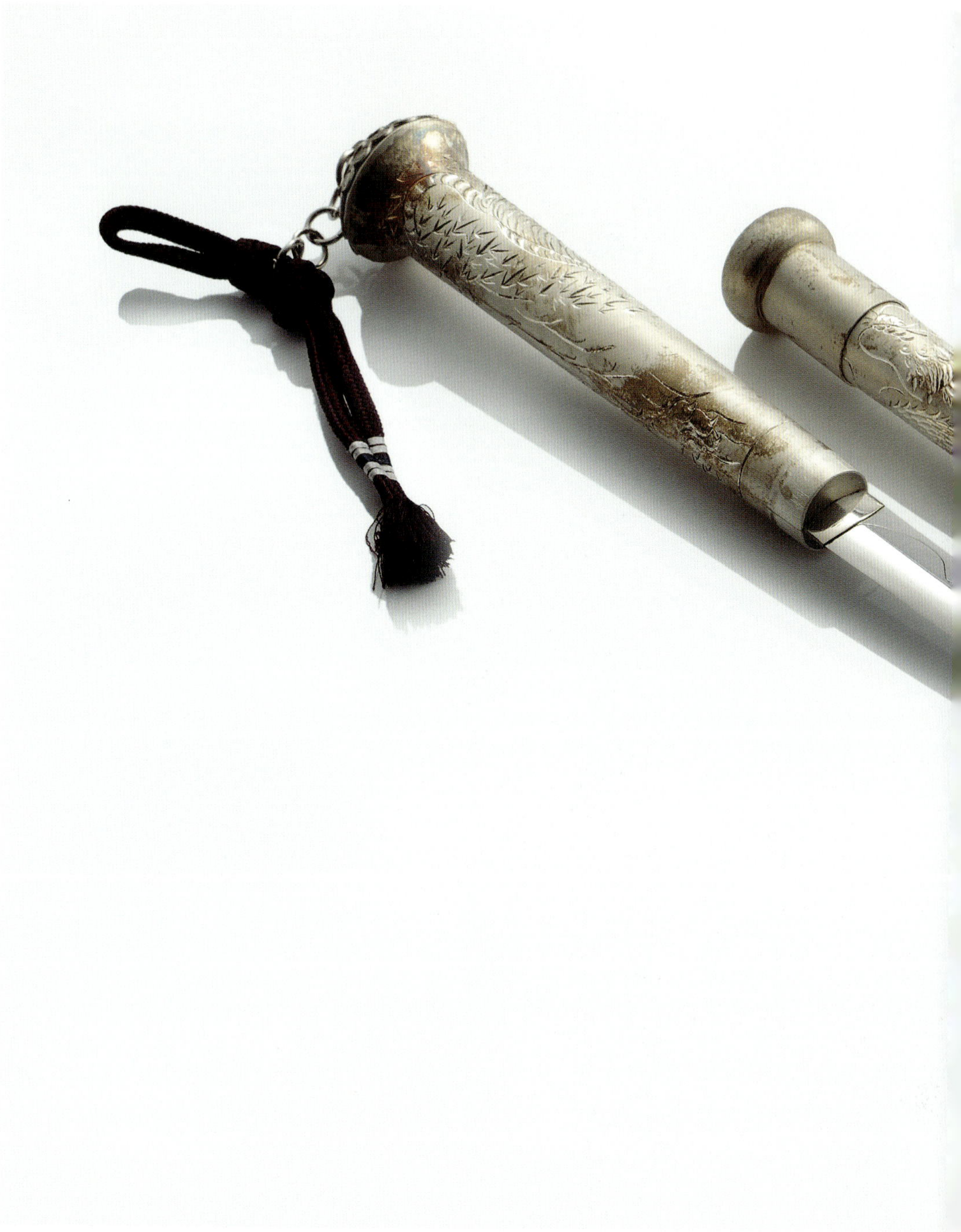

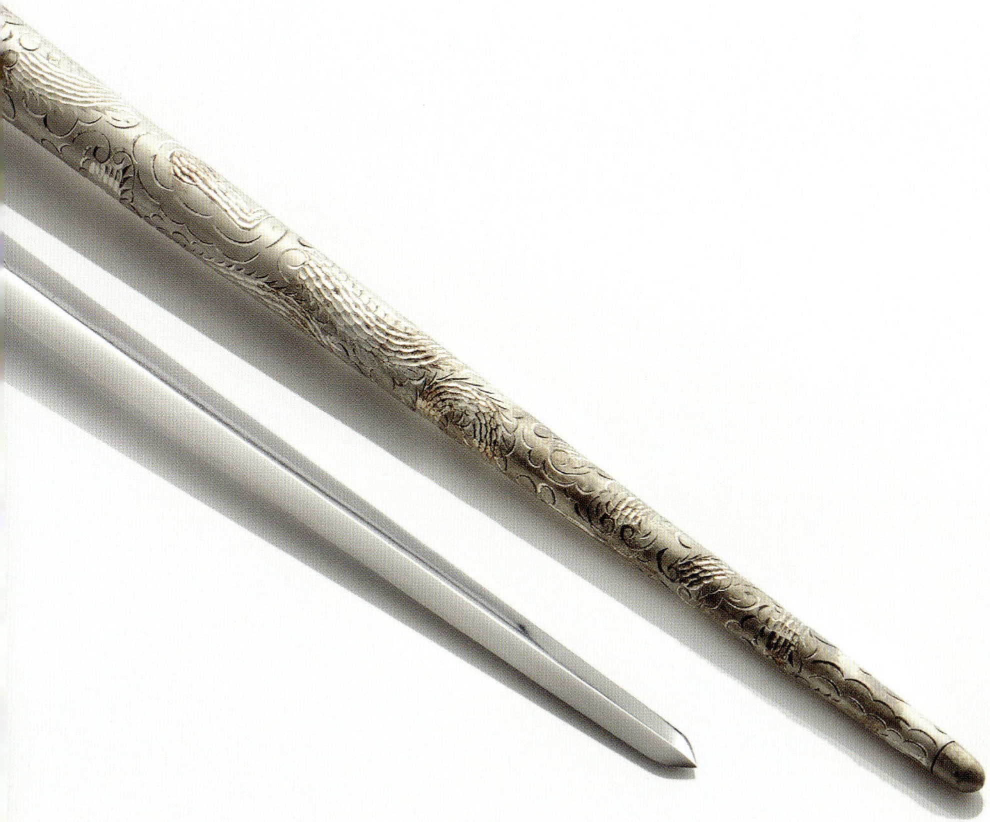

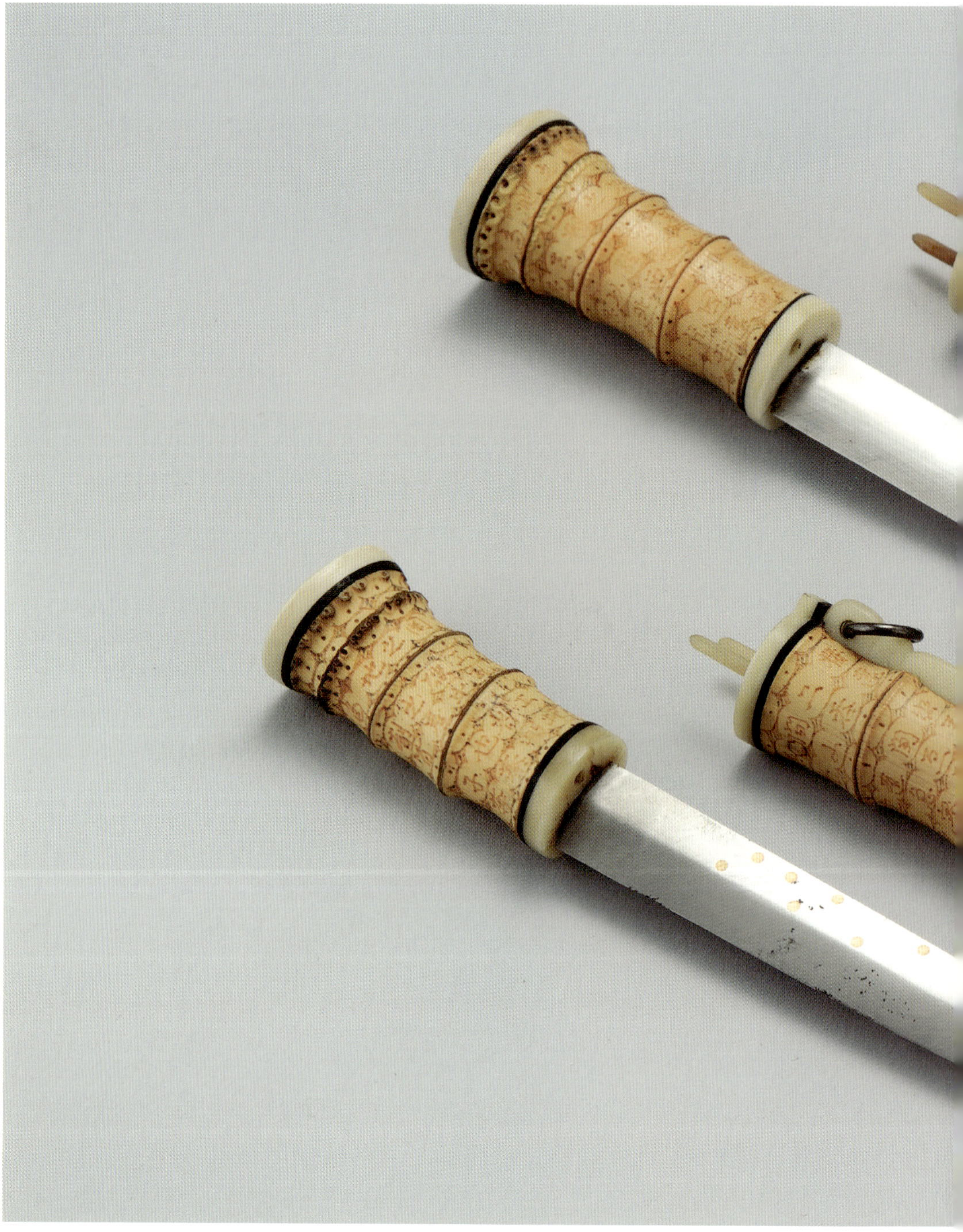

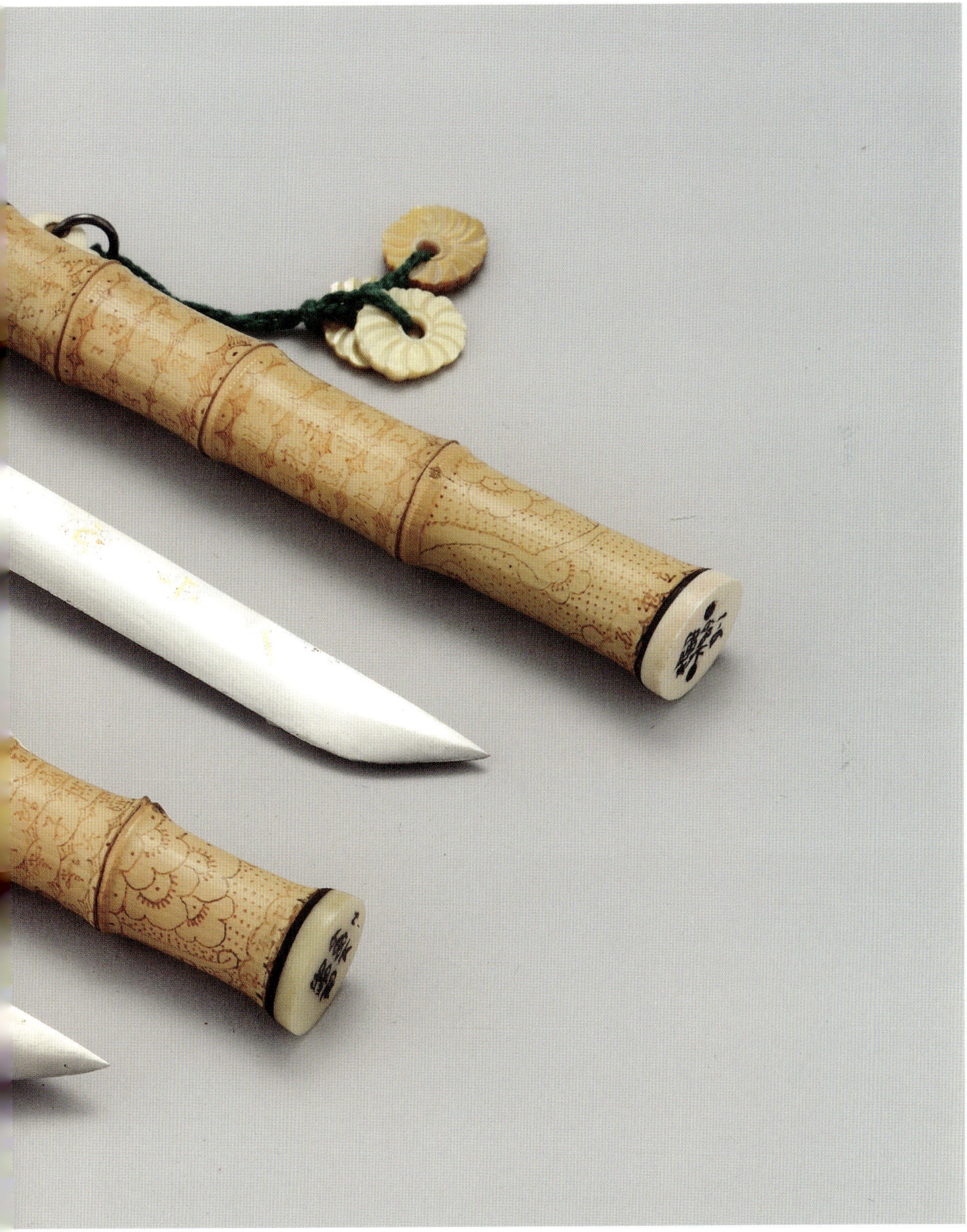

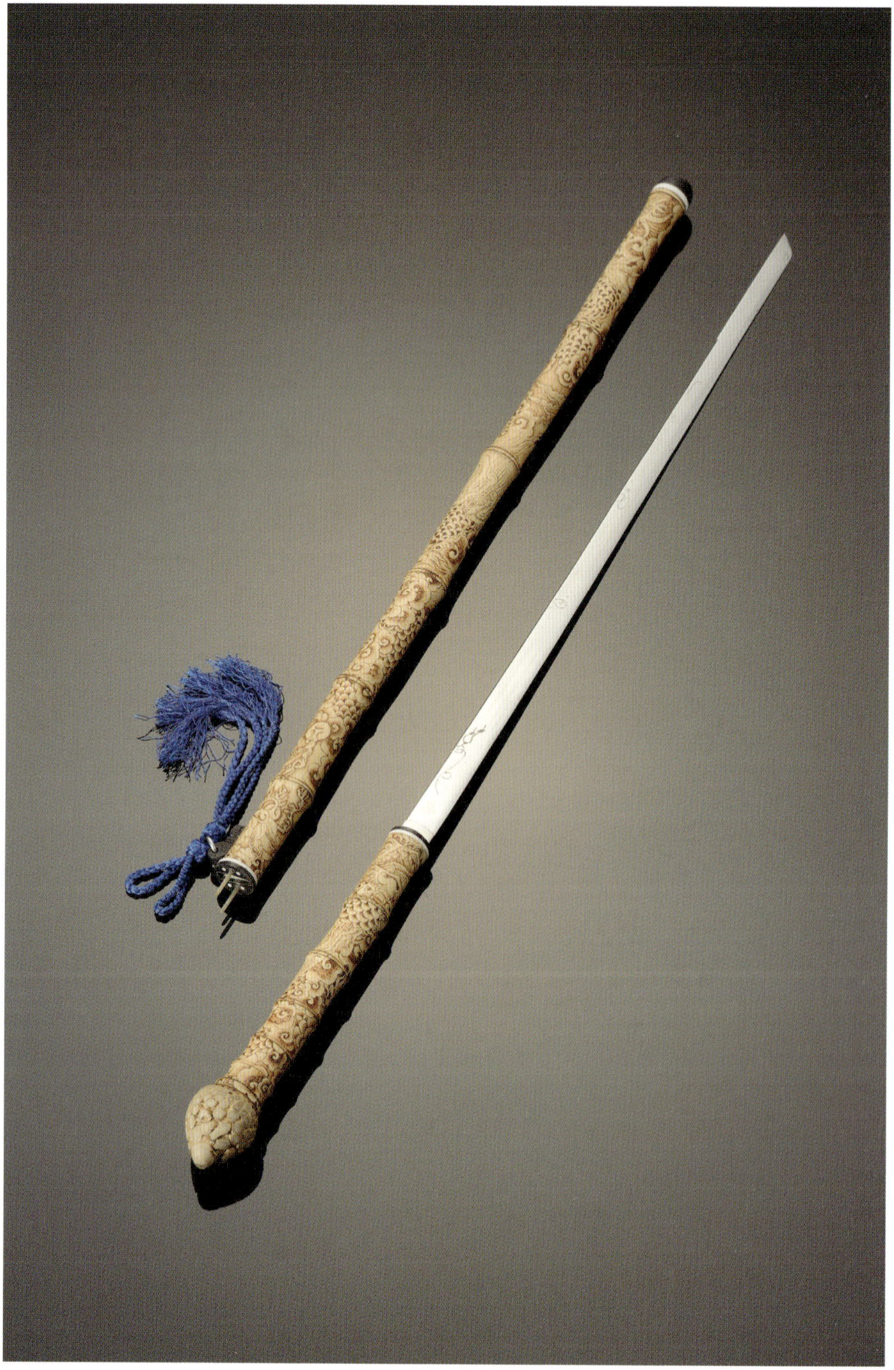

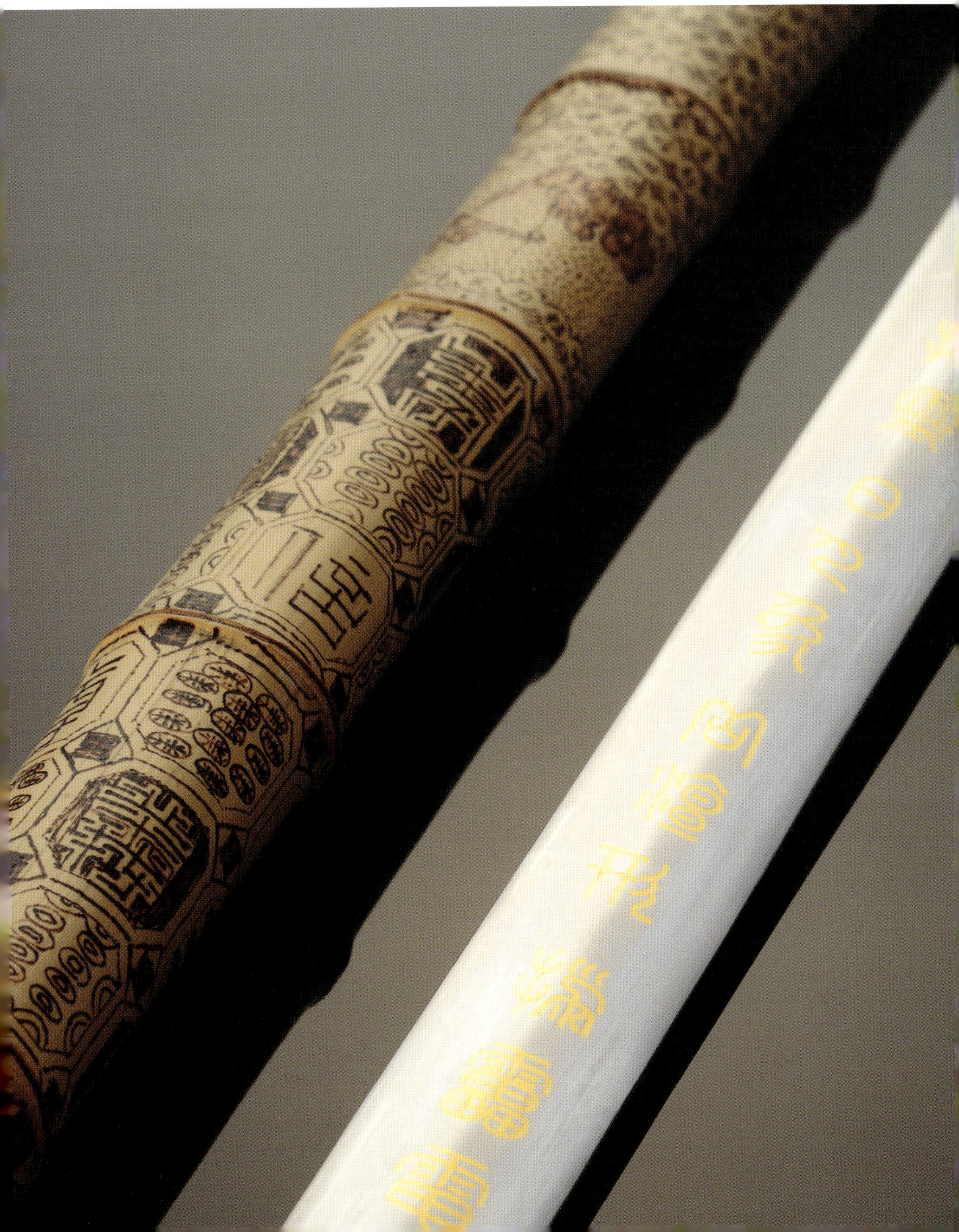

입사장 / 입사장식

Ipsajang 入丝匠

Silver Inlaying

지정번호 제 78호
지정일자 1983년 6월 1일

-

작고보유자
이학응 李鶴應, 1900~1988

명예보유자

전승보유자
홍정실 洪正實, 1947~

전수교육조교
승경란 承慶蘭, 1961~

Designated No. 78
Designated Date. 1 June 1983

-

Deceased Holder of
Important Intangible Cultural Property
Lee Hak-eung

Inherited Holder of
Important Intangible Cultural Property
Hong Jeong-sil

Assistant Important
Intangible Cultural Property
Seung Kyeong-ran

우리 선조는 후대에 남긴 향로, 정병, 향합 같은 사찰이나 일상에서 사용되던 금속으로 만든 살림살이에 용, 봉황, 연화, 당초, 모란문, 풍경문 등을 새겨 넣었다. 이런 회화적인 문양을 정교한 재간으로 박아 넣은 기물들은 우리 전통공예의 격조와 남다름을 확실하게 보여준다.

'입사'란 쇠나 구리, 청동 등으로 만든 금속 살림살이 표면에, 선이나 면으로 홈을 파고, 여기에 다른 금속으로 가는 선을 만들고, 표현하고자 하는 형태에 따라 문양이나 그림을 박아 넣는 기법을 말한다. 이렇게 표면에 박아 넣은 선은 대비를 통해 문양을 드러내는 데 이를 금속 공예에서는 '끼움입사'라 했다. 또 금속으로 만든 기물 표면을 정으로 쪼아 표면을 거칠게 해, 여기에 얇은 금속판을 붙인 후, 다시 겉을 정으로 쪼아 드러난 문양 이외의 부분은 벗겨 형태를 얻는 기법을 '쪼음입사'라고 한다. 이때 주로 '은'을 많이 쓰는 것은 은이 부드러워 잘 펴지는 때문이다.

'입사'기법은 불교가 성했던 고려시대에 크게 발전했는데 금은상감기법을 쓴 청동정병이나, 청동향로 등 꽤나 빼어난 것들이 많이 있다. 차가운 금속표면을 화폭처럼 사용한 금속 입사기법은 고려시대에는 많은 시간과 고도의 기술이 필요한 탓에 귀족들을 위한 생활용품을 만드는 데 그쳤다. 이후 조선시대에 상감입사와 쪼음입사가 일반화되면서 사용범위가 늘어났다. 이와 함께 땀 입사, 도금입사 등 다양한 기법이 개발되었다. 봉건시대를 넘어 근대로 오면서 입사기법은 '한성미술품제작소'를 거쳐 '이왕가미술품제작소'로 이어지면서 오늘에 이른다. 딱딱하고 둥근 금속 표면에 매우 찬찬하고 세밀하게 무늬를 새겨 넣는 일은 공예가 아니라 마음을 닦는 일이었다.

The patterns of dragons, phoenix, lotus flowers, peony and landscapes from Buddhist temple to the household items which the ancestors have left for their posterity clearly shows the superiority of the noble of the handicraft technology. Ipsa refers to a form of metal craft decoration that cuts a thin groove on the metal surface and inserts a string of gold or silver thread. In general, there are two different techniques for this metal craft. One is the engraving of thin grooves on the metal surface called Ggium Ipsa, using a chisel and inserts a silver thread. It is traditional method that has been handed down from the era of Goryeo. The other is the method called Jjoeum Ipsa that cuts the metal surface with a chisel widely and puts plates or thread of gold and silver on it and hammers them. It has been handed down since the middle of the Joseon era. Since the Goryeo Dynasty, Ipsa had developed as Buddhism was introduced. The time has left the excellent items like Chungdongjungbyung and Chungdonghyangro. The technique used metal surface as its canvas to flower the beauty and it sure took long enough to be used only for aristocrats in the period of Goryeo Dynasty. Though people started to widely use of the universalization of Sanggamipsa and Jjoeumipsa. Its technique has developed since the era under the colonial administration of Japan through Hansung Art Production to Leewangga Art Production until now. Inlaying meticulously detailed pattern on a hard round metal surface was not only a craft but a development one's mind.

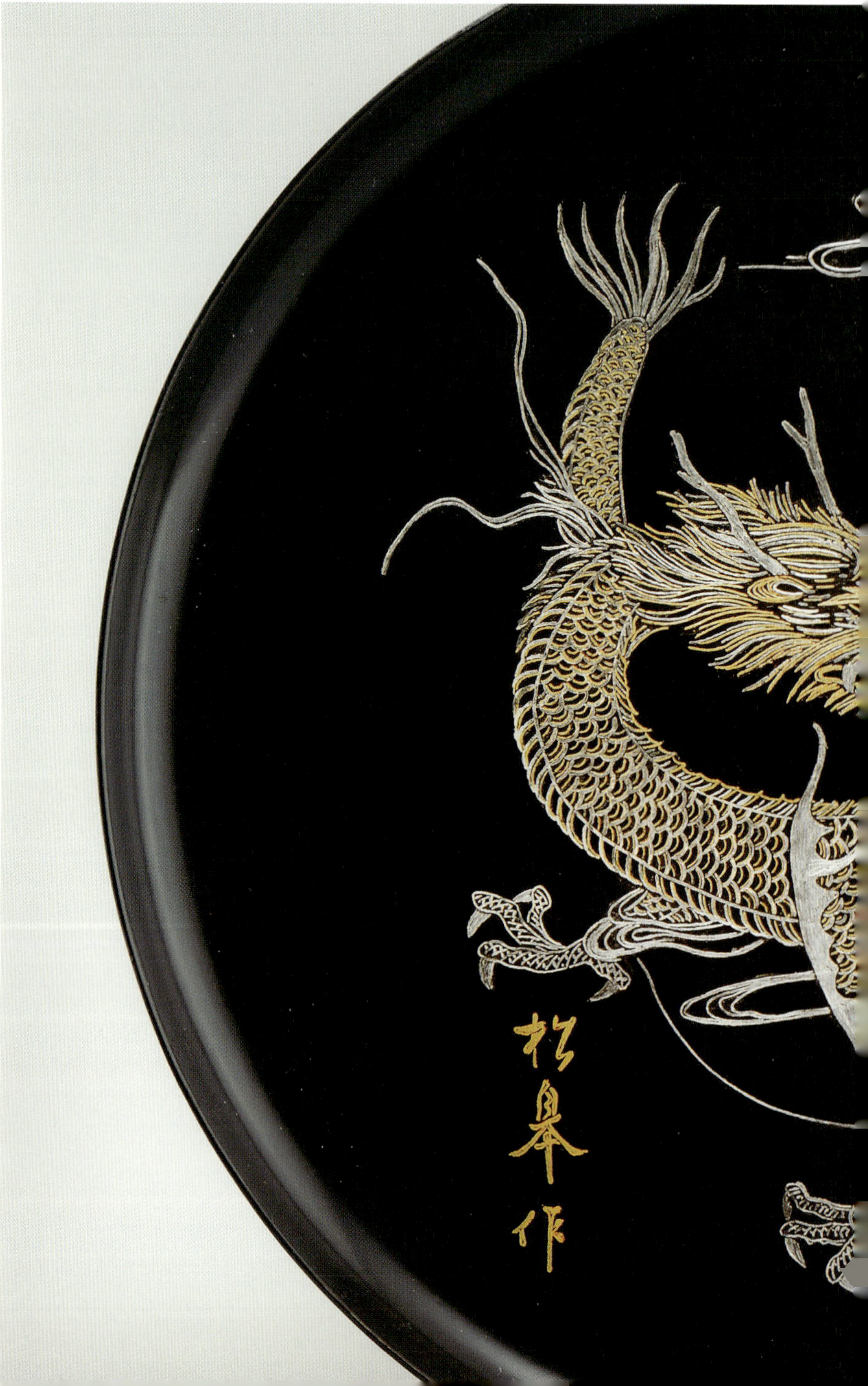

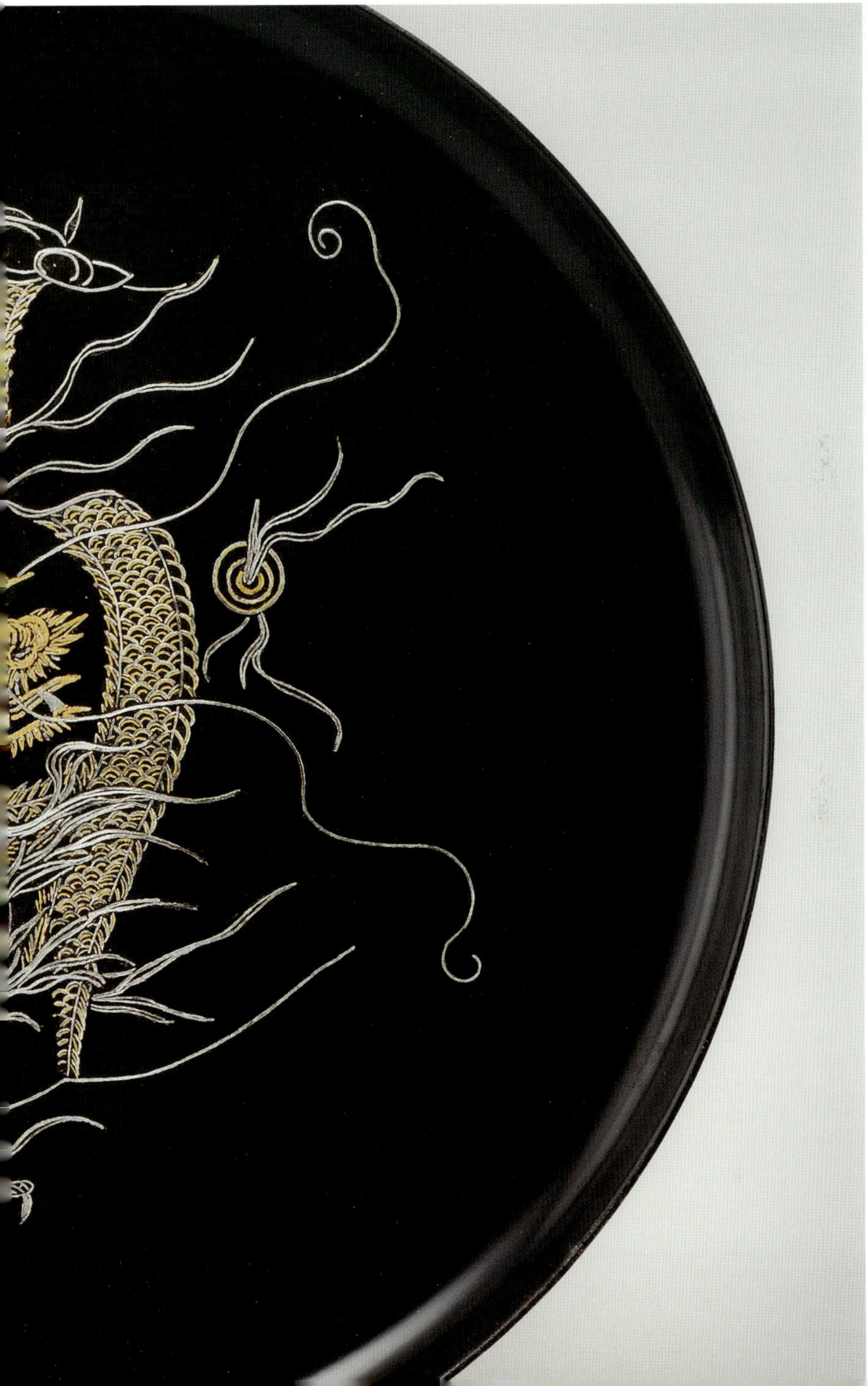

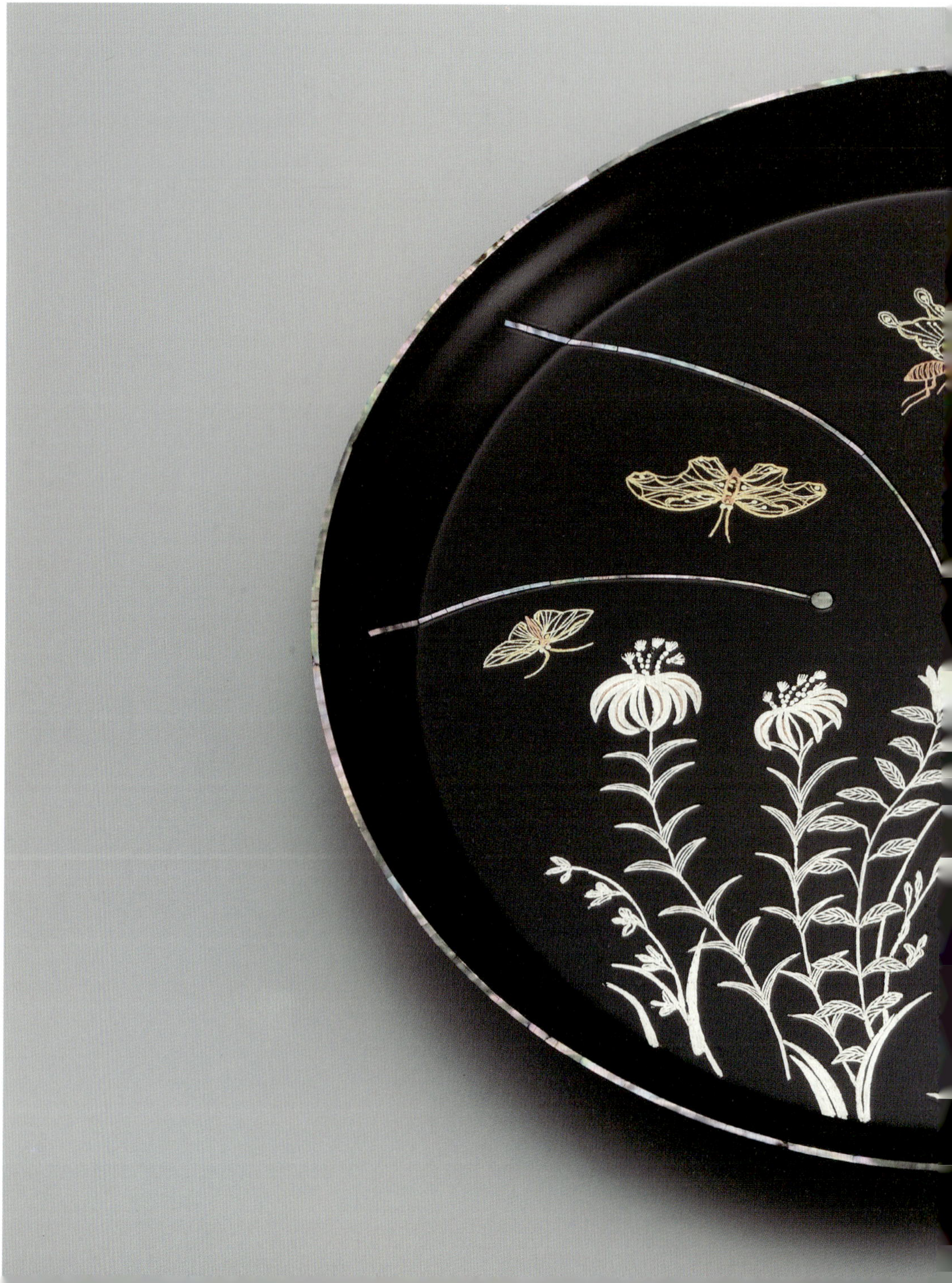

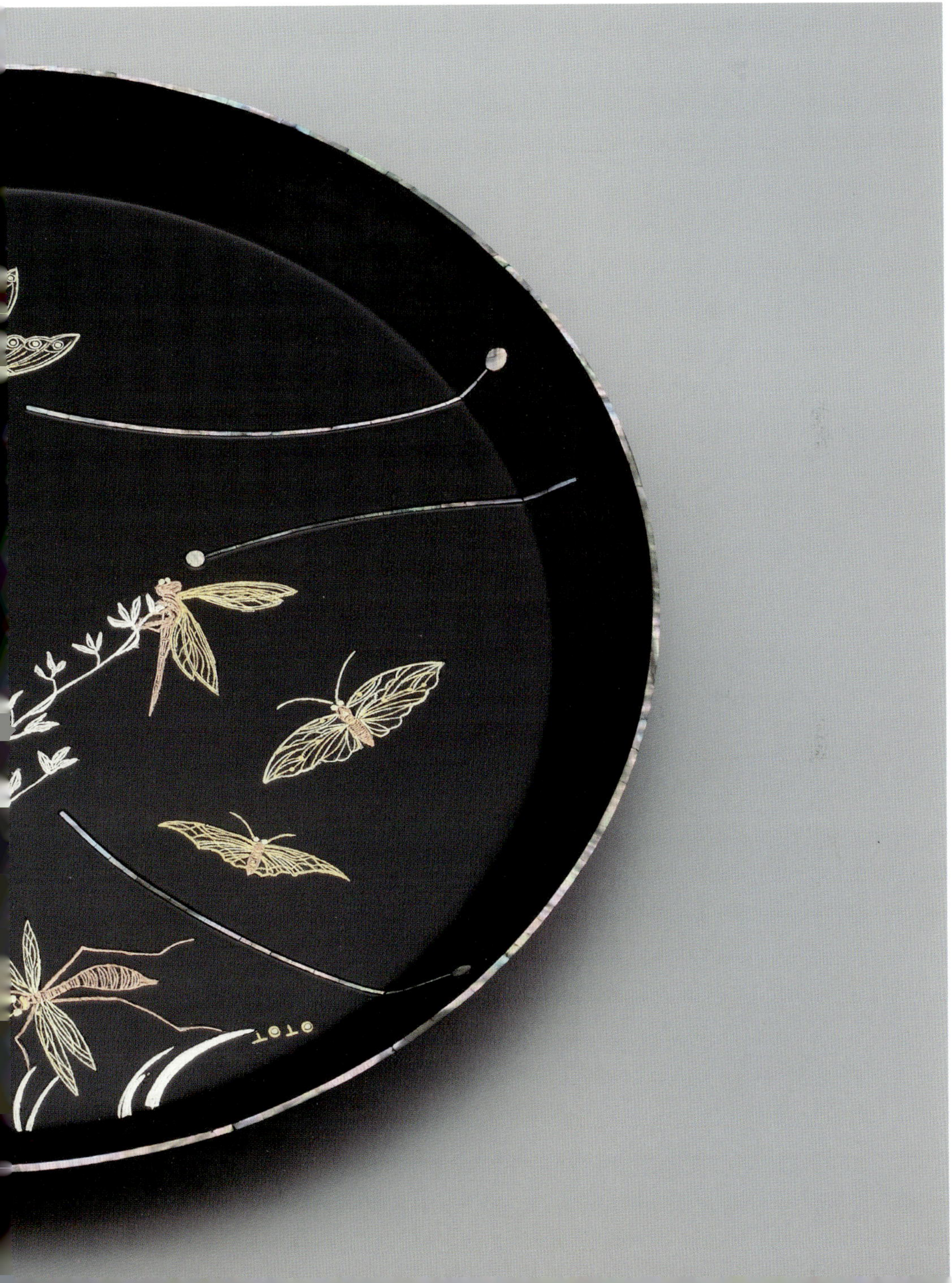

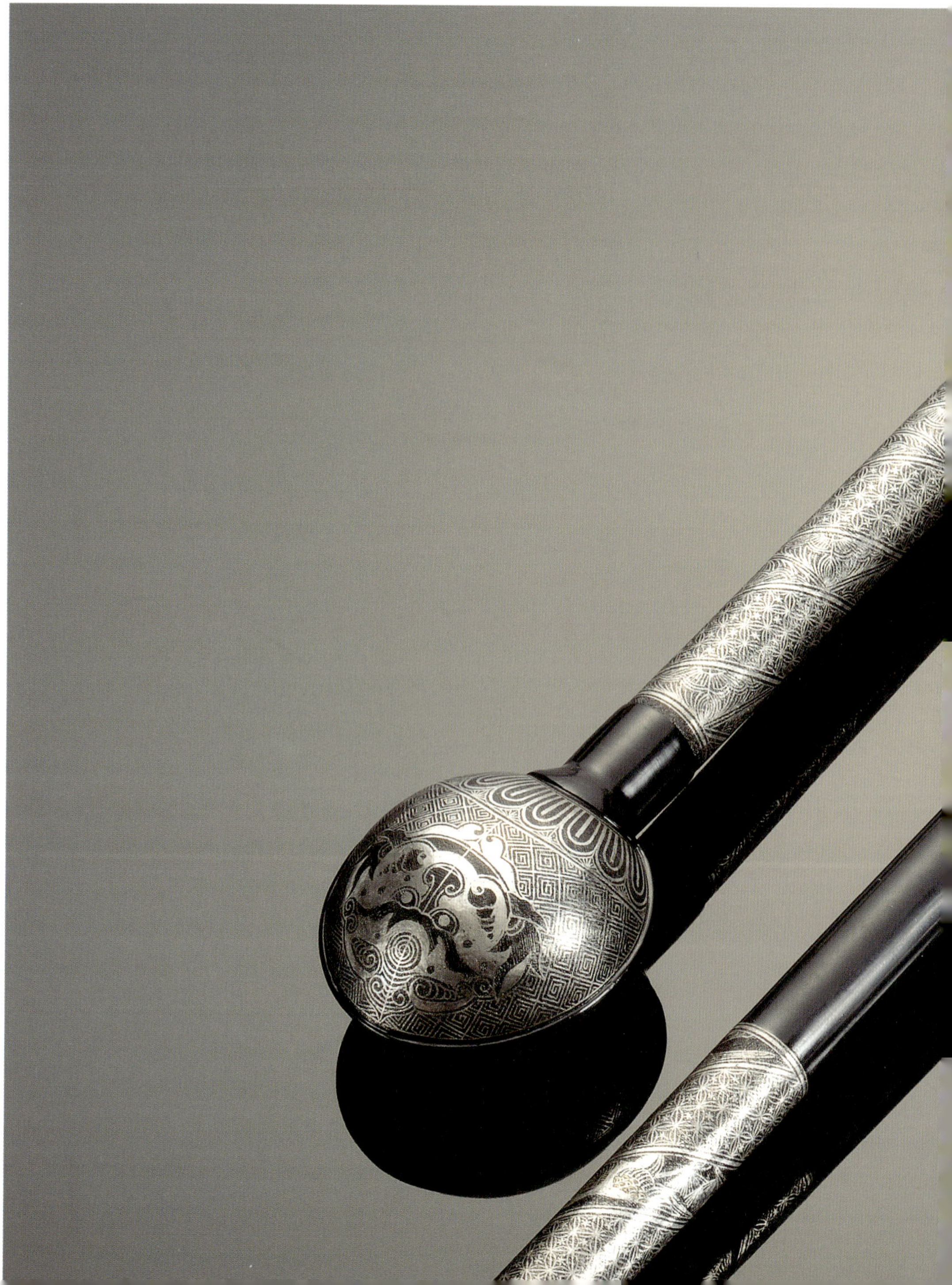

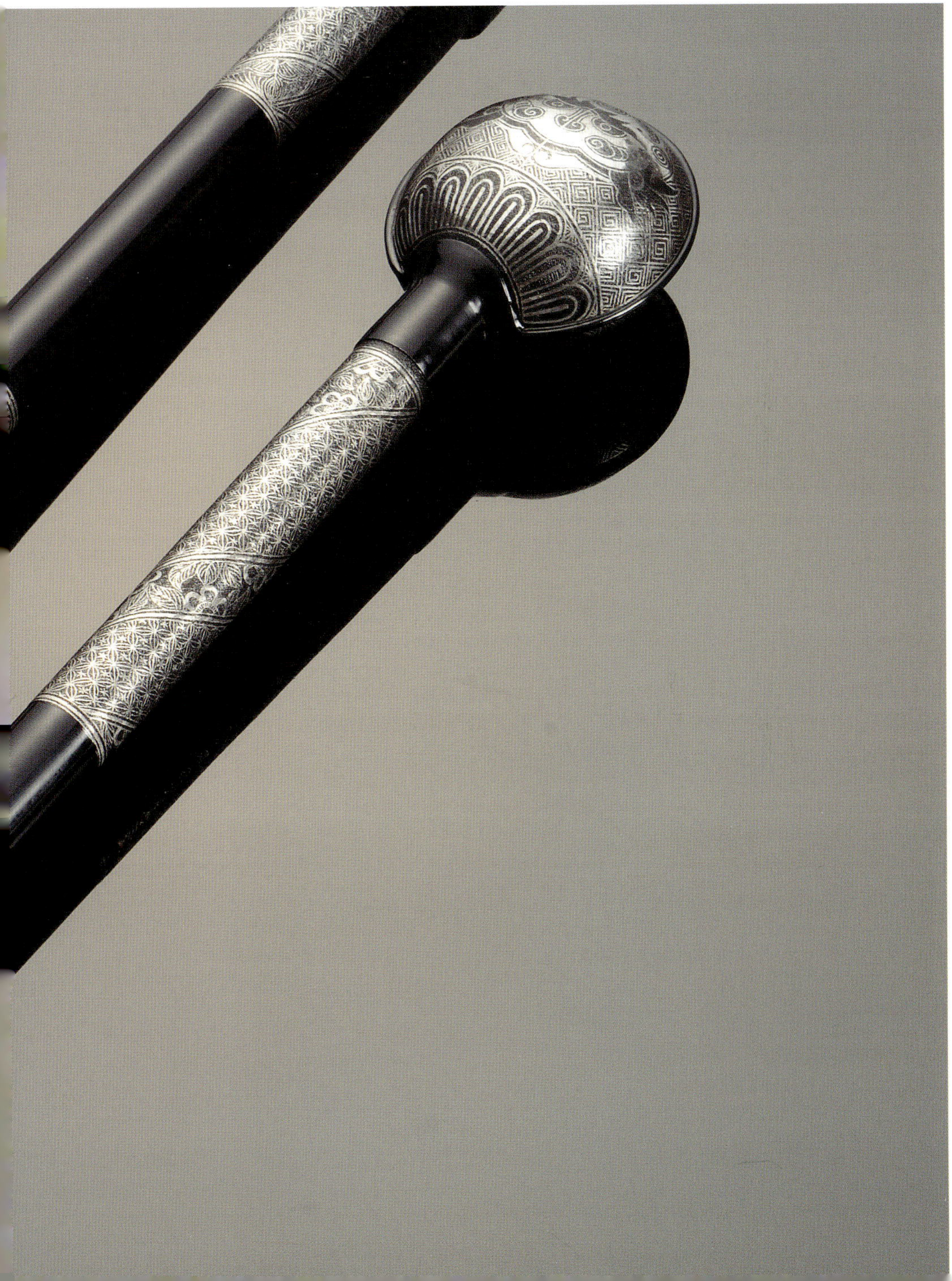

옥장 / 옥공예

Okjang 玉匠

Jade Carving

지정번호 제 100호
지정일자 1996년 2월 1일

-

작고보유자

명예보유자

전승보유자
장주원 張周元, 1937~

전수교육조교
장석 張錫, 1960~

Designated No. 100
Designated Date. 1 January 1996

-

Inherited Holder of
Important Intangible Cultural Property
Jang Ju-won

Assistant Important
Intangible Cultural Property
Jang Suk

‘옥’은 은인자중하는 선비를 닮았다. 옛 사람들은 빛나되 티내지 않고, 투명하되 속을 드러내지 않으며, 은은한 소리를 내는 ‘옥’을 천지의 정수로 지극히 순결한 것이라 여겼다. 따라서 우리 조상들은 옥을 특별히 귀한 장신구나 각별한 용도의 생활용기를 만드는데 썼다.

옥은 무르고 투명하며 갈고 닦으면 빛이 나는 성질을 지녔다. 희고 부드러운 옥의 성질은 끈기와 온유, 은은함을 상징한다. 외부로 자신을 드러내는 다이아몬드가 서양의 보석이라면 빛을 내부로 머금는 옥은 겸양의 미덕을 지닌 현자의 모습이자 음양오행의 오덕을 모두 갖춘 이상적인 것이다. 따라서 옥을 몸에 지니면 약효가 나타나고 잡귀를 물리칠 수 있다고 생각해 사람의 몸, 또는 의복을 장식하는 기본재료였다.

옥에는 자연에서 얻는 탓에 많은 종류가 있는데 순백색으로 광택이 있고 지반이 응결된 것 같은 백옥이 있는데 이를 양지옥이라 이르기도 한다. 황옥은 주로 군주의 옥새나 여의주 같은 것을 만드는데 그 색이 담황색에서 황색에 이르기까지 다양하다. 벽옥은 투명하지만 층이 있어 상품이 되지는 못하다. 간혹 검은 반점을 띤 벽옥이 눈에 뜨이는데 이를 묵옥 혹은 흑옥이라 한다. 특히 완전히 검은 흑옥은 꽤나 귀하다. 청옥과 비슷하지만 원석이 작아 큰 작품을 만들 수 없는 당옥이 있다. 마지막으로 가장 흔하지만 백색에 하늘색이 더해있는 청옥은 옥중에서도 가장 아름답다. 청옥에는 매우 복잡한 빛깔이 여러 겹 층을 이루어 더욱 아름답다. 옥은 가공하는 방법도 남다른데 조각은 흔히 밖에서 안으로 쪼아 들어가는데 반해 옥은 안에서 밖으로 나오는 투공과 연마법을 주로 쓴다.

Jade resembles Seonbi (classical scholar) like its character of prudent act with attentiveness and endurability inside of the heart. In other words, jade invites that soft beauty inwards, to the most deepest and private part of itself. So the ancestors thought jade as not only regarded as a simple jewelry but as a gem that was honored as the heart and soul of the universe, created from the quintessence of the cosmos coalesced. Since then, jade represents the Eastern ideal of modesty as the most valuable quality of all that its noble character with the four virtues of which a man of honor should be equipped: goodness, righteousness, wisdom and courage. Diamonds reproduce their splendor by consuming sunlight while jade recreates its luster by tasting moonlight. It was also favored because its white colour and smoothness traditionally implied favorable characteristics such as tenacity and gentleness. As well, jade works have been used widely for use in people's daily lives, from personal ornaments to items for religious events, and even priceless treasures. In Korea, jade has been said to be a mysterious stone that brings good health, long life and good fortune. They also believed that jade had the magical power of dispelling diseases and evil spirits, and some even used it as an ingredient in certain medicines. Because jade can only be found from pure nature, there are many kinds of them: Backok, also called Yangjiok (pure glossy white), Hwangok (from pale yellow to dark yellow), Byukok (transparent but no value of commodities of its layering), Mookok or Hukok (black dotted or black which is so rare and valuable), Dangok (alike Chungok but small), last but not least, Chungok (light sky blue with white). Chungok has its complex colours with many layers that creates the top beauty. Jade production process consists of collecting the gems, designing, cutting, shaping, detailed carving and polishing. Jade processing also requires the unique technique that its work process goes from the inside out whereas the other rock processing is the other way around.

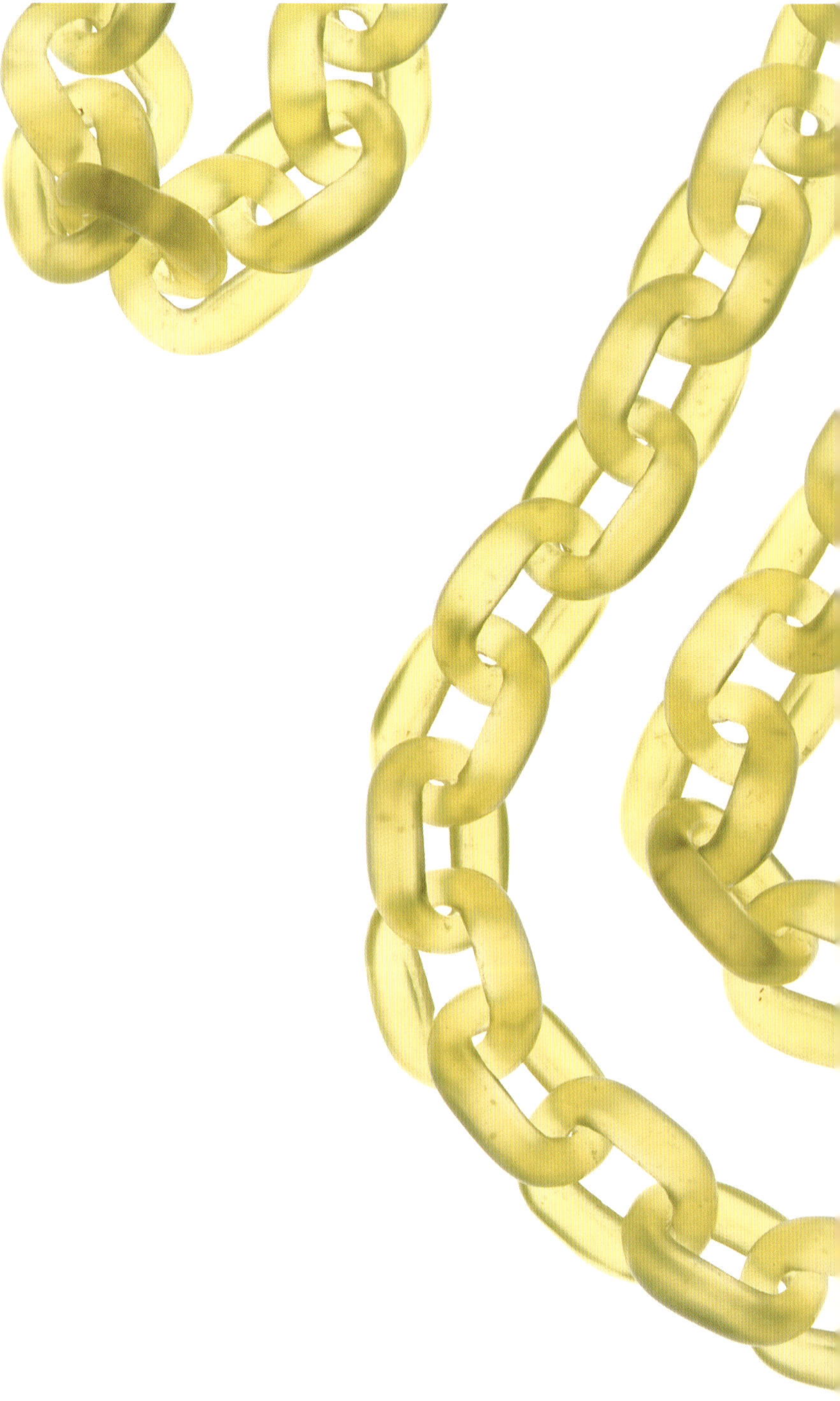

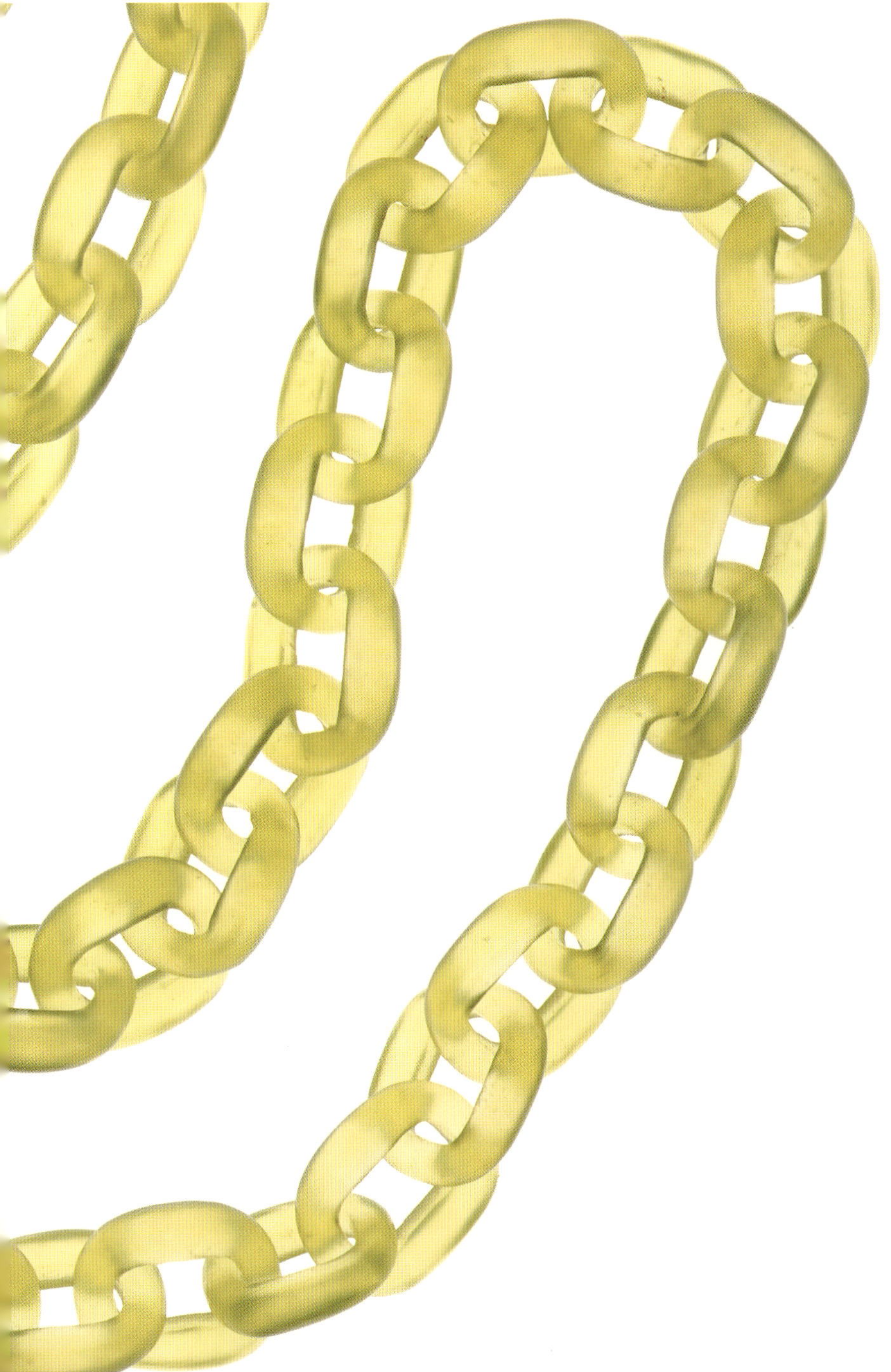

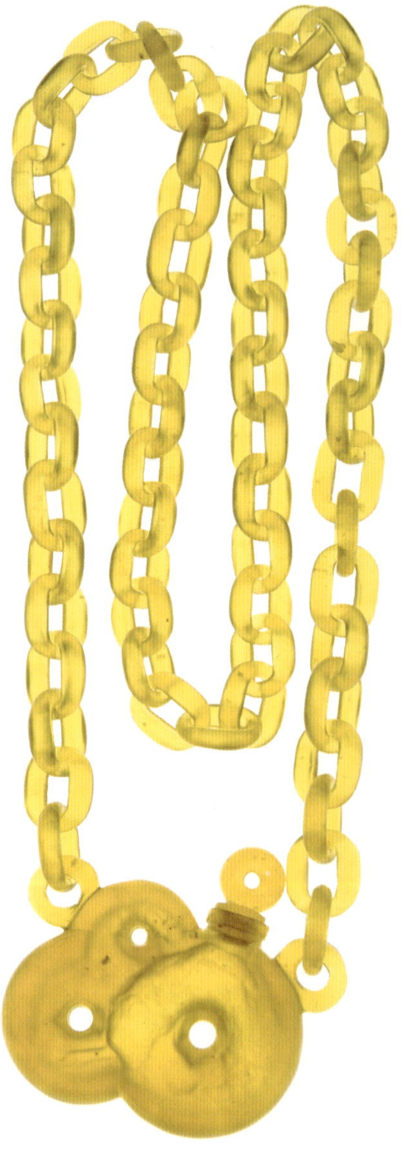

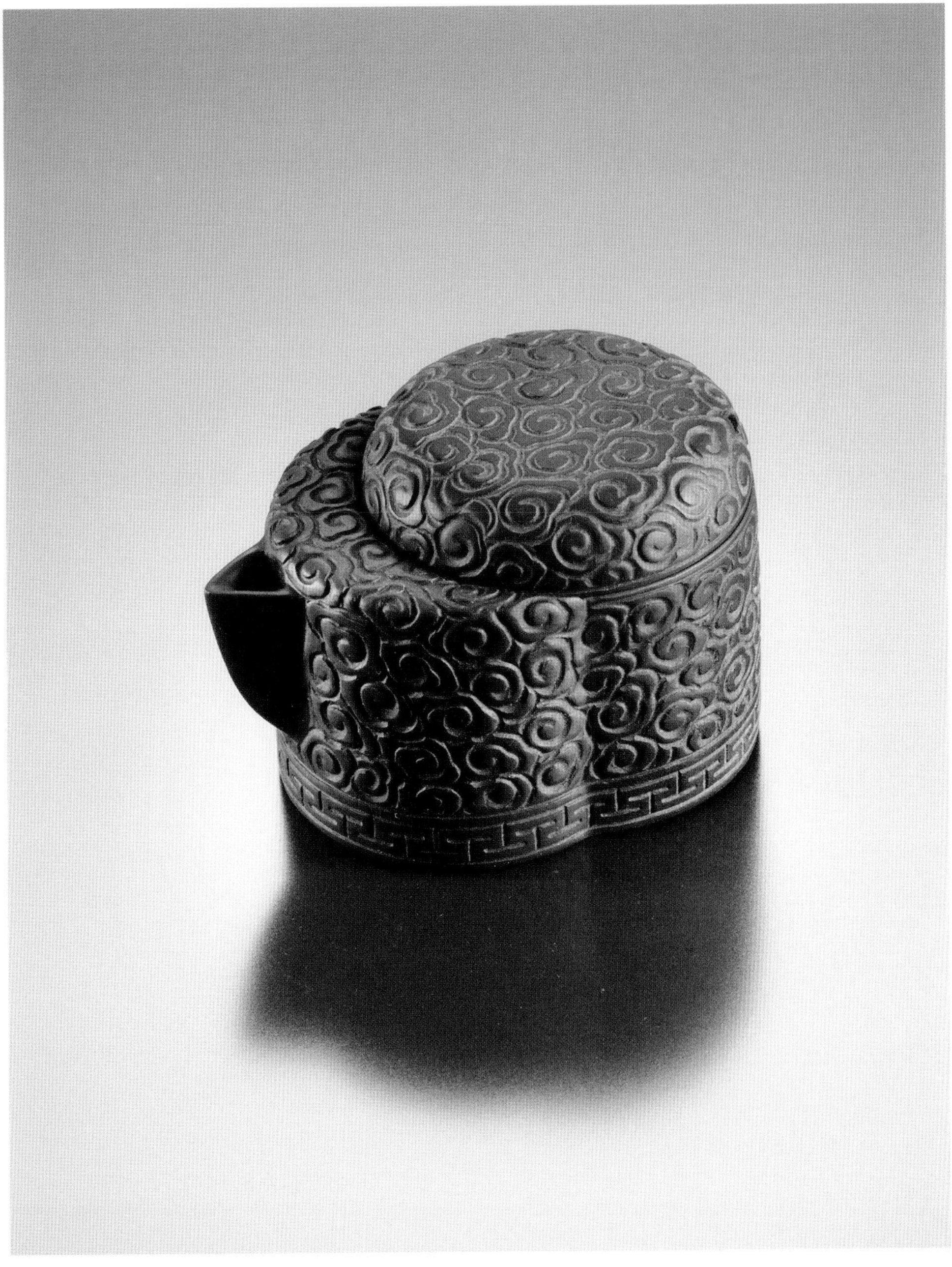

매듭장 / 매듭, 맺고 풀기

Maedeupjang 绳结匠

Decorative Knot Making

지정번호 제 22호
지정일자 1968년 12월 21일

-

작고보유자
정연수 程延壽, 1904~1974
최은순 崔銀順, 1917~2009

명예보유자

전승보유자
정봉섭 程鳳燮, 1938~
김희진 金喜鎭, 1934~

전수교육조교
박선경 朴仙璟, 1964~
김혜순 金惠淳, 1944~

Designated No. 22
Designated Date. 21 December 1968

-

Deceased Holder of
Important Intangible Cultural Property
Jung Yeun-soo
Choi Eun-soon

Inherited Holder of
Important Intangible Cultural Property
Jung Bong-sup
Kim Hee-jin

Assistant Important
Intangible Cultural Property
Park Sun-kyoung
Kim Hye-soon

끈을 맺고 잇는 일은 사람들의 만나고 헤어지는 인연과 맞닿아있다. 끈 떨어진 사람이란 의지할 곳 없이 외롭고 불쌍한 처지를 말한다. 이처럼 인연이란 눈에 보이지 않는 한국인들의 정서를 드러내는 것이 매듭이다. '매듭'은 실이나 노 또는 끈으로 엮고 맺고 짜고 끝에 '술'을 드리는 우리 전통적인 수공예품을 말하며 이런 기능을 가진 이를 '매듭장'이라 한다. '매듭'은 매 가닥을 엮어 모은다는 뜻으로, 하나의 끈을 가지고 세 마디 이상 교차점을 이루며 반복 형태로 맺는 것으로 격답·결자라고도 한다. 또 갖가지 색실로 만든 끈목으로 매듭을 맺고 그 끝에 술을 장식하는 '유소'가 있다.

여러 올의 실을 꼬거나 짠 끈목은 매듭의 가장 기본이자 재료였다. 폭이 넓고 납작한 끈목은 광다회 또는 납다회라 불리며, 끈의 모양이 둥근 것은 '동다회'라 한다. 매듭은 한 올의 끈목을 반으로 나눠 그 중심을 잡아 두 가닥으로 조리 있게 얽어 놓는다. 끝이 날카롭지 않은 대 송곳으로 질서 있게 죄어 쓰임새에 따라 오색영롱하게 엮어간다.

매듭은 옷을 여미는 단추, 도포 끈, 주머니 끈 등을 만드는 '의복용'과 가마, 수레, 악기, 상여, 깃발과 끈, 띠, 책상보, 옷 따위에 다는 '장식용'으로 나뉜다. 그중에도 여인들이 즐겨 썼던 노리개는 보석과 짝을 이뤄 매듭자체가 보석이 된다. 매듭에는 주로 명주실, 모시실, 닥나무실, 삼베실, 털실 등을 쓰이며 이 끈의 색·굵기·맺는 방법에 따라 약 33종이 있다. 한국인의 맺고 끊는, 풀고 잇는 인간관을 표상하는 매듭은 색의 선명함에도 불구하고 소박한 반면에 색이 맑고 깨끗해 마치 매듭 중간에 영롱한 색 이슬이 맺혀있는 것 같다.

Humankind comes from nature and returns to it. Not only human beings but also every living creature that exists has a starting point from which it is born, and to which it returns when its journey of life is completed. It is the law of nature. Maedeup, or the traditional Korean art of decorative knots, demonstrates this law as a piece of string originates at a certain point then creates wonderful, intricate shapes before finishing where it began, completing its cycle. Madeup refers to a knot, or to the skill of making various kinds of knots and the Sul (tassel) that is attached to the lower part of a knot. Knot craft is characterized by the beauty achieved by the trinitarian union of Kkeunmok (made by twisting several silk threads together that have been dyed with natural pigments), Madeup (a piece knotted with two strands into various organic symmetrical patterns), and Sul (a tassel at the end freely hanging down creates the final touch to highlight the colors and patterns of the entire work). The art of Korean decorative macrame knotting often entails incredibly complex skills and techniques, which makes it nearly impossible to explain in words. Though the macrame knotting process begins by bending the middle of a string to divide it into two parts of the same length, tying knots with both parts of the string to form a symmetrical pattern. When the macrame knotting is completed, the artisan must tighten the macrame knots to keep them from loosening. This macrame knotting creates an enigmatic elegance of balance with finely wrought three-dimensional patterns made from a single string. It geenerates countless fashion, household and ritual items, used in both court ceremonies and the lives of the common people, to adorn musical instruments, fans, dresses, flags and palanquins. Also Maedeup's beauty is an expression and reflection of women's tender, loving heart that embraces and reveres life. Silk thread is the most common material used in making knots, and it varies depending on their colour, thickness and the knotting method used, counted as about thirty three kinds. The beauty of Korean knot craft displaying finely wrought complex patterns knotted with just one silk string is evidence of the wisdom of daily life dramatically transformed into exquisite decorative art.

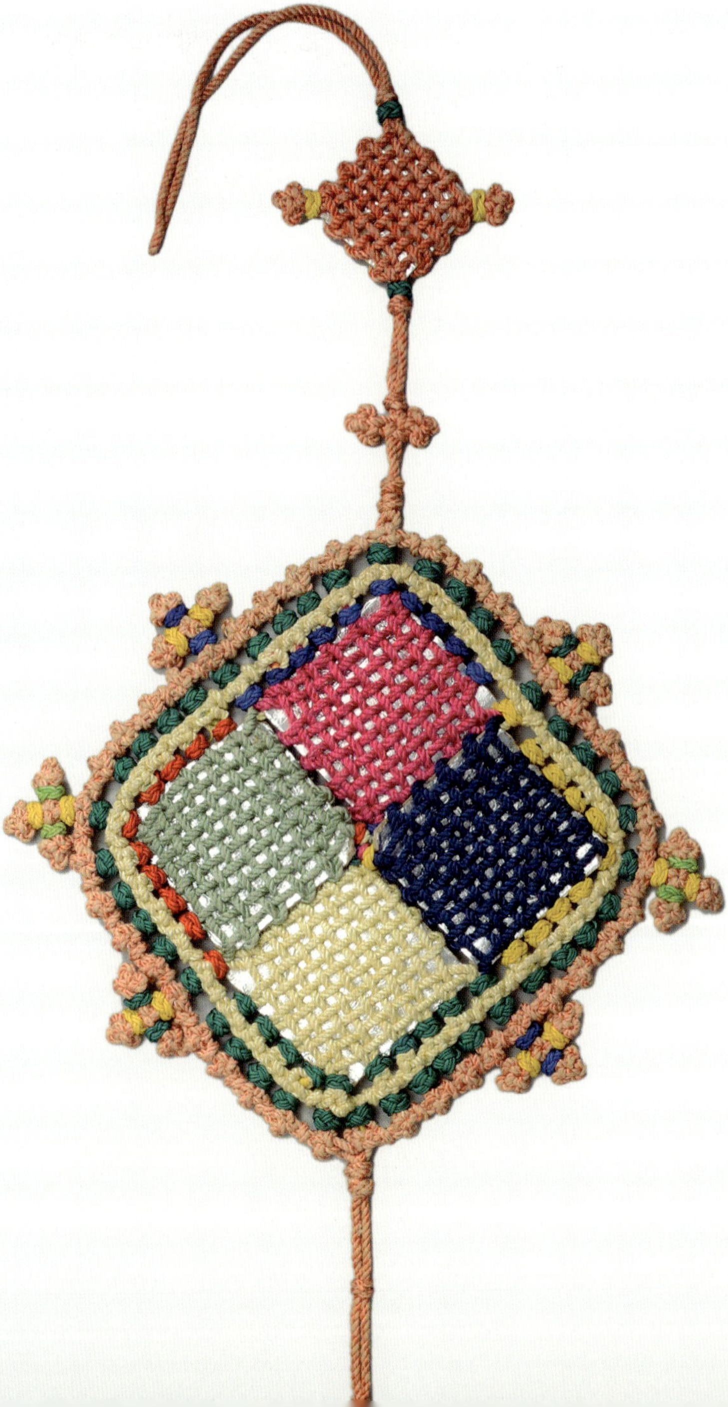

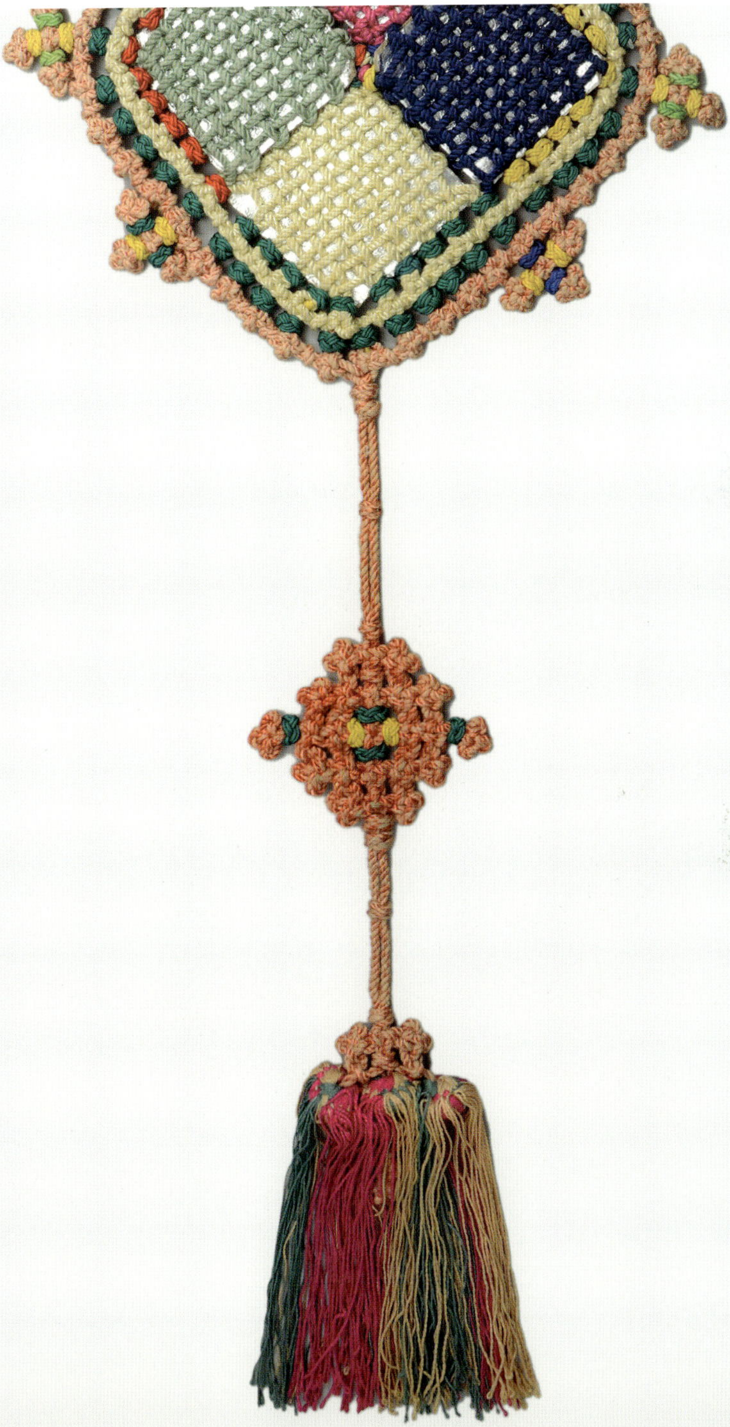

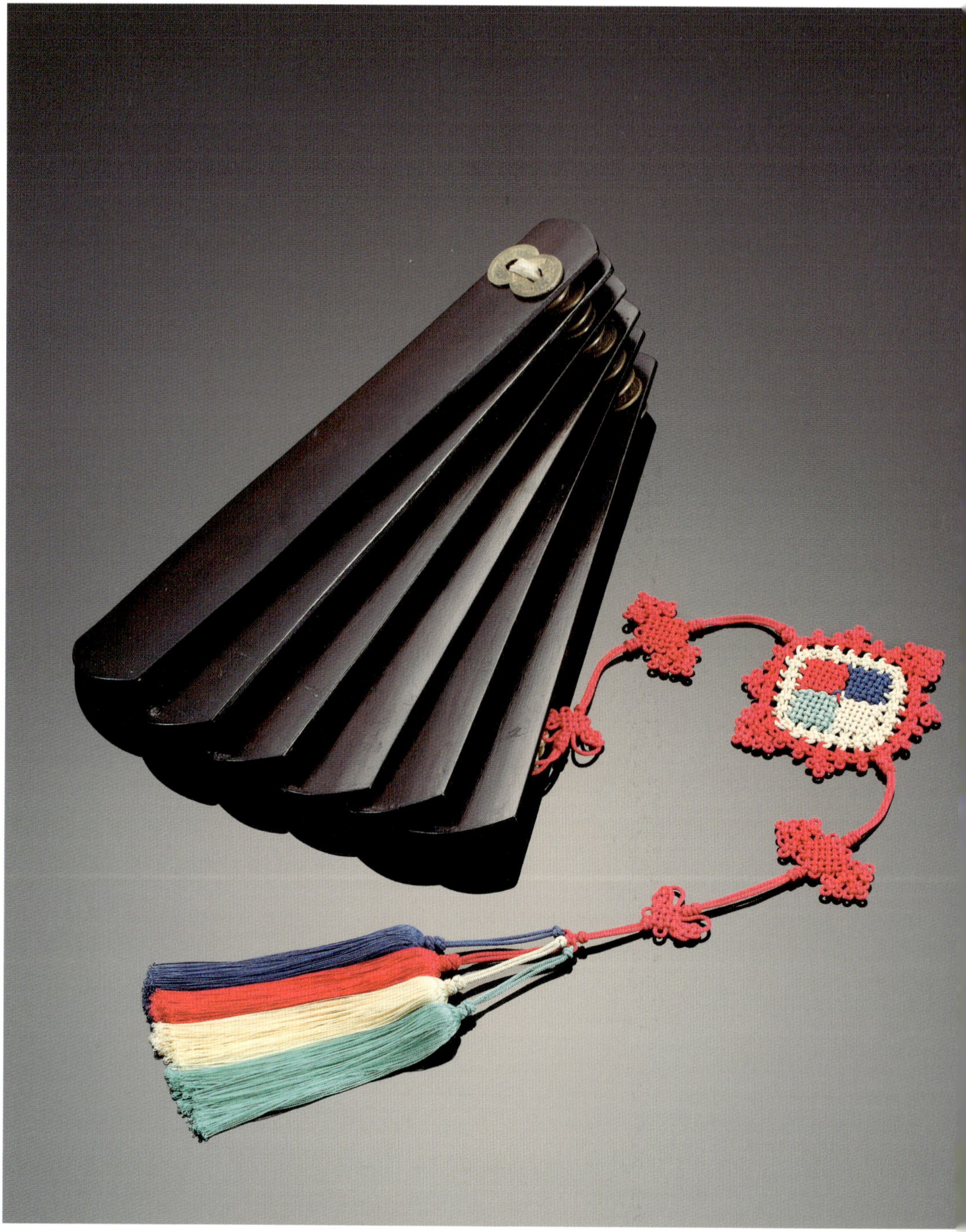

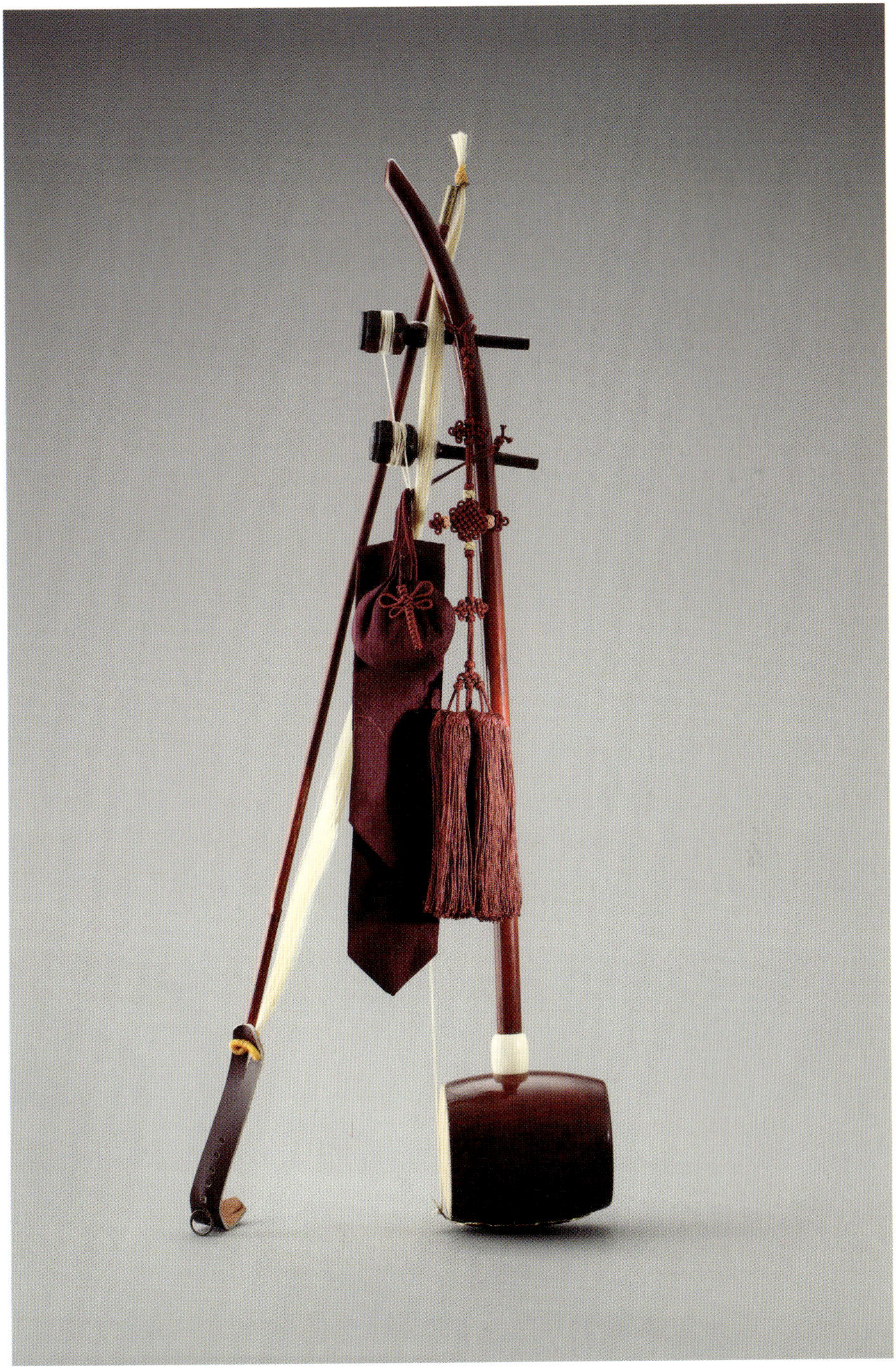

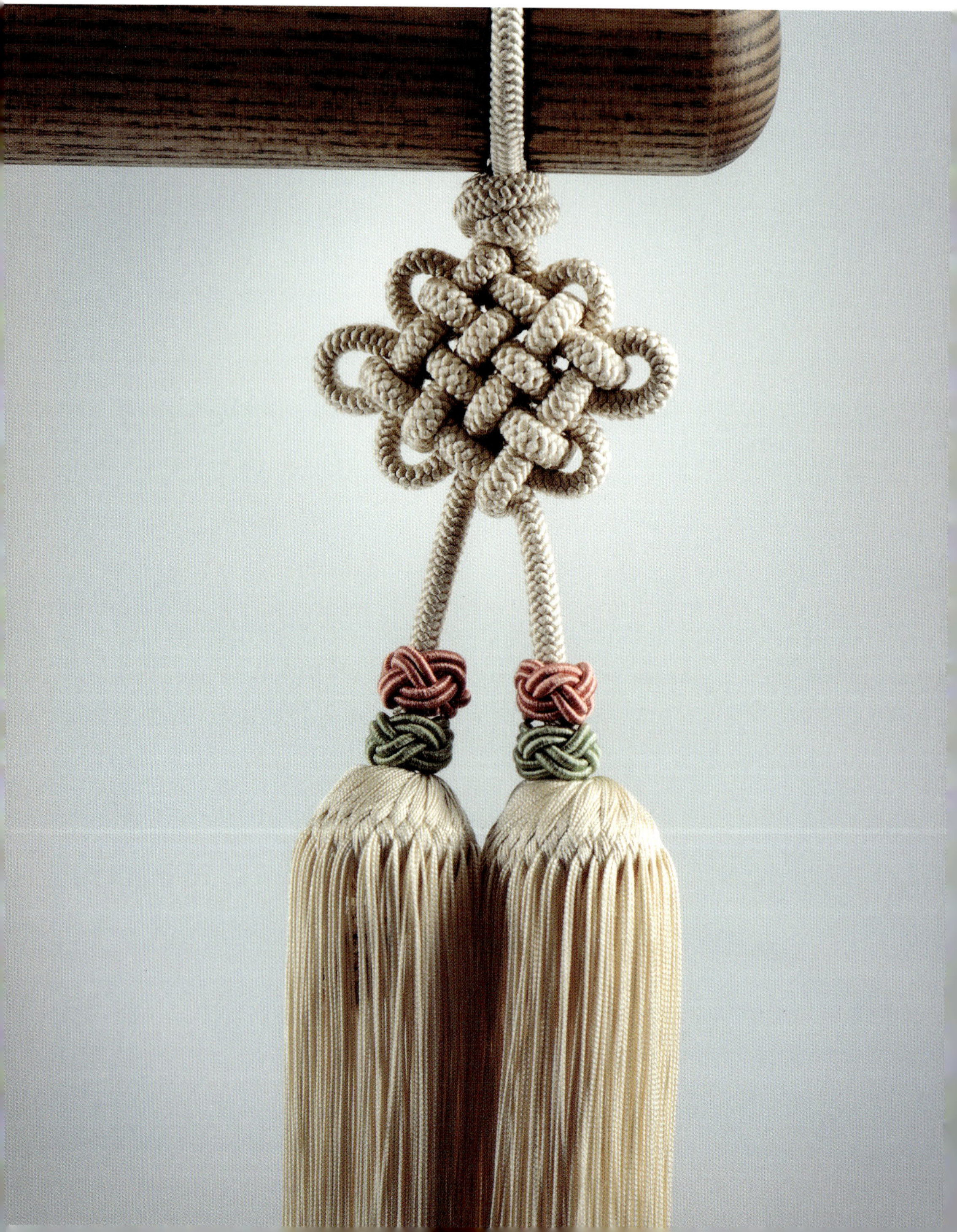

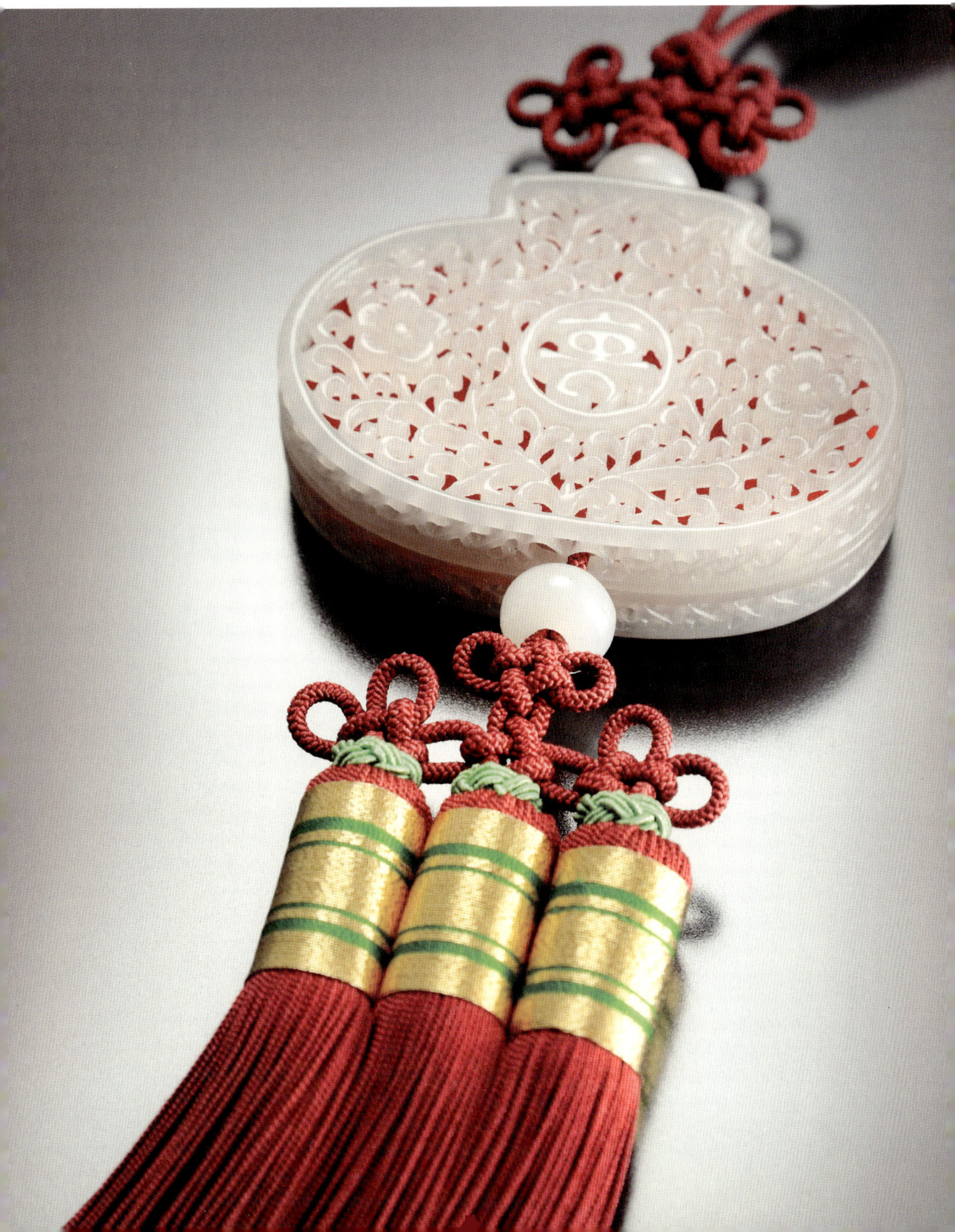

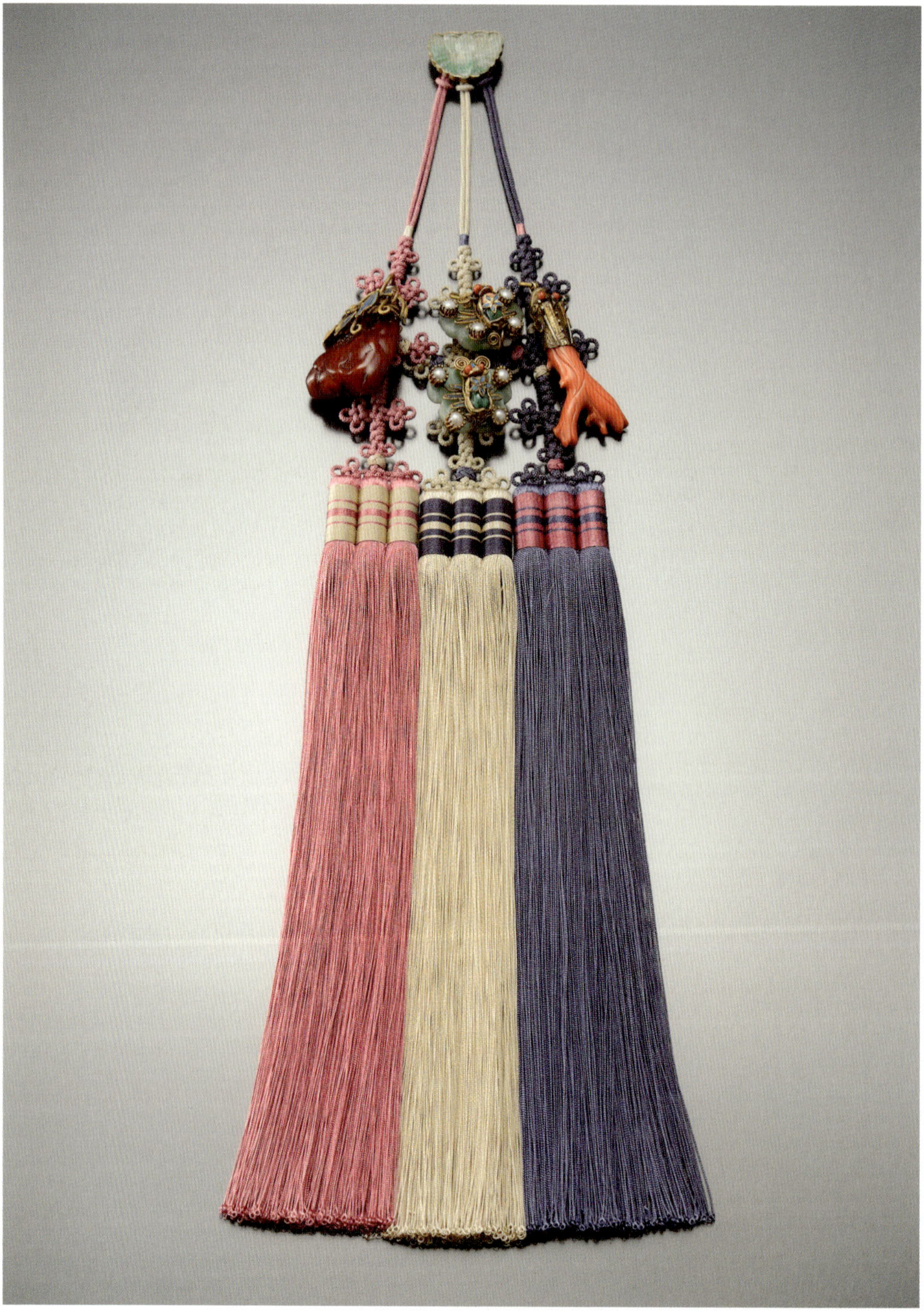

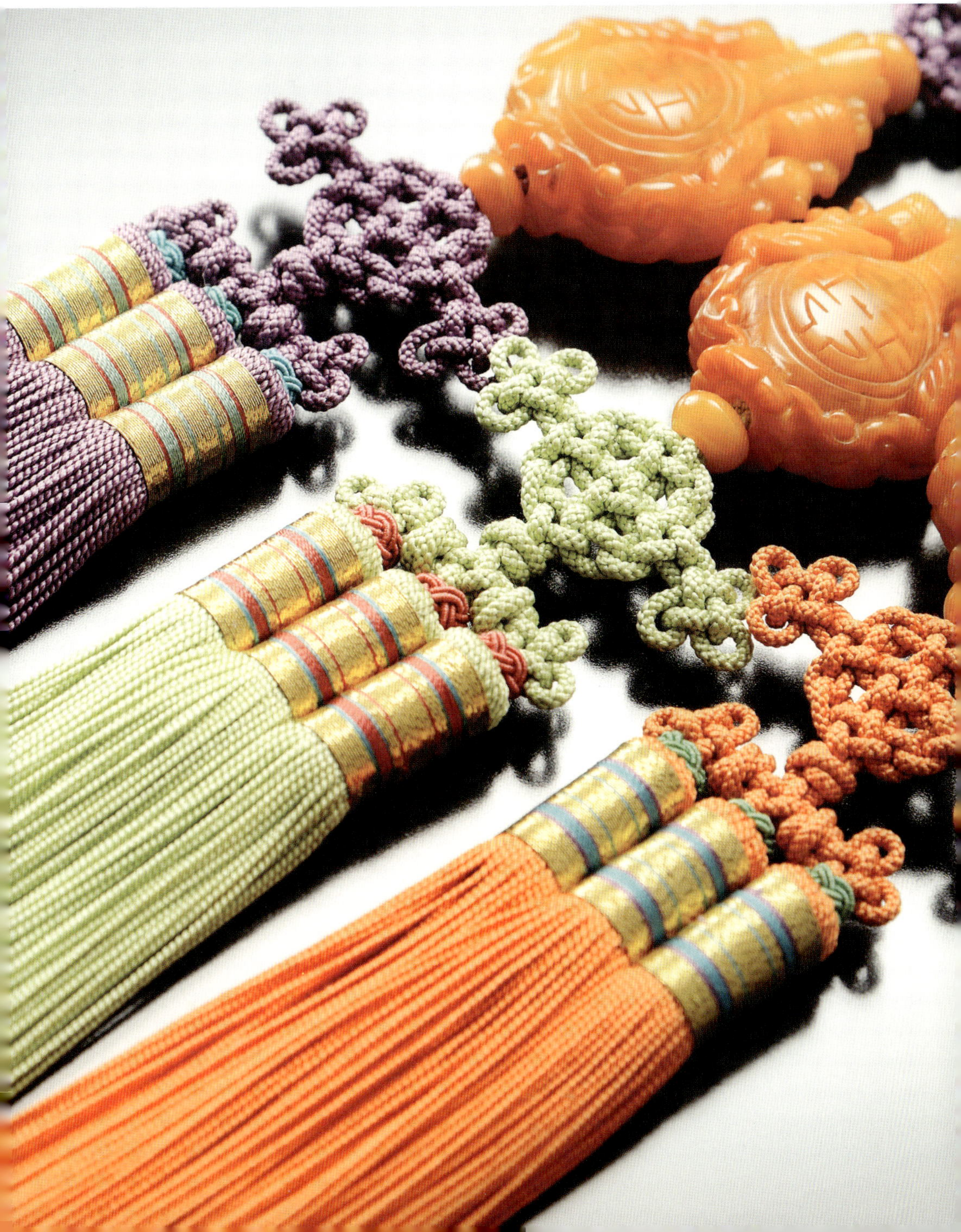

금박장 / 금박 올리기

Geumbakjang 金箔匠

Gold leaf decoration

지정번호 제 119호
지정일자 2006년 11월 16일

-

작고보유자
직물공예분야 금박장 / 김경용 金景用, 1906~1973

명예보유자

전승보유자
김덕환 金德煥, 1935~

전수교육조교

Designated No. 119
Designated Date. 16 November 2006

-

Deceased Holder of
Important Intangible Cultural Property
Material Handicraft Realm Geumbakjang /
Kim Kyoung-yong

Inherited Holder of
Important Intangible Cultural Property
Kim Duk-hwan

금은 오래 두어도 변하지 않는 순수함을 지녔으며 예로부터 사람들이 귀히 여기는 것으로 권력과 부의 상징이었다. 따라서 금은 소유를 넘어 예술적, 종교적인 용도로 영역을 넓히며 특별한 의미를 지닌 금속으로 자리 잡았다. 세상에서 가장 흔하지만 정말 귀한 대접을 받았던 금은 주로 호사스런 장식에 사용되었다.

특히 금의 두들겨 펴고, 잡아 늘이기 쉬운 성질을 이용해 사람들은 금을 종이처럼 얇게 늘이어 '금박'을 만들어 썼다. 조선시대에는 금박을 재료로 사용할 때는 '첩금', 조금 두꺼운 금박은 '후첩금'이라고 했다. 현재 금박이란 '금박을 만드는 일'과 함께 옷감 위에 '금박을 올려' 무늬를 표현하는 일까지를 포함한다. 금으로 만든 실로 수를 놓거나, 고급스럽고 호화스러운 느낌을 주기위해 금박을 사용했다. 금박을 할 때는 밤나무·대추나무 등 결이 단단한 나무판에 문양을 파고 거기에 접착제를 발라 옷에 찍었다. 그 위에 금박지나 금박가루를 놓고 솜방망이로 두드리면 금박문양이 나타나 우아하고 화려한 효과를 낸다. 예를 들어 궁중 예복은 금박을 입혀 아름다움은 물론 장중함과 위엄이 더욱 도드라지게 했다. 조선후기에 오면 사가에서도 혼례복인 원삼 그리고 댕기·주머니·조바위·굴레·저고리 깃·옷고름·끝동 등에 쓰기 시작했다. 1973년 5월 직물공예분야 금박장으로 김경용(金景用, 1906~1973)이 지정되었다가 그해 9월 별세함에 따라 종목 해제되었다가 2006년 그의 아들 김덕환을 다시 금박장으로 지정하여 오늘에 이르고 있다.

Gold was scarce and very highly valued so not everyone was able to use it. It was primarily used by the members of the royal and upper class as a symbol of high social status and authority. The gold foiling technology utilizes such appreciative eyes as can select and arrange the patterns according to the formation of costumes. Geumbakjang (a master or skill that designs pattern and styles with Geumbak (gold leaf) on textile). should have a sense of selecting and designing appropriate pattern depending on various kinds of textiles and fabrics adding to mastery skill to handle gold leaf. Also he or she should know a wood-craft technique for pattern and a way to treat adhesive and gold leaf skillfully from long time experience. Geumbak crafting, which is emplying gold that is hammered into extremely thin sheets to decorate. To imprint geumbak on a textile, one glue certain part of the textile where the pattern will be printed. Before the adhesive is dried, gold leaf is put on and then detach the marginal gold leaf of the pattern. To produce gold foil ornaments, first of all, a patterned board applied with glue need be stamped on the spot where a pattern shall be printed. Before the adhesive stuck to the board is completely dried, the board shall be attached with gold foils, which shall be then taken away from the outside of the pattern. Geumbak has long been considered the jewel of decorative art and it can be found in special garment such as Korean traditional wedding dress for women. In May 1973, Geumbak artisan Kim Kyoung-yong was designated as an important intangible cultural property but he artisan passed away in September the same year. So the property had lifted until 2006 and it carries on ever since.

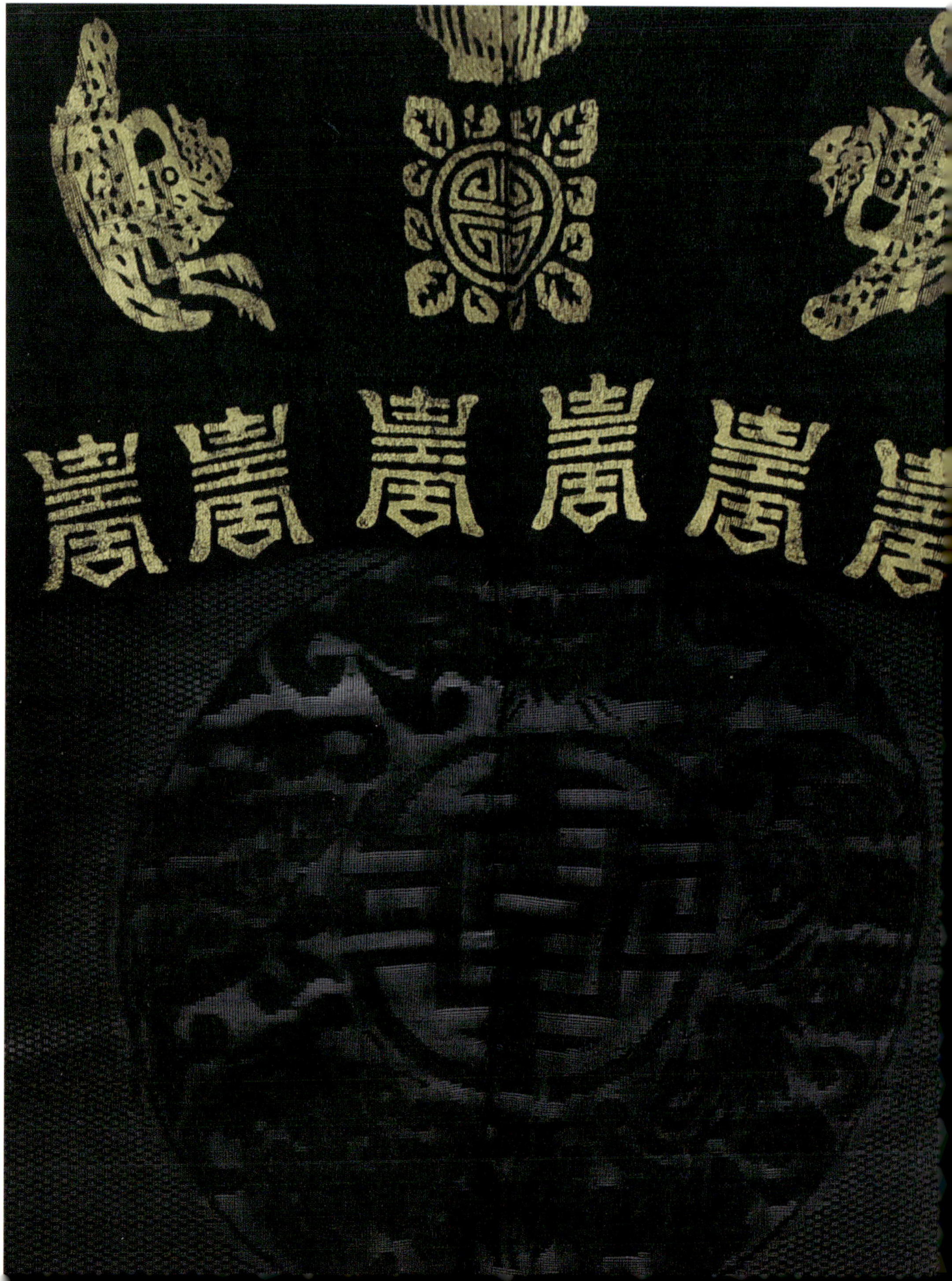

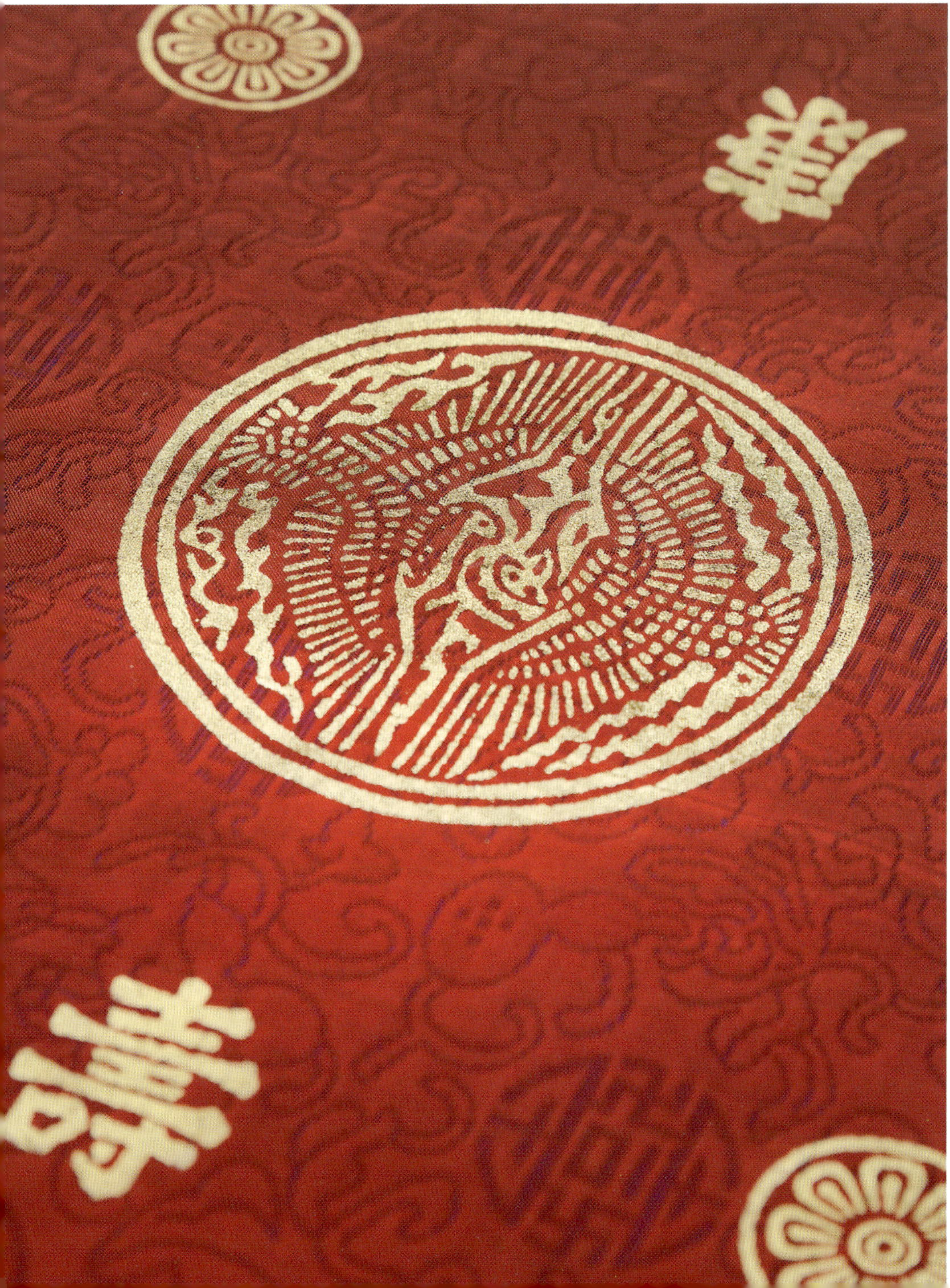

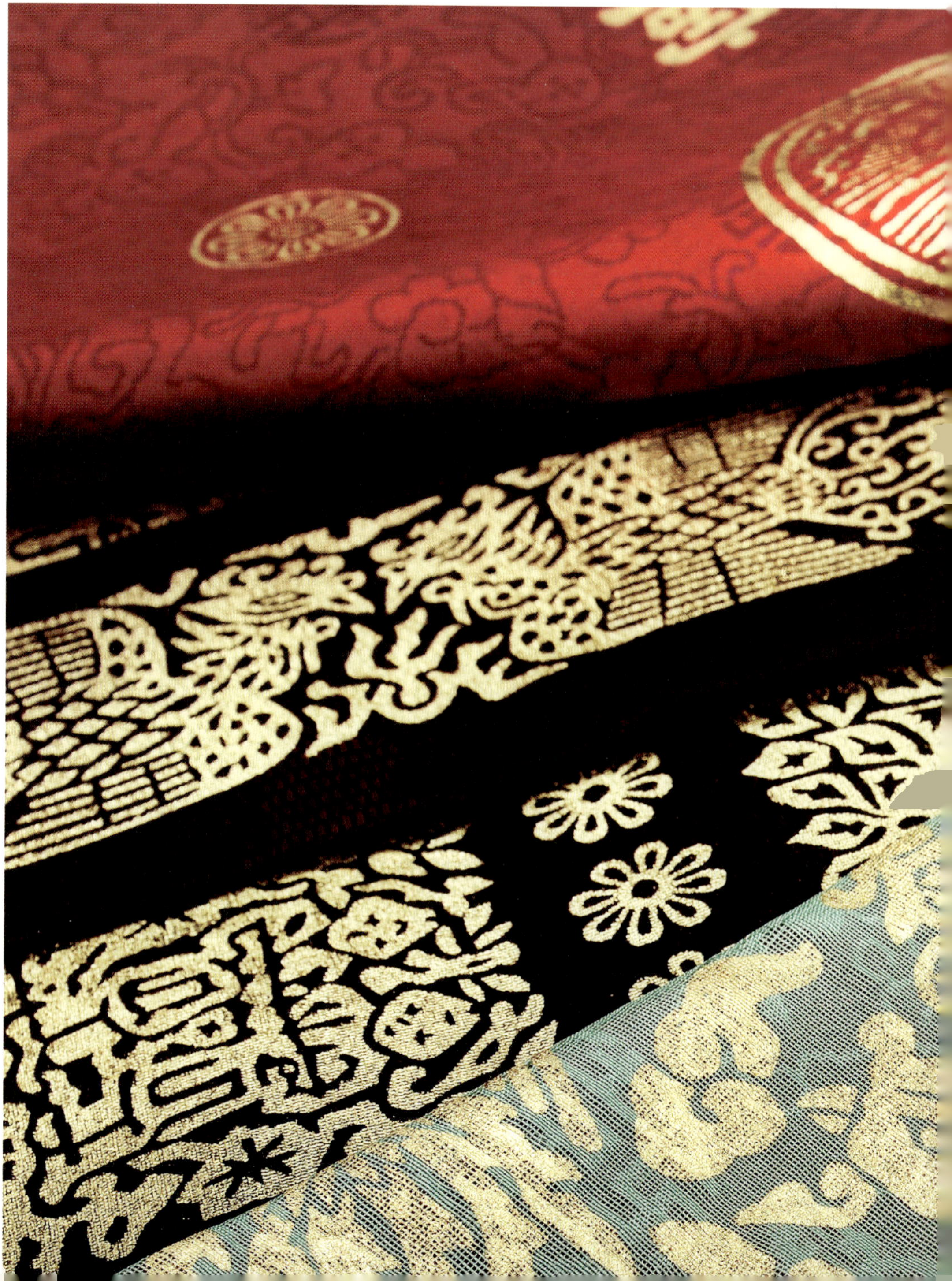

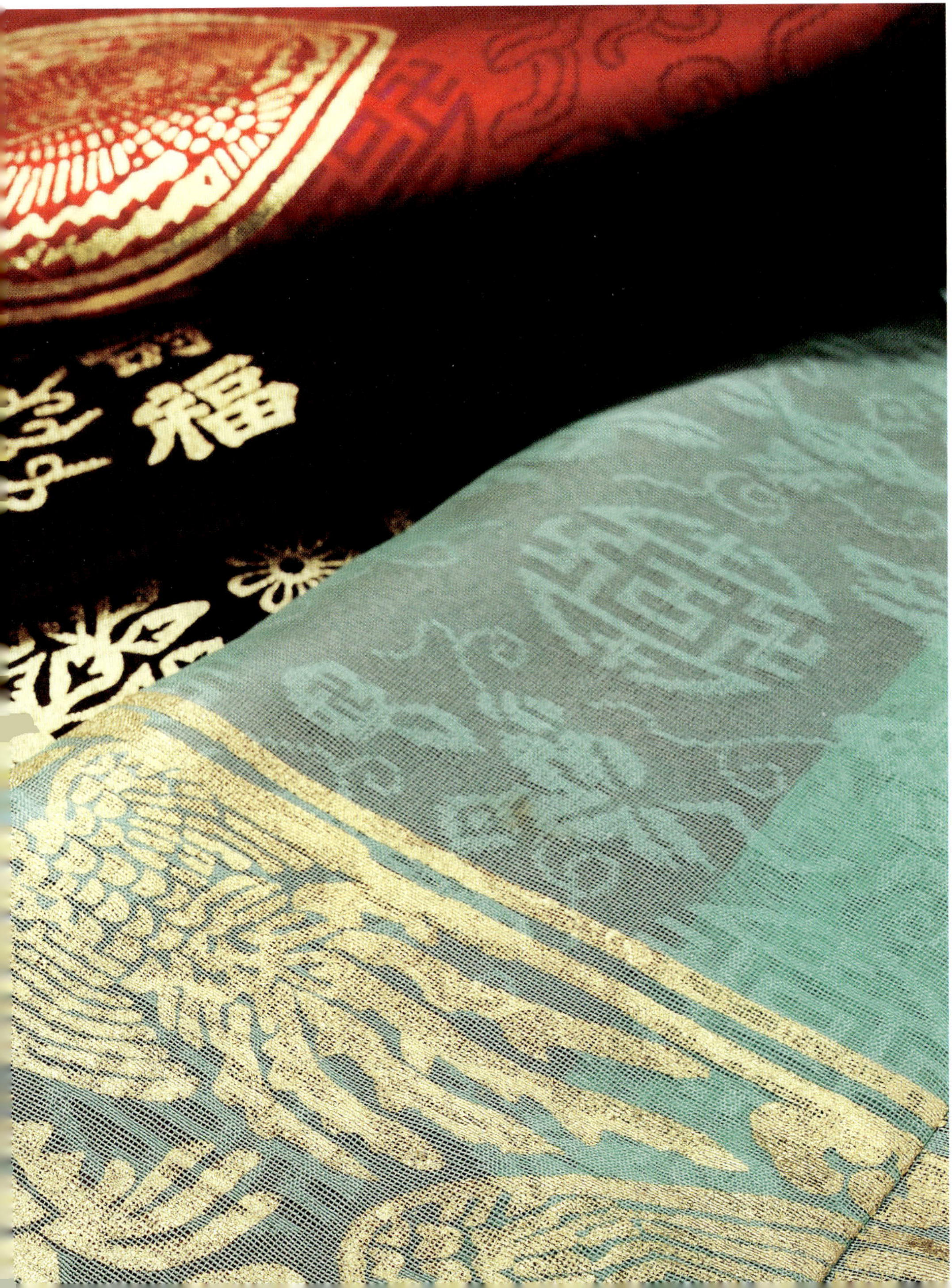
福

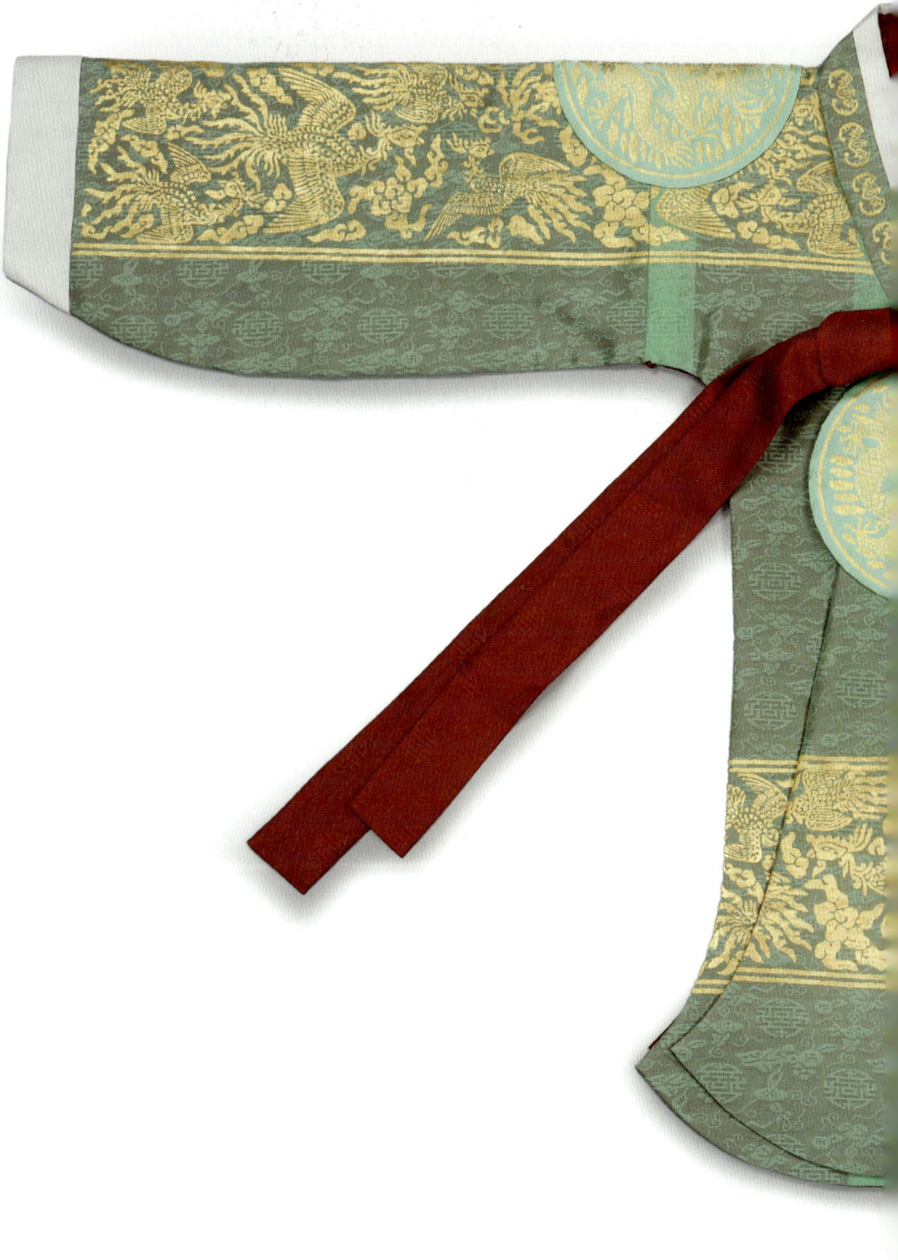

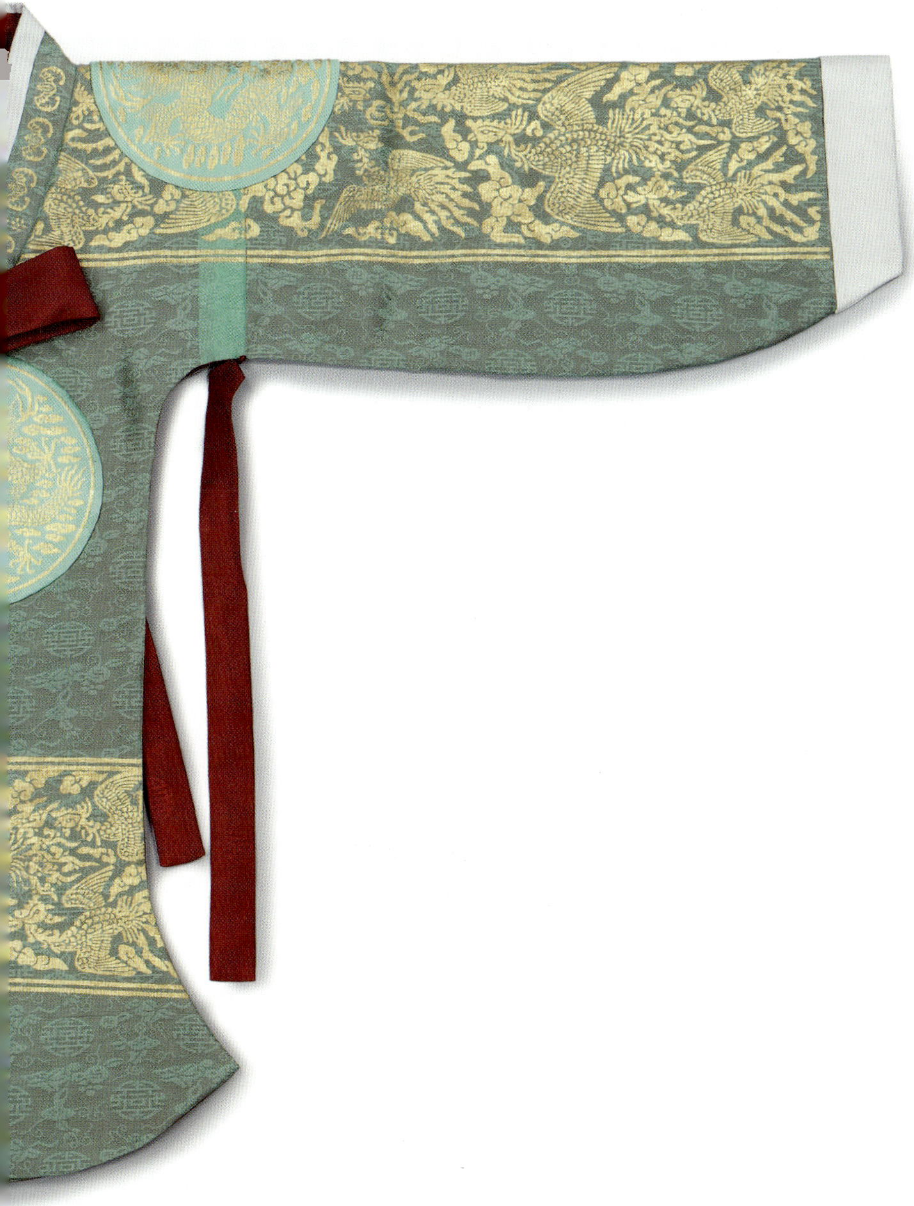

조각장 / 조이질 하기

Jogakjang 金屬雕刻匠

Metal Engraving

지정번호 제 35호
지정일자 1970년 7월 22일

-

작고보유자
김정섭 金鼎燮, 1899~1988

명예보유자

전승보유자
김철주 金喆周, 1933~

전수교육조교
남경숙 南庚淑, 1950~

Designated No. 35
Designated Date. 22 July 1970

-

Deceased Holder of
Important Intangible Cultural Property
Kim Jung-sup

Inherited Holder of
Important Intangible Cultural Property
Kim Chul-joo

Assistant Important
Intangible Cultural Property
Nam Kyoung-sook

선사시대부터 청동과 철기를 시용했던 우리민족은 금속을 다루는데 남다른 재주를 지녔다. 금이나 은·동 또는 쇠로 만든 기물이나 판에 쪼거나 새겨 무늬나 글씨, 그림을 새기는 일을 하는 것을 '조이질' 한다고 하며, 이를 행하는 사람을 '조이장'이라 한다. 조이장은 재료를 파고 떼어 내 입체적인 형상을 만드는 것이 아니다. 이미 형태를 지닌 물건의 표면을 두드리거나 깎아 무늬를 새겨 표면을 아름답게 장식한다. 따라서 일반적으로 입체적인 조소를 의미하는 조각과 조각가와 '조각장'은 거리가 있다.
조이질은 '입사기법'과 더불어 청동기시대 이후 우리나라 금속공예 의장기술의 중심을 이루어 온 대표적인 기술이다. 조이질은 음각과 양각으로 크게 구분하지만, 파 들어가는 '파새김 기법'과 금속판의 뒤를 두들겨 입체감을 내는 '부조'형식, 새기고자 하는 형태의 주변을 파 낮은 부조 형태로 주변을 파고 중심을 남기는 '돋을새김기법'이 있다. 주로 산수·화조·구름과 용 그리고 당초문이나 문자문 등을 새겼으며 조선 말기 이후에는 길상의 뜻을 담은 문양을 새겼다.
조선이 막을 내리자 관청에 소속되었던 장인들은 광교천변으로 모여 들어 '은방도가'를, 그 후 '이왕직 미술품제작소'로 이어지며 조이질을 계승, 발전시켜 오늘에 이르고 있다.

The glorious history of metal art work in Korea dates back to the Bronze Age. Jogakjang refers to the engraving of figures on metal bowls or other items. It is also called Joejang which is the art of scooping out a hole on the surface of a metal object and filling it in with gold, silver or bronze. Not like scupt or sculpture, Jogakjang requires depressed carving, embossed carving not the process of removing unnecessary parts with chisel in order to make a attrative and decorative design. Since the Bronze Age, Korean metalworkers have developed a variety of techniques, designs and forms according to the inspirations and needs of each period. Joejil process can be divided into intaglio and relief but it also has skills of Pasaegim (digging), Boojo (beating the back of the surface to give a three-dimensional effect), Dodoolsaegim (relievo as carving in relief). Exquisite patterns and forms like landscape, flowers and birds, clouds, dragons, arabesque designs and letters made only by a small chisel and a hammer proclaim their exuberance to the world. Then mainly patterns for favorable omen were used since the later Choseon Dynasty. After the Joseon Dynasty, the trained artisans from the government established a silversmith house, then Leewangjik Art Production has inherited and developed the house until now.

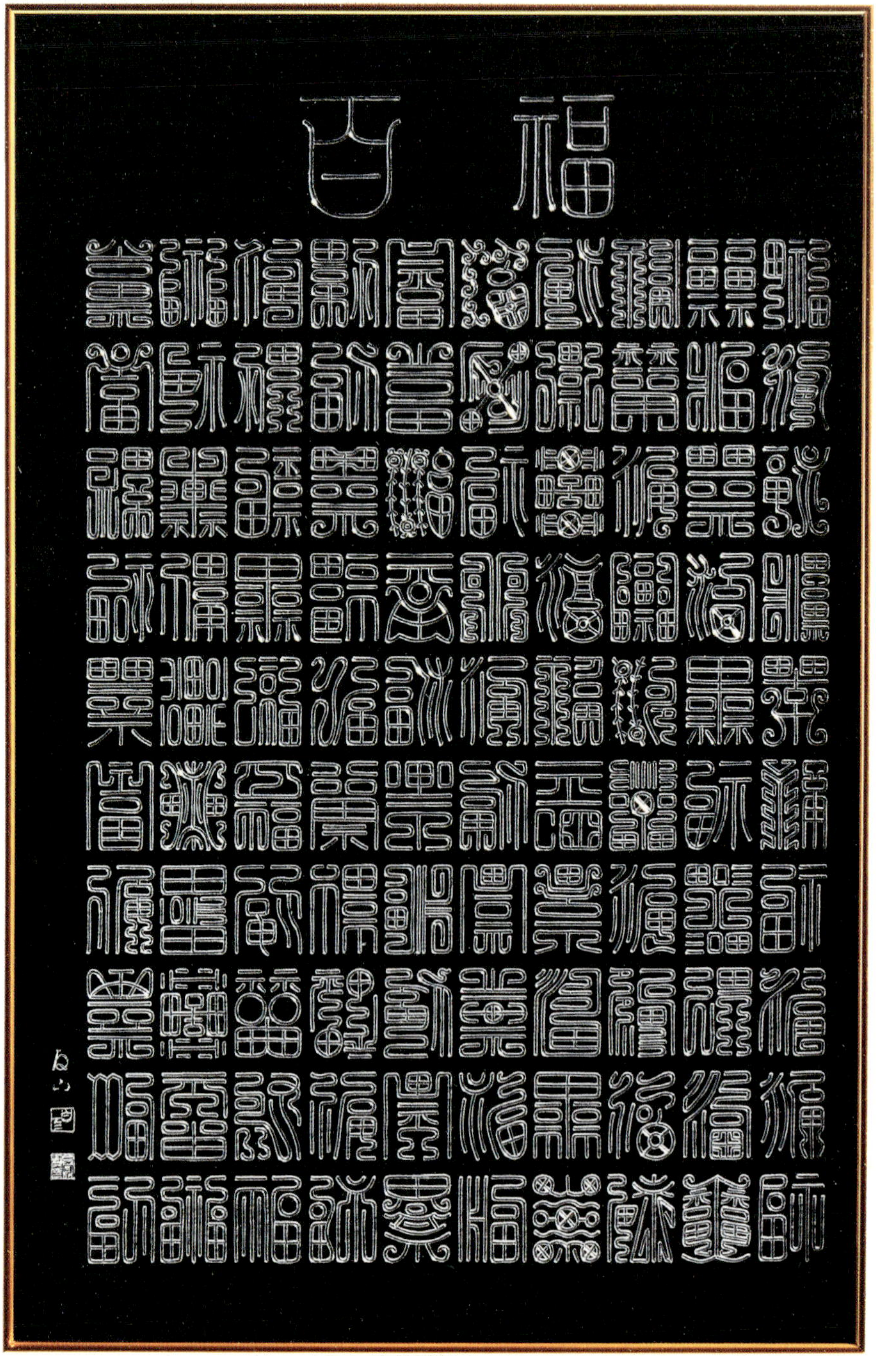
百福

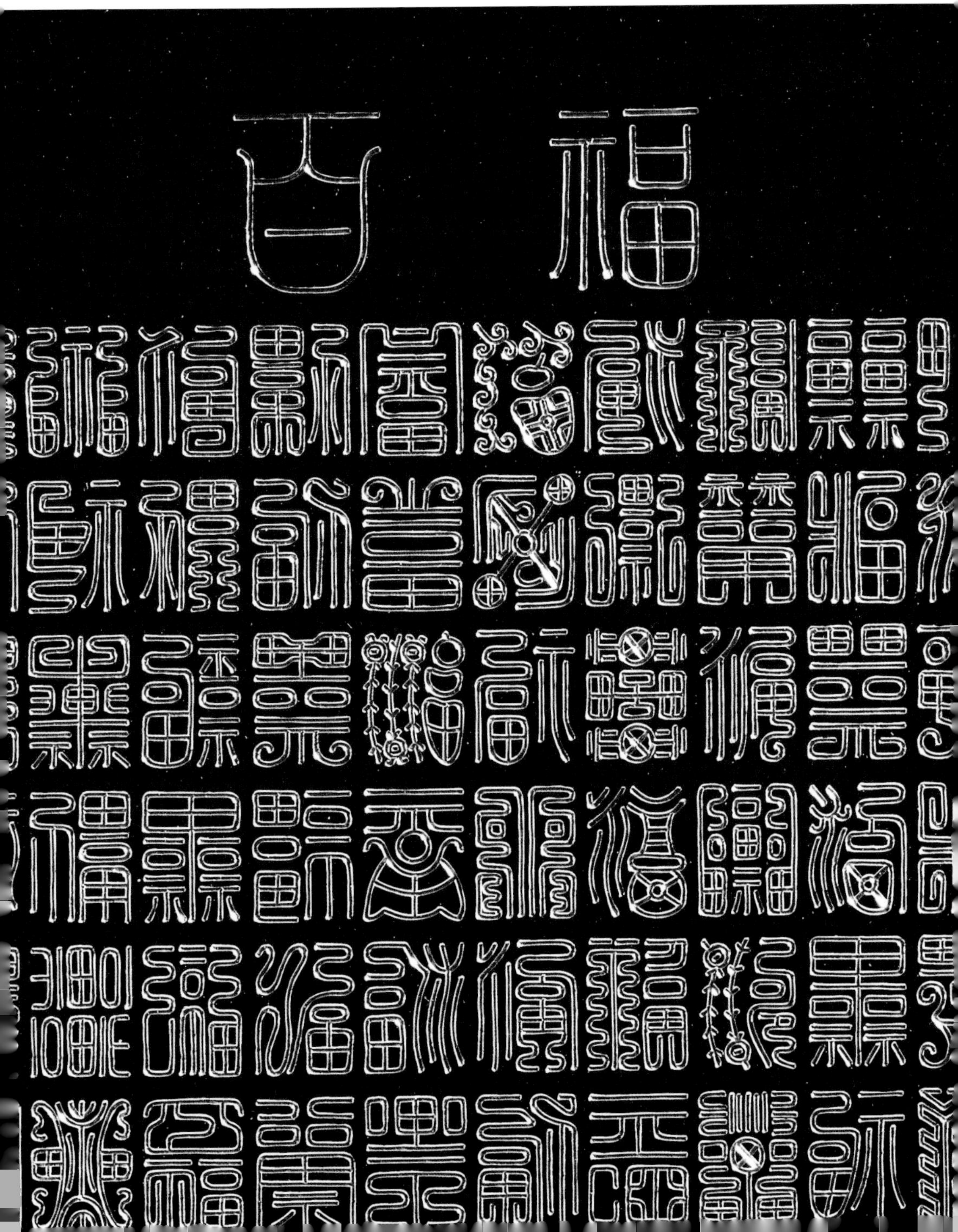
百福

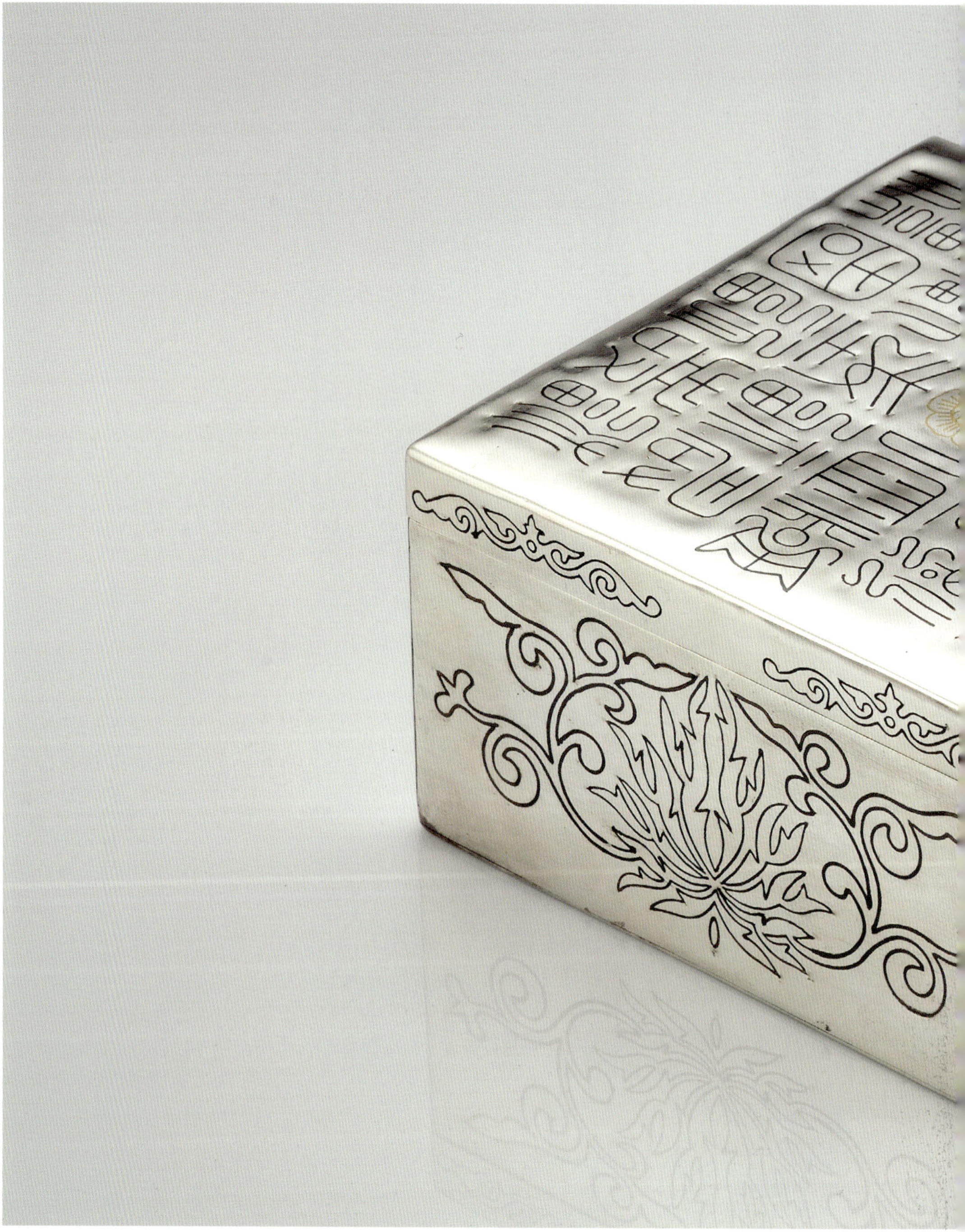

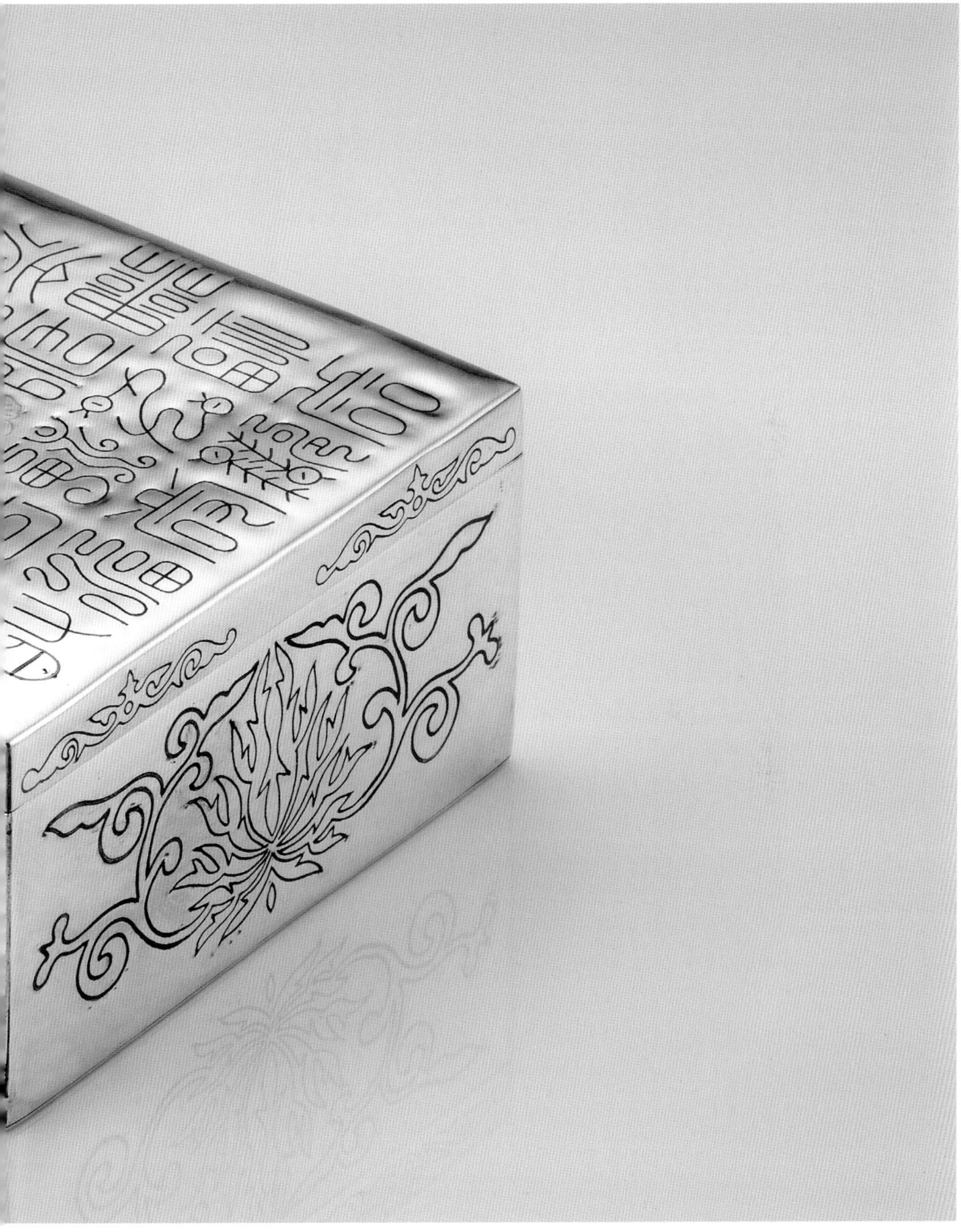

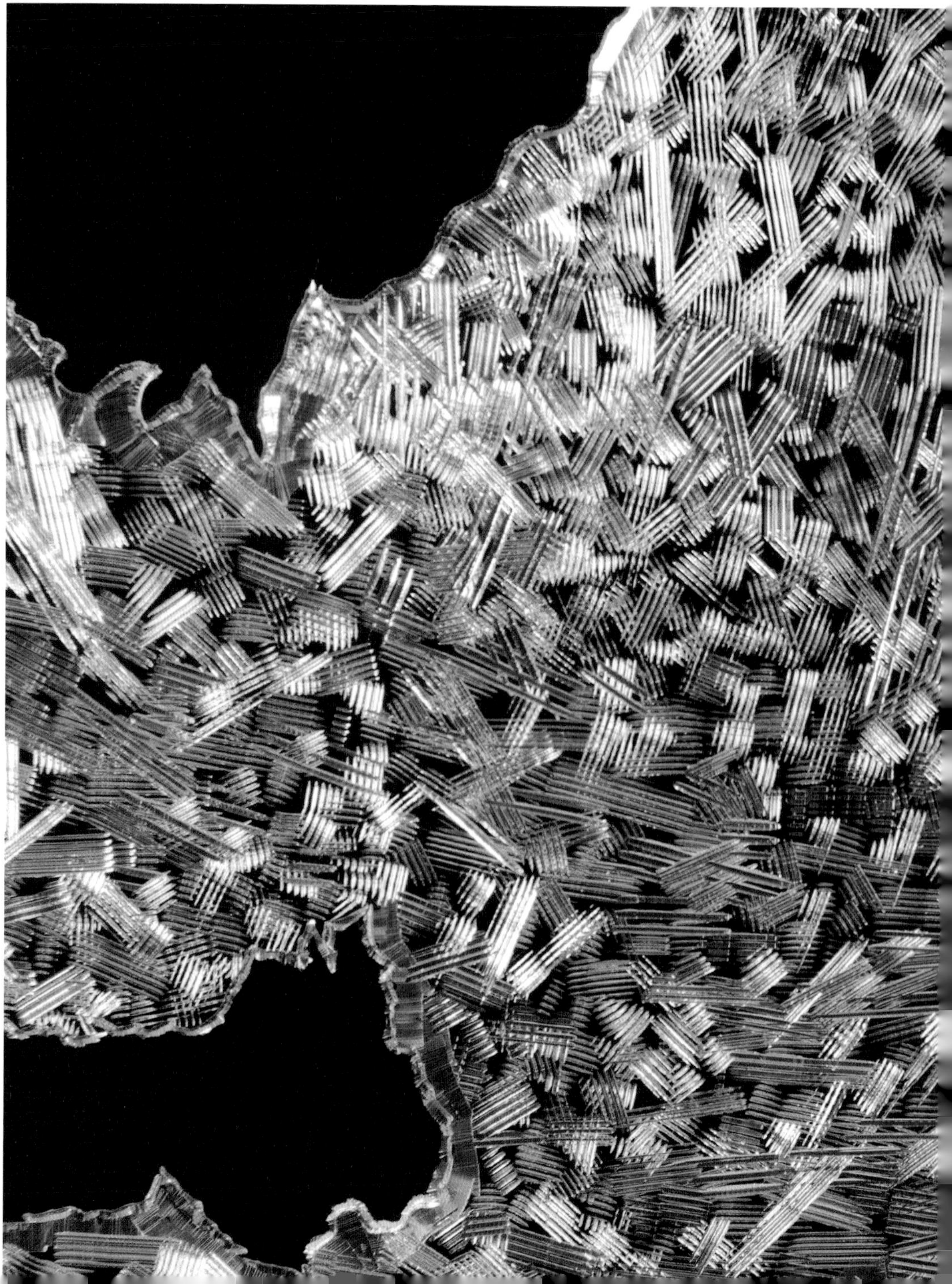

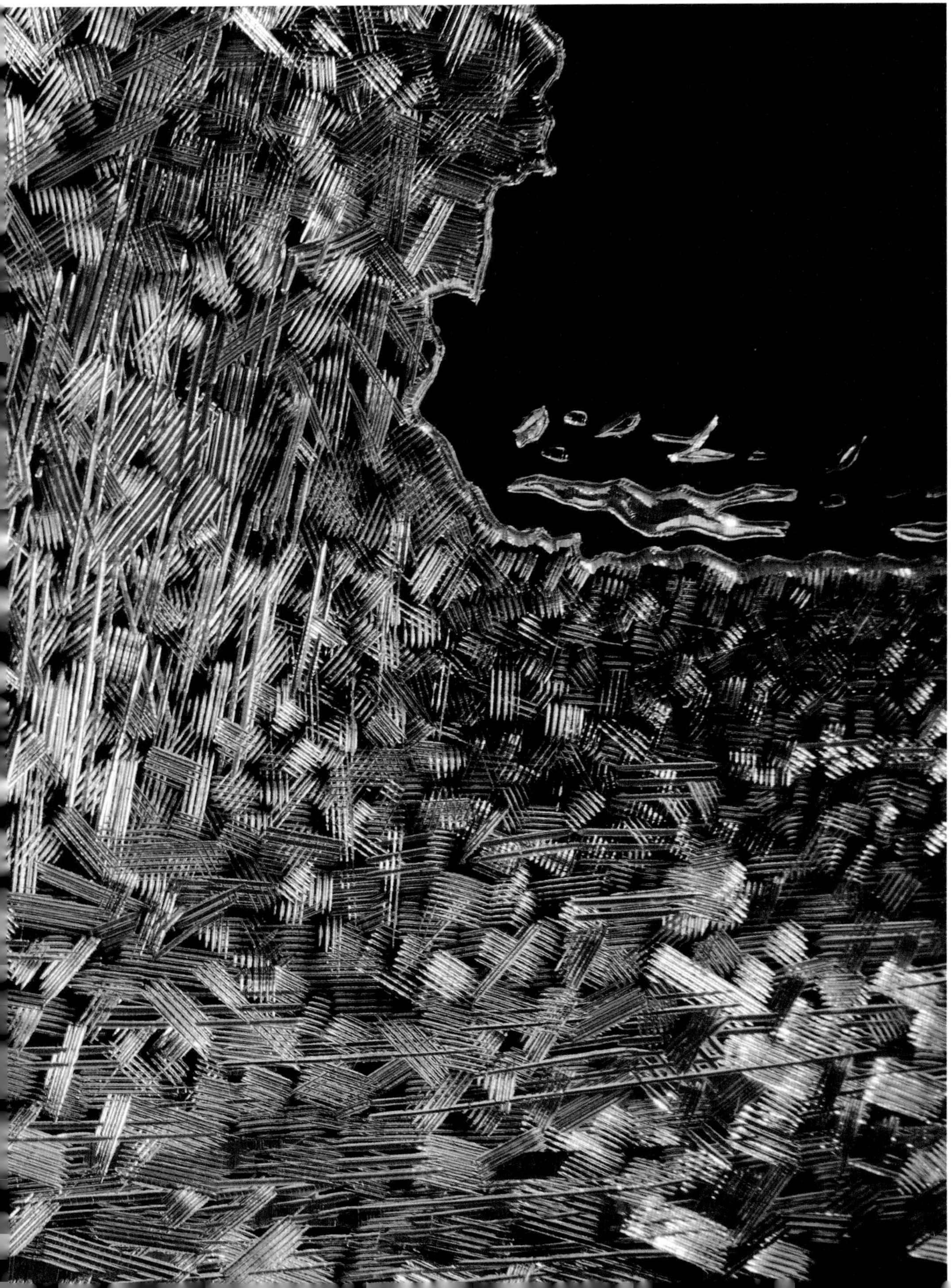

각자장 / 서각

Gakjajang 刻字匠

Calligraphic Engraving

지정번호 제 106호
지정일자 1996년 11월 1일

-

작고보유자

명예보유자

전승보유자
오옥진 吳玉鎭, 1935~

전수교육조교
김각한 金閣漢, 1957~

Designated No. 106
Designated Date. 1 November 1996

-

Inherited Holder of
Important Intangible Cultural Property
Oh Ok-jin

Assistant Important
Intangible Cultural Property
Kim Gak-han

글을 쓴다는 것은 인간의 말을 기록한다는 의미를 지닌다. 그러나 동양에서는 기호로서의 글자를 그 이상으로 보았다. 특히 글자의 의미와 내용도 중요하지만 쓴다는 행위 그 자체에 무게를 두었다. 그리하여 의사소통과 기록을 위한 실용성을 뛰어넘는 서예라는 예술로 승화시켰다.

'쓴다'는 서예의 일상적 가치를 '파고 새김'이라는 행위를 통해 더욱 깊고 강한 예술적 가치로 승화시킨 것이 '서각'이다. '서각'은 시간의 흐름과 공간의 다름에 따라 글자의 함축된 힘을 보여준다. 그리고 이렇게 목판에 글자를 새기는 일을 '각자'라 하고, 이런 일을 하는 장인을 '각자장'이라 한다. 따라서 서예와 전각은 활자를 만드는 일과 비슷하지만 완전히 다른 문자예술이다. 특히 새겨 넣은 예리한 칼 맛과 새겨 넣는 이의 땀과 노력이 묻어나 서예와는 또 다른 인간적인 온기와 예스럽고 질박한 느낌을 준다. 요즘에는 회화적인 조형미가 더해 독특한 장르로 자리잡아가고 있다.

각자는 크게 인쇄를 목적으로 글자의 좌우를 바꾸어 새기는 '반서각'과 건물이나 사찰, 재실에 거는 현판이나 주련으로 쓰는 글자를 목판에 그대로 붙여 새기는 '정서각'이 있다.

Although writing is to record human voice, in Eastern Asia, it meant beyond symbols and characters. The meaning and content of the letters is important but writing in the act itself weights to create an unique genre called calligraphy which has sublimated into one of the art of practical tools over communication. The wood blocks with engraved letters or painting is called Gakja or Seogak. Also 'writing' the act of calligraphy value uplifts through the act of 'engraving (Seogak)' as a great artistic value which describes the implied power of the flow of time and the difference of space. Gakjajang is the work of this skill. Moreover, Gakjajang is similar to calligraphy, an em and making types but is a completely different art form. The taste of the tools and the sweat and the effort of the artisan present the warmth and simplicity. Nowadays, traditional woodblock print barely maintains its existence on the hanging board for the buildings or engraved letters of famous calligraphers. Gakjajang refers to the master or the skill of engraving letter or pictures onto wood plates. Banseogak is the technique of carving in change of left and right and Jungsugak is the technique of carving onto a woodblock to hang on a building or a temple for such a signboard.

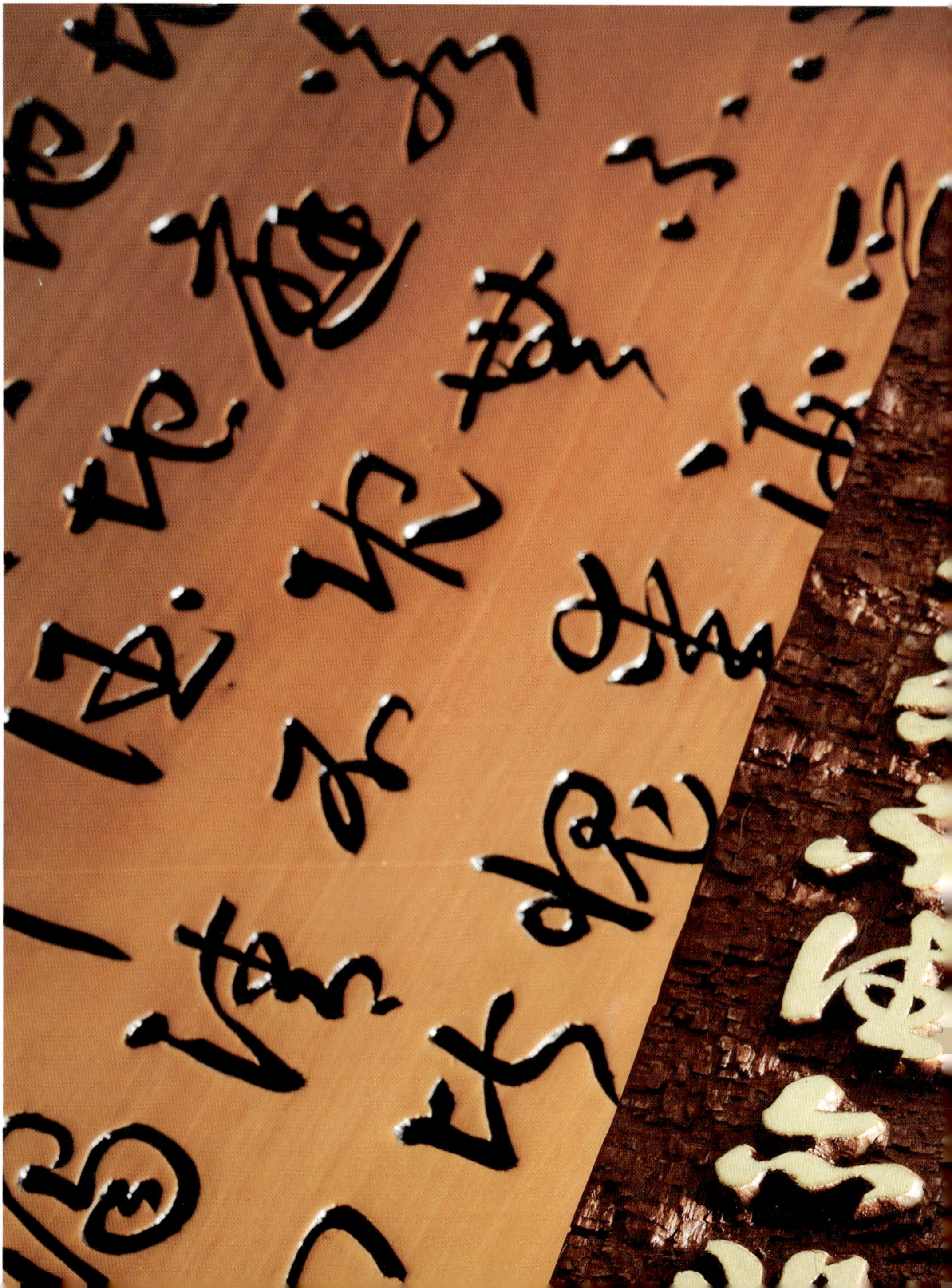

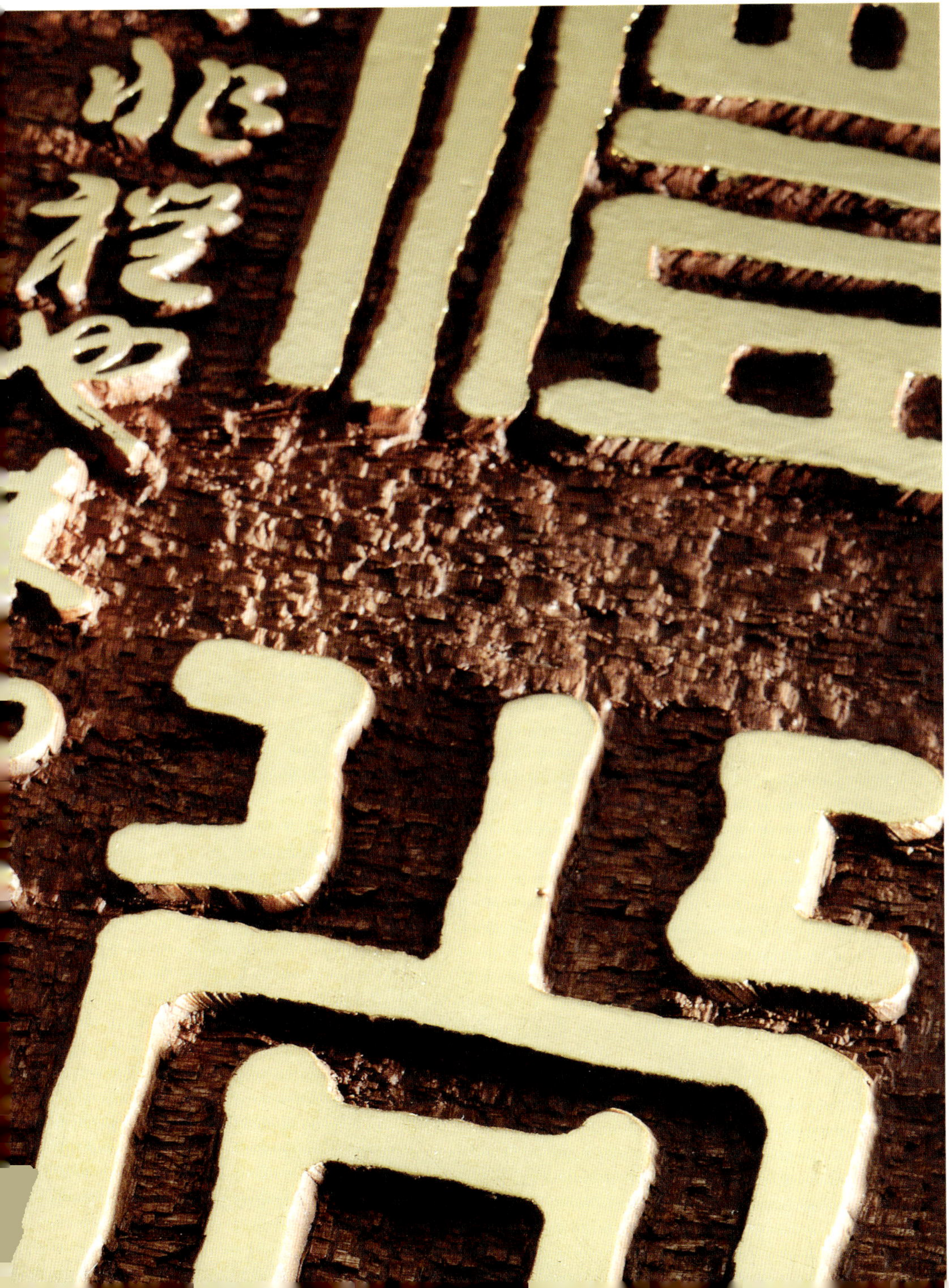

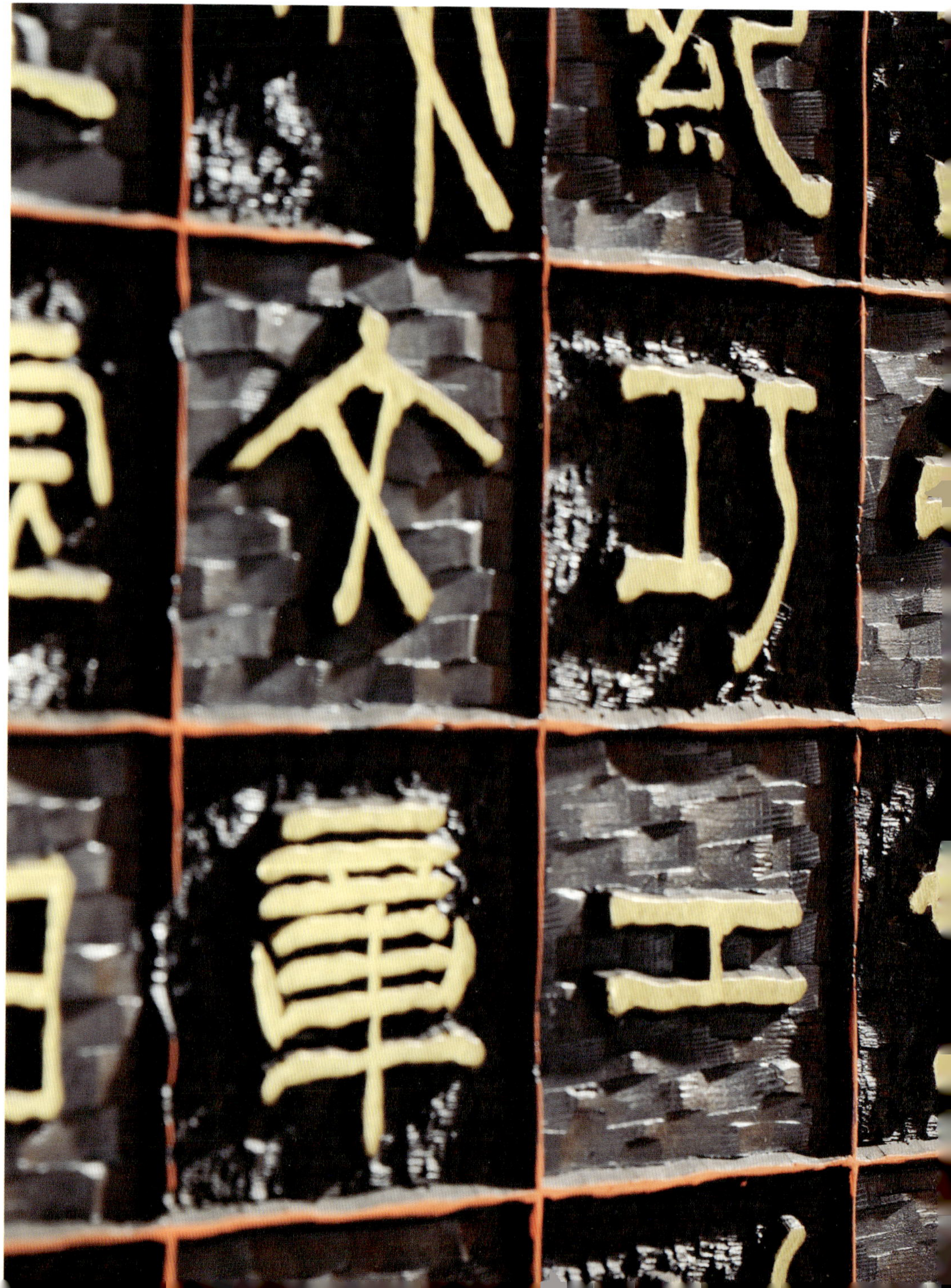

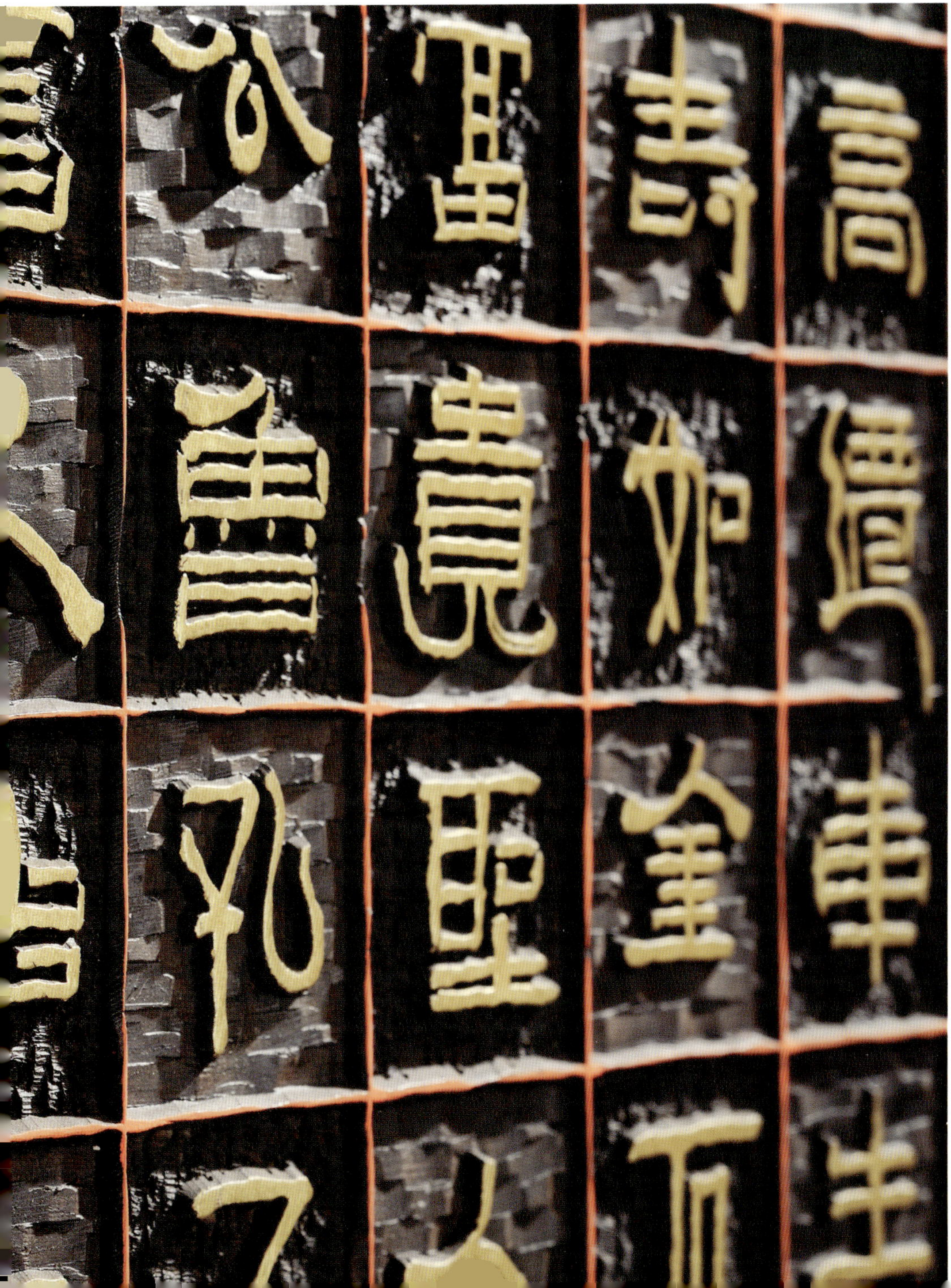

목조각장 / 나무조각가

Mokjogakjang 木雕刻匠

Wood Sculpture

지정번호 제 108호
지정일자 1996년 12월 31일

-

작고보유자
허길양 許吉亮, 1953~2001

명예보유자

전승보유자
박찬수 朴贊守, 1949~
전기만 田基萬, 1929~

전수교육조교
양봉철 楊鳳哲, 1954~

Designated No. 108
Designated Date. 31 December 1996

-

Inherited Holder of
Important Intangible Cultural Property
Park Chan-soo
Jeon Gi-man

Assistant Important
Intangible Cultural Property
Yang Bong-chul

나무는 세상의 모든 것 중 가장 종류가 많으며 또한 풍부한 자원이다. 동시에 광범위한 상징을 지닌 생물이다. 인간은 모든 시대, 모든 지역에 걸쳐 나무에 크게 의지해 생을 영위해 왔다. 나무의 상징적 의미는 신앙의 대상이 되기도 했다. 땅과 하늘을 지지하는 우주의 축으로 인식되었고, 풍요로운 생명력을 지닌 어머니의 이미지를, 또 민족이나 가족의 탄생의 신비적 근원, 원초적 이미지를 가진다. 그리고 오늘날에는 생명의 원천, 죽음과 재생, 성장, 우주적 생명력까지 상징한다.

나무의 이런 상징성과 구하기 쉽고 다루기 쉬운 편의성으로 인해 목조각이 성한 것은 어쩌면 너무도 당연한 일이라 할 수 있다. 특히 불교가 전래되어 온 삼국시대부터 화강암과 함께 불상을 조성하는 데 중요한 재료가 된 목조각 중 현존하는 것들은 다양하지만 치밀하고 생동감 넘치는 아름답기 그지없는 것들이다. 특히 나무로 조성한 부처님은 그 세밀한 빼어남에 신앙을 가지지 않은 이도 절로 두 손을 모으게 한다. 여기에 목조부조의 형태로 조각을 한 후 금박을 입힌 목조 후불탱 같은 작품들은 장엄의 경지를 넘어 열반의 세계 그 자체이다. 또 부처님이 설법할 때는 햇볕을 가리기 위해 펼쳐놓았던 산개에서 비롯된 '천개' 또는 '닫집'도 아름다운 목조각의 하나이다. 또 '휴대용 법당'과 같은 '불감'은 원통형의 나무를 둘로 갈라 한 쪽에 불상을 모셨는데 대개 좌우에 본존인 여래를 모시는 협시를 함께 두는 경우가 많다. 불감은 정교하고 세밀한 기법으로 볼 때 나무를 다루는 빼어난 솜씨에, 깊고 맑은 종교적 신앙심까지 더해져 완성된 것임을 직감할 수 있다. 불교 목조각 최고의 멋을 한껏 보여주는 작품이 많다.

이밖에도 여래상을 비롯해 보살상이나 신장상·조사상 등을 나무를 써서 제작했으며 갖가지 나한상과 팔부중이나 사천왕상 또는 조사상 등을 새겼다. 또 불상은 물론 대좌와 광배도 이들의 손을 거쳐 탄생했다. 그런 때문에 이들을 '부처님의 어머니'라고도 한다.

A tree continues to breathe even when it is 'dead,' after it has been cut away from its roots. Each tree possesses its own unique grain and individuality because it breathes in a way that is unlike any other; it has its own soul. A tree represents the beauty of spiritual and mystical purity, rich love of mother as well as the magical roots of birth of a nation or a family. Also today, it became a symbol of the source of life, the wheel of life, growth, the life of the cosmos. So it was not hard to expect the development and growth of Mokjogak (wood sculpturing) with the symbolic meaning of tree as well as the ease of seek and handling. The tradition of woodcarving in ancient Korean society, which was largely related with shamanistic beliefs, entered a new, higher dimension when Buddhism was introduced to Korea during the Three Kingdoms Period. Each piece of wood has a distinctive texture; therefore, when it is carved, its spirit is also idiosyncratic. Many of the Buddha statues from this era were made of stone or wood, or were bronze-gilt, but very few, if any, wooden statues survived the subsequent wars that devastated the nation. Moreover those pieces of work are elaborately lifelike along with the pieces of granite. Therefore Mokjogakjang who reincarnates life for each tree they touch by listening to its soul and, in return, offering the most magnificent metamorphosis of form they can create so that the tree's essence may still embody a natural being. This signifies that the act of giving physical form to a tree not only needs exceptional carving and aesthetic skills, but also a profound faithful piety, acute wisdom and an innate responsibility.

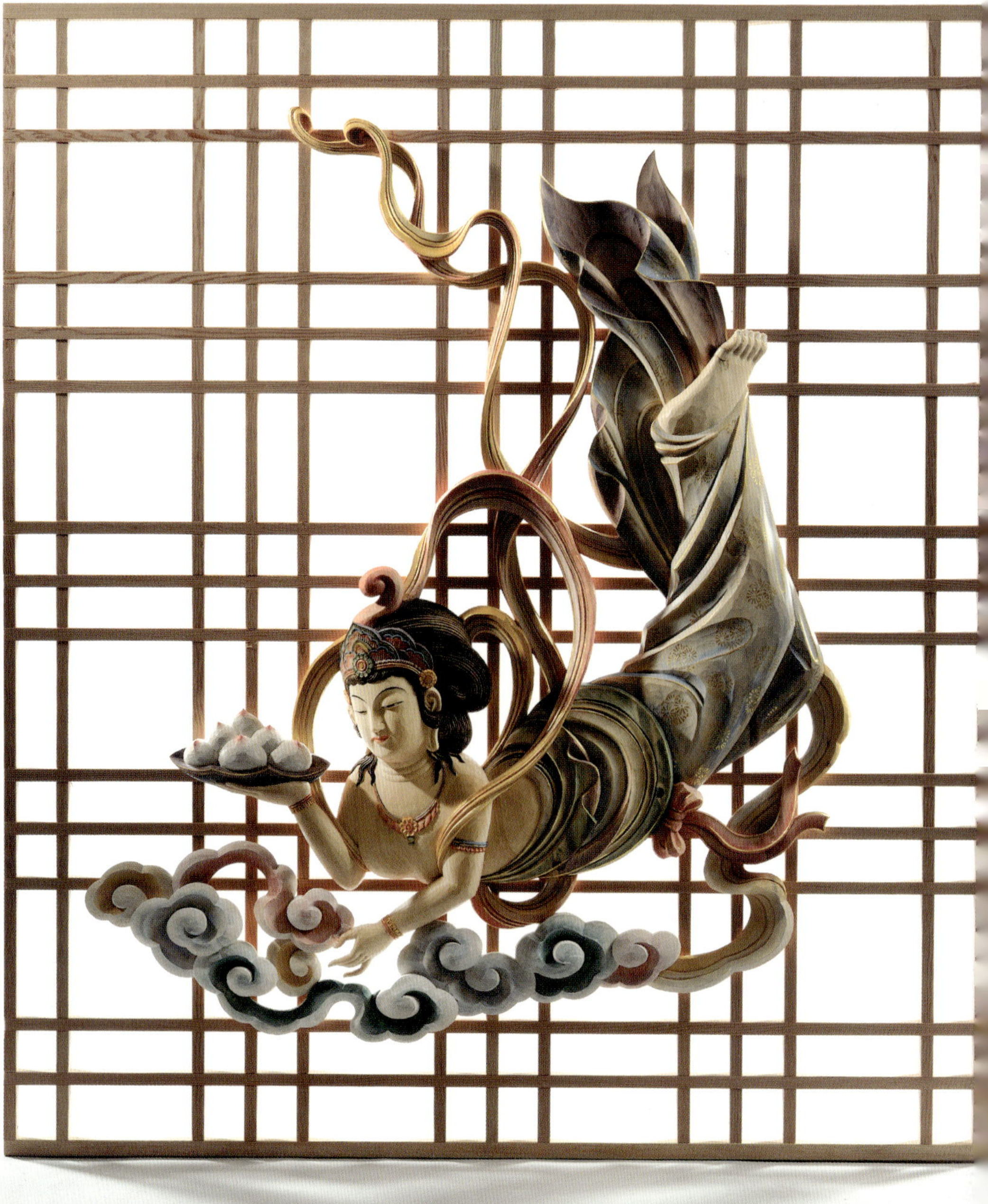

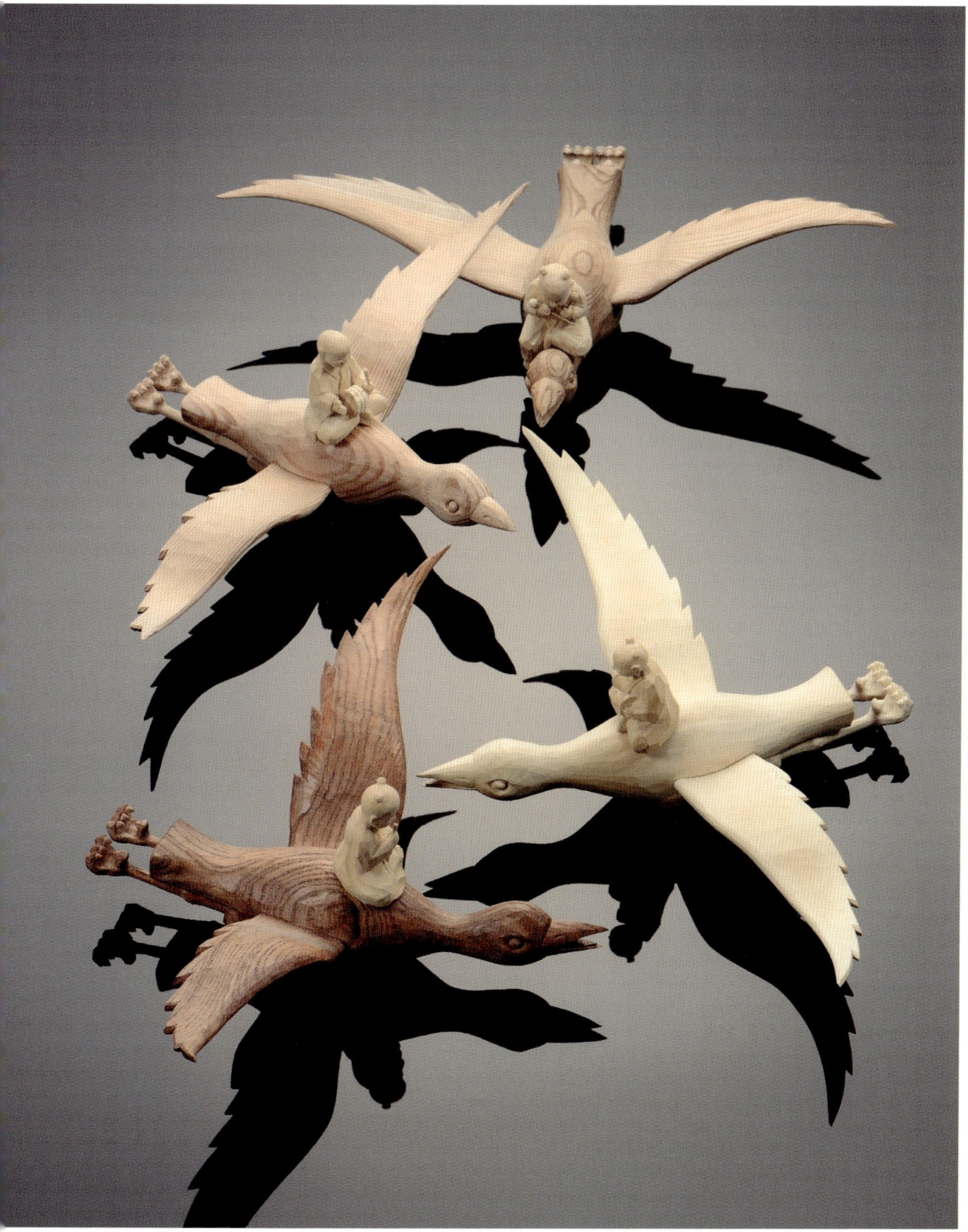

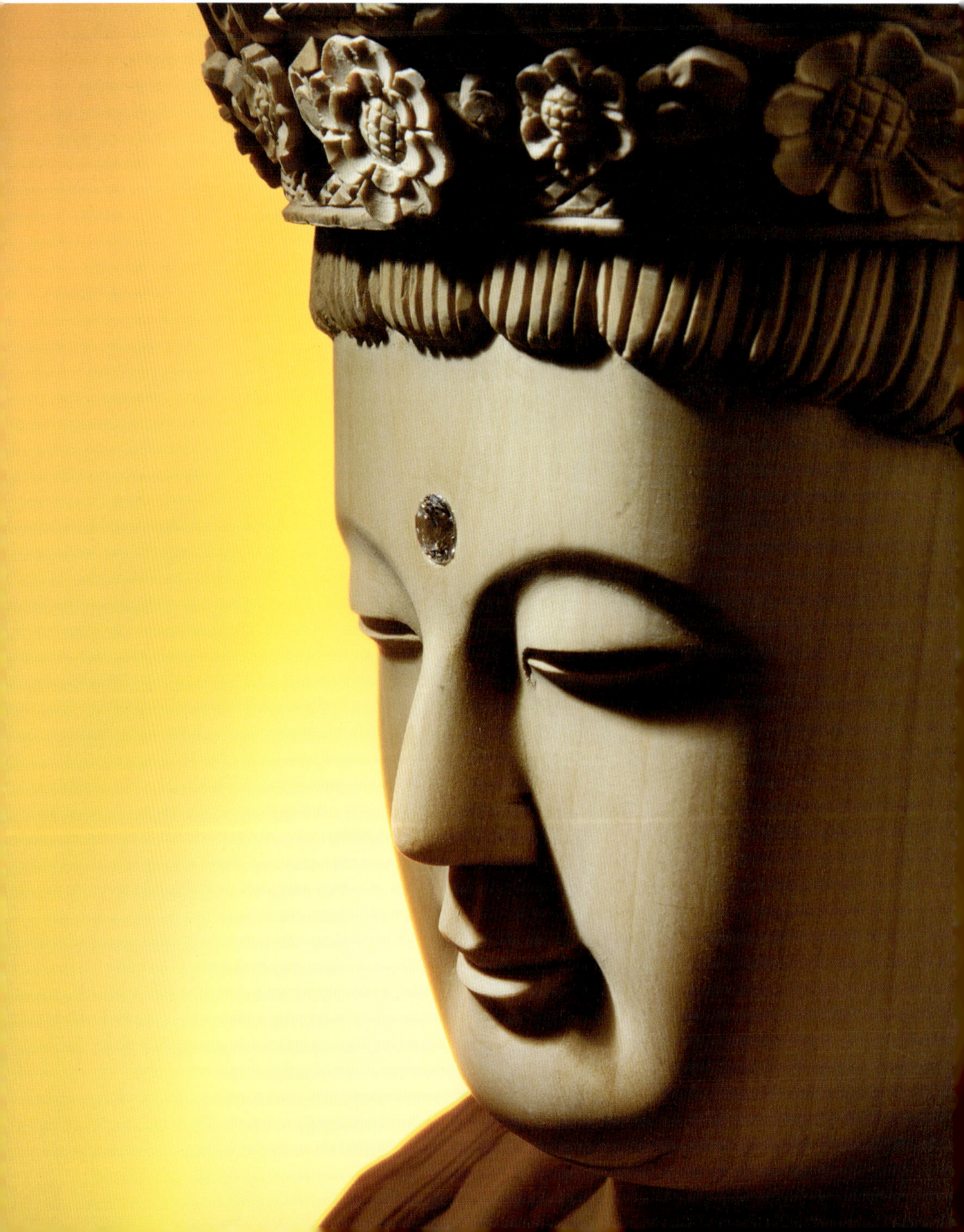

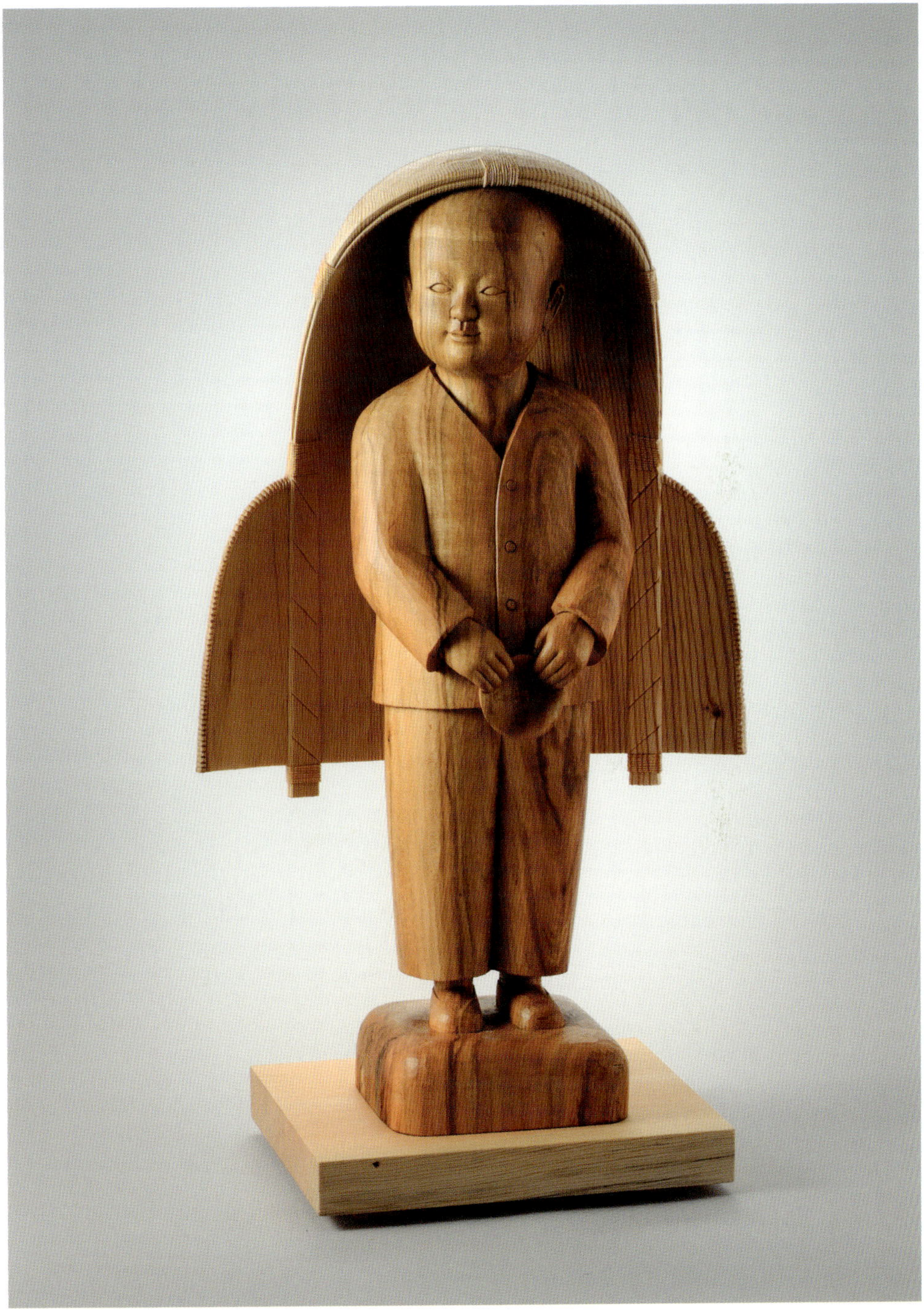

불화장 / 불화그리기

Bulhwajang 佛画匠
Buddhist Painting

지정번호 제 118호
지정일자 2006년 1월 10일

-

작고보유자

명예보유자

전승보유자
임석정 林石鼎, 1924~
임석환 林石煥, 1948~

전수교육조교
하경진 河景振, 1966~
이경아 李庚娥, 1977~

Designated No. 118
Designated Date. 10 January 2006

-

Inherited Holder of
Important Intangible Cultural Property
Im Suk-jung
Im Suk-whan

Assistant Important
Intangible Cultural Property
Lee Kyeong-a
Ha Kyeong-jin

신앙은 사람들에게 위로와 위안을 준다. 소박하고 수수하게 삶을 살고자했던 우리 조상들이 거의 유일하게 화려하고 장엄하게 장식을 했던 곳이 사찰이다. 특히 불상을 모시는 법당을 장식할 목적으로 만든 장엄 용구와 기도를 드리는 종교적인 의식에 필요한 의식 용구를 만들 적에는 부처님과 자신을 위한 것이기 때문에 최대의 사치를 스스로에게 허용했다.

특히 종교적 이유로 종교적 헌신을 화려함으로 표현하고자 했던 '불화'가 대표적이다. 우리 사찰에는 어디를 가던 '불화'가 있다. 불화는 불교의 교리를 알기 쉽게 회화적으로 표현하는 '예배용'과 '교화용'으로 나뉜다. 특히 불화 중 '탱화'는 우리나라에서만 찾아볼 수 있는 독특한 장르이다. 일본이나 중국의 사찰에도 없는 것은 아니나 우리 것과는 다르다.

우리는 불상을 모시고 그 뒤에 '후불탱화'라 하는 독창적인 탱화를 걸었다. 이외에도 불경의 내용을 그린 '경화', '벽화' 등이 있는데 특히 탱화는 복장식, 점안식 등 신앙 의식 절차를 거쳐 불단의 주요 신앙대상물로 봉안되었다.

우리나라 전통사찰에 전해오는 탱화가 불화의 주류를 이루며, 사찰에서는 불화를 담당하는 장인을 두었는데 이런 사람을 특별히 금어, 화승, 화사, 화원이라 불렀다. 이런 불화의 전통은 고려로 거슬러 올라간다. 단순하지만 찬란한 금박장식과 정교한 필선으로 그린 고려불화는 매우 귀하지만 그 회화적 가치는 종교적 가치를 넘어선다. 조선시대의 불화는 비교적 복잡한 구도와 강렬한 원색을 사용하고 있어 우리 민간신앙과 불교적 가치가 혼재되어 있음을 보여주는데 단순하고 강렬한 원색이 매력적이다.

Religion gives consolatoin and comfort to people. Temple was only the place for the ancestors who wanted to simple and honest. Though they allowed themselves to luxury because of the purpose to decorate the sanctum which enshrined Buddha. There are Buddhism paintings at any Korean temples. The paintings were divided into easy-to-understand pictorial representation of the Buddhist doctrine of worship and rehabilitation. Among them, Taengwha can be found only in Korea which created a unique genre. The ancestors hung altar portraits of Buddha to enshrined Buddha. In addition, Taengwha is regarded as the object of faith enshrined through its ceremonies. Most of the Buddhism paintings in Korea is Taengwha and there were four different kinds of guards: Geumu, Whasung, Whasa and Whawon. Especially Goryeobulwha (Buddhism paintings in Goryeo) is remarkably precious because of its simplicity, splendid and exquisiteness. Buddhism paintings in the period of the Joseon Dynasty has relatively complex composition and loud colours which creates a well mixed form of a popular belief and a Buddhist value.

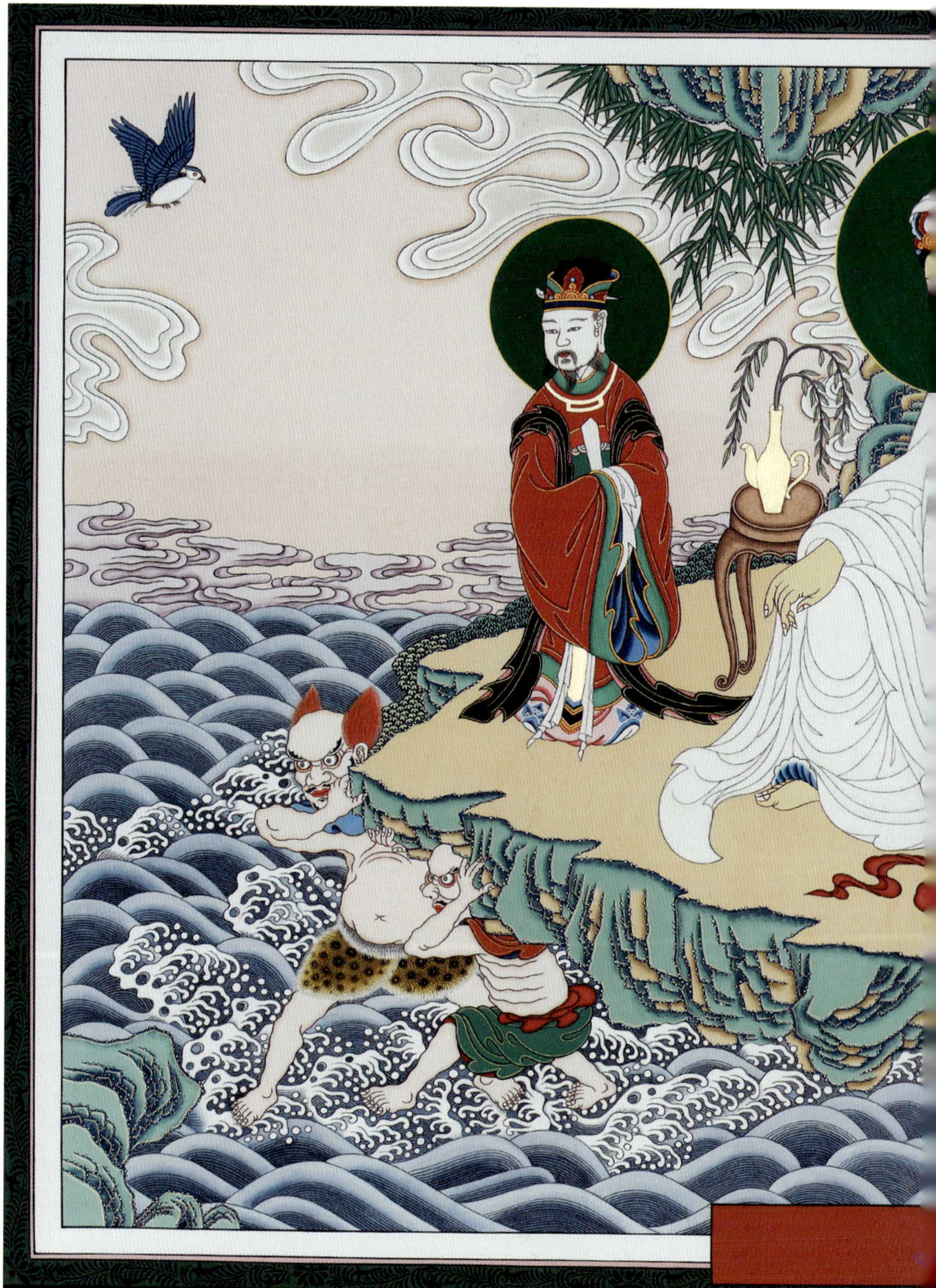

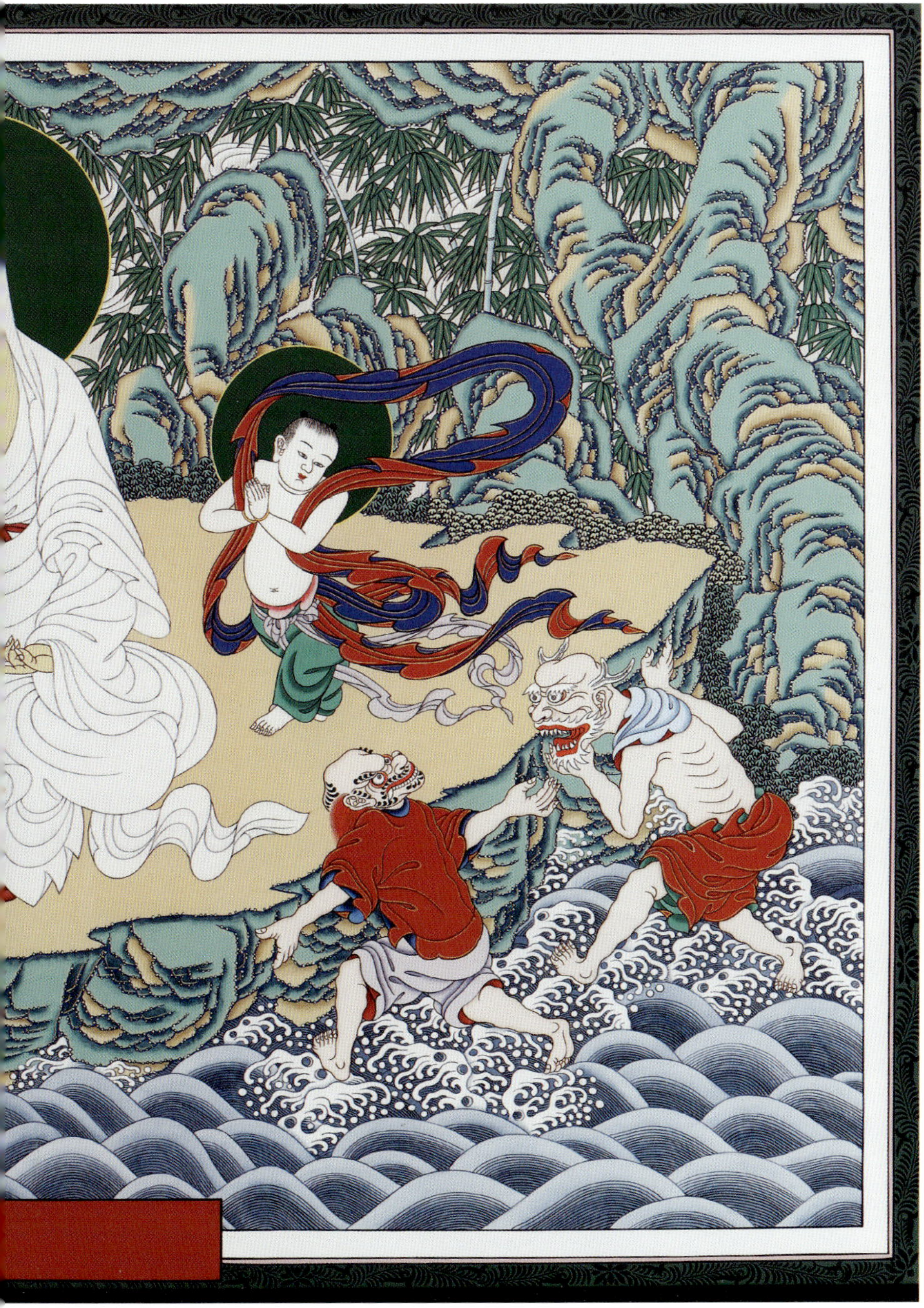

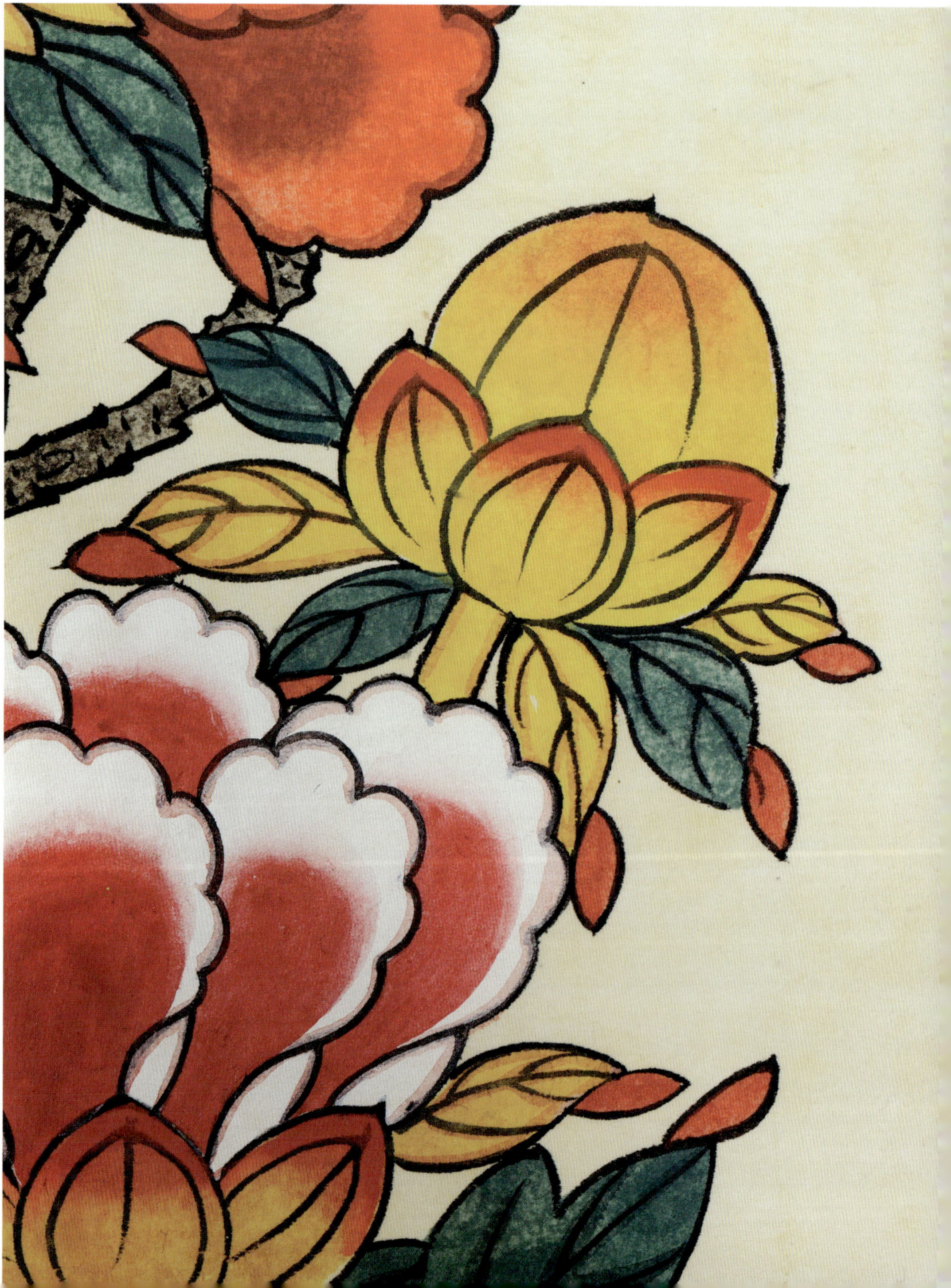

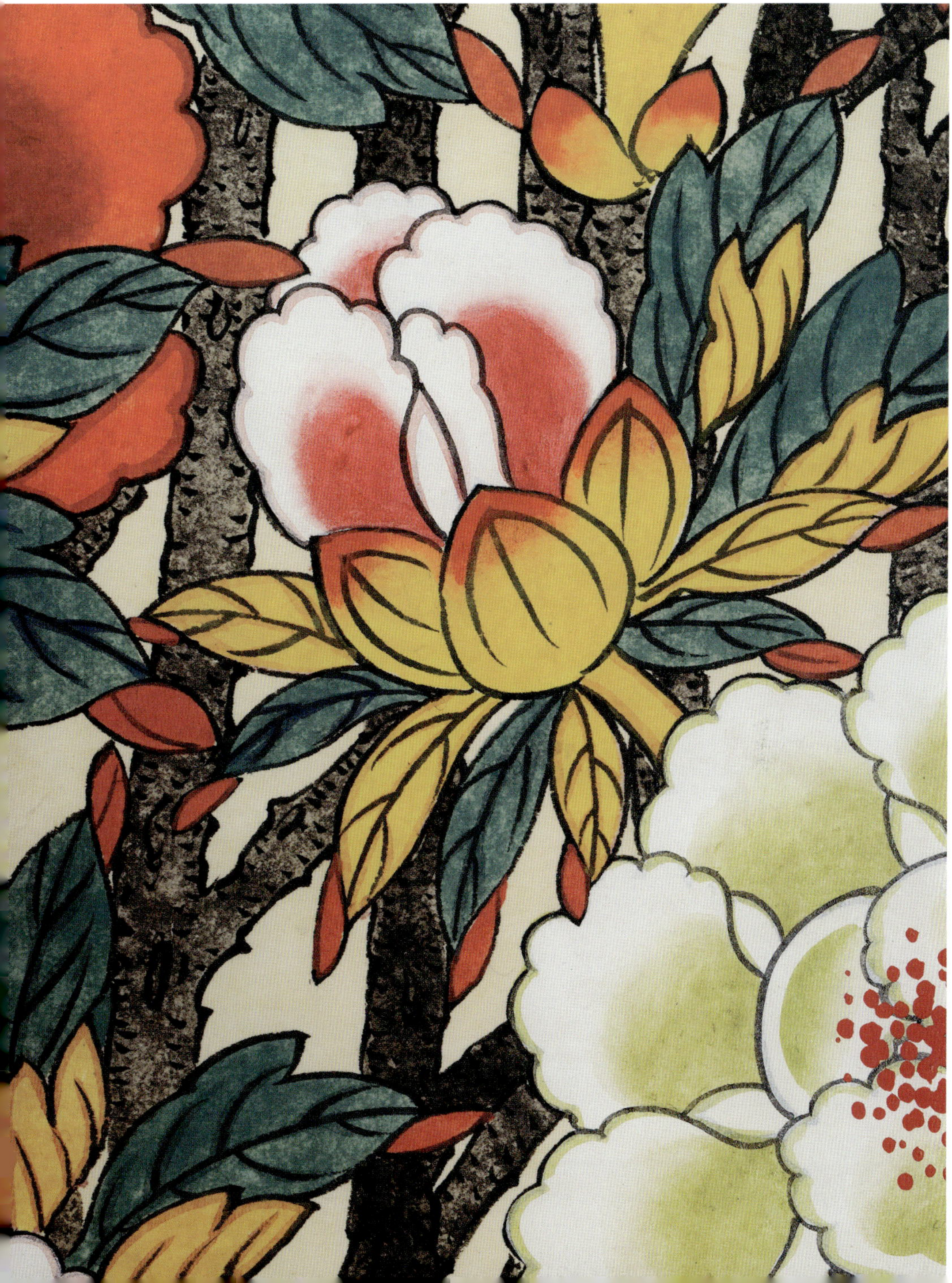

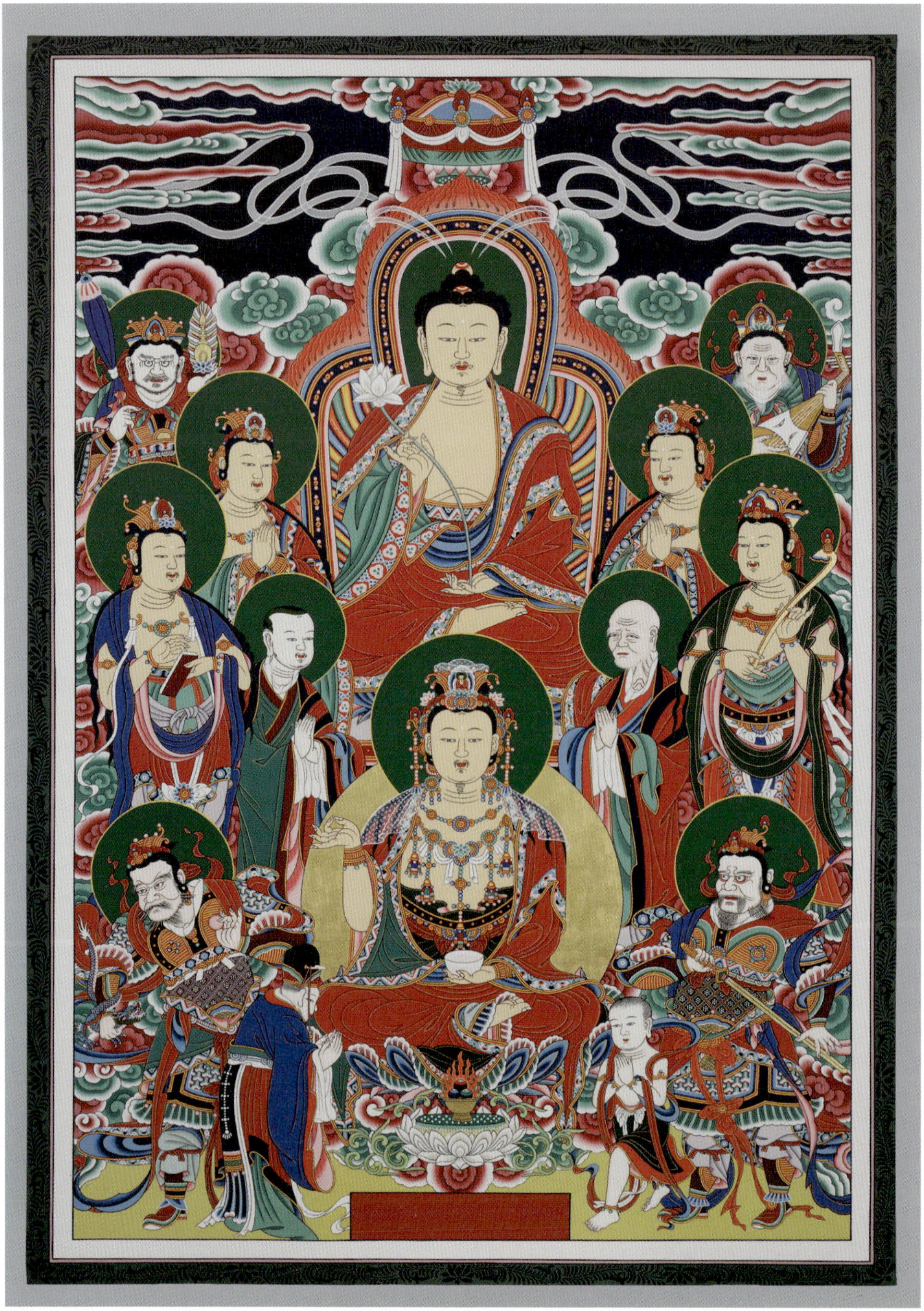

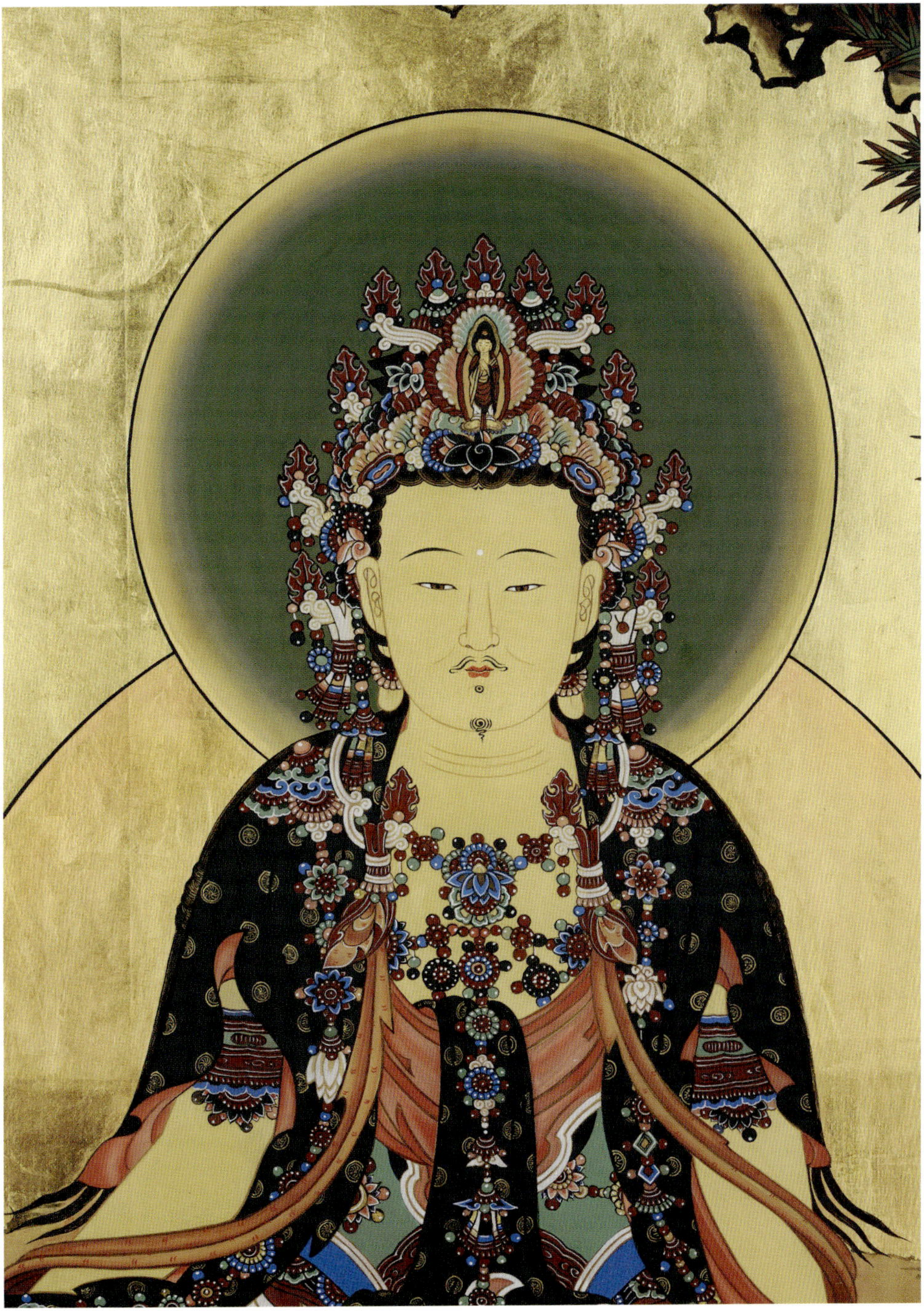

단청장 / 단청 올리기

Dancheongjang 丹青匠

Dancheong Painting

지정번호 제 48호
지정일자 1972년 08월 01일
2006년 1월 10일 불화장과 분리

-

작고보유자
김갑병 金甲炳, 1900~1975
김성수 金聖洙, 1905~1998
이치호 李致虎, 1910~2006
원덕문 元德文, 1913~1992

명예보유자
홍점석 洪點錫, 1939~

전승보유자
유병순 庾炳淳, 1950~
홍창원 洪昌源, 1955~

전수교육조교
박정자 朴亭子, 1939~
이인섭 李仁燮, 1943~
양선희 梁善姬, 1960~
최문정 崔文貞, 1968~
김용우 金容宇, 1944~
이욱 李旭,1965~

Designated No. 48
Designated Date. 1 August 1972
Separated Date from Bulhwajang (Buddhist Painting) 10 January 2006

-

Deceased Holder of
Important Intangible Cultural Property
Kim Gap-byung
Kim Sung-soo
Lee Chi-ho
Won Duk-moon

Honorary Holder of
Important Intangible Cultural Property
Hong Jum-suk

Inherited Holder of
Important Intangible Cultural Property
Yu Byung-soon
Hong Chang-won

Assistant Important Intangible Cultural Property
Park Jeong-ja
Lee In-seop
Yang Sun-hui
Choi Mun-jeong
Kim Yong-woo
Lee Uk

'단청'은 '그리는' 그림이 아니라 '올리는' 그림이다. 사찰이나 궁궐 등 목조건물의 격조를 높이기 위한 장엄의 수단으로, 그리고 썩기 쉬운 목재의 수명을 연장시킬 목적으로 올려졌다. 또 건물의 각 부분의 구조가 착시로 비틀리거나 처져 보이지 않게 교정하기 위한 수단으로 쓰였다. 여백 없이 빼곡하게 광물성 안료인 진채로 색을 두껍게 칠하는 단청은 단호, 단벽, 단록, 진채라 부르기도 한다.

원래 단청은 안료를 만드는 광물질인 '단사'와 '청확'의 첫 음을 따 붙여서 만든 말이다. 예로부터 목조건물은 물론 고분이나 동굴의 벽화, 칠기, 공예품, 조각상, 장신구에 이르기까지 매우 광범위하게 사용되었다. 따라서 '단청장'은 궁궐이나 사찰 및 사원 등 목조건물에 무늬나 그림을 그려 장엄하는 장인이며, 부처나 보살을 회화적으로 그리는 '불화장'과는 구분된다.

단청은 청색, 백색, 황색, 적색, 흑색 등 다섯 가지 오방색을 기본으로 한다. 각 방위와 위치에 따라 일정한 질서와 약속에 따라 칠하고 그려 우리 전통사상인 음양오행설에 기초를 두고 있음을 알 수 있다. 단청에는 분명한 위계질서가 있었다. 정치적·종교적·신분적 위계질서에 따라, 건물의 규모와 장엄의 정도가 엄격히 구별되어 있었다. 또 건물의 용도에 따라 무늬와 색상 및 그 화려함의 정도를 다르게 했다. 왕의 거처인 궁궐과 부처의 상징적 거주지인 불전의 안팎은 가장 화려하고 아름답게 단청을 했다. 이는 왕과 부처의 권위와 존귀함을 상징하기 위함이었다.

Dancheong (Ornamental painting) is not for drawing but for praying. It is a traditional decorative coloring on wooden buildings and artifacts for the purpose of style. Dancheong also represented social status and rank by using various patterns and colors. It functions not only as decoration, but also for practical purposes such as to protect building surfaces against temperature and to make the crudeness of materials less conspicuous. Dancheong is to paint heavy by mineral pigments without a single empty space and is also called Danho, Danbuek, Danrok, Jinchae. It used to widely used from cave walls, lacquered wares, handicraft items, sculptures to accessories. Applying Dancheong on the surfaces of buildings require trained skills, and artisans called Dancheongjang designed the painted patterns. Therefore there are distinct Dancheongjang (Ornamental Painting) and Bulhwajang (Buddhist Painting). It is based on five basic colors; blue (east), white (west), red (south), black (north), and yellow (center) and those colours had its own rules to be used which show a relationship to Yin-Yang and the five elements belief. Dancheong had a distinct order of rank which by political, religious and status ranks, the scale and magnificent of building and its purposes. The patterns, the colours and the degree of splendor were used noticeably. Not only were the coloring and patterns very vivid, but also beautiful and outstanding, so that the palace and the temple stand out among other royal places as to be high and noble.

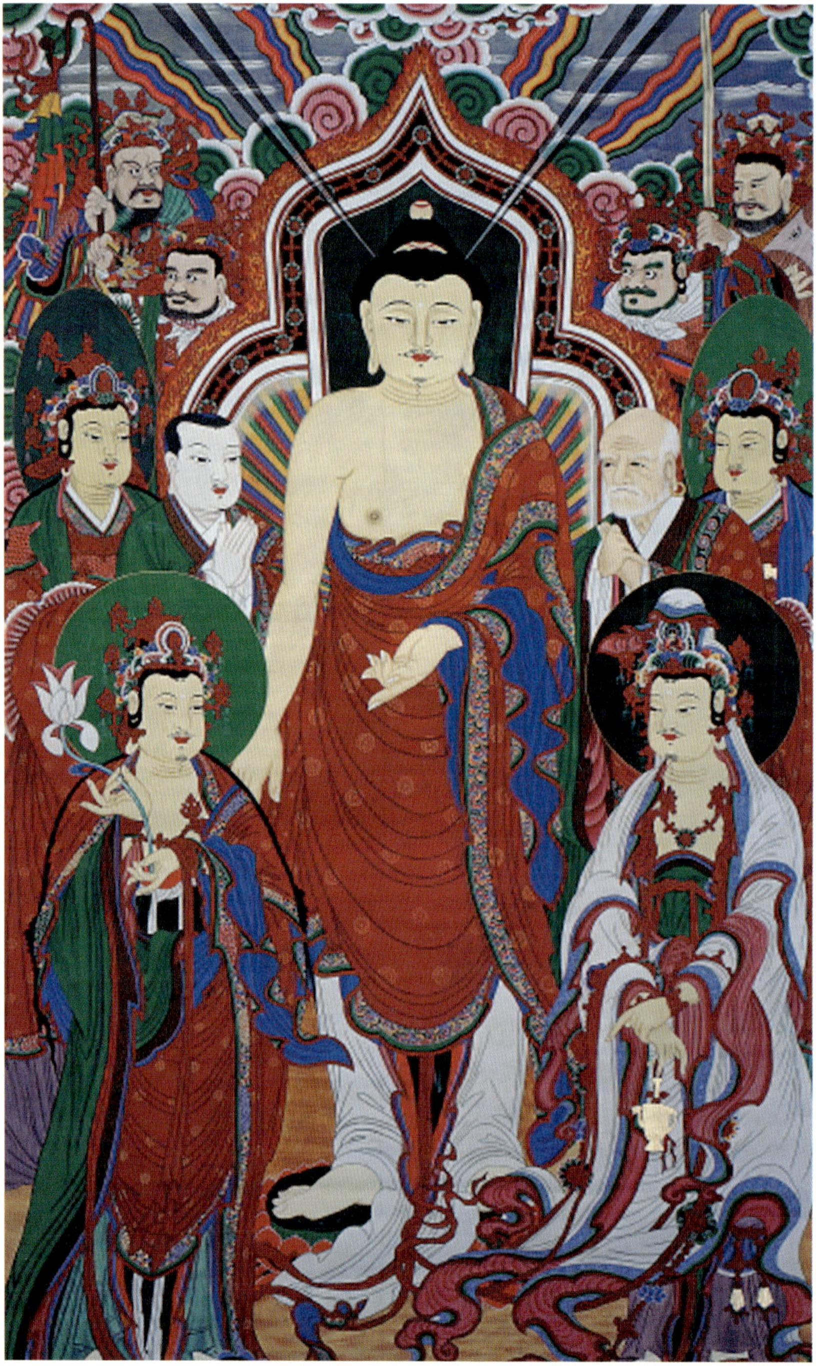

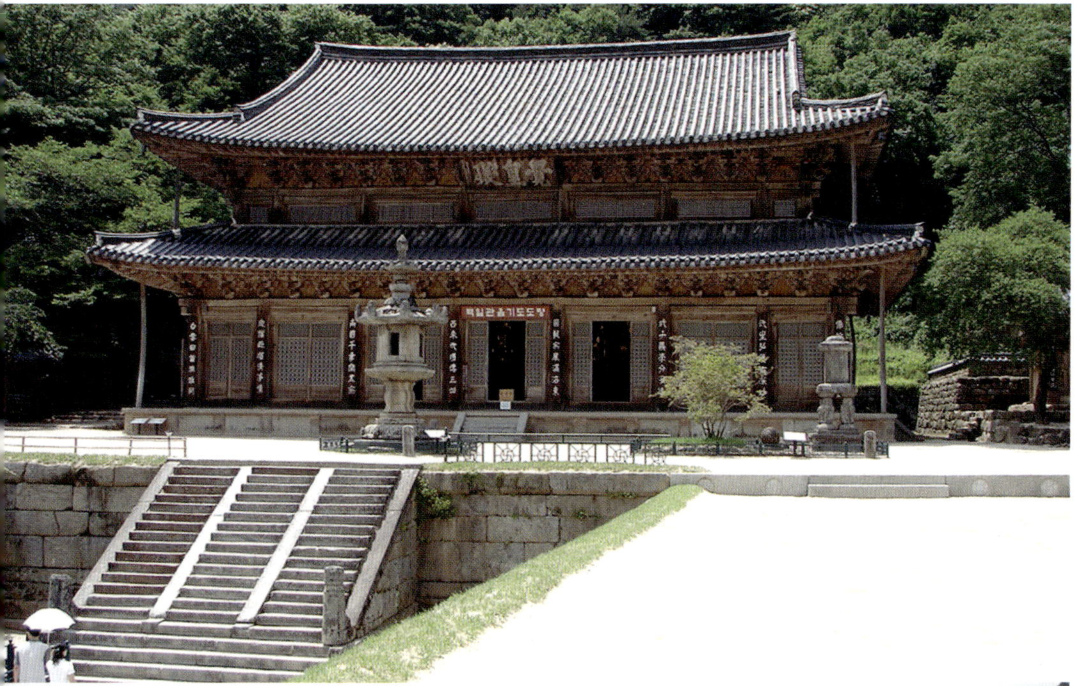

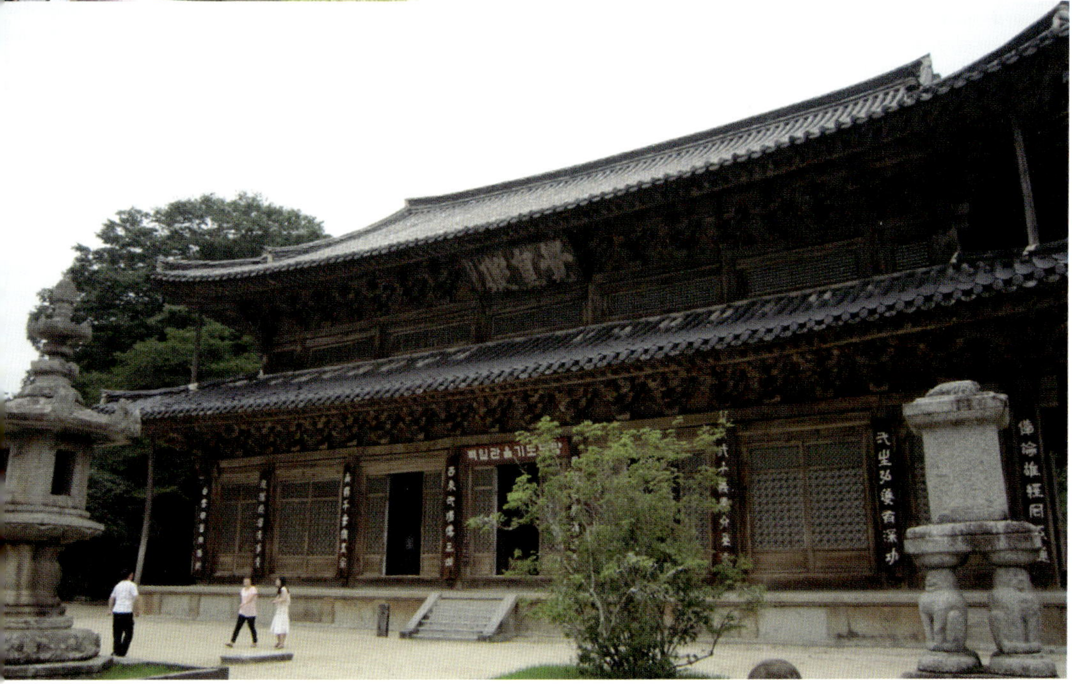

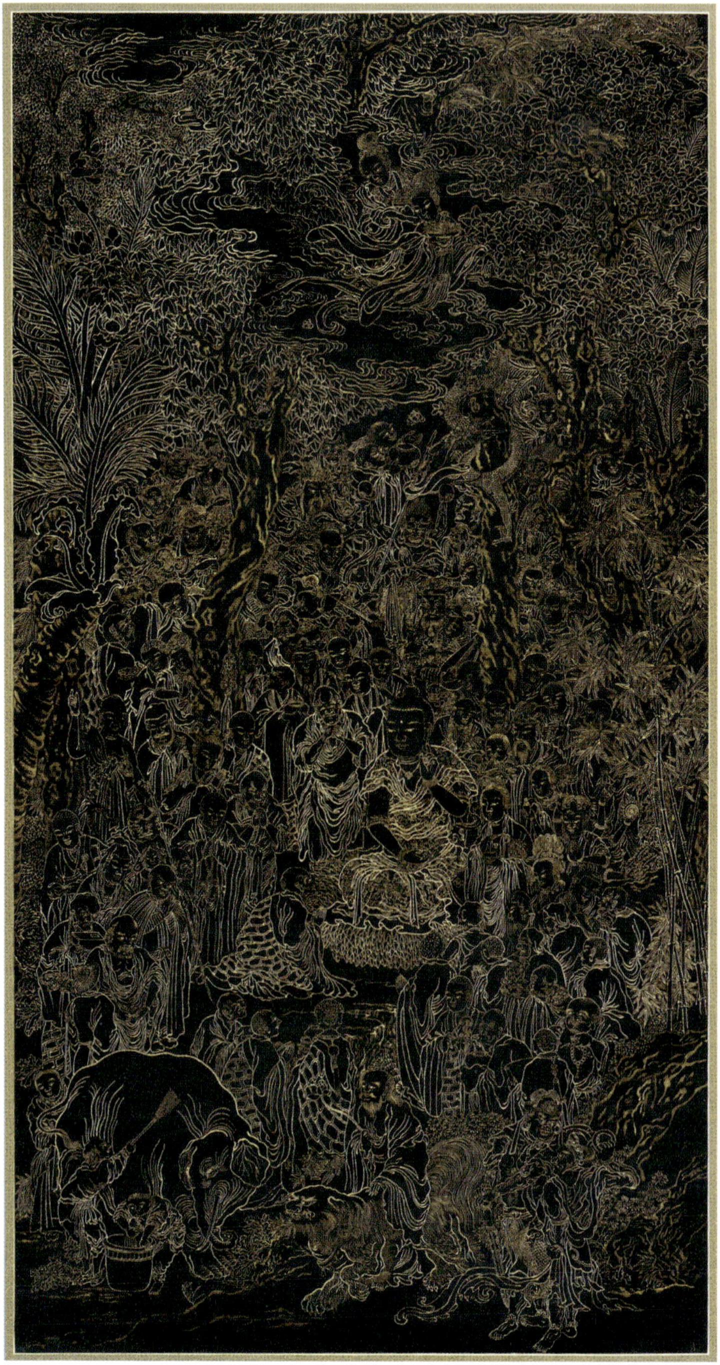

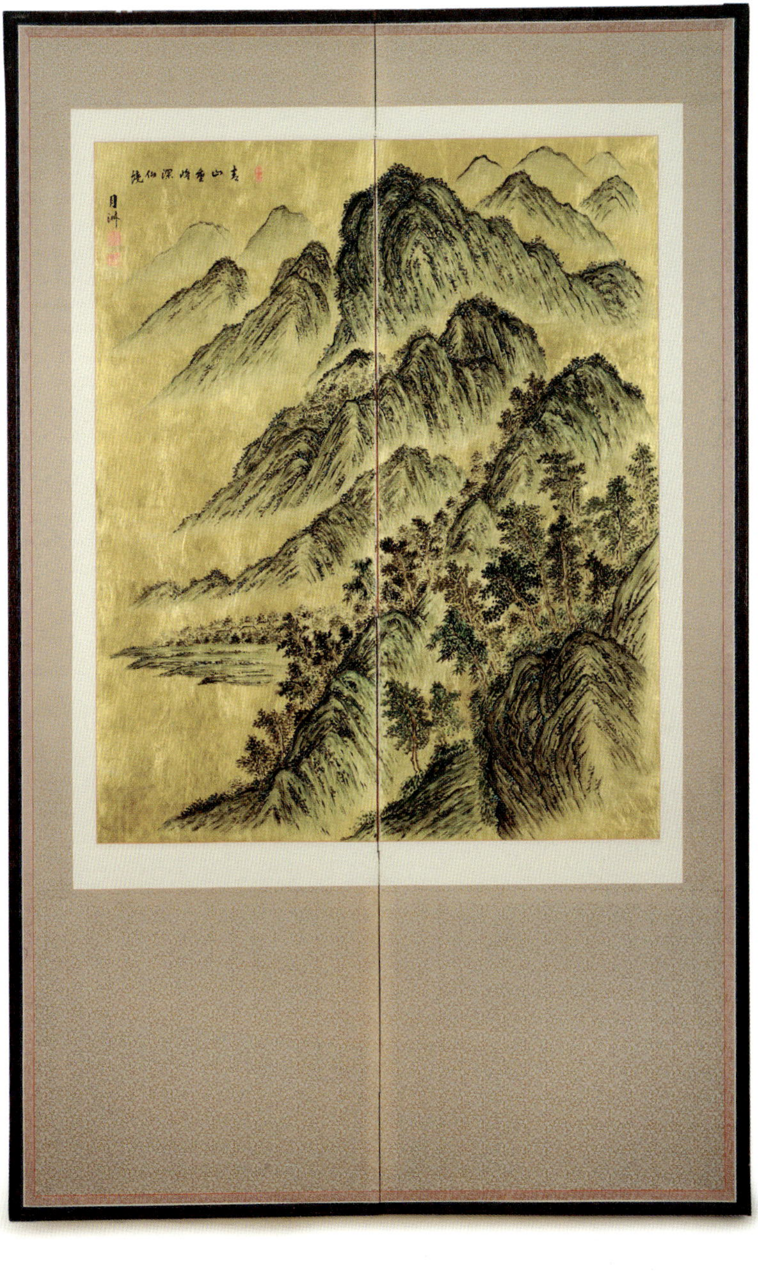

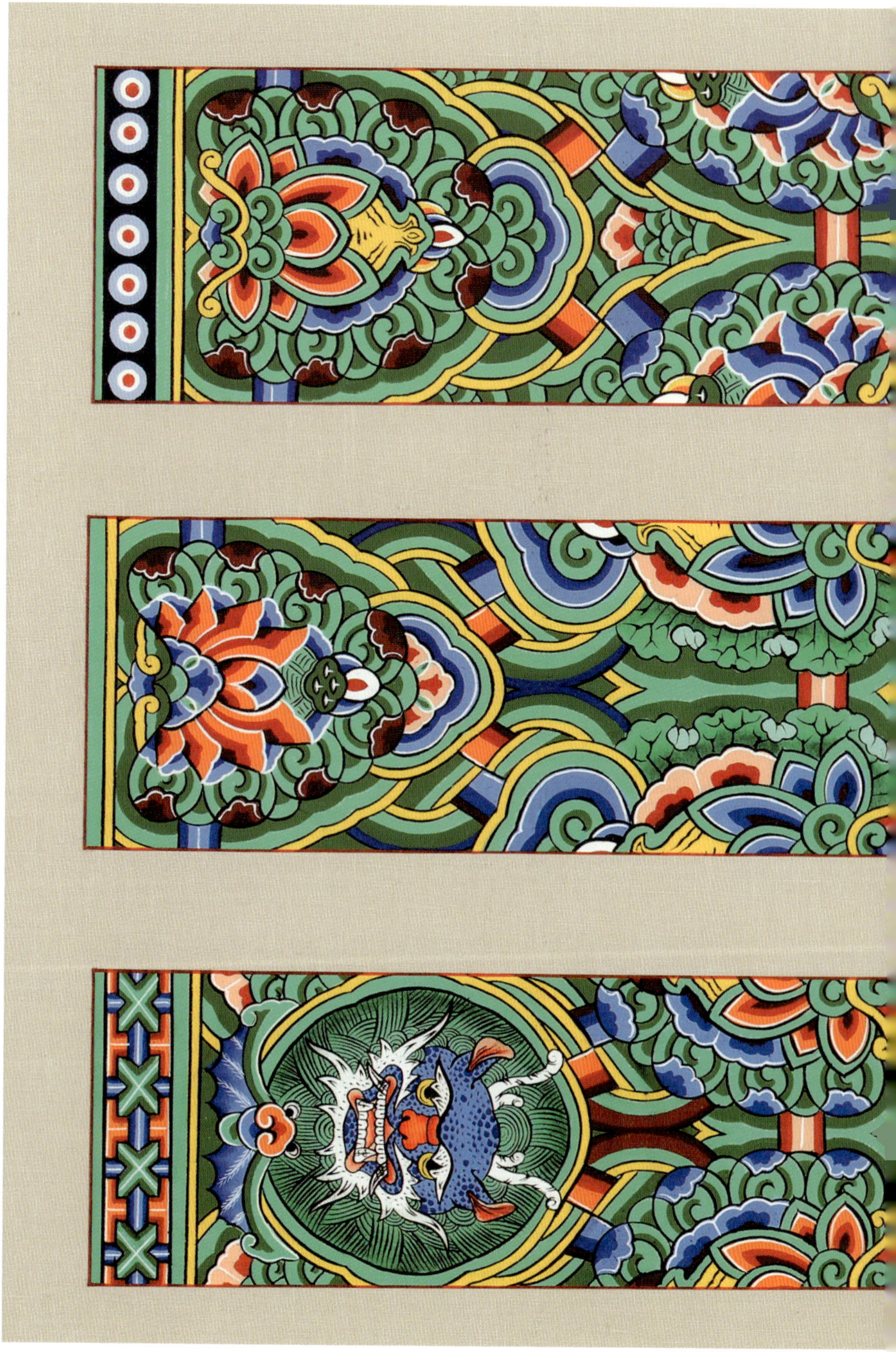

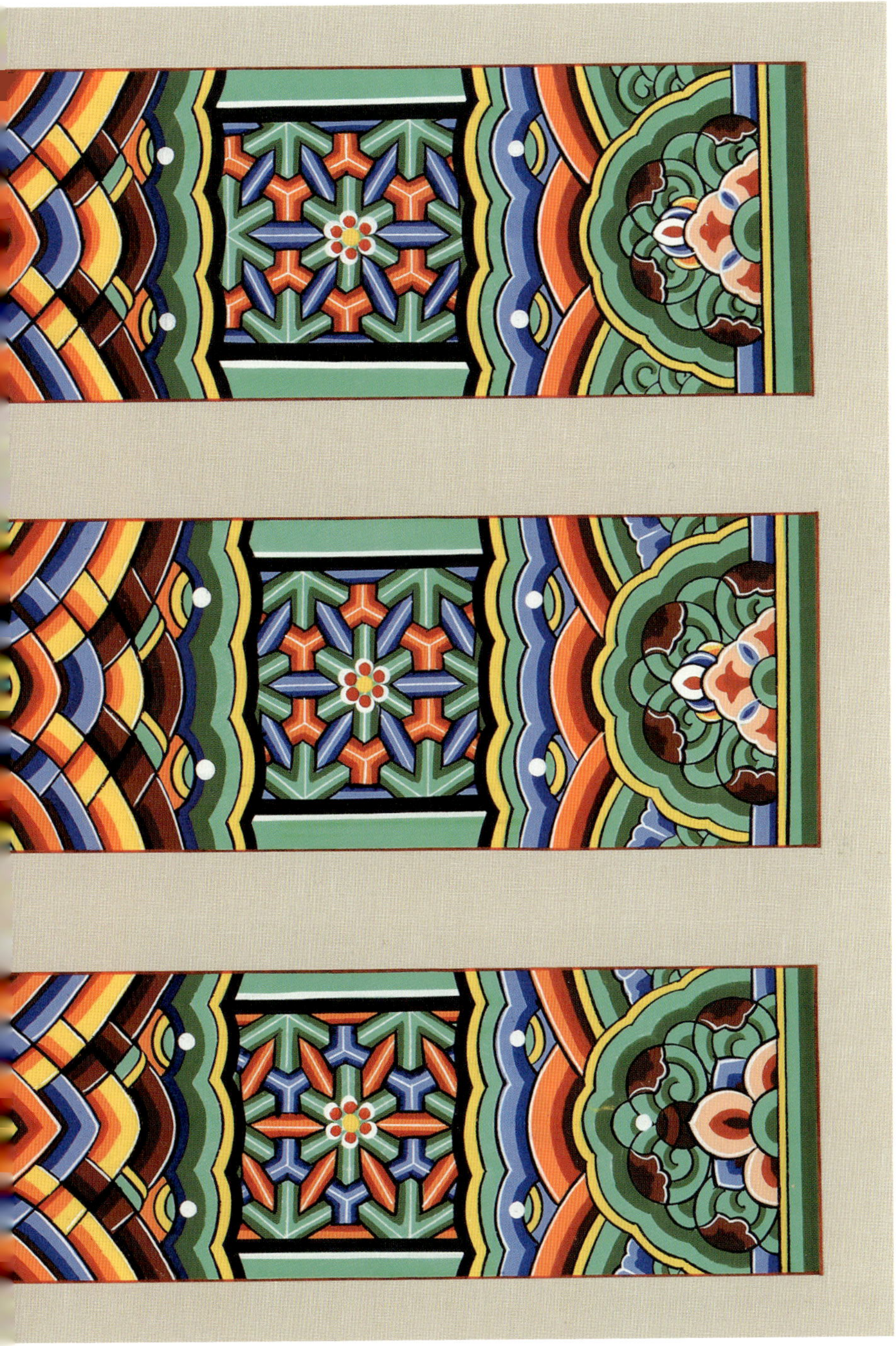

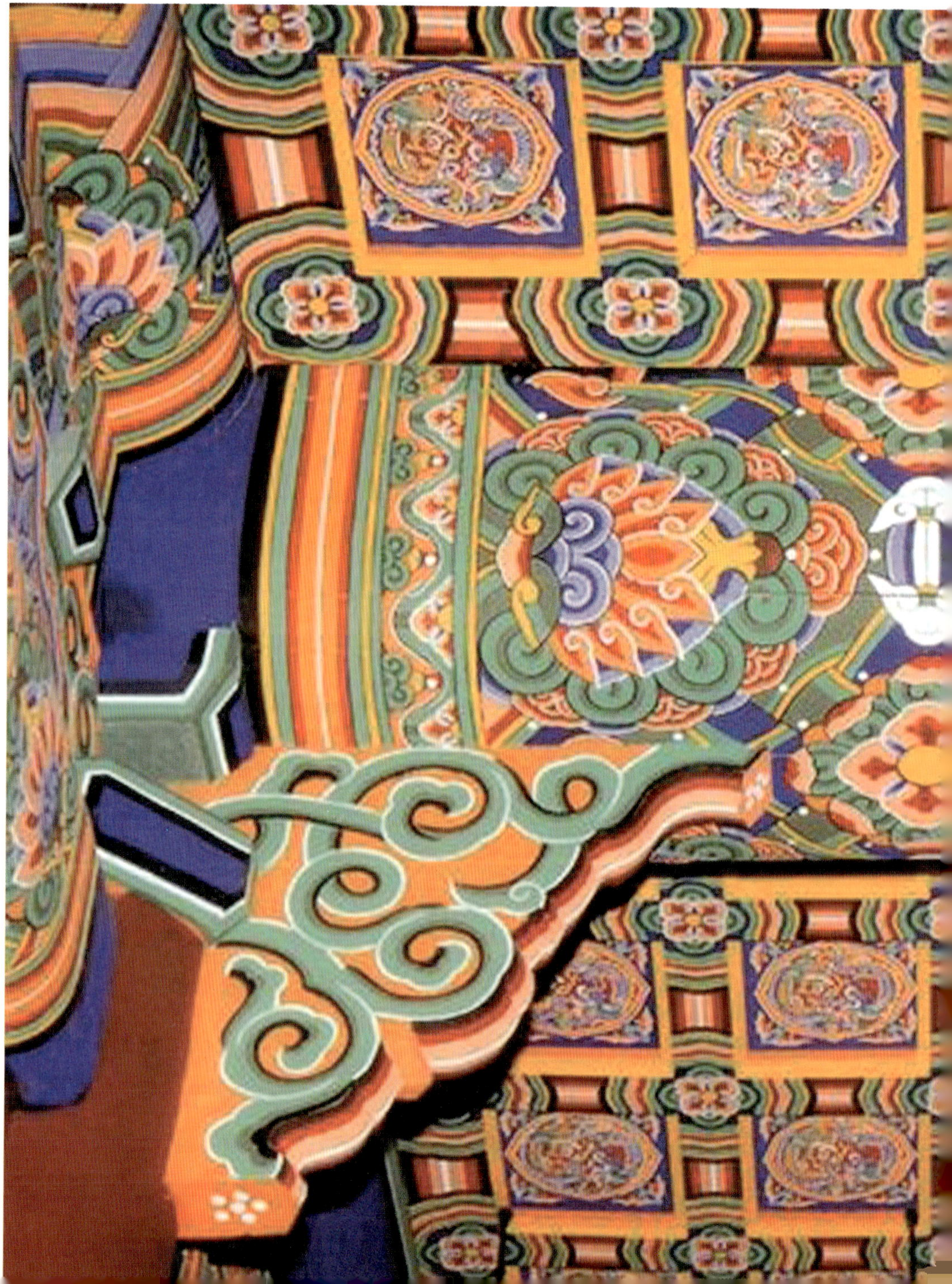

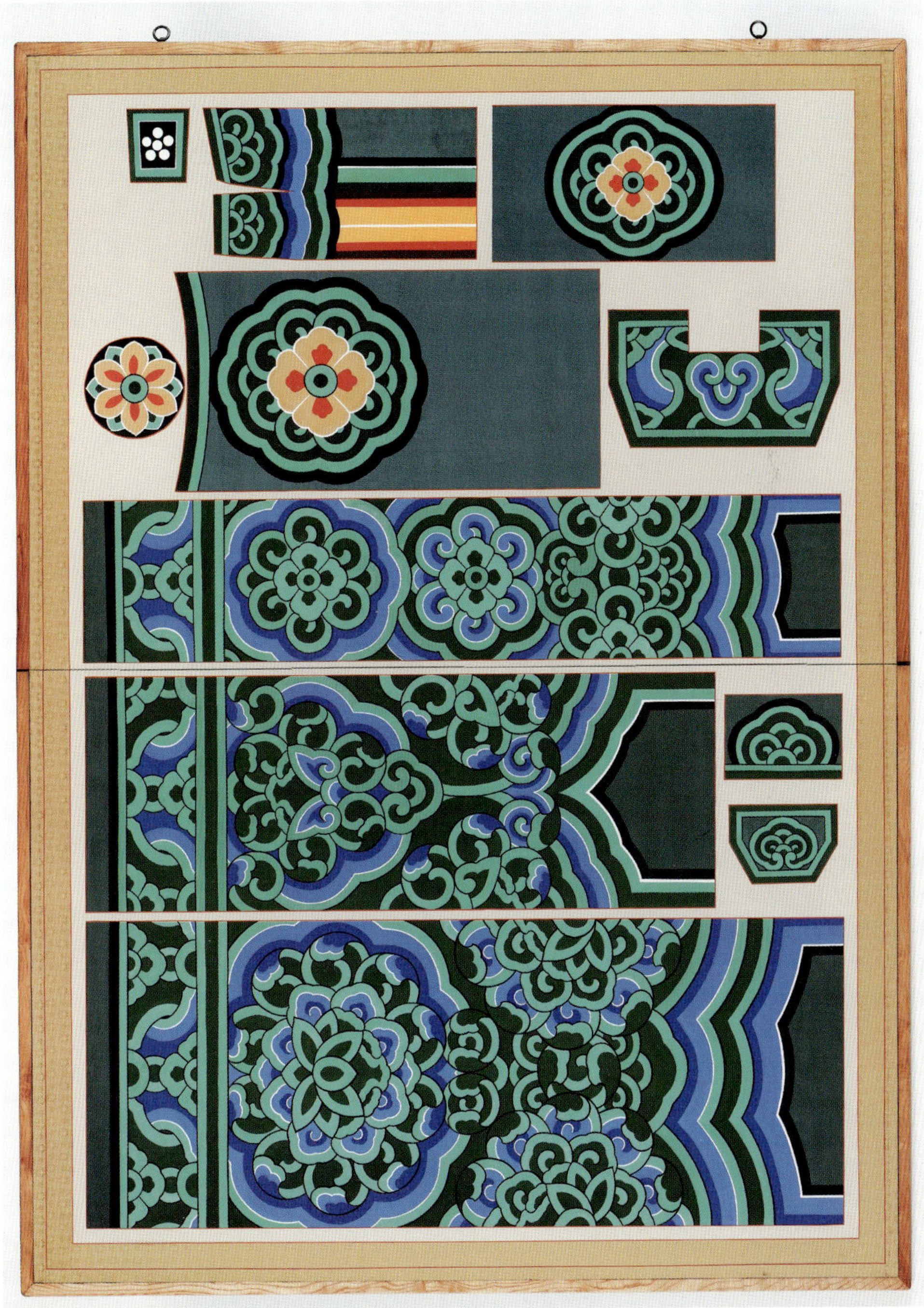

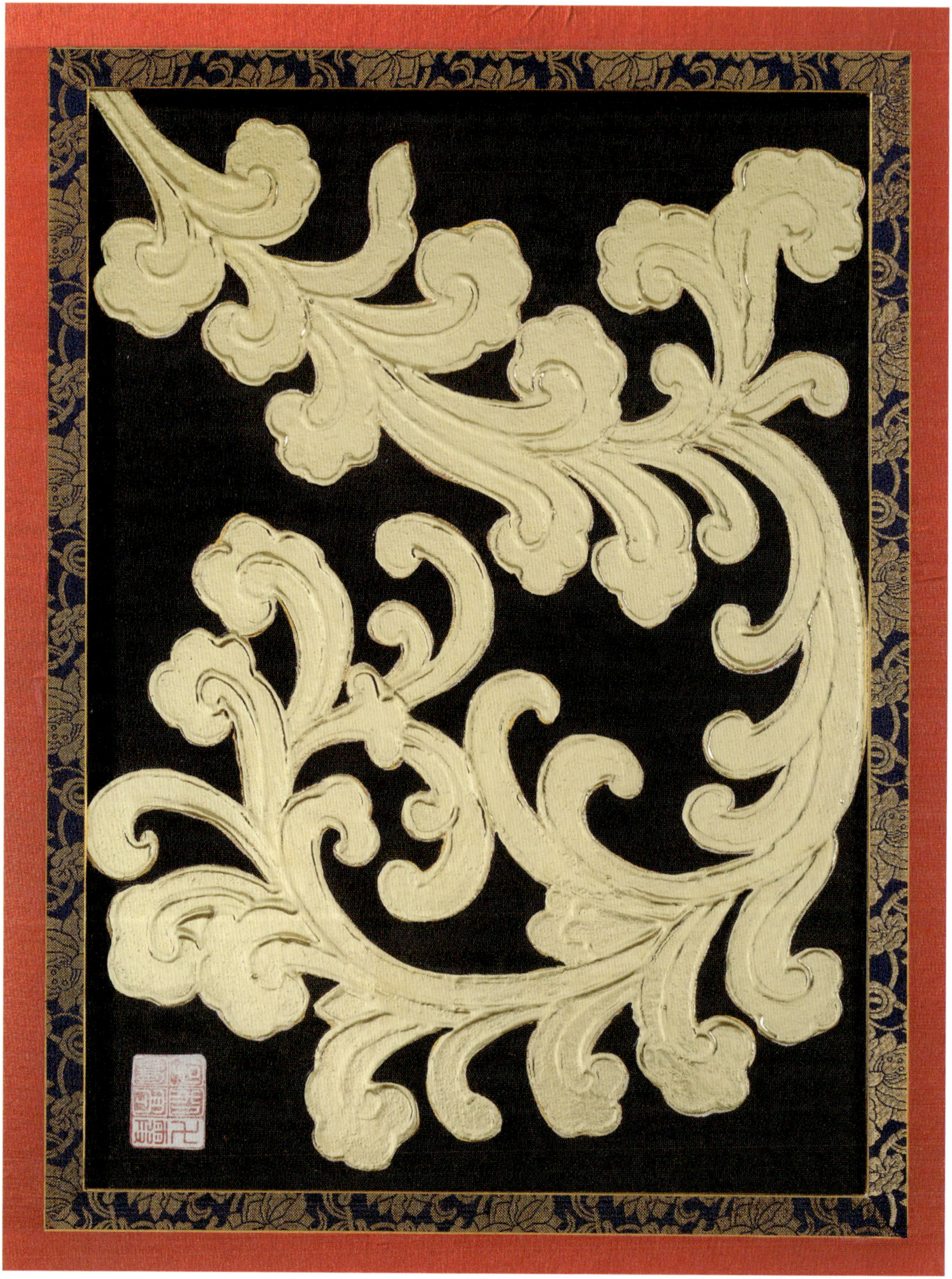

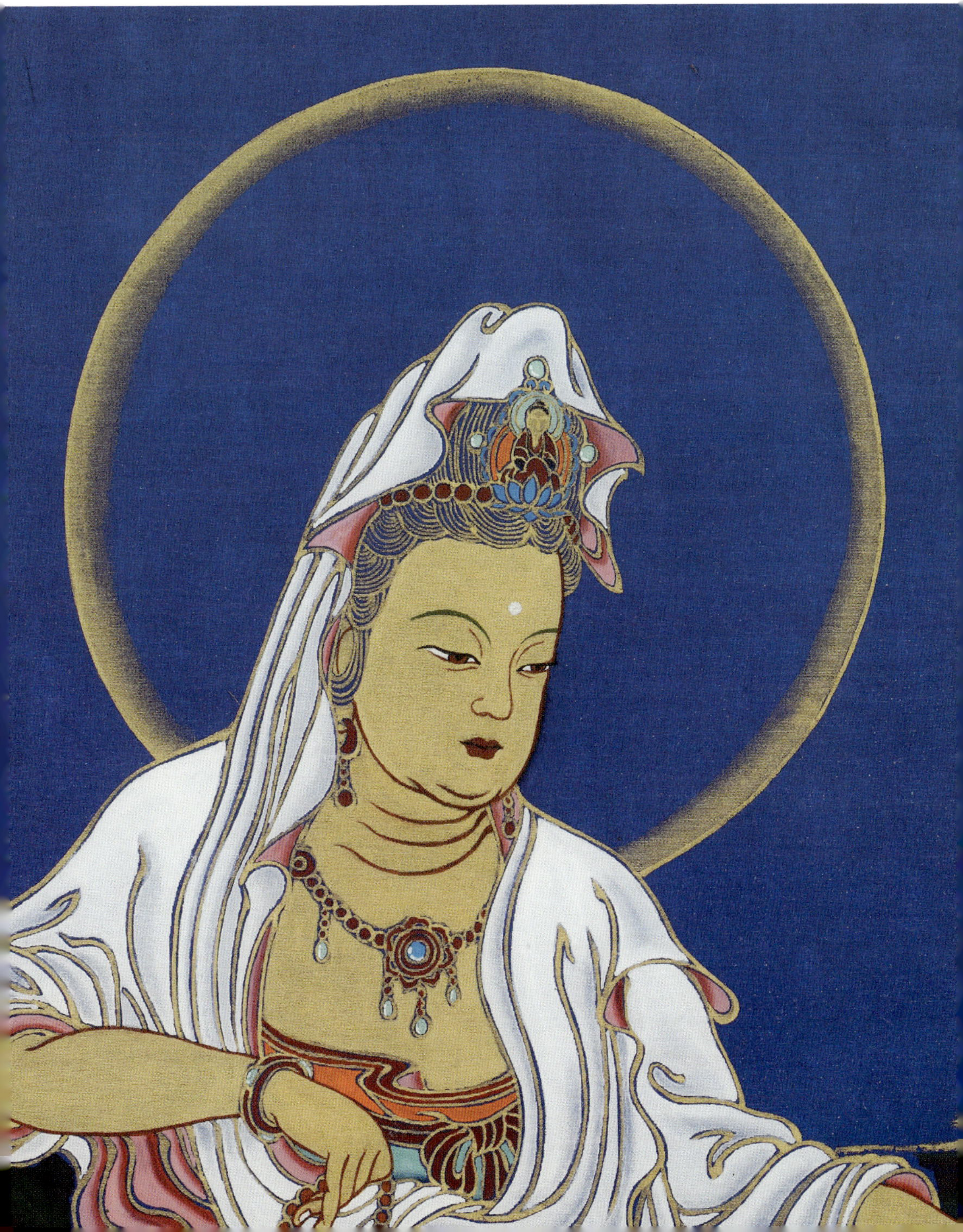

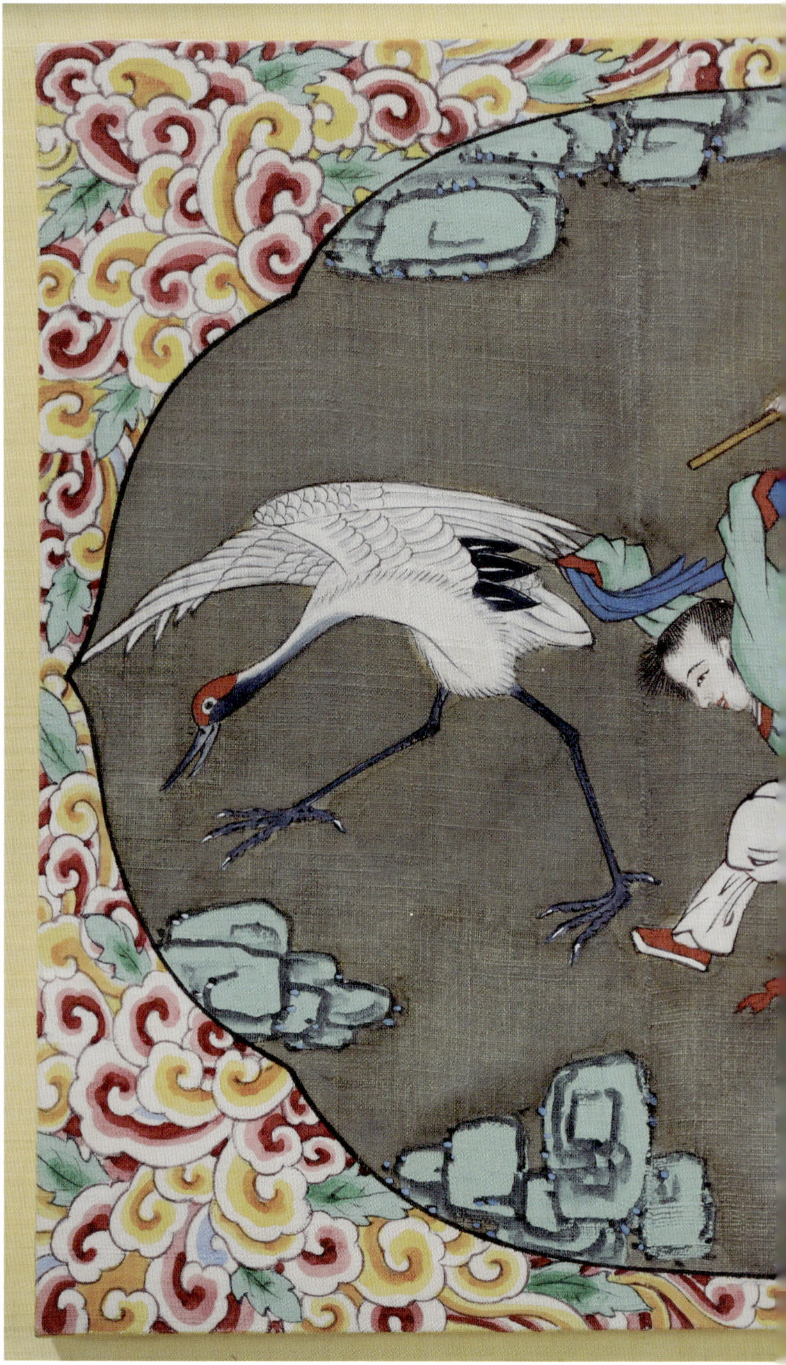

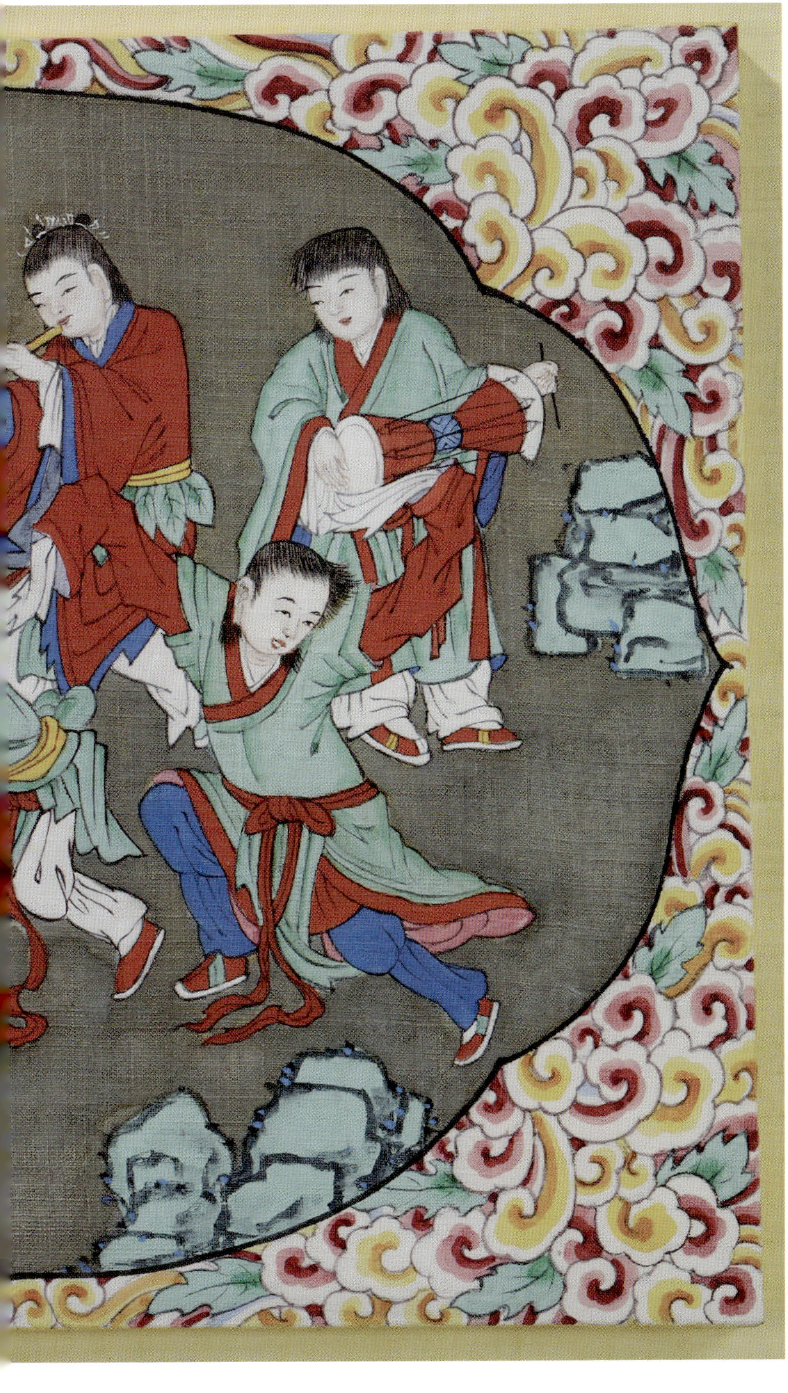

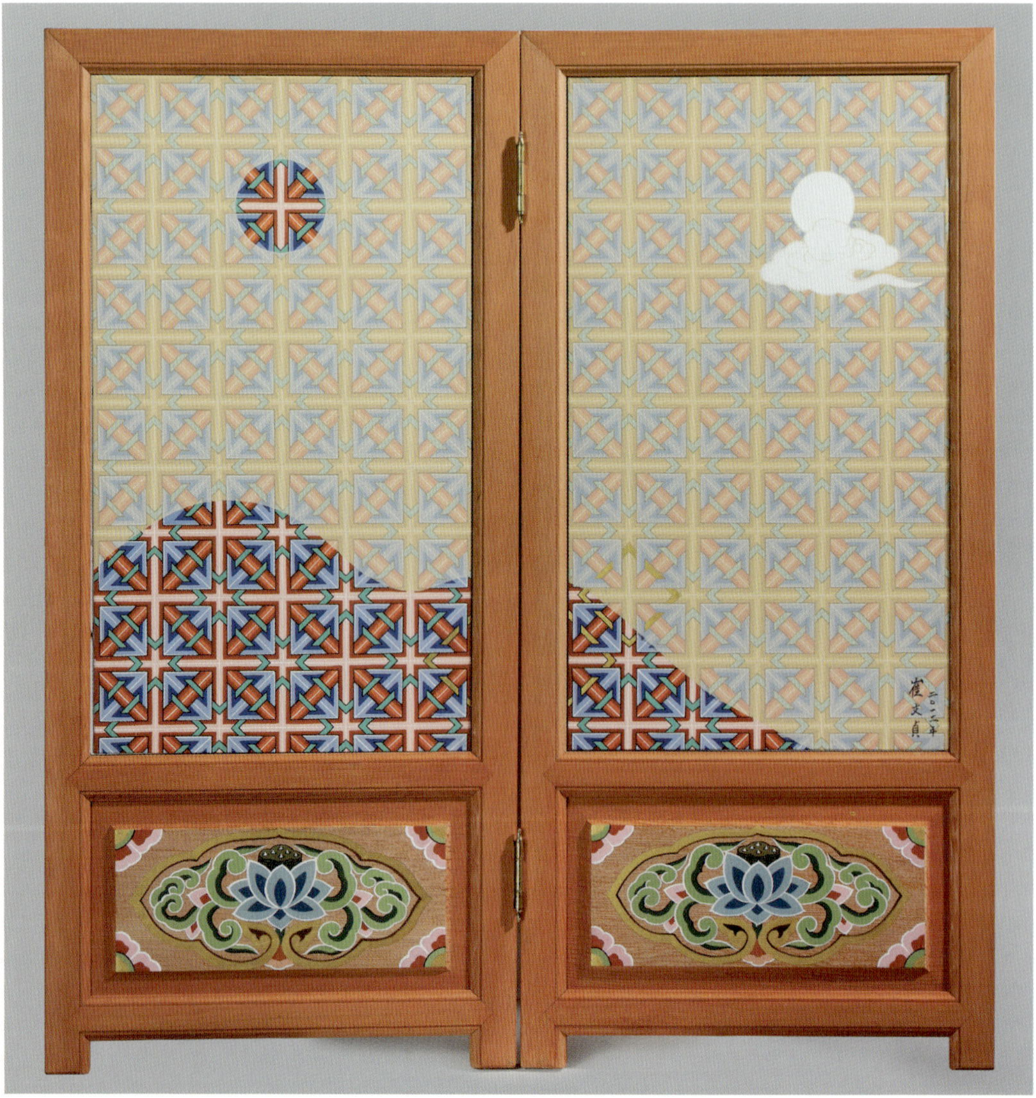

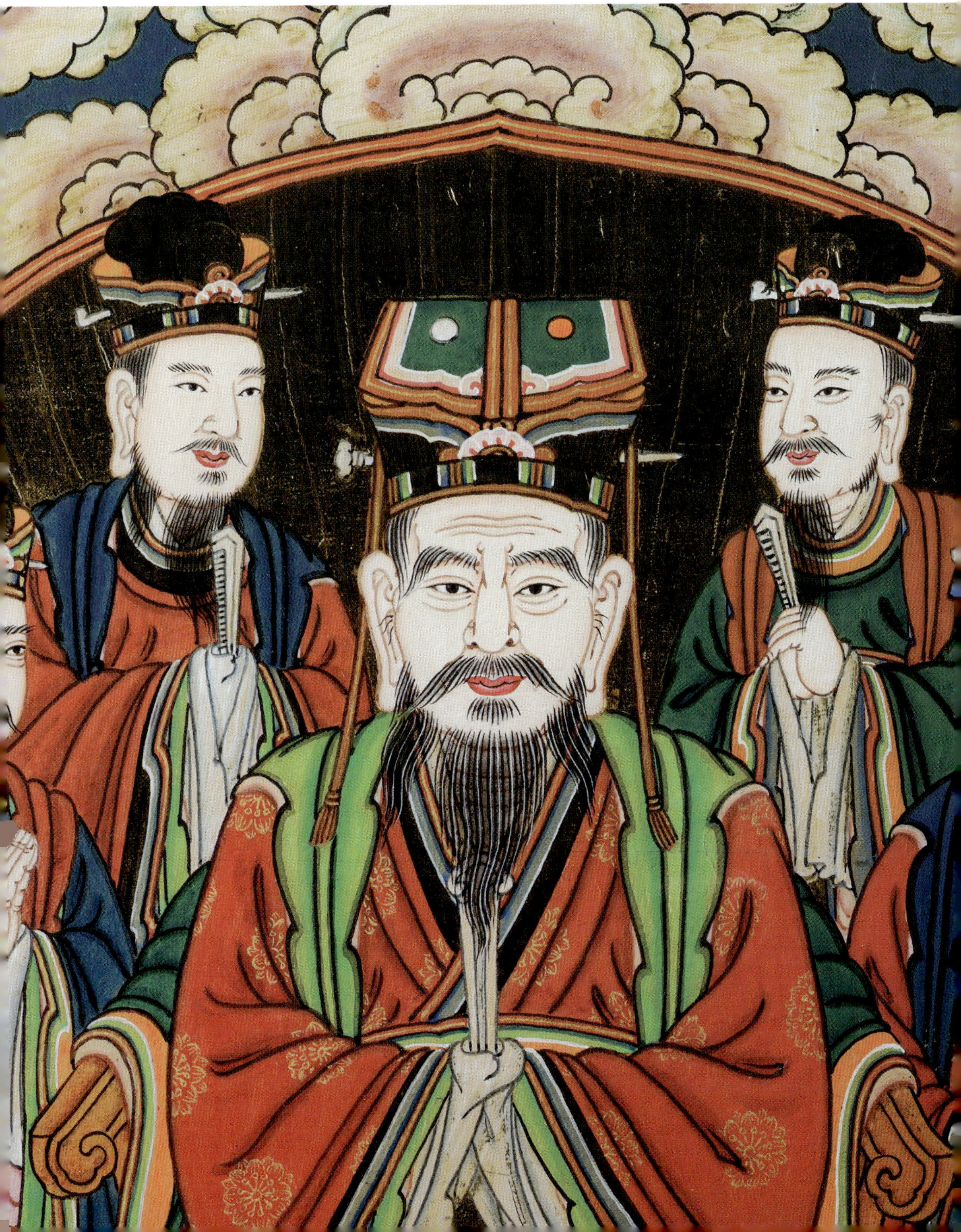

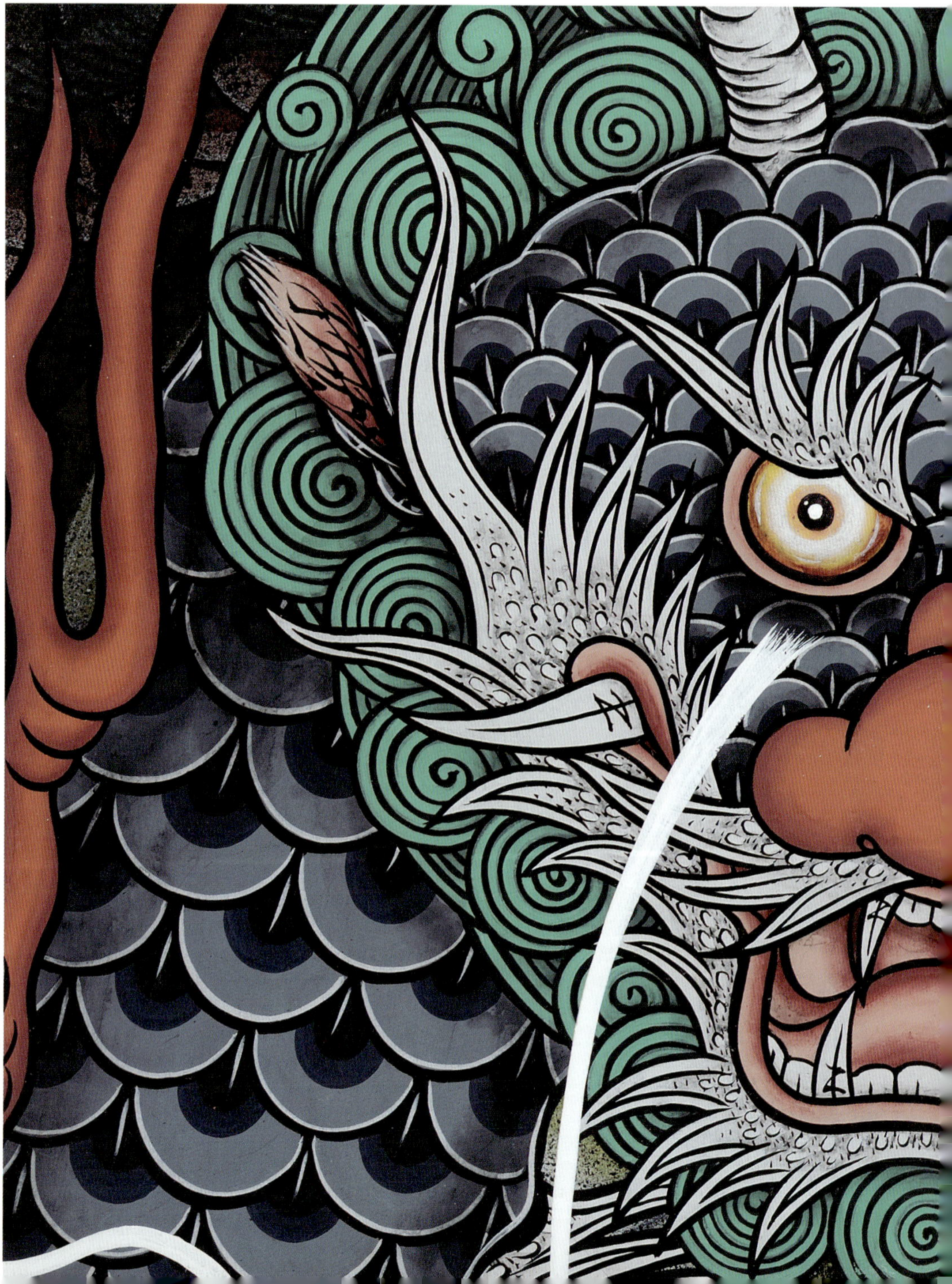

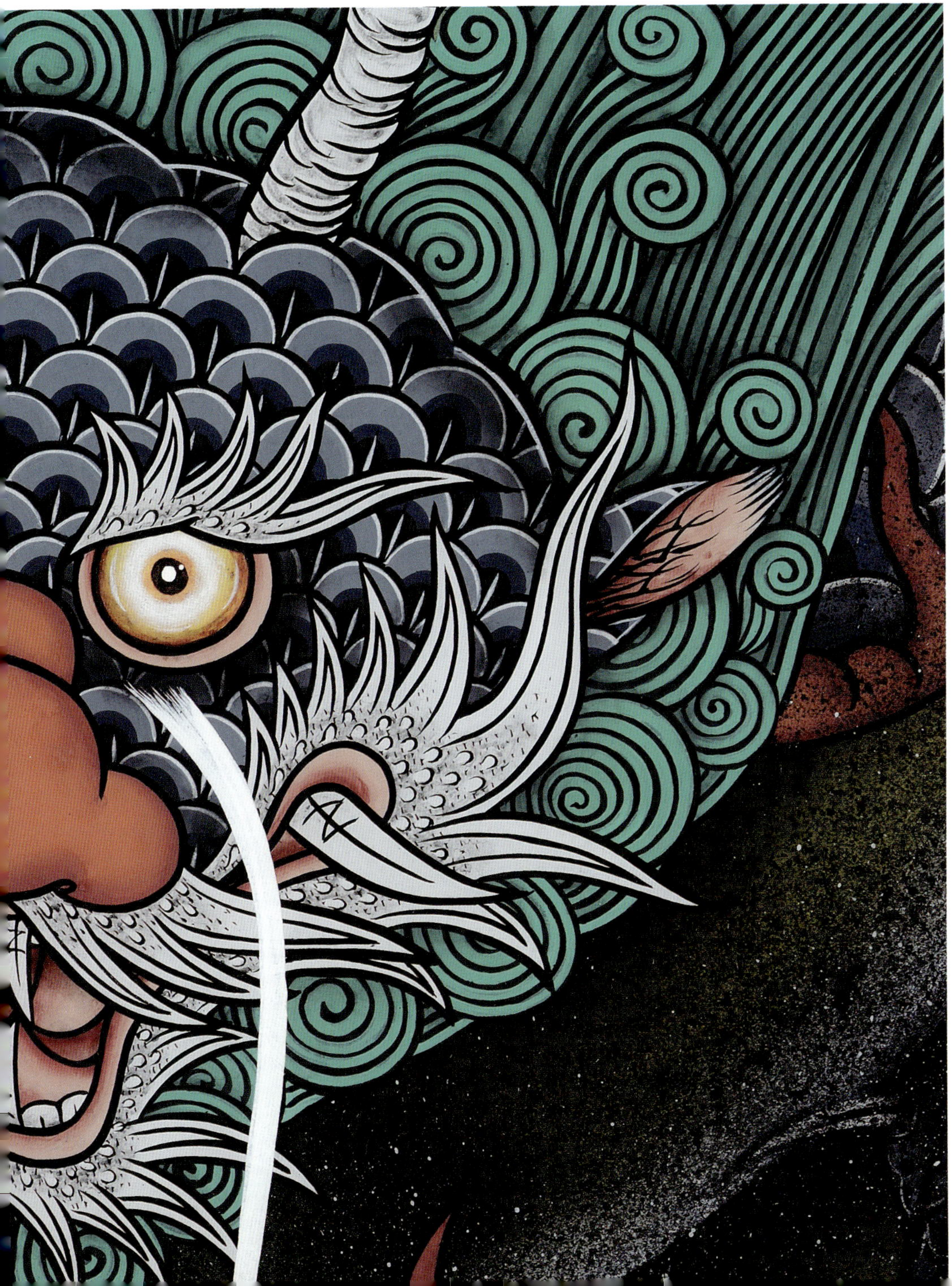

약력

갓일/ 갓만들기
Gannil / Horsehair Hat Making

총모자장 고재구 高在九1898. 3. 30 ~ 1979. 5. 26
경남 충무시 문화동 199번지가 본적이다. 15세에 〈권명식 총모자방〉에 입문하여 갓일을 만드는 과정을 배우고 30세까지 총모자 만드는 일에 매진했다. 중년에는 만주로 이주해 전 전하다 일본으로 건너가 고깃배를 타기도 한다. 광복 후 전덕기와 김봉주의 갓방에서 총모자를 박아 놓고 바닥을 고르는 골배기 일을 맡게 되었고 자신의 집에서 총모자를 결어서 호구를 삼았다. 통영갓에 쓰이는 말총과 쇠꼬리로 된 총모자를 겯는 솜씨로 당대 제일이었으며 하나를 겯는데 길어야 닷새를 넘지 않았다고 한다. 1964년 무형문화재 제4호 갓일 총모자장에 지정되었고 1979년 5월 26일 작고했다

총모자장 오송죽 吳松竹 1907. 9. 27 ~ 1984. 1. 27
제주에서 총모자를 작업하던 사람들은 어릴 때부터 농한기 소일거리로 삼기 위해 시작한 경 우가 많았다. 오송죽도 마찬가지로 10세부터 총모자를 제작했는데 당시 제작한 총모자는 육 지의 장사꾼들이 모두 사갔다고 한다. 1980년에 무형문화재 갓일 부문 지정을 위한 조사가 이뤄졌고 같은 해 11월17일에 총모자장으로 지정되었다. 가족이 없었던 오송죽은 함께 거 주하던 김 인의 친정조카인 김영자와 셋째 며느리인 김채옥을 전수생으로 삼았다. 1984년 1월 27일 작고했다

입자장 전덕기 田德基 1897. 12. 30 ~ 1972. 12. 6
경남 충무시 항남동에 거주하였고 2대에 걸쳐 갓방을 경영했던 집안 출신이다 1961년 선창 골(지금의 항남동 오행당)에 유상윤과 전덕기의 갓 방 밖에 없었으나 점차 20여 개로 늘었 다고 한다. 전덕기는. 15세 때부터 김의순에게 갓일을 배워 50년간 갓방을 경영하였다. 1964년 무형문화재 제4호 갓일 총모자장에 지정되었고 1972년 12월 6일 작고했다.

양태장 모만환 牟晩煥 1887. 2. 12 ~ 1971. 1. 23
경남 충무출신으로 경상남도 거제군 둔덕면 학산리가 본적이다. 10세 때 외숙부인 고덕윤이 하는 양태일을 어깨너머로 보며 익혔다. 15살 때부터 양태일을 시작하였고 전남 영암의 이 문길의 밑에서 7~8년간 갓 일을 하였다. 이 후에도 70여 년간 양태일을 하였으나 갓의 수 요가 줄고 양태도 팔리지 않아 생활이 어려워졌다. 결국 모만환의 맏아들은 어부가, 둘째는 빈농이 되었고 후손들은 양태일을 배우지 않았다고 한다. 1964년 갓일공예 기술을 보존하 기 위해 무형문화재 지정조사가 시작되어 같은 해 12월24일 무형문화재 제4호 양태장으로 지정된다. 1971년 작고했다.

입자장 김봉주 金鳳珠 1903. 5. 20 ~ 1977. 4. 28
충무시(현 통영시)에서 태어났고 1964년에는 경남 충무시 명정동 261번지에서 거주하였다. 18세 부터 문래언에게 갓일을 배우기 시작하였다. 1920년 2월부터 양대홍의 갓 방에서 일 했으며 1930년 한우열 갓 방으로 옮겼다가 다시 1932년 박자근의 갓방에서 일을 했다. 이듬해인 1933년 10월에는 홍진규 갓 방으로 옮겼고 마지막으로 1935년 5월 전덕기의 갓 방에서 일했다. 일제강점기 잠시 작업을 중단하였다가 1958년부터 다시 전덕기의 갓방에서 수장일을 보는 직공으로 고재구와 함께 일했다. 1964년 대구에 정춘모가 〈입자공업사〉를 설립하여 다음 해 옮겼고 같은 해 12월24일 무형문화재 제4호 갓일 총모자장에 지정된다. 1972년 전덕기가 사망하고 1973년에 통영으로 내려갔다. 1977년 4월 28일 작고했다.

양태장 고정생 高丁生 1904. 7. 26 ~ 1992. 4. 1
제주시 도연동 출신으로 북제주군 조천면 조천리 상동8반에 거주하였다. 제주에서는 일찍 부터 부업으로 양태절기가 활발하여 양태청 이라는 공동 작업 공간이 있을 정도였다고 한 다. 8세 때부터 어머니에게 양태일을 배우기 시작하여 10세에는 이틀에 한 개씩 양태를 제작할 정도로 뛰어난 기량을 보였고 15세 이후에는 주문제작을 받기도 하였다. 심양으로 시집을 간 후에도 양태제작에 매진했던 보유자는 선수금을 받아놓고 주문을 받을 정도로 알려졌다고 한다. 그러나 6.25전쟁 이후 일거리가 급격히 감소하여 결국 다른 일을 병행하면서 양태기술을 이어갔다. 1980년 11월 무형문화재 보유자로 인정되었고 1992년 4 월1일 작고했다.

총모자장 김인 金仁 1920. 2. 16 ~
제주시 도두동 출신으로 해녀 일을 하면서 틈틈이 총모자를 만들었다. 1세대 보유자인 오송 죽과 함께 살면서 총모자를 본격적으로 제작하였고 도구와 재료도 갖추었다. 1985년 2월1 일 중요무형문화재 제4호 갓일의 총모자장으로 인정받았고 제주 말총공예 전수에 노력하였 다. 2009년에 평생을 몰입해온 공로를 인정받아 명예보유자의 반열에 올랐다.

총모자장 정춘모 鄭春模 1940. 9. 5 ~
경북 예천출신으로 예천에서 3대째 가업으로 갓방을 경영했던 이종국에게 갓일을 배웠다. 1959년부터 경주에 있는 이장우의 갓방에서 일했고 1960년에는 대구로 옮겨 비산동에 있 는 야간 고등학교에 다니면서 기술을 익혔다. 당시 살던 곳의 주인 박영의는 대규모 갓방을 경영하는 이었다. 그의 갓방에는 갓 장인 1세대인 김봉주와 고재구 등이 일하고 있었다. 1964년부터 대구달성공원 정문 앞에 〈입자공업사〉라는 갓방을 내고 생산과 판매를 겸하 였으나 산업화가 진행되면서 갓의 수요가 점점 줄었고 1973년에 결국 문을 닫았다. 이후 통영로 이주하여 1974년부터 김봉주의 전수생으로 등록하였으나 1976년 김봉주가 사망하여 그의 미망인에게 양자로 들어가 김봉주의 가업을 이었다. 1976년부터 1978년까 지 총모자장 보유자인 고재구의 전수생이 되었고 거제도에 있던 소문도를 통영으로 모셔 1980년까지 양태제작기술을 익혔다. 1973년부터 열린 인간문화재전에 꾸준히 작품을 출품 하여 제2회에는 장려상, 제3회에는 우수상, 제9회에는 문화공보부 장관상을 수상하였다. 1982년에는 한·미수교 100주년을 기념하여 미국 워싱턴의 스미스 소니언 박물관에서 전시와 제작시연을 하였고 현재까지 활발히 활동하며 한국 갓 공예의 중요성과 아름다움을 알리 고 있다.

양태장 장순자 張順子 1941. 9. 8 ~
외할머니 강일군과 어머니 고정생의 뒤를 이어 3대째 양태 만드는 길을 걷고 있다. 어머니 가 장순자에게 "대나무 장사나 허라 대나무 사올 사름업선 양태 못졸엄저"라고 했기 때문에 23살부터 제주의 양태장들 에게 대나무 공급하는 일을 했다. 1980년 어머니 고정생이 국가 지정 무형문화재로 인정되면서 양태제작을 본격적으로 배우기 시작하였고 2000년 7월22일 무형문화재보유자로 인정되었다.

입자장 박창영 朴昌榮 1943. 9. 10 ~
경상북도 예천군 예천읍 청복동 출신이다. 예천 갓 일을 4대째 이어오고 있던 집안 출신으 로 중학교를 졸업 후 갓 일을 전수받았다. 도중에 아버지가 사망하여 안수봉의 갓 공장으로 들어간다. 18세에 대구로 이주하여 대규모 갓방을 운영하고 있던 〈박영의 갓방〉에 들어가 서 수장일을 배운다. 1년 정도 근무한 후 정춘모가 〈입자공업사〉를 세웠을 때 그곳으로 옮 겼다. 1967년 4월에 고향으로 돌아갔지만 산업화와 새마을 운동이 본격적으로 추진되면서 갓의 수요는 격감했고 생활고로 인해 1978년 다시 서울로 이주하였다. 서울에서 처음에는 판로 를 찾기 힘들었지만 방송과 영화의 소품으로 활용하는 등의 방법을 찾아서 지금까지 다양한 작업을 하였다. 1985년 문화재보호협회 이사장상을 받았고 문화재관리 국장상(1988) 문예 진흥원장상(1989)을 수상했다. 1986년에 큐슈종합전시장에서 전통 갓 제작시연을했고 1988년과 1989년에는 LA, 2011년 핀란드 헬싱키 디자인 뮤지엄에서 열린 〈KOREAN DESIGN〉전에 참여, 2011년 국립민속박물관 〈머리부터 발끝까지〉 모자와 신발 전 참여 및 시연. 2012년 영집궁시박물관에서 열린 공개행사 〈선비의 갓 風·流·禮〉 에 참여했다. 또한 국립고궁박물관의 소장품인 〈철종어진〉(哲宗御眞)을 참고하여 전립을 복원하는 등의 가치 있는 작업을 이어가고 있다.

총모자장 강순자 康順子 1946. 12. 17 ~
1세대 총모자장인 김 인의 딸이다. 어머니가 총모자 제작하는 것을 어깨너머로 보고 일을 거들면서 자연스럽게 기술을 습득했다. 14살쯤부터 제법 숙련된 기술을 가질 수 있었다고 한다. 2009년 9월에 중요무형문화재 갓일 기능보유자로 인정되어 대를 이어 활동하고 있다.

-

망건장 / 망건만들기
Manggeonjang / Horsehair Headband Making

임덕수 林德洙 1903. 1. 1 ~ 1985. 1. 25
조선시대 망건 제작자로 유명한 인물로는 전남의 김제군 서제규와 충남 상월면의 이원재가 있었으나 1970년대 이후로는 그들의 기록을 찾을 수 없다. 1980년 망건장이 중요무형문화 재로 지정되면서 전북 완주군 출신의 임덕수를 보유자로 인정하게 되었다. 1903년에 출생 한 그는 16세부터 모친에게서 망건 제작법을 배우기 시작하였다. 하지만 망건의 수요가 급 격히 줄어 망건을 제작하는 능숙한 솜씨로 짚신이나 미투리를 만들어 팔면서 생활했다고 한 다. 1980년 전통공예전에 망건을 출품하여 국무총리상을 받게 되고 중요무형문화재에 관한 지정 조사가 시작되어 같은 해 11월 보유자로 인정받게 되었다.

이수여 李受汝 1923. 6. 1 ~
제주도는 말총이 풍부하여 옛 부터 망건제작이 성행하였다. 13세부터 망건제작을 시작한 이 수여는1980년 망건기능지정조사 당시 유일한 보유자였다. 1985년 임덕수가 사망하면서 보 유자 지정조사를 거쳐 1987년 중요무형문화재 망건기능보유자로 인정받게 되었다. 2009년 2월24일 명예보유자로 격상되었고 이후 이수여의 딸인 강전향에게 망건 기술이 전수 되었 다.

강전향 姜全香 1943. 8. 2 ~
1943년 제주도에서 출생하여 어린 시절부터 어머니에게서 망건 제작하는 일을 배웠다. 2009년 스승이자 어머니인 이수여 보유자가 명예보유자로 지정됨과 동시에 망건 제작기능 보유자로 지정되었다. 제주전통학교에서 망건제작 과정 전승활동을 하고 있으며 공개행사와 전시활동을 활발하게 하고 있다.

양진숙 梁珍淑 1956. 2. 15 ~
1982년대 초 이화여자대학교 대학원 재학시절 방학을 이용하여 일 년에 두 차례씩 전북 완 주군에서 망건일을 전수받으며 문화재관리국에 보고서를 작성하는 전수 장학생으로 활동하 였다. 1985년 스승인 임덕수가 사망하면서 망건의 맥을 잇기 위하여 양진숙을 1990년 10 월 10일에 전수교육조교로 지정하였다.

-

탕건장 / 탕건 만들기
Tanggeonjang / Horsehair Hat Making

김공춘 金功春 1919. 5. 2 ~
제주도 화북 출신이다. 7살에 부모님이 일본으로 갔고 할머니, 고모와 살면서 탕건 제작기 술을 배웠다. 9살에 일본에 갔으나 이듬해에 어머니가 돌아가시고 제주도로 돌아왔다. 제주도의 탕건기술은 주로 가족 간에 세습되는 작업으로 김공춘도 예닐곱 살 되던 해에 고 모로부터 탕건 짜는 기술을 배우기 시작했고, 13~14세 무렵부터는 내다팔 정도가 되었다고 한다. 화북동에서는 대개 6~7명의 또래들이 혼자 사는 여인 집에 모여 탕건을 제작했는데 그 곳을 '일청' 혹은 '탕근청(탕건청)'이라 불렀다. 10대 여인들의 작업을 통해 다량의 탕건이 제작되었고 중간상인들을 통해 육지로 판매되어졌다. 1940년대 중반부터 1950년대에는 탕건 제작이 점차 사라지기 시작하여 1960년대를 기점으로 수요가 줄어들었다. 1970년대 새마을운동 이후에는 탕건을 제작하는 사람을 찾아 볼 수 없게 된다. 1980년 11월 무형문 화재 기능보유자로 지정되었고 2009년 2월24일 명예보유자 반열에 올랐다.

김혜정 金惠正 1946. 10. 18 ~
제주도에 사는 대부분의 여성들은 10살 무렵 탕건청에서 모여 탕건짜는 기술을 익히기 시 작하는데 명예보유자 김공춘의 딸인 김혜정도 10세 전후에 어머니로부터 탕건 짜는 기술을 배웠다. 2009년 어머니 김공춘이 명예보유자로 인정되면서 중요무형문화재 보유자로 지정 되었다.

-

한산모시짜기
HansanMosiJjagi / Weaving of File Ramie

문정옥 文貞玉 1928. 9. 9 ~
충남 서천군 화양면 교율 마을 출신이다. 어머니인 신순철이 세모시 즉 고운모시를 짜는 기 능을 갖고 있었으며 어릴 때부터 어깨너머로 모시 짜는 과정을 배웠다고 한다. 이후 어머니 가 모시 짜는 법을 알려주었고 16세에 처음으로 1필을 완성한다. 1948년 21세에 한산면에 살던 김기태와 결혼을 하고 시댁으로 옮긴 후 남편이 친정집의 토굴을 참고하여 만들어준 토굴과 베틀에서 모시 짜는 작업을 계속 하였다. 솜씨가 소문이 나서 먼 곳에서도 모시를 맡기러 왔다고 한다. 1967년 1월16일 문화재청으로부터 중요무형문화재 제14호 한산모시 짜기 보유자 인정을 받게 된다. 현재 건강상의 이유로 작업을 하지 못하지만 전통문화의 보 존과 전승을 위해 힘써 온 업적을 인정받아 2008년 10월 23일 명예보유자로 인정된다.

방연옥 方蓮玉 1947. 12. 16 ~
충남 서천군 기산면에서 태어났다. 화양면 와초리 출신의 모친이 고운모시를 주로 짰기 때 문에 자연스럽게 모시 짜는 방법을 익혔고 6살 때부터는 바디 꿰기를 할 정도로 익숙해졌 다고 한다. 29살에 한산면 지현리에 사는 이소직과 혼인하여 이주하였는데 이곳에는 한산 모시짜기 1세대인 문정옥과 전승자들이 살고 있었다. 방연옥은 문정옥의 작업을 도와주게 된 인연으로 1980년경부터 본격적으로 모시 짜기를 배우게 된다. 최초로 짠 모시는 같은 해 시작하여 1981년 3월에 완성하였다. 1980년대 개량베틀이 도입되었지만 문정옥의 당부 때문에 방연옥은 전통베틀로만 모시를 짰다. 꼬박 30여 년간 한길을 걸어온 방연옥은 기능 의 뛰어남을 인정받아1980년 8월1일 전수 장학생이 되었고 다음해부터 꾸준히 전승공예대 전에 출품하여 입선을 하는 등의 성과를 낸다. 2000년8월22일 중요무형문화재 제14호 한 산 모시짜기 보유자 인정를 받았다.

박승월 朴承月 1951. 10. 25 ~
1990년 전 과정을 이수하고 2000년 8월 전수교육조교로 지정되었다. 현재 한산모시짜기 전수교육조교로 활동 중이다. 기능보유자 방연옥, 전수교육조교 고분자와 함께 서천군 한산 면에 위치한 한산모시관에서 작품과 전승활동을 꾸준히 하고 있다.

고분자 高分子 1955. 8. 3 ~
2000년 8월 22일 전수교육조교로 지정되었다. 1992년부터 현재까지 중요무형문화재보유자 작품전에 출품하였고 2009년 부천엑스포와 2010년 2011년 중요무형문화재 전승자판매전 에 출품하였다. 기능보유자 방연옥 전수교육조교 박승월과 함께 서천군 한산면에 위치한 한 산모시관에서 작품과 전승활동을 꾸준히 이어오고 있다.

-

나주 샛골나이/ 나주 무명길쌈
NajuSaetgolnai / Cotton weaving, Naju

김만애 金晩愛 1907. 8. 11 ~ 1982. 5. 11
샛골나이는 전라남도 나주시 다시면 소재 동당리 일원에서 직조되는 고운 무명베를 일컫는 말로, 샛골은 동당리 마을을 나이는 길쌈을 뜻한다. 1965년 석주선에 의해 나주 샛골나이 기술이 발굴되었고 1969년 7월 4일 김만애를 무형문화재 기능보유자로 인정하였다. 조사당 시 전통기능과 베틀을 보유하고 있는 곳도 김만애의 집 뿐 이었다고 한다. 1982년 고령으 로 작고한 후 나주의 샛골나이는 8년간 종목이 해지되어있는 상태였다가 1990년 며느리인 노진남이 보유자로 인정받는다.

노진남 魯珍男 1936. 11. 20 ~
함평군 학교면 복천리에서 태어났다. 본격적으로 무명을 짜기 시작한 것은 결혼 이후부터였 다. 1974년 시어머니인 김만애가 샛골나이 기능보유자로 인정되어 전수 장학생으로 선발된 다. 1대 보유자인 김만애가 사망한 후 8년간 종목이 해지되었다가 1990년 보유자 인정을 위한 조사가 다시 진행되었고 보유자 후보상태로 재래식 무명짜기 기술과 베틀을 보유하고 있던 노진남이 추천되고 1990년 무형문화재 나주의 샛골나이 기능보유자로 선정된다.

김홍남 金洪南 1941. 11. 20 ~
전승보유자 노진남의 며느리로 1993년 8월 2일 무형문화재 나주 샛골나이 전수교육조교로 인정되었다. 중요무형문화재보유자작품전에 꾸준히 참가하고 있으며 작품활동과 전승활동을 하고 있다.

-

곡성 돌실나이 / 곡성삼베길쌈
Gokseongdolsilnai / Hemp cloth weaving, Gokseong

김점순 金點順 1918. 8. 2 ~ 2004. 12. 19
1920년 8월 2일 출생하였다. "한 필을 팔아도 목돈이 되는 것을 만들라요." 라며 고급 삼베 만 고집스럽게 작업을 했다고 한다. 이는 돌실나이의 맥을 잇는 끈이 되었고 김점순이 만든 삼베는 유독 곱고 고급스러웠다고 전한다. 장례식 때 사용하는 농포, 선비들이 입던 모시적 삼이나 두루마기용 중포, 임금이나 고위관직에 있는 벼슬아치들의 세포 짜기에 두루 능했다 고 한다. 1970년 7월 22일 중요무형문화재 제32호 곡성의 돌실나이 기능보유자로 인정되 었고 1988년 서울올림픽기념축제에서 시연을 하였다. 1970년부터 2003년까지 중요무형문 화재 보유자 작품전에 참가하였고 2004년 12월 노환으로 작고하였다.

양남숙 梁南淑 1943. 11. 10 ~
1984년 12월 1일 곡성의 돌실나이 전수교육조교로 선정된다. 2008년 부천세계무형문화유 산 엑스포 순회전시에 참가하였고 2009년 전남 곡성군에서 열린 심청축제 시연에 참가했 다. 2010년 제1회 한국전통공예미래전에 출품하였다. 1995년 곡성 돌실나이 전수교육관이 건립되고 작품 활동과 전승활동을 이어오고 있다.

-

명주 짜기
MyeongjuJjagi / Silk Weaving

조옥이 曺玉伊 1920. 5. 27 ~ 2007. 10. 30
19세에 경상북도 성주 안동 권씨 집안으로 시집을 왔다. 성주는 옛 부터 명주짜기로 알려져 있었으며, 안동 권씨 집안은 대대로 여인들이 길쌈 일을 많이 했기 때문에 이름난 길쌈꾼이 많이 나왔다고 한다. 시어머니 홍남이 선생과 동서인 강석경은 전승공예대전에 출품했던 베 짜기 장인이었고 넷째 동서 백문기도 경상북도 무형문화재 제16호 무명짜기 기능보유자이 다. 또한 다섯째 동서인 이규종도 조옥이의 뒤를 이어 명주짜기 전수교육조교로 현재 활동 중이다. 조옥이는 1988년 중요무형문화재 제87호 명주짜기 기능보유자로 인정되었으며, 2006년 명예보유자로 인정되었다가 2007년 노환으로 작고했다.

이규종 李圭宗 1932. 9. 16 ~
1991년 5월 1일 명주짜기 조교로 지정받았다. 명주짜기 명예보유자 조옥이의 다섯째 동서 로 안동권씨 문중의 명주짜기 기술을 이어받아 활동하고 있다.

-

바디장 / 베틀의 바디만들기
Badijang / Reed Making

구진갑 具鎭甲 1917. 4. 5 ~ 2006. 12. 5
충북 괴산군 청안면 문공리에서 태어났다. 7세에 아버지가 돌아가시고 9세부터 부여의 금강 주변에서 잡일을 하면서 생계를 이어갔다. 19세 무렵 충북 진평으로 이주하여 21세까지 노 동일을 하다가 23세 되던 해에 한산면 종지리에 거주하고 있던 바디제작 장인 이종석의 집에서 바디제작을 배우게 된다. 일찍부터 세모시로 유명하였던 한산에서는 모시 베틀이나 바디의 제작도 성행하였는데, 한산과 서천에 바디를 매는 장인들이 많았고 이종석은 그 중에서도 소문난 장인이었다. 구집 갑은 약 3년간 바디제작 기술을 배운 후 독립하여 바디를 만들기 시작하였다. 처음에는 성 황을 이뤘으나 6.25전쟁 후 나일론의 유입으로 모시생산이 타격을 받고 바디제작도 급격한 하락세를 이룬다. 대부분의 기술자들은 바디제작업을 포기하거나 전업하였고 구진갑만이 바디제작의 끈을 놓지 않고 제작기술을 이어갔고 조선시대부터 내려온 전통적인 바디틀을 지 니고 있는 유일한 장인이었다. 1988.년8.월1일 중요무형문화재 바디장 기능보유자로 지정되 었다. 보유자로 지정 이후에도 활동을 이어가지만 바디는 베틀에 부속된 실용적인 속성이 강하기 때문에 찾는 이도 없고 배우려는 이도 없었다. 전수교육조교였던 오동근이 교통사고 로 구진갑 선생보다 일찍 사망하였고 보유자 구진갑이 작고하면서 맥이 끊어진 상황이다.

-

침선장 / 바느질
Chimseonjang / Needlework

정정완 鄭貞婉 1913. 10. 5 ~ 2007. 4. 27
우리나라 대표적인 한학자인 위당의 맏딸이다. 17세에 광평대군 가문의 외아들 이규일과 혼 인하여 사대부와 왕실의 침선기법을 배울 수 있었다. 근대기로 들면서 복식이 서양식으로 전환되어가고 전통 바느질 기법이 사라질 위기에 처하 자, 1988년 중요무형문화재 제89호 침선장을 지정하였고, 정정완 선생을 기능보유자로 인 정하였다. 사대부와 왕실의 침선기법을 모두 보유하고 있는 정정완은 1985년 일본 오사카 민속박물관에서 우리의 도포를 재현하여 전시한 것을 시작으로 1986년부터 이화여대 의류직물학과에서 강의하였고 1995년에는 성균관대학교 의류학과 대학원에서 복식구성에 대해 강의하였다. 여러 차례 일본에서 전시를 열었고 기술의 보존과 전승에 힘썼다. 2005.4.20 명예보유자로 인정되었다. 2007년 노환으로 작고했다.

구혜자 具惠子 1942. 7. 30 ~
제1대 침선장 보유자인 정정완의 맏며느리이다. 시어머니가 1988년 초대 침선장으로 인정 된 후 남편의 권유로 기술을 배우기 시작하였다. 스승이기도 한 시어머니가 전통복식을 그 대로 구현하고 계승했다면 구혜자 선생은 이를 체계화하고 계량화하는 역할을 해왔다. 한국 전통공예건축학교에서 일반인들을 대상으로 강좌를 하고 있으며 한복 만드는 교재개발에도 노력하여, 정정완 선생의 말씀을 모은 <한복만들기-구혜자의 침선노트>를 출간했다. 조선시 대 복식사 연구와 재현 작업도 꾸준히 하여 여러 박물관에 소장되어 있으며, 2003년 배용 준, 전도연 주연의 영화 '스캔들-조선남녀상열지사'의 의상을 제작하기도 했고 1989년부터 1990년 까지 전승공예대전에서 입선, 장려상, 특별상을 수상하였다. 2007년 중요무형문화 재 제89호 침선장으로 인정된다.

-

누비장 / 누비기
Nubijang / Quilting

김해자 金海子 1953. 1. 16 ~
경상북도 김천시 출신이다. 모친의 바느질을 도와주며 누비 일을 시작했고 1970년 옷 만드 는 법을 배우기 위해 복장학원에 다니기도 한다. 고종 시절(1863~1907) 선방 나인이었던 선복스님으로부터 기술을 전수 받은 분이 경남 창녕에 있다는 소리를 듣고 찾아가 기술을 배운다. 또한 김해자는 전국의 사찰을 다니며 여러 스님에게 승복제작에 관한 기술도 전수 받는다. 그러나 1980년대부터 한복의 수요가 줄어들어 판매수요가 없었기 때문에 방향을 틀어 6개월간 누비 직령포와 액주름포를 제작하여 전승공예대전에 출품했다. 이 작품들로 국무총리상을 받았고 실력을 인정받아 1996년 12월 10일 누비장이 중요무형문화재로 지정 되었을 때 누비장 기능보유자로 인정받았다. 2000년 6월부터 경주에 정착하여 누비와 역사 에 대한 고민을 시작했고 이후에는 주로 조선시대의 누비옷을 재현하는 작업을 하였다.. 창 원대, 부산대, 성균관대 등에서 전통복식에 관해 강의하였고 2003년 경주세계문화엑스포와 일본에서 열린 국제퀼트박람회에 참여, 2005년 파리 프레타 포르테 한복패션쇼 및 전시회, 2007년 중국 초청 한국섬유패션 박람회, 2009년 경주아트선재미술관에서 <경주의 하늘 누 빌레라>라는 주제로 특별전을 열었다.

-

염색장 / 물들이기
Yeomsaekjang / Dyeing

윤병운 尹炳 1921. 4. 3 ~ 2010. 8. 4
전남 나주시 문평면 복동리 608번지 명하마을의 3대째 쪽 염장이 일을 해온 집안에서 태어 났다. 13세부터 쪽염 일을 시작하여 23세에 쪽염지역 출신인 나정임과 결혼을 하였다. 6.25전쟁으로 인해 잠시 휴업했던 기간도 있었지만 1972년 일본에서 쪽 종자를 가져와 1974년부터 쪽 재배일 까지 시작했고 지금까지 전통 재래방법을 지키며 맥을 이어왔다. 1994년 전승공예대전에 모시한복 2점을 출품하여 입선하였고 1995년 산업관리기능공단 기 능전승자로 선정되었고 1997년 '자랑스런 전남인' 표창을 받았다. 2001년 9월 6일 중요무 형문화재 염색장으로 선정되었다. 쪽물염색지역에서 나고 자랐기 때문에 일찍이 단절되었던 쪽염색을 전승하려는 의지가 강했던 장인이었으며 2010년 8월 4일 작고했다.

정관채 鄭官采 1959. 3. 23 ~
전남 나주시 다시면 가흥리 295번지에서 태어났다. 샛골마을은 정가마을로 친척들이 모두 염장인이었으며 그의 가족들도 대를 이어 쪽장인 가업을 계승해온 집안이다. 1915~1950년 까지 외조모와 모친에게서 전수받았다. 전통 쪽염색 경력이 23년으로 여러 대학교에서 특강 을 하고 천연염색 전시회와 시연회를 개최하였다. 전라남도 자연염색특화사업에 참여하였으 며 현재 (사)아시아민족조형문화연구소 재단 이사, <한얼전통천염염색연구협회>재단 이사 등을 역임하고 있다. 한국전통문화학교 초빙교수와 나주시 영산포중학교 미술교사로 활동하 고 있다.

윤대중 尹大重 1964. 3. 29 ~
제1대 염색장 윤병운의 아들로 대를 이어 염색 일을 해오고 있다. 2008년 2월21일 전수교 육조교로 인정되었으며 부인도 전수교육생으로 함께 작업을 이어오고 있다. <명하공방>을 열고 후학양성에 힘을 쏟고 있으며 각종 국내외 전시에 참가하였다.

자수장 / 수놓기
Jasujang / Embroidery

한상수 韓尙洙 1935. 3. 20 ~

6.25전쟁 중이던 16세에 자수를 배우기 시작했다. 솜씨가 좋으셨던 어머니의 재능을 물려 받아 재능을 보였고, 집중력과 노력으로 실력이 늘어갔다. 1950년대 서양 자수에 밀리고 일 본 자수가 혼합되어도 우리 전통 자수의 명맥을 잇기 위해 노력하였고 전통 자수와 관련된 유물을 수집하여 연구했다. 그런 노력들로 한국 전통 자수를 복원 할 수 있었으며 한국 수예의 60여 가지 자수 기법 을 체계화하였으며, 우리나라의 가장 전통적인 자수 공예로 꼽히는 '안주수'(安州繡) 기법을 전수받기도 하였다. 이런 노력들의 결실로 1984년 10월 15일 중요무형문화재 자수장 기능 보유자로 인정받았다.

최유현 崔維玹 1936. 2. 15 ~

전남 목포에서 태어났으며 17세에 자수공예를 배우기 시작하였다. 스승 권수산을 만나면서 부산으로 이주하였고 기예학교를 다니며 선배이자 스승인 강석연을 만나게 된다. 권수산의 경우 대중자수를 지향했지만 강석연은 정제되고 정갈한 작품을 지향하였는데 이 쪽이 최유현의 성향에 더 맞았다고 한다. 1963년 광복로 입구에 <최유현자수학원>을 열고 국보의 문양을 연구하고 재현하여 전통문양으로 수놓은 작품들을 선보였다. 1970년에는 <신라민예사>를 새로 열었지만 관광상품들에 밀려 1995년에 광복로 매장의 문을 닫아야 했다. 이후 금정구청 쪽으로 옮겨 공방을 열고 계속 활동하였다. 1996년 12월10일 그간의 연구와 활동으로 전통자수 분야에 이바지 한 것이 인정되어 중요무형문화재 자수장 기능보 유자로 인정받는다.

김태자 金泰子 1944. 2. 3 ~

1992년 11월 10일 무형문화재 자수장 전수교육조교로 인정받았다. 대한민국전승공예대전 에 1985년부터 1991년까지 참여했고 특별상과 대통령 상을 수상하였다. 1996년 대통령 표 창을 받았고 2000년 아셈(ASEM) 회의장의 <일월오악도日月五岳圖>벽화를 조성하는 일을 맡았다. 2003년 국무총리와 서울시장 표창을 받았으며 현재 한국전통공예건축학교 전통자 수반과 숙명여자대학교 자수박물관 전통자수 교육주임교수로 활동하고 있다.

김영이 金榮二 1953. 2. 10 ~

2008년 2월 21일 자수장 전수교육조교로 인정받았다. 2003년 제28회 대한민국 전승공예 대전 에서 국무총리상을 수상 했으며 2009년 한국 베트남 문화 교류전에 출품 하는 등의 활동을 하고 있다. 전통과 현대의 접목에 관해 고민하고 있으며 전승활동도 활발히 하고 있 다.

-

화혜장 / 꽃신 만들기
Hwahyejang / Shoe Making

황한갑 黃漢甲 1889. 3. 30 ~ 1982. 2. 5

조선후기 궁궐에 납품을 할 정도로 신발제작에 뛰어났던 부친 황종수를 비롯, 할아버지 황의섭, 증조할아버지 황인섭으로 거슬러 올라가는 화혜장인 집안에서 황한갑은 태어났다. 근대 이후 최초의 화장이었던 황종수은 10세부터 화혜제작 일을 배우기 시작했고 궁궐에 납품할 정도로 뛰어난 실력을 보유하고 있었다. 그리고 황종수의 기예를 배운 아들 황한갑(필명 황영수)이 최초의 중요무형문화재 화장 부문 기능보유자로 1971년 2월 9일에 제37호 인정을 받았다. 지금의 을지로 5가인 초정골에서 1889년 3월 30일 3대째 가업으로 꽃신을 제작하는 집안에서 태어난 황한갑은 16세부터 가업인 꽃신 만들기 일을 계승하기 시작하였다. 의친왕이 신던 신발이 그가 제작한 신발이었다고 하며 국상으로 온 국민이 백석을 신어야 했을 때 꼬박 밤을 새고 신을 제작하였고 고종황제(1863~1907)의 적삼을 주문받아 제작하기도 했다.
1970년 문화공보부로부터 중요무형문화재 제37호로 지정되었으나 1892년 작고한 이후로 한동안 맥이 단절되어 있었던 안타까운 상황이었으나 그의 손자 황해봉이 2004년 기능보유자로 지정되어 뒤를 있고 있다.

황해봉 黃海逢 1952. 10. 12 ~

서울시 종로구 인사동에서 태어났다. 중학교 이후 어깨너머로 할아버지의 작업 모습을 보며 자라왔다. 1973년 군 제대 후부터 할아버지의 기술을 전수받기 시작하였으며 이후 40여 년을 전통 신 제작 일에 열정을 바치고 있다. 황해봉의 선대는 화장 할아버지 황한갑 뿐 아니라 고조 할아버지 황종수 를 비롯하여 증조할아버지 황의섭, 증백조부인 황인섭과 부친인 황등용까지 이어지는 5대의 화장 가문이다. 수요가 많지 않았던 1970년대 초반에는 박물관이 주요 판로였으며 올림픽이 있었던 1988년 즈음이 가장 호황기였다고 한다. 차츰 수를 놓아 장식한 수혜의 수요가 증가함에 따라 수를 수놓는 장인에게 부탁하여 꽃신이라는 명칭으로 제작하기 시작하였는데 그전에는 갖신이라 불렀다고 한다. 전통을 잇는 가치 있는 일이지만 생계 때문에 일을 잠시 놓은 적도 있었다고 한다. 그러나 전통신 제작가문에서 나고 자랐던 본인만이 이 작업을 계승할 유일한 사람이라는 사명감과 책임감으로 화혜를 제작해 왔다. '화' 와 '혜'를 비롯한 거의 모든 전통신을 제작할 수 있는 기량을 갖고 있으며 2004년 2월 중요무형문화재 화혜장 부문의 '혜' 제작 기능보유자로 인정되었다.

-

소반장 / 상 만들기
Sobanjang / Tray-table Making

이인세 李仁世 1928. 4. 3 ~ 2009. 10. 6

충남 천안군 목천면 소사리에서 태어났다. 부친인 이원노가 소반제작으로 생계를 꾸려나갔 기 때문에 일을 도우면서 자연스럽게 소반제작 기술을 익혔다. 1932년 안성으로 이사하였 고 16세부터 기차바퀴를 만드는 차륜공장에서 일했다. 19세에 안성 숭인동에 잠시 거주하 던 이당 김은호 선생을 소개받아 그림을 배우면서 부친으로부터 소반제작의 기본을 배우기 시작하였다. 당시 부친의 공장은 규모가 꽤 컸으며 분업 형식으로 운영되고 있었는데 부친 인 이원노는 칠일을 하고 조각은 이삼용과 양초산이 담당하는 식이었다. 각 분야에 뛰어난 장인들이 모여 있었기 때문에 제작과정을 두루두루 배울 수 있었고, 기능보유자 지정 당시 조형성과 칠 기능, 조각기능이 모두 뛰어나다는 평가를 받았다. 부친이 돌아가신 후 안성의 공장을 정리하고 서울 상계동으로 이주하여 직접 공장을 운영하였고 1922년 국가는 그의 기능을 인정하여 중요무형문화재 제99호 소반장으로 지정하였다. 2009년 10월 6일 작고했다.

이종덕 李鐘德 1959. 11. 6 ~

소반장 1세대 보유자인 이인세 선생의 둘째 아들이다. 부친으로부터 소반제작기술을 전수받 았으며 1996년 2월 1일 전수교육조교로 인정받는다. 뿐만 아니라 중요무형문화재 단청장 원덕문 선생으로부터 단청기술을, 벼루장 보유자 이창호로부터 동양화를 사사했다. 1991년 부터 1999년 까지 전승공예대전에 출품하여 입선 3회 장려상을 6회 수상했다. 2001년과 2009년 궁중생활상제작용품 재현사업에도 참여했으며 각종 개인전과 시연 행사 등에 참여 하여 소반제작기술의 보존과 아름다움을 알리기 위한 활동을 이어나가고 있다.

-

사기장 / 도자기만들기
Sagijang / Ceramic Art

김정옥 金正玉 1942. 2. 24 ~

경상북도 문경군 문경읍 관음리에서 태어났다. 8대조인 김영만이 문경으로 이주하여 사기점 을 만들었고 7대조 김취정부터 사기제작을 시작하여 오늘에 이르렀다. 어렸을 적부터 사기 제작을 배웠으며, 18세부터는 발 물레를 다룰 수 있는 정도가 되었다. 부친으로부터 청화백 자와 찻사발 만드는 방법을 전수받아 군 제대 후부터 본격적으로 사기제작을 시작했다. 1982년 문경읍으로 사기점을 옮겨 상호를 <영남요>라고 짓는다. 스테인리스 그릇이 유행하면서 점점 상황이 나빠졌지만 발 물레를 고집했고 전통적인 장작 가마인 망뎅이 가마에서 사기를 구웠다. 뿐만 아니라 땔감도 자기와 가장 궁합이 맞는다는 적송만을 사용하였다. 고집스럽게 작업을 이어가던 중 1984년 서울국제무역박람회에 출품 한 찻사발 10여점이 우연히 일본인 사업가의 눈에 들어 이름을 알리고 1987년부터 여러 차례 일본 순회전시회를 열었다. 전통적인 방법을 고집하며 민간사기를 이어가고 있는 장인 으로 알려지면서 1996년 7월 1일 중요무형문화재 105호 사기장으로 지정됐다. 청화백자와 정호다완이 경지에 이르렀다는 평가를 받고 있다

유기장 / 놋쇠장
Yugijang / Brassware Making

윤재덕 尹在德 1914. 9. 10 ~ 1994. 10. 23
전라남도 임실에서 태어났다. 일찍부터 유기업을 하고 있던 집안에서 태어났기 때문에 윤재 덕도 놋쇠 다루는 일을 자연스럽게 배웠다. 16세부터 이웃인 김여칠의 작업장에서 징과 꽹 과리, 대야 등을 제작하였고 실력이 늘어 방짜 식기류도 제작하였다. 손힘이 좋아 방짜쇠를 다루는 기술이 뛰어났고 특히 궁그름 옥성기(반방짜) 제작에 뛰어났다. 1939년에 순천의 〈김호유기점〉, 여수의 〈송행두유기점〉, 곡성의 〈옥과유기점〉 등에서 유기제작에 종사한다. 1979년 6월 전남 보성군 벌교읍 증광리 세동부락의 〈가는굴 유기공장〉에서 제자들과 더불 어 옥바리 방짜반상기를 만들면서 전통공예의 전승작업에 동참하게 되었다. 한평생을 유기 일을 해온 업적으로 1983년 6월 국가지정 중요무형문화재 제77호 유기장으로 인정받았다. 유기의 고장인 징광리로 이주하여 유기생산을 계속한다. 1994년 작고했다.

김근수 金根洙 1916. 7. 12 ~ 2009. 3. 6
20세에 〈안성유기제조주식회사〉에 입사하여 유기 숙련공인 김기준 으로부터 유기제작기술 을 배우면서 기술자로 성장했다. 전쟁으로 인해 유기를 공출하고 제작이 금지되자 지방을 떠돌며 일을 하다 광복 후 안성에 있는 유기 장인들을 모아 〈정광사〉를 설립하고 유기를 제작했다. 6.25전쟁 이후 알루미늄의 출현으로 유기업이 축소되자 〈정광사〉의 명칭을 〈안 성유기공업사〉로 바꾼 후 명맥을 이어왔다. 그러나 유기수요는 계속해서 줄어들었고 〈풍화 유기공업사〉로 다시 개칭하여 운영하였다. 유기 외에도 도금 수리 등의 기술을 배워 안성읍 봉산동에서 유기장인 10여명과 재래식 기술과 기계식 기술을 섞는 방식으로 유기를 생산하 였다. 이 기간에도 여러 차례 전승공예대전에 출품하여 국무총리상을 탔고 1983년 중요무 형문화재 제77호 유기장으로 선정되었고, 2005년 4월 20일 명예보유자로 인정받았으며 2009년 3월 6일 작고했다.

이봉주 李鳳周 1926. 2. 8 ~
납청 유기의 본고장 정주 출신이다. 유기장으로서 일을 배운 것은 광복 후 월남하고 나서부 터였다. 어머니가 유기행상을 하면서 자연스레 방짜유기를 접했지만 유기공방의 문턱이 높 았기 때문에 기술을 배울 수는 없었다. 그런데 같은 고향 출신의 탁창여씨의 도움으로 납청 유기 기술을 배울 수 있었고, 1948년부터 유기 일을 배워 일취월장했다. 당시의 유기는 혼 수품에 꼭 들어갈 정도로 필수품이었기 때문에 벌이도 좋았다고 한다. 1960년대부터 연료 가 연탄으로 바뀌자 연탄가스에 변색이 잘 되고 보관이 어려운 유기는 내리막길을 걸었고, 생계를 걱정해야 할 정도로 어려움을 겪었다. 그러나 유기장의 길을 버릴 수는 없었기 때문 에 연장만은 팔지 않았다. 1983년 중요무형문화재로 방짜장 기능 보유자로 지정되었고1994년에는 세계 최대의 징을 만들어 기네스북에 올랐다. 이후 문경으로 옮겨 방짜공장을 열어 활동하면서 방짜유기촌을 형성하고 전수교육조교인 아들 이형근과 전수장학생 등과 함께 작품제작과 전수활동에 전념 하고 있다

김수영 金壽榮 1949. 10. 12 ~
제1대 기능보유자인 김근수의 아들이다. 20대부터 아버지의 일을 도와 40여 년 동안 유기 업에 종사하면서 기능을 계승하였다. 부질작업, 가질 작업, 땜 작업 등 유기제작 과정의 탁월 한 기량과 이론적 지식을 인정받아 2008년 8월 5일 중요무형문화재 유기장 주물 기능 보 유자로 인정받으며 아버지의 뒤를 잇게 된다.

이형근 李亨根 1958. 7. 14 ~
이봉주의 아들이다. 아버지 이봉주가 1984년 작업도중 눈에 놋쇠 파편이 튀는 사고로 한쪽 눈을 실명한 이래 다른 것을 모두 그만두고 작업장을 오가며 가업에만 전념하고 있다. 1990년 10월 10일 전수교육조교로 지정되었다. 2011년 전승공예대전에서 특선을 수상하였 다.

-

옹기장
Onggijang / Onggi Making

이종각 李鍾珏 1915. 1. 17 ~ 1993. 10. 1
제1세대 무형문화재 옹기장 기능 보유자로 1990년 5월 8일 지정되었다. 1915년 충남 홍성 군 갈산면 동성리 110-5번지에서 전주이씨 영흥대군파 16대손으로 아버지 이우증과 어머 니 순매 사이에 3형제 중 2남으로 출생하였다. 그는 가업을 이으라는 부친의 뜻을 받들어 오직 조대불통가마와 전통잿물방식만으로 옹기 만들기에 전념하였다. 충남 동성리 옹기점의 이종각 선생과 보성 미력 옹기점의 이내원, 이옥동 형제가 당시 옹 기 기능 보유자로 지정된 장인들이었다. 이종각의 작업장에는 불통과 가마칸이 분리된 ㄱ자 형 가마를 보유하고 있었는데 학술적 연구가치도 있었다고 한다. 1993년 10월 1일 작고하였다.

이옥동 李玉童 1913. 9. 30 ~ 1994. 4. 8
전남지역에서 8대째 옹기업을 이어오고 있으며 이내원과 형제지간이다. 보성 미력옹기점 이 라고 알려져 있었는데 10m 이상의 긴 터널식 뺄불통 가마를 갖추고 있었으며 특수한 채바 퀴 타래기법을 보존하고 있었다. 1990년 5월 8일 이내원과 함께 무형문화재 옹기장 기능보 유자로 지정되었으며 1994년 9월 30일 작고하였다.

이내원 李來元 1919.8.2~2000.8.1
전남지방에서 발달한 그릇 벽을 세우는 기법인 채바퀴 타래미 기법을 보유하고 있으며 전통 재래유약인 잿물을 사용하는 제작방식이 특징이다. 전남지역에서 8대째 옹기업을 이어오고 있으며 또 다른 옹기기술보유자인 이옥동과 형제관계이다. 1990년 롯데월드 민속박물관에 서 옹기특별전을 열었고 대전엑스포 전통공예관에서 옹기제작방법을 시연을 하였다. 1990. 5월 8일 중요무형문화재 제96호 옹기장 기능보유자로 인정되었고 2000년 8월 1일 작고하였다.

김일만 金一萬 1941. 12. 13 ~
경기도 안성시 보개면 양복리에서 태어났다. 부친 김운용이 옹기를 건조하거나 뒷일을 돕는 건아꾼이었기 때문에 어릴 시절부터 여러 지역을 옮겨 다니면서 생활했다고 한다. 6.25전쟁 을 겪으면서 강화도와 안성을 거쳐 장호원에 정착하여 본격적으로 옹기일을 배우기 시작했 고 수비꾼부터 시작하여 생질꾼, 건아꾼이 되었다. 18세에는 여주군 이포리로 옮겨 건아꾼으로 일하며 물레질 연습도 시작하였다. 25살에 경 기도 용인시 이동면으로 이주하여 대장으로 일하기 시작했고 37세에 충청남도 아산시 인주 면에 자신의 옹기점을 설립한다. 1980년 12월2일에 여주군 금사면 궁리로 이주하면서 옹기 점을 두 곳으로 확장하여 운영할 정도로 번창하지만 내부사정으로 인해 다시 한곳으로 정리 했다. 1989년부터는 옹기점 운영이 어려워져 가족운영체계로 바꿨는데 1990년 방송에 소 개된 것을 계기로 운영에 활기를 띤다. 옹기점 명칭도 본래 〈금사토기〉였으나 〈오부자 옹 기〉로 개칭한다. 2002년 10월 5일 김일만이 사용하는 질가마와 통가마가 경기도 민속자료 11호로 지정되고 11월15일에는 김일만이 경기도 무형문화재 옹기장으로 지정되었다. 이후 2010년 중요무형문화재로 지정된다.

정윤석 鄭允石 1942. 4. 15 ~
전남 강진군 칠량면 이화업에서 태어났다. 일가친척들이 모두 칠량면 봉황마을에 거주하였 고 부친이 옹기판매상이었다. 의신면 신생동에 거주하고 있던 외숙부 이동근에게서 옹기제 작기술을 배웠고, 고향으로 돌아와 혼인을 한 후 1970년 초에 광주 삼소동으로 이주하여 옹기점에서 일했다. 1970년대부터 옹기의 소비가 점차 줄어들어 20여 곳이 넘던 봉황마을 의 옹기점들이 문을 닫기 시작하였고 1980년대에는 두 곳밖에 남지 않았다. 그리고 1989 년에는 정윤석이 운영하던 옹기점이 유일하게 남은 옹기점이 된다. 2004년9월20일 전남무 형문화재 옹기장으로 인정받았고 2010년 2월 21일 중요무형문화재 옹기장 기능보유자로 지정된다.

이학수 李學洙 1955. 8. 16 ~
옹기 굽는 일을 9대째 잇고 있는 300년 가업의 전승자이다. 보성군 미력면 도개리 316에 '미력옹기'를 두고 300년의 전통의 생활 옹기를 이어오고 있다. 이옥동의 외아들로 흙일을 시키지 않으려는 선친의 뜻에 따라 고등학교 때 서울로 나가 대학에서 국문학과에 진학했으 나 한 학기 만에 가업을 잇겠다며 보성의 독막으로 돌아왔다. 제대로 된 옹기를 빚고자 일제 강점기 도입된 광명단을 쓰지 않고 전래의 잿물 옹기와 수 작업을 고집하다보니 수지를 맞추기 어려웠다. 생계를 위해 보성읍내에 안경점을 차려 생계를 해결하면서 옹기 굽는 일에 전력했다. 90년대 초반 옹기에 대한 관심이 고조되면서 서울 경복궁안 전통공예관, 인사동 통인가게, 용인 민속촌, 부산·광주·대구· 대전 등지에서 〈미력옹기〉가 유명세를 타기 시작했다. 1991, 92년 덕수궁과 롯데백화점에서 열린 '옹기문화전', 대한민국전승공예대전에서 3회 특별상, 1997년제4회 대한민국도예전 대상을 수상했다. 1995년 8월 1일 전수교육조교로 인정받았 다.

소목장 / 가구 만들기
Somokjang / Wood Furniture Making

송추만 宋樞萬 1903. 12. 7 ~ 1991. 11. 22

1984년 10월 15일 중요무형문화재 소목장 부문 기능보유자로 인정받았다. 전남 동복에 사 는 송추만은 부친인 송주석에게 16세부터 가업인 소목일을 배웠다. 1세대 기능보유자이며 먹감나무 다루는 기술이 뛰어났다고 한다. 전남 화순지방을 중심으로 하는 동복 반닫이는 남도지방 반닫이와 별다른 특색은 없지만 견고하며 든든하며 소박한 아름다움이 특징이다. 특히 그의 반닫이는 짜임새가 매우 독특했다.

정돈산 鄭敦散 1939. 7. 13 ~ 1992. 2. 12

경상남도 진주에서 출생하였다. 13살에 <박우희 농방>에 들어가 소목장 일을 시작하였고, 1972년에 <김동진 가구점>에서 고가구를 배웠다. 1979년부터 독립하여 공방을 운영하였으 며, 전국민예품경진대회 및 여러 공모전에서 수상을 하면서 재능을 인정받았다. 1974년 전 국민예품경진대회 우수상, 1975년 대한불교미술전 우수상, 1984년 전승공예대전 대통령상 등을 수상했다. 1983년 조선호텔에서 고미술소장품 특별전시회를 가졌으며, 1985년과 1986년 롯데미술관에서 특별초대전을 가졌고 1989년 미국 LA 한국 문화원에서 인간문화 재 공예대전을 가졌다. 1990년 일본의 도쿄, 오사카 등지에서 특별초청 전시회를 가졌다. 1991년 중요무형문화재 제55호 소목장 기능보유자로 인정받았으며 1992년 2월 12일 작고 하였다.

강대규 姜大奎 1936. 1. 16 ~ 1998. 12. 7

경상남도 사천 출생이다. 삼천포초등학교를 졸업한 뒤 잠시 철도청 목공으로 근무하였고 이후 30세에 결혼을 하면서 자신의 공방을 냈다. 1974년 동아공예대전에 애기장, 서류함, 문방구, 문갑 등을 출품해 입선하였고 1980년 제5회 전승공예대전에 사찰 의식용 꽃가마인 연을 출품해 대통령상을 수상하면서 이름을 알렸다. 1978년부터 1996년까지 전통공예기능 보존협회 이사를 지냈고 기술의 보존, 전승과 후진 양성에 힘쓴 것이 인정되어 1988년 4월 1일 중요무형문화재 제55호 소목장 기능보유자로 지정되었다. 다른 소목장들이 사용하지 않는 소재를 주로 사용하여 작품을 제작했고, 사찰의 감실이나 꽃살문에 관심을 갖고 기술
의 접목을 꾀했다. 1998년 12월 7일 작고했다.

천상원 千相源 1926. 9. 15 ~ 2001. 3. 13

통영에서 활동하였던 목수로 문목을 다루는 기술이 뛰어났던 부친 천철동에게서 15세부터 소목일을 배우기 시작하여 23세부터는 통영지방의 소문난 목수였던 김학찬에게 일을 배웠 다. 부친인 천철동은 귀를 맞춰 무늬를 만드는 귀뇌문을 만드는 기술을 보유하고 있었는데 통영에서 유일했다고 한다. 천상원은 부친의 기능을 이어 문목을 다루는 솜씨가 좋았으며 목재로 문목의 바탕을 꾸미는 상감기법 기능을 지니고 있었다. 1975년 1월 29일 문화재관 리국으로부터 중요무형문화재 소목장 기능보유자로 지정되었고 2001년 3월 13일 작고했다.

설석철 薛石鐵 1925. 11. 23 ~

전라남도 장성군 서삼면 추암리 송계마을에서 태어났다. 17세 때 목재상을 하던 형님이 충 무동에서 공방을 경영하고 있던 김경길에게 소개하여 도제식으로 목공일을 배우게 된다. 3 년 후 부터는 가구제작을 할 수 있는 실력이 되었고 24세에 독립하여 장성공원 앞에 공방 을 내고 목가구와 관공서 비품 등을 제작하였다. 6.25전쟁이 끝나고 청운동에 다시 공방을 연 후 목가구를 제작, 판매하여 1983년에는 공예 품전문생산업체로 상공부에서 지정받았고 1996년에는 노동부장관에게서 명장증서를 수여받았다. 1985년부터 자신의 작품을 공모전에 출품하여 제2회 올림픽기념품전시회와 제15회 전국공예품경진대회에서 입선, 1995년에는 특선을 했다. 그는 제작활동을 하면서 두 번의 시련을 겪었는데 첫 번 째는 장성관아가 있던 성산리 남당마을의 당산나무를 베어낼 때 낙 상한 것이고 두 번 째는 목재를 재단하던 중 나무가 튀어 왼쪽 눈을 실명하게 된 것이다. 그러나 굴하지 않고 작업 활동을 이어왔으며 기술전승에도 노력을 기울여 1998년부터 2000년 까지 인천카톨릭대학교의 겸임교수로 재직하였고. 2001년 9월6일 중요무형문화재 소목장으로 지정 받는다. 2009년 2월 24일 명예보유자로 인정받았다.

박명배 朴明培 1950. 6. 12 ~

충남 홍성 출신이다. 기술 익히는 것을 권유했던 부모님의 의견에 따라 서울로 올라와 18세 에 서라벌 예술대학(지금의 중앙대학교) 공예학과 최회권 교수가 운영하는 공예미술연구소 에 취직을 하면서 소목일을 접하였다. 공방에서 가장 나이가 어렸지만 적성에 맞아 즐거운 마음으로 일할 수 있었다고 한다. 이후 1971년 허기행에게 전통 가구의 짜맞춤 기법을 배우고 소목 일을 시작한 지 13년 만 인 1981년 독립하여 개인 공방을 차렸다. 그러나 곧 기술만으로 작업을 하는 것에 한계를 느꼈고 당시 국립중앙박물관장을 지내고 있었던 최순우를 찾아가 전통 목가구에 대해 지도 를 받았다. 이후 40여 년간 한 길을 걸어오면서 우리 전통 가구의 아름다움을 찾기 위해 매 진하였고, 그 장인정신과 솜씨가 알려져 청와대 영부인실 및 운현궁 등에 박명배의 작품이 놓이게 된다. 또한 로마교황청박물관 내 한국관 가구뿐 아니라 LA한국문화원, 워싱턴한국문 화원, 베를린한국문화원 등에 있는 전통가구도 만들게 되었다. 1989년 동아공예대전에 목리반을 출품하여 대상을 수상하였고 1992년 전승공예대전에 의거리를 출품하여 대통령상을 수상하였다. 2010년 4월 22일 중요무형문화재 소목장 기능보 유자로 인정받았으며 1994년부터 지금까지 한국전통공예건축학교 소목반에서 가르치는 일도 하고 있다.

김금철 金今哲 1955. 3. 6 ~

통영시 북신동에서 태어났다. 스승 천상원의 전통소목을 계승하여 1982년에 소목장 조교로 지정되었고 "성퇴삼호장" 및 "성퇴뇌문"으로 통영 농의 전통을 이어오고 있다. 18세에 천상 원 공방에 입문했고 본격적으로 농 제작에 참여한 것은 3년째 부터였다. 스승 천상원이 1975년 중요무형문화재 제55호 소목장보유자로 지정되면서 1977년부터 5년간 전수장학생 이 된다. 이 후 1982년 4월1일 소목장전수교육조교로 지정되었고 자신의 집에 공방을 차리 고 주문을 받아 제작하면서 조금씩 독립해 갔다. 스승인 천상원이 25년 전부터 사용하던 실 물크기의 도안을 그대로 옮겨 그려서 사용하고 있는데 "성퇴뇌문"은 도안이 없으면 정확한 치수가 나오지 않기 때문이다. 또 한 스승이 늘 강조했던 마무리작업의 중요성을 늘 염두에 두고 작업한다.

조화신 趙化信 1962. 5. 29 ~

전북 순창군 유등면 유촌리 출신으로 초등학교 졸업 후 서울로 이주했다. 16세에 삼양동에 있던 나전백골공장에서 2년간 일을 배웠고 모친에 권유로 1979년 소목장 1세대인 강대규 의 공방에 입문하였다. 처음 5년간은 대패질과 문짝 아귀 맞추기, 서랍의 사개 트는 일 등 을 도맡아 했고 공방에 들어간 지 10년이 지난 1989년 독립하게 된다. 이때 스승 강대규는 조화신에게 대패와 톱, 끌 등의 기본적인 연장을 선물해 줬다고 한다. 1998년 12월 7일 스 승인 강대규가 타계하고 조화신은 강대규의 공구를 물려받으면서 1996년 2월 1일 중요무 형문화재 제55호 소목장 전수교육조교로 지정되었다.

-

두석장 / 가구장식 만들기
Duseokjang / Metal Craftg

김덕룡 金德龍 1916. 9. 13 ~ 1996. 6. 19

김극천의 부친으로 통영의 4대 두석장인 집안의 3대 전승자이다. 김덕용은 한 가지 일을 꾸 준히, 한 개를 만들어도 야무지고 정확하게 만드는 것을 신념으로 삼고 작업하였다고 한다. 전통적인 방식으로 장석을 제작하는 것을 고집하였으며 통영에서 전통 장석을 만들 수 있는 유일한 장인이었다. 통영의 상당수 가구제작소에서 그의 장석을 사용했고 그의 밑에서 장석 일을 배운 사람도 80여 명이나 되었다. 1980년 11월 17일 중요무형문화재 두석장 보유자 로 지정되었으며 1996년 6월 19일 작고하였다

박문열 朴文烈 1950. 10. 3 ~

경주시 황성동 출신이다. 1957년 용산구 효창동에 있는 금양초등학교를 다녔다. 1965년 15세에 용산에 있는 <삼흥주물공장>에 들어갔고 17살에는 삼척에 있는 <동양시멘트공장> 주물부서에서 근무했다. 그러나 생계가 어려웠기 때문에 1968년 누나의 소개로 윤희복이 운영하는 장석공방에 들어가 도제식으로 일을 배우게 된다. 그곳은 고가수 보수업도 겸했기 때문에 가구에 관해서도 익힐 수 있었다. 3년 뒤 한남동에 고가구 수리업을 겸하는 자신의 공방을 낸다. 그러나 가게에 화재가 났고 모두 전소되어 윤희복 선생의 아들이 운영하는 <광명당>으로 다시 들어갔다가 수년 후에 어렵게 다시 독립하게 된다. 박문열은 항상 손으로 만든 장석과 기계로 만든 장석은 미감이 전혀 다르다고 생각했고 전통적인 방식을 고집하며 작업을 했다. 1987년부터는 전승공예대전에 출품하여 특별상을 수상했다. 이후 주위의 권유로 자물쇠를 출품하기 위해 경남 진주 <태정박물관> 에 가서 자문을 구한다. 그리고 그 때 기억해 둔 것을 서울로 돌아와 작업하여 10일 만에 완성하였다. 1993년엔 전통적인 비밀 자물쇠를 종 류별로 한 벌씩 제작하여 전승공예대전에 출품하였고 문화체육부 장관상을 받는다. 2000년 7월 22일 문화재청으로부터 중요무형문화재 제64호 두석장 보유자로 인정받아 활동하고 있다.

김극천 金克千 1951. 6. 29 ~
통영출신으로 4대째 두석 일을 하고 있다. 증조부인 김보익은 대한제국기 군인이었으나 나 라를 잃고 두석장으로 전업하였다고 한다. 조부인 김춘국과 아버지 김덕용도 가업을 이어서 두석장이 되었다1970년부터 부친의 공방에서 잔심부름을 하면서 틈틈이 장석을 가구에 붙 이거나 광내는 일을 도왔다. 부친이 운영하던 공방의 이름은 〈충렬장식〉으로 1970년대에는 직원이 20명이나 되었다고 한다. 당시는 나전 제품이 통영의 중심 산업이었고 경기가 좋았 기 때문에 가구가 잘 팔려 가구에 붙는 장석도 잘나갈 수밖에 없었다. 집을 두 채나 장만 할 정도로 큰 돈을 벌었으나 아버지의 실수로 가세가 기울었고 군대를 제대한 김극천은 아 버지의 일을 도울 수밖에 없었다. 그렇게 시작하게 된 두석일이었지만 물려받은 기술이 있 어선지 금새 익숙해졌고 70~80년대의 장석은 꾸준히 수요가 있었기 때문에 집안도 금방 일으킬 수 있었다고 한다. 1996년 1대 보유자인 아버지 김덕용이 사망하고 뒤를 이어 2000년 7월 22일 무형문화재 두석장 기능 보유자로 지정된다. 현재 통영무형문화재 보존협 회 이사로 활동하며 통영 공예의 활성화를 위해 노력하고 있다.

-

채상장 / 꽃 대나무 고리 만들기
Chaesangjang / Bamboo Case Weaving

김동연 金東連 1897. 2. 23 ~ 1984. 5. 15
김동연이 1973년 제1회 인간문화재 공예작품전에 채상 상자와 베게 2종을 출품한 것이 계기가 되어 무형문화재 지정을 위한 조사가 시작되었다. 조사당시 채상기술은 대오리 뜨기 부문에 김동연과 상자절이기 부문에 전중이만이 기술을 계승하고 있었다고 한다. 채상기술 은 본래 가내수공업 형태로 남자가 대를 다듬고 여자가 대를 절이는 방식이 전통이었는데 김동연과 전중이는 이웃에 살면서 협업을 하고 있었다. 김동연은 채상을 만드는 기술 중에 서 가장 중요한 대나무 훑기 기술을 보유하고 있었기 때문에 채상장으로 지정될 수 있었다. 1975년1월29일 중요무형문화재 채상장 기능보유자로 지정되었으며 1984년 5월 15일 작고 했다.

서한규 徐漢圭 1930. 7. 28 ~
전남 담양읍 만성리 출신이다. 1938년 단양읍 동초등학교에 입학하였으나 가정형편이 어려 워 학업을 계속하지 못했다. 16세부터 생계를 위해 죽제품 만드는 일을 시작하였다. 1963년 담양에 죽제품을 모아 미국이나 유럽, 일본 등에 수출을 했던 〈유창공예사〉가 설 립되었다. 수출품에 맞는 새로운 제품을 제작해야 했기 때문에 응용력이 좋은 기술자가 필 요했고 서한규가 책임자 자리를 맡게 되었다. 그러나 1973년 죽피 통에서 이화명충이 나와 제품이 반송되는 사건이 발생하였고 1978년 공장이 폐쇄된다. 이후 서한규는 집안에 전해 오던 외할머니의 채상을 연구하였고 만자문과 줄방울문 넣기를 완성하였다. 1970년부터 여 러 공예공모전에 출품하였고 1977년 제2회 중요무형문화재 공예작품공모전에서 문공부장관 상, 1979년 제4회 인간문화재공예전에서 장려상, 1982년 제7회 전승공예전에서 죽석으로 대통령상을 수상한다. 1982년 서한규의 기술에 대한 조사가 이루어졌고 1987년 1월 5일 중요무형문화재 제53호 채상장 기능보유자로 인정받았고 2012년 7월 23일 명예보유자가 되었다.

서신정 徐信貞 1960. 5. 11 ~
채상장 서한규 선생의 둘째 딸로 1980년부터 채상짜기를 시작하였다. 주로 대오리에 염색 하기와 문양짜기 작업을 하고 있다. 외할머니의 기술을 부친인 서한규가 익힌 후 집안에서 전수되어 오던 만자문과 줄방울문을 익혔고 다수의 전통적인 문양을 시도하기도 했으며 대 오리염색의 천연염색복원을 시도하기도 했다. 뿐만 아니라 문헌기록에 나와 있는 내용을 토 대로 전통채상기법의 복원을 재현하기 위해 노력하고 있다. 1995년 8월 1일 중요무형문화 재 채상장 전수교육조교로 인정받았다.

-

완초장 / 왕골공예
Wanchojang / Sedge Weaving

이상재 李相宰 1943. 7. 1 ~
경기도 강화군 교동면 읍내리에서 태어났다. 교동은 땅이 척박했기 때문에 옛 부터 왕골농 사를 지어왔고 농한기에는 왕골로 갖가지 제품을 만들어 팔았다. 이상재의 부모님도 완초 제품 제작을 부업으로 했는데, 완성품을 성공회 신부가 구입하여 영국으로 보내기도 했다. 이상재는 14세부터 왕골제품 만드는 기술을 배웠는데 어릴 적 앓은 소아마비 때문에 앉아 서 제작이 가능한 소품 만드는 일을 주로 배웠다. 기본 기술을 조부로부터 배운 후 복잡한 꽃삼합과 방석 등의 제작방법은 동네 어른인 유형식에게서 배웠다. 기술을 배우기 시작 한 지 3년 후 교동면에서 매년 열리는 왕골경진대회에 참가하여 1등을 하고 이를 계기로 완초 공예가의 길을 걷게 된다. 이상재의 작품은 완초의 올이 전체적으로 정연하며 장식한 무늬의 배치가 매우 자연스럽다는 평을 받고 있다. 또한 안과 밖이 완벽하게 일치하는 기술이 타의 추종을 불허한다는 평 가를 받는다. 기술이 무르익어 1963년과 1964년 강화민예품경진대회에서 대상과 금상을 수상한다. 1989년 제9회 경기도공예품경진대회 특선, 1994년과 1995년 전국공예품경진대 회 특선과 장려상을 수상했다. 1996년 중요무형문화재 제103호 완초장 기능보유자로 인정 받았고 2002년 인천광역시 표창장 수상 1999년부터 2003년까지 강화공예품경진대회, 화문 석디자인공모전 등 각종 대회의 심사위원으로 활동하였다.

유선옥 劉仙玉 1954. 9. 15 ~
완초장 보유자 이상재의 아내이다. 2004년 3월 20일 완초장 전수교육조교로 인정받았다. 1999년 전승공예대전에서 완초로 제작한 '다과세트'로 대통령상을 받았다. 이상재와 함께 무형문화재보유자작품전에 꾸준히 출품하고 있고 전승활동 역시 활발히 이어가고 있다.

양인숙 梁仁淑 1946. 5. 18 ~
2004년 3월 20일 무형문화재 완초장 전수교육조교로 인정되었다. 현재 강화완초전통보존회 회장으로 완초공예의 전승과 발전을 위해 노력하고 있다.

-

칠 장 / 옻칠장
Chiljang / Lacquerware

정수화 鄭秀華 1954. 9. 1 ~
서울시 동대문구 답십리에서 태어났다. 김봉룡의 문화생이었던 주현호의 공방에서 나전칠 기 기술을 배우기 시작했다. 1971년 주현호가 삼양동으로 이사를 하면서 이윤갑의 공장으 로 들어가 군 입대 전까지 칠일과 나전 일을 병행하면서 기술을 익혔다. 1979년부터는 독립하여 〈장안칠기〉라는 공방을 내고 창작활동을 시작하였다. 1985년에 의 정부로 공방을 옮겼다가 다시 1988년에 남양주 도농동으로 이주하여 2005년 3월까지 17 년간 한곳에서 작품 활동에 매진한다. 1986년부터 작품 활동으로 전승공예대전 입선, 장려상, 특별상 문화부장관상을 수상하고 전국기능경진대회 나전칠기부문에서 금메달을 수상했다. 1991년에는 나전장 기능보유자인 심부길에게 전수교육을 받고 1994년에 전수기능교육조교가 된다. 나전칠기제작자 김태희가 1990년 옻칠전수를 목적으로 〈사단법인 한국옻칠문화연구원〉을 설립하여 옻칠장인들에게 정제과정의 필요성을 알리고 정수화는 김태희에게 재래식 정제과정과 첨가제 사용법 등의 방법을 전수받는다. 전통적 기법인 교반식과 자신이 개발한 현대적 도구를 접목시켜 전승공 예계승뿐 아니라 옻칠 활용부문에 대한 발전에도 이바지하고 있음을 인정받아 2001년 3월 12일자로 중요무형문화재 제113호 칠장으로 인정 받는다.

이상목 李相睦 1967. 1. 2 ~
2008년 12월 30일 무형문화재 칠장 부문 전수교육조교로 선정되었다. 제3회 옻칠공예대전 에서 문화부장관상을 수상하였고, 서울 제36회 기능올림픽 대회 최우수상, 대한민국 공예대전에서 다수 수상했다.

-

염 장 / 발 만들기
Yeomjang / Bamboo Blind Making

조대용 趙大用 1950. 11. 3 ~
경상남도 통영군 광도면 노산리 출신이다. 대발 제작 일을 4대째 이어온 집안 출신이며 증 조부인 조낙신이 제작한 발은 철종에게도 진상되었다고 한다. 조대용은 어려서부터 1932년 제11회 조선미술전람회 공예부문에 출품하여 입선한 경력의 소유자인 조재규가 작업하는 것을 어깨너머로 보면서 일을 배웠다. 1974년 군 제대 후부터 본격적으로 대발제작을 시작 하였는데 첫 작품은 귀문으로 된 희자 문양 대발이었다.
1982년 나전장 송주안으로부터 문화재전문위원이었던 예용해를 소개받아 전승공예대전에 출품해보라는 권유를 받고 출품하여 최고상인 대통령상을 수상하였다. 1999년 신규공예종 목 발굴조사를 한다는 공고를 보고 응모하여 2년간의 조사를 거친 후

2001년 6월 27일 염 장보유자로 인정을 받았다. 통영대발의 존재를 알리는데 큰 역할을 했으며 제작도구들 중 나무집게와 발틀은 현재 경기도 남양주시 광릉산림박물관에 소장되어 있다. 현재 통영무형 문화재 보존협회 이사장을 맡고 있다.

-

대목장 / 건축장
Daemokjang / Traditional Wooden Architecture

배희한 裵喜漢 1908. 6. 19 ~ 1997. 11. 5
서울 용산 출신이다. 12세에 학교를 중퇴하고 14세에 철도청 소속의 일본 목수 밑에 들어 가 나무일을 처음 배우게 되었다. 1924년 17세에 도편수 최원식의 제자가 되었는데 스승인 최원식은 당시 조선에서 제일 이름난 목수였다고 한다. 그의 밑에서 끌질, 대패질과 같은 기초를 차례대로 익히고 20세부터 집을 짓기 시작하여 경기도 고양의 능곡관, 삼청동의 민영휘 가옥 사랑채에도 그의 손이 닿았다. 이 밖에도 화 성군 최기태의 가옥, 평안북도 구성군에 있는 최창학의 가옥을 지었다. 하지만 6.25전쟁으로 그도 활발한 활동을 하지 못하고 이태원 등지에서 미군들에게 값싼 베니어판으로 쉬운 가구 정도를 제작해서 판매하곤 했다고 한다. 이후 다시 연장을 잡은 것 이 50세가 넘어서이다. 용산구 도동의 남묘를 비롯하여 경복궁의 하향정, 성북동의 화가 서 세옥 가옥 등이 그의 작품이다. 또한 경복궁 경희루와 삼척의 죽서루 등 수많은 목조건축 문화재를 보수·수리하였다. 1980년 12월 국립민속박물관에서 열린 〈목공특별연장전〉에서 배희한이 쓰던 연장들을 빌려다가 전시하였다 1997년 노환으로 작고하였다.

이광규 李光奎 1918. 11. 7 ~ 1985. 11. 16
제1대 대목장 보유자로 경복궁 중건시 참여했던 도편수(현장책임자) 중 한 인물이다. 1982 년 6월 1일 무형문화재 대목장 기능보유자로 지정되었고 1985년 11월 16일 작고하였다. 최원식, 조원재로 이어지는 계보를 잇고 있다.

고택영 高澤永 1914. 7. 13 ~ 2004. 12. 19
전북 부안군 동진면 동전리에서 태어났다. 당숙인 고은천이 목수였기 때문에 29세인 1941 년부터 목공일을 시작하였다. 도목수 심태점에게서 한옥 목수일을 배우기 시작하여 1942년 에는 정읍군 운학동에 위치한 나용균 선생(전 국회부의장)의 가옥을 증축하는 것에 참여하 여 자질을 인정받았다. 이후 서울에 올라와서 종로에 위치한 조계사에서 대목공사가 있다는 소문을 듣고 찾아갔고 여기서 조원재를 만나게 되어 문하생이 되고 설계도본작성법, 먹줄치 는 법, 선자연 거는 법 등에 대해서 체계적으로 배우기 시작했다. 또한 스승은 조계사 대웅전 보수 시에 고택영에게 꽃살문을 짜게 했는데 그때 만든 문이 지 금도 남아 있다. 그때 꽃살문을 짠 실력을 인정받아 남대문 수리현장에도 종사 할 수 있었 다. 서울에 올라와서는 궁궐이나 사원의 법당건축 등 거대하고 복잡한 건물을 대하게 되자 민가 에서 하는 것과 같이 간단하게 되지 않았다. 그래서 1960년에 배회한 대목장에게서 사사하 게 되었고 이때, 충북 증원군 연풍면 정기용 박사 고택을 보수하면서 한옥건물의 해체 및 조립에 대해 배웠다. 또한 고건축 기능을 보유하면서 풍수지리를 연구하게 되었는데 어렸을 때 한문이 토대가 되어 풍수에도 일가견을 갖고 있었다고 한다. 그의 손을 거쳐간 고 건축 은 사찰로는 영암 도갑사 해탈문, 합천 해인사 장경판고, 구례 화엄사 대웅전, 장흥 보림사 대적광전 등이 있고, 일반 고 건축으로는 서울 남대문과 경복궁, 등이 있다. 1997년 3월 24일 중요무형문화재 대목장 기능보유자로 지정되었고 2004년 12월 19일 작고하였다.

전흥수 田興秀 1938. 11. 5 ~
충남 홍성 사람이다. 12살 때 수덕사에서 자랐다. 18세에 서울에 올라가 방황하다 결국 고 향으로 돌아왔고, 수덕사에서 목수 일을 하던 아버지를 돕기 시작했다. 이후 당시 충청도 지방의 유명한 대목장이었던 김중희의 문하에 들어가 체계적으로 고건축 기술을 배우기 시 작했다. 당시는 기술을 함부로 가르쳐 주지 않는다는 의식이 팽배해 있었기 때문에 경쟁이 치열했고 그 안에서도 기죽지 않고 정진한 끝에 건축 목공 기술을 10년 만에 모두 배우고 독립할 수 있었다. 독립 후 처음 맡은 일은1965년 전남 순천에 있는 한산사 대웅전을 보수하는 일이었다. 이 후 1970년대 말까지 남한산성의 동문과 남문 및 창덕궁 가정당 등을 보수했다. 1980년대 이후에는 수덕사와 홍주사, 봉국사, 금천선원, 용주사, 홍룡사, 장경사, 대광사, 삼천사, 망월 사, 칠봉사, 용담사, 보덕사, 기원정사, 마곡사, 월정사, 화엄사, 법주사, 봉덕사, 부석사 등 수십 개 사찰의 대웅전과 종각 등을 보수하거나 새로 만들었다. 1988년 10월 24일 한국 최초의 고건축 박물관인 〈한국고건축박물관〉 을 충남 예산에 개 관했다. 1990년대 (사)한국문화재기능인협회 회장을 9년간 역임했다. 1998년 제1회 허균문 화상, 2004년 제1회 대한민국문화유산상 등을 수상했다. 2000년 8월 22일 중요무형문화재 대목장 기능보유자로 지정되었으며, 〈고건축박물관〉을 통해 우리 건축의 과학성과 아름다 움이 널리 알려지길 희망하고 있다.

신응수 申鷹洙 1942. 4. 4 ~
1958년 충남 천안군 병천면에서 중학교를 졸업하고 1958년부터 1960년 까지 신강수, 박광 석 문하에서 한옥 주택 신축공사 일을 하다 1960년 대목장 이광규의 문하생이 되어 봉원사 와 종각의 보수를 한다. 1962년부터 1963년 까지 숭례문 중수공사에 참여했으며 군 제대 후 1966년부터 다시 대목일을 시작하여 오대산 월정사 대웅전 복원공사에 참여한다. 1970년 불국사의 무설전, 비로전, 관음전, 범영루, 좌경루의 회랑복원공사를 하는데 이때부 터 부편수의 자격을 얻었고 1975년 7월부터 1978년 11월까지 진행한 수원성곽 장안물, 창 용문 복원공사에서 도편수로 참가하게 된다. 1978년 7월 중요무형문화재 대목장 전승보유 자 후보로 지정되고 1991년 5월 전승보유자로 지정된다. 그의 손과 연장이 거쳐 간 한국의 목조 건축과 문화재는 셀 수 없이 많아 일일이 열거하기 힘들다. 1991년 대통령표창을 수 상했고 199년 8월 만해 예술상, 2002년 옥관 문화훈장, 2007년 대한민국 공로상 등을 수 상했다. 대목일을 체계적으로 알리고 정리하기 위해 〈천년 궁궐을 짓는다〉와 〈경복궁 근정 전〉을 펴냈다.

최기영 崔基永 1945. 2. 23 ~
1961년 당대의 도편수로 이름났던 김덕희의 문하에서 일을 배웠다. 당시 낮에는 건축일을 하고 밤에는 전통 건축물을 연구하는 식으로 대목 일을 깨우쳐 나갔고 선배들의 연장을 갈 아준다는 명목으로 빌어다가 연장의 사용법을 터득했다고 한다. 1997년 문화재청 지정 문화재수리기능자로 선정되어, 서울 봉원사, 경기 용문사, 강화 보 문사, 창경궁 등 수 백 채의 역사적 건물이 그의 손을 거쳐나갔으며 봉정사 극락전과 태조 왕건 사당 등이 그의 연장으로 인해 살아났다. 2000년 8월 22일 무형문화재 대목장 기능보 유자로 지정되었고 2000부터 2001년 까지 문화재청 수리기능자 심사위원을 역임한다. 2004년 10월 20일 옥관문화훈장을, 2010년 9월 17일 은관문화훈장을 수여했다. 2011년 충남부여에 백제시대의 건축과 탑 등을 재현한 〈백제역사문화구현단지〉를 완성하여 일생의 역작을 만들어 냈고 지금도 왕성하게 활동을 이어가고 있다.

김영성 金永成 1957. 8. 10 ~
1957년 전남 곡성 사람이다. 1977년 송광사와 경복궁 경회루 보수공사 등을 담당했던 고 택영의 제자이다. 스승과 함께 송광사의 침계루 보수작업을 했으며 전북 완주군 화암사 극 락전 해제공사를 비롯해 전주객사와 충남 연기군 보림사, 경남 진주군 용암서원 등의 보수 와 신축공사를 담당했다. 2000년 8월 22일 중요무형문화재 대목장 전수교육 조교로 지정됐 다. 현재 〈송광건축문화원〉에서 전승활동을 하고 있다.

문기현 文基賢 1965. 2. 5 ~
대목장 신응수의 수제자이다. 중요무형문화재 제74호 대목장 전수교육조교로 활동하고 있으 며 한국전통공예건축학교에서 대목반에서 강의하며 전수활동을 하고 있다. 〈대목-사진과 도면으로 보는 한옥짓기〉(2004)를 펴냈다.

-

제와장 / 기와만들기
Jewajang / Roof Tile Making

한형준 韓亨俊 1929. 1. 5 ~
전남 광산군 송정리에서 태어났다. 1940년 14살 즈음 현재 전남 보성군 한문리에서 기와공 장을 운영하고 있던 이모부 밑에서 심부름을 하며 시작한 것이 평생 직업의 시작이 되었다. 16세에 이모부 최길수가 장흥군 안량면 모령리에 고윤석과 함께 제와공장을 세우면서 따라 이주하였고 고윤석이 사망한 후 그곳을 인수하여 지금까지 계속 머물면서 작업을 하고 있 다. 1988년 8월 1일 중요무형문화재로 인정받았고 고윤석이 세상을 떠난 후 공장을 인수하 였다. 한국에서 조선기와를 생산하는 기와막은 10여개소 있으나 전통적인 제와시설과 제와 기법으로 기와를 생산하는 제와장으로는 유일하며 현재 숭례문 복구에 사용될 기와를 제작 하는 일을 총 지휘 하고 있다.

김창대 金蒼大 1972. 2. 9 ~
2009년 6월 22일 중요무형문화재 제와장 전수교육조교로 인정되었다. 스승 한형준을 도와 전수활동과 작업 활동을 꾸준히 해오고 있다.

석 장 / 돌 조각·건축장
Seokjang / Stone Masonry

이의상 李義祥 1942. 8. 9 ~

1942년 8월9일 일본 나라현에서 출생했다. 광복 이듬해에 귀국해서 전주에 거주하다 15세 무렵 〈대동공업〉에 취직을 한다. 이곳에서 대장간 일을 배웠는데 당시 전주 부근에 큰 저 수지 공사가 있었고 석공들의 연장이 쉬이 무뎌졌기 때문에 대장간을 자주 찾았다고 한다. 그것을 보며 자연스레 석공 일에 관심을 갖게 되었고 그때 나이가 17세였다. 석공 일을 배 우기로 했지만 스승이나 선배의 일하는 것을 보고 따라하는 것이 전부였다. 그러나 연장을 버리던 경험이 있었기 때문에 연장 다루는 일이 수월했고 일을 배우는 속도 가 빨랐다. 이후 서울로 상경한 이의상은 홍제동에 있는 채석장에서 일을 돌을 잘라서 마름 질하는 할석에서 가공까지의 과정을 배우면서 일했고 3년 후 독립을 한다. 그러나 5.16후 서울에 있는 채석장이 모두 문을 닫아 남원, 순천 등지에서 석축 쌓는 일을 했다. 1966년 군 제대 후 서울 왕십리의 무학 채석장에서 일하던 중 창덕궁 돈화문의 성벽을 쌓고 박석을 가공하는 일을 맡게 되었는데 그 일이 계기가 되어 울진 봉평신라비, 의성탑리오층석탑, 수 원 화성 화홍문 다리잇기 등 수많은 문화재보수와 복원작업을 하였다. 현재도 전국의 산성 복원과 정비 및 각종 석 구조물의 해체 와 보수 공사에 참여하고 있다. 구재를 버리지 않고 최대한 활용하여 이질감 없이 복원해낼 것을 강조하는 보유자는 철저한 사전답사로 돌의 재 질과 가공방법을 조사하고 원재료와 가장 가까운 돌을 구해서 하는 것을 원칙으로 삼고 있 다. 2007년 9월 17일 중요무형문화제 석장 석 구조물 기능보유자로 지정된다.

이재순 李在珣 1955. 12. 16 ~

전라남도 담양에서 출생했다. 1960년대 14살의 나이에 석공 일을 하고 있던 외삼촌들과 형 의 일을 도와주며 돌과 인연을 맺었다. 이들은 전라남도 광주의 석공현장에서 일을 하고 있 었는데 석공들의 임금이 다른 업종에 비해 높았기 때문에 외가 친척들이 석공 일을 많이 했 다고 한다. 당시 이름난 석공이었던 김부관과 김진영으로 부터 일을 배우기 시작하였는데, 김부관은 기단석 등 석구조분야로, 김진영은 조각 일을 전문으로 하는 쪽이었다. 1970년 이재순은 서울 창동에 있던 김부관의 작업장을 찾아가 돌의 평면을 다듬는 치석작 업을 할 수 있을 정도의 기량을 닦는다. 이후1972년 망우리에 있던 김진영의 작업장인 〈신 진석재〉에 입문하여 이때부터 본격적인 석조각 일을 하기 시작하여 7년 정도가 시간이 흐 르자 전체조각을 할 수 있을 정도의 기량이 된다. 1977년 22세라는 젊은 나이에 국제기능올림픽 석공부문에서 금메달을 수상한다. 1979년 〈대한석상〉이라는 이름으로 독립하여 자신의 작업장을 내고 독립하여 조각공부에도 매진한 다. 또한 불교조각분야에 기량을 보여, 문화재보수재현작업에도 참여하였고 원정사 석조보 살좌상과 거돈사 원공국사승묘탑, 북관대첩비 등의 재현에 참여한다. 현재 (사) 한국문화재 기능인협회 회장직을 맡고 있으며 대통령 표창과 동탑산업훈장을 수여받았다. 2007년 9월 17일 중요무형문화재 석조각 기능보유자로 인정받았다.

-

번와장 / 기와 잇기
Beonwajang / Tile Roofing

이근복 李根馥 1950. 5. 18 ~

전북 임실 출신으로 목수였던 아버지의 영향을 받아 어릴 적부터 기와 올리는 일에 관심을 갖기 시작하였다 1970년 번와 일을 배우기 위해 서울로 올라와 기성길을 만나게 되었고 이 후 이금천과 우연식 선생에게서도 기술을 전수받는다. 기성길은 1967년 작고 전 까지 숭례 문과 불국사 대웅전, 부석사 무량수전 등 국보급 문화재의 번와공사에 참여했던 장인이며 이금천도 창덕궁 내 건축물과 종묘의 정전 등의 번와 공사를 담당한 장인이었다. 이전에는 기술을 전수하면 밥그릇을 뺏긴다는 의식이 있었다고 하나 이근복의 부지런한 모습을 보고 기술을 전수해 주었다고 한다. 1980년대 중반부터는 문화재 보수 일을 할 수 있었고 문화 재수리기능을 인정받아 2002년 문화재청으로부터 표창을 받고 2004년 명지대학교 산업대 학원에서 지도자과정을 수료한다. 2008년 문화예술대상을 수상하기도 한다. 2008년 10월 21일 중요무형문화재 제121호 번와장이 종목 지정되면서 보유자로 인정받는다. 숭례문과 종묘, 봉정사 극락전 및 국보급 문화재의 공사를 맡아하고 오대궁 공사, 청와대 별관, 일본 후쿠오카 영사관 등의 시공을 하였다.

-

낙죽장 / 대나무 불 그림·글씨
Nakjukjang / Bamboo Pyrography

이동연 李同連 1906. 10. 22 ~ 1985. 3. 13

1969년 11월 29일 중요무형문화재 제31호 낙죽장 기능보유자로 인정되었다. 아들이 죽제품공장을 운영했기 때문에 그곳에서 생산되는 물품에 낙죽을 했다고 한다. 1983년에 담양 에 거주하고 있었는데, 당시 이미 몸이 불편하여 작품 활동은 못하는 상황이었다고 한다. 1985년 3월 13일 작고했다.

국양문 鞠良文 1914. 2. 7 ~ 1998. 11. 30

전라남도 담양에서 대대로 대나무 공예를 전승해온 집안에서 태어났다. 삼촌인 국판동과 국 채훈에게 낙죽 및 참빗 만드는 기술을 배우며 성장하였다. 10세 때 참빗을 만들어 판매 할 정도로 기량이 뛰어났고, 이후 독보적인 경지를 이루었다고 한다. 전라남도상공민속공예전에서 우수상(1984)을 받았고, 대한민국전승공예전에서 입선하 였다. 자신이 만든 작품에 낙으로 자신의 성인 '국' 자를 새겨 넣었는데 이것은 일종의 상표 같은 역할을 했다. 현재 낙죽장 보유자인 김기찬의 소개로 당시 문화재 위원이었던 김종태 가 조사하여 1987년 1월 5일 무형문화재 낙죽장 기능보유자로 인정된다. 1998년 작고하였 다.

김기찬 金基燦 1955. 12. 27 ~

경기도 광주군 중부면 복정리 출신이다. 평소 친분이 있었던 장도장 박용기의 추천으로 낙 죽을 배우기 시작하였고 1983년 초 담양에 내려가 낙죽장 1세대 보유자인 이동연에게 배우 기 시작하여 6개월 후 전수 장학생이 된다. 그러나 1985년 이동연이 갑자기 타계하여 이수 자가 될 수 없었다. 하지만 포기하지 않고 전승공예대전에 해마다 작품을 출품하여 3년 후 문화재청으로부터 이수증을 받을 수 있었다. 이후 1985년 전라남도공예품진흥대회 에서 우 수상, 1986년 장려상 1987년 최우수상을 연이어 수상하는 쾌거를 이룬다. 현재 전라남도 보성군 문덕면용암리 서재필기념공원 안에 위치한 〈계심헌공예미술관〉에서 낙죽공예의 우 수성을 알리고자 노력하고 있다.

-

궁시장 / 활 만들기
Gungsijang / Bow and Arrow Making

김장환 金章煥 1909. 2. 3 ~ 1984. 7. 5

지금의 인천시 부평구 작전동에서 태어났다. 조부인 김원재가 활을 만드는 기술에 능했다고 한다. 1923년부터 제궁업에 종사하였는데 그가 제작한 활은 부천활 또는 태평궁이라고 불 렸다. 1977년 3월에는 아들 김기원과 함께 〈한국의 궁시〉라는 활에 관한 책을 만들어 활의 역사와 제작과정 그리고 활 쏘는 자세와 쏘는 방법 등을 소개하였다. 1971년 9월 13일 제 궁 기술을 인정받아 중요무형문화재 제47호 궁시장 기능 보유자로 인정되었다. 1984년 7월 5일 작고하였다.

권영록 權寧錄 1916. 3. 12 ~ 1986. 5. 10

부친 권태전에게 17세부터 제궁기술을 배웠으며 초기에는 개성에서 활동하였다. 1947년 전북 전주시로 이사하여 제궁업을 이어가다가 6.25전쟁이 발발하여 1958년까지 작업을 중단 하였다. 1958년 경북 예천군 예천읍 남본동으로 이주하여 작업을 이어가다가 1986년 5월 10일에 작고하였다. 단궁과 장궁의 제작기술이 뛰어났으며 1971년 9월 13일 중요무형문화 재 제47호 궁시장 기능보유자로 지정되었다.

장진섭 張鎭燮 1916. 1. 18 ~ 1996. 4. 17

서울에서 4대째 이어오는 궁장 집안 출신이다. 조부인 장문환은 오궁골 장궁방이라 불리며 궁중에 납품하던 장인이며 부친 장기홍도 고종황제(1863~1907)가 즐겨 애용했다는 〈호미 명각궁〉을 만든 장본인이다. 15세 부터 활 일을 배우기 시작하여 가업을 도우며 초등학교를 마친 그는 18세 되던 해에 서울 수하동 상업전수학교 야간부를 수료하고 〈경성일보서무계〉에서 근무하였다. 2년 후 만주 신경의 〈만몽일보사〉로 자리를 옮겼는데 6개월 후에 부친이 결핵에 걸렸다는 소식을 접하고 귀국하여 가업을 이었다. 1970년 존슨 미국대통령 방한 시 장진섭이 제작한 활을 선물하였고, 박정희 대통령이 애용하던 활도 그의 작품이었다고 한다. 1971년 중요무형문화 재 47호 궁시장 기능 보유자가 되었고 1996년 4월17일 작고하였다.

김박영 金博榮 1929. 8. 9 ~ 2011. 4. 11

경상북도 예천군 예천읍 왕신리에서 태어나 대창고등공민학교를 졸업하였다. 부친이 예천에 서 알려진 궁장이었기 때문에 15세부터 활 만드는 법을 배웠다. 부친이 17세 때 사망하자 고종사촌형이치우밑에서3년정도제궁기술을 배웠다. 35세 때 예천 궁장인 권오규의 권유로 다시 제궁업을 시작하고 경기도 활 제작법을 배우기 위해 경기궁명인 김장환의 문하생으로 들어갔다. 1971년 스승 김장환이 무형문화재 47호 궁시장 기능보유자로 지정되고 1977년 9월 16일 전수장학생 심의를 거쳐 이수자가 되었다. 1984년에 김장환이 사망하자 그의 아들 김기원과 함께 뒤를 이었지만 김기원이 교통사고로 사망하였고 김박영이 김장환의 활공장을 인계받았다. 1990년 10월에 보유자 후보로 선정되 었고 1996년 12월 10일에 시장 유영기와 함께 궁시장 기능보유자로 지정되었다. 2011년 4월 11일 타계하였으며. 그의 아들 김윤경이 전수교육조교로 뒤를 잇고 있다.

이석훈 李錫勳 1919. 5. 12 ~ 1980. 12. 11
6.25 전쟁 시기 개성에서 내려와 정착하였다. 1971년 9월 13일 중요무형문화재 궁시장 기 능보유자로 인정되었고 1973년 인간문화재작품전에 참여하였다. 1980년 12월 11일 작고하 였다.

박상준 朴商俊 1914. 4. 6 ~ 2001. 8. 24
경기도 고양군 원당면 주교리에서 태어났다. 아버지 박희원이 지방의 궁수로 화살을 만들기 시작한 것이 나중에는 가업이 되었다. 18세부터 가업을 이어 70여 년간 죽시 제조에 종사 하였다. 고향인 원당에서 시작하여 경기도 부천군 계양면 병방리를 거쳐 인천시 부평구 산 곡동에서 만년까지 화살작업을 했다. 1976년 6월 당시 문화재위원이었던 예용해와 이종석에 의해 궁시장 보유자 지정을 위한 조사가 이루어졌고 1978년 2월 23일 조명제 시장과 함께 기능보유자로 지정되었다. 후계자 양성에도 노력하여 아들인 박호준이 궁시장 보유자 의 뒤를 이어 현재까지 가업을 계승하고 있다. 2001년 8월 24일 작고하였다.

조명제 趙命濟 1915. 5. 30 ~ 1980. 6. 9
경기도 장단군 장단면 덕산리 출생이다. 그의 조부 조성관은 화살을 손수 만들어 사용하기 시작한 것이 계기가 되어 나중에는 울산 병영에 소속된 시장이 됐다고 한다. 부친 조면보는 조부로부터 화살 제조 기술을 배웠고 경기도 장단으로 이사하여 제시업에 종사한 듯하다. 조면보는 부친의 기법을 더욱 발전시켰고 경기도와 전라도에서 활동했다고 한다. 조면보의 누이가 궁시장 기능 보유자인 유영기의 조부인 유창원과 결혼함으로써 양가는 친척이 되었 고 함께 장단에서 제시업을 하고 있었기에 서로 왕래가 많았던 것으로 짐작된다. 조명제는 부친이 1937년 5월 7일 59세로 사망하자 19세에 혼자 전방을 경영했지만 이후 장단을 떠나 전라남도 여수로 이주하였다. 여수에서는 군자정에서 전방을 운영하다가 1945 년에 다시 경남 마산의 추산정으로 자리를 옮겨 화살을 제조하였다. 이후 1969년에는 마산 공설운동장 옆 궁도장인 용마정의 관리인이 된 것을 계기로 관리숙사에 전방을 마련하고 죽 시 제조에 종사하였다. 1976년 11월 전통공예기능보존협회가 조명제의 무형문화재 기능 보유자 지정을 건의하고 그 해 12월에 지정 신청서를 제출함으로써 1977년 9월 문화재위원회에서 그의 기능을 인 정하여 보유자로 지정할 것을 결정하였다.. 1978년 2월 보유자로 공식 지정되었고 1980년 6월 9일 작고하였다.

유영기 劉永基 1936. 9. 29 ~
경기도에서 가장 활발하게 화살제작이 이루어졌던 장단 출신이다. 할아버지인 유창원부터 아버지 유복삼까지 화살방을 운영하였다고 한다. 6.25전쟁이 일어나자 강화로 피난하였고, 이 후 경기도 파주군 아동면 금촌리에 화살방을 다시 열었다. 아버지 유복삼은 1961년 예 용해에 의해 인간문화재 탐방 기사가 보도될 때만 해도 국내에서 가장 잘 알려진 시장이었 으나 1968년 타계하여 무형문화재 보유자지정을 받지 못했다. 유영기는 1948년 장단국민학교를 졸업하고 이듬해부터 가업인 화살제작기술을 배우며 화 살 제조에 입문하였다. 본격적으로 전념하게 된 것은 6.25전쟁 이후로, 1968년에 부친이 작고한 후 화살방을 운영하며 장단화살의 전통을 계승하였다. 1991년 〈우리나라의 궁도〉라 는 책을 펴냈으며 1992년에 보유자 후보로 선정되었고, 1996년 12월 10일 무형문화재 제 47호 궁시장 기능보유자로 지정이 되었다. 2001년 5월 경기도 파주시 탄현면 법흥리에 우 리나라 최초의 활·화살 전문박물관인 〈영집궁시박물관〉을 개관했다.

유세현 劉世鉉 1964. 12. 29 ~
2004년 3월20일 무형문화재 궁시장부문 시장 전수조교로 인정받는다. 2012 개인전 중요무 형문화재 기획행사 〈2012 살장이전〉, 2011 중요무형문화재 합동 공개행사 〈천공을 만나 다〉, 2010년 제1회 전통공예 미래전, 2009 보유자 작품전 〈아름다운 삶 우리 공예〉에 참여했다.

김성락 1969. 2. 14 ~
2001년 신라문화재에서 3위를 했으며 창원시 진해구 전통공예협회 회원을 지냈다. 현재 경북 예천에 위치한 〈국궁 전수관〉 관장을 맡고 있다. 2009년 9월 17일 무형문화재 궁시 장 전수조교로 인정받는다.

박호준 朴浩濬 1944. 11. 4 ~
조부인 박희원과 부친 박상준이 모두 화살을 만들었기 때문에 어릴 때부터 자연스럽게 화살 제조에 참여하면서 기술을 익혔다. 고등학교를 졸업 후 본격적으로 부친을 가업을 계승하였 다. 1978년 2월 23일 부친이 보유자로 지정된 후 전수 장학생으로 선정되고 1982년 4월 1일 전수교육조교가 되었다. 2001년 부친 박상준이 사망하자 현재 인천광역시 부평구 산곡 동에서 가업을 계승하여 제시업에 종사하고 있다. 2008년 5월7일 중요무형문화재 궁시장 보유자로 인정받는다.

-

전통장 / 화살 통 만들기
Jeontongjang / Quiver Making

김동학 金東鶴 1931. 1. 24 ~
충북 단양에서 태어났다. 통정대부를 지냈던 증조부 김종연 부터 대를 이어 온 전통 제작기 술이 김동학까지 전수되어 생업이 되었다. 부친이 전통 제작하는 모습을 보며 기술을 눈으 로 익히다가 6.25 전쟁이 끝나고부터 자신이 제작한 전통을 내다팔기 시작하였고 1958년부 터 본격적으로 전통을 제작했다. 당시에는 전국에 활 쏘는 운동이 일어나 전통의 수요가 급증했고 1970년도까지 무척 번창 하였다. 그러나 현대로 접어들면서 점차적으로 수요가 줄어들었고 화살통은 일종의 사치품 이었기 때문에 판매를 한다 해도 수지가 맞지 않았다. 게다가 한번 구입을 하면 평생 사용 하는 제품이었기 때문에 화살통을 제작하는 일은 점점 쇠퇴한다. 그러다 1972년 인간문화재 공예전에 출품을 하고 솜씨가 알려지면서 1979년 박정희 대통 령의 전통을 제작하는 일과 레이건 대통령, 일본의 후쿠다 수상이 방한했을 때 김동학이 제 작한 전통을 선물했다. 1981년부터 1983년까지 전승공예전에 꾸준히 출품하여 특별상과 장려상, 문화공보부 장관상을 수상했고 1985년 한국미협 경상북도 공예분과위원장을 역임 했다. 1987년 제12회 전승공예전에서 장관상을 수상했으며 1989년 6월15일 중요무형문화 재 제93호 전통장 보유자로 지정된다.

-

벼루장
Byeorujang / Korean ink stone

이창호 李昌浩 1926. 10. 21 ~ 1990. 7. 20
청양 태생이다. 16세에 이당 김은호 밑에서 그림을 사사받았다. 17세에 조선미술전람회에 서 〈성지〉라는 회화 작품으로 입상하였다. 이후 징집을 피해 낙향하여 22세에 충남 보령군 대천읍에 자리 잡는다. 대천은 옛 부터 농한기에 주민들이 벼루를 만들며 소일했던 곳으로 예술적 감각이 있었던지라 벼루공예에 흥미를 느끼고 배우기 시작하였다. 금새 실력이 일취월장했고 1965년 이후로는 공예에 더 빠져 각종 공예대전에도 출품하며 이름을 알렸고 벼루공예 부문의 독보적인 존재가 된다. 1989년 12월 1일 중요무형문화재 벼루장 기능보유자로 지정되지만 후계자가 없어 기술이 이어지지 못하고 1990년 7월 20일 작고하여 맥이 끊긴 상황이다.

-

금속활자장
Geumsokhwaljajang / Metal Movable Type Making

오국진 吳國鎭 1944. 7. 15 ~ 2008. 3. 24
충북 청원군 현도면 달계리 182번지에서 태어났다. 한학자인 할아버지에게 글을 배웠고 1964년 대전공업고등학교 토목과를 졸업한 후 토목회사와 주물공장에서 근무했다. 어릴 적 부터 금석문과 서예를 교육 받아온 그는, 1972년 파리에서 열린 〈책의 역사 종합전람회〉에 서 공개된 고려시대의 〈백운화상초록불조직지심체요절〉를 인쇄한 방법에 관한 논쟁을 보며 활자에 관심을 갖게 된다. 그 후 1975년부터 쇳물을 녹여 활자를 만드는 방법과 함께 우송 이상복에게서 금석문을 비롯한 고증학과 서예를 배웠다. 그리고 성오 신학균에게서는 각자기술을, 친척지간인 각자 장 기능보유자 철제 오옥진으로부터 서각기법을 전수받았다. 1992년 청주 북문로에 〈동림 서관〉을 열고 고문서를 활자로 복원하는 작업을 시작하여 1만3357자에 이르는 『직지』 하권과 〈월인천강지곡〉의 첫째 장, 〈대동여지도〉, 〈무구정광대다라니경〉 등의 재현에 성공 한다. 보유자가 당시 재현해낸 작품들은 현재 모두 청주에 위치한 〈고인쇄박물관〉에 전시 돼 있다. 우리활자를 복원하고 제작방법을 실증적으로 재현해낸 기능자로 인정되어 1996년 2월 1 일 중요무형문화재 101호 금속활자장으로 지정되었고 2007년 9월 17일 명예보유자로 추대 되었다. 1998년 12월29일에는 올림픽기장문화상을 수상했다. 2008년 3월 24일 지병으로 작고하였다.

임인호 林仁鎬 1964. 12. 20 ~
충북 괴산군 연풍면에서 태어났다. 1984년에 서각에 입문하였고 3년이 지난 1987년부터 신영창에게 정식으로 배웠다. 1992년 자신의 고향에 스승의 호를 딴 〈무설조각실〉을 차렸 다. 그리고 1997년 10월 중요무형문화재 제101호 금속활자장 기능보유자인 오국진의 제자 로 들어가 본격적으로 금속활자를 배웠다. 그 후 7년을 꼬박 조각칼과 쇳물, 활자와 씨름하 여 2004년 3월 금속활자 전수교육조교로 지정된다. 오국진을 도와 〈백운화상초록불조직지심체요절〉복원에 힘을 보탰고 오국진이 사망한 뒤 2009년 12월 3일 제2대 금속활자장 기능보유자가 되었다. 2007년부터 조선시대 주요 활자 복원을 시작하여 계미자와 경자자, 병진자, 한구자, 율곡전서자 등 금속활자 30종과 동국정 운자, 인경목활자 등 목활자 8종의 복원에 성공했다. 또한 〈직지〉의 상·하권 3만 자 가운데 5천여 자를 복원하는데 성공했다.

-

배첩장 / 서화수복 보존 장
Baecheopjang / Mounting

김표영 金杓永 1925. 11. 10 ~
청주 출신으로 배첩기술로 이름난 사촌형 윤병세의 작업실에 갔다가 14세부터 배첩 기술을 배우기 시작했다. 광복 이후 경찰학교에 들어가 3~4년 경찰로 근무했으나 1953년 다시 배 첩 일을 시작하였고 인사동에서 고서화 배첩으로 실력이 알려진 〈박당표구사〉의 김용복 밑 에서 기술을 전수받는다. 이후 독립하여 〈영일 표구사〉를 열고 인사동에서 25년, 갈현동에 서 20년 정도 일했다. 2004년 경기도 일산 백석동에 작업실을 열었다가 충북무형문화재 제7호 배첩장 홍종진의 부탁으로 청주로 돌아와 흥덕구 봉명2동에 자리한 〈배첩전수교육관〉에서 작업과 전수활동 을 하고 있다. 1973년 지류문화재 수리기능사 자격을 취득하고 1978년부터 규장각과 국립 중앙도서관과 같은 주요 기관의 지류문화재 수복과 복원을 담당했고 그의 손을 거쳐 간 문 화재는 수백 건이 넘는다. 1996년 3월 11일 중요무형문화재 제102호 배첩장 기능보유자로 인정받았다.

-

윤도장 / 나침판 만들기
Yundojang / Geomantic Compass Making

김종대 金鍾垈 1934. 2. 1 ~
전라북도 고창군 성내면 산림리 낙산마을 출신이다. 백부가 윤도를 제작하는 모습을 보며 자랐기 때문에 어려서부터 손재주가 남달랐다. 1963년 군 제대 후 윤도일과 작업도구를 백 부로부터 물려받았지만 기술전수를 받지 못했기 때문에 혼자 일을 시작할 수 없었고, 다른 일과 병행하며 틈틈이 사촌형에게서 윤도 제작을 배웠다. 약 2년 후 윤도 제작의 세세한 과 정까지 익힐 수 있었고 윤도는 낙산마을에서 만들어야 한다는 인식 때문에 평생 마을을 떠 나지 않고 윤도를 제작하며 3대째 윤도 제작의 기법을 이어 명맥을 유지하는데 노력하고 있다. 1996년 12월 중요무형문화재 윤도장 기능보유자 인정받았다.

김희수 金熙秀 1962. 11. 19 ~
윤도장 김종대의 맏아들이다. 2007년 9월 17일 전수교육조교로 인정되어 윤도장 제작 기술 을 이어오고 있다. 대한민국 전승공예대전에서 장려상과 특선, 입선을 수상하였다.

한지장 / 종이뜨기
Hanjijang / Korean Paper Making

류행영 柳行永 1932. 5. 10 ~
전북 완주군 삼례면 석전리에서 태어났다. 일제시대 군용지를 제조하는 일을 하던 김갑종을 소개받아 1951년부터 전통한지제조법을 전수받았고 지금까지 한길을 걷고 있다. 1959년 〈전주제지공업사〉에 입사하였고 이후 전남 장성군에 있는 제지공장과 1970년 마석 에 있는 장성환의 공장에서 일하였다. 1973년에는 공장을 인수받아 〈영신제지〉를 운영하였 다. 이후 부산소재의 〈삼백물산〉과 안동에 있는 〈옹천제지〉를 경영하다가 1987년 경기도 용인시에 한지 연구소 겸 지방을 개설하여 지금까지 오고 있다. 한국한지작가협회원, 기술 표준원의 한지표준화사업 자문위원, 한솔제지 전통한지재현 자문위원 등으로 전통한지연구 에 많은 기여를 했다. 각종 대학 강의와 제작시연을 하며 전통한지 전파와 후학양성에도 노 력을 기울였고 2001년에는 한국인명사전에도 등록되었다. 2004년 한국산업인력관리공단 전통기능전승자로 선정되어 전통한지연구에 더욱 매진할 수 있는 기틀을 다진다. 닥나무와 황촉규를 직접 재배하고 잿물에 관한 특성과 차이를 정확하게 이해하여 적용하는 기술이 뛰 어나며 닥섬유를 틀에 올려 얇거나 혹은 두껍게 떠내는 초지기술의 우수성을 인정받았다. 2005년 9월23일 중요무형문화재 제117호 한지장으로 지정되었고 2008년 12월 30일 명예 보유자로 격상된다.

장용훈 張容熏 1937. 11. 26 ~
전남 장성이 고향으로 조부와 부친의 대를 이어 한지 제작 일을 이어오고 있다. 17살에 처음으로 한지를 제작하였는데 당시는 6.25전쟁 중이었다고 한다. 부친은 아들이 한지를 제 작하는 것을 좋아하지 않았지만 만류하지는 않았고 그렇게 평생작업을 시작하였다. 6.25전쟁 이후 공문서 복원 사업으로 한지 수요가 늘어나서 많은 돈을 벌었지만 불안한 시대상 때문에 마음이 편하지 않았다. 또한 1970년대에 양지가 보급이 되면서 한지의 수요 가 급격하게 줄어들기 시작하고 한지 만드는 일도 사양 산업이 되었다. 1970년 얼마 남지 않은 돈을 털어 닥나무 품질이 좋은 경기도 가평으로 이사를 하고 공장 을 세웠지만 홍수가 나서 큰 피해를 입었다. 하지만 꾸준히 작업을 이어갔고 적은 수요였지 만 시간이 지나면서 찾는 사람이 생겼다. 국내외의 서예가와 화가들이 작품을 찾기 시작했 고 이름을 알려 전시도 열었다. 2010년 2월 11일 중요무형문화재 한지장 기능보유자로 지 정되었으며 장씨 가족이 종이 만드는 공방이라는 뜻의 〈장지방〉의 수장으로서 자리를 지키고 있다.

홍춘수 洪春洙 1942. 11. 18 ~
전라북도지정 문화재를 거쳐 2010년 2월 11일 중요무형문화재 한지장으로 승격되었다. 가 업을 〈청웅한지〉라고 이름 짓고 고령의 나이에도 꾸준히 작업을 하고 있다. 2011년 제15 회 전라북도 전승공예연구회 전통한지 작품전에 참여하였고, 국립민속박물관에서 열린 대한 민국 기능전승자 작품전 에 참가하였다. 현재까지 중요무형문화재보유자작품전에 꾸준히 참 가하고 있다.

-

악기장
Akgijang / Musical Instrument Making

김광주 金廣胄 1906. 8. 9 ~ 1984. 4. 8
전라남도 보성군 벌교면 천시리에서 태어났다. 유년시절 전주로 이사하여 제 2보통학교를 졸업한 후 목공을 시작하여 가구점을 운영하였다. 25세부터 소문난 악기장이었던 부친 김명 칠로부터 가야금 등의 제작법을 전수받았다. 이후 자신이 운영하던 가구점의 이름을 〈조선 율기제작소〉로 바꾸고 악기제작에 전념하였다. 1946년부터는 〈대한고전악기제작소〉를 운 영하였다. 현악기 제작에 뛰어났고 많은 명기를 제작하였다고 한다. 1971년 2월 24일 중요 무형문화재 제42호 악기장 기능보유자로 인정받았고 1984년 4월 8일 타계하였다.

박균석 朴均錫 1919. 11. 21 ~ 1989. 5. 6
전라남도 담양 출신이다. 1930년 광주로 이주하여 당숙인 박귀옥의 어깨너머로 소리북과 풍물 북 메우기를 배웠다. 1934년부터 서울에 올라와 종로구 현저동에 북을 제작하는 공방 을 차렸으나 6.25전쟁이 일어나 어려워졌다. 이후 국립국악원의 악기장으로 일하고 있었던 강상권에게 다시 악기제작 일을 전수받았으 며 1962년부터 국립국악원, 서울대학교 음악대학 국악과 등의 교방고·좌고·용고·삭고·응고· 노고·영고등 궁중음악에 사용되는 북을 제작하였고, 불국사를 비롯한 각 사찰의 법고를 제 작하였다.

1961년 12월에는 문헌으로만 전해온 전통 북을 재현하는 것에 성공하였다. 1979년 제4회 인간문화재공예전에 법고를 출품하여 대통령상을 수상하였고 1980년 중요 무형문화재 악기장 기능보유자로 인정되었다. 1989년 작고하였다.

윤덕진 尹德珍 1926. 3. 7 ~ 2002. 1. 5
4대째 북메우기 기능을 잇고 있는 장인집안 출신으로 경찰을 그만두고 순천에서 북 제작을 하다. 서울로 올라와 본격적으로 작업을 시작했다. 1991년 5월 1일 무형문화재 악기장 북 제작 보유자로 인정받았다. 제작했던 북의 종류는 소리북, 줄북, 무당북, 용고, 내고, 좌고, 노고 등 17종류이다. 86년 아시안게임, 88년 서울올림픽개폐회식에 사용된 용고를 비롯해, 청와대 앞의 문민고도 제작 하였다. 2002년 작고하였다.

이영수 李永水 1929. 12. 25 ~
전라남도 정읍군 응동면 산성리에서 태어났다. 1954년 2월부터 김붕기의 제자로 들어가 악 기 제작을 시작한다. 1962년 1월에 독립하여 1972년까지 서울시립국악관현악단 전속 악공 으로 일하면서 관현악단 단원들의 악기를 제작하고 수리해주었다. 1972년 4월부터 국립국 악고등학교의 전속악기 수리공과 악기 제작공으로 일하였다. 1974년 일본 동경대학교의 현악기 일체를 제작하였다. 1979년 전승공예대전에 향비파를 출품하여 입선하였고, 1984년에 는 거문고를 출품하여 장려상을 수상한다. 1991년 중요무형문화재 제 42호 악기장으로 인 정받았고 1997년부터 현재까지 전승공예대전 심사위원을 역임하고 있다.

고흥곤 高興坤 1951. 1. 26 ~
전라북도 전주에서 태어났다. 어릴 적 악기장 기능보유자인 김광주의 옆집에 살았다. 고등 학교 졸업 후 건설업을 잠시 했는데 김광주가 고흥곤의 부모님을 설득하여 악기제작 일을 배우기 시작했다고 한다. 1970년 5월 김광주의 문하생으로 입문하여 악기제작에 관한 기능 을 전수받고 1975년 독립하여 종로구 숭인동에 공방을 차린다. 1981년부터 1987까지 전승 공예대전에 출품하여 입선 및 장려상을 수상했고 1982년 국립민속박물관에 풍류가야금을 납품한다. 정악가야금 복원에 열중하여 1985년 제10회 전승공예대전에서 국무총리상을 받 는다. 1990년 10월에 중요무형문화재 제42호 악기장 보유자 후보가 되고 1997년 3월24일 에는 보유자로 인정되었다.

김현곤 金賢坤 1935. 12. 15 ~
중요무형문화재 제42호 악기장 편종·편경 제작 보유자로 2012년 7월 23일 새로 지정되었 다. 편종과 편경은 궁중음악의 필수 악기이지만 수요가 워낙 한정돼 있어 제작기술 전승이 쉽지 않다. 전북 순창에서 출생하였고 서울에서 고등학교 재학 중 이왕직 아악부 1기생이었 던 이병호를 만나 작업실에 드나들며 악기제작을 배우기 시작하였다. 이후 18세부터 자신의 악기점을 종로에서 운영하는데 당시에는 서양악기를 다루었다고 한다. 그러다 1983년 당시 국립국악원 원장이었던 한만용과 알게 되고 국악기를 복원하고 수리 해보지 않겠냐는 제안 을 받아들여 시작한 것이 오늘에 이르렀다고 한다. 당시 김현곤은 국립국악원에 출근하다시 피 하여 수장고에 있는 악기를 하나하나 수리, 복원 하는 일을 했으며 지금도 국립국악원에 당시 복원해낸 비파가 소장되어 있다고 한다.

김영렬 金寧烈 1950. 8. 16 ~
전라북도 익산에서 출생하였다. 1975년 부인 고옥례의 소개로 고흥곤을 알게 된다. 고흥곤 이 김광주의 문하에서 악기제작기술을 배울 것을 권하여 1980년부터 김광주의 국악기 연구 원에 입문한다. 1989년부터 전승공예대전에 출품하여 입상을 했고 1997년에 악기장 이수 자격을 취득한 후 2004년 3월 20일 전수교육조교로 선정되었다.

이동윤 李東允 1956. 5. 10 ~
인천 부평에서 악기장 이영수의 장남으로 태어났다. 아버지의 일을 돕다가 1981년 군대제 대 후 본격적으로 악기 제작 일에 뛰어든다. 1992년 전수 장학생이 되고 1993년 전승공예 대전에 거문고를 출품하여 입선한다. 1995년에 이수자자격을 취득하고 1995년 8월 1일 전 수교육조교로 선정된다.

윤종국 尹鍾國 1961. 2. 28 ~
구례 출신으로 악기장 기능보유자 윤덕진의 장남이다. 17세부터 부친에게 본격적으로 북메 우기를 배우기 시작하였다. 현재는 형제가 모두 가업을 잇고 있는데 윤종국은 북 메우기를 담당하고 윤신은 단청을, 윤일권과 윤권, 김연수는 북통을 담당하고 있다. 부친의 뒤를 이어 <한국전통 북 연구소>를 운영하고 있으며 부친 윤덕진이 1991년 북메 우기 기능보유자가 된 후 이수과정을 거쳐 1995년 전수교육조교로 선정되었다. 1986년 아 시안 게임 개막식과 2002년 월드컵 폐막식에서 그가 제작한 대고와 줄북이 사용되었다. 2011년 청와대 대통령 집무실에 신문고를 제작설치하였으며, 불국사, 통도사, 용문사, 쌍용 사, 백담사, 화엄사 등 전국 절에서 그가 제작한 대법고를 사용하고 있다.

윤신 尹信 1963. 5. 29 ~
서울출생이다. 고등학교를 졸업한 1982년부터 부친을 도와 북 만드는 일을 시작하였다. 부 친이 북 단청에 손이 모자라 품을 사오는 것을 보면서 독학으로 단청공부를 시작하였고 지 금까지 담당하고 있다. 1995년 이수자격을 취득하였고 1997년에 전수교육조교로 선정되었 다.

이정기 李廷耆 1957. 10. 17 ~
충남공주 출신이다. 중학교 시절 서울로 올라와 1974년 서대문구 현저동에 있던 박균석의 공방에서 북 제작을 하던 김해영의 권유로 박균석의 공방에 입문한다. 1982년 전승공예대전에서는 장려상을 수상하였고 1985년부터 1992년까지 전승공예대전 에서 입선을 한다. 1984년 북메우기 이수자자격을 취득하고 1988년 전수교육조교로 선정 된다. 1990년 직지사와 삼광사, 금산사 등의 법고를 제작하였고 꾸준한 활동을 이어가고 있 다.

-

주철장 / 주물 뜨기와 종 만들기
Jucheoljang / Casting

원광식 元光植 1942. 2. 21 ~
경기도 화성시 남양면에서 태어났으며 부친과 사촌형이 모두 종 만드는 기술자였다. 17세 부터 친척 원국진이 운영하던 주물공장에서 1년 남짓 일하다가 서울로 올라왔으나 1963년 다시 <성종사>로 들어가 주물 일에 전념한다. 1968년 눈을 다친 후에 잠시 쉬었다가 재기 하여 1970년 수덕사에 들어가 3년간 기거하면서 건국 이래 가장 큰 범종을 제작한다. 스승인 원국진이 1972년 사망한 후 <성종사> 운영이 어려워지자 형수의 권유로 성종사를 인수한다. 1975년경 서울대학교의 염영화 교수가 종에 대한 연구를 하기 위해 <성종사>를 찾았고 홍사준, 황사영 등과 1976년 <범종연구회>를 만들었다. 이 인연으로 수덕사와 법주 사, 화엄사, 쌍계사, 범어사, 해인사, 통도사, 보운사, 용주사, 월성사, 백양사, 금산사 등 우리나라 유명사찰의 범종을 제작했다. 2001년 3월 중요무형문화재 주철장 기능보유자로 인 정된다. 현재 충북진천으로 공방을 옮겨 작업하고 있다.

-

나전장 / 자개장식장
Najeonjang / Mother-of-pearl Inlaying

송주안 宋周安 1901. 2. 6 ~ 1981. 7. 10
충무시 문화동에서 태어났다. 16세에 통영보통고등학교를 졸업하고 17세인 1917년 박정수 의 공장에 들어가 나전공예를 배우며 동시에 진남읍에 있던 <통영군립공업전습소>에서 끊 음질, 줄음질, 옻칠 등 나전칠기의 기초를 배우며 나전칠기 장인 전성규와도 인연을 맺는다. 1920년 스승 전성규를 따라 일본 도마야현 다카오카시高岡市 <조선나전사>에서 일하며 8 년간 기술을 익히고 1928년 무렵 귀국하여 서울의 <엄씨공방> 자개부에서 일했다. 1940년 평안북도 태천 소재 <태천군립칠공예소> 소장으로 초대되어 나전칠기를 가르치기도 하였다. 1945년 광복 후 <통영상공회의소> 초대 의원으로 선출되어 나전칠기의 판로를 세우는 데 힘썼다. 1965년 아들 송방웅과 통영 본가에 <태평공예사>라는 공방을 설립하여 운영한다. 당시 통영지방에는 많은 나전칠기종사자가 있었지만 끊음질에 있어서는 송주안이 독보적이 었기 때문에 그의 기법은 보존할 가치가 있는 것으로 인정되었다. 1979년 5월24일 중요무 형문화재 제54호 끊음장으로 지정받았고 1981년 작고하였다.

김봉룡 金奉龍 1903. 1. 29 ~ 1994. 9. 2
경남 통영군 통영읍 한신리에서 태어났다. 10세에 통영 갓 공방에서 기술을 배우고, 1919 년 전덕기의 소개로 통영군청 산하 <상하칠방>에 들어간다. 나전칠기로 이름났던 박정수가 이 공방의 책임자여서 자연스럽게 나전칠기 기술을 배웠다. 같은 시기에 김봉룡은 나전칠기 제작의 선구자인 전성규를 만나게 되고 전성규가 일본을 거쳐 서울 삼청동에 공장을 세울 때까지 함께했다. 1920년 전성규를 따라 일본 도야마현 다카오카시의 <조선나전사>에서 나 전공예 일을 하며 전성규가 창안한 새로운 주름질 기법을 보고 익힌다. 이후 1924년 일본 교토시 주최 세계산업박람회에 출품하여 수상하고 1927년 동경에서 개 최된 우량공예품전시회에서 금상, 1934년 제13회 조선미술전람회에서 입선을 하는 등 활동 을 이어갔다. 1930년에 서울 인사동에 <고대미술나전연구소>를 설립하여 나전칠기를 제작하였고 광복 후에도 국전 추천작가로서 후진양성과 나전칠공예의 발전을 위해 활동하였다. 1950년 6.25전쟁 때 충무로 내려와 <경남나전칠기기술원양성소> 소장으로 있으면서 후학 을 배출하였다. 1966년 6월29일 우리나라 최초의 무형문화재 제10호 나전칠기장 보유자로 인정받았고 1994년 9월2일 작고하였다.

심부길 沈富吉 1906. 12. 30 ~ 1996. 4. 8
서울시 마포구 공덕동에서 태어났다. 1916년 나전칠기를 배우기 위해 <전성규 학원>에 들 어가 1925년에 정식으로 문하생이 된다. 도안법, 도장법, 상사자르기, 상사부착법, 문양제작 등 나전칠기에 대한 기초를 배웠다. 1928년 독립하여 끊음질 숙련공으로 일을 하다가 1952년 12월부터 1956년 3월까지 약 4년간 경상남도 충무시에 설립한 기술양성소에서 감 독으로 근무한다. 이때부터 공모전에 관심을 가져 1952년에는 부산시에서 주최한 공예전과 경상남도특산품경진대회 에서 은상을 수상한다. 1956년 서울로 돌아온 심부길은 독립적으로 자개일을 했고 1975년 1월29일 중요무형문화 재 제54호 끊음질 보유자로 지정받았다. 1980년에는 <한국나전칠기보호협회> 고문으로 활 동하는 등 한국나전칠기 발전에 기여했다. 국화문과 거북문, 미자구문, 싸리꽃문 등의 문양 을 즐겨 썼으며 그의 끊음질로 기법으로 만든 기하학적 연속문양은 당대 최고로 여겨졌다.

김태희 金泰熙 1916. 6. 22 ~ 1994. 3. 22
경기도 용인군 마북면 마북리에서 태어나 7살 때 서울시 종로구 와룡동으로 이사하였다. 신명초등학교를 졸업하고 보성중학교를 중퇴했다. 매형 김기주로부터 나전칠기의 도안·부착· 도장 및 칠 정제법을 배웠고 <이왕직미술품제작소>에 들어가 도안과 창작법에 대해 익혔 다. 17세에 <이왕직미술품제작소>를 나와 김기주의 공방에서 일했다. 1938년 제17회 조선미술전람회에 출품을 시작하여 1942년까지 연속 입선과 특선을 했고, 같은 해 스승 김기주의 소개로 <전주공업학교> 공예과 교사로 학생을 지도했다. 1945년 광복되던 해 <김태희 나전칠기공예연구소>를 설립하였다. 1974년부터 1981년까 지 대한민국미술전람회에 나전칠기 작품을 출품하여 연속 입상하였고, 초대작가 및 심사위 원으로도 활동하였다. 정부에서 1952년 미국 아이젠하워 대통령 방한 때 김태희가 제작한 나전칠기 서류함을 선물한 것을 계기로, 1960년대 한국에 방한했던 귀빈들에게 그의 작품 을 선물로 증정하였다. 1984년 일본 마이니치신문사 초청으로 일본 지역을 순회하며 전시 회를 개최하였고, 1985년에는 서울 인사동에서 개인전을 열어 성황을 이루었다. 1990년 사단법인 <한국옻칠문화원>을 설립하여 초대 이사장에 취임하였고 1992년 11월 10일에 중요무형문화재 제10호 나전장에 지정되었다. 섬세한 도안과 구성법 그리고 옻칠 도장기법에서 타인의 추종을 불허하는 기예를 갖고 있다고 평가된다. 뿐만 아니라 전통적으 로 내려오는 각종문양을 수집하고 정리하여 한국적인 정취가 담겨있는 의장을 독자적으로 창출하였다. 1994년 3월 작고하였다.

송방웅 宋芳雄 1940. 9. 7 ~
경남 통영군 통영읍에서 태어났다. 나전칠공예 가업 속에서 자랐기 때문에 당연히 나전칠공 예와 가까웠고 어릴 때부터 틈나는 대로 나전작업과 잔심부름을 했다. 1956년 고등학교에 입학하여 문학도의 꿈을 꾸기도 하지만 고등학교 졸업 후 기술을 전수받아 가업을 이어가라는 아버지의 말에 따라 정식으로 나전칠공예 기술을 배웠다. 늦은 나 이에 입문했지만 최선을 다해 기술을 전수받았고 군대 제대 후 부친과 함께 통영시 태평동 본가에 공방을 개업하여 운영한다. 나전칠공예에 입문한 지 10년 되던 해인 1969년 29세에 스승이자 부친인 송주안에게 예 술작품을 창작해도 좋다는 허락을 얻는다. 이후 그는 자신의 작품세계를 위해 전문서적을 공부하고 박물관에 소장되어 있는 유물을 참고하는 등의 연구를 하여 1977년 제 2회인간문 화재공예전에 첫 출품해서 장려상을 수상하고 1985년 제10회 전승공예대전에서 대통령상 을 수상한다. 1979년 5월 24일 부친 송주안이 중요무형문화제 제54호 끊음장으로 지정을 받음으로서 장학생으로 선정되고 1980년 12월31일 이수자로 선정된다. 1981년 7월10일 부친이자 스승인 송주안이 81세의 나이로 사망하자 뒤를 이어 중요무형문화재 제54호 끊음 장으로 지정받았다.

이형만 李亨萬 1946. 12. 7 ~
경상남도 통영군 산양면 출신이다. 산양초등학교를 졸업하고 1960년 충무에 설립된 <국립 경상남도기술원양성소>에 입학하였다. 당시 기술원양성소 소장으로 김봉룡이 재직 중 이었 기 때문에 평생 스승과의 인연도 시작한다. 1963년 김봉룡이 충무시에 공예학원과 개인공방을 열었으며 같은 해 3월20일 이형만은 문 하생으로 발탁되며 주경야독하며 실력을 쌓아갔다. 또한 옻칠부분 책임자로 있었던 옻칠장 인 임성춘에게도 기법을 전수받았다 1966년6월29일 스승 김봉룡이 중요무형문화재 제10호 나전칠기장의 보유자로 인정되면서 전수생으로 등록된다. 그리고 1966년 9월16일 제5회 한산대첩 기념제전 공예전시회에 출품하여 도지사상을 수상한다. 군 제대 후 이형만은 다시 전수교육을 받기 위해 스승이 있는 강원도 원주에 정착하고 1972년 2월 결혼을 한다. 이후 나전칠기에 전념하지만 생계문제 때문에 1975년 독립하여 부산으로 이주해 자신의 공방을 운영한다. 하지만 3년 만에 다시 원주로 돌아와 스승을 도 우면서 자신의 작품을 시작한다. 원주에 정착하여 김봉룡의 유일한 전승자가 되고 1993년 중요무형문화재 제10호 나전장 보유자 후보로 선정된다. 1994년9월2일 중요무형문화재 제 10호 나전칠기장 보유자인 김봉룡이 작고하고 1996년 12월 10일 스승의 뒤를 이어 중요무 형문화제 제10호 나전장 보유자로 지정되었다.

양옥도 梁玉道 1958. 9. 1 ~
1996년 2월 1일 중요무형문화재 나전장 전수교육조교로 지정받았다. 1994년부터 1998년 까지 전승공예대전에서 입선과 특별상 등을 수상했다. 2001년부터 지금까지 중요무형문화 재 보유자 작품전에 출품하고 있다.

김옥석 金玉碩 1948. 8. 21 ~
1대 나전장 보유자 김봉룡의 넷째 아들이다. 1948년 8월 21일 나전장 전수교육조교로 인 정받았지만 거의 활동을 하고 있지 않다.

-

화각장 / 쇠뿔공예
Hwagakjang / Ox Horn Inlaying

이재만 李在萬 1953. 1. 17 ~
스승인 음일천은 부친 음성대부터 최고의 각질장으로 인정받아온 장인 집안 출신이다. 화각 장을 무형문화재로 지정하기 위해 음일천을 조사하고 보고서가 작성된 것이 1973년 12월 이었는데 병중이었기 때문에 보류되었고 23년 만에 음일천의 제자 이재만이 화각장 기능보 유자로 지정되었다. 이재만은 성동구 성수동에서 태어났으며 조부가 단청장이었고 아버지는 대목장이었다. 16 세에 음일천의 공방에 갔다가 눈에 띄어 제자로 들어가게 된다. 주경야독으로 화각기술을 전수받았으며 고등학교 졸업 이후에는 공방에 입주하여 도제식으로 교육받는다. 스승이 재 료와 상관없이 능숙하게 작품을 만들었기 때문에 이재만은 스승과 겨루는 자세로 작업에 임 했고 그 덕분에 1970년 독립 후에도 혼자 백골제작부터 옻칠까지 모든 작업과정을 감당 할 수 있었다고 한다. 1960년대 말 음일천의 공방을 드나들던 정명호의 부탁으로 1971년부터 각종 화각장 공예품을 제작해 주었고 1974년 제8회 동아공예대전 입상을 시작으로 1993년 제18회 전승공예대전 문화체육부장관상 수상, 1996년 전승공예대전 문화재관리국장상 등을 수상했다. 1996년 중요무형문화재 화각장 보유자로 지정된다.

-

백동연죽장 / 담뱃대 만들기
Baekdongyeonjukjang / Pipe Making

추옥판 秋玉判 1927. 11. 25 ~ 1991. 4. 13
1970년경 김천시 황금동과 남원군 왕정리에서 담뱃대를 제작하고 있었으나 종이에 말려 있 는 궐련의 유입으로 연죽은 소멸해 가는 상황이었기 때문에 수요가 거의없어 완성품조차 매우 조악한 실정이었다. 사라져가는 담뱃대 제작기술을 보존하고자 지정조사가 시작되었고 1980년 11월 17일 중요무형문화재 제65호 백동연죽장 보유자로 추옥판이 선정되었다. 19세부터 전북 임실의 담뱃대장인 박상근에게 금과 구리 합금인 오동으로 무늬를 새겨 넣는 상감기술을 익혔다. 과정이 까다롭고 복잡하여 끈기와 정성이 필요한 일이었고 기술연마에 오랜 시간이 걸렸는데 추옥판의 실력이 매우 뛰어났다고 한다. 1991년 4월 13일 작고하였 다.

황영보 黃永保 1932. 11. 21 ~
전라북도 남원 출신으로 아버지인 황용구의 도제로 들어가 제작기술을 배운 후 3대째 백동 연죽장을 제작해오고 있다. 1993년 7월 5일 중요무형문화재 백동연죽장 보유자로 인정받았 다. 전통적으로 제작되는 담뱃대인 오동상감 송학죽 기능을 보유하고 있다. 2000년 한양대 학교 명예교수로 임명되었고 프랑스와 브라질 등에서 전시도 가졌다. 현재 남원시 어현동 에서 <백동연죽장 전수관>을 운영하고 있다.

황기조 黃起祖 1962. 7. 8 ~
백동연죽장 전승보유자 황영보의 아들로 4대째 기술을 전수받아 이어오고 있다. 어려운 환 경 속에서도 책임감과 자부심을 갖고 아버지의 뒤를 잇기로 결심했다고 한다. 2004년 3월 20일 중요무형문화재 백동연죽장 전수교육조교로 지정되었고 남원에 위치한 전수교육관에서 작품과 전승활동을 함께 하고 있다.

-

장도장 / 장도 만들기
Jangdojang / Decorative Knife Making

박용기 朴龍基 1931. 6. 19 ~
전남 광양읍 우산리 출신이다. 고종사촌누님의 소개로 장익선을 만나 장도제작을 배우기 시작했다. 처음 1~2개월간 쇠로 국화꽃모양을 만드는 것을 익혔고 6개월 후 칼날과 칼자루 가 손상된 수리칼 일을 배우기 시작하였다. 1년 후 스스로 장도제작이 가능해졌다. 첫 번째 스승인 장익선이 1948년 타계하자 우산리에 집을 얻어 독립적으로 장도를 제작 일을 계속 하였다. 25세에 군에 입대하여 제대를 한다. 그 후 잠시 운수사업을 했지만 실패하고 광양 으로 돌아와 <패도공업사>라는 장도공방을 열었다. 이때 장도 2천자루 정도를 제작할 수 있는 대추나무를 구하는 행운을 얻었는데 이는 벼락을 두 번 맞은 뇌저목으로 잡귀가 붙지 않는 나무라 전해오는 귀한 나무였다. 그러나 장도제작만으로는 생계가 어려웠기 때문에 농기구를 제작하여 판매하는 일도 겸했 다. 튼튼한 농기구를 제작하기 위해 열처리 기술이 필요했고 농기구제작 기술자의 도움으로 기술을 배워 아접도 제작에도 사용하였다. 기술개량을 통해 장도의 품질도 높이고 시간이 지날수록 실력이 무르익어 경지에 올랐다. 1978년 2월 23일 기능보유자로 지정되었다. 1975년 <패도공업사>를 처분하고 공방을 이전하여 확장해 활동한다. 박용기는 이때 언젠 가 광양에 장도박물관을 세우겠다는 소망을 품었는데 마침내 2005년 <광양은장도박물관> 건립이 현실화 되었다. 2010년 12월 28일 그간의 공로를 인정받아 명예보유자로 인정받았다.

한병문 韓炳文 1939. 1. 5 ~
전라남도 곡성군 목사동면 출신이다. 13세부터 한문과 낙죽 장도 일을 배우기 시작하였다. 한병문이 증조부 밑에서 낙죽장도기술을 배운 기간은 9년이었으나, 증조부가 사망하고 낙죽 장도의 전승은 한동안 끊어졌다. 그런데 일제강점기 증조부 밑에서 수학하다가 강제징용으 로 일본에 정착한 이동규란 사람이 일본의 도쿄고도박물관에서 한기동이 제작한 낙죽장도를 우연히 발견했고, 한국으로 왔지만 맥이 끊어진 것을 알고 무척 안타까워했다. 이 얘기를 전해들은 한병문은 농사를 그만둔 후 사명감을 갖고 낙죽장도 재현작업에 매진 하게 된다. 1991년 문화관광부에서 주최한 <전승공예대전>에 출품하여 문화부장관상을 수 상했고 1991년 제19회 동아공예대전에 출품한 경인도는 신성이 깃든 칼로 경, 인 날에만 제작하기 때문에 제작기간에 7년이 걸렸는데 대상을 수상했다. 현재 이 작품은 동아일보사 인촌기념관에 영구 전시되어 있다. 1993년 6월30일 중요무형문화제 제60호 장도장보유자 로 인정받고 2011년 8월 4일 명예보유자가 되었다.

박종군 朴鐘君 1962. 9. 13 ~
광양출신으로 중요무형문화재 장도장 명예 보유자인 박용기의 아들이다. 아버지를 통해 장 도와 가까웠으나 어머니의 반대로 가업을 잇지는 못하고 있었다. 이후 제대로 배워 보는 게 좋을 것 같다는 아버지의 의견에 따라 미술대학에 진학하였고 대학교 4학년이 되어서야 본 격적으로 장도 제작 기술을 익히기 시작하였다.
현재 부친이 설립한 <광양장도박물관>과 <광양장도전수관>의 관장을 맡고 있다. 굳이 경 계를 긋지 않고 전통과 현대의 조화, 그리고 대중에게 다가가는 법을 고민하는 젊은 장인이 다. 2011년 12월 19일 대를 이어 중요무형문화재 장도장 기능보유자로 인정받는다.

한상봉 韓相鳳 1960. 7. 6 ~
명예보유자인 아버지의 뒤를 이어 낙죽장도를 만들고 있다. 아버지를 도와 재료 다듬는 일 을 하면서 기술을 익히기 시작했다. 1995년 전수장학생으로 등록했고 2004년 3월 20일 전 수교육조교가 되면서 정식으로 활동을 시작하였다.

-

입사장 / 입사장식
Ipsajang / Silver Inlaying

이학응 李鶴應 1900. 10. 4 ~ 1988. 2. 29
충남 직산 사람이다. 1916년 서울로 이주하여 보성고등보통학교에 입학했고 19세부터 이 왕직미술품제작소에서 입사와 서화, 조각 장인으로 유명했던 이행원 문하에서 기술을 배운 다. 이후 교토의 <구정상회>라는 귀금속점을 운영하고 있던 마스무라 시게이치가 이학응의 실력을 보고 그를 일본으로 데려갔고 이때 대공일과 기계조작법 등을 익혔다. 당시 접한 문 물과 기계조작법은 훗날 이학응의 입사기술과 귀금속사업운영에 큰 영향을 미치게 된다. 또 한 조선식 전통입사기법으로 제작한 철제은입사제품을 교토전승공예공모전에 출품하여 금상 을 수상한다. 1930년 조선으로 귀국하여, 현재의 충정로 3가 미동초등학교 부근에 <응성당>이라는 공방 을 열어 운영하였다. 하지만 태평양전쟁이 시작되고 금속 공출이 심해지자 경영에 어려움을 겪게 된다. 이후 중국 상해로 이주하였다가 광복 후 귀국하여 종로구 관수동에 <천상당>이 라는 귀금속점을 다시 개점하여 세공일과 대공일을 시작했다. 이학응은 일상기물의 중요성과 일본에서 익혔던 기계제작 방식을 접목하여 대공일을 시작 하였고 식기류를 대량생산했다. 일상기물을 제작은 번성했고 여세를 몰아 1947년에 명동으 로 공방을 확장, 이전하여 본격적인 생산 체제로 돌입한다. 하지만 6.25전쟁이 발발하여 공 장이 소실되고 충남 예산으로 피난했다. 전쟁 후 서울로 돌아와 영등포 시장에 <황금당>이 라는 은 공방을 열고 재기를 시도한다. 1955년 공방을 종로로 옮긴 후에는 정부의 수주를 받아 훈장제작에도 참여하였으나 전쟁복구에 여념이 없던 당시는 귀금속에 관심을 둘 여유 가 없었고 예전의 경기를 회복하기는 어려웠다. 1958년에는 종로구 견지동에 <복성사>라는 이름의 일상기물제작을 주로 하는 공방을 열 지만 결과는 마찬가지였다. 60세 이후 정릉에서 은거하던 이학응은 1978년 입사기술을 배 우기 위해 찾아온 홍정실을 제자로 삼았다. 1983년 홍정실이 입사공예에 관한 자료를 모아 문화재관리국에 제출하였고 무형문화재 제78호 입사장 기능보유자로 인정된다. 1988년 2월 노환으로 작고하였다.

홍정실 洪正實 1947. 1. 3 ~
평양출신으로 1965년 이화여고와 서울여자대학교 공예학과, 서울대학교 대학원 미술교육학 과를 졸업하였다. 금속공예뿐 아니라 염직, 디자인 등에도 관심이 많았고 전통금속공예에도 애정을 갖고 있었다. 1978년 <한국전통기능보존협회의>사무국장 김옥석으로부터 중요무형 문화재 제35호 조각장 기능보유자 김정섭을 소개받아 제자가 된다. 그리고 같은 해 고미술 품 감정위원인 변유식으로부터 이학응의 존재를 알게 되어 수소문 끝에 찾아가 전통입사기 술도 배우기 시작한다. 당시 이학응은 78세의 고령이었고 60세 이후로는 입사작업을 그만 둔 상태였지만, 전통입사를 배우겠다며 찾아온 홍정실을 기특하게 생각하여 제자로 받아들 인 후 성심을 다해 가르쳤다고 한다.
한편 홍정실은 입사공예의 보존과 전승이 필요하다고 생각하여 입사공예와 이학응에 관한 자료를 문화재관리국에 제출하고 중요무형문화재 지정을 신청했다. 그 결과 1982년 6월 김 종태 문화재전문위원이 입사에 대한 조사를 실시 1983년 입사기능이 중요무형문화재 제78 호로 지정되고 이학응은 입사장 기능보유자로 인정받았다.
그런데 당시 홍정실은 중요무형문화재 제35호 조각장 기능보유자였던 김정섭 선생의 전수 장학생 이었다. 하지만 이학응은 홍정실이 입사장의 전수장학생이 선정되기를 바래 김정섭 에게 홍정실을 입사장 전수장학생으로 변경해줄 것을 요청하였다. 1983년 9월 30일홍정실 을 입사장의 전수장학생으로 변경하여 홍정실은 중요무형문화재 제78호 입사장 전수장학생 으로 선정된다. 1987년 전수교육조교로 선정. 1990년에는 입사장 기능보유자 후보, 1996 년에는 중요무형문화재 제78호 입사장 전승보유자로 인정받았다.

승경란 承慶蘭 1961. 10. 7 ~
2005년 4월 20일 입사장 전수교육조교로 인정받았다. 2010년과 2011년 제35회 전승공예 대전에서 문화재보호재단 이사장상과 특선을 수상, 제40회 경기도 공예품대전에서 대상과 특선 그리고 제40회 대한민국공예품대전에서 한국공예협회 이사장상과 특선을 수상했다.

-

옥장 / 옥공예
Okjang / Jade Carving

장주원 張周元 1937. 10. 5 ~
조선시대 망목포에서 태어났다. 부친인 장중현이 목포의<칠성당>이라는 곳에서 금은세공기술을 배우고 오사카에 있는 금속공예 전문점에서 6년간 금속공예 기술을 배운 기술자였다. 숙부인 장보 현도 부친 밑에서 금속세공을 익힌 금은세공이 가업인 집안이었다. 장주원도 고등학교를 졸 업하고 곧바로 부친의 사업장에서 금은세공 기술을 전수받았다. 19세에 결혼을 하고 서울로 올라와 22세에 종로4가에 있는 <광창당>이라는 금은세공장에서 새로운 기술을 배우게 된 다. 눈썰미와 손재주가 비상했기 때문에 종로 귀금속상가에서도 이름을 알렸고 1964년 보 석 전문공예사인 〈보공사〉로 옮겨 옥공예를 주로 다루면서 기술을 익혔다. 1965년 고향으로 돌아와 죽교 2동 19번지에 〈옥공예공방〉을 설립하여 옥공예품을 생산하 여 공급하였고 1973년 〈보옥공예사〉로 개칭하여 규모를 늘렸으나 경영에 실패한다. 41세 에 서울 동대문구에 옥공제품 수선을 주로 하는 작은 공방을 열고 기술개발에 주력하여 1980년 다시 목포로 돌아가 공방을 차리고 자신의 작품을 제작하는데 열중하여 각종 공예 경진대회에 출품하여 입선하였다. 이후 목포시 대성동에 작업장과 전시장을 신축하여 옥공 예에 전념한다. 1996년 그간의 옥공예에 대한 기능을 인정받아 중요무형문화재 옥장 전승 보유자로 인정되었다.

장석 張錫 1960. 5. 26 ~
2004년 4월 16일 옥장 전수교육조교로 인정받는다. 한양대학교 대학원 응용미술과를 졸업 하고 같은 대학 금속디자인 박사과정을 수료하였다. 동아공예대전에서 대상을 수상하였고 대한민국공예대전과 대한민국전승공예전 심사위원을 역임하였다. 현재 경기대학교 장신구· 금속디자인학과 교수로 재직하며 전통과 현대의 조화를 꾀하고 있으며 후학양성을 위해 애 쓰고 있다.

-

매듭장 / 매듭, 맺고 풀기
Maedeupjang / Decorative Knot Making

정연수 程延壽 1904. 7. 18 ~ 1974. 8. 9
1904년 서울 중구 광희동에서 태어났다. 광희동은 실과 끈 그리고 매듭의 본고장이었으며 종류에 따라 팔 힘이 많이 필요한 작업이었기 남성 매듭장이 많았다고 한다. 1920년부터 18세부터 최동근에게 매듭 일을 배우기 시작했을 때에도 강모주와 왕인식이라는 남자장인 들이 활동하고 있었다고 한다. 25세 때 독립하여 매듭을 직업으로 삼았으며 1968년 12월 중요무형문화재 제22호 매듭장에 지정되었다. 1974년 작고하였다.

최은순 崔銀順 1917. 11. 23 ~ 2009. 2. 21
1917년 서울 아현동에서 태어났다. 21살에 매듭장 정연수와 결혼하였고 생업을 위해 남편 인 정연수로부터 매듭을 배웠다. 주문에 따라 각종 매듭을 제작하였고 주문처도 서울부터 개성까지 다양했다. 1960년대 말까지는 유소와 술을 많이 제작했고 1974년 정연수가 타계 한 이후로는 노리개 종류의 매듭을 주로 만들었다. 1976년 중요무형문화재 제22호 매듭장 기능보유자로 지정된다. 1976년부터 〈전통공예대전〉에 꾸준히 출품하였고 대만 대북역사박 물관(1985), 일본 동경교통회관(1987), 한·중·일 동아국제매듭전(1989)년에 출품하였다. 2009년2월 21일 작고하였다.

김희진 金喜鎭 1934. 5. 3 ~
황해도 해주 태생이다. 20대 후반에 당시 문화재 위원이었던 예용해가 1세대 매듭장인 정 연수를 소개하여 1963년부터 매듭의 기본형을 배울 수 있었다. 그 후에는 지방의 장인들을 찾아다니며 기술을 익혔는데 대구의 심칠암에게서는 안경매듭과 나비매듭을, 남원의 강기만 에게서는 주머니끈의 명칭과 끈디기, 매미, 혼백 매듭과 염색하는 법을 익혔다. 박용학으로 부터는 끈목4사와 8사짜는 법을 익혔다. 마지막으로 서울에 거주하고 있던 김잎비에게서 술 실의 공정과 봉술의 공정을 전수받았다. 그 다음 4년간 자신의 작품제작에 매진하여 제1회 민속공예대전에서 문교부 장관상을 수상한다. 이어 제4회 동아공예대전(1970)에서 금상, 제 5회 동아공예대전(1971)에서 대상을 수상하여 실력을 인정받는다. 1972년 문화재 전문위원 으로 위촉되고 1974년 제1회 개인전을 1980년 국립민속박물관에서 제2회 개인전을 갖는 다. 1976년에 중요무형문화재 제22호 무형문화재 기능보유자로 지정된 김희진은 우리 매듭 공예의 아름다움을 국내외에 알리고 전통매듭공예 전수를 위해 1979년 〈한국매듭연구회〉 를 설립하여 기능전수에도 힘을 쏟고 있다.

정봉섭 程鳳燮 1938. 3. 9 ~
매듭장 1세대 보유자인 아버지 정연수와 어머니 최은순 사이에서 태어났다. 매듭공예는 워 낙 잔손이 많이 가는 과정을 갖고 있기 때문에 어린 시절부터 부모님의 작업을 도왔고 그런 경험들이 쌓여 자연스럽게 매듭을 시작하게 되었다고 한다. 작품이 매우 정교하여 그 기량 이 탁월하다고 인정받고 있고 노리개에서부터 의식용 장엄구인 유소에 이르기까지 다양한 작품을 제작하고 있어 솜씨가 다양하다. 특히 봉술(술 머리에 금실을 감아 글자문양을 표현하는 기능)감는 기능을 복원하여 전통매 듭의 원형복원과 보존 그리고 전승에 기여한 것을 높이 평가 받아 2006년 11월 16일 중요 무형문화재 제22호 매듭장 전승보유자로 인정받았다.

김혜순 金惠淳 1944. 2. 1 ~
매듭장 김희진의 제자이다. 1989년 12월 1일 중요무형문화재 매듭장 전수교육조교로 지정 받았다. 2005년과 2006년 두 차례 개인전을 가졌으며 2009년 한국·베트남 문화교류 중요 무형문화재공예전에 출품 및 시연을 하였고 2011년 우즈베키스단으로 해외 전시교육을 다 녀왔다. 2012년 현재 한국매듭연구회 회장을 맡고 있으며 한국공예건축학교 매듭반 강사로 활동하고 있다.

박선경 朴仙璟 1964. 1. 25 ~
2세대 보유자인 정봉섭의 딸이다. 1993년 8월2일 중요무형문화재 매듭장 전수조교로 지정 되었다. 1989년부터 1990년도까지 전승공예대전에 출품하여 장려상을 수상하고 1993년 일 본 한국전통공예전에 참가하였는데 이는 일본의 4개 도시를 돌며 전시와 시연을 하는 행사 였다. 2011년 파리국제박람회와 설화 문화전에 참여하였다.

-

금박장 / 금박 올리기
Geumbakjang / Gold leaf decoration

직물공예분야 김경용 金景用 1906 ~ 1973
아버지 김원순으로부터 16세부터 금박 일을 배워왔다. 대대로 금박 일을 해왔던 집안에서 나고 자라 가업을 이어 장인의 경지에 이르렀지만 1972년 직물공예분야 기능보유자 지정을 위한 조사를 마치고, 1973년 5월 16일 지정을 받았으나 그해 9월 25일 중곡동 자택에서 숙환으로 향년 65세를 일기로 작고하였다. 이후 종목이 직물공예분야가 폐지되었으나 33년 만인 2006년 11월 16일 금박장이 지정되고 아들인 김덕환이 인정을 받음으로서 맥을 다시 이어가고 있다.

김덕환 金德煥 1935. 3. 14 ~
금박장의 가치를 인정하여 보유자 지정을 위한 재조사 당시 아버지 김경용의 기술과 기법 을 잘 알고 있는 아들 김덕환을 주목하게 되었다. 2006년 11월 16일 중요무형문화재 금박 장 기능보유자로 지정되었다. 1935년 서울 공평동에서 태어났으며 그의 집은 대를 이어 금 박일을 했다고 한다. 증조부 이래 4대째 가업을 계승하고 있으며 배나무에 문양을 조각하는 목공예 기술과 함께 바탕옷감에 금박문양을 완성하는 기술이 뛰어난 것으로 평가됐다. 현재 금박장은 보유자 김덕환과 그의 부인 이정자, 아들 김기호와 며느리 박수영등에 의해 계승 되고 있으며, 김기호와 박수영은 2009년 2월 전수 장학생으로 선정되었다. 각종 시연 및 전수활동을 꾸준히 해오고 있다.

-

조각장 / 조이질 하기
Jogakjang / Metal Engraving

김정섭 金鼎燮 1899. 8. 3 ~ 1988. 9. 18
보성고등보통학교를 거쳐 1917년에 〈이왕직미술품제작소〉에 들어가 금속조각을 연마했 다. 당대 최고의 서화가였던 시산 이행원 과 해강 김규진에게 사사하였기 때문에 서화가로 서의 활동도 보인다. 1921년부터는 경성직업학교 전신인 공업전수학교의 조각교사로 있으 면서 후진양성에 힘썼다. 1930년부터는 현재의 종로1가에서 〈삼광상회〉라는 금은방을 경영 했고 1936년부터는 〈화신백화점〉 기획과에서 근무했다. 1956년부터는 〈경화보석공업학 원〉에 고문으로 근무하고 1963년부터는 〈대명광업주식회사〉에서 공장장으로 근무하였다. 1970년 7월 20일 72세 나이로 중요무형문화재 제35호 조각장 기능보유자로 인정되었고 1988년 9월18일 작고하였다.

김철주 金喆周 1933. 8. 25 ~
1세대 조각장 기능보유자 김정섭의 아들이다. 부친이 운영했던 〈삼광상회〉의 일을 도우면 서 금속 조각일을 배웠다. 광복 이후 와룡동에 자신의 공방을 차리고 각종 기물과 패물 등 을 제작하였다. 1947년 〈백하금속조각사〉를 열고 1963년에는 보석상을 함께 경영하며 장 위동과 종암동에서 금은세공과 조각 작업을 계속 하였다. 서라벌 대학교(지금의 중앙대학 교)와 국민대학교, 홍익대학교에서 금속조각기법을 강의하며 후학을 양성하는 일에도 힘썼 다. 1970년 7월 20일 부친 김정섭이 중요무형문화재 제35호 조각장 보유자로 인정되면서 전수생이 되었다. 부친의 타계 이후 1989년 12월 1일 에 보유자로 인정되었다.

남경숙 南庚淑 1950. 1. 30 ~
홍익대학교 미술대학 공예학과와 대학원 산업공예과를 졸업하였다. 학생시절 입사기법을 배우면서 경기도 무형문화재 입사장 보유자였던 이경자로부터 문화재전문위원이었던 김종태 를 소개받아 김철주의 전수생으로 입문하여 1986년부터 1991년까지 사사받았다. 1996년2 월1일 전수교육조교로 선정되어 조각장의 맥을 이어가고 있다.

-

각자장 / 서각
Gakjajang / Calligraphic Engraving

오옥진 吳玉鎭 1935. 11. 11 ~
오옥진의 증조부 오성수는 법부주사를 지낸 후 고향으로 돌아와 혼천정사 라는 현판을 걸 고 양화세설, 사언지언, 유림정선 등의 책을 목활자로 각자한 인물이다. 증조부는 오옥진이 각자에 관심을 가질 수 있도록 해주었고 사용하던 도구일체도 오옥진에게 대물림 되었다. 오옥진은 청원군 현도면 달계리 출신으로 초등학교 2학년 때 경기도 부평으로 이주하였다. 1951년 6.25전쟁 중 해병대에 복무하였고 그 때 수류탄 파편을 맞아 오른쪽 눈을 실명했 다. 제대 후 부친과 도장 파는 일을 하면서 조각칼을 쥐었고 1957년 각자일을 하던 작은 아버지의 권유로 나무 다루는 기술과 각자의 연원에 대해 배운다. 같은 해 <국립중앙직업보 도소> 목 공예과에 입학하여 기초교육을 받았다. 이후 가구공장 <중앙산업>에서 근무하였 고 보훈처의 소개로 31세에 동아일보 영선과에 목수로 취직하여 8년 4개월간 근무하였다. 이 무렵 단절되어 가던 각자의 중요성을 깨닫고 기술전승을 위해 서각으로 유명했던 신학 균으로 부터 가르침을 받았다. 아울러 일중 김충현 문하에서 서예를 익히고 <태동고전연구 소>에서 한문을 수학한다. 이후 멸실 위기에 있는 국보 70호인 훈민정음과 농가월령가, 고 려가요 등을 복원하고, 경복궁 자선당 현판과 송광사, 화엄사, 금산사 등의 현판복원에 참여 했다. 각자기술의 중요성과 분야에 대한 노력이 인정되어 1996년 11월 1일 중요무형문화재 제106호 각자장으로 인정받는다. 또 후학양성에도 노력하여 지금까지 <한국서각협회>, <철 제연각회> 등의 각자단체가 운영되고 있다.

김각한 金閣漢 1957. 10. 23 ~
1989년 한국미술종합대전 서각부문에서 대상을 수상하였고 1998년 상해에서 열린 한 ·중 문화인 서법전 1992년 일본각자협회 초대전 등의 각종 국내 외 전시에 참여했다. 2001년 대한민국서예대전에서 입선하였고 중요무형문화재 제106호 각자장 전수교육조교로 2012년 현재 보유자 예정 상태이다.

-

목조각장 / 나무조각가
Mokjogakjang / Wood Sculpture

박찬수 朴贊守 1947. 7. 1 ~
경상남도 산청군 생초면 상촌리에서 태어났고 6살 때 서울로 이주하였다. 당시 목조각을 했 던 옆집 아저씨의 심부름을 도맡아 하면서 조각을 알게 되었는데 그 아저씨가 바로 조각가 김성수였다. 1960년대부터 신상균에게서 불교조각을, 이운식에게 현대조각을 전수받는다. 1970년에서 1980년대까지 목조문화재에 대한 연구와 재현에 몰두하였고 불교학자인 이 기영으로부터 불교미술에 관한 사상을 배워 반석을 다진다. 1993년 <목아박물관>을 설립하 고 전통목조각의 형식을 재현하는데 이바지한 것이 인정되어 1996년 중요무형문화재 제 108호 목조각장에 지정되었다. 1997년 <동국대문화예술대학원>에서 불교미술을 공부하고 2004년 같은 학교에서 불교경영자 최고위 과정을 마쳤다. 1986년 대한민국 불교미술 특별 전에서 대상을 수상했고 1987년 경북 예천 용문사에 있는 <윤장대>를 조사를 통해 축소모 형으로 제작하는 것에 성공하였다. 1988년에는 통도사 <성보박물관>에 소장되어 있는 <목 조화문투각소통>을 재현했다. 1989년 제14회 전승공예대전에서 대통령상을 수상한 <법상> 은 통도사 대웅전에 있는 팔각형의 법상을 기본으로 하여 스님들의 증언과 기록을 바탕으로 전통불교 목조각의 기능과 형식을 창의적으로 재현한 것이다.

전기만 田基萬 1929. 10. 25 ~
황해도 해주 출신이다. 6.25전쟁 때 월남하여 군에서 복무했다. 광복 후 해주에서 미술학 교에 입학하여 서양화를 공부하기도 했지만 목조각이 더 천성에 맞았다고 한다. 군대제대 후 목조각으로 관광 상품을 제작해 판매하는 일을 잠시 했지만 제대로 된 작품을 만들고 싶다는 욕심이 컸다. 그러던 중 무형문화재 불화장인 석정스님을 만나게 되었고 조 선시대 목불이 좋으니 공부해 보라는 권유를 받는다. 1967년 제1회 동아공예대전에서 입선 하였고 1968년 전국 기능경기대회 목공예부문 심사위원을 지냈다. 2001년 12월 21일 중요 무형문화재 목 조각장으로 지정되었다.

양봉철 楊鳳哲 1954. 9. 16 ~
2000년대부터 문예진흥원으로부터 지원을 받아 목조각장 분야의 전승보존회 활동이 부분 적으로 가능해졌고 2005년 4월 20일 목조각 기능 전수교육조교로 목조각의 전통을 잇고 있다. 중요무형문화재보유자작품전 을 비롯한 다양한 전시와 활동을 하고 있다.

-

불화장 / 불화그리기
Bulhwajang / Buddhist Painting

임석정 林石鼎. 1928. 3. 19 ~
1928년 강원도 인제군 출신으로 어릴 적부터 불화와 불상을 자연스럽게 접했고 놀이삼 아 부처님 그림을 곧잘 그리곤 했다. 금강산 신계사 불사소에서 만봉스님의 스승인 예운화 상을 만났는데 재능을 알아보고 어린 임석정의 불화소 출입을 허락했다. 그때부터 신계사 법당에 봉안된 탱화를 모사하기 시작했으며 6~7살에는 금강산 신동화가로 이름을 알렸다. 13세에 부친을 찾기 위해 송광사로 출가하여 송광사의 불사를 도맡아 했던 금용 김일섭 스 님과 만난다. 그는 임석정을 가르친 지 얼마 안되어 금어로 인정하고 독립을 허가했다. 1941년 경북 상주 남장사 관음전의 관음좌상이 임석정이 처음으로 단독 조성한 소조불이다. 겨울부터 이듬해 봄까지 <직지사> 포교당인 <원각사>의 5축 불화 등 강원도 금강산 일 대에 불화를 조성하였다. 1967년에는 <표충사 한계암>에 은거하면서 서화수련을 하여 선서 화에 새로운 경지를 구가하였고 1976년에는 동래에 <선주산방>을 개원하고 불화조성에 전 념한다. 이후 기량을 인정받아 1975년에 입적한 선대 금용선사의 대를 이어 중요무형문화 재 제48호 단청장이 된다. 한국불교회화의 집대성인 <한국의 불화>간행에 힘을 보태고 20 여권의 방대한 불화자료를 집성하였다. 2006년 1월 10일 중요무형문화재 불화장 기능보유 자로 인정받았다.

임석환 林石煥. 1948. 3. 13 ~
소년 시절부터 어머니를 따라 <수덕사>를 다니며 불화에 매료되었다고 한다. 20세 되던 해 서울로 일자리를 찾아 올라와 <진관사>에 적을 두고 있던 불교미술의 대가 혜각스님을 만 나 불화를 배우기 시작하였다. 혜각 스님을 따라 전국의 사찰을 다니며 단청을 배웠으며 공 동 작업으로 조성되는 불화였음에도 다른 동료들이 잠들면 혼자 나와 밤새도록 그림을 그렸 다고 한다. 이런 정성으로 인해 경남 하동 <쌍계사>에 적을 두고 계셨던 혜암 스님의 제안 으로 쌍계사에서 본격적으로 그림 연습을 할 수 있었다. 2007년 대한불교 조계종 성보위원 이었으며 2009년 한국전통문화학교 공예학과에서 단청을 가르쳤다. 2006년 1월 10일 중요 무형문화재 불화장 전승기능보유자로 지정받는다. 2007년부터 지금까지 중요무형문화재보 유자작품전에 해마다 참여하였다.

하경진 河景振 1966. 3. 2 ~
동국대학교 불교미술학과를 졸업했다. 제19회 불교미술대전 우수상을 수상하였고 제21회 전승공예대전에서 장려상을 수상한다. 동국문화예술인회 협회전과 중요무형문화재보유자작 품전에 참여하고 있다.

이경아 李庚娥 1977. 5. 24 ~
2002년 제19회 불교미술대전과 2006년 제21회 불교미술대전에서 각각 우수상과 최우수상 을 수상하였다. 2009년 제34회 전승공예대전에서 문화재청장상을 수상했고 2008년부터 지 금까지 중요무형문화재보유자작품전에 참가하고 있다.

-

단청장 / 단청 올리기
Dancheongjang / Dancheong Painting

일섭 日燮 김갑병 金甲炳 1900. 12. 8 ~ 1975. 3. 27
법명은 일섭 화호는 금용이다. 1901년 2월 6일 전남 화순군 외남면 천봉산 갈학리에서 출 생하였다. 1913년 13세에 전남 송광사에 입산하였고 그림에 소질이 있었기 때문에 22세인 1922년에 대불모인 김보응 화상을 찾아가 불화를 전수받는다. 이후 전국 명찰을 돌면서 불 화를 모사하고 연구하여 창작에 힘썼다. <불상불화전문연구선예

원>을 열고 후진양성에 힘 썼으며 1965년 초 <대한불교미술협회>가 창립회장과 심사위원장을 지냈다. 1972년 <현실 에서 찾아보는 불교상식> 이라는 책을 펴내 불교의 대중화에도 힘쓴다. 같은 해 8월 1일 중요무형문화재 단청장 기능보유자로 지정 받았다. 조선왕조 영조 때도 화서 화원으로 이름났던 석상겸 의 계보인 것으로 알려진다. 1975년 3월 27일 전북 김재시 부용사에서 입적하였다.

혜각 慧覺 김성수 金聖洙 1905. 7. 5 ~ 1998. 1. 30

혜각 김성수는 단청기술 개발과 전승, 후진 양성에 평생을 바친 우리 시대의 대표적인 금 어다. 특히 `금초 12종' 기법은 스님만의 독특한 화법으로 이 분야에서 독보적인 경지를 구 축한 것으로 평가된다. 1905년 7월 황해도 신촌군 남부면에서 출생한 스님은 20년 회명스님을 은사로 득도했다. 출가 후 곧 화응스님의 문하에 들어가 5년간 단청화업을 수학하고 59년에는 제1회 단청문 양강습회를 마쳤다. 이후 타계한 임천 등과 협력하여 본격적인 활동을 펼쳤다. 제주에서 함경도에 이르기까지 전국의 대소 사찰과 중요 전각 당우 가운데 스님의 손길이 미치지 않은 것이 거의 없을 정도로 였다. 능수로서 스님만의 깊은 경지를 체득, 단순한 채 색도장이 아닌 독특한 화법을 개발, 기계의 칭송을 받았다. 1925년부터 1987년까지 60년 간 손수 단청한 사찰만도 개성 안화사 대웅전, 수덕사 대웅전, 화엄사 각황전, 함경도 석왕 사 대웅전, 함경도 귀주사 대웅전, 통도사, 불국사 및 분황사, 직지사 등 1백여 개 사찰 2백 여 동에 이른다. 이와 함께 스님은 틈틈이 모아 소중히 간직하고 있던 고서화 등 각종 소장 품들을 통도사, 해인사, 도선사, 동국대 등에 기증, 우리 문화재 보존에도 남다른 열정을 보 였다. 92년 단청장 기능 보유자로 지정됐다. 1998년 1월 30일 93세를 일기로 입적했다.

만봉 萬奉 이치호 李致虎 1910. 10. 4 ~ 2006. 5. 17

1909년 서울 종로 출신이다. 5대 독자였지만 일찍 단명할 것이라는 사주팔자 때문에 6살에 출가하여 봉원사에서 '만봉' 이라는 법명을 받고 8세 때부터 불교미술에 관심을 갖기 시작 했다. 1920년 <불교전문강원>에 입학하여 1924년 7월에 전수를 마치고 같은 해 10월 조 선후기 전통화사의 맥을 이어온 금어 예운화상 문하에 정식으로 입문하였다. 수년간 시왕 초, 천왕초, 여래초의 선묘 습화를 각각 3천장씩 그린 끝에 18세에 금어라는 칭호를 받았다. 20세에 처음 단청책임자를 맡아 시공한 단청불사 건축물이 서울 조계사의 일주문이었다. 이후 단청책임자로서 독립적으로 활동을 시작한다. 일제강점기에도 금강산 표훈사 16나한전 금단청을 비롯하여 전국 유수 사찰의 단청을 그렸고 광복 후에는 전국 주요 사찰 전각에 금 단청을 시공하였다. 1972년 중요무형문화재 제48호 단청장 보유자로 지정된다. 보유자는 특히 장엄용 그림에 혼신을 다하였는데 그의 작품 중 <두 폭 가리개 궁모란도>는 영국 대 영박물관에 소장 전시되고 있다. 전통예술의 발전과 계승에 기여한 공로를 인정받아 1998 년 은관문화훈상을 수여받는다. 2006년 5월 17일 봉원사 운수각에서 입적하였다.

월주 月州 원덕문 元德文 1913. 12. 1 ~ 1992. 12. 21

법명은 석월주이다. 13세에 부산 범어사로 출가하여 양완호스님에게 단청과 탱화, 조각, 개금을 배웠다. 사사한지 8년째 자유로이 작품을 해도 된다는 스승의 허락이 있었다고 한 다. 20대에 일본으로 건너가 미술학교에 잠시 적을 두고 인물화와 동양화를 배웠다. 조각에도 능숙하여 법주사의 <금강역사상>을 직접 조성했으며 대표작은 불국사관음전의 <천수관음보살탱화>이다. 1972년 8월 1일 중요무형문화재 단청장 기능보유자로 지정되고, 같은 해 12월 불교미술의 전승과 발전을 위해 <단청문양보존회>를 열어 역사가 싶은 사찰 의 문양 모사와 단청 연구서적의 발간, 전수교육 등 의 에 힘썼다. 1985년 공주 <황곡사> 에 적을 두고 작업하였으며 1992년 12월 21일 향년 79세에 입적하였다.

홍점석 洪點錫 1939. 9. 5 ~

일본 히로시마에서 태어났다. 부모님이 일제 강점기 때 일본으로 건너가서 선생이 7세에 돌아와 경남 산청에 자리 잡았다. 6세에 어머니와 갔던 암자에서 불교미술을 처음 접했다고 한다. 1995년 중학교를 한 후 서울로 올라왔다. 이후 종로구에 있는 조계사나 성북구에 위 치한 개운사에서 많은 시간을 보냈는데, 당시 개운사의 불사를 맡아하던 김한수의 단청현 장을 접하여 배움을 시작한다. 습득력이 남달랐던 홍점석은 금새 현장 책임자를 맡게 되고 1969년 <대한불교조계종 총무원>에서 주최한 <통도사 단청문양모사작업>에 연구원으로 참 여하게 된다. 이때 조사책임자였던 월주선사와 인연이 되어 새로운 스승으로 모시게 되었고 정식으로 불화수업을 시작하게 되었다. 1972년 스승 월주선사를 중심으로 당시 조계종 총무원장 월산스님의 지원을 받아 발족한 <단청문화연구회>에서 상무이사의 중책을 맡게 된다. 한국단청문양의 발견과 보존연구를 위해 열과 성을 다하였고 1977년 3월부터 단청장 전수교육을 이수하고 1982년 9월에 법통 을 계승할 보유자 후보로 선정되었다. 1992년 월주선사가 입적하자 스승의 대를 이어 1998 무형문화재 제48호 단청장으로 지정된다. 1996년 동국대학교 불교미술학과에 진학하 여 이론과 실기를 겸비한 장인으로서 내실을 다겼으며 설악산 봉정암을 비롯해 서울 도선 사, 김제 금산사, 일본 보현사, 미국 하와이 대원사 등 160여개 사찰 600여 채 단청불사를 했다. 65세 되던 해 지리산 대원사의 단청을 불사했다. 2011년 8월 4일 명예보유자로 격상 되었고 현재도 제자들에게 많은 조언을 아끼지 않고 있다.

동원 東園 유병순 庾炳淳 1950. 2. 19 ~

18세인 1966년 여행으로 통도사에 갔다가 출가하였다. 행자 시절, 방에 걸린 관음도를 펜으로 따라 그리는 모습을 본 홍법 스님이 1세대 단청장인 혜각스님에게 소개하여 사제의 연을 맺었다. 이후 40여 년간 혜각 스님을 모시며 스승을 도와 불화조성에 힘썼다. 통도사 경내는 물론이거니와 스승과의 합작품인 설법전 단청은 화려함과 은은함의 조화가 아름답다. 사명암의 불전 단청과 불이문 그리고 해탈문 단청을 조성했고 대형 불화로 유명 한 캐나다 서광사의 불화를 비롯해 운문사, 동화사 등 전국 1백여 사찰에서도 단청불사를 했다. 꼬박 1년 동안 6명의 제자와 조성한 8m 크기의 국내최대 후불탱화인 <석가여래탱 화>는 대한불교조계종 총무원인 조계사 대웅전에 모셔져 있다. 2009년 2월 24일 중요무형 문화재 단청자 보유자로 인정되었으며 후진양성과 단청의 대중화를 위해 끊임없이 노력하고 있다.

홍창원 洪昌源 1955. 10. 15 ~

서울 신촌에서 태어났으며 불심이 깊었던 할머니와 어머니의 영향을 받아 불교와 가까웠 다. 집 근처에 위치한 봉원사에서 만봉 이치호스님을 만난 것이 인연이 되어 15세에 단청에 입문했다. 처음에는 스승의 그림을 어깨 너머로 보고 따라 하는 수준이었지만 재미가 붙어 밤낮으로 노력하였다. 이후에는 서울 보문사 일주문 단청을 시작으로 만봉스님과 함께 전국 을 돌며 일했고 1981년 만봉스님의 전수 장학생, 1986년에는 이수자가 됐다. 문화재수리보 수 단청기술자이기도 한 홍창원은 창경궁 문정전, 경복궁 경회루·강녕전·교태전, 덕수궁 중 화전, 경복궁 근정전 등을 도맡아 이름을 알렸고 2009년 2월 스승의 뒤를 이어 중요무형문 화재 48호 단청장이 됐다. 전통건축물과 오대궁의 정전, 남대문, 사당, 서원, 중국, 일본, 몽 골 등의 단청을 재현하여 단청문양을 정리하고 체계화 하는 작업을 하고 있으며 현재 숭례 문 단청복원을 맡아 진행하고 있다.

박정자 朴亭子 1939. 12. 28 ~

전라남도 장흥 출신으로 동양화를 전공하였다. 결혼 후 서울로 이주하여 봉원사에 다녔고 그곳에서 만봉 이치호 스님과 인연을 맺어 17년간 사사했다. 1987년 7월 1일 단청장 전수 교육조교로 인정되었다. 1986년 전승공예대전에서 대통령상을 수상하였으며, 1987 중요무 형문화재 제48호 단청장 후보로 지정된다. 1991년 경복궁에서 개인전을 시작으로 2012 포 곡 도서관에서 14번째 개인전을 열었다.

이인섭 李仁燮 1943. 3. 29 ~

만봉 이치호 스님의 아들이다. 1989년 제14회 전승공예대전에서 <금니영산회상도>로 특별 상을 수상했다. 1992년 명인명품대전에 출품하였고 현재까지 중요무형문화재보유자작품전 에 참가하고 있다. 만봉 이치호 스님의 업적을 기리고자 <만봉불화박물관>을 조성하는 일 에 힘을 쏟고 있다.

양선희 梁善姬 1960. 11. 18 ~

동국대학교와 용인대학교 대학원에서 불교회화를 전공하였다. 1992년 대한민국전승공예 대전에서 특별상을 수상하였고 2002년 3월 11일 단청장 전수교육조교로 지정되었다. 2011 년 대한민국 불교미술대전에서 대상을 수상하였으며 같은 해 <법화의 세계>를 펴내 일반인 들에게 불화를 조성하는 방법과 아름다움에 대해 알리는데 일조하였다. 현재 한국공예건축 학교 단청반 강사로 활동하고 있다.

최문정 崔文貞 1968. 8. 2 ~

2008년 5월 1일 중요무형문화재 단청장 전수교육조교로 지정되었다. 1994년 문화재수리기 술부분 교육 - 문화체육관광부 장관상을 수상하였고, 1998년 목우회 동양화 부분 입상, 제17회와 36회 전승공예대전에서 입상한 바 있다. 2012 문화재 수리기술자 417호로 지정 받았으며 <한국전통문화연구원> 겸임교수로 활동하고 있다.

김용우 金容宇 1944. 6. 20 ~

1988년 8월 1일 중요무형문화재 제 48호 단청장 전수교육조교로 지정되었다. 1996년 전승 공예대전에서 특별상을 수상하였고 2004년 개인전을 가졌다.

이욱 李旭 1965. 6. 6 ~

2009년 2월 24일 중요무형문화재 제 48호 단청장 전수교육조교로 지정되었다. 단청장 홍창원 문하에 입문하여 10여 년 동안 수행을 거치고 금어의 경지에 오른다. 단청 외에도 수묵과 인물에 능하며 사찰벽화도 조성하였다. 2010년 전통공예미래전과 전통공예명품전에 참가하였고 중요무형문화재보유자작품전에 현재까지 출품하고 있다.

찾아보기

중요무형문화재 목록

번호	명칭	설명	소재지
제1호	종묘제례악 宗廟祭禮樂	조선 역대 군왕의 신위를 모시는 종묘와 영 녕전의 제향에 쓰이는 음악.	서울
제2호	양주별산대놀이 楊州別山臺놀이	서울과 중부지방에 전승되어온 산대놀이의 한 분파.	경기
제3호	남사당놀이 男寺黨놀이	조선시대 유랑연예인집단인 남사당의 연희 내용.	서울
제4호	갓일	갓 만드는 기술(자).	-
제5호	판소리	한국의 전국 일원에서 행하여지고 있는 농 민 음악.	-
제6호	통영오광대 統營五廣大	경상남도 통영시에 전해 내려오는 민속가면 극.	경남
제7호	고성오광대 固城五廣大	경상남도 고성지방에 전승되는 탈놀이.	경남
제8호	강강술래	전라도 지방의 민속놀이.	전남
제9호	은산별신제 恩山別神祭	-	충남
제10호	나전장 螺鈿匠	나전을 만드는 기술(자).	-
제11호	농악 農樂	한국의 전국 일원에서 행하여지고 있는 농민 음악.	-
제11-1호	진주삼천포농악 晋州三千浦農樂	경상남도 진주시와 사천시의 옛 삼천포 지역에 전해오는 영남농악.	경남
제11-2호	평택농악 平澤農樂	경기도 평택시 팽성읍 평궁리를 중심으로 전해오는 웃다리농악.	경기
제11-3호	이리농악 裡里農樂	전라북도 익산 지역을 중심으로 전승되는 전통음악.	전북
제11-4호	강릉농악 江陵農樂	강원도 강릉 지역을 중심으로 전승되는 농악.	강원
제11-5호	임실필봉농악 任實筆峰農樂	전라북도 임실군 강진면 필봉리에서 보존해 온 농악.	전북
제12호	진주검무 晋州劍舞	경남 진주시에 전해오는 민속무용.	경남

제13호	강릉단오제 江陵端午祭	강원도 강릉에서 단옷날을 전후하여 서낭신에게 지내는 마을 공동축제.	강원
제14호	한산모시짜기 韓山모시짜기	충남 한산지방의 모시짜기.	충남
제15호	북청사자놀음 北靑獅子놀음	함남 북청군 일대에서 해마다 음력 정월 대보름을 전후하여 며칠 동안 연희된 사자놀이.	서울
제16호	거문고산조 거문고散調	거문고를 위한 독주곡.	-
제17호	봉산탈춤 鳳山탈춤	황해도 봉산 지방에 전승되어 오던 가면극.	서울
제18호	동래야류 東萊野遊	부산광역시 동래구 온천동에 전승되어 오는 탈춤.	부산
제19호	선소리산타령 선소리山打令	경기도를 비롯하여 서도·남도지방의 잡가 가운데 서서 부르는 선소리의 대표적 곡목.	서울
제20호	대금정악 正樂	정악으로 연주하는 대금곡의 총칭.	서울
제21호	승전무 勝戰舞	경남 통영시에 전승되는 민속무용.	경남
제22호	매듭장 매듭匠	실·노끈 등을 다양하게 맺거나 술을 다는 전통 매듭의 기술이 있는 장인	-
제23호	가야금산조및병창 伽倻琴散調및倂唱	관현악 반주에 맞추어 시조시를 노래하는 한국의 전통 성악곡.	-
제24호	안동차전놀이 安東車戰놀이	경북 안동지방에 전해내려오는 민속놀이.	경북
제25호	영산쇠머리대기 靈山쇠머리대기	경남 창녕군 영산면에 전승되어오는 민속놀이.	경남
제26호	영산줄다리기 靈山줄다리기	경남 창녕군 영산면에 전승되는 민속 놀이.	경남
제27호	승무 僧舞	한국의 민속무용.	-
제28호	나주의 샛골나이 羅州의샛골나이	전라남도 나주시 다시면 신풍리 샛골의 무명 길쌈.	전남
제29호	서도소리 西道소리	평안도·황해도 등 관서지방의 향토가요.	-
제30호	가곡 歌曲	관현악 반주에 맞추어 시조시를 노래하는 한국의 전통 성악곡.	-

第31호	낙죽장 烙竹匠	인두를 대나무나 나무에 지져서 무늬·그림· 글씨를 그려 새기는 전통적 기법을 지닌 장인.	전남
第32호	곡성의돌실나이 谷城의돌실나이	전라남도 곡성군 석곡면에 전승되는 극세의 삼베를 짜는 기술.	전남
第33호	광주 칠석고싸움놀이	-	광주
第34호	강령탈춤 康翎탈춤	황해도 강령지방에 전승되어오던 해서탈춤의 하나로 일종의 가면극.	서울
第35호	조각장 彫刻匠	금속의 기면에 무늬 ·글씨 등을 새기는 일을 담당한 장인.	서울
第36호	-	-	-
第37호	-	-	-
第38호	조선왕조궁중음식 朝鮮王朝宮中飮食	한국음식을 대표하는 전통적인 궁중 요리.	서울
第39호	처용무 處容舞	궁중 '나례(儺禮)'나 중요 연례(宴禮)에 처용의 가면을 쓰고 추던 탈춤.	서울
第40호	학연화대합설무 鶴蓮花臺合設舞	고려시대부터 전해오는 향악정재.	서울
第41호	가사 歌詞	한국의 전통 성악곡.	서울
第42호	악기장 樂器匠	한국 전통 악기를 제작할 수 있는 장인.	서울
第43호	수영야류 水營野遊	부산 수영구 수영동에 전승되어 오는 민속극.	부산
第44호	경산자인단오제 慶山慈仁端午祭	경북 경산시 자인면 서부리 일대에 전승되는 민속놀이.	경북
第45호	대금산조 散調	대금을 위한 산조독주곡.	-
第46호	피리정악및대취타 피리정악및大吹打	왕이나 귀인의 행차, 군대의 행진에서 취고수들이 연주하는 행진음악.	서울
第47호	궁시장 弓矢匠	활과 화살을 만드는 사람.	-
第48호	단청장 丹靑匠	모든 회사(繪事)를 총칭하는 단청의 일을 업으로 하는 사람.	서울

제49호	송파산대놀이 松坡山臺놀이	서울 송파구 송파동에 전승되어 온 산디놀이.	서울
제50호	영산재 靈山齋	불교의식의 하나.	서울
제51호	남도들노래 南道들노래	전남 진도·나주지방에서 논일이나 밭일을 할 때 부르는 노동요의 총칭.	전남
제52호	-	-	-
제53호	채상장 彩箱匠	대[竹]나 버들·갈대·왕골 등으로 상자 모양의 기물을 제작하는 기술 또는 기술자.	전남
제54호	-	-	-
제55호	소목장 小木匠	나무로 여러 가구를 전통기법을 이용해 만드는 전문 목수.	전남
제56호	종묘제례 宗廟祭禮	조선시대 역대의 왕과 왕비 및 추존된 왕과 왕비의 신위를 모시는 종묘의 제향예절.	서울
제57호	경기민요 京畿民謠	서울 ·경기 지방에 전승되어 오는 민요.	-
제58호	줄타기	줄 위에서 재주꾼이 걸어다니며 노래하고 춤추고 재담을 하는 재주놀이.	경기
제59호	-	-	-
제60호	장도장 粧刀匠	호신과 장신구를 겸한 장도의 제작을 담당하여온 장인.	경기
제61호	은율탈춤 殷栗탈춤	황해도 은율지방에 전승되어 온 가면무용극.	인천
제62호	좌수영어방놀이 左水營漁坊놀이	경상좌도 수군절도사영이 있던 지금의 부산 수영 지방에 전승되는 놀이.	부산
제63호	-	-	-
제64호	두석장 豆錫匠	놋쇠나 백통장식을 만드는 기능공.	-
제65호	백동연죽장 白銅煙竹匠	담뱃대를 만드는 기술자.	전북
제66호	망건장 網巾匠	망건을 만드는 일을 업으로 하는 사람.	제주

第67호	탕건장 宕巾匠	탕건의 전통적인 제조기법을 지닌 장인.	제주
第68호	밀양백중놀이 密陽百中놀이	경상남도 밀양지방에 전승되는 민속놀이.	경남
第69호	하회별신굿탈놀이 河回別神굿탈놀이	경상북도 안동시 풍천면 하회리에 전승되어 오는 민속가면극.	경북
第70호	양주소놀이굿 楊州소놀이굿	경기도 양주 지방에서 전수되어온 굿 형식의 연희적 성격을 갖춘 놀이.	경기
第71호	제주칠머리당 영등굿	해마다 음력 2월 1일~14일 제주시 건입동의 본향당인 칠머리당에서 하는 굿이다.	제주
第72호	진도씻김굿 珍島씻김굿	전남 진도에 전승되는 무속 사자 의례.	전남
第73호	가산오광대 駕山五廣大	경남 사천시 축동면 가산리에 전승되어 오는 가면극.	경남
第74호	대목장 大木匠	대목 일에 능한 장인.	-
第75호	기지시줄다리기 機池市줄다리기	충청남도 당진시 송악읍 기지시리에서 윤년이 드는 음력 3월 초에 하는 줄다리기.	충남
第76호	택견	한국의 전통무예.	충북
第77호	유기장 鍮器匠	전통적인 기법으로 놋쇠를 다루어 여러 기물을 만드는 장인.	-
第78호	입사장 入絲匠	흑철 ·백동 등의 기물 표면을 정으로 쪼아 은·금·오동을 끼워 넣거나 덧씌워 무늬를 놓는 전통기술의 기능보유자.	서울
第79호	발탈	발에 탈을 씌우고 갖가지 동작을 연출하는 민속연희.	서울
第80호	자수장 刺繡匠	한국 전통의 수를 놓는 기술자.	-
第81호	진도다시래기 珍島다시래기	전라남도 진도지방에서 출상(出喪)하기 전날 밤 초상집에서 상두꾼들이 벌이는 민속놀이.	전남
第82호	풍어제 豊漁祭	-	-
第82-1호	동해안별신굿 東海岸別神굿	부산광역시 동래구에서 강원도 고성군에 이르는 동해안 어민들이 풍어와 안전을 비는 마을굿.	부산
第82-2호	서해안배연신굿 및 대동굿 西海岸배연신굿 및 大同굿	서해안 지방에서 벌이는 굿.	전북

제82-3호	위도띠뱃놀이 蝟島띠뱃놀이	전라북도 부안군 위도면 대리 마을의 풍어제.	전북
제82-4호	남해안별신굿 南海岸別神굿	남해안 지역에서 벌이는 마을 풍어제의 하나.	경남
제83호	향제줄풍류(鄕制줄風流)	지방에 전승되는 현악영산회상.	-
제83-1호	구례향제줄풍류 求禮鄕制줄風流	전라남도 구례 지방에서 전승되고 있는 현악영산회상.	전남
제83-2호	이리향제줄풍류 裡理鄕制줄風流	전라북도에서 익산(옛 이리) 지방에서 전승되는 줄풍류.	전북
제84호	농요 農謠	논이나 밭에서 농삿일을 하면서 부르는 노래.	-
제84-1호	고성농요 固城農謠	경상남도 고성군 고성읍에 전승되고 있는 농부의 들노래.	경남
제84-2호	예천통명농요 醴泉通明農謠	경상북도 예천군 예천읍 통명동에 전승되어오는 농요.	경북
제85호	석전대제 釋奠大祭	문묘에서 지내는 큰 제사.	서울
제86호	향토술담그기 鄕土술담그기	문배주 ·면천두견주 ·경주교동법주 등 3종의 술 담그기	-
제86-1호	문배주 문배酒	평안도 지방의 향토 술로 알코올 농도가 40도 정도의 술이다.	서울
제86-2호	면천두견주 沔川杜鵑酒	충청남도 전역에서 전승되는 민속주조법.	충남
제86-3호	경주교동법주 慶州校洞法酒	경상북도 경주시 교동의 최씨 집안에서 여러 대에 걸쳐 빚어온 법주.	경북
제87호	명주짜기	전통적인 길쌈으로 명주를 생산하는 일.	경북
제88호	바디장 바디匠	바디를 만드는 기술 또는 그 기술자.	-
제89호	침선장 針線匠	바늘에 실을 꿰 옷을 짓거나 꿰매는 기술자	서울
제90호	황해도평산소놀음굿 黃海道平山소놀음굿	황해도 평산지방 경사굿의 제석굿에서 무당이 소 모양으로 꾸미고 노는 굿놀음.	인천
제91호	제와장 製瓦匠	재래식 전통 기와를 만드는 기술, 기술자.	전남

제92호	태평무 太平舞	왕과 왕비, 그리고 태평성대를 축원하기 위하여 추는 춤.	서울
제93호	전통장 箭筒匠	화살 넣는 통을 만드는 기술(자).	경북
제94호	-	-	-
제95호	제주민요 濟州民謠	제주지방에서 불리는 토속·통속민요.	제주
제96호	옹기장 甕器匠	옹기 굽는 전통적인 기술을 전수받아 이 일에 종사해온 장인.	전남
제97호	살풀이춤	남도 무무 계통의 춤으로 살, 즉 액(厄)을 푼다(제거한다)는 뜻을 가진 민속무용.	서울
제98호	경기도도당굿 京畿道都堂굿	경기지역에서 전승되는 마을 굿.	경기
제99호	소반장 小盤匠	소반을 만드는 전통적 기법을 전수받은 장인.	서울
제100호	옥장 玉匠	옥을 갈고 다듬는 공예기술.	전남
제101호	금속활자장 金屬活字匠	금속으로 활자를 만들어서 각종 서적을 인쇄하는 기술 또는 그 기술을 가진 사람.	충북
제102호	배첩장 褙貼匠	서화에 종이·비단 등을 붙여 족자·액자·병풍 등을 만드는 공예기술 또는 기능보유자.	경기
제103호	완초장 莞草匠	왕골로 돗자리 등의 기물을 만드는 공예기술 또는 장인.	인천
제104호	서울 새남굿	서울지역의 전통적인 망자 천도굿.	서울
제105호	사기장 沙器匠	사토 등으로 그릇을 만드는 기술 또는 그 기능을 가진 사람.	경북
제106호	각자장 刻字匠	목판에 글자를 새기는 기능을 가진 장인.	서울
제107호	누비장 縷緋匠	누비기술을 전수받아 이 일에 종사해 온 기술(자).	경북
제108호	목조각장 木彫刻匠	불교 목조각의 전통적인 기술을 전수받아 이 일에 종사해온 장인.	-
제109호	화각장 華角匠	화각공예 기능 및 그 전승자.	인천

제110호 윤도장 輪圖匠	풍수가나 지관이 사용하던 나침반을 만드는 기술 또는 기술자.	전북
제111호 사직대제 社稷大祭	토지와 곡식의 신에게 지내는 조선시대의 국가 제례.	서울
제112호 주철장 鑄鐵匠	일정한 틀에 쇳물을 부어 여러 기물을 만드는 기술이나 그 장인.	충북
제113호 칠장 漆匠	옻나무의 수액인 칠을 다루는 장인.	서울
제114호 염장 簾匠	전통 발을 만드는 장인.	경남
제115호 염색장 染色匠	천연염료로 옷감을 물들이는 장인(匠人).	전남
제116호 화혜장 靴鞋匠	한국 전통의 가죽신을 만드는 장인 또는 전문 기술자.	서울
제117호 한지장 韓紙匠	-	-
제118호 불화장 佛畵匠	불교 교리를 알기 쉽게 회화적으로 표현하는 탱화를 제작하는 장인.	-
제119호 금박장 金箔匠	고려시대와 조선시대에 금박을 만들던 장인.	경기
제120호 석장 石匠	-	경기
제121호 번와장	지붕의 기와를 잇는 장인.	서울

연도별
무형문화재 관련 분야
문화재위원 및 전문위원

년도	문화재위원	문화재전문위원	비고
2011.4 - 2013.4	임돈희(분과위원장), 고부자, 김말애, 김삼대자, 김재영, 최태현 , 박진태, 이필영, 이삼길(인묵), 정영환, 최성자, 황루시, 나선화(동산분과 겸임) 박일훈(해촉/2011.6.30, 자진사퇴서 제출)	경임순, 김승국, 김영운, 김응기(법현), 나경수, 배연형, 연제영(미등), 성기숙, 심연옥, 이송란, 이유라, 임장혁, 장경희, 장정룡, 전경욱, 전승창, 정형호, 최공호, 한양명, 허용호	무형문화재분과
2009.4 - 2011.4	박영규, 백영자, 윤열수, 최응천, 박석흥, 김명자, 임돈희,박일훈, 황준연, 박재희, 서연호, 최건(동산분과 겸임) (해촉/2010.5.25, 자진사퇴서 제출), 박대순(해촉/2011.2.10, 사망)	김영운, 김우진, 최헌, 신응재, 김승국, 배성한, 성기숙, 정형호, 전경욱, 나경수, 임장혁, 최공호, 정복상, 김재영, 박윤미, 정영환, 이효지, 이유라, 전승창, 김한옥	무형문화재분과
2007.4 - 2009.4	김명자(분과위원장), 강등학, 김철호, 이종철, 이필영, 임돈희, 임동권, 조흥동, 채희완, 최태현, 황루시	김영운, 김승국, 손태도, 이수자, 나경수, 한양명, 양종승, 이소라, 김만석, 이현수, 심승구, 경임순, 정은혜, 전경욱, 정형호, 임장혁	예능분과
2007.4 - 2009.4	박대순(분과위원장), 박성실, 백영자, 윤근, 윤열수, 윤용이, 이태호, 정해조, 추원교, 흥선(김명규)	곽동해, 김 준, 서도식, 조효숙, 최공호, 최성자, 권상오, 심연옥, 우관호, 이유라, 이칠용, 이효지, 장경희, 정동찬, 최병훈	공예분과
2007.4 - 2009.4	김광언(분과위원장), 김봉렬, 김홍식, 김홍식, 문영빈, 박강철, 박대순, 박성실. 신승운, 이종철, 이태호, 임재해, 장석하, 조유전	김광일, 남호현, 박윤미, 배영동, 송인호, 안희균, 이왕기, 임덕수, 전봉희, 정강환, 정병모, 정승모, 주강현, 최종호, 한필원, 표인주	민속문화재분과

년도	문화재위원	문화재전문위원	비고
2005.4 - 2007.4	김광언(분과위원장), 권오성, 김명자, 김철호, 박대순, 박성실, 박호성, 백영자, 양선희, 윤근, 이필영, 임돈희, 임재해, 조흥동, 최태현	고부자, 권상오, 김명숙, 김승국, 나경수, 박경하, 박재희, 박진태, 배영동, 서도식, 서옥경, 서한범, 손태도, 신응재, 심연옥, 윤열수, 이소라, 이수자, 이창식, 이칠용, 이효지, 임옥수, 임장혁, 장경희, 장정룡, 전경욱, 정동찬, 조효숙, 주강현, 채희완, 최공호, 최광식, 최종호, 하종철	무형문화재분과
2003.4 - 2005.4	최래옥(분과위원장), 고승관, 김명자, 김지희, 박범훈, 박성실, 양선희, 윤근, 윤미용, 이종철, 이필영, 임돈희, 임학선, 전경수, 추원교	권상오, 권영숙, 나경수, 나승만, 박대순, 박재희, 박진태, 배영동, 서도식, 서한범, 손태도, 심연옥, 심화숙, 양종승, 윤열수, 이기택, 이소라, 이수자, 이창식, 이칠용, 인병선, 임옥수, 임장혁, 임재해, 장경희, 장정룡, 전경욱, 전인평, 정동찬, 정복상, 조경만, 주강현, 채희완, 최공호, 최광식, 하종철, 홍은옥	무형문화재분과
2001.4 - 2003.4	심우성(전체부위원장, 분과위원장), 강경숙, 곽대웅, 김지희, 백대웅, 서연호, 신찬균, 이성천, 이종철, 임돈희, 정해조, 허영일	권상오, 김맹길, 박성실, 박재희, 심연옥, 오용록, 윤열수, 이소라, 이수자, 이칠용, 이필영, 인병선, 장경희, 전경욱, 전성임, 정명호, 주강현, 최공호, 최광식, 추원교, 홍은옥	제4분과
1997.4 - 1999.4	임동권(분과위원장), 강찬균, 김성수, 김옥진, 김종태, 민길자, 신찬균, 이규태, 조흥윤, 황병기	권오성, 김선풍, 김영운, 노완섭, 박성실, 박영규, 심우성, 윤열수, 이보형, 이소라, 이종철, 이칠용, 임옥수, 장정룡, 장철수, 최공호, 하효길, 한상복, 허균	제4분과
1995.4 - 1997.4	임동권(전체부위원장, 분과위원장), 황병기, 유송옥, 조동일, 김성수, 조흥윤, 신찬균, 강찬균, 윤용이	이보형, 지춘상, 현용준, 심우성, 권오성, 이소라, 이규태, 하효길, 한상복, 이종철, 김선풍, 장철수, 이성천, 김옥진, 민길자, 박성실, 박영규, 김문숙, 이칠용, 노완섭	제4분과

년도	문화재위원	문화재전문위원	비고
1993.4 - 1995.4	성경린(분과위원장), 예용해, 유희경, 이두현, 임동권, 장주근, 정병호, 강한영, 이광규, 신찬균	강용권, 김선풍, 권병탁, 권오성, 김영돈, 김종태, 장철수, 김희진, 박구병, 박용완, 박성실, 심우성, 유송옥, 이규태, 이보형, 이소라, 이종철, 지춘상, 강신표, 홍정실, 하효길, 한상복, 허동화, 현용준, 황병기, 김태곤, 조흥윤, 김옥진, 민길자, 노완섭	제4분과
1991.4 - 1993.4	성경린(분과위원장), 신찬균, 예용해, 유희경, 이두현, 임동권, 장주근, 정병호, 강한영, 이광규	강용권, 김선풍, 권병탁, 권오성, 김영돈, 김종태, 장철수, 김희진, 박구병, 박용완, 김정녀, 심우성, 유송옥, 이규태, 이보형, 이소라, 이종철, 지춘상, 최종민, 홍정실, 하효길, 한만영, 한상복, 허동화, 현용준, 황병기, 김태곤, 조흥윤	제4분과
1989.4 - 1991.4	성경린(분과위원장), 유희경, , 김동욱, 이두현, 임동권, 정병호, 예용해, 장주근, 신찬균	강용권. 김선풍, 권병탁, 권오성, 김영돈, 김종태, 장철수, 김희진, 박구병, 박용완, 김정녀, 심우성, 유송옥, 이광규, 이규태, 이보형, 이소라, 이종철, 지춘상, 최종민, 홍정실, 하효길, 한만영, 한상복, 허동화, 현용준, 황병기, 김태곤, 조흥윤	제4분과
1987.4 - 1989.4	성경린(분과위원장), 유희경, 김동욱, 이두현, 임동권, 정병호, 예용해, 장주근, 신찬균	-	제4분과
1985.4 - 1987.4	성경린(분과위원장), 유희경, 김동욱, 이두현, 임동권, 정병호, 예용해, 장주근	-	제4분과
1983.4 - 1985.4	성경린(분과위원장), 김동욱, 예용해, 유희경, 이두현, 임동권, 정병호	-	제2분과
1981.4 - 1983.4	성경린(분과위원장), 김동욱, 예용해, 유희경, 이두현, 임동권, 정병호	-	제2분과
1979.4 - 1981.4	예용해(분과위원장), 이두현, 임동권, 김동욱, 이혜구	-	제2분과

년도	문화재위원	문화재전문위원	비고
1977.4 - 1979.4	예용해(분과위원장), 이두현, 임동권, 김동욱, 김기수	-	제2분과
1975.4 - 1977.4	성경린(분과위원장), 박헌봉, 임동권, 강한영, 예용해, 김천흥, 석주선, 이두현, 장사훈, 이춘영	-	제2분과
1973.4 - 1975.4	성경린(분과위원장), 양재연, 박헌봉, 장사훈, 이춘영, 임동권, 예용해, 석주선, 이두현, 김천흥	-	제2분과
1971.4 - 1973.4	양재연(분과위원장), 성경린, 박헌봉, 임동권, 예용해, 김천흥, 석주선, 이두현, 장사훈, 유기용	-	제2분과
1969.4 - 1971.4	이선근(전체 위원장), 임석재(분과위원장), 성경린, 박헌봉, 김천흥, 양재연, 임동권, 김기석, 석주선, 예용해	-	제2분과
1966	임석재(분과위원장), 김천흥, 석주선, 성경린, 예용해, 이혜구, 박헌봉, 임동권, 홍현식	-	제2분과
1963	임석재(분과위원장), 김천흥, 석주선, 성경린, 예용해, 이혜구, 박헌봉	-	제2분과
1962	임석재(전체부위원장), 이혜구, 석주선, 김천흥	-	제2분과
1960	현철(분과위원장), 김천흥, 박헌봉, 석주선, 설창수, 이근상, 이두현, 이주환, 이혜구, 임석재, 장사훈, 장주근, 최상수, 김경옥	-	제3분과

대한민국 중요무형문화재; 전승공예 편
지정 및 전시 연혁

1962년 문화재 보호법 시행

1964년 1차 중요무형문화재로 종묘제례악,
양주별산대놀이, 남사당놀이,
판소리, 통영오광대,
고성오광대 와 함께
전통공예분야 갓일(제 4호) 등 7 종목을 지정

1966년 나전칠기(제10호) 지정

1967년 제 1회 한국민속공예전 개최
(전통공예, 동아일보사 주최)
한산모시짜기(제14호) 지정

1968년 매듭장(제22호) 지정

1969년 제 1회 창작공예공모전(동아일보사 주최)
나주 샛골나이(제28호)지정
낙죽장(제31호)지정

1970년 제2회 현대창작공예전
(공모전, 명칭변경, 동아일보사 주최)
곡성 돌실나이(제 32호)지정
조각장(제35호)지정
화장(제37호)지정 이후 해제

1971년 제 5회 동아공예대전으로 통폐합
(창작공예공모전, 현대창작공예전 등 명칭통일
- 동아일보사 주최)
악기장(제42호)지정
궁시장(제47호)지정

1972년 단청장(제48호)지정

1973년 제 1회 〈인간문화재 공예작품전시회〉개최
주최 문화재관리국 장소 창덕궁 유물전시관,
시상제도 없음

1975년 채상장(제53호)지정
끊음질(제54호)이후 1995년 나전장으로 통합
소목장(제55호)지정

1977년 제 2회 〈인간문화재 공예작품전시회〉전시 속개
주최 사단법인 전통공예기능보존협회
장소 민속박물관
장도장(제60호) 지정

1978년 제 3회 〈인간문화재 공예작품전시회〉
주최 문화재관리국 주관 한국문화재보호협회,
금·은·동 특별상 시상

1979년 제4회 〈인간문화재 공예전〉 개최, 경복궁
대통령상과 국무총리상 신설(규모 확대)

1980년 1980년 명칭변경 〈인간문화재 공예전〉을
〈전승공예전〉으로 변경
재단법인 한국문화재보호협회 설립
(한국무형문화재보존협회, 한국문화재보급협회,
한국문화재보호협회 등 3개 단체 통폐합)
북메우기(제63호) 지정
두석장(제64호)지정
백통연죽장(제65호)지정
망건장(제66호)지정
탕건장(제67호)지정

1982년 대목장(제74호)지정

1983년 유기장(제77호)지정
입사장(제78호)지정

1984년 자수장(제80호)지정

1986년 〈전승공예대전〉으로 격상

1988년 명주짜기(제87호)지정
바디장(제88호)지정
침선장(제89호)지정
제와장(제91호)지정

1989년 제 14회 부터
〈중요무형문화재 기능보유자
작품전〉과 분리운영
〈전승공예대전〉은 우수한 신인 전통공예인을
발굴하는 공모전으로 운영
전통장(제93호)지정
벼루장(제94호)지정 1995년 해제

1990년 옹기장(제96호)지정

1992년 (재)한국문화재보호협회
(재)한국문화재보호재단으로 개칭
소반장(제99호)지정

1996년 옥장(제100호)지정
금속활자장(제101호)지정
배첩장(제102호)지정
완초장(제103호)지정
사기장(제105호)지정
각자장(제106호)지정
누비장(제107호)지정
목조각장(제108호)지정
화각장(제109호)지정
윤도장(제110호)지정

2001년 명예보유자 제도 도입
주철장(제112호)지정
칠장(제113호)지정
염장(제114호)지정
염색장(제115호)지정

2004년 화혜장(제116호)지정

2005년 명예보유자 최초지정(15인)
한지장(제117호)지정

2006년 불화장(제118호)지정
금박장(제119호)지정

2007년 석장(제120호)지정

2008년 번와장(제121호)지정

2012년 오래된 미래 전 개최

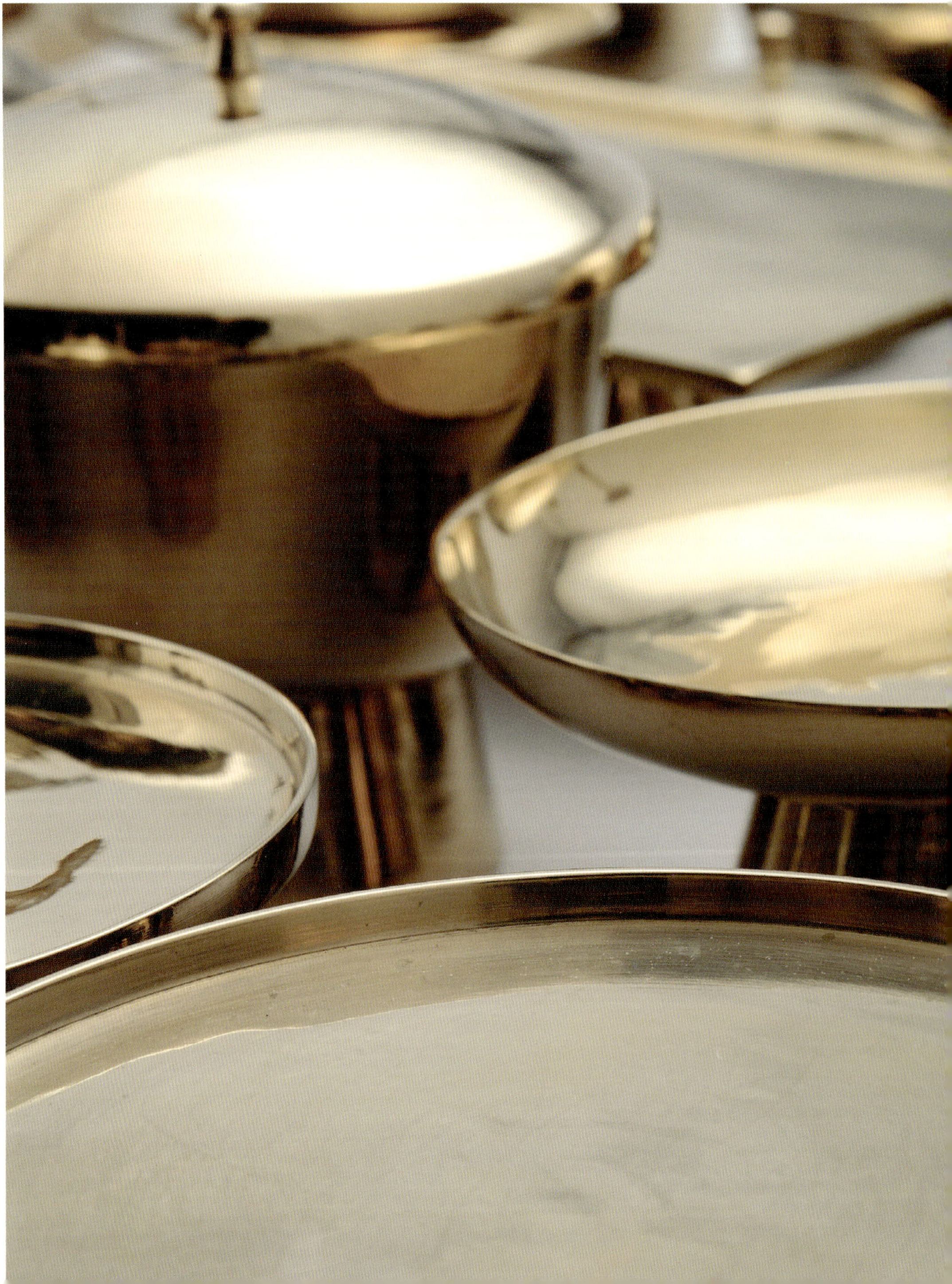

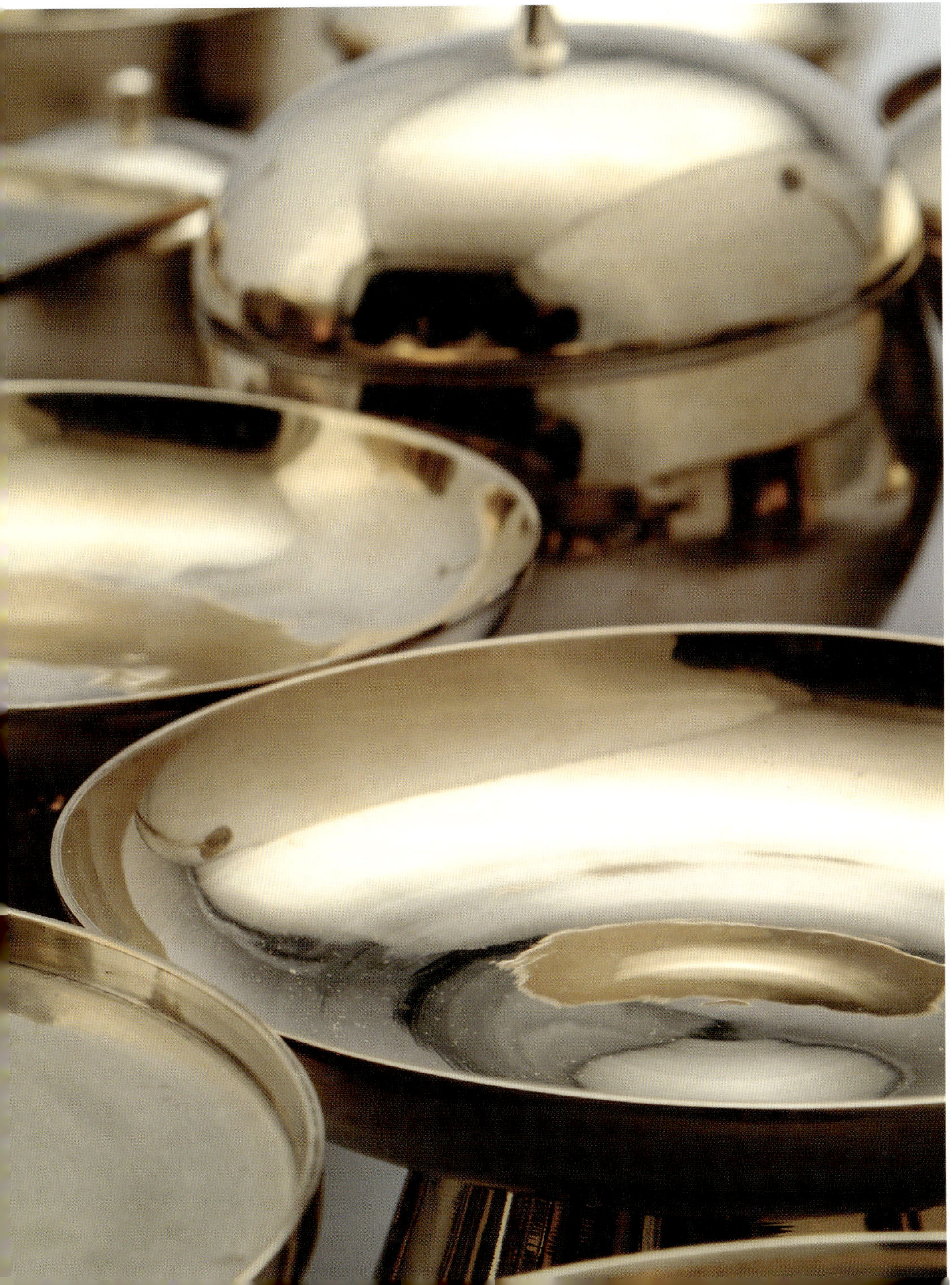

문화재청
Cultural Heritage Administration
한국문화재보호재단
Korea Cultural Heritage Foundation